主 编 简 介

杨端志，毕业于北京大学中文系，山东大学文学院二级教授，博士生导师。曾任汉语言文字学博士学科点学术带头人，山东省汉语言文字学强化重点建设学科学术带头人，文学院学术委员会委员、学位委员会委员，山东大学985工程"汉语与汉语应用研究"项目负责人。兼任国家哲学社会科学项目通信评委，教育部哲学社会科学项目通信评委，第八届高等学校科学研究优秀成果奖评委，山东省国外语言学会符号学学会会长，中国训诂学研究会学术委员等。出版专著《训诂学》《文言文基础知识》《汉语史论集》等20部（含合著），发表论文《周易古经韵考韵读》《论词义与词的区别》《试论确定汉语词的原则》《"误读"与新义》等70余篇。承担国家社科基金重点项目"汉语词汇通史"、教育部人文社会科学重点研究基地重大项目"《周易》语言学研究"等19项。曾获省部级等各类奖项20余个，其中《训诂学》获多个奖项的一等奖。

作 者 简 介

胡明，女，1974年生，山东济南人，中共党员，文学博士。现为山东大学外国语学院副教授，主要研究领域为汉语史、应用语言学。曾参与国家社科基金重点项目"汉语词汇通史研究"及数项省级教研项目，在CSSCI来源期刊和北大中文核心期刊上发表论文数篇。

国家出版基金项目
NATIONAL PUBLICATION FOUNDATION

国家社科基金重点项目（项目批准号：10AYY004）优秀结项成果

"十三五"国家重点图书出版规划项目

汉语词汇通史

杨端志　主编

胡　明　著

◇ 战国—秦卷 ◇

百花洲文艺出版社

图书在版编目（CIP）数据

汉语词汇通史. 战国—秦卷 / 杨端志主编；胡明著. -- 南昌：百花洲文艺出版社，2023.5

ISBN 978-7-5500-3593-5

Ⅰ.①汉… Ⅱ.①杨… ②胡… Ⅲ.①古汉语－词汇－汉语史－研究－中国－战国时代-秦代 Ⅳ.①H131

中国版本图书馆CIP数据核字（2019）第284669号

汉语词汇通史·战国—秦卷
HANYU CIHUI TONGSHI · ZHANGUO — QIN JUAN

杨端志　主编

胡　明　著

出 版 人	陈　波
项目统筹	胡　明
策划编辑	周振明 童子乐
责任编辑	周振明
书名题签	郑训佐
书籍设计	方　方
制　　作	周璐敏
出版发行	百花洲文艺出版社
社　　址	南昌市红谷滩区世贸路898号博能中心一期A座20楼
邮　　编	330038
经　　销	全国新华书店
印　　刷	浙江海虹彩色印务有限公司
开　　本	787mm×1092mm 1/16　　印张 33.25
版　　次	2023年5月第1版
印　　次	2023年5月第1次印刷
字　　数	490千字
书　　号	ISBN 978-7-5500-3593-5
定　　价	55.00元

赣版权登字 05-2023-118

邮购联系　0791-86895108

网　址　http://www.bhzwy.com

图书若有印装错误，影响阅读，可向承印厂联系调换。

总　序

在汉语研究的几个主要部门——语音、词汇、语法中，词汇研究的困难最多；在汉语的主要研究方法——共时研究、历时研究中，历时研究的困难最多。我们在汉语词汇史研究中遇到的困难就很多很多，而且，有些困难远非我们一时能够克服的。我们的《汉语词汇通史》只是一种尝试，先后有三十几位硕士、博士、博士后参加，历时二十五年。如今，我们的《汉语词汇通史》终于要陆续出版了，有很多问题需要向大家交代。我们想要说明的有：我们对"汉语词汇通史"的思考，汉语词汇通史的语料，关于已有汉语史的分期，我们对汉语词汇史的分期，汉语词汇史的根基——汉语口语和书面语——发展概览，汉语"词""词汇""词汇史"研究中的难题，汉语词汇史研究必须接受"小学"研究的成果，汉语词汇的共时研究与共时研究方法，汉语词汇历时研究与历时研究方法，关于共时研究与历时研究的结合，等等。可惜，时不我与，这里只能谈谈最必要的几个要点了。

一、《汉语词汇通史》是我长期思考、研究的一个课题

随着学习、工作的变迁，我先是把学习、研究的重点放在语法、词汇上，后来又放在训诂学（更确切地说应当是"小学"）上。因此，我的教学，研究，指导硕士、博士、博士后，内容便或者是词汇学、词汇史，或者是训诂、文字、音韵之学，切换来切换去，或者是几者融合。《汉语词汇通史》便是我和我的同道走融合研究道路的初步结果。

长期以来，词汇史研究的许多疑难问题一直在我们头脑中萦绕着。例如，

汉语通史研究中，语音史、语法史、词汇史研究所需要的语料是不同的，词汇通史研究需要的语料最多最复杂，几乎是全部文献。流行的研究路径是自专书词汇始，由上古一部一部的专书词汇研究下来，词汇通史就出现了。这样的研究路径符合汉语词汇发展的规律吗？是历史词汇学研究的科学方法吗？有可操作性吗？又例如，汉语史里的语音史，可以由声母、韵母、声调构成共时系统，从上古一直推到当代，或者从当代一直推到上古，从而构建一个具有严密规律的历时语音系统。语法史可以由若干词类、若干句式、若干虚词构成共时系统，从上古一直推到当代，或从当代一直推到上古，从而构建出一个具有严密规律的历时语法系统。语音史、语法史都有很强的规律性、系统性。那么，汉语词汇史有没有像语音史、语法史那样的规律性、系统性？能不能像语音史、语法史那样，首先研究出一个由若干成分构成的共时系统，再由这个若干成分构成的共时系统串联成一个具有严密规律性的历时系统？再例如，在汉语发展史上，语音最稳定，语法次之，词汇则是处于每时每刻的变化中。那么，语音通史、语法通史、词汇通史的分期一定是不同的。词汇通史的时段，比语音通史、语法通史要短得多。那么，词汇通史的分期标准是什么？要分多少个时期？另外，在汉语词汇通史中，各时期的格局怎样？重点在哪里？各时期之间如何贯通？各时期怎样描写？怎样解释？……

带着问题意识，我们开始探索，花了很多年的时间，我指导硕士生、博士生先后做了断代的商代甲骨文词汇词义、西周金文词汇词义研究等，做了断代专题的中古名词、中古动词、中古形容词研究等，做了专书《周易》经传词汇词义研究、《尚书》词汇词义研究、《国语》词汇词义研究、《晏子春秋》词汇词义研究、《礼记》词汇词义研究、中古小说词汇词义研究，以及《三国演义》《水浒传》《西游记》《红楼梦》等明清小说词汇词义研究，还做了部分佛典专书词汇词义研究。

我们发现，这些研究对于研究本体都有一定的价值，都做出了一定的贡献，虽然对我们想要寻找像语音史、语法史那样的规律性、系统性有所启发，但仍然有很大的距离，与我们提出的问题也相距很远。更重要的是，这些研究的研究对象是零散的、离散的，只是分散于专书、专题、专类中的少部分词汇，无法窥见汉语词汇的全貌。尤其是，想通过这样的途径来研究汉语词汇通史，希望是渺茫的。

本着总结的目的，我们也环顾了当时语言学界的专书词汇研究，认为汉语词汇史的研究有三个层次：第一个层次是对有典型意义的专书进行研究，以总结一部专书词汇的基本面貌；第二个层次是对某一时段的若干部有典型意义的专书进行研究，以总结某一时段词汇的基本面貌；第三个层次是把各个时段联系起来，形成汉语词汇发展演变史。周祖谟先生曾经具体描绘过这个研究步骤："要研究词汇的发展，避免纷乱，宜从断代开始，而又要以研究专书做为出发点。犹如清人研究古韵那样，先以《诗经》一书为起点，得其部类，然后旁及《楚辞》以相佐证，以确定韵部的分合，而后之人又从而逐渐加详加密，以臻完善。"①

周先生的描绘无疑具有指导意义。但是对《诗经》韵部的研究谈何容易，从南宋吴棫到清人段玉裁几乎用了七百年！再说，词汇与韵部不同，词汇要比韵部复杂得多，词汇研究要比韵部研究困难得多。《诗经》的韵部，可以通过系联韵脚、归纳韵例，再佐以汉字谐声"同声必同部"两大步而得其韵类。而一部专书的词汇面貌，到底包括了多少部类？或者倒过来说，多少部类才能反映一部专书的词汇面貌？并且，我们怎么用这些部类捋出一个断代汉语词汇史，从上古汉语一直捋到现代汉语，从而捋出一个汉语词汇发展史的基本面貌？

专书词汇研究是在1983年全国语言学科规划会议上由王力、吕叔湘、朱德熙等语言学界前辈提出来的，至今已经四十年了。在这四十年中，专书词汇研究成为汉语词汇史研究的主流。研究者有老一辈语言学家，也有堪称中流砥柱的中年学者，更有大量的语言学界的新秀——硕士、博士研究生。这四十年的研究，几乎涉及各个历史时代典型的专书。专书研究的内容丰富多彩，几乎涉及各种常见专题。专书名词、动词、形容词等实词专题者有之，专书副词、介词、连词等虚词专题者也有之；专书核心词者有之，专书方言词者也有之；专书单音节词汇者有之，专书双音节词汇者也有之；专书同义词者有之，专书反义词者也有之；专书联合结构者有之，专书偏正结构者也有之；专书成语者有之，专书熟语者也有之。全面研究一部专书词汇者也有之。在全面研究一部专

---

① 张双棣、殷国光、陈涛：《吕氏春秋词典》，商务印书馆2009年版，序言第2页。

书词汇者当中，有几类最值得称道：有的首先对专书进行校勘、注释，编出词典，再进行专书的词汇学研究、词类研究；有的首先广泛收集专书历代训诂，编出专书词典，再进行专书词汇的研究；有的对专书先进行注释，再进行有效的专题研究；有的收集同一时代多种专书词汇，再进行断代史的全面研究。这些研究方法都具有一定的典范性。这些专书词汇研究极大地改变了汉语词汇史研究的格局，丰富了汉语词汇史的内容，也为词汇史研究提出了方法。

我们认为，对专书词汇的研究，还有很多问题需要深入。影响专书词汇研究质量的主要问题有：

第一，一部专书的词汇面貌，到底应当包括多少部类？哪些部类是专书必有的，哪些部类是为挈出一个断代汉语词汇史而专书词汇研究所必有的？哪些部类为能够挈出从上古汉语一直到现代汉语的词汇发展史基本面貌而专书词汇研究所必有的？现有研究突出的问题是部类设立随意性较大，无法全面反映专书特有词汇结构。

第二，专书词汇研究是为断代词汇史、词汇通史服务的，专书词汇研究怎样才能体现出"史"的一面？对本专书词汇的描写，要放到汉语词汇发展的历史坐标中去描写。一部专书的词汇，对它之前的词汇有所继承，这部分承古词要描写出来。有本专书所用的新词，要把新词描写出来。有本专书对旧词的新用法，新用法要描写出来。本专书词汇对后世会有影响，要把对后世的影响写出来。这样才能反映本专书的历史地位。现有研究突出的问题是套用现有的断代词汇理论框架，把专书词汇研究写成了一部一部断代词汇学，割裂了专书词汇的历史联系，无法反映专书词汇特有的时代性、社会性。

第三，对写到的某部类，现有研究只是把词摆出来，深入描写、解释不够，总结汉语特有的规律少，提炼汉语特有的词汇理论少。由于种种原因，文风显得仓促、急就、浮躁。

第四，研究方法的科学性存在一定的问题。在专书词汇研究方法的交代中，大多有"定性与定量相结合"一说，这是很好的，尤其是"定量"。由于专书是封闭语料，"定量"是能做到的，对于很多部类的词也是十分必要的。但是，"定量"往往不准确。专书词汇研究还说到"比较方法"。专书词汇研究的比较方法有两条原则：一是共时原则，即跟同时代的著作比，这是通过比较来探讨本专书词汇的特点；二是时间相近原则，即跟与本专书时间最接近的著作比，这是通过比较探讨专书词汇的直接的继承与发展。存在的问题是比较的对象往往时间跨度很长，根本不存在继承与发展关系。专书词汇研究还往往会谈到"描写与解释相结合"。其中存在的问题是，对某些部类的词似乎还没有找到一种合理的描写方法，譬如对单音节词、双音节词、三音节词、四音节词的分析与这些词的发展。

第五，专书词汇研究所需要的知识，往往在词汇学之外。其首先是需要文字学、音韵学、训诂学、语法学方面的知识，其次是需要文献学、校勘学、版本学、目录学方面的知识，再次是需要历史学、考古学、文学史、哲学史、文化史方面的知识。用句解释学的话说，就是需要将专书词汇现象与这些知识相融合。而这些，在教育的学科体制上早已留下遗憾。

我们相信，专书词汇研究存在的这些问题，不仅是我们的看法，也是词汇学界大多同人已看到的和所认同的。

想通过若干部专书的词汇研究汇合形成汉语词汇通史，看来是困难的。

有的文献学家说，中国古代文献总数在8万种以上[①]；有的文献学家说，其实中国古代文献总数比之应该更多，杜泽逊教授主持的《清人著述总目》列出的清人所撰文献就有22万种以上。专书即使只有8万种，假若每年研究100种，需要八百年才能写出词汇通史。以现有的研究人力，事实上每年只能研究十几种。这样的话，汉语词汇通史要等到猴年马月才会出现！

看来，有关全局性的词汇规律、词汇体系，只根据部分专书的语料，只研究部分专书的词汇，是无法下断语的。在每一个共时层面上，我们必须研究更多代表这个时代的专书；在词汇通史层面上，我们就更有必要研究更多的、能代表全部词汇史的语料。唯有如此，对于断代的、通史的词汇的规律性、体系性，我们才能看得更清楚。

但是，研究更多的文献，研究更长的时段乃至通史，都不是一个人的力量所能做到的，也不是短时间内所能做到的。我们盼望着出现适合的资料——大型工具书。

[①] 吴枫：《中国古典文献学》，齐鲁书社1982年版，第15页。

1993年年底，我们盼望已久的12册的《汉语大词典》全部面世了。《汉语大词典》"经过千余人18年的艰苦奋斗"（罗竹风语），使用"一万多种最重要的图书典籍"（阮锦荣语），包括"经书、史书、子书、总集、别集、诗文评·书画论、古代小说·笔记·杂著、通俗小说、古代戏曲、变文·诸宫调·散曲·时调、地理、科学技术、医学文献、宗教、古代字书·词书·韵书、古籍考释、出土帛书竹简、类书·政书、资料汇编、近人学术专著、现代著作等21个大类"①。从语料看，《汉语大词典》已相当充分，相当完备。可以说，这是倾当时全国学界之力完成的。

　　《汉语大词典》本身就是对这一万多种专书进行词汇研究的成果。《汉语大词典》编纂者对这一万多种专书逐册做卡片，并从现代词汇学角度对卡片反复筛选（1977年，我参加过山东大学《汉语大词典》组对专书卡片核对原著、筛选立目的工作，领了三小推车卡片，码了办公桌那么高，工作十分辛苦），最终提炼出单字词2.3万余条，复音词34.6万余条，总词汇量达37万余条，总义项量达51.6万余个，这应当是最接近汉语词汇、词义总数的成果。这也是倾当时全国学界之力取得的。

　　《汉语大词典》研究词汇是遵照每一个词都有自己的历史的原则，记录一个词的意义发展历程。我们的汉语词汇通史研究是按照词汇发展的原则，划出共时词汇系统，研究词汇内部词与词之间的关系，探寻规律，提炼理论，进而统率历时词汇系统，与《汉语大词典》研究的目标不同、方法不同。但是，《汉语大词典》的立目、注音、释义、书证、体例，为我们提供了汉语词汇共时系统、历时系统、词汇内部结构等多方面的信息。通过利用《汉语大词典》，我们可以研究汉语词汇历史上的共时系统与汉语词汇通史的历时系统的基本单位、单位与单位之间的关系和基本规律，可以研究汉语词汇的多种共时系统、多种历时系统和发展演变。这使得《汉语大词典》不仅是检查个别词个别义的大型工具，而且成为研究多种共时、多种历时、多方面的汉语词汇、汉语词汇史的大型工具。

汉语词汇通史 战国—秦卷

---

　　①　郭忠新：《锲而不舍 终必有成——记傅元恺》，载《上海出版人》，学林出版社2003年版，第82页。

《汉语大词典》可以视为汉语历史词汇的总库，《汉语大词典》的出版，为从总体上研究汉语词汇、汉语词汇史提供了千载难逢的良机！

经过几年的准备，1998年，我们开始以《汉语大词典》为语料，申报教育部社科项目、国家社科基金项目。2003—2009年，我们用七年时间建立了《汉语大词典》语料库①、汉语词汇通史补充语料库（见后文）。2010年，我们同时申报国家社科基金重点项目、教育部社科项目，两者同时都得到批准。2018年，国家社科基金重点项目"汉语词汇通史研究"以优秀等级结项。至今，我们这一研究已经二十五年了，先后有30多个硕士生、博士生参加，各卷皆由具有博士学位的研究人员完成，如今这些作者大多是高校教师，成为大学教授、副教授，也有人担任杂志总编、学院院长等。

《汉语词汇通史》是我们长期思考、研究的成果。

二、《汉语词汇通史》对《汉语大词典》语料的补充

马克思在《资本论》第二版跋中说："研究必须充分地占有材料，分析它的各种发展形式，探寻这些形式的内在联系。只有这项工作完成以后，现实的运动才能适当地叙述出来。"②

对于汉语词汇通史研究，语料的充足、准确是研究的基本依据，是结论可靠、科学的基本保障。

为此，我们有必要简单谈一谈汉语语料的历史。

汉语词汇通史研究涉及的语料有三种存在形式：一是口语形式，二是书面语形式，三是文学语言形式。这三种语言形式是分层次的：口语是根本；书面语是语言在口语基础上，经过文字记录时或多或少的加工形成的；文学语言是语言在书面语的基础上，经过文字、词汇、语法、语音的规范形成的。

口语形式、书面语形式、文学语言形式在语言史上出现的时间差距很大。口语形式出现得最早，它的发展历史也最长，是伴随着人类社会的形成而产生

---

① 详见杨端志：《〈汉语大词典〉对汉语词汇发展演变史的价值与研究方法——〈汉语大词典〉词汇发展演变研究条例》，载《汉语史论集》，齐鲁书社2008年版，第272—328页。

② 中共中央马克思恩格斯列宁斯大林著作编译局译：《资本论》（第一卷），人民出版社2004年版，第21—22页。

的。书面语一般认为是出现于人类历史的最后一个万年，而文学语言形式则一般出现在文字记录长篇的语言之后。

（一）汉语的口语

口语是人类最重要的交际工具，也是思维工具，历代口语是历代书面语、历代文学语言的源头活水。口语以语音为承载工具，是靠说和听来实现交际。

1.史前口语

汉语口语的历史，是跟中华大地上人类的历史、人类社会的历史相联系的。中华文化是中华大地上多元的人类文化经过千万次的交流、千万次的融合的结果。

我们现在说话所用的口语，是中华大地上的人类、人类社会，经过漫长的直立人（晚期猿人）语言、古人（早期智人）语言、新人（晚期智人）语言的进程，经过不同的人群、不同的氏族、不同的部落、不同的部落联盟、不同的民族千万次的交流、千万次的融合而形成的，是由中华大地上的中华民族创造的。

关于早期人类的语言，我们深信劳动创造了语言。恩格斯在《劳动在从猿到人转变过程中的作用》中说：

> 更加重要得多的是手的发展对机体其余部分的直接的、可证明的反作用。我们已经说过，我们的猿类祖先是一种群居的动物，人，一切动物中最爱群居的动物，显然不可能来源于某种非群居的最近的祖先。随着手的发展、随着劳动而开始的人对自然的支配，在每一新的进展中扩大了人的眼界。他们在自然对象中不断地发现新的、以往所不知道的属性。另一方面，劳动的发展必然促使社会成员更紧密地互相结合起来，因为劳动的发展使互相支持和共同协作的场合增多了，并且使每个人都清楚地意识到这种共同协作的好处。一句话，这些正在生成中的人，已经达到彼此间不得不说些什么的地步了。需要也就造成了自己的器官：猿类的不发达的喉头，由于音调的抑扬顿挫的不断加多，缓慢地然而肯定无疑地得到改造，而口部的器官也逐渐学会发出一个接一个的清晰的音节。①

---

① 恩格斯：《劳动在从猿到人转变过程中的作用》，载《自然辩证法》，人民出版社2015年版，第306页。

据考古学家统计，中华大地上的古人类遗址超过2000处，遍布全国。中华大地上的古人类经历了直立人、古人、新人三个阶段：

直立人，又称晚期猿人，生活在距今约一百七十万年至十万年前。公认的有元谋人、蓝田人、北京人、郧县人、郧西人、和县人等。

古人，又称早期智人，生活在距今十万年至四万年前。有代表性的如大荔人、丁村人、许家窑人、金牛山人、长阳人、巢县人、马坝人等。

新人，又称晚期智人，生活在距今约四万年至一万年前。主要的有山顶洞人、峙峪人、河套人、安图人、哈尔滨人、柳江人、兴义人、丽江人、左镇人等。①

按照恩格斯的原始人类与语言的关系的说法，生活在距今约一百七十万年前的元谋人就已经进入会说话的时代。北京人生活在距今约七十万年至二十万年前，郭沫若主编《中国史稿》第一章"中国历史的开端"曾描写到北京人说话的历史：

北京人的脑髓已经远比现代猿类大而完善，脑量平均约为1059毫升，比现代猿类的平均脑量415毫升大一倍半以上。在六个比较完整的头骨中，最大脑量为1225毫升，已接近于现代人的平均脑量1400毫升。他们脑部结构的复杂和完善的程度，更是现代猿类所不能比拟的。由于在长期的体质形成过程中右手比左手更多地使用，大脑的左边也比右边略大一些。从脑子的发展程度来看，他们已经有了语言。语言是从劳动中并和劳动一起产生出来的。"首先是劳动，然后是语言和劳动一起，成了两个最主要的推动力，在它们的影响下，猿的脑髓就逐渐地变成人的脑髓"，而"脑髓和为它服务的感官、愈来愈清楚的意识以及抽象能力和推理能力的发展，又反过来对劳动和语言起作用，为二者的进一步发展提供愈来愈新的推动力"。②

生活在中华大地上的早期的人类，经历了漫漫的旧石器时代、中石器时代、新石器时代，度过了悠久的原始人群、母系氏族、父系氏族时期，其发音

---

① 阴法鲁、许树安主编：《中国古代文化史》（一），北京大学出版社1989年版，第10—11页。

② 郭沫若主编：《中国史稿》（第一册），人民出版社1976年版，第7页。

器官、思维能力也在劳动和说话中得到改造与发展。对于古人说话的具体情况和说话的性质，我们已无从知道了。我们推想，语音一定是音节分明的，音义一定是结合的，表义一定是从一个一个的概念开始的，概念的组合一定是由短到长发展的。换句话说，早期人类的语言一定是语音、词汇、语法三者兼备的，词汇一定是接受语法支配的。从某种意义上说，今天所说的"词"，如果将来考古有所发现、有条件的话，可以上溯到我们的祖先诞生的时代。

2.华夏语

恩格斯说，人类的发展，"首先是劳动，然后是语言和劳动一起，成了两个最主要的推动力"①。语言是人类发展的两个最主要的推动力之一，可见，语言在人类的发展、社会的发展、文明的发展中的重要地位。根据我国光辉灿烂、丰富多彩的古代文明，尤其是古文字，我们认为，以单音节词根占绝大多数、单音节词根大多可以自由运用、以主—谓—宾为基本语序、由一定量虚词为语法调节、有声调、现代语言学分类中被称为"词根语"的汉语（为称说方便，下面称为"词根语"的汉语或词根语汉语），早期被称为华夏语，产生的时代也应当相当早。

"词根语"的汉语的口语，是在原始口语的基础上又经历了一个漫长悠久的过程，中华大地上的多元的人类文化又经过千万次的交流、千万次的融合的结果。我们推想，"词根语"的汉语，形成于晚期智人后期，相当于旧石器时代晚期、母系氏族后期，距今有一两万年。我们的祖先说了很长一段时间的"词根语"后，大约距今八千年前，产生了反映"词根语"的原始汉字。原始汉字肯定是为"词根语"汉语口语而造，先是为记住口语中某个概念或某些概念而造，记录概念的汉字多到能记录线性的复杂概念，即一组合概念、语言中的一个词组，甚至一个短句时，才产生为词组中或者句中的某个概念、某种关系而造。汉字是在适应汉语口语中的概念、组合概念、短句、长句甚至篇章的需要中逐渐产生的。为适应记录汉语的需要，汉字的产生过程最初是非常缓慢的，随着字数的增多以及记录语言的能力加强，造字的速度逐渐加快。商代甲

---

① 恩格斯：《劳动在从猿到人转变过程中的作用》，载《自然辩证法》，人民出版社2015年版，第307页。

骨文文献、西周金文文献中，假借字还很多。直到不用假借字的时候，汉字的数量才算大致适应了汉语的需要。从被汉字记录的语言单位来说，最早的汉字记录的是概念与意义，也就是口语中的词。反过来也证明，原始汉字记录的汉语是"词根语"。"词根语"的汉语被原始汉字记录之前，应当有一个悠久的无文字记载时期。同时，我们认为，"词根语"的汉语在被汉字记录之前，已经成为语素、词、词组、句子完备的严密的汉语语言系统。

最早产生的原始汉字记录的汉语的单位是概念，是意义，是口语中的词，这是汉语书面语词汇史的开端。

关于这个问题，李运富教授提出的汉字的"形、意、用"新三要素观念和"字用"理论，为我们提供了有力的证据和有力的解释。

李运富教授认为：汉字有"形、意、用"三要素，"形"是汉字成立的前提，是视觉感受到的直接印象。"意"指的是汉字的"构意"，它直接来源于对客观事物（包括抽象概念）和语言音义的认识，是体现在汉字内部结构上的构形理据。"意"在汉字的初创时期具有普遍性。"用"指的是汉字的功用和职能，汉字既可以只记录语言的意义信息，由"形""意"结合直接表示客观事物或某个约定的内容（如初始状态的"图形字""徽标字"，后来的方言字、训读字），也可以记录语言的表达单位，包括语音单位和音义的结合体。字形构意跟语言音义的联系并不一致。"汉字的产生也得一个一个地造，而且造字者并非一时一地一人，所以不可能一开始就针对某个词组或某个句子里的所有词来造字……人们首先为语言中最重要的一些词语造字，这些字虽然还不能'成组成句'地记录语言，但能反映交际中人们最关心的一些概念和意义……因此根据语言的某些意义单位（基本词义）或交流所需的某类信息（基本概念）来造字，这些被最初造出来的字就是汉字系统的源头字。"[①]

李运富教授的汉字"三要素"是一个对汉字系统的新认识，最具实践价值的是字"用"理论，为汉字提出了新范围，把汉字的产生时代提前了数千年，为汉字产生以后的复杂变化提供了新理据，对关于汉字与词语关系的研究提出了新任务。

---

① 李运富：《汉字学新论》，北京师范大学出版社2012年版，第5—6、22页。

根据李运富教授和有关学者的研究，距今八千年左右的宁夏大麦地岩画中有1500多个抽象符号，河南舞阳县贾湖遗址中有16个刻画符号，甘肃秦安大地湾遗址中有10多种彩绘符号，距今七千三百年左右的安徽蚌埠双墩文化遗址中有600多个刻画符号，可确定的有"云""人""它""鱼""鹿""网""阜""刺"等字……这些符号，"简直跟甲骨文没有什么差别了"。[①]

自此，作为"词根语"的汉语有了文字，有了书面语的词语，或者说，有了词语的书面语。这些书面语的词语是很简单的，但在此基础上，汉字逐渐记录词组，记录句子，记录篇章。至《尚书》的《虞书》《夏书》，至商代甲骨文、金文，汉语一步一步走向完善的书面语时代。

而汉语的口语又受到书面语的影响，词汇则由于汉字的记录而逐渐巩固，逐渐丰富多彩；语法则由于汉字的记录而语序固定，句式加长，产生虚词，语义含量增加，更富多样化；语音则逐渐产生标准音，趋于统一，趋于系统化。

华夏语的口语，即汉语的口语继续沿着"词根语"的方向发展着、丰富着。

（二）汉语的书面语

书面语是文字产生以后，以口语为基础，由文字记录的语言，是第二性的。口语是第一性的，它是以声音运载的音、义符号系统，依靠说和听实现交际。书面语是以文字笔迹形成的字形为运载工具的形、音、义符号系统，依靠书写和阅读来实现交际。有文字记录的语言，都存在这两个系统。这两个系统的样貌很不一样。汉语的书面语样貌跟文献学有关，即陆宗达先生、王宁先生所说的"文献语言"，近似于华学诚教授、张猛教授所说的"文献语言"，即"文字记载的古代文献"的语言。[②]

汉语书面语从什么时代开始呢？因为词汇一定是接受语法支配的，我们还是从词汇开始的时代来谈。

关于母系时代的词语，《尔雅》中有母系氏族时期的词语。如：

《尔雅·释亲》"母党"："母之姊妹为从母，从母之男子为从母舅弟，

① 李运富：《汉字学新论》，北京师范大学出版社2012年版，第22—27页。

② 华学诚、张猛：《"文献语言学"学科论纲》，载《文献语言学》（第四辑），中华书局2017年版，第19页。

其女子子为从母姊妹。"

其中的"从母""从母晜弟""从母姊妹"为母系氏族时代的词语。

《尔雅·释亲》"妻党"："姑之子为甥，舅之子为甥，妻之晜弟为甥，姊妹之夫为甥。""男子谓姊妹之子为出。""女子谓晜弟之子为侄，谓出之子为离孙，谓侄之子为归孙。"

其中"甥""出""侄""离孙""归孙"等，都是母系氏族时代的词汇。

又："妇称夫之父曰舅，称夫之母曰姑。姑舅在，则曰君舅、君姑；没，则曰先舅、先姑。谓夫之庶母为少姑。"

其中"舅""姑""君舅""君姑""先舅""先姑""少姑"等，也都是母系氏族时代的词汇。

我们说这些词都是母系氏族社会的词汇，是因为这些称谓词都是以母亲这一方为基点来为各种关系的人命名的。

由于在母系氏族时代人们对这些词语的内涵、外延是清楚的，使用也不会出差错，所以《尔雅》中的这些解释语言也应当是母系氏族时代的。

王力先生曾经从语言的社会性出发，探讨过原始社会的词汇、渔猎时代的词汇、农牧时代的词汇、奴隶社会的词汇。

王力先生认为，"语言是社会的产物"，"语言的产生远在文字之前"，"依理推测，汉语的基本词汇，绝大部分应该在原始社会中已经存在了"。关于原始社会的词汇，如"日、月、风、云、雨、虹、蜺、雪"等天文气象词汇对应的概念，在原始社会中就已经存在了，"甚至日、夕、晴、雨的概念，也早已有了"。人称代词"余、朕、我""女、乃"原始社会也有了。渔猎时代的动词有"渔、田、狩、逐、从、获"，狩猎的对象有"鹿、麋、麕、狐、兕、豕、兔、雉、虎、象"等。农牧时代的词汇有农作物词汇"禾、黍、稷、秬"，农具词汇有"耒、耜、蜃"，耕作词汇有"耤"，收获词汇有"啬"，谷熟叫作"年"，收获后尝新之礼叫作"登"等。①

《尔雅》和王力《汉语词汇史》记录的早期词汇是零散的，大规模的汉语书面语语料还需要在大规模的汉语书面语文献出现之后进行收集。周革殷命

---

① 王力：《汉语词汇史》，中华书局2013年版，第1—5页。

夺取政权后，周公代表成王向殷遗臣说："惟尔知，惟殷先人有册有典，殷革夏命。"（《尚书·多士》）这里是说，殷的先人商汤，革夏命，夺取政权，都被记载在"册""典"里了。那么，商代已有"册""典"文献是没有问题的。如果商汤革夏命事当时就被记载在"册""典"里，或许夏代就有了文字，甚至也有"册""典"。古文字中，"册"象竹简编联之形，"典"在"册"的基础上添加"廾"而产生，可见"典""册"就是指竹简木牍一类的书籍。很可惜，简牍一类文献不易保存，战国以前的竹简木牍还未被发现。但是，我们不能忘记，早在商代就已"有典有册"了。

汉语有着漫长的书面语历史，在各个不同的时期，书面语很不相同。这是由很多因素造成的，包括文字的形体，书写的载体，文字的写、刻、铸、雕的书写方法的不同，文字的假借、异体、俗体的区分，成篇的文章有文体、语体等不同，更重要的是时代不同、社会不同、写者读者人不同、人的思维不同，各种不同往往需要专家来解决。所以，汉语史上的书面语面貌，必须要通过多学科的学科史来介绍，只有依赖于古文字学、《说文》学、音韵学、训诂学、古文献学、考古学、古代史、古代文学、古代哲学、古代文化学等多学科和它们的历史来解决。这是大家所熟悉的。受篇幅限制，这里不多谈了。

但是，不管各个时代的书面语多么复杂，距离口语有多远，各个时代的口语都是第一性的，都会对书面语有影响。同时，书面语都会规范口语，影响口语，书面语与口语二者是相互促进的。

（三）汉语的文学语言

王力先生认为，汉语史选用的语料主要是文学语言。王力先生说："汉语史所研究的语言，应该确定为文学语言。……我们应该是从文学语言的角度来看语音、语法、词汇的发展。……如果不能说明文学语言的发展的情况的，就不能认为汉语史的主要对象。"（王力《汉语史教学一年的经验和教训》）

文学语言，指经过加工、规范的书面语言。《大辞海》语言学卷"文学语言"条说："即'标准语'。""标准语"条说："亦称'文学语言'。经过加工和规范的共同语。……在古代社会，主要指文牍、文学、宗教和科学等文化领域中使用的书面语；在现代社会，为民族共同语的加工形式。"文学语言具有以下特点：（1）规范性；（2）书面形式定型化；（3）具有完备的语体系统；（4）超方言性。"现代汉民族共同语的标准语即规范化的普通话。"
（《大辞海》）

《汉语大词典》所用语言就是汉语历史上的文学语言。所以，我们以《汉语大词典》所收词汇及所反映的语言信息作为汉语词汇通史研究的主要材料。

在当时的人力物力条件下，《汉语大词典》初版使用的图书典籍有一万余种。

我们也考虑到，《汉语大词典》由于编写时科技手段的局限，漏收了一些文献。我们在编写《汉语词汇通史》时，继续增补有关文献的词汇。增补情况如下：

1.补充甲骨文语料。《汉语大词典》编纂手册单字条例说："凡已隶定，有音有义，且有书证的单字，应予收列；虽经隶定（一般按金石碑版及古文字专书所录原形描摹），但不见于古今字典、词典、韵书，未在一般著作中通行的，不予收列。"这样，就把甲骨文排除了。这也是可以理解的，甲骨文的字形、书证实在难以跟标准印刷体混合排版。但是，我们写汉语词汇通史，就不能没有甲骨文，不能没有"商代词汇史"。为此，我们补充了甲骨文语料，包括所有甲骨文著录、甲骨文考释、甲骨文释读、甲骨文字典、甲骨文词典、甲骨文诂林等，补写"商代卷"。

2.同样由于《汉语大词典》单字条例的原因，"西周卷""春秋卷"要补充金文考释、金文通读、金文字典、金文词典、金文诂林等，充分吸收《殷周金文集成引得》《金文词典》等成果。

3."战国—秦卷""西汉卷"要补充各种简帛词汇，充分吸收《出土战国文献字词集释》《秦汉简帛字词札记》及各种简帛专书的字词研究成果。

4."东汉卷""魏晋卷""南北朝卷""隋代卷""唐代卷""五代卷""宋代卷"要补充佛教词汇、道教词汇，充分吸收《佛教大词典》《道教大词典》《魏晋南北朝小说词语汇释》《唐五代语言词典》《宋语言词典》《敦煌文献语言词典》等成果。

5."元代卷"要补充吸收来自蒙古语的外来词，充分吸收《元语言词典》《元明戏曲中的蒙古语》等成果。

6."明代卷""清代卷"要补充吸收《近代汉语词典》《白话小说词典》

的成果，要充分吸收反映鸦片战争后中国社会剧烈变动的词汇成果。

7."民国卷"要充分吸收反映由文言到现代汉语转变的研究成果，充分参考如马西尼《现代汉语词汇的形成》、黄河清《近现代汉语辞源》等。

8.为了增补单音节词，我们编写《〈说文解字〉补编》，增补了各个朝代新增的单字。

所以，我们的《汉语词汇通史》各卷，供分析、使用到的词汇量要超越《汉语大词典》。

另外，《汉语大词典》第一版是集体成果，当时研究手段比较落后，几乎完全靠手工，所以存在着这样那样的错误和不足。出版后，我们收集到学界批评纠正文章2000余篇，专书6部。对于这些纠谬成果，我们进行了有选择的吸收。

三、已有关于汉语史的分期

关于社会科学史的观念，战国时期的学者针对人类社会的历史就提出了"上古""中古""下古"与"上世""中世""下世"等概念。到汉代，司马迁要写"中国通史"，提出"究天人之际，通古今之变"，自此，"通古今之变"成为中国历代史学家的追求。

我国古代语言学的历史上，"史"的观念建立得也很早。《尔雅·释诂》："初、哉、首、基、肇、祖、元、胎、俶、落、权舆，始也。"郭璞注："此所以释古今之异言，通方俗之殊语。"

扬雄《輶轩使者绝代语释别国方言》之"绝代语"指远代词语，"别国方言"指方国方言俗语，这是词语的时空观念，也是认为词汇有古今方俗之变。

许慎《说文解字叙》记录我国的汉字史，从伏羲氏作《易》八卦、神农氏结绳为治、黄帝之史仓颉造字、宣王太史籀著大篆、孔子书六经以及左丘明述《春秋传》之古文、秦八体、新莽六书，直至《说文解字》所收的篆文、古籀。这差不多是许慎认为的我国文字从起点到他写《说文解字》时代的通史。这体现了许慎持汉字有古今之发展的认识。

隋陆法言《切韵序》："因论南北是非，古今通塞，欲更捃选精切，除削疏缓。"其中包含了古今语音的探讨。

明陈第《毛诗古音考自序》："盖时有古今，地有南北，字有更革，音有转移，亦势所必至。"《屈宋古音义跋》："夫古今声音必有异也。故以今音读今，以古音读古，句读不龃于唇吻，精义自绎于天衷，确乎不可易之道也。"这里指出语音的古今发展演变。

"小学"中前人的这些古今分期、古今之变的宏论，指导我国词义、词汇、文字、方言、音韵、文献语言研究走向一个高峰又一个高峰。但这些理论毕竟是分散的、局部的，标准语焉不详，指导意义有限。

19世纪末20世纪初，我国语言学进入现代语言学阶段后，对汉语史的分期，逐渐向科学化、精确化迈进。

（一）王力先生的分期（四分法+过渡期）

我国第一个站在现代语言学立场上，提出"汉语史"，并将其分为"上古汉语""中古汉语""近代汉语""现代汉语"四期，为分期提出明确标准，为四期提出起讫时间之"初步意见"的是王力先生。郭锡良先生说："王力先生是汉语史研究的开创者，1954年他在北京大学开设了一门从未有的新课'汉语史'。此后四年之中，王力先生全力以赴，不但综合了我国传统小学、当代汉学（包括中、外学者）的学术成果和个人二三十年的研究心得，还参考了当时条件下所能找到的苏联有关语言史的教学大纲和教材（《俄语历史语法》和教学大纲、俄译本的英语史和法语史教学大纲等），完成了《汉语史稿》这部开山之作，并于1957年3月至1958年6月分成上、中、下三册由科学出版社先后出版。"[1]

《汉语史稿》把汉语史分为四期：

1.上古期：公元3世纪以前（五胡乱华以前）。王力先生在《汉语史稿》中对于语法史、词汇史都是从商代甲骨文讲起，上古汉语的起点应当是公元前1300年，至公元300年，上古汉语时期共一千六百年，包含商代、西周、春秋、战国、秦、西汉、东汉、三国、西晋，共9个时段。

公元3、4世纪为过渡阶段。

2.中古期：公元4世纪至12世纪（南宋前半）。从公元400年算起，到公元1200年，那么，中古汉语时期共八百年，包含东晋（十六国）、南北朝、隋

---

① 郭锡良：《汉语史的分期问题》，《语文研究》2013年第4期。

朝、唐朝、五代十国、北宋、南宋前半，共7个时段。

公元12、13世纪为过渡阶段。

3.近代：公元13世纪至公元19世纪。

自1840年鸦片战争到1919年五四运动之间为过渡阶段。如果把过渡时期（1840年到1919年）计算在内，近代汉语时期共六百一十九年，包含南宋后半、元朝、明朝、清朝、民国初年，共5个时段。

4.现代：1919年五四运动以后。现代汉语时期从1919年至今，共一百多年。[①]

全部汉语史约三千三百年。

关于汉语史的分期，王力先生第一次从现代语言学理论和汉语史发展实际两个方面提出了明确的标准。

关于前者，王力先生说："必须从语言发展的内部规律去定出语言的历史分期。"王力先生还引用苏联语言学家维诺格拉多夫的话说，某一具体语言的发展规律就是"它的动态的规律，它的量变和质变的规律，它从一个质转变为另一个质的规律"，引用恩格斯的话说"无论怎样逐步进行，从一个运动形式进到别个运动形式的转变，总是一种飞跃，总是一种决定的转变"。"因此，我们就有可能找出汉语渐进发展史的许多世纪中特别突出的某些变化，作为汉语向新质过渡的特点。"[②]

关于后者，也就是王力先生找出的汉语由旧质向新质过渡的某些特别突出的变化有：

上古汉语：（1）判断句一般不用系词。（2）疑问句代词宾语放在动词前面。（3）入声有两类（其中一类到后代变了去声）。

中古汉语：（1）在口语的判断句中系词成为必需成分。（2）处置式产生。（3）完整的"被"字式被动句普遍应用。（4）形尾"了""着"产生。（5）去声字产生。

近代汉语：（1）全浊声母在北方话里消失。（2）–m尾韵在北方话里消

---

① 王力：《汉语史稿》，中华书局2013年版，第35页。

② 王力：《汉语史稿》，中华书局2013年版，第33页。

失。（3）入声在北方话里消失。

现代汉语：（1）适当地吸收西洋语法。（2）大量地增加复音词。[①]

王力先生提出汉语史分期将近七十年了，他的汉语史分期对我国语言学研究产生了巨大影响，使我国的语言学研究产生了一个二级学科"汉语史"。"汉语史""上古汉语""中古汉语""近代汉语""现代汉语"，"语法史""语音史""词汇史"，"上古词汇史""中古词汇史""近代词汇史""现代词汇史"，以及汉语史的"四分法"等，已成为汉语言文字学的通用概念，使汉语史研究进入了一个崭新的时期，出现了前所未有的新局面，汉语史研究取得了巨大的成就。

我们的汉语词汇通史研究，也是在王力先生汉语史理论、汉语史特点认识指导下进行的。但是，我们在吸纳王力先生学说的同时，也要吸纳语言学界词汇史近七十年来研究的新成就、新发展。

回头看将近七十年前王力先生的汉语史"四分法"，上古期包含9个时段，一千六百年；中古期包含7个时段，八百年；近代期包含5个时段，六百一十九年。每一时期的时间太长了，湮没了语言很多变化，尤其是词汇，还会给人以误解，好像复音词是到了现代汉语才大量增加的。

回头看将近七十年前王力先生的所举汉语史特点，基本上是语音、语法方面某一局部质变，很难根据它就认为汉语史发生了阶段性的质变。

其实，王力先生的《汉语史稿》除了语音史部用了"四分法"，按照"上古的语音系统""由上古到中古的语音发展""由中古到现代的语音发展"的顺序书写，语法史、词汇史都是按专题讲的。他后来把《汉语史稿》修改拆分为《汉语语法史》《汉语词汇史》《汉语语音史》三部书。《汉语语音史》则完全改用以时代为顺序的新体系，卷上"历代的音系"大致是按朝代或以朝代为线索分期的，分先秦、汉代、魏晋南北朝、隋—中唐、晚唐—五代、宋代、元代、明清、现代，共9个音系。王力先生这一修改，给我们很多启发。单就音系时代讲，1918年钱玄同《文字学音篇》将古今音划分为周秦、两汉、魏晋南北朝、隋唐宋、元明清、现代六期，又可把两汉附于周秦，魏晋南

---

① 王力：《汉语史稿》，中华书局2013年版，第35页。

19

帮

总序

北朝冠于隋唐宋，元明清、现代合而为一，视为三期。

（二）周祖谟先生的分期（四分法基础上的六分法）

周祖谟先生在《汉语发展的历史》一文中将汉语史分为六期。

1.上古时期（公元前771年以前）。这是以商代甲骨文为起点，到西周末，包括商代、西周，共五百二十九年。

2.上古后期（公元前770年—公元219年），包括春秋、战国、秦、西汉、东汉5个时段，共九百八十九年。

3.中古时期（公元220年—公元588年），包括魏晋南北朝，共三百六十八年。

4.近古时期（公元589年—公元1126年），包括隋、唐、五代、北宋，共五百三十七年。

5.近代（公元1127年—公元1918年），包括南宋、金代、元代、明代、清代、民国初年，6个时段，共七百九十一年。

6.现代（公元1919年以后）。[①]

周祖谟先生分期的标准比较全面，外因有社会的发展、民族的战争、地理的悬隔，内因有语音、语法、词汇以及文字的变化。

（三）唐作藩、郭锡良先生的分期（四分法基础上的五分法）

汉语史分期是从王力先生在北京大学开授汉语史课程开始的，之后唐作藩先生、郭锡良先生又讲了一辈子汉语史，对于汉语史分期，他们自有切身感受。他们的感受是有启发意义的。

唐作藩先生在《汉语语音史教程》自序里说，1960年代就在王力先生《汉语史稿》的基础上撰写了汉语史讲义。汉语语音史课程唐先生共讲了15次，2006年开始修改讲义，经历了两年半，2009年完稿，定名为《汉语语音史教程》。在《汉语语音史教程》中，有"汉语语音史的分期"一节，唐先生是把汉语语音史的分期放在汉语史的分期中来论述的。

唐先生认为，关于汉语史分期影响大的有两家，一是王力先生，一是吕叔

[①] 周祖谟：《汉语发展的历史》，载《周祖谟语言学论文集》，商务印书馆2001年版，第9—15页。

湘先生。王力先生侧重以语法结构作为汉语史分期标准，吕叔湘先生以文体转变作为汉语史分期的标准。这两种标准唐先生都不完全认同。

唐先生说："研究语言的分期必须考察语言内部诸要素，即语音、语法和词汇三部分。这三部分各有其系统性，而又共同组成语言这一统一体。这三部分的发展虽然是不平衡的，都各有新质要素的产生和旧质要素的衰亡问题，但是它们是互相联系、互相制约的；某一组成部分的系统发生了变化，就必然会引起另两个组成部分的变化，并有可能破坏各个组成部分的旧的统一而达到新的统一。因此，我们研究汉语史的分期时，既不能只看其中一个组成部分而放弃另两部分，也不能在其中分别主次，而应该把三部分当作一个统一的整体，即必须把语音、语法、词汇三部分结合起来进行考察，只要发现三部分的变化涉及到系统性的变化，而不是个别的、局部的、量的变化，就可以划分为一个新的时期。"①

唐先生把语音、语法、词汇看作语言的统一体，语音、语法、词汇中任何一部分的变化都有可能引起语言系统的变化，必须把三者放一起来考察语言的变化，也就必须把三者放在一起来为语言分期。

于是，唐先生以语音、词汇、语法三个方面都有显著变化为标准，把汉语史分为五期：

1.殷商时代为远古时期（公元前20世纪至公元前12世纪）。

2.周秦两汉为上古时期（公元前11世纪至公元2世纪）。

3.魏晋南北朝至隋唐为中古时期（公元3世纪至公元9世纪）。

4.从唐末至清代为近古时期（公元10世纪至公元19世纪），一般称作"近代汉语时期"。

5.从20世纪至今为现代汉语时期。②

唐先生的《汉语语音史教程》《汉语词汇发展简史》大致都是按照五期分类法撰写的。

郭锡良先生在《汉语史的分期问题》一文里，"认为王力先生设立过渡

---

① 唐作藩：《汉语语音史教程》，北京大学出版社2011年版，第12页。

② 唐作藩：《汉语语音史教程》，北京大学出版社2011年版，第12—14页。

阶段的方案是正确的，另外应该增加远古、近古两个时期”。具体来说，就是“将殷商时代的甲骨刻辞从上古汉语中切分出去，定为远古汉语”。他把王力先生提出的“近代”（公元13世纪—公元1840年鸦片战争）分为两期：“十三世纪至十四世纪（南宋后半、元）为近古期”，“十四世纪至十七世纪（明、清前期）为近代期”。①

（四）向熹先生的分期（四分法基础上的十分法）

向熹先生的《简明汉语史》，以汉语语音史、汉语语法史、汉语词汇史三项内容为研究对象，也是站在语言语音、语法、词汇三要素的立场为汉语史分期的。其特点是在上古、中古、近代期的内部又分出前期、中期、后期。这样，对汉语史的分期实际上就多达十期。除现代期以外，每期的历时时间与四期分类法相比缩短了约三分之二，接近按朝代分期。并且，每期皆讲出了在语音、词汇、语法、社会等方面的特点。这是很有启发意义的。

1.上古期：从公元前18世纪到公元3世纪，即商、周、秦、汉时期。商代是上古前期，周秦是上古中期，两汉是上古后期。

2.中古期：从公元4世纪到公元12世纪左右，即六朝、唐、宋时期。六朝为中古前期，唐代是中古中期，宋代是中古后期。

3.近代期：从公元13世纪到公元20世纪初，即元、明、清时期。元代是近代前期，明清是近代中期，鸦片战争至五四运动是近代后期。

4.现代期：从五四运动到现在。②

（五）吕叔湘先生的分期（由二分法到三分法）

对汉语史的分期，影响大的还有吕叔湘先生。吕先生在分期问题上前后有所变化。

1984年4月，吕叔湘先生在《近代汉语指代词》“序”中持二分法，即以晚唐五代为界，汉语史分为古代汉语和近代汉语，现代汉语是近代汉语中的一部分。吕先生说：“秦以前的书面语和口语的距离估计不至于太大，但汉魏以后逐渐形成一种相当固定的书面语，即后来所说的‘文言’。虽然在某些类

---

① 郭锡良：《汉语史的分期问题》，《语文研究》2013年第4期。

② 向熹编著：《简明汉语史》（上册），高等教育出版社1993年版，41—43页。

型的文章中会出现少量口语成分，但是以口语为主体的'白话'篇章，如敦煌文献和禅宗语录，却要到晚唐五代才开始出现，并且一直要到不久之前才取代'文言'的书面汉语的地位。根据这个情况，以晚唐五代为界，把汉语的历史分成古代汉语和近代汉语两个大的阶段是比较合适的。至于现代汉语，那只是近代汉语内部的一个分期，不能跟古代汉语和近代汉语鼎足三分。"①

但是，到了1986年8月，吕先生为江蓝生先生《魏晋南北朝小说词语汇释》写序的时候，看到魏晋南北朝小说中的词语，或者其中某些词语的用法，"多数不见于秦汉以前的古籍，也只有小部分一直沿用到宋元以后的俗文学作品"，动摇了"古代汉语""近代汉语"二分法，也改变了"古代汉语""近代汉语"的起讫时间。吕先生说："秦汉以前的是古代汉语，宋元以后的是近代汉语，这是没有问题的。从三国到唐末，这七百年该怎么划分？这个时期的口语肯定是跟秦汉以前有很大差别，但是由于书面语的保守性，口语成分只能在这里那里露个一鳞半爪，要到晚唐五代才在传统文字之外另有口语成分占上风的文字出现。拿目前这本书里边的词语来看，从古典书面语的立场说，这些都是'俗语'，也就是说，都可以算是近代汉语的'露头'。"②

这里，吕叔湘先生说，秦汉以前是"古代汉语"，宋元以后是"近代汉语"，三国到唐末是"近代汉语的'露头'"，也就是在吕先生原来的"古代汉语"阶段又划分出一个"近代汉语的'露头'"阶段。

值得注意的是，吕叔湘先生为汉语史划分时代的标准与前述诸家不同。前述诸家的标准是语音、语法、词汇之重大变化，吕叔湘先生所根据的是语体（请注意，不是"文体"）之重大变化，即书面语形成的文学语言从以文言语体为基础转为以口语语体为基础的变化。分期标准的变化，带来分期时段、起讫点的变化，也带来研究内容、研究体系、研究方法的变化，这是汉语史分期标准、分期时代、汉语史研究方法的巨变。

我们认为，吕先生这一变动，立足于汉语口语发展史，是站在口语立场上，一段一段从上古往下捋，与汉语史长时段发展实际相符合，与语言史应当

---

① 吕叔湘著，江蓝生补：《近代汉语指代词》，商务印书馆2017年版，序言第1页。

② 江蓝生：《魏晋南北朝小说词语汇释》，语文出版社1988年版，序言第1—2页。

是口语的历史理论相符合，根据是充足的。所以，吕先生以三国到唐末为"近代汉语的'露头'"、宋元以后为"近代汉语"的划分，对汉语史研究产生了重大影响，定将影响深远。

（六）江蓝生先生的分期（三分法）

江蓝生先生在《古代白话说略》中，站在文言与白话区别的立场，以白话与文言相区别为标准，把汉语史由"古代汉语""现代汉语"二分，改为"古代汉语""近代汉语""现代汉语"三分，并认为"古代汉语"属于文言系统，"近代汉语""现代汉语"属于白话系统。

江蓝生先生引述了黎锦熙和吕叔湘二位先生的观点，说："古代白话跟汉语史的分期有直接关系。长期以来大学里教汉语只有古代汉语与现代汉语之分，把'五四'时期以前的语言统统称为古代汉语。这种分期忽略了文言与白话的区别，没有正确地反映汉语发展的历史阶段，因而是不太科学的。……黎先生把近代汉语的上限定为宋，吕先生则前移至晚唐五代，理由是：'尽管从汉魏到隋唐都有夹杂一些口语成分的文字，但是用当时口语做基础，而或多或少地搀杂些文言成分的作品是直到晚唐五代才开始出现的（如禅宗语录和敦煌俗文学作品），因此我们建议把近代汉语的开始定在晚唐五代即第九世纪。'（见为刘坚《近代汉语读本》所作的序）不管把近代汉语的上限定在宋，还是定在晚唐五代，都是以白话文献的出现为依据的，也就是说近代汉语是以古代白话文献为研究资料，主要以隋唐以后的口语为研究对象的。现在国内学者大都接受把近代汉语的上限定在晚唐五代，把下限定在明末清初。"江先生又说："把汉语史由古代和现代的二分法改成古代、近代、现代的三分法不仅符合汉语发展的历史事实，而且也便于研究者分段开展研究。不过，如果以'文言'和'白话'来划分，那么古代汉语属于文言的系统，而近代汉语和现代汉语都属于白话的系统。"①

江蓝生先生关于汉语史时代划分的"三段论"，包含了汉语史以语体划分的文言系统和白话系统"两段论"。江先生的划分，对近代汉语研究产生了重大影响。例如《近代汉语大词典》《近代汉语读本》《近代汉语语法资料汇

汉语词汇通史 战国—秦卷

---

① 江蓝生：《古代白话说略》，语文出版社2000年版，第7—8页。

编》《近代汉语虚词研究》《近代汉语探源》《近代汉语研究新论》和《近代汉语词典》等一系列断代著作，都受此影响。

（七）徐时仪教授对汉语白话史的分期

汉语书面语的历史，有文言和白话两个系统。对于汉语史研究，有的学者独辟蹊径，单刀直入，直奔白话汉语史，那就是徐时仪教授。徐时仪教授著有《汉语白话史》，对汉语白话史进行过分期；还著有《古白话词汇研究论稿》，对古白话词汇的历史也进行了分期，颇有新意。

徐时仪教授把汉语白话史的分为"秦汉到唐的早期白话（白话挤入书面语）""唐到明的中期白话（白话书面语系统形成）""明到清的晚期白话（白话与文言并存）"三期，并就白话与文言的不同列出白话的8个特点：1.许多常用词的替代现象发生。2.有大量的俗词。3.古白话常带有方言色彩，反映了口语的地域性。4.构词和句法不同。5.古白话中一词多义现象迅速发展。6.同音通假字多，民间所造俗字多。7.文言具有超时空的广泛性和规范性，白话则随着口语不断变化。8.文言长于概括和写意，白话则善于铺陈描绘。①

徐时仪教授对古白话词汇历史的分期是：1.汉魏晋南北朝（文中夹白期）；2.隋唐宋元（半文半白期）；3.明清（相持分流期）；4.清末民初（文消白长期）。并且，他分别论述了各期特点。②

（八）对"上古汉语""中古汉语""近代汉语"上限、下限的讨论

王力先生曾提出"上古汉语""中古汉语""近代汉语""现代汉语"的断代概念，这几个概念深入人心。对这几个时段中的语音史、词汇史、语法史以及专书、专题、疑难词语等的研究，蔚为大观，尤其是中古汉语、近代汉语研究，更成为汉语史研究的热点，出现了许多优秀成果，使汉语史研究出现了欣欣向荣的局面，极大地改变了汉语史研究面貌。因此，"上古""中古""近代"的上限与下限问题也成为讨论的课题。

---

① 徐时仪：《汉语白话史》，北京大学出版社2015年版，第23—30页。
② 徐时仪：《古白话词汇研究论稿》，商务印书馆2021年版，第137—148页。

1. 对"上古汉语"上限、下限的讨论

讨论"上古汉语"词汇上下限的有史存直《汉语词汇史纲要》、潘允中《汉语词汇史概要》。我们以徐朝华《上古汉语词汇史》分期为例。因为，我们是研究汉语词汇史的，徐朝华是站在词汇史立场看分期问题的，所以，我们特别感兴趣。徐朝华认为，大家都认定上古为甲骨文时代，没有争议。但是，下限有的学者定在秦，有的学者定在两汉，徐朝华认为"下限定在两汉比较适当"。比较突出的特色是，徐朝华把"上古"又分成三期：

（1）上古前期：约公元前14世纪到公元前6世纪。在中国历史上为殷商时期到春秋中期。这个时期汉语词汇的主要特点是：①汉语词汇系统已经形成；②表示抽象概念的词不多；③单音词占绝对优势。

（2）上古中期：约公元前5世纪到公元前3世纪末。在中国历史上为春秋后期到战国末期。这个时期汉语词汇的主要特点是：①产生了大量新词，特别是有关意识形态和自然科学的词；②汉语文学语言词汇基础已经形成；③词义系统日趋复杂；④双音词比例明显增大。

（3）上古后期：公元前2世纪初到公元3世纪初。在中国历史上为秦汉时期。这个时期汉语词汇的主要特点是：①汉语词汇系统已较完善；②反映中央集权封建帝国特点的词大量出现；③外语借词在汉语词汇中开始占有一定地位；④词的双音化趋势已较明显。①

这里，对上古三期汉语词汇的特点，讲得中肯科学，符合汉语实际，以这些特点划分词汇史时代，可信度高，可行性强。

2. 对"中古汉语"上限、下限的讨论

对于"中古汉语"上限、下限提出看法的学者较多，我们以王云路教授《中古汉语词汇史》为例。王云路教授说："中古汉语的下限是到南宋、北宋，还是晚唐五代或隋？它的上限是起自魏晋，还是应该再往前推，包括东汉？是独立作为一个时期，还是和上古汉语一样，同属于古代汉语？……参考前辈时贤的意见，我们认为'中古汉语'不妨暂定为东汉魏晋南北朝隋，秦和西汉可以看作是从上古汉语到中古汉语的过渡时期，初唐、中唐可以看作是

① 徐朝华：《上古汉语词汇史》，商务印书馆2003年版，第11—13页。

从中古汉语到近代汉语的过渡时期。"①"中古汉语"的时代是东汉到隋，共五百九十三年。

关于研究对象、研究文献、中古汉语词汇的特征，王云路教授说："本书研究中古汉语词汇发展演变的历史，研究对象是从东汉至隋唐这一历史阶段的汉语词汇，涉及文献包括汉魏晋南北朝隋及初唐的佛典、小说、诗文、史乘、杂著、科技书、碑帖、出土文书等。"关于中古汉语词汇的特征，他引用其师蒋礼鸿的话说："所谓'中古汉语'，和前汉以上的'上古汉语'有其不同的地方，那就是它的语汇的口语化，这个口语化的现象表现在汉译佛经、小说、书简等方面。……所谓'中古汉语'，其语汇来源大致是这样的。"②中古汉语的特点是语汇的口语化，简洁明快，《中古汉语词汇史》所研究的就是中古的口语化词汇。这符合语言学研究口语词汇的方向，承担起了从被认为是"言文混杂"的书面语的中古文献里探讨口语化语汇的重任。

3.对"近代汉语"上限、下限的讨论

"近代汉语"在汉语史上的地位非常重要，因为它是"现代汉语"的直接源头，还因为它还存有汉语书面语发展的语言痕迹，它是汉语书面语由典范文言（上古以口语为基础的书面语）、仿文言（仿上古以口语为基础的书面语加上少量当时语言）、文白夹杂的白话（上古以口语为基础的书面语、仿上古以口语为基础的书面语、历代当时语言）、以近代口语为基础的白话，到"现代汉语"的最后一个阶段。研究汉语史的学者要区分它，研究"现代汉语"上限的学者也要区分它。所以，探讨"近代汉语"上限、下限的学者初步统计有几十人。

我们的着重点在于词汇史，这里以两位词汇史专家的观点为例：

方一新教授是把中古和近代放在一起进行研究的，他的《中古近代汉语词汇学》专列一节讨论中古、近代汉语分期。他认为，从东汉建立（公元25年）到隋代灭亡（公元618年）是中古汉语时期，整个时期约六百年。他又把中古汉语分为早、中、晚三期：早期为东汉（公元25年—公元220年），约两

---

① 王云路：《中古汉语词汇史》，商务印书馆2010年版，第2页。

② 王云路：《中古汉语词汇史》，商务印书馆2010年版，第2—3页。

百年；中期为魏晋（公元220年—公元420年），约两百年；晚期为南北朝、隋（公元420年—公元618年），约两百年。并且，他认为汉语史分期应当兼顾语法、语音和词汇的标准，详细论述了中古汉语的语法、语音、词汇的特征。①

方一新教授认为，近代汉语以晚唐五代为上限，以清代初期为下限，也分为早、中、晚三期：早期是晚唐五代到北宋，中期是南宋、金至元代，晚期是明代至清初。他在书中分别论述了各期语法、语音、词汇的特征。②

把中古汉语、近代汉语放在一起进行研究的著作，还有董志翘教授的《中古近代汉语探微》、曾昭聪教授的《中古近代汉语概论》等。

蒋冀骋教授和吴福祥教授一起著有《近代汉语纲要》，蒋冀骋教授自己著有《近代汉语词汇研究》。蒋冀骋教授对于汉语史分期有专论《论近代汉语的上限》，主张汉语史应当分为四期：上古，2世纪以前；中古，魏晋—中唐（2—8世纪末）；近代，晚唐五代—明末清初（9—17世纪）；现代，清末至今（18世纪至今）。蒋冀骋教授的关注点在于近代汉语，他认为近代汉语的分期标准是音韵、语法、词汇，列举了许多语言事实。③

现在，我们要对汉语史的分期谈点小结性的看法了。

为汉语史分期的过程，就是研究汉语史文献与汉语史内部发展形式的过程。汉语史文献太复杂了，汉语史内部发展形式也太复杂了。汉语史分期，如果从1920年代黎锦熙先生《中国近代语研究法》算起，有九十多年了；如果从1950年代王力先生《汉语史稿》算起，也有六十多年了。尤其是改革开放以来，大量学有专长的生力军参与其中，以语音、语法、词汇等方面大大小小的个体、专题、专书、断代等研究实践，以白话、文言、书面语、口语等方面大大小小的个体、专题、专书、断代等研究实践，开展了多角度的探索，应该说，在分期本身、在所分时段内的汉语现象研究等方面，都取得了巨大的成就。

---

① 方一新：《中古近代汉语词汇学》，商务印书馆2010年版，第26—38页。
② 方一新：《中古近代汉语词汇学》，商务印书馆2010年版，第18—19页。
③ 蒋冀骋：《论近代汉语的上限（上）》，《古汉语研究》1990年第4期。

（一）一批对于汉语史研究极重要的概念，如"上古""中古""近代""现代"，某一时段的"早期""中期""晚期"，由某一时段到下一时段的"过渡期"等，充分反映了汉语研究、汉语史研究的时代观念，相较于两千余年的"小学"时期的汉语研究，显然先进、科学。作为学科的"汉语史"，已步入科学汉语史阶段。

（二）各类分法的汉语史分期，上限、下限明确。汉语史分期大致有"四分法""二分法""三分法"和"多分法"，各类分法的历史时期的起点、终点比较明确。

（三）各家分期的标准比较清楚，大致有三种：

1.语音、词汇、语法标准，包括其中某种重要现象的出现与消失。

2.文言与白话语体标准，文言文是秦汉以前的书面语，白话文是以口语为基础的书面语，白话语法、白话词汇特点鲜明。

3.白话词汇标准，只写白话文词汇的历史。

（四）各种分期方法都出现了大批可喜成果，开创性的有之，经典性的有之，弥补空白的有之，拾遗补阙的也有之。此不详述。

有文字记录的汉语史有几千年，目前存在的汉语文献有8万多种，汉语史是中华民族文明的宝库，是世界文明的一个重要组成部分，可以说，对它的科学研究还刚刚开始，我们研究的路还很长。

四、《汉语词汇通史》对词汇史的分期

（一）汉语词汇通史研究法

汉语史及其词汇史、语法史、语音史的研究方法大致有两种：一是断代研究，即把史分成若干个共时时段，一个时段一个时段地进行研究；一是专题研究，即把史分成若干个专题，一个专题一个专题地进行研究。

王力先生开创的汉语史"四分法"，是把几千年的汉语史分成4个共时时段，一个时段一个时段地共时研究的方法，对推动汉语史的研究做出了卓越的贡献。但是，"四分法"也存在很大缺陷：

第一，"四分法"主要根据是语法和语音，基本没有考虑词汇的特点。在汉语史中，语法、语音、词汇的发展是不平衡的。词汇的发展要比语法、语音

快得多。所以，"四分法"不符合汉语词汇发展的实际，不适用于汉语词汇发展史的分期。

词汇要比语音、语法复杂得多，词汇的发展有它自己的规律。词汇的特点是类型多、层次多、数量多、交叉关系多、异质因素多，以及与社会关系密切。所以，词汇史分得细一些，能避免跳跃性，更能展示出发展的层次性、系统性与规律性。词汇有自己的规律、特点，我们应当按词汇发展演变的实际，来确定词汇史的断代。

第二，"四分法"时段太长，掩盖了词语词汇发展的线索。

上古涵盖一千多年，中古、近代涵盖几百年。一种语言的词汇，怎么会延续这么多年不变呢？这样断代，导致跨时段太长，不容易看清词汇的发展，不容易看清词汇发展演变的规律。斯大林曾说："语言反映生产的变化，是立刻、直接反映的。""语言，实际上是它的词汇，是处在几乎不断变化的状态中。工业和农业的不断发展，商业和运输业的不断发展，技术和科学的不断发展，要求语言用进行这些工作所必需的新词、新语来充实它的词汇。"①

汉语词汇发展演变的实际情况是怎样的呢？我们以汉语词汇史的两头为例：

我们以中华人民共和国成立之后七十多年的词汇发展演变为例，我与中华人民共和国同龄，回忆起来，语感可分为四个阶段：

1. "文革"前的十七年："三反""五反""四清""社教""大跃进""人民公社""拖拉机"等。

2. "文革"至十一届三中全会召开前："造反派""保守派""红卫兵""走资派""文斗""武斗""斗私批修""打翻在地"等。

3. 1978年十一届三中全会以后，我国开始以经济建设为中心，实行改革开放。邓小平同志号召"说新话"，经济建设、改革开放词汇逐渐出现。

4. 2013年，十八届三中全会后，我国推动全面深化改革，直到时下，我们感觉到词汇时时刻刻都在变化，都有"热字""热词"出现。在各行各业的传统领域与新开创领域，新词一大批一大批地出现。

---

① 斯大林：《马克思主义和语言学问题》，中共中央马克思恩格斯列宁斯大林著作编译局译，人民出版社1971年版，第7—8页。

汉语词汇通史 战国—秦卷

我们再以商代甲骨文词汇为例：

甲骨文记录商代晚期二百七十三年的历史，研究甲骨文的学者发现，这二百七十三年的甲骨文前后也有所不同。董作宾将这二百七十三年间的甲骨文分为五期：

第一期：武丁及其以前盘庚、小辛、小乙（一世三王，约公元前1334年至公元前1275年）；

第二期：祖庚、祖甲（一世二王，约公元前12世纪上半叶）；

第三期：廪辛、康丁（一世二王，约公元前12世纪下半叶）；

第四期：武丁、文丁（二世二王，约公元前12世纪下半叶至公元前11世纪上半叶）；

第五期：帝乙、帝辛（二世二王，约公元前11世纪中叶）。[①]

这五期，不光是"贞人""称谓""书体""字形"等不同，词汇也有不同。

（二）《汉语词汇通史》的朝代断代法

这里，我们提出一种认识：过去以为历史朝代更替影响不到语言变化，这是一种误解。过去一般认为，中国社会在夏、商、周时期是奴隶社会，自秦始皇至清末是封建社会，二者都是剥削社会，因而谈不上发展，谈不上变化，谈不上进步，朝代的更替影响不到语言。

其实，朝代的更替都是社会矛盾激化引发社会剧烈变动的结果，变动的事物是极为广泛的，朝代政治、制度、文化、科学、技术、工业、农业、商业、风俗等方面都会变化。这些变化无不打上朝代的标记，从而反映到语言上，引起语言词汇的变化、替换、衍生。这是我们研究词汇通史的一个发现。

例如，甲骨祭祀义域的词汇，到西周就少见了；西周职官义域的词汇，到春秋就少见了。"汉承秦制"，秦朝职官义域的词汇多被保留，但是西汉以后，各朝代的职官义域的词汇都发生了很大的变化。清末照相机传到中国，出现"摄相机""摄""摄像""摄相"等新词，后又出现"照相机""照""照相""照像"等新词。

---

① 赵峰：《汉字学概论》，厦门大学出版社2009年版，第137—138页。

社会性是语言的本质特征，决定词汇发展速度的主要因素是社会。"要了解语言及其发展的规律，就必须把语言同社会发展的历史，同创造这种语言、使用这种语言的人民的历史密切联系起来研究。"①在我国，社会发展的历史、人民的历史，是跟朝代的更替分不开的。我国古代每一个新王朝一建立，往往在政治、经济、文化方面采取一些新的措施，或多或少地推动了社会的变化发展，自然，语言也会敏感地随之变化发展。语言的社会性本质，让我们可以根据朝代划分词汇发展历史的阶段。

我们的《汉语词汇通史》的历时系统，以词的符号性变化、社会性变化、时代性变化为原则，打破传统四分法，大致以朝代为界，把汉语词汇史划分为15个时期（因《汉语大词典》未收商代甲骨文词汇，所以商代词汇暂付阙如）。这样既符合汉语发展的内因、外因，又符合汉语词汇发展的事实，或可揭示汉语词汇发展演变的规律。

需要说明的是，虽然《汉语大词典》没有用商代甲骨文语料，但《汉语词汇通史》不能没有商代甲骨文语料，所以我们补充了甲骨文语料，不过没有编写"商代卷"。秦朝因语料少并入战国，魏（三国）因语料少与晋合为魏晋。

因此，《汉语词汇通史》共分为西周、春秋、战国—秦、西汉、东汉、魏晋、南北朝、隋、唐、五代、宋代、元代、明代、清代、民国15个时期，也即15卷。

（三）《汉语词汇通史》的系统性

《汉语词汇通史》分为15个时期，即15个共时系统。由15个共时系统组成汉语词汇通史系统。

每个共时系统分册都包括"承古词、承古义""新词、新义""消亡词、消亡义"。当然，"新词、新义"是重点。

每个共时系统分册都包括"语素""单音词""双音词""三音词""四音词"。

每个共时系统分册都包括"语素""词""义位""义素"及各种关系

---

① 斯大林：《马克思主义和语言学问题》，中共中央马克思恩格斯列宁斯大林著作编译局译，人民出版社1971年版，第16页。

分析。

每个共时系统分册都包括本时期特征词、特征词汇场。

……

各项内容都可从西周、春秋、战国等一直贯穿到民国，当然从民国往上推，也可以一直推到西周。这样，在汉语词汇中，不同类型、不同性质、不同层次、不同意义、不同结构、不同语义结构等，就构成了一个完整、全面的历时词汇系统。

习近平总书记号召："建设中国特色、中国风格、中国气派的考古学，更好认识源远流长、博大精深的中华文明。"（《求是》2020年第23期）习近平总书记的号召，也适合汉语言文字学，我们要建设中国特色、中国风格、中国气派的汉语言文字学，我们也要建设中国特色、中国风格、中国气派的汉语史、汉语词汇史。汉语史、汉语词汇史，是"源远流长、博大精深的中华文明"的重要载体。我们的《汉语词汇通史》就是希望能为"建设中国特色、中国风格、中国气派"的汉语词汇史、汉语史贡献一点力量！

《汉语词汇通史》是我们2003年以来，先后30多位硕士、博士、博士后共同努力的成果。二十年来，《汉语词汇通史》从各个时段的分卷到整体成果，经历过各种各样的通讯评、会评、内审、外审、答辩、讨论、全书总评总审、各卷逐一的评审等，共100余次，接受过全国许多老一辈学者、我同辈的学者、中青年学者的评审、鼓励、帮助，同时老前辈学者、同辈学者、中青年学者也对我们提出过各种各样的指导、改进意见。我们一定会深深地记住这些鼓励和帮助，一定深深地重视各种指导、改进意见。我们向前辈学者、同辈学者、中青年学者表示最大最诚挚的感谢！

30多位研究者，面对商代甲骨文以来三千多年的汉语史，面对37万多个词、51.6万个义项，面对实际二十余年的工作现实，面对需要突破的很多词汇研究、词汇史研究第一次遇到的难题，承受许多压力，经历许多艰辛、许多挑战、许多极限，拼搏奋战，坚持到最后……我作为主持者、主编，深深地为作者们点赞！

著名书法家郑训佐教授为本书题写书名，大为本书增辉，这里，我们向他表示诚挚的谢意！

山东大学文学院汉语言文字学研究所的老同人、新同人，二十几年中一直支持我，帮助我，鼓励我。这里，我们向他们表示诚挚的谢意！

山东大学文学院的老院长谭好哲教授、现任院长杜泽逊教授，给了我们多方面的帮助、支持。这里，我们向他们表示诚挚的谢意！

百花洲文艺出版社学术图书编辑周振明，多年来一直关注、支持《汉语词汇通史》并希望承担其出版工作，令我们十分感动！他与部门同事对每一部书稿都提出不少修改意见，大为本书增色。周老师是一位颇具出版情怀、高度负责的出版人。我们深深地感谢他！我们也深深地感谢百花洲文艺出版社的领导！

《汉语词汇通史》就要出版了，能为建设中国特色、中国风格、中国气派的汉语词汇史、汉语词汇学、汉语言文字学出一份力，能为继承中华民族的优秀文化出一份力，本来是件令人高兴的事，但是，我们还有不少忧虑，本书一定还会存在不少问题，需要不断地修改完善，欢迎大家批评指正！

山东大学 杨端志

2023年4月28日

目录

凡　例 /1

绪　论 /1

第一章　反映战国—秦时期时代特征的标志性新词语场 /28

第一节　反映战国—秦时期政治体制的新词语场/29

第二节　反映战国—秦时期军事战争的新词语场/54

第三节　反映战国—秦时期农业生产的新词语场/72

第四节　反映战国—秦时期社会生活的新词语场/86

第五节　反映战国—秦时期思想科技的新词语场/116

第六节　战国—秦标志性新词语场的主要特征/123

第二章　战国—秦时期汉语基本词汇的发展 /128

第一节　基本词汇研究的现状/128

第二节　进入基本词汇系统的战国—秦新词举隅/134

第三节　战国—秦新词发展为基本词汇的原因/144

第三章　战国—秦时期单音节新词 /149

第一节　战国—秦单音节新词概况/150

第二节　战国—秦单音节新词的造词方式/162

第四章　战国—秦时期复音新词 /180

　第一节　战国—秦复音新词的分布/185

　第二节　战国—秦双音节新词的结构分析/189

　第三节　战国—秦多音节新词的结构分析/304

　第四节　战国—秦复音新词的造词方式/322

第五章　战国—秦时期合成新词的构词词素 /343

　第一节　战国—秦合成新词词素的构词能力/344

　第二节　战国—秦合成新词词素义的发展/366

　第三节　战国—秦合成新词的词义与词素义/374

第六章　战国—秦时期的消亡词 /389

　第一节　战国—秦时期标志性消亡词语场/392

　第二节　战国—秦时期词汇消亡的模式及原因/405

第七章　战国—秦时期的承古词 /430

　第一节　战国—秦承古词举隅/430

　第二节　承古词在战国—秦时期的发展/441

第八章　战国—秦时期词义的发展 /450

　第一节　战国—秦时期词义发展的状况/450

　第二节　战国—秦时期词义发展的途径/459

　第三节　战国—秦时期词义发展的原因/476

参考文献 /482

凡　例

　　一、本书行文一般使用2013年6月经国务院批准公布的《通用规范汉字表》中的简化字。如果词的书写形式因简化与其他词的书写形式合为一形，而在论述过程中使用简体字无法说明问题的，则用繁体字，并在脚注中注明简体字。如"櫃"和"柜"。"櫃"指小匣类的器具。《韩非子·外储说左上》："楚人有卖其珠于郑者，为木兰之櫃。"而"柜"为木名。《说文·木部》："柜，木也。"段玉裁注："柜，今俗作榉。"《山海经·大荒西经》："西海之外，大荒之中，有方山者，上有青树，名曰柜格之松。"今"櫃"简化为"柜"，与表示木名的"柜"共用一个字形。由于"櫃"和"柜"在战国—秦时期表示两个不同的词，所以本书中"櫃"仍使用繁体字，不作"柜"。

　　二、本书所列词语一般选自《汉语大词典》。《汉语大词典》同一单字有两个以上字头的，在字头右上角以阿拉伯数字标注序号；多字条目的第一个字读音不同的，在第一个字右下角标注相应字头的序号。本书在列举词语时，统一将序号标注在字的右下角，序号为1的不再标注。本书所列词义例证一般引自《汉语大词典》，少数引自《汉语大字典》《王力古汉语字典》《辞源》《殷周金文集成》等工具书。[①]词义解释大多来自《汉语大词典》，少数释义参考了《汉语大字典》《王力古汉语字典》《辞源》等工具书。书中不再单独

---

　　① 罗竹风主编：《汉语大词典》，上海辞书出版社、汉语大词典出版社1986—1994年版；汉语大字典编辑委员会编：《汉语大字典》（缩印本），湖北辞书出版社、四川辞书出版社1992年版；王力主编：《王力古汉语字典》，中华书局2000年版；何九盈、王宁、董琨主编，商务印书馆编辑部编：《辞源》（第三版），商务印书馆2015年版；中国社会科学院考古研究所编：《殷周金文集成》，中华书局1984—1994年版。

对例证和释义来源进行标注。

三、限于篇幅，本书一般只列出《汉语大词典》等工具书中属于战国—秦时期的例证，其他例证如无特殊需要则不再转引。《汉语大词典》等所引例证采用的是繁体字，本书在转引时一般使用简体字。

四、本书中《说文解字》简称《说文》，《说文解字》的新附字部分简称《说文·新附》，段玉裁《说文解字注》有时简称"段注"或"段玉裁注"，王筠《说文句读》简称"王筠句读"，徐灏《说文解字注笺》简称"徐灏笺"。

五、同源词的声韵关系参考了《同源字典》，其他词上古音的声韵情况参考了《汉字古音手册》。[①]文中不再单独对其来源进行标注。

六、本书引用出土文献时，残缺文字统一用"□"代替。一个"□"代表一个字。引用《殷周金文集成》的资料时，脚注采用原书编码，如1.277表示《殷周金文集成》第1册第277件器物，以此类推。文字参照《殷周金文集成引得》中的释文。[②]

七、义位结构式说明：

1. 义位结构式最前面有注明义位类别的标记。如：

<名>：表示名物的义位。

<动>：表示动作行为的义位。

<形>：表示性质状态的义位。

2. 义素外加（）。［］、｜｜显示义素之间的层次关系。

3. 表示动作行为和性质状态的义位结构式中，义素前有注明其性质的标记。如：

<施>：表施事格。

<受>：表受事格。

4. 表示附加义的义素前有注明其性质的标记。如：

<风>：表风格。

① 王力：《同源字典》，中华书局2014年版；郭锡良编著：《汉字古音手册》（增订本），商务印书馆2010年版。

② 张亚初编著：《殷周金文集成引得》，中华书局2001年版。

绪 论

王力指出："在汉语史的研究中，我们要问：在三千多年的汉语发展过程中，到底逐渐积累了的是一些什么新质要素，逐渐衰亡了的是一些什么旧质要素？能答覆这个问题，就是研究了汉语的历史。"[1]杨端志进一步指出，一个时代词汇系统的新质要素和旧质要素构成这一时代的"标志性子词语场"。[2]"'标志性子词语场'包括'标志性新词语场'和'标志性旧词语场'。'标志性新词语场'是过去的时代没有，只这一个时期新出现的子词语场。'标志性旧词语场'是新的时代没有或行将消失，而过去的时代却存在的子词语场。'有'和'没有'构成一个时代区别于另一个时代的标志。"[3]因此，研究某个历史时期词汇系统中的新词、新义和消亡词、消亡义是断代词汇研究的主要内容。

词汇的发展变化是一个渐进的过程，历史学上的朝代划分虽然不能精确地界划词汇的发展变化，但是每一次朝代更替带来的社会剧变都会引起词汇的变化，这些变化构成了这一时期词汇的新貌，因此按朝代划分是词汇史断代的有

---

① 王力：《汉语史稿》，中华书局1980年版，第1页。

② 参见杨端志：《从清末民初科学小说新词语看"现代性"新词语的来源和发展——兼论"标志性子词语场"理论和"现代汉语词汇史"的起点》，载《汉语史论集》，齐鲁书社2008年版，第256—271页。

③ 杨端志：《从清末民初科学小说新词语看"现代性"新词语的来源和发展——兼论"标志性子词语场"理论和"现代汉语词汇史"的起点》，载《汉语史论集》，齐鲁书社2008年版，第270页。

效方法。战国—秦时期上承西周、春秋，下启两汉，是中国历史上从分裂动荡到大一统的重要历史时期，也是汉语词汇发展的重要阶段，新词大量产生的同时伴随着旧词的消亡，部分从前代继承下来的承古词也出现了语义变化。描述战国—秦时期词汇的基本面貌，可以帮助我们进一步了解和总结整个汉语词汇系统发展变化的特点和规律。本书在吸收前人研究成果的基础上，尝试运用现代词汇学理论和研究方法，对战国—秦词汇进行全面系统的梳理和分析。在立足战国—秦断代词汇研究的基础上，尽可能将研究范围拓展到上至西周春秋，下至现代，力求从共时和历时的纵横比较中探寻这一时期词汇发展的脉络和轨迹。

一、研究对象

本书研究的对象是战国—秦时期的承古词以及新词、新义、消亡词、消亡义，即从公元前481年至公元前206年秦帝国灭亡近300年间自前代继承的语词以及新产生的和趋于消亡的词、词义。杨端志指出，一个时代出现的新词语最能反映一个时期词汇史的特点，是词汇史研究的关键。[①]"'新词语'在词汇、词汇史研究方面是一个非常重要的概念。如果不研究'新词语'，词汇史研究是谈不上的，共时范围内的词汇研究也是困难的。"[②]因此，本书研究的重点是战国—秦时期出现的新词。

之所以选择公元前481年作为战国—秦时期的起点是出于词汇史研究的需要的考虑。史学界对战国时期的起始时间有不同意见。目前常见的几种意见中，最早的是以《春秋》所记的最后时间——鲁哀公十四年（公元前481年）

① 参见杨端志：《从清末民初科学小说新词语看"现代性"新词语的来源和发展——兼论"标志性子词语场"理论和"现代汉语词汇史"的起点》，载《汉语史论集》，齐鲁书社2008年版，第256—271页。

② 杨端志：《从清末民初科学小说新词语看"现代性"新词语的来源和发展——兼论"标志性子词语场"理论和"现代汉语词汇史"的起点》，载《汉语史论集》，齐鲁书社2008年版，第257页。

为战国历史的起点①，最晚的是以司马光《资治通鉴》所记的周威烈王承认分晋的韩、赵、魏三家是诸侯的时间（公元前403年）作为战国的开始②。断代词汇研究的范围原则上应尽可能宽泛地涵盖这一时期的语言材料，尤其是处于时代更替和过渡时期的传世文献，这样才能更全面地反映这一时期词汇发展的面貌。本书采纳战国起始时间为公元前481年的意见，这样可以把一般认为属于春秋战国过渡时期的传世文献纳入研究的范围，有利于全面完整地描述战国—秦时期词汇发展的状况。

至于把战国词汇和秦朝词汇合并研究，不再为秦朝单列章节，主要是出于两方面的考虑：一是秦朝历史短暂，从公元前221至公元前206年仅15年，传世文献很少，所涉词汇数量极其有限，单列章节不足以体现这一时期词汇的特点；二是秦朝是战国时期秦国尽灭六国后建立的，其语言继承了战国时期七国的语言，秦朝语言的特点基本就是战国末期语言的特点。基于上述考虑，本书把秦朝与战国合并研究。

二、研究现状

20世纪80年代以来，从词汇史角度对战国—秦时期词汇进行研究的论著大致可分为三类：一是选择这一时期的传世文献进行专书词汇研究，二是对出土的战国—秦时期文献进行词汇研究，三是针对这一时期词汇进行断代词汇史研究。相关论文著作数量较多，在此只选择一部分能够反映这一时期词汇研究现状的代表性论著进行介绍。

---

① 杨宽所著的《战国史》以公元前481年作为战国之始。吕思勉所著的《中国通史》以公元前480年作为战国之始。本书认为，无论是公元前481年还是公元前480年，都是以《春秋》所记的最后时间作为春秋战国的界限，划分的标准是一致的。因此，本书统一将这类观点归纳为以公元前481年作为战国的起始时间。参见杨宽：《战国史》（增订本），上海人民出版社1998年版，第696页；吕思勉：《中国通史》，上海古籍出版社2009年版，第321页。

② 学界关于战国的起始时间的不同意见，详见李孟存：《略论春秋与战国的年代界限》，《山西师大学报》（社会科学版）1987年第1期；余志勇、宋冰：《战国起始年代辨析》，《宁夏社会科学》1999年第3期。

（一）专书词汇研究

目前学界对战国—秦时期的专书词汇研究几乎涵盖了这一时期所有主要文献著作，成果主要集中在三个方面：一是运用词汇学理论针对某一部专书的词汇进行综合研究。较早出版的有张双棣《吕氏春秋词汇研究》（1989）、毛远明《〈左传〉词汇研究》（1999）。之后随着专书词汇研究的开展，近年来出现了一批专书词汇研究的著作，多数是在博士学位论文的基础上修订出版的，如鲁六《〈荀子〉词汇研究》（2007）、车淑娅《〈韩非子〉词汇研究》（2008）、唐德正《晏子春秋词汇研究》（2008）、孙卓彩与刘书玉《墨子词汇研究》（2008）、陈长书《〈国语〉词汇研究》（2014）、唐元发《〈逸周书〉词汇研究》（2015）等。这些研究基本涵盖了单音词、复音词、同义词、反义词等词汇系统，有的还涉及新词新义、方言词、基本词等专题。二是涌现出一批针对专书中的专类词汇的研究成果。除了针对专书词汇研究常见的单音词、复音词、同义词、反义词、实词、虚词等专题外，还有从义类角度进行研究的。其中既有期刊论文和硕博学位论文，也有出版的专著，较典型的有何乐士《〈左传〉虚词研究》（1989）、殷国光《〈吕氏春秋〉词类研究》（1997）、张文国《左传名词研究》（1998）、刘兴均《〈周礼〉名物词研究》（2001）、崔立斌《〈孟子〉词类研究》（2004）等。三是编纂专书词典，对专书词汇进行词义描写，如杨伯峻《论语词典》（1958）和《孟子词典》（1960）①，杨伯峻、徐提《春秋左传词典》（1985），王世舜、韩慕君《老庄词典》（1993），张双棣、殷国光、陈涛《吕氏春秋词典》（1993），王延栋《战国策词典》（2001），王世舜、韩慕君、王文清《〈论语〉〈孟子〉词典》（2004）。这类词典可以看作专书词汇研究的附带成果。

学界虽然对专书词汇研究在断代词汇史研究中的基础地位已达成共识，但如何利用已有的专书词汇研究成果归纳出系统的断代词汇史，目前还较少尝试。这在很大程度上与当前专书词汇研究自身存在的问题有关。杨端志在

汉语词汇通史 战国—秦卷

---

① 《论语词典》附在杨伯峻《论语译注》后，《孟子词典》附在杨伯峻《孟子译注》后。参见杨伯峻：《论语译注》，古籍出版社1958年版；《孟子译注》，中华书局1960年版。

《〈国语〉词汇研究》的序言中指出，当前专书词汇研究存在五个方面的问题：一是专书词汇研究的内容无法反映每部专书特有的词汇结构；二是缺少对专书词汇继承和发展的历时性描写，没有反映出专书词汇在汉语词汇史中的地位；三是对具体词汇的研究尚显薄弱，缺乏对词汇理论和规律的概括；四是研究方法不够科学；五是缺少对相关学科知识的吸收与融合。[①] 这五个问题的提出可谓深中肯綮，值得重视。

（二）出土文献词汇研究

出土文献是汉语词汇史研究的重要资料。裘锡圭在《谈谈古文字资料对古汉语研究的重要性》一文中指出，出土文献的年代往往比较明确，语言比传世文献更接近最初的面貌，更能真实地反映古汉语的状况，而且出土文献可以提供传世文献中没有的语言资料，是汉语研究的珍贵资料。[②] 进入21世纪，出土文献越来越受到汉语词汇史研究者的关注，出土文献词汇研究已经成为汉语词汇史研究的重要补充，并且学界已取得了一些成果，如魏德胜《〈睡虎地秦墓竹简〉词汇研究》（2003）、王颖《包山楚简词汇研究》（2008）、赵岩《简帛文献词语历时演变专题研究》（2013）、曲冰《〈上海博物馆藏战国楚竹书〉（1～5）佚书词语研究》（2010）、曾宪通与陈伟武《出土战国文献字词集释·索引卷》（2019）等。这些研究都涉及战国—秦时期简帛文献词汇，而且大都能与辞书研究相结合，对《汉语大词典》《汉语大字典》等予以补正，对汉语词汇史研究和辞书编纂具有重要意义。

（三）断代词汇研究

针对战国—秦时期词汇的研究前贤多有涉及，但更多的是在上古或先秦这一大的历史分期中进行的，如王力《汉语史稿》（1980）、潘允中《汉语词汇史概要》（1989）、向熹《简明汉语史》（1993）、史存直《汉语史纲要》（2008）。这些研究都涉及战国—秦文献中使用的词语，但只限于少数词的用例摘引或词义解释，没有独辟章节对战国—秦时期的词汇作全面考察，对词汇

[①] 杨端志对当前专书词汇研究存在的问题的总结详见其为陈长书《〈国语〉词汇研究》（中国社会科学出版社2014年版）所作的序言。

[②] 参见裘锡圭：《谈谈古文字资料对古汉语研究的重要性》，《中国语文》1979年第6期。

系统特点的总结都是在上古或先秦这一大的历史分期上得出的。徐朝华在《上古汉语词汇史》中对上古汉语进行了细分，把公元前5世纪到公元前3世纪末划为上古中期，秦朝和汉朝合并划为上古后期，前者基本属于战国时期。他为上古中期单列章节，对传世文献中反映战国时期社会发展的标志性新词语场进行了描写，展现了这一时期社会生产、阶级结构、国家制度、科教文卫、思想意识等方面的新兴词汇。[①]但是该书未专门针对战国时期词汇系统的发展脉络进行全面详细的梳理，对战国时期词汇特点的总结也显粗疏。该书在描写秦汉时期的词汇特点时，没有涉及秦朝词汇，所列词汇和例证全部来自西汉文献。这大概与秦朝传世文献数量有限有关，但也反映出所用语料不够充分全面。

伍宗文所著的《先秦汉语复音词研究》是先秦专类词汇研究的代表著作。作者对先秦复音词进行了分期研究，将春秋战国时期称为汉语复音词发展的第一个高潮期，并单列一节进行研究，其中不乏精彩论述。[②]但该书将春秋战国两个时期合并，时间跨度达500多年，这样截取的共时平面不利于细致清楚地说明复音词在战国时期的发展状况。

据笔者所见，目前专门针对战国—秦时期的断代词汇研究只有山东大学硕士学位论文——《战国至秦代词汇研究》。文中对这一时期的标志性新词语场、基本词汇、单音节新词、复音新词以及消亡词汇进行了梳理分析，但研究的准确性和深度都有待提高。[③]

总之，目前针对战国—秦时期词汇的研究虽然已经取得了一些成果，但缺少系统性研究。本书建立战国—秦词汇语料库，运用词汇学理论对语料库中的词汇进行穷尽式研究，力争深入系统地分析其产生的原因、特点及规律，尽可能全面地展示这一时期词汇发展的历史横断面。

---

① 参见徐朝华：《上古汉语词汇史》，商务印书馆2003年版，第71—113页。

② 参见伍宗文：《先秦汉语复音词研究》，巴蜀书社2001年版，第344—372页。

③ 参见吕伟：《战国至秦代词汇研究》，山东大学硕士学位论文，2011年。

三、语料的选择

《汉语大词典》是迄今收录汉语词汇最全的工具书。杨端志指出："《汉语大词典》该当是目前研究汉语词汇史、词义史最方便、最有效的材料。"[①] 本书以《汉语大词典》为基础全面收集战国—秦时期的词汇，同时利用现有的大型古代文献典籍语料库和战国—秦词汇的相关论著，对收集的词汇进行筛选和补充，建立战国—秦词汇史语料库。

（一）文献篇目及其年代的确认

语料年代的甄别是词汇史研究的基础性工作，直接影响到研究结果的准确性。《汉语大词典》引用的战国—秦时期文献包括出土文献和传世文献两种。出土文献有信阳长台关楚墓竹简、睡虎地秦墓竹简、银雀山汉墓竹简、长沙马王堆汉墓帛书以及石刻类资料。本书参考学者们的相关意见，对简帛和石刻的年代作了大致判定。[②]信阳长台关楚墓竹简出土的墓葬年代为战国中期，语料年代应早于墓葬年代，定为战国中期偏早。《汉语大词典》引用的与银雀山汉墓竹简有关的文献主要有《孙子兵法》《孙膑兵法》《尉缭子》《王兵篇》等，这些可以视为战国中晚期语料。《汉语大词典》引用的马王堆汉墓帛书有《十六经》《道原》《经法》《十大经》《称》《战国纵横家书》《五行》《春秋事语》《伊尹》《葬具》《五十二药方》等，这些定为战国中晚期语料。睡虎地秦墓竹简为战国晚期至秦始皇三十年（公元前217年）前抄写，定为战国晚期至秦语料。《诅楚文》为战国时秦惠文王至楚怀王时作品，时为战国末期。[③]李斯《峄山刻石》和《琅琊台刻石》为秦朝作品。

① 杨端志：《〈汉语大词典〉对汉语词汇发展演变史的价值与研究方法——〈汉语大词典〉词汇发展演变史研究条例》，载《汉语史论集》，齐鲁书社2008年版，第272页。

② 本书参考的文献有李学勤：《简帛佚籍与学术史》，江西教育出版社2001年版；周守晋：《出土战国文献语法研究》，北京大学出版社2005年版；朱德熙、裘锡圭：《七十年代出土的秦汉简册和帛书》，《语文研究》1982年第1期；李夏：《帛书〈黄帝四经〉研究》，山东大学博士学位论文，2007年。

③ 认为《诅楚文》的时代为战国末期的有容庚、郭沫若、赵平安等。参见万青：《〈诅楚文〉研究与整理》，天津师范大学硕士学位论文，2009年，第1—3页。

传世文献中，除少数可以确定写作年代的篇目外，目前多数文献的作者和成书年代都存在争议。这一时期不少文献往往是由本学派的学者不断增补辑录而成，之后经历代传抄整理，多有不同程度的错讹或改动。对于战国—秦时期传世文献，本书参考已有的研究成果，采用目前学术界普遍认可的观点确定其年代。一般来说，学界普遍认可了成书年代的文献，其语言也大体能反映成书年代的语言面貌。对于一些虽经后人增补但基本保持文献原貌，不妨碍从总体上把握战国—秦时期词汇面貌的著作，就将其确定为战国—秦时期的语料。而一些虽成编于战国但因历代编辑整理而过多地掺入了后人文辞的文献，其语言已经不能准确反映战国时期的特点，为慎重起见，本书基本不予采用。

据统计，《汉语大词典》引用的战国—秦时期传世文献除战国末期的乐毅《报燕惠王书》、鲁仲连《遗燕将书》、魏武《报燕太子书》、李斯《议存韩》《谏逐客书》外，还有三十六种需要依多家观点逐一审慎甄定，择善从之。具体如下：

《逸周书》是记录周代历史的书，各篇成书年代说法不一。杨宽认为《逸周书》中的《克殷》《世俘》《作雒》《商誓》《度邑》《皇门》《尝麦》《祭公》《芮良夫》等九篇为西周时期的篇目。[①] 唐元发从词汇史的角度进行考察，认为《逸周书》大致成书于战国初期，今本中各篇作者不一，有些篇目为西周作品。[②] 本书从杨宽、唐元发说，将《克殷》等九篇不作为战国语料，其他篇目确定为战国早期语料。

《论语》《左传》的成书年代从杨伯峻说，定为战国早期。[③]

《公羊传》《穀梁传》学界一般认为由孔门弟子口授传播，形成于战国，写定于汉初，基本反映了战国时期的语言面貌，定为战国中晚期作品。

① 参见杨宽：《论〈逸周书〉》，载《西周史》，上海人民出版社2003年版，第857—870页。

② 参见唐元发：《〈逸周书〉词汇研究》，浙江大学出版社2015年版，第9页。

③ 杨伯峻在《论语译注·导言》中指出，《论语》的"著笔当开始于春秋末期，而编辑成书则在战国初期"，在《春秋左传注·前言》中提出《左传》成书于公元前403年到公元前389年之间。详见杨伯峻：《论语译注》，中华书局1980年版，第29—30页；《春秋左传注》（修订本），中华书局2009年版，第41页。

《国语》的成书年代异见较多。陈长书从《国语》词汇的时代特点出发，认为《国语》系公元前4世纪到公元前3世纪之间的作品。[①] 今参照其说，将《国语》定为战国早期作品。

《墨子》中各篇成书时间各异。本书综合各家观点，认为《墨子》大致成书于战国早期，而其中《经》（上、下）、《经说》（上、下）、《大取》、《小取》六篇为战国晚期作品。[②]

《孟子》原题为孟轲著。司马迁《史记·孟子荀卿列传》中记载孟子"与万章之徒序《诗》《书》，述仲尼之意，作《孟子》七篇"。[③] 目前学界多采用《史记》中的说法，认为《孟子》是孟轲和他的弟子共同完成的。[④] 故《孟子》可确定为战国中期作品。

《庄子》分"内篇""外篇""杂篇"三部分。学界一般认为"内篇"七篇为庄周所作，"外篇"十五篇和"杂篇"十一篇为庄周弟子或后学所作。故《庄子》可以认定为战国中晚期作品。

《晏子春秋》记录的是春秋时齐国大夫晏婴的言行。唐德正对其中词汇进行了研究，认为《晏子春秋》为战国中后期作品，这是从词汇史角度得出的结论，当可信。[⑤]

《尸子》的作者为战国时期的尸佼。《慎子》的作者为战国时期慎到。《尹文子》为尹文的弟子或稷下学者记录其言论的著作。目前学界对这三本书基本认定为真，均视为战国中晚期作品。[⑥]

---

① 参见陈长书：《〈国语〉词汇研究》，中国社会科学出版社2014年版，第1页。

② 参见陈克炯：《〈墨子〉词汇谭概》，《中南民族大学学报》（哲学社会科学版）1990年第5期。

③ 司马迁：《史记》，中华书局2006年版，第455页。

④ 参见刘建国：《先秦伪书辩证》，陕西人民出版社2004年版，第320页。

⑤ 唐德正在《晏子春秋词汇研究》一书中对历代有关《晏子春秋》成书年代的主流意见做了总结，列举了认为《晏子春秋》为战国中后期作品的部分学者，如吴则虞、董志安、高亨、郑树良等。详见唐德正：《晏子春秋词汇研究》，中州古籍出版社2008年版，第3页。

⑥ 历代学者对这三本书真伪的考辨详见李文锋：《〈尸子〉研究》，山东师范大学硕士学位论文，2006年；张国际：《〈慎子〉研究》，郑州大学硕士学位论文，2005年；王华：《〈尹文子〉语言学思想研究》，陕西师范大学硕士学位论文，2013年。

《孙子兵法》的成书年代一般有春秋和战国两种说法。吴春生、武振玉通过研究《孙子兵法》的词汇，认为其为战国晚期作品。[①] 银雀山汉墓竹简《孙子兵法》大体可以看作产生于战国中晚期。[②] 因此，将《孙子兵法》视为战国中晚期作品比较妥当。

《公孙龙子》记载了战国名家代表人物公孙龙的学说，现存《迹府》《白马论》《指物论》《通变论》《坚白论》《名实论》六篇。多数学者认为《迹府》为公孙龙的弟子所作，成篇于西汉之前；其余五篇都与公孙龙讨论的"名实"问题有关，基本可以认定为公孙龙所作。[③] 公孙龙生活在公元前320—前250年间，故应把《公孙龙子》视为战国晚期作品。

《荀子》中大部分篇目为荀况所作，而《宥坐》《子道》《法行》《哀公》《尧问》五篇一般认为是其后学所作。[④] 现统一将《荀子》确定为战国晚期作品。

《管子》为齐国稷下学者的著作总集。杨宽指出："其中（指《管子》——引者注）多数是战国中后期齐国法家假托管仲议论的著作……也还杂有不少秦、汉时代的作品。"[⑤] 参照杨说，把《管子》定为战国晚期作品。

《鹖冠子》为先秦著作，学界普遍认为其成书于战国末年[⑥]，因而可将其

---

① 参见吴春生、武振玉：《〈孙子兵法〉成书年代补说》，《中南大学学报》（社会科学版）2015年第3期。

② 参见赵岩：《简帛文献词语历时演变专题研究》，中国社会科学出版社2013年版，第11页。

③ 庞朴认为《迹府》不早于秦统一六国。谭戒甫认为《迹府》的前段全为桓谭所作。董英哲认为《迹府》为秦代作品。郑良树认为《迹府》的作成时代应该是《吕氏春秋》之后西汉初期之前。参见庞朴：《公孙龙子研究》，中华书局1979年版，第1页；谭戒甫：《公孙龙子形名发微》，科学出版社1957年版，第119页；董英哲：《〈公孙龙子〉真伪考辨》，《西北大学学报》（哲学社会科学版）1995年第3期；郑良树：《论〈公孙龙子·迹府〉的成书时代》，《文献》2000年第2期。

④ 参见杨宽：《战国史》（增订本），上海人民出版社1998年版，第26页；王先谦：《荀子集解》，中华书局1988年版，第15页。

⑤ 杨宽：《战国史》（增订本），上海人民出版社1998年版，第27页。

⑥ 参见孙福喜：《〈鹖冠子〉研究》，陕西人民出版社2002年版，第192页；杨宽：《战国史》（增订本），上海人民出版社1998年版，第27页；李学勤：《〈鹖冠子〉与两种帛书》，载《道家文化研究》（第一辑），上海古籍出版社1992年版，第333—342页。

定为战国晚期作品。

《楚辞》中屈原与宋玉的作品属于战国晚期作品。

《商君书》学界一般认为属于法家后学著作，成书于战国晚期。①

《韩非子》成书年代和作者比较明确。书中《存韩》的后半篇为李斯的作品，其余各篇基本可以确认为韩非的作品。《存韩》中李斯的作品与韩非的作品处于同一时期②，因此可以确定《韩非子》为战国晚期作品。

《吕氏春秋》是战国晚期的著作。③

《战国策》是战国时代的史料汇编，多述策士游说诸侯的言论活动。虽经西汉刘向编订整理，但主要反映的还是战国末期语言，当定为战国晚期的作品。

《尔雅》的作者和成书年代历来多有异说。有学者认为《尔雅》由秦汉之间的学者汇总先秦及汉初故训而成，也有学者认为《尔雅》成书于战国末期。④本书认为，无论其成书于战国末期还是西汉初年，汇编内容主要是先秦学者对经文的训释，反映的是战国时期的语言。正如苏宝荣等指出的："《尔雅》保存了先秦大量的古训古义，是后人了解先秦文献经典以及探讨先秦社会风俗生活的重要津梁，对汉语词汇史的研究有重要作用。"⑤所以《尔雅》应该定为战国晚期作品。

---

① 杨宽认为《商君书》为卫鞅的后学编著，产生于战国末年。持此观点的还有曹道衡、刘跃进、蒋礼鸿、李定生等。参见杨宽：《战国史》（增订本），上海人民出版社1998年版，第26—27页；曹道衡、刘跃进：《先秦两汉文学史料学》，中华书局2005年版，第252—253页；蒋礼鸿：《商君书锥指·叙》，中华书局1986年版；周谷城、潘富恩主编：《中国学术名著提要·哲学卷》，复旦大学出版社1992年版，第65页。

② 学界对《韩非子》成书年代及篇目真伪的论证详见车淑娅：《〈韩非子〉词汇研究》，浙江大学博士学位论文，2004年，第3—4页。

③ 陈奇猷认为其成书于公元前241年。参见陈奇猷：《吕氏春秋校释》，学林出版社1984年版，第650页。

④ 欧阳修在《诗本义》中认为，《尔雅》为秦汉之间学者所为。这个观点被收入《辞海》（1999年版）。《辞海》解释《尔雅》为"由汉初学者缀辑周、汉诸书旧文，递相增益而成"。赞成这个观点的还有郭在贻、王宁等。参见郭在贻：《训诂学》（修订本），中华书局2005年版，第121页；王宁：《训诂学原理》，中国国际广播出版社1996年版，第164页；何九盈：《中国古代语言学史》，广东教育出版社1995年版，第2页。

⑤ 苏宝荣、武建宁编著：《训诂学》，语文出版社2005年版，第157页。

《燕丹子》的成书时间尚无定论。鲁迅认为其是西汉以前作品。[①]今从其说，将它视为战国晚期作品。

《素问》和《灵枢经》为医学著作。目前学界基本认为两者虽然经过后人增补，但主要内容取材于先秦。张灿玾在《黄帝内经文献研究》中就指出，《素问》和《灵枢经》引用的文献多源于先秦旧籍。[②]傅维康也持类似观点。[③]鉴于此，把《素问》《灵枢经》视为战国晚期作品。

《世本》为先秦列侯的历史档案。目前学界一般认为其为战国时史官所作。[④]本书拟定其为战国晚期作品。

《周易》包括经、传两部分。目前学界普遍认为，《周易》的经文部分为西周作品，传文所包括的《彖传》（上、下）、《象传》（上、下）、《文言》、《系辞传》（上、下）、《说卦传》、《序卦传》、《杂卦传》作于战国时期。[⑤]故将《周易》传文确定为战国时期的作品。

《山海经》成书时间是参考袁珂的观点确定的。我们将《汉语大词典》中引用的《山海经》中的《大荒经》《海外经》《五藏山经》的书证年代确定为战国时期。袁珂认为《海内经》为西汉时作品，今从之。[⑥]

① 参见鲁迅：《中国小说史略》，人民文学出版社2006年版，第21页。

② 张灿玾对《素问》《灵枢经》成书过程的总结转述自成建军《〈灵枢经〉的文献研究》。参见成建军：《〈灵枢经〉的文献研究》，山东中医药大学博士学位论文，2005年，第9页。

③ 傅维康指出："大约在战国时代，《内经》已经产生，经过秦、汉时期增补修改，逐步充实丰富。"参见傅维康：《黄帝内经导读》，巴蜀书社1988年版，第23页。

④ 认为《世本》成书于战国末期的有陈梦家、王树民、白寿彝、赵生群等。参见周晶晶：《〈世本〉研究》，山东大学硕士学位论文，2008年，第6页。

⑤ 学界对于《周易》经文成书时代大致有两种观点：一是认为成书于西周初期，持这种观点的有顾颉刚、高亨等；另一种观点认为成书于西周晚期，持这种观点的有李静池等。刘大钧认为《周易》传文为战国初期到中期作品，张岱年认为《易传》为战国中期至战国晚期作品。本书将其统一定为战国时期。详见顾颉刚：《〈周易〉卦爻辞中的故事》，载《古史辨》（第三册），上海古籍出版社1982年版，第43页；高亨：《周易古经今注》，中华书局1984年版，第6页；李镜池：《周易通义·前言》，中华书局1981年版，第2页；刘大钧：《周易概论》（增补本），巴蜀书社2008年版，第16页；张岱年：《论〈易大传〉的著作年代与哲学思想》，载《中国哲学》（第一辑），生活·读书·新知三联书店1979年版，第127页。

⑥ 参见袁珂：《〈山海经〉写作的时地及篇目考》，载《神话论文集》，上海古籍出版社1982年版，第12页。

《周礼》的成书年代虽历来说法不一，但目前学界普遍认为其成书于战国时期。①本书定其为战国时期的作品。

《鬼谷子》是记录战国纵横家谋略的著作，成书年代颇有争议。许富宏通过考察该书用韵特点，认为"其产生时间在《诗经》之后，西汉之前，属于战国时期的作品"②。今从之。

《六韬》《尉缭子》是战国时期的兵书，1972年银雀山汉墓中出土了部分残简。《六韬》《尉缭子》为战国时期作品已经成为学界共识。③

《仪礼》最早由孔子编订，战国时期经孔子弟子和后学递相传授，其中掺入了很多战国、秦时期的文辞。④《仪礼》的语词虽有变化，但还能基本反映战国时期的语言面貌，故将《仪礼》的时代定为战国时期。

《礼记》非一人一时之作，大率为孔子弟子及再传、三传弟子所作，传者为汉宣帝时戴圣。洪诚认为，《礼记》四十九篇无汉代作品。⑤参照其说，将《礼记》的时代定为战国时期。

除以上被认定为战国—秦时期的文献外，后世文献如《史记》《汉书》等虽然成书晚于秦，但其中记载了战国—秦时期的历史和社会状况，保存了若干当时的词汇。本书将《史记》《汉书》中有关战国—秦时期新官职名称的词视为这一时期的新词。

---

① 杨向奎认为《周礼》"可能是一部战国中叶左右齐国的书"。认为《周礼》成书于战国的学者还有杨宽、杨天宇等。参见杨向奎：《周礼内容的分析及其制作时代》，《山东大学学报》1954年第4期；杨宽：《战国史》（增订本），上海人民出版社1998年版，第5页；杨天宇：《略述〈周礼〉的成书时代与真伪》，《郑州大学学报》（社会科学版）2000年第4期。

② 许富宏：《〈鬼谷子〉研究》，上海古籍出版社2008年版，第120页。

③ 参见朱德熙、裘锡圭：《七十年代出土的秦汉简册和帛书》，《语文研究》1982年第1期；吴欣：《〈六韬〉研究》，东北师范大学硕士学位论文，2004年；徐勇：《尉缭子浅说》，解放军出版社1989年版。

④ 杨天宇：《仪礼译注》，上海古籍出版社2004年版，前言第10—14页。

⑤ 参见洪诚：《论南北朝以前汉语中的系词》，载《洪诚文集：雒诵庐论文集》，江苏古籍出版社2000年版，第33页。

表1　语料来源文献篇目表

序号	文献名称	成书年代	备注
1	《逸周书》	战国早期	不包括《克殷》《世俘》《作雒》《商誓》《度邑》《皇门》《尝麦》《祭公》《芮良夫》九篇
2	《论语》	战国早期	
3	《左传》	战国早期	
4	《国语》	战国早期	
5	《墨子》	战国早期 战国晚期（部分篇目）	《经》（上、下）、《经说》（上、下）、《大取》《小取》为战国晚期，其余篇目为战国早期
6	信阳长台关楚墓竹简	战国中期偏早	
7	《孟子》	战国中期	
8	马王堆汉墓帛书《十六经》《道原》《经法》《十大经》《称》《战国纵横家书》《五行》《春秋事语》《伊尹》《葬具》《五十二药方》	战国中晚期	
9	银雀山汉墓竹简《孙膑兵法》	战国中晚期	
10	《公羊传》《穀梁传》	战国中晚期	
11	《庄子》	战国中晚期	
12	《晏子春秋》	战国中晚期	
13	《尸子》	战国中晚期	
14	《慎子》	战国中晚期	
15	《尹文子》	战国中晚期	
16	《孙子兵法》银雀山汉墓竹简《孙子兵法》	战国中晚期	
17	银雀山汉墓竹简《王兵篇》	战国中晚期	
18	睡虎地秦墓竹简	战国晚期至秦	
19	《诅楚文》	战国晚期	
20	乐毅《报燕惠王书》	战国晚期	
21	鲁仲连《遗燕将书》	战国晚期	
22	麹武《报燕太子书》	战国晚期	
23	李斯《议存韩》《谏逐客书》	战国晚期	
24	《公孙龙子》	战国晚期	

（续表）

序号	文献名称	成书年代	备注
25	《荀子》	战国晚期	
26	《管子》	战国晚期	
27	《鹖冠子》	战国晚期	
28	《楚辞》中屈原与宋玉的作品	战国晚期	
29	《商君书》	战国晚期	
30	《韩非子》	战国晚期	
31	《吕氏春秋》	战国晚期	
32	《战国策》	战国晚期	
33	《尔雅》	战国晚期	
34	《燕丹子》	战国晚期	
35	《素问》	战国晚期	
36	《灵枢经》	战国晚期	
37	《世本》	战国晚期	
38	《周易》传文	战国	
39	《山海经》	战国	不包括《海内经》
40	《周礼》	战国	
41	《鬼谷子》	战国	
42	《六韬》	战国	
43	《尉缭子》 银雀山汉墓竹简《尉缭子》	战国	
44	《仪礼》	战国	
45	《礼记》	战国	
46	李斯《琅琊台刻石》《峄山刻石》	秦	
47	《史记》《汉书》	汉	其中战国—秦时期新职官名列入新词语料库

（二）词汇史语料库的建立

1. 新词语料库的建立

建立新词语料库的前提是根据一个词在文献中的首见用例以确定这个词产生的时间。在实际的语词产生过程中，语词最先是在人们的口语表达和交流中产生和使用的，然后才被文献材料记录，其间可能经历较长时间。一个词在文献中首次出现的时间并不等于它产生的时间。战国—秦词汇史研究的对象是文献语言中的词，限于此，判定一个新词产生的时间只能依据其在文献中的首见用例，该文献产生的时间即视作该词出现的时间。这也是目前学界通用的方法。

之所以利用《汉语大词典》建立新词语料库，是因为其中每个词的义位下所列第一个用例一般就是这个义位的最早文献用例。理论上讲，一个词的本义首见用例应该是这个词的首见用例，但是由于书面记录语词往往滞后以及上古传世文献数量有限等，许多词的本义首见用例晚于其引申义的首见用例，或是晚于其作为词素构成的复合词的文献用例。遇到这种情况，必须根据引申义或复音词的最早文献用例来确定这个词产生的时代。例如"金玉"，本义为黄金与珠玉，泛指珍宝。《汉语大词典》列出的最早本义用例为《左传·襄公五年》："无藏金玉，无重器备。""金玉"可用以比喻珍贵和美好，该引申义的书证最早见于《诗经》。《诗·小雅·白驹》："毋金玉尔音，而有遐心。""金玉"的引申义书证早于本义书证，说明这个词西周时期就已经产生，不属于战国新词。又如"眸"，本义为眼珠。《说文·新附·目部》："眸，目童子也。"《汉语大词典》中"眸"作为单音词的最早用例为东汉刘桢《鲁都赋》："和颜扬眸，眄风长歌。"而复合词"眸子"的文献用例见于战国中期文献《孟子》。《孟子·离娄上》："存乎人者，莫良于眸子，眸子不能掩其恶。"根据复音词"眸子"的最早文献用例，将"眸"这个单音词定为战国时期产生的新词。

判断一个词是否为战国—秦时期出现的新词，需要从历时角度全面考察其音义的情况，排除字形的干扰。字与词并不是完全对应的。一个字形可以代表一个词，也可以代表两个或两个以上的意义毫不相关的词。同样地，一个词也可能拥有几个不同的字形。词是音和义的结合体，判断战国—秦新词要从词的定义出发，不能依字定词。比如，"让"这个字形在上古代表了两个词，一个表示责备，另一个表示谦让。这两个词的书写形式一致。段玉裁《说文解字注》"攘"字下："推手使前也。古推让字如此作。"可见，表示谦让的"让"是假借了表示责备的"让"的字形，本字应为"攘"。"让"的假借义"谦让"的文献用例最早见于著成于春秋的《书·尧典》。《书·尧典》："允恭克让。"孔颖达疏引郑玄曰："推贤尚善曰让。"由此，表示谦让的"让"是春秋时期出现的词。"让"的本义是责备，《说文·言部》："让，相责让。"本义的最早文献用例见于战国。《左传·僖公五年》："夷吾诉之，公使让之。"杜预注"让"："谴让之。"表示责备的"让"是战国新词。

对于语言文字发展过程中产生的古今字也要仔细甄别。比如，"櫃"[①]为匣类的藏物器具，《韩非子·外储说左上》有"为木兰之櫃"。"櫃"虽然出现在战国文献中，但不是战国新词，因为"櫃"最早写作"匦"，而"匦"在《尚书》中已经出现。《书·金縢》："公归，乃纳册于金縢之匦中，王翼日乃瘳。"战国时期表示匣子的"匦"依然常用。《庄子·胠箧》："将为胠箧探囊发匦之盗。"后因"匦"多假借用以表示匮乏，所以加偏旁形成新字"櫃"加以区别。"匦""櫃"为古今字。"櫃"表示的词是战国以前出现的，故从战国—秦单音节新词语料库中删除。又如，"憙"和"喜"在上古时期表示的是一个词。"憙"本义为喜悦。《说文·喜部》："憙，说也。"段玉裁注："说者，今之悦字。"徐灏笺："喜、憙古今字。""憙"的文献用例最早见于战国。《荀子·尧问》："楚庄王以忧，而君以憙！"不过，"喜"的文献用例春秋时期已见。《诗·郑风·风雨》："既见君子，云胡不喜？"所以"憙"不能算作是战国时期的新词。

在判断一个复音词是否是战国—秦时期新词时，也不能单凭字形进行判断。比如，对于假借字造成的一词多形，就应按照一个词来处理。例如，《汉语大词典》中有"阴敝""阴蔽"两个词目，文献用例均始见于战国文献。马王堆汉墓帛书《十六经·观》："夫是故使民毋人执，举事毋阳察，力地毋阴敝。"《国语·越语下》："后无阴蔽，先无阳察。""敝"，通"蔽"，故"阴敝"和"阴蔽"为一词。这是因假借字造成的同词异形。新词语料库将"阴蔽""阴敝"合并，按照一个词处理。

叠音词、联绵词也往往因为使用音同音近的字而出现一词多形的现象。比如，叠音词"辚辚"始见于《楚辞》。《楚辞·九歌·大司命》："乘龙兮辚辚，高驰兮冲天。"朱熹集注："辚辚，车声。"《诗经》中有"邻邻"。《诗·秦风·车邻》："有车邻邻，有马白颠。"毛传："邻邻，众

---

① 今"櫃"简化为"柜"。

车声也。"陆德明释文："邻，本亦作隣，又作辚。"可见"辚辚""邻邻"实为一词。"辚辚"不能看作战国时期新出现的叠音词，因此不把它收入战国—秦新词语料库。又如，"匍匐"又写作"蒲伏""匍伏""扶服"等。"匍匐"最早见于西周文献。《诗·大雅·生民》："诞实匍匐，克岐克嶷，以就口食。""蒲伏""匍伏""扶服"则都出现在战国文献中。《左传·昭公十三年》："怀锦奉壶饮冰，以蒲伏焉。"《战国策·秦策一》："嫂蛇行匍伏，四拜，自跪而谢。"《左传·昭公二十一年》："扶伏而击之，折轸。"凡此不同的书写形式与"匍匐"表示的是同一个词，所以"蒲伏""匍伏""扶服"不是战国时期的新词，不应纳入战国—秦新词语料库。

《汉语大词典》中有一部分复音词词目所列首见书证虽然出自战国文献，但是这些复音组合在战国时期还未凝固成合成词，我们把这一部分词目从语料库中删除。比如，《汉语大词典》为"学校"列出的第一个用例是《孟子·滕文公上》："设为庠、序、学、校以教之。"上古时期，庠、序、学、校都可以指学校。《孟子》中"庠""序""学""校"四词并称，均表示学校，并在后文中进行了分释。《孟子·滕文公上》："设为庠、序、学、校以教之……夏曰校，殷曰序，周曰庠。学则三代共之，皆所以明人伦也。"可见"学校"在战国时期还没有凝固成词，不能把"学校"看作战国新词。又如"髺[2]垦"①。《汉语大词典》为"髺[2]垦"列出的第一个用例是《周礼·考工记·旅人》："凡陶旅之事，髺垦薜暴不入市。"郑玄注："髺读为甈；垦，顿伤也；薜，破裂也；暴，坟起不坚致也。"郑玄《周礼注》对"髺""垦""薜""暴"进行分释，四字代表四个词。因此"髺[2]垦"在战国时期没有凝固成词，不能看作战国新词。

依照以上原则，以《汉语大词典》为基础，初步建立战国—秦新词语料库，包括单音节新词语料库、双音节新词语料库、多音节新词语料库。

2.消亡词语料库的建立

建立消亡词语料库的前提是根据词在文献中的末见用例以确定词消亡的

---

① "髺[2]"音yuè。

时间。在实际的语词使用过程中，语词即使不再出现在文献中，也有可能在口语表达中继续使用，因此词在文献中最后出现的时间并不等于它消亡的时间。但是，正如前文所述，战国—秦词汇史研究的是文献语言中的词，所以判定战国—秦词汇消亡的时间只能依据其在文献中的最后用例。一个词未见文献用例的时间即视为该词消亡的时间。

《汉语大词典》收录的词的每个义位下所列的最后书证一般就是这个义位在文献中最后出现的用例，各义位末见书证中时间最晚的就是该词的末见文献用例，也表明了该词在文献中趋于消亡的时间。因此，建立战国—秦消亡词语料库时，必须考察语词所有义项的末见文献用例来确定其消亡的时代。例如"丘民"，本义指丘甸之民，泛指百姓。"丘民"的本义例证见于东汉何休的《春秋公羊传解诂》。《公羊传·成公元年》："讥始丘使也。"何休注："讥始使丘民作铠也。"泛指义用例见于《孟子》。《孟子·尽心下》："民为贵，社稷次之，君为轻。是故得乎丘民而为天子。" 根据文献著成的时间，"丘民"应看作东汉时期的消亡词，不是战国消亡词。又如"六畜"，本义指马、牛、羊、鸡、狗、猪六种牲畜，泛指各种牲畜。虽然"六畜"的本义用例最晚见于战国文献《左传》[①]，然其泛指义自西汉产生后在后世文献中常有用例，如清纪昀《阅微草堂笔记·滦阳消夏录五》："六畜充庖，常理也；然杀之过当，则为恶业。"在现代汉语中，"六畜"成为方言中的詈词，为畜生之义。康濯《灾难的明天》："你个六畜！天老爷不下雨，也会打干雷劈死你的！"因此，"六畜"不能看作战国时期的消亡词。

《汉语大词典》中有些词目所列义位之间并无意义上的关联，这些义位表达的是不同的词。在判断这些词是否为战国—秦消亡词时，应按照不同的词分别进行考察。比如，《汉语大词典》为"弗弗"列出两个义位："风疾貌"和"违戾、拂逆"。这两个义位释义的是两个不同的词。表示风疾貌的"弗弗"除见于《诗经》外，在后世文献《大藏经》中亦有用例。《大藏经》第八十

---

① 《汉语大词典》为"六畜"列出的末见本义用例为《左传·昭公二十五年》："为六畜、五牲、三牺，以奉五味。"杜预注："马、牛、羊、鸡、犬、豕。"

卷："春风弗弗吹花柳，春色醉人浓似酒。"①表示违戾、拂逆的"弗弗"仅见于《墨子》。《墨子·亲士》："君必有弗弗之臣，上必有詻詻之下。"孙诒让间诂："弗读为'咈'，《说文·口部》云：咈，违也。"②所以，表示风疾貌的"弗弗"不是战国消亡词，而表示违戾的"弗弗"是战国消亡词，应收入消亡词语料库。

与判断战国—秦新词一样，判断一个词是否为战国—秦时期的消亡词也需要从历时角度全面考察词的音义情况，排除字形的干扰，仔细甄别因古今字、假借字造成的一词多形的情况。比如，"四竟"表示四方疆界，末见文献用例为《墨子·耕柱》："楚四竟之田，旷芜而不可胜辟。"但"四竟"不是战国消亡词，因为"四竟"后写作"四境"，"竟""境"为古今字。"四境"不仅出现在战国文献中，在后世文献中亦常见其本义和引申义用例，如《醒世姻缘传》第二十三回："这绣江县是济南府的外县，离府城一百一十里路，是山东有数的大地方，四境多有名山胜水。"故不能认为"四竟"表示的词在战国消亡了，不将其纳入消亡词语料库。

对于假借字造成的一词多形，就应按照一个词来处理。比如，"方施"为春秋新词③，表示普遍施行，最晚见于《墨子》。《墨子·天志上》："故使贵为天子，富有天下，业万世子孙，传称其善，方施天下，至今称之，谓之圣王。"孙诒让间诂："方，旁古通……方施，言施溥徧于天下也。""方"，通"旁"，"方施"又写作"旁施"。"旁施"在唐代文献中仍有用例，如王勃《梓州慧义寺碑铭》："眷香城而侧席，怀妙叶而旁施。"所以"方施"表示的词不是战国消亡词。又如，"余一人"是古代天子的自称，又写作"予一人"，"予"假借为"余"。虽然"余一人"的末见书证为《左传·昭公

---

① 《汉语大词典》中"弗弗"词条第一义项的书证仅有一例，即《诗·小雅·蓼莪》："南山律律，飘风弗弗。"毛传："弗弗，犹发发也。"高亨注："弗弗，风疾貌。"而笔者通过检索北京大学中国语言学研究中心古代汉语语料库发现，表示"风疾貌"的"弗弗"在《大藏经》中亦有用例。

② 孙诒让《墨子间诂》的内容转引自《辞海》（1999年缩印本）"弗弗"词条。

③ 《汉语大词典》为"方施"列出的首见本义用例为《书·皋陶谟》："皋陶方祗厥叙，方施象刑惟明。"

汉语词汇通史 战国—秦卷

三十二年》："（天子曰）：'余一人无日忘之，闵闵焉如农夫之望岁。'"然与之属同词异形的"予一人"在《元史》中尚有用例。《元史·世祖纪》："求之今日，太祖嫡孙之中，先皇母弟之列，以贤以长，止予一人。"所以"余一人"不能看作战国消亡词。

判断战国—秦时期的消亡词，还要仔细甄别因使用音同音近的字而产生的一词多形现象。这类词多为叠音词或联绵词。比如，表诚挚貌的"纯纯""忳忳""谆谆""肫肫"本为一词。"纯纯"仅见于战国文献。《庄子·山木》："纯纯常常，乃比于狂。"成玄英疏："纯纯者材素，常常者混物。"而"忳忳""谆谆""肫肫"则在秦以后文献中皆有用例，其中《汉语大词典》所列上述词目书证中最晚的为孙中山《伦敦被难记》第五章："唐某竭力剖辩，谓此种消息纯属谬妄，其言侃侃，其色肫肫。"因此不能把"纯纯"看作战国时期消亡的叠音词，不纳入战国—秦消亡词语料库。又如，令支是春秋时期北方少数民族山戎的属国，公元前664年为齐桓公所灭，"令支"是音译词，又写作"不令支""令疵""泠支""离枝"等，其中"令支""不令支""令疵"仅见于战国文献。《国语·齐语》："遂北伐山戎，刜令支、斩孤竹而南归。"《逸周书·王会》："孤竹距虚，不令支玄模。"《吕氏春秋·有始》："何谓九塞？大汾、冥阸、荆阮、方城、殽、井陉、令疵、句注、居庸。"而"泠支""离枝"除在《管子》中有用例外①，司马迁的《史记》和近代章炳麟的《封建考》中亦有用例。《史记·齐太公世家》："北伐山戎、离枝、孤竹。"章炳麟《封建考》："东周既弱，桓文起而扶衰，卒令邢卫复胙，泠支受戮。"凡此不同的书写形式表示的是同一个词，所以"令支""不令支""令疵"不是战国时期的消亡词，不纳入战国—秦消亡词语料库。

除单纯词外，少数合成词也会出现因使用音同音近的字而产生的一词多形现象。比如，"葌茅"指古代用于占卜的灵草，该词最早文献用例为《楚辞·离骚》："索葌茅以筳篿兮，命灵氛为余占之。""葌"，一本作

绪

论

---

① 《管子·小匡》："北伐山戎，制泠支，斩孤竹而九夷始听。"又《轻重甲》："天下之国，莫强于越，今寡人欲北举事孤竹、离枝，恐越人之至，为此有道乎？"何如璋注："离枝，即令支，有孤竹城。"转引自《汉语大词典》"泠支""离枝"词条。

"琼"。"蓁茅"和"琼茅"应为一词。"蓁茅"鲜见于秦以后文献，而"琼茅"则在东汉乃至清代文献中均有用例，如《汉书·扬雄传上》："费椒稰以要神兮，又勤索彼琼茅。"清黄宗羲《万里寻兄记》："卜之琼茅蚌壳间，茫然不得影响。"由是，"蓁茅"不是战国时期的消亡词。

依照以上原则，以《汉语大词典》为基础，初步建立战国—秦消亡词语料库，包括单音节消亡词语料库、双音节消亡词语料库、多音节消亡词语料库。

3. 新义、消亡义语料库的建立

战国—秦新义指的是战国—秦承古词或新词在这一时期产生的新义位。因此，建立战国—秦新义语料库，要考察除本义以外其他引申义的书证。《汉语大词典》所收词目下每个义位所列首个书证一般为这个义位的最早文献用例，该文献的时间可以看作这个义位产生的时间。如果词的某个引申义位的首见书证出现在战国—秦文献中，就认为这个义位是战国—秦时期产生的新义。比如，"烹"本义指煮，是春秋晚期出现的新词。《老子》："治大国若烹小鲜。""烹"还指古代用鼎镬煮人的酷刑，这是由本义通过特指引申出的义位。《汉语大词典》为这个引申义列出的首见书证为《战国策·齐策一》："臣请三言而已矣，益一言，臣请烹。"《战国策·齐策一》为战国晚期文献，故"烹"的引申义"古代用鼎镬煮人的酷刑"为战国晚期出现的新义，归入战国—秦新义语料库。

战国—秦消亡义指的是战国—秦承古词或新词中最晚文献用例出现在这一时期文献中的义位。建立战国—秦消亡义语料库，要考察语词每个义位的书证。《汉语大词典》所收词目下每个义位所列最后书证一般为这个义位的最晚文献用例，该文献的时间可以看作这个义位消亡的时间。如果词的某个义位的末见书证出现在战国—秦文献中，就认为这个义位是战国—秦时期消亡的词义。比如，"田里"在先秦文献中有两个义位：一是本义，表示田地和庐舍；二是引申义，特指卿大夫的封地和住宅。《汉语大词典》列出的本义末见书证为隋王通《中说·立命》："古者圣王在上，田里相距，鸡犬相闻，人至老死不相往来，盖自足也。"引申义的末见书证为《孟子·离娄下》："去三年不反，然后收其田里。"根据文献著成的时间，"田里"的引申义为战国—秦时期消亡的词义，归入战国—秦消亡义语料库，而本义在隋朝文献中还有书证，不属于战国—秦消亡义。

依照以上原则，利用《汉语大词典》建立战国—秦新义语料库和消亡义语料库。

（三）语料库的补充与筛选

鉴于《汉语大词典》存在词目漏收、义项缺失、首见书证滞后、末见书证提前等缺陷，需要对建立的新词语料库和消亡词语料库进行审订，补充漏收的新词和消亡词，删除误收的语词。①

1. 新词语料库的审订

首先，利用北京大学中国语言学研究中心古代汉语语料库对双音节和多音节新词语料库中的词进行审订，凡是在战国前文献中已经出现的词一律删除，以确保战国—秦新词语料库的准确性。②例如"禾稼"。"禾稼"为谷类作物的统称。《汉语大词典》中列出的首见书证为《墨子·天志下》："刈其禾稼，斩其树木。"但"禾稼"在《诗经》中已经出现。《诗·豳风·七月》："九月筑场圃，十月纳禾稼。"因此把"禾稼"从战国—秦双音节新词语料库中删除。又如"白马"。《汉语大词典》给出的首见书证为《左传·定公十年》："公子地有白马四。"但"白马"在《易经》中就已经出现。《易·贲》："六四：贲如皤如，白马翰如。"因此把"白马"从战国—秦双音节新词语料库中删除。

其次，对照《汉语大字典》《殷周金文集成》对单音节新词语料库进行核查和补充。在甲骨文和西周春秋金文中已经出现字形的，就认定拥有这个字形的词早于战国出现。下面举"弹""谏""狗"为例。"弹"的本义指弹弓，引申为用弹丸射击。本义和引申义的最早传世文献用例均见于战国文

---

① 关于《汉语大词典》存在的不足，杨端志在《〈汉语大词典〉对汉语词汇发展演变史的价值与研究方法——〈汉语大词典〉词汇发展演变史研究条例》一文中有详细说明。参见杨端志：《〈汉语大词典〉对汉语词汇发展演变史的价值与研究方法——〈汉语大词典〉词汇发展演变史研究条例》，载《汉语史论集》，齐鲁书社2008年版，第275—276页。

② 北京大学中国语言学研究中心网址为http://ccl.pku.edu.cn。

献，如《庄子·山木》中有"执弹而留之"，《左传·宣公二年》中有"弹人"，但甲骨卜辞中已出现"弹"的字形，就把"弹"定为商代单音词。"谏"本义指正言规劝，《汉语大词典》中最早文献书证为《论语·里仁》："事父母几谏，见志不从，又敬不违，劳而不怨。"但西周早期的《大克鼎》铭文中已出现"谏"字。[①]根据字形，把"谏"定为西周单音词。《汉语大词典》中"狗"的最早书证是《左传·闵公二年》："归公乘马，祭服五称，牛、羊、豕、鸡、狗皆三百。"西周《长子狗鼎》铭文中已出现"狗"字。[②]"弹""谏""狗"都应从战国—秦单音节新词语料库中删除。同样地，战国—秦时期青铜器铭文、帛书、竹简中已经出现字形但首见书证晚于秦的词也应补充进战国—秦单音节新词语料库。例如"槽"，本义为小棺材。《汉语大词典》引用的最早文献用例是《汉书·高帝纪下》："令士卒从军死者为槽，归其县。"但是《战国纵横家书》中已经出现"槽"的字形，"槽"当为战国晚期新词，应该补充进战国—秦单音节新词语料库。[③]又如"蠦"，本指一种喜食瓜叶的黄甲小虫。《汉语大词典》列出的首见书证为《列子·天瑞》："九猷生乎瞀芮，瞀芮生乎腐蠦。"而《汉语大字典》"蠦"字下列出的首见书证为《尔雅·释虫》："蠦，舆父，守瓜。"且"蠦"在马王堆汉墓帛书《五十二药方》中已经出现字形，因此把"蠦"补充进战国—秦单音节新词语料库。

最后，利用近年来涉及战国—秦词汇的相关研究成果以及《殷周金文集成》对双音节和多音节新词语料库进行补充和订正。例如"扁（蝙）蝠"。《汉语大词典》列出的最早文献用例是汉焦赣《易林·豫之小畜》："蝙蝠夜藏，不敢昼行。"而"扁蝠"在周家台秦墓竹简中已见："人所恒炊（吹）

---

① 《殷周金文集成》5.2836。

② 《殷周金文集成》4.2369。

③ "槽"在里耶秦简中也有用例："□死，槽未到家。"参见赵岩：《简帛文献词语历时演变专题研究》，中国社会科学出版社2013年版，第212页。

24

汉语词汇通史 战国—秦卷

者，上橐莫以丸礜，大如扁（蝙）蝠矢而干之。"①所以"扁（蝙）蝠"应该视为秦朝或秦朝之前出现的新词。又如"武库"。"武库"为储藏兵器的仓库。《汉语大词典》的最早文献用例是《汉书·毋将隆传》："武库兵器，天下公用。"然而"武库"一词在战国金文中数见，如《郑武库戈》和《二年上郡守冰戈》铭文中都出现了"武库"。②"武库"属战国新词。

2. 消亡词语料库的审订

首先，利用《汉语大字典》等大型辞书对单音节消亡词语料库进行核查。比如，在《汉语大词典》中，"殰"指胎儿夭折，"殰"指胎儿死于腹中，"殰"和"殰"为意义相近的两个词。而在《汉语大字典》《康熙字典》中，"殰"被释为"殰"的古字，并引《集韵》为证。《集韵·屋韵》："殰，《说文》：'胎败也。'古作殰。"③在《王力古汉语字典》《辞源》中，"殰"被释为"殰"的异体字，如《王力古汉语字典》"殰"字下按语为"《说文》殰作殰，在歺部，注云：'胎败也'"。④我们采纳后四种辞书的解释，认定"殰"和"殰"为一词。虽然"殰"的书证仅见于战国文献，但"殰"在清代文献中仍有用例。⑤清毛奇龄《吴徵君德配傅孺人墓志铭》："孺人悉主亡，哭泣稽颡不少休，或劝以身解，不应，已而殰。"所以"殰"不是战国消亡词。

其次，利用北京大学中国语言学研究中心古代汉语语料库和现代汉语语料库对双音节和多音节消亡词语料库中的词逐一进行审订，删除汉以后文献中仍出现用例的词。此类语词较多，仅举"候遮""俭力""武闻""民宅"四

---

① "扁（蝙）蝠"例引自赵岩：《简帛文献词语历时演变专题研究》，中国社会科学出版社2013年版，第204页。

② 《殷周金文集成》17.10990，17.11399。

③ 参见汉语大字典编辑委员会编：《汉语大字典》（缩印本），湖北辞书出版社、四川辞书出版社1992年版，第889页；张玉书等编纂：《康熙字典》，中华书局1958年版，未集下第25页。

④ 参见王力主编：《王力古汉语字典》，中华书局2000年版，第1016页；何九盈、王宁肯、董琨主编，商务印书馆编辑部：《辞源》（第三版），商务印书馆2015年版，第1337页。

⑤ 《汉语大词典》为"殰"所列书证为《管子·五行》："然则羽卵者不段，毛胎者不殰。"尹知章注："殰，谓胎败溃也。"《吕氏春秋·禁塞》："壮佼老幼胎殰之死者，大实平原，广堙深谿大谷。"

词为例。先说"候遮"。候和遮是古代两种侦察敌情的兵卒，"候"与"遮"连缀成复合词"候遮"，泛指侦查吏卒。该词在《汉语大词典》中为拥有单一义位的独用词，孤证为《国语·晋语八》："攀辇即利而舍，候遮扞卫不行。"然而经检索发现，《汉书》中有"候遮"的引申义用例。《汉书·傅介子传》："楼兰王安归尝为匈奴间，候遮汉使者，发兵杀略卫司马安乐、光禄大夫忠、期门郎遂成等三辈，及安息、大宛使，盗取节印献物，甚逆天理。"此处的"候遮"用作动词，表侦查、刺探，是由本义"侦查吏卒"引申出的义位。《汉语大词典》缺失"候遮"的引申义及引申义书证。由此可以认定，"候遮"是东汉以后消亡的词，不属于战国—秦消亡词。再说"俭力"。"俭力"表节俭并勤于耕作。《汉语大词典》列出的末见书证为《晏子春秋·杂上四》："举俭力孝弟，罚偷窳，而惰民恶之。"经检索发现，"俭力"在《盐铁论》中仍有用例。西汉桓宽《盐铁论》："故利在自惜，不在势居街衢；富在俭力趣时，不在岁司羽鸠也。""俭力"是西汉以后消亡的词，不是战国—秦消亡词。"武闱"指王宫里的小门。《汉语大词典》列出的末见书证为《左传·闵公二年》："秋八月辛丑，共仲使卜齮贼公于武闱。"经检索发现，"武闱"在《东周列国志》中仍有用例。《东周列国志》："庆父曰：'主公有童心，尝夜出武闱，游行街市。子伏人于武闱，候其出而刺之，但云盗贼，谁能知者？吾以国母之命，代立为君，逐季友如反掌耳。'"因此把"武闱"从战国—秦双音节消亡词语料库中删除。[①]"民宅"指民房。《汉语大词典》为"民宅"列出的末见书证为《墨子·杂守》："可以迹知往来者少多，即所伏藏之处，葆民，先举城中官府民宅室署，大小调处。"经检索发现，"民宅"不仅在古代汉语文献中时有用例，在现代汉语中也是常用词，仅举一例为证——窦应泰《李嘉诚家族传》："小镇上的民宅状如香港的'笼屋'，如果说这座山寨里还有一处可以让李嘉诚接受的砖瓦结构的建筑，恐怕就是他投资

① "武闱"在清代又有了新的意义，表示科举制度中的武科，义同"武举"，清末文献中时有用例，如曾国藩《曾国藩家书》："十月四日，奉旨派作较射大臣；顺天武闱乡试，于初五六马箭，初七日步箭，初九十技勇，十一发榜，十二复命。"表示武举的"武闱"与表示宫中小门的"武闱"当属两个不同的词，应分别考察。《汉语大词典》缺失"武闱"的武举义及相关书证。

兴建的中心小学了。"因此，把"民宅"从战国—秦双音节消亡词语料库中删除。

笔者通过上面的补充和筛选工作，使战国—秦词汇史语料库尽可能全面准确，保证研究结果的可靠性。

四、研究方法

战国—秦词汇史研究采用定量与定性相结合的研究方法，既有共时描写，也有历时比较。

断代词汇史研究涉及文献之多，时间跨度之大，要求它必须在广泛占有材料的基础上建立大规模的语料库。本书建立了战国—秦词汇史语料库，并对其中各类词汇进行分类统计，这是战国—秦词汇史研究的基础性工作。只有在穷尽式的数据统计和分析的基础上，才有可能对战国—秦词汇进行全面客观、深入细致的分析和研究，才能归纳出这一时期词汇所蕴含的特点。比如，战国—秦时期双音节新词的数量远远超过单音节新词的数量，数字上的差距直接反映出这一时期汉语双音化迅速发展的特点。复音词研究还需要逐一分析新生词内部语法结构和语义关系，统计各类数据，从数据中可以发现这一时期复音新词诸多有价值的特点。总之，只有以量化的语言材料作为定性分析的依据，才能实现词汇研究的系统性和完整性，得出科学的、有价值的结论。

共时描写和历时比较相结合是揭示断代词汇特点的重要手段。为了全面完整地呈现战国—秦时期词汇的特点，既要在统计分析的基础上对这一时期的词汇进行共时描写，又要从微观层面对个体语义的发展进行历时的比较和归纳。比如，本书把战国—秦时期出现的新词和消亡词按照语义联系从不同角度不同层次进行划分，这些研究更多的是共时层面的研究，在共时平面上归纳这一时期词汇产生和消亡的特点。而研究战国—秦时期承古词和词义的发展则属于历时研究，从历时角度探寻因词义发展引起新旧词更替的轨迹，分析词汇发展背后的时代原因。采用横向的共时描写与纵向的历时比较相结合的方法，有助于准确地反映这一历史时期词汇在整个汉语词汇发展史中的地位。

第一章　反映战国—秦时期时代特征的标志性新词语场

　　杨端志指出："一个时期的'新词语'系统也是有层次的，其中最具时代特色的部分则构成一个共时时期的'标志性新词语场'。'标志性新词语场'是词汇、词汇史研究的关键所在。"①从社会发展的角度划分出的新词语场可以反映这一历史时期的时代特征，研究这类新词语场能够从社会角度了解词汇系统发展的机制。

　　战国—秦时期是中国古代社会从奴隶制向封建制转型的关键时期，从分裂割据的社会失序状态发展到以中央集权为核心的国家大一统形态，政治、经济、文化、科技等方面都发生了重大变化。在剧烈的历史变迁中，反映复杂的社会变迁的词语孳乳日繁，数量庞大。本章根据战国—秦时期社会发展变化的特点选取了五个能够代表这一时期政治、军事、农业、社会文化和思想科技的新词语场，通过分析它们内部不同层次的联系，从共时角度探求新词产生的社会基础。

　　语言中词的所有义位构成了一个总语义场。总语义场包含大量的子语义场。一个子语义场中，义位之间的语义关系呈现多样化。一般来说，如果一个语义场中同一层次的义位含有一个或者多个对立的义素，那么这些义位之间的

---

　　①　杨端志：《从清末民初科学小说新词语看"现代性"新词语的来源和发展——兼论"标志性子词场"理论和"现代汉语词汇史"的起点》，载《汉语史论集》，齐鲁书社2008年版，第257页。

关系就是对立的语义关系；如果构成义位的义素相同，那么义位之间就是语义上的重叠关系或等同关系；如果一个义位的义素包含另一个义位的所有义素，那么义位之间就是语义上的包含关系或属与种的上下位关系。①根据义位之间的关系，子语义场可以归纳出若干类型。贾彦德参考G. Leech的观点，把语义场分为十个类型："分类义场""部分义场""顺序义场""关系义场""反义义场""两极义场""部分否定义场""同义义场""枝干义场""描绘义场"。②符淮青认为语义场主要有"同义近义""层次关系""非层次关系"和"综合"四大类型，其中"层次关系"又包括"上下位关系""整体部分关系""等级关系""亲属关系""同位关系"。③

综合上述观点，本书将战国—秦时期反映时代特征的标志性新词语场分为"同位关系义场""顺序关系义场""同义关系义场""反义关系义场""上下位关系义场""整体部分关系义场""非层次关系义场"等七个类型。下面将从政治、军事、农业、社会文化和思想科技五个新词语场中选取具有代表性的上述七种类型的子语义场进行举例说明。

第一节　反映战国—秦时期政治体制的新词语场

政治体制与国家性质相适应。春秋战国之交，我国已经开始由奴隶制社会向封建制社会转变，至秦时完成了封建制度的确立和巩固。奴隶制度的瓦解和封建制度的确立是战国—秦时期政治体制变革的显著特征。各国废除了以分封制为标志的宗法体制，士人群体可以朝为布衣夕为卿相，行政管理体系日趋完备。在政治体制变革的过程中，一系列的新词也随之出现。本节重点阐述涉及官制和赋役的新词，它们反映出该时期政治体制的基本状况。

---

① 在总语义场中，义位之间还存在相对无关的关系。这些义位之间不存在任何相同的必要义素。有关语义场中义位之间存在的关系，参见贾彦德：《汉语语义学》，北京大学出版社1999年版，第175—178页。

② 参见贾彦德：《汉语语义学》，北京大学出版社1999年版，第152—175页。

③ 为适应汉语的表达习惯，符淮青把词语场、语义场改称作词群。参见符淮青：《词义的分析和描写》，外语教学与研究出版社2006年版，第196—208页。

一、官吏制度

春秋时期，各诸侯国为宗法国家，实行以卿大夫为主的权力世袭体制。战国—秦时期，政治体系向专制君主制过渡，各国开始推行集权管理制度，管理体系中的行政分工原则使官职设置呈现层级化，官员因能授官，依凭履职，定期考核。中央集权代替世卿世禄的权力世袭制，有效地提升了行政管理的效率。

（一）职官设置

战国时期，官吏任用制取代了西周春秋时期的贵族世袭制，各诸侯国大都实行国君为首、文武分职的集权制度，国君之下分设相、将，掌文武二柄。《墨子·法仪》："天下从事者不可以无法仪……虽至士之为将相者皆有法。"这里的"将相"分别指将帅和丞相，属于中央官制，也泛指文武大臣。相、将之下设各级官员，行政管理体系逐渐科学化。一系列官职名称也随之出现。

1. 文官

（1）相

"相"作为官职在春秋时期已经出现。据《论语·先进》，孔子的弟子公西华曾对孔子言志："宗庙之事，如会同，端章甫，愿为小相焉。"朱熹注："相，赞君之礼者。言小，亦谦辞。"《论语》虽成书于战国时期，但其中孔子与其弟子对话中出现的官名可以看作春秋末期职官。记录周代礼乐制度的《周礼》中有"上相"一词，指天子大典时主持礼仪的官员。《周礼·春官·大宗伯》："朝觐会同，则为上相。"又《秋官·司仪》："每门止一相，及庙，唯上相入。"由此可以推测，最晚在春秋末期，"相"可以指诸侯朝觐时主持行礼的司仪官。大约秦汉以后，"相"不再表示朝廷主持行礼的司仪官，而是指社会上普通的赞礼人，如《淮南子·主术训》中有"口能言而行人称辞，足能行而相者先导"之语。现代汉语中有"傧相"一词，指婚礼时赞礼的人，其中词素"相"就保留了"赞礼人"这个意义。

据《左传》《史记》记载，春秋末期，齐景公设"右相""左相"执政，

"这是后世左右丞相制度的由来"①。虽然春秋文献中没有以单音节词"相"命名的最高行政职官名，但是从"右相""左相"两词可以推测，春秋时期"相"已经可以表示执政官了。

至战国时，除楚国外，其他各诸侯国普遍设"相"职，以"相"为核心的文官体系也随之形成。②《荀子·王霸》："相者，论列百官之长，要百事之听，以饰朝廷臣下百事之分，度其功劳，论其庆赏，岁终奉其成功以效于君，当则可，不当则废。""相"作为"百官之长"，辅助君主，统率群僚，总揽政务，是文官中的最高职位。

战国时期，以"相"为词素形成的新词构成了两个与官名有关的复音新词语义场。

一个语义场包含"国相""宰相"两个新词。"国相"是行政大臣的泛称。《左传·宣公十二年》："困兽犹斗，况国相乎！"与"国相"同义的还有"宰相"。"宰相"一词始见于《韩非子》。《韩非子·显学》："故明主之吏，宰相必起于州部，猛将必起于卒伍。"这里的"宰相"泛指掌握权力的大臣，并非专指辅助君主的最高行政长官。③

另一个语义场包含"丞相""相室""相邦"三个新词，它们属于辅佐国君理政的最高文职官员。秦悼武王曾置左右丞相。"丞相"一词的文献用例最早见于《商君书》。《商君书·定分》："御史置一法官及吏，丞相置一法官。""丞相"也称"相室"，《韩非子·八经》："相室约其廷臣，廷臣约其官属。""相邦"也可以指丞相，但是在秦国，"相邦"似乎位尊于"丞相"。1974年陕西临潼县秦始皇兵马俑坑发掘出的器物上有"三年相邦吕□□造"的文字，"吕□□"指的就是秦相吕不韦。

---

① 童书业：《春秋史》，中华书局2006年版，第115页。

② 春秋战国时，楚国的最高行政长官称作"令尹"，位同宰相。《论语·公冶长》："令尹子文，三仕为令尹，无喜色；三已之，无愠色。"邢昺疏："楚臣令尹为长，从他国之言，或亦谓之宰。"

③ "宰相"在汉以后词义缩小，专指最高行政长官，与"丞相"成为同义词。《汉书·王陵传》："宰相者，上佐天子理阴阳，顺四时，下遂万物之宜，外填抚四夷诸侯，内亲附百姓，使卿大夫各得任其职也。"

需要指出的是，"相邦"后称作"相国"。"相国"一词始见于《战国策》。《战国策·东周策》："昭献在阳翟，周君将令相国往，相国将不欲。"虽然《战国策》主要反映的是战国末期语言，但经西汉刘向汇编，其中可能掺入了西汉时期的文辞。王国维《观堂集林·匈奴相邦印跋》："考六国执政者，均称相邦。秦有相邦吕不韦，魏有相邦建信侯，今观此印，知匈奴亦然矣。史家作相国者，盖避汉高帝讳改。"①可见"相国"一词很可能是西汉以后才出现的词。

用义位结构式可以清晰地表示这两个语义场之间的差别：

国相：<名>（官员）（文职的）［（职位）（高）］｛［（辅佐）（君主）］［（处理）（政务）］｝

宰相：同"国相"

丞相：<名>（官员）（文职的）［（职位）（最）（高）］｛［（辅佐）（君主）］［（处理）（政务）］｝

相室：同"丞相"

相邦：同"丞相"

由上可见，"国相""宰相"构成了一个表示行政大臣的同义关系义场。"丞相""相室""相邦"构成了一个表示最高行政长官的同义关系义场。两个义场之间的差异在于：相比"国相、宰相"语义场，"丞相、相室、相邦"语义场中含有表示程度的限定义素"（最）"。由此可见，这两个语义场之间形成上下层级关系。"丞相、相室、相邦"是"国相、宰相"的下层义场。

| 【上层语义场】 | 行政大臣（"国相""宰相"） |
| 【下层语义场】 | 最高行政长官（"丞相""相室""相邦"） |

① 转引自《汉语大词典》第七卷"相邦"词条。

（2）其他文官

西周春秋官职称谓以双音词为主，常见的结构有两种：一种是以"～官""～师""～人""～氏""～仆""～宰""～正""～尹""～士""～吏"为主的偏正式结构；一种是以"司～""执～"为主的动宾式结构。这些结构形成的官职名大都出现在记载周代礼仪的《周礼》《仪礼》以及战国早期文献《左传》《国语》《逸周书》中。据统计，《汉语大词典》收录的出自这五部典籍的上述结构文职官名共计193个。一般认为，这些典籍中记载的官名或在战国以前已经出现，或为作者主观设计，皆不宜看作战国新职官名。战国中晚期文献中，出现了少量"～官""～师""～正""～尹""～吏""司～""职～""掌～""主～"结构的新文职官名，共23个。①这说明战国时期各国基本沿袭前代官职，新置官职的命名方式在一定程度上依然沿用西周春秋时的命名方式。兹将这一时期出现的"相"之外的文职官名按专司类和地方类分述。

① 专司一事的文官

战国中晚期文献中出现的表示专司某类事务官名新词有"铁官""甬官""田师""工师""虞师""渔师""候吏""狱吏""委吏""关吏""阍尹""宰尹""掌窈""掌书""掌梦""职计""司声""司田""司农""司过""主书""主祠""主吏"，共23个。这些词全部为复合词，按照内部语法结构分为偏正式结构和动宾式结构两类。

A.偏正式结构共12个：

"铁官"掌铁器铸造。《管子·海王》："今铁官之数曰：'一女必有一针一刀，若其事立。'"

"甬官"掌徭役。《商君书·垦令》："令有甬官食概，不可以辟役。""甬"表仆役。《方言》第三："甬、奴、婢，贱称也……自关而东，

---

① 《汉语大词典》收录的"～人"结构的官名共出现53个，其中《周礼》38个，《仪礼》10个，《国语》3个，《左传》2个。"～氏"结构的官名共出现16个，其中《周礼》14个，《左传》2个。"～士"结构的官名共出现13个，其中《周礼》10个，《逸周书》2个，《左传》1个。"～仆"作为官名共出现8个，《周礼》6个，《左传》1个，《国语》1个。"～宰"共出现8个，《周礼》4个，《左传》1个，《国语》2个，《仪礼》1个。战国中后期文献中没有出现新的"～人""～氏""～士""～仆""～宰"结构的官职名。

陈、魏、宋、楚之间，保庸谓之甬。"

"田师"掌农事。《荀子·解蔽》："农精于田而不可以为田师，贾精于市而不可以为市师，工精于器而不可以为器师。""田"表示耕种。《诗·齐风·甫田》："无田甫田，维莠骄骄。"

"工师"掌营建工程和管教百工等事。《荀子·王制》："论百工，审时事，辨功苦，尚完利，便备用，使雕琢不敢专造于家，工师之事也。""工"是从事各种技艺的劳动者的总称。《论语·卫灵公》："工欲善其事，必先利其器。"

"渔师"掌渔业。《吕氏春秋·季夏》："令渔师伐蛟，取鼍。"

"虞师"掌山林川泽。《管子·立政》："使民于宫室之用，薪蒸之所积，虞师之事也。""虞"在西周时为掌管山林川泽之官。《书·舜典》："咨益，汝作朕虞。"孔传："虞，掌山泽之官。"《周礼》中有"山虞""泽虞"，二词分别为掌管山林和湖泽的官名。

"候吏"即候人，掌整治道路稽查奸盗，或迎送宾客。《韩非子·外储说左下》："臣居齐荐三人，一人得近王，一人为县令，一人为候吏。""候"是掌管伺察、稽查等事的小吏。《墨子·号令》："诸吏卒民非其部界而擅入他部界，辄收以属都司空若候，候以闻守。""候"也表示负责迎送宾客的官吏。《左传·襄公二十一年》："使候出诸辕辕。"杜预注："候，送迎宾客之官也。"

"狱吏"掌讼案和刑狱。《韩非子·外储说左下》："孔子相卫，弟子子皋为狱吏，刖人足。"

"委吏"掌委积粮廪。《孟子·万章下》："孔子尝为委吏矣，曰：'会计当而已矣。'"赵岐注："委吏，主委积仓廪之吏也。""委"表储积、聚积。银雀山汉墓竹简《孙膑兵法·见威王》："故城小而守固者，有委也。"

"关吏"指管理关市或守关口的官吏。《韩非子·内储说上》："卫嗣公使人为客过关市，关市苛难之，因事关市以金，关吏乃舍之。"

"阍尹"掌太监。《吕氏春秋·仲冬》："是月也，命阍尹，申宫令，审门闾，谨房室，必重闭。"高诱注："阍，宫官；尹，正也。"

"宰尹"掌膳食。《韩非子·八说》："酸甘咸淡，不以口断而决于宰尹，则厨人轻君而重于宰尹矣。""宰"表示屠宰、杀牲。《汉书·宣帝纪》："其令太官损膳省宰，乐府减乐人。"

从语法结构上看，以上各词属偏正式结构。"官""师""吏""尹"是中心词素，上古时期可表官位或主管之官。"～师""～尹"是春秋官名常用的模式，如《汉语大词典》收录的"～尹"形成的官名有8个，基本为楚国官名。"～官"在春秋时期只形成"日官"一名，而"～吏"在春秋时期未见形成正式官名。战国时，"～官""～师""～吏""～尹"构成的官职名都是专司一事的官名。

偏词素"铁""甬""田""工""渔""狱""委""关""阉""宰"表掌管对象，它们的词素义进入合成词词义后，就构成了这些词的区别性义素。需要指出的是，"虞""候"作单音词本身就表示"掌管山泽之官""掌管伺察稽查或迎送宾客之官"，它们作为词素构成的合成词"虞师""候吏"与其单音词同义，词素"师"和"吏"在合成词中为羡余成分。

用义位结构式表示这些职官名的词义结构：

铁官：<名>（官员）（文职的）［（掌管）（铁器铸造）］

甬官：<名>（官员）（文职的）［（掌管）（徭役）］

田师：<名>（官员）（文职的）［（掌管）（农事）］

工师：<名>（官员）（文职的）｛（掌管）［（营建工程）（管教百工）］｝

虞师：<名>（官员）（文职的）｛（掌管）［（山林）（川泽）］｝

渔师：<名>（官员）（文职的）［（掌管）（渔业）］

候吏：<名>（官员）（文职的）｛（掌管）［（伺察稽查）或（宾客迎送）］｝

狱吏：<名>（官员）（文职的）｛（掌管）［（讼案）（刑狱）］｝

委吏：<名>（官员）（文职的）［（掌管）（委积仓廪）］

关吏：<名>（官员）（文职的）｛（掌管）［（关）（市）］｝

阉尹：<名>（官员）（文职的）［（掌管）（太监）］

宰尹：<名>（官员）（文职的）［（掌管）（膳食）］

由上可见，词义之间的差别在于表示职责的义素，而表示职责的义素源于这些词的偏词素的意义。

B.动宾式结构共11个：

"掌窌"掌管仓廪。《荀子·议兵》："虚腹张口，来归我食。若是，则必发夫掌窌之粟以食之。""窌"本义为地窖。《说文·穴部》："窌，窖也。"战国时窌多用来储存谷物。《荀子·富国》："故田野县鄙者，财之本也；垣窌仓廪者，财之末也。"杨倞注："窌，窖也，掘地藏谷也。"

"掌书"掌符节及文史记载。《吕氏春秋·骄恣》："王曰：'春子！春子反！何谏寡人之晚也？寡人请今止之。'遽召掌书曰：'书之。'"

"掌梦"掌占梦。《楚辞·招魂》："巫阳对曰：'掌梦，上帝其难从。'"

"职计"掌会计。《晏子春秋·谏上七》："景公燕赏于国内，万钟者三，千钟者五。令三出而职计莫之从。公怒，令免职计。""计"本义指计算。《左传·昭公三十二年》："士弥牟营成周，计丈数，揣高卑。"引申为经济力量及经济开支等。《韩非子·难言》："家计小谈，以具数言，则见以为陋。"

"司声"掌听察民情。《管子·七臣七主》："芒主目伸五色，耳常五声，四邻不计，司声不听，则臣下恣行，而国权大倾。""声"指言语。《孟子·公孙丑上》："无严诸侯，恶声至，必反之。"

"司田"掌农务。《管子·小匡》："垦草入邑，辟土聚粟，多众尽地之利，臣不如宁戚，请立为大司田。"

"司农"掌教民稼穑。《吕氏春秋·季冬》："命司农，计耦耕事，修耒耜，具田器。"

"司过"掌纠察群臣过失。《晏子春秋·问上十》："是以民神俱怨，而山川收禄，司过荐罪，而祝宗祈福，意者逆乎！""过"指过失、错误。《书·大禹谟》："宥过无大，刑故无小。"秦朝末年，陈胜自立为楚王时曾置"中正"一职，"中正"负责纠察群臣的过失。《史记·陈涉世家》："陈王以朱房为中正，胡武为司过，主司群臣。""中正"与"司过"义同，但"中正"为联合式复合词。

"主~"结构的官名战国末期始置，战国以前未见。战国末期文献《吕氏春秋》中出现了两个以词素"主"构成的新官职名——"主书""主祠"。《史记》中也出现了一个以词素"主"构成的秦代官职名——"主吏"。"主书"与"掌书"意义相近，为主管文书的官吏。《吕氏春秋·乐成》："文侯知之，命主书曰：'群臣宾客所献书者，操以进之。'""主祠"是掌管祭祀的官吏。《吕氏春秋·季秋》："命主祠祭禽于四方。"高诱注："主祠，掌祀之官也。""主吏"为秦汉郡县地方官的属史，除掌人事外，也参与政务，秦始置。《史记·高祖本纪》："萧何为主吏，主进。"汉以后，"主~"结构的官名逐渐增多，如"主簿""主事""主计"，它们都是汉代始置的职官。

以上各词都是动宾式复合词。词素"职""掌""司""主"都是动词性词素，意义相近，都表主管、任职。词素"窌""书""梦""计""声""田""农""祠""过""吏"表示动作支配的对象。这些词的两个词素义结合后发生了转指，由动作行为转指动作行为的施事者，进而构成词义。

用义位结构式表示它们的词义结构：

掌窌：<名>（官员）（文职的）［（掌管）（仓廪）］

掌书：<名>（官员）（文职的）｛（掌管）［（符节）（文史记载）］｝

掌梦：<名>（官员）（文职的）［（掌管）（占梦）］

职计：<名>（官员）（文职的）［（掌管）（会计）］

司声：<名>（官员）（文职的）｛（掌管）［（听察）（民情）］｝

司田：<名>（官员）（文职的）［（掌管）（农务）］

司农：<名>（官员）（文职的）｛（掌管）［（教）（民）（稼穑）］｝

司过：<名>（官员）（文职的）｛（掌管）［（纠察）（过失）］｝

主书：<名>（官员）（文职的）［（掌管）（文书）］

主祠：<名>（官员）（文职的）［（掌管）（祭祀）］

主吏：<名>（官员）（文职的）［（掌管）（人事）］

由上可见，词义之间的差别在于表示职责的义素，而表示职责的义素源于词素"窌""书""梦""计""声""田""农""祠""过""吏"。这些词素义进入合成词词义后，就构成了合成词的区别性义素。

汉以降，"掌～"结构仍然用作官名。如《新唐书·百官志》记载唐代置"掌记""掌藏"之职，明代刘若愚《酌中志·内臣职掌纪略》有"掌案"一职，这些都属于宫官的属官。"司～"结构在汉以后也能继续构成官名。如北周庾信《又移齐河阳执事文》有"司疆"，掌边境防务，《旧唐书》记载唐代置"司舆"，掌舆马，明代何景明《何子·用直》有"司绳"，掌纠察。"职～"结构的官名在汉以后就很少出现了，只有《史记》记载的"职志"，为掌管旗帜的官。

总之，偏正式结构的"铁官""甬官""田师"等和动宾式结构的"掌窌""掌梦""掌书"等这两类新官名同属于专司一事的文官这一语义场，它们之间又形成了一个同位关系义场。其中，"田师""司田"又构成了一个最小的同义关系义场，两个词意义相同，但内部结构不同："田师"为偏正式结构，"司田"为动宾式结构。这些词的出现反映了战国时期国家行政管理分工逐渐细化的特点。

② 地方行政长官

战国时期，地方行政管理的官职名多沿用西周春秋官名。战国中后期文献中表示地方官名的新词有"里长""里甶（正）""县$_2$令"[①]"丞"。

"长""正"都表长官。《书·多方》："尔乃自作不典，图忱于正。"《吕氏春秋·振乱》："凡为天下之民长也，虑莫如长有道而息无道，赏有义而罚不义。"战国时各级行政长官通称"正长"或"政长"，《墨子·尚同中》："方今之时，复古之民始生，未有正长之时。"又《尚同上》："夫明乎天下之所以乱者，生于无政长。"

以词素"长""正"构成的地方行政长官的官名，其偏词素都表示行政区域单位或户籍编制单位。如《周礼》《国语》中出现的"州长""乡长""邻长""连长""轨长""县$_2$正""党正"等词的偏词素"州""乡""邻""连""轨""县$_2$""党"都是行政区域单位或户籍编制单位。

里一级的长官称"里宰""里人""里尹""里君""司里"，这些词见于西

---

① "县$_2$"音 xiàn。

周春秋金文及传世文献《周礼》《逸周书》《国语》。战国中晚期文献中又出现了"里长""里邑（正）"。《墨子·尚同上》："是故里长者，里之仁人也，里长发政里之百姓。"又《号令》："里正与皆守宿里门。""里长""里邑（正）"为同义词，都是偏正式复合词，中心词素"长""正"表示官职，偏词素"里"表示管辖的行政单位。

用义位结构式表示"里长""里邑（正）"的词义结构：

里长：<名>（官员）（文职的）［（掌管）（行政事务）］［（在……范围内）（里）］

里邑（正）：同"里长"

可见，"里长""里邑（正）"与"里宰""里人""里尹""里君""司里"构成了一个最小的同义关系义场。

春秋时期，掌一县之政令的长官称"县$_2$尹""县$_2$公""县$_2$大夫"。战国末期，秦国万户以上的县，其长官称"县$_2$令"，不及万户的称"县$_2$长"。《汉书·百官公卿表上》："县令、长，皆秦官，掌治其县。万户以上为令……减万户为长。""县$_2$令"亦见于《韩非子》。《韩非子·八经》："县令，约其辟吏。"

用义位结构式表示"县$_2$长""县$_2$令"的词义结构：

县$_2$长：<名>（官员）（文职的）［（掌管）（行政事务）］［（在……范围内）（万户以下）的（县）］

县$_2$令：<名>（官员）（文职的）［（掌管）（行政事务）］［（在……范围内）（万户以上）的（县）］

从结构式可以看出，"县$_2$长""县$_2$令"构成了一个最小的同位关系义场，两个义位标志着同类事物的两种对象，区别在于界定户籍规模的义素。从历时比较的角度看，"县$_2$长、县$_2$令"义场与春秋出现的"县$_2$尹、县$_2$公、县$_2$大夫"义场形成了上下层级关系。

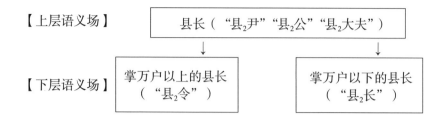

【上层语义场】 县长（"县₂尹""县₂公""县₂大夫"）

【下层语义场】 掌万户以上的县长（"县₂令"）　掌万户以下的县长（"县₂长"）

战国时秦始置"丞"。"丞"，辅助义，可作副职官名。《商君书·禁使》："夫置丞立监者，且以禁人之为利也。""丞尉"是县丞和县尉的合称，县丞助理县政，县尉掌管治安。《商君书·境内》："夫劳爵，其县过三日有不致士大夫劳爵，罢其县四尉，訾由丞尉。"高亨注："县令、长，皆秦官。皆有丞尉。"

2.武官

（1）将

春秋时期，晋国置"六卿"为"三军"统帅，也称"将军"。《墨子·非攻中》："昔者晋有六将军，而智伯莫为强焉。"孙诒让间诂："六将军，即六卿为军将者也。春秋时通称军将为将军。"不过，春秋时"将军"还不是军队中武将的正式官名。战国—秦时期，随着战争规模不断扩大，"将军"成为各国武将的官职名，如《九年将军戈》铭文："将军张二月。"[1]《战国策·燕策一》："于是遂以乐毅为上将军，与秦、楚、三晋合谋以伐齐。"

作为武官名的"将军"单称"将"也是战国时候的事，如《孙子·计》："将者，智信仁勇严也。"优秀将领称"良将"。《孙子·火攻》："明主慎之，良将警之，此安国全军之道也。"良将中足智多谋者称"智将"，勇猛者称"猛将"，久经战场者称"宿将"，贤明者称"明将"，与"明将"形成反义关系的是"闇将"。《孙子·作战》："故智将务食于敌，食敌一钟，当吾二十钟。"《韩非子·显学》："故明主之吏，宰相必起于州部，猛将必发于卒伍。"《战国策·魏策二》："田朌宿将也，而孙子善用兵。"《六韬·战

① 《殷周金文集成》17.11325。

40

汉语词汇通史 战国—秦卷

骑》："明将之所以远避，闇将之所以陷败也。"这些词都是偏正式结构，拥有相同的中心词素"将"，偏词素"智""猛""宿""明""闇"分别表示特征。把这些词的义位切分成指称义素和区别性义素，就可以看出它们意义上的区别。

指称义素+区别性义素

猛将：(将领)(勇猛的)

智将：(将领)(足智多谋的)

宿将：(将领)(久经战阵的)

明将：(将领)(贤明的)

闇将：(将领)(昏昧的)

以上结构式显示出这些词拥有相同的指称义素，词义中的区别性义素来自偏词素的意义。它们分成两个语义场："明将""猛将""智将""宿将"为同位关系义场，"闇将""明将"为反义关系义场。

战国时期，以"将"为词素形成了一系列与武将官职有关的合成词。比如：

"主将""执将""上将""大将"都指军中的统帅。《墨子·备梯》："令贲士主将皆听城鼓之音而出。"《管子·轻重乙》："谁能听旌旗之所指而得执将首者，赐之千金。"《孙子·地形》："料敌制胜，计险厄远近，上将之道也。"《墨子·迎敌祠》："旁有大率，中有大将。"

"辅将""裨将"都指军中的副将。《墨子·号令》："辅将如令赐上卿。"《尉缭子·兵教上》："自什以上，至于裨将，有不若法者，则教者如犯法者之罪。"

用义位结构式表示这两个语义场之间的差别：

$$\begin{cases} \text{主将:} \langle\text{名}\rangle(\text{官员})(\text{军职的})[(\text{等级})(\text{高})][(\text{统帅})(\text{军队})] \\ \text{执将:} 同"主将" \\ \text{上将:} 同"主将" \\ \text{大将:} 同"主将" \end{cases}$$

$$\begin{cases} \text{辅将:} \langle\text{名}\rangle(\text{官员})(\text{军职的})[(\text{等级})(\text{低})][(\text{统帅})(\text{军队})] \\ \text{裨将:} 同"辅将" \end{cases}$$

由上可见，"主将""执将""上将""大将"与"辅将""裨将"分别形成两个同义关系义场，两个义场之间又形成等级关系义场。等级关系义场中，义位之间的差异源于表示等级的限定义素，前者义位中表示等级的限定义素为"（高）"，而后者义位中的限定义素为"（低）"。两个语义场同时又是"将军"义场的下层义场。

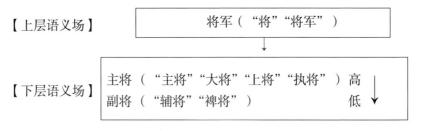

（2）其他武官

除"将"外，战国—秦时期还有以"尉""柱国""郎""长"为中心词素形成的其他武官名。

春秋时"尉"已属武职，如晋国置"军尉"和"舆尉"为武官。战国时期各国依然沿用"尉"这一官名，并以"尉"作为中心词素构成合成词表示武官名，其中既有负责治安的地方官员名，也有军官名。

战国时秦国县长下置"县$_2$尉"，掌管一县治安。《商君书·境内》："故爵为大夫，爵吏而为县尉，则赐虏六，加五千六百。"里长下也设尉，掌管一里治安，称"里尉"。《管子·立政》："分州以为十里，里为之尉……审间闾，慎筦键，筦藏于里尉。""县$_2$尉"和"里尉"都是偏正式复合词，拥

汉语词汇通史　战国—秦卷

有相同的中心词素"尉"，偏词素"县₂""里"分别表示领属范围。"县₂尉"和"里尉"的义位结构式为：

县₂尉：<名>(官员)(武职的)［(掌管)(治安)］［(在……范围内)(县)］

里尉：<名>(官员)(武职的)［(掌管)(治安)］［(在……范围内)(里)］

从结构式中可以看出，"县₂尉""里尉"形成了一个同位关系的语义场。两词词义的差别来自限定义素。"县₂尉"的管理范围是县，"里尉"的管理范围是里。

战国时秦国置"国尉"。《史记·白起王翦列传》："起迁为国尉。"张守节正义："言太尉。"秦始皇时"国尉"改称"太尉"，为全国的军政首脑，与丞相、御史大夫并称三公。《汉书·百官公卿表上》："太尉，秦官，金印紫绶，掌武事。"秦始皇时还置"廷尉"和"卫尉"，皆属九卿。"廷尉"掌刑狱。"卫尉"掌宫门警卫。《汉书·百官公卿表上》："卫尉，秦官，掌宫门卫屯兵。"又："廷尉，秦官，掌刑辟。"

国尉：<名>(官员)(武职的)［(掌管)(军政)］［(在……范围内)(全国)］

廷尉：<名>(官员)(武职的)［(掌管)(刑狱)］［(在……范围内)(全国)］

卫尉：<名>(官员)(武职的)［(掌管)(防卫)］［(在……范围内)(宫廷外围)］

"太尉""廷尉""卫尉"均属秦中央官制，形成了一个同位关系的语义场。

"兵尉"是军队的下级军官，职位低于"裨将"和"大将"。职位低于"兵尉"的军官有"伯₅长"①"卒长""什长""伍长"。《尉缭子·兵教上》："伍长教成，合之什长。什长教成，合之卒长。卒长教成，合之伯长。伯长教成，合之兵尉。兵尉教成，合之裨将。裨将教成，合之大将。"古代军制以五人为伍、十人为什、百人为卒，长官称伍长、什长、卒长。《汉语大词典》中对"伯₅长"的释义为"古代军中统率百人的卒长"，不过按照《尉缭子》的记载，伯长的职位当高于卒长。

---

① "伯₅"音bǎi。

现将武官中的"～将"以及其下属官阶"～尉""～长"结构的官名从义位视角加以分析：从词的内部结构看，它们都是偏正式复合词，中心词素分别为"将""尉""长"；从义位上可以看出，词素"将""尉""长"在表示军职名称时也具有意义上的顺序性。词素"将"含有"高级军官"的意义，词素"尉"和"长"含有"中低级军官"的意义。

如果把"大将"列为第一等的军官，那么其他词就列为第二等到第七等的军官，这些词的义位中就分别包含从第一等到第七等的义素。

	"大将"	"裨将"	"兵尉"	"伯$_5$长"	"卒长"	"什长"	"伍长"
区别义素：	第一等	第二等	第三等	第四等	第五等	第六等	第七等

以上7个词的义位结构式为：

大将：＜名＞（军职名）（第一等）

裨将：＜名＞（军职名）（第二等）

兵尉：＜名＞（军职名）（第三等）

伯$_5$长：＜名＞（军职名）（第四等）

卒长：＜名＞（军职名）（第五等）

什长：＜名＞（军职名）（第六等）

伍长：＜名＞（军职名）（第七等）

由上可见，"大将""裨将""兵尉""伯$_5$长""卒长""什长""伍长"形成了一个构成严整、层次清晰的顺序关系义场，它们共同的义素是"（军职名）"，区别性义素是表示不同等级的义素。

"柱国"和"上柱国"是战国楚官制。"柱国"为楚国最高武官。《鹖冠子·王铁》："柱国不政，使下情不上闻，上情不下究，谓之绿政。"立过显赫军功的武官封为"上柱国"。《战国策·齐策二》："（陈轸）见昭阳，再拜贺战胜，起而问：'楚之法，覆军杀将，其官爵何也？'昭阳曰：'官为上柱国，爵为上执珪。'"

"郎"战国时已置，秦汉以后一直沿置。战国文献中仅出现"郎中"一个郎官名。"郎中"掌管殿掖门户和车骑，多为国君的近侍卫官。《韩非子·孤愤》："郎中不因则不得近主，故左右为之匿。"旧注："郎中，为郎居中，则君之左右之人也。""郎中"是通过减缩"为郎居中"形成的，用义位结构式表示为：

郎中：<名>（官员）（武职的）{（掌管）（防卫）]}[（在……范围内）（宫殿）]

可见，"郎中"不是军职名，而是宫廷武官的职名。"郎中"与"卫尉"共同负责皇帝的警卫，分权制衡。"郎中"为皇帝亲卫，守护皇宫殿内，"卫尉"负责宫廷外围乃至整个京城防护。"郎中""卫尉"形成了一个同位关系的语义场。

（二）职官管理

春秋时期，公族大夫的俸禄主要来自禄邑。"邑"是周王赐给卿大夫作世禄的田邑，这个词在西周文献中已经出现，如《易·谦》："利用行师征邑国。"高亨注："邑国，大夫之邑，诸侯之国。"著成于战国早期的《左传》中出现了表示卿大夫田邑的新称谓："官邑""赐邑""私邑"。三词意义相同，都指周天子或诸侯赐给臣下的食邑。《左传·僖公五年》："陈辕宣仲怨郑申侯之反己于召陵，故劝之城其赐邑，曰：'美城之，大名也，子孙不忘，吾助子请。'"又《昭公十六年》："夺之官邑。"又《哀公十六年》："子木暴虐于其私邑，邑人诉之。"从词汇史的角度看，三词是战国初产生的新词，但从词义的内容看，它们反映的是春秋时期禄邑制。

从词的内部结构上看，"官邑""赐邑""私邑"均是偏正式复合词。中心词素"邑"表采邑。"官邑""赐邑"的偏词素"官""赐"分别从两个方面反映了采邑的一般特征，即"依官封邑"和"君主赐予"，而"私邑"的"私"则表明春秋晚期一些诸侯国的卿大夫已经拥有了国家的控制权，采邑逐渐变成了卿大夫的私地，君主无力剥夺其采邑，所以偏词素"私"能够与中心词素"邑"结合，形成"私邑"。

用义位结构式表示"官邑""赐邑""私邑"的词义结构：

官邑：<名>（土地）（公族大夫的）[（用于……）（获得俸给）][（国君）（赐予）]

赐邑：同"官邑"

私邑：同"官邑"

由上可见，"官邑""赐邑""私邑"形成了一个表示采邑的同义关系义场。

战国—秦时期，各国对各级官吏的薪给、授权和考核分别采用俸禄制、玺符制、上计制。这是中央对各级官吏进行监督的有力举措，是中央集权体制下行政管理体系的重要组成部分，随之也出现了若干新词。

1. 俸禄制

"俸"是战国晚期出现的新词，指官吏所得的薪给。《韩非子·奸劫弑臣》："国有无功得赏者，则民……皆欲行货财、事富贵、立名誉以取尊官厚俸。""禄"是殷商时期出现的词，本义指福，引申为俸给。《国语·鲁语下》："子冶归，致禄而不出。"享受禄俸的官吏称"禄臣"。"禄臣"为战国新词。《韩非子·喻老》："楚邦之法，禄臣再世而收地，唯孙叔敖独在。"

战国时期，各国按等级以粮食计算俸禄的多寡。战国文献中出现了"禄米""谷禄"两个双音节新词。"禄米"指用作俸给的粟米。《韩非子·外储说右上》："仓无陈粟，府无余财，官妇不御者出嫁之，七十受禄米。""谷禄"泛指俸禄。《荀子·王霸》："心好利，而谷禄莫厚焉。""谷禄"在战国文献中数见，除《荀子》外，《孟子》《管子》中皆有用例。"禄米"和"谷禄"两个词的出现也证明了战国时俸给常以粟米计称。

战国时期表示厚俸的新词有6个。除以"俸"为中心词素的"厚俸"外，其余5个都以"禄"为中心词素，分别为"大禄""盈禄""重禄""丰禄""厚禄"。"大禄""盈禄"均见于《国语》。《国语·鲁语上》："苦成氏有三亡：少德而多宠，位下而欲上政，无大功而欲大禄，皆怨府也。"又《晋语九》："赏善罚奸，国之宪法也……奸而盈禄，善将若何？"而"重禄""丰禄""厚禄"分别见于《管子》《荀子》《墨子》。《管子·立政》："功力未见于国者，则不可授以重禄。"《荀子·议兵》："是高爵丰禄之所加也，荣孰大焉。"《墨子·尚贤中》："故当是时，虽在于厚禄尊位之臣，莫不敬惧而施。"

以上6个合成词都是偏正式结构。中心词素"禄""俸"意义相同。从构词能力上看，"禄"的构词能力远远超过"俸"，这与"禄""俸"出现于不同的时期有关："禄"在商代就已出现，而"俸"是战国末期新词。人们造词时往往会选用自己熟悉的词素。与"禄"相比，新词素"俸"不为人们熟知，进入语用的机会较少，导致"俸"的构词数量少于承古词素"禄"。偏词素"大""盈""重""丰""厚"意义相近，都表示俸禄的优厚，其中"盈""丰"强调俸给丰富，"重""厚"强调俸给厚实、有分量。

"大禄""盈禄""重禄""丰禄""厚禄""厚俸"意义相同。下面以"大禄"为例用义位结构式表示它们的词义结构：

大禄：<名>（薪给）（优厚的）［（政府）（付给）（官员）］

盈禄：同"大禄"

重禄：同"大禄"

丰禄：同"大禄"

厚禄：同"大禄"

厚俸：同"大禄"

由上可见，六词构成了一个俸禄优厚的最小同义关系义场。

2. 玺符制

战国时期，随着中央集权体制的建立，国君下达命令或公文往来皆有依凭，形成严格的玺符制度。战国玺符制度中的凭信以"符""玺"为主，是为战国—秦时期新词。

"符"为符券、符节、符传等信物的总称。"符"的性质与"契"相同，均需两半相合以为征信。"符"又称"信符"。《墨子·旗帜》："门二人守之，非有信符勿行，不从令者斩。"由于"符"在使用时要两半相合为验，所以"符"又称"符验"。《荀子·性恶》："凡论者，贵其有辨合，有符验。"过关津、宿驿站和使用驿站车马时所持的凭证称为"传"。"符"与"传"形成复合词"符传"，为出入门关凭证的统称。《墨子·号令》："诸城门若亭，谨候视往来行者符，符传疑，若无符，皆诣县廷言，请问其所使。"战国时期，"符"还是军队指挥权的凭信。军符分为两半，一半归君主掌管，一半归将领掌管，合符方能用兵。《战国策·秦策三》："穰侯使者，操王之重，决裂诸侯，剖符于天下，征敌伐国，莫敢不听。"

"玺"本义为印章。战国时期，"玺"既指君主的印信，也指官员的官印。《韩非子》中有"效玺"一词，指的是献上国君玉玺以表臣服。《韩非子·五蠹》："献国则地削，效玺则名卑。地削则国削，名卑则政乱矣。"这里的"玺"指的是皇帝玺印。《吕氏春秋》中有"释玺"一词，意为弃印信以示辞官。《吕氏春秋·执一》："今日释玺辞官，其主安轻。"这里的"玺"即指官员的玺印。秦以降，"玺"的词义缩小，专指皇帝玺印。下面通过义位结构式来表示"玺"词义的演变：

（印）［（国君的）或（官员的）］｛（用于……）［（证明）（权力）］｝

↓秦以后词义缩小

（印）（国君的）｛（用于……）［（证明）（权力）］｝

"玺"意义的变化也体现在含词素"玺"的合成词词义的变化上。例如"玺书"，战国时指以泥封加印的文书。《国语·鲁语下》："襄公在楚，季武子取卞，使季冶逆，追而予之玺书。"秦以降，"玺书"专指皇帝的诏书，如《史记·秦始皇本纪》："上病益甚，乃为玺书赐公子扶苏曰：'与丧会咸阳而葬。'"同样，"符"和"玺"构成的合成词"符玺"在战国文献中为印信的统称。《庄子·胠箧》："为之符玺以信之，则并与符玺而窃之。"秦以降，"符玺"特指帝王的符和印，如《史记·秦始皇本纪》："奉其符玺，以归帝者。"

用义位结构式表示"玺""符"的词义结构：

玺：（凭证）（政府的）｛（用于……）［（证明）（权力）］｝［（通常）（以……形式）（印）］

符：（凭证）（政府的）｛（用于……）［（调动）（军队）］或［（通过）（关津）］……｝｛（通常）（以……形式）［（券）或（节）或（传）］｝

可见，"玺""符"都是政府的凭证，两个义位构成了一个最小的同位关系义场，义位所指的差别在于功用和形式。"玺"是行政权力的证明，一般以印章的形式出现。"符"用以调兵通关等，包括符券、符节、符传等类别。总之，"玺""符"及合成词"信符""符验""符传""效玺""释玺""玺书""符玺"构成了战国时期玺符制度的新词语场。

3. 上计制

著成于战国早期的《左传》《国语》中出现了"复事""访问"。两词是战国初产生的新词，但从词义的内容看，它们反映的是春秋时期考核官员政绩的制度。

臣下向君主汇报政绩称为"复事"。《国语·齐语》："正月之朝，乡长复事。"又："正月之朝，五属大夫复事。""复事制是国君了解下情、掌握基层官吏任职守职情况以及国中未入仕的贤者与能者的情况的重要途径，也是考核百官的方式之一。"①

"复事"是动宾式复合词。"复"为动词性词素，表回复。《管子·中匡》："管仲会国用，三分之二在宾客，其一在国。管仲惧而复之。"尹知章注："复，白也。""事"表示动作支配的对象，本义为官职，引申为职守、责任。《荀子·大略》："主道知人，臣道知事。"杨倞注："事，谓职守。""复"和"事"结合后形成"复事"，义同"述职"。

君主或上级官员对下级官员进行巡访称为"访问"。《左传·昭公元年》："侨闻之，君子有四时，朝以听政，昼以访问，夕以修令，夜以安身。""文中的'昼以访问'，是考察、了解下情。包括郑国的社会秩序，耕田情况，以及各级官员是否尽职尽责等等。"②

"访问"是联合式复合词，词素"访"和"问"意义相近。"访"表咨询。《书·洪范》："惟十有三祀，王访于箕子。"孔颖达疏："惟文王受命十有三祀，武王访问于箕子，即陈其问辞。""问"表诘问。《书·吕刑》："皇帝清问下民。"蔡沈集传："清问，虚心而问也。""访"和"问"结合

---

① 武玉环：《春秋时期的职官考核制度》，《史学集刊》2001年第1期。
② 武玉环：《春秋时期的职官考核制度》，《史学集刊》2001年第1期。

后形成"访问"，义近"巡访"。

用义位结构式表示"复事""访问"的词义结构：

复事：<动>（汇报）（政绩）<施>（官员）<受>（国君）

访问：<动>（察访）（政绩）<施>[（国君）或（高级官员）]<受>（下级官员）

从结构式中可以看出，"复事""访问"形成了一个表示官员考核的同位关系义场。

春秋战国时期，君主对官吏实行任内考核，其方法称为"上计"。《晏子春秋·外篇上二十》："晏子对曰：'臣请改道易行而治东阿，三年不治，臣请死之。'景公许。于是明年上计，景公迎而贤之。"上计考核一般以一年或一个任期为限。地方官员在年终或任职期满时，将境内的户口、赋税、盗贼、狱讼等情况编造成册，逐级上报，奏呈朝廷。官吏考核主要有六项内容，包括善、能、敬、正、法、辨，统称"六计"。《周礼·天官·小宰》："以听官府之六计，弊群吏之治，一曰廉善，二曰廉能，三曰廉敬，四曰廉正，五曰廉法，六曰廉辨。"

"上计"是动宾式复合词。"上"表示动作，义为上报、呈报。《书·吕刑》："其刑上备，有并两刑。"孔传："其断刑文书上王府，皆当备具，有并两刑，亦具上之。""计"表示动作支配的对象，指呈报的籍册。《战国策·齐策一》："靖郭君谓齐王曰：'五官之计，不可不日听也而数览。'"高诱注："计，簿计也。""计"也称"计书"。《商君书·禁使》："夫吏专制决事于千里之外，十二月而计书以定事。"词素"上"和"计"结合后意义发生转指，由动作行为转指实施动作行为的目的，进而形成合成词的词义。

考绩官吏也称"官计"。《周礼·天官·大宰》："以八法治官府……八曰官计，以弊邦治。""官计"是偏正式复合词：偏词素"官"表示官吏；中心词素"计"表示官员考核。官吏每三年一次的考绩称为"大计"。《周礼·天官·太宰》："三岁则大计群吏之治，而诛赏之。"

用义位结构式表示"上计""官计""大计"的词义结构：

上计：<动>（考核）<施>（朝廷）<受>[（官员的）（政绩）]（任期内）

官计：同"上计"

大计:<动>（考核）<施>（朝廷）<受>［(官员的)（政绩)］［(任期内)（三年一次)］

从结构式中可以看出，"官计"与"上计"形成一个同义义场。"大计"的义位结构式比"上计""官计"多了限定义素"（三年一次)"，所以"大计"是"上计""官计"的下位词，处于"上计""官计"的下层语义场中。

【上层语义场】 → 官员考核（"官计""上计"）

↓

【下层语义场】 → 官员三年一考核（"大计"）

二、赋税徭役

我国古代取民之法有四种："一种叫做'税'，是征收土地上的收入。一种叫做'赋'，是征收马牛车甲等军用品。一种叫做'役'，是征用人民的劳力。一种叫做'征'，是征收商业上的收入。"[①]通常除"役"以外，"税""赋""征"都是以缴纳实物或银钱的方式向百姓征收，是王朝的主要收入来源。

（一）赋税

单音词"税""赋""征"在战国以前就已经出现。战国时期又出现了单音节新词"租"。"租"本义指田赋，泛指赋税。《晏子春秋·杂下十八》："使吏致千金与市租，请以奉宾客。"

战国时期出现了若干表示税赋的复音新词。可以分为两类：一类是名词，表示赋税种类；另一类是动词，表示征敛。

表示赋税种类的复音新词有"田租""市赋""关赋""田赋"。按田亩征收的赋税称"田租"或"田赋"，向商市征收的赋税称"市赋"，对进出水陆关卡的货物征收的赋税称"关赋"。《管子·幼官》："令曰：田租百取五，市赋百取二，关赋百取一，毋乏耕织之器。"《左传·哀公十一年》：

---

① 童书业：《春秋史》，中华书局2006年版，第105页。

"季孙欲以田赋，使冉有访诸仲尼。""田租""市赋""关赋""田赋"都是偏正式复合词：中心词素"赋"和"租"意义相同，都表示赋税；偏词素"田""市""关"表示征收赋税的对象。

用义位结构式表示它们的词义结构：

田租：<名>（赋税）（统治者）［（按……征收）（田亩）］（农民）

田赋：同"田租"

市赋：<名>（赋税）（统治者）［（按……征收）（贸易）］（商贾）

关赋：<名>（赋税）（统治者）［（按……征收）（进出水陆关卡的货物）］（商贾）

由上可见，"田赋""田租""市赋""关赋"拥有共同的义素"（赋税）"，表示征收对象的义素构成了区别性义素。四词形成了一个表示赋税种类的同位关系义场。

表示征收的复音新词有"征敛""籍取""籍求"。《周礼·地官·里宰》："以待有司之政令，而征敛其财赋。"《管子·轻重甲》："今君之籍取以正，万物之贾轻去其分，皆入于商贾，此中一国而二君二王也。"又《轻重丁》："善为国者，守其国之财……未尝籍求于民，而使用若河海。"

从词的内部结构上看，"征敛"是联合式结构，"征"本义表行，引申为征收赋税。《左传·僖公十五年》："于是秦始征晋河东，置官司焉。""敛"本义为收聚，引申为征收、索取。《荀子·宥坐》："今生也有时，敛也无时，暴也。""征"与"敛"连缀成合成词"征敛"，表示征收赋税。"籍取""籍求"为动宾式结构。"籍"为各种捐税的统称。《诗·大雅·韩奕》："实墉实壑，实亩实籍。""取""求"都表示索取、求取的动作。"籍取""籍求"就是取籍、求籍，均表示敛取征收捐税。

用义位结构式表示它们的词义结构：

征敛：<动>（征收）<施>（统治者）<受>（民众）<受>（赋税）

籍取：同"征敛"

籍求：同"征敛"

可见，"征敛""籍取""籍求"形成一个同义关系义场。

（二）徭役

单音词"役"在战国以前就已经出现。战国时期又出现了新词"徭"，表劳役。《韩非子·诡使》："习悉租税，专民力所以备难充仓府也。而士卒之逃事状匿附托有威之门以避徭赋，而上不得者万数。""徭"与"役"连缀成合成词"徭役"，泛指劳役。《韩非子·备内》："徭役少则民安，民安则下无重权，下无重权则权势灭，权势灭则德在上矣。"

战国时期表示劳役的新词还有"力役""军役""兵役"。"力役"就是劳役。《孟子·尽心下》："有布缕之征，粟米之征，力役之征。""军役"指为战事所服的劳役。《战国策·齐策一》："即有军役，未尝倍太山，绝清河，涉渤海也。""兵役"指当兵服役。《尉缭子·战威》："乡里相劝，死丧相救，兵役相从，此之所励也。"这三个词都是偏正式结构，中心词素"役"表示劳役，偏词素"力""军""兵"对中心词素起限制作用。

用义位结构式表示它们的词义结构：

力役：<动>（干）（体力活）<施>（民众）｛被［（统治者）（强迫）］｝

徭役：同"力役"

军役：<动>（干）（体力活）<施>（民众）｛被［（统治者）（强迫）］｝［（为了……）（战事）］

兵役：<动>（当）（兵）<施>（民众）｛被［（统治者）（强迫）］｝

从结构式中可见，"军役"比"力役""徭役"多了限制性义素"［（为了……）（战事）］"。"军役"是"力役"的一种，是"力役""徭役"的下位词。"兵役"的指称义素与"力役""军役"不同，限制性义素与"力役""徭役"相同，与"力役""徭役"形成并列关系。

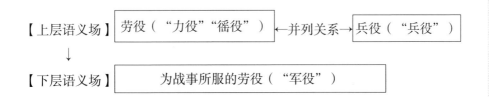

【上层语义场】劳役（"力役""徭役"）←并列关系→兵役（"兵役"）

↓

【下层语义场】为战事所服的劳役（"军役"）

战国文献中表示服劳役者的复音新词有"役夫""役徒""徒役"。《管子·轻重己》："处里为下陈,处师为下通,谓之役夫。"《墨子·七患》："苦其役徒,以治宫室观乐。"又《尚贤中》:"不肖者抑而废之,贫而贱之,以为徒役。"

从词的内部结构上看,"役夫"是偏正式结构。"夫"指从事体力劳动的人。《左传·哀公元年》:"夫屯昼夜九日。"词素"役"对"夫"起限定作用。"徒役"与"役徒"为联合式结构。词素"徒""役"意义相近。"徒"本义指步行,引申为官府中供使役的人。《周礼·天官·序官》:"胥十有二人,徒百有二十人。""役"本义为戍守边疆,引申为服劳役的人。《左传·襄公十一年》:"季氏使其乘之人,以其役邑入者无征。""徒""役"连缀成合成词"徒役""役徒",两词为同素逆序关系。

用义位结构式表示它们的词义结构:

役夫:〈名〉(人)(男性)(成年的)〔(服)(劳役)〕

役徒:同"役夫"

徒役:同"役夫"

从结构式中可见,"役夫""役徒""徒役"构成了一个最小的同义关系义场。

第二节　反映战国—秦时期军事战争的新词语场

战国时期,列国攻伐相寻,战事频仍。"战国"一词最早见于《管子》,在《尉缭子》《战国策》中也出现多次。《管子·霸言》:"战国众,后举可以霸;战国少,先举可以王。"《尉缭子·兵教下》:"今战国相攻,大伐有德。"《战国策·赵策三》:"今取古之为万国者,分为战国七,能具数十万之兵,旷日持久。"上述用例中,"战国"指的是处于交战状态的各国。"战国"用作这一历史时期的专用名词,大约是东汉以后的事。

战争形势的变化促使各国进行军事变革,研发兵器,运筹谋略。有关军事战争的新词也大量产生,构成战国—秦时期新词中最具代表性的标志性词语场之一。下面从兵器、战阵、军兵种三个方面描述这一时期有关军事的新词语场。

一、兵器

战国时期，长短兵器、攻守器械、防护装具以及战车在战争中大量使用，种类几乎囊括了我国冷兵器时代的所有兵器，其性能也达到了先秦时期的顶峰。

（一）长短兵器

随着战国冶铁技术的进步，铁制兵器迅速发展。戈矛类武器属于长兵器，刀剑类武器属于短兵器。战国时期出现了"长兵""短兵"两词，分别表示长短兵器。银雀山汉墓竹简《孙膑兵法·威王问》："长兵在前，短兵在（后），为之流弩，以助其急者。"

1.短兵器

短兵器以剑为主。剑在战国以前就已经广泛使用。"剑"是西周时期出现的词。战国时期又出现了剑的另一个称谓——"铗"。《管子·问》："衣夹铗……其厉何若？"

根据剑锋长短，剑分为长剑和短剑。锋刃长的剑称为"长剑"或"长铗"。《楚辞·九歌·东皇太一》："抚长剑兮玉珥，璆锵鸣兮琳琅。"《楚辞·九章·涉江》："带长铗之陆离兮，冠切云之崔嵬。"锋刃短的剑称为"匕首"。《战国策·燕策三》："发图，图穷而匕首见。"

用义位结构式表示它们的词义结构：

长剑：<名>（兵器）（两面有刃的）［（柄）（短）］［（锋刃）+（长）］

长铗：同"长剑"

匕首：<名>（兵器）（两面有刃的）［（柄）（短）］［（锋刃）-（长）］

由结构式可见，"长剑""长铗"形成最小的同义关系义场，两词又与"匕首"形成了一个反义关系义场。反义关系义场中义位的差别在于是否具有表示锋刃长短的义素"（长）"："长剑""长铗"有"（长）"，"匕首"没有"（长）"。

```
剑（锋刃长度）────────   长剑/长铗  ↑
                        ────────   长
                          匕首      ↓
```

根据剑刃的锋利程度，剑又分为"利剑"和"恶剑"。前者指锋利的剑，后者指不锋利的剑。《吕氏春秋·简选》："今有利剑于此，以刺则不中，以击则不及，与恶剑无择。"

用义位结构式表示它们的词义结构：

利剑：<名>（兵器）（两面有刃的）［（柄）（短）］［（锋刃）＋（利）］

恶剑：<名>（兵器）（两面有刃的）［（柄）（短）］［（锋刃）－（利）］

可见，"恶剑"与"利剑"形成一个反义关系义场。两者的差别在于是否具有表示锋刃锋利的义素"（利）"："利剑"锋刃利，"恶剑"锋刃钝。

```
剑（锋刃锋利度）────────   利剑   ↑
                        ────────   利
                          恶剑     ↓
```

上古时期，人们把剑作为象征身份的装饰随身佩带。战国时腰间佩带的剑称"服剑"，可作赍送之礼。《战国策·齐策四》："遣太傅赍黄金千斤，文车二驷，服剑一。"东汉以后"服剑"改称"佩剑"。荀悦《前汉纪》："宽饶引佩剑自杀。"

值得注意的是，战国文献中出现了一些良剑名，如《荀子·性恶》："阖闾之干将、莫邪、巨阙、辟闾，此皆古之良剑也。""干将""莫邪""巨阙""辟闾"是春秋时吴王阖闾的名剑，这些词应当看作春秋时期出现的新词。属于战国时期剑名的有"邓师""宛$_2$冯"[①]"龙渊""太阿"，它们均见于《战国策》。《战国策·韩策一》："韩卒之剑戟，皆出于冥山、棠谿、墨阳、合伯膊。邓师、宛冯、龙渊、太阿，皆陆断马牛，水击鹄雁，当敌即斩

────────────────

① "宛$_2$"音yuān。

坚。"邓师"是邓国铸剑的工匠所铸；"宛$_2$冯"为宛人在荥阳的冯池之地所铸，故名。据《越绝书》，"龙渊""太阿"为春秋末期欧冶子、干将所铸，但先秦文献未载其事，此说不可信，故不把它们看作春秋词汇，而归为战国新词。

2.长兵器

长兵器以矛戈为主。"矛""戈""戟"等表示长兵器的词在战国以前就已经出现。战国时期又出现了一批长兵器的新词，其中既有单音词，也有复音词。

单音节新词有"鈶""鋋""鏦""矠""枪"等。"鈶""鋋""鏦""矠"都是矛类兵器。"鈶"是短矛。《荀子·议兵》："宛钜铁鈶，惨如蜂虿。""鋋"和"鏦"是小矛。《六韬·军用》："方胸鋋矛千二百具。"银雀山汉墓竹简《孙膑兵法·陈忌问垒》："鏦次者，所以为长兵□也。""矠"也是矛一类的兵器，《说文·矛部》："矠，矛属。"战国文献中未见"矠"本义用例，仅见其用作动词的书证，如《国语·鲁语上》："矠鱼鳖，以为夏犒。"这里的"矠"表用矠刺取。"枪"是长杆一端有尖头的刺击兵器。《墨子·备城门》："枪二十枚，周置二步中。"

表示长兵器的复音新词以偏正式结构为主，有"夷矛""酋矛""长斧""长椎""长兹""长铫"等。

根据柄的长度，矛分为"夷矛"和"酋矛"。"夷矛"是长柄矛，"酋矛"是短柄矛。《周礼·考工记·庐人》："酋矛常有四尺，夷矛三寻。"郑玄注："酋、夷，长短名。酋之言'遒'也。酋，近；夷，长矣。"从词的内部结构上看，"夷矛""酋矛"也是偏正式结构，偏词素"夷"和"酋"意义相反。"夷"可以表大，《诗·周颂·有客》中有"降福孔夷"。"夷"作为词素构成"夷矛"，指柄长之矛。"酋"，通"遒"，表示近、短。"酋"作为词素构成"酋矛"，指柄短之矛。

用义位结构式表示它们的词义结构：

夷矛：<名>（兵器）｛（柄）［（长度）（二丈四尺）］｝［（用于……）（直刺）］

酋矛：<名>（兵器）｛（柄）［（长度）（二丈）］｝［（用于……）（直刺）］

从结构式中可以看出，"夷矛"和"酋矛"词义上的差别在于表示柄长度的义素，两词构成了最小的同类关系义场。

$$\text{矛（柄长度）} \begin{array}{l} \text{夷矛　（柄长二丈四尺）} \\ \hline \text{酋矛　（柄长二丈）} \end{array}$$

除"夷矛""酋矛"外，其他表示长兵器的复音新词都含有词素"长"，如"长斧""长椎""长兹""长铫"等。《墨子·备城门》："城上之备：……长斧、长椎、长兹、距、飞冲、县□、批屈楼。"《吕氏春秋·简选》："鉏耰白梃，可以胜人之长铫利兵。"这些词都是偏正式结构，偏词素"长"指长柄的，如《墨子》记载，"长斧"柄长八尺，"长椎"柄长六尺。

根据使用方式，长兵分为"直兵"和"句兵"。用以直刺的长兵器称为"直兵"或"刺兵"，以矛枪为主。《墨子·鲁问》："斧钺钩要，直兵当心。"《周礼·考工记·庐人》："凡兵，句兵欲无弹，刺兵欲无蜎，是故句兵椑，刺兵抟。"而用来钩杀的长兵器则称为"句兵"，以戈戟为主。《吕氏春秋·知分》："直兵造胸，句兵钩颈。""直兵"和"句兵"形成一个分类义场。

用义位结构式表示它们的词义结构：

直兵：<名>（兵器）［（柄）（长）］［（用于……）（直刺）］［（包括……）（矛）（枪）……］

句兵：<名>（兵器）［（柄）（长）］［（用于……）（钩杀）］［（包括……）（戈）（戟）……］

可见，"直兵"与"句兵"构成了最小的同类关系义场。两者的差别在于限制功用的词素，限制性词素"（直刺）"和"（钩杀）"是产生不同词义的区别性词素。

战国时期，有的兵器也用作农具，如"枪""镰"。"枪"作为长兵器兹不赘述，它还是一种木桩类的农具，可以用来掘土除草。《国语·齐语》："时雨既至，挟其枪、刈、耨、镈，以旦暮从事于田野。"韦昭注："枪，桩也。"镰"也称作"刈",是割禾草的农具,又写作"鎌"。《管子·乘马》:"薮,鎌缠得入焉,九而当一。"同时"镰"也用作武器。《墨子·备城门》:"十步一长鎌,柄长八尺。"武器和农具没有明显的区别,一种工具同时具备武器和农具两种功用,从侧面证明了上古时期分工尚不发达,无战事时民众从事农业生产,遇到战事则征民为兵。

(二)攻守器械

战国时期,进攻和防御战术日臻完备,出现了一批表示攻守装备的新词。

弓和弩是用以及远的兵器,攻守兼备。早在战国以前古人就发明了弓,战国时期又发明了弩。"弩"指用机械力量射箭的弓。《周礼·夏官·司弓矢》:"中春献弓弩,中秋献矢箙。"战国时期还发明了连弩。"连弩"装有机栝,可数矢齐发或数矢连发。《墨子·备高临》:"备临以连弩之车。"

"弩"和"连弩"的义位结构式为:

弩:<名>(器械)[(用于……)(发射)(箭)](装有机栝的)

连弩:<名>(器械){(用于……)(发射)(箭)[(连续)或(同时)]}(装有机栝的)

可见,"连弩"是"弩"的下位词,两词构成了最小的上下位关系义场。

《周礼》中有"八矢""六弓""四弩"。《周礼·夏官·司弓矢》:"掌六弓、四弩、八矢之法。"三词都是关于弓箭弩的合称,偏词素"八""六""四"表示合称包含的种类。

用义位结构式表示它们的词义结构:

八矢:<名>(兵器){(由……发射)[(弓)或(弩)]}[(包括……)(枉矢)(絜矢)(杀矢)(鍭矢)(矰矢)(茀矢)(恒矢)(庳矢)](合称)

六弓:<名>(器械)[(用于……)(发射)(箭)][(包括……)(王弓)(弧弓)(夹弓)(庾弓)(唐弓)(大弓)](合称)

四弩:<名>(器械)[(用于……)(发射)(箭)](装有机栝的)[(包括……)(夹弩)(庾弩)(唐弩)(大弩)](合称)

表示登高攻城的器械新词有"飞钩""钩梯""云梯""讪胜""车梯"。"飞钩"是攀城的工具。《六韬·军用》:"飞钩,长八寸,钩芒长四寸,柄长六尺以上。""钩梯""云梯""诎胜"都是用以攀高的梯子。"钩梯"即《诗·大雅·皇矣》之"钩援"，是爬高攀城的系钩器械。《管子·兵法》："凌山坑，不待钩梯。"岑仲勉简注："《六韬·军用篇》有飞钩长八寸，钩芒长四寸，系用以钩着城壁，援引而上，其为用与梯同，故又称'钩梯'，但与梯大异。"可见，"飞钩""钩梯"当为一物。"云梯"是攻城时用于攀城的高梯。《墨子·公输》："公输盘为楚造云梯之械，成，将以攻宋。"战国时还有一种称为"诎胜"的梯子。《墨子·备高临》："有诎胜，可上下。""诎"表弯曲。《礼记·丧大记》："凡陈衣不诎，非列采不入，絺绤纻不入。""胜"，通"伸"，表示伸展。"胜""伸"上古音相近，"胜"为心母耕部，"伸"为审母真部，心审准双声，耕真通转。"诎胜"即屈伸，是依其可以伸缩的特点命名的。"车梯"安有四个轮子，前高后低，形状似车，故名。《墨子·经说下》："两轮高，两轮为輲，车梯也。"

以上几个表示登高器械的新词的义位结构式为：

飞钩：<名>（器械）（供人上下的）（爪形的）（系有绳索的）（用手攀爬）［（用于……）（攀城）］

钩梯：同"飞钩"

云梯：<名>（器械）（供人上下的）（一级一级）（用脚攀登）［（用于……）（攀城）］（长）

诎胜：<名>（器械）（供人上下的）（一级一级）（用脚攀登）［（用于……）（攀城）］（可屈伸的）

车梯：<名>（器械）（供人上下的）（一级一级）（用脚攀登）［（用于……）（攀城）］（有四个轮子的）

可见，"飞钩""钩梯"是攀城用的钩子，为同一种器械，构成一个最小的同义关系义场；而"云梯""诎胜""车梯"样式有别，是同一大类事物中的不同小类，同样构成一个最小的同位关系义场。

表示防守御敌战具的新词有"行城""台城""行垣""狗走""狗尸"等。"行城"系大木编连而成，用以守备拒敌。"行城"又称"台城"。《墨子·备高临》："羊黔者，将之拙者也，足以劳卒，不足以害城。守为台城，以临羊黔，左右出，巨各二十尺，行城三十尺。"孙诒让间诂："台城，即行城也……此行城，编连大木，横出两旁，故亦谓之距。""行垣"也是一种用以布阵阻敌的防御设施。"城""垣"义近，"行垣"应即"行城"。《尉缭子·分塞令》："中军，左、右、前、后军，皆有分地，方之以行垣，而无通其交往。""狗走""狗尸"亦皆守城设施。《墨子·备城门》："狗走，广七寸，长尺八寸，蚤长四寸，犬耳施之。"又："狗尸长三尺，丧以弟，瓮亓端，坚约弋。"两物的具体样式各家说法不一。孙诒让认为："狗尸，疑即上文之狗犀，尸犀音近通用。后又有狗走，即此，盖亦行马、柞鄂之类。"岑仲勉则认为，"狗走""似为钩曲之器"，"今考狗尸实绳类，备束缚之用，以茅纽成"。① 虽然"行城""台城""行垣""狗走""狗尸"的具体式样已经无从考证，但是它们功能基本相同，都是守城御敌的战具，形成了一个最小的分类义场。

（三）防护装具

作战时车、马、人的防护装具主要有甲、胄、盾三类，因多用犀、兕、牛的皮革制成，故称"三革"。《国语·齐语》："教大成，定三革，隐五刃，朝服以济河而无怵惕焉，文事胜矣。"

战国时期出现的表示甲的单音节新词有"铠"，复音新词有"兕甲""犀甲""铠甲""素甲""黑甲""丹甲"等。根据材质不同，甲分为"兕甲"、"犀甲"、"铠"（"铠甲"）。"兕甲""犀甲"分别是用兕、犀的皮革制成。《周礼·考工记·函人》："函人为甲，犀甲七属，兕甲六属。"用金属制成的甲称为"铠"或"铠甲"。《管子·地数》："葛卢之山发而出水，金从之，蚩尤受而制之，以为剑铠矛戟。"《韩非子·五蠹》："共工之战，铁铦短者及乎敌，铠甲不坚者伤乎体。"

用义位结构式表示它们的词义结构：

兕甲：<名>（护具）［（由……穿着）（士卒）］｛（用……制成）［（兕的）（皮

---

① 孙诒让、岑仲勉对"狗走""狗尸"的解释转引自《汉语大词典》第五卷"狗走""狗尸"词条。

革)]}

犀甲：<名>（护具）[（由……穿着）（士卒）]{（用……制成）[（犀的）（皮

　　　革)]}

铠：<名>（护具）[（由……穿着）（士卒）][（用……制成）（金属)]

铠甲：同"铠"

　　"铠""铠甲"为同义关系，与"兜甲""犀甲"形成了一个最小的同位关系义场。

　　根据甲的颜色又分为"素甲""黑甲""丹甲"。《国语·吴语》："万人以为方阵，皆白裳、白旗、素甲、白羽之矰，望之如荼。"又："右军亦如之，皆玄裳、玄旗、黑甲、乌羽之矰，望之如墨。"又："左军亦如之，皆赤裳、赤旗、丹甲、朱羽之矰，望之如火。"

　　用义位结构式表示"素甲""黑甲""丹甲"的词义结构：

素甲：<名>（护具）[（由……穿着）（士卒）]（白）

黑甲：<名>（护具）[（由……穿着）（士卒）]（黑）

丹甲：<名>（护具）[（由……穿着）（士卒）]（红）

　　"素甲""黑甲""丹甲"所指属同类，三个义位形成了一个最小的同位关系义场。

　　西周文献中盾多称"干"，《诗·周颂·时迈》中有"载戢干戈"的语句。西周金文中也出现了"盾"，如《彧簋》铭文有"俘戎兵盾（盾）"[①]。春秋文献中有"橹"，"橹"见于春秋《陈侯壶》铭文。到战国时，文献中已经很少见到用"干"表盾，而"盾""橹"成为常用词，并作为词素构成了若干合成词。

　　战国时期，表示盾的复音新词有"蔽橹""犀楯""犀橹""胁盾""轒盾""杨楯"。"橹"是大盾，用来遮蔽身体，所以"橹"也称"蔽橹"。《孙子·作战》："公家之费，破车罢马，甲胄矢弩，戟楯蔽橹，丘牛大车，十去其六。"坚固的盾牌称为"犀楯"或"犀橹"。"楯"是"盾"的异体

①　《殷周金文集》8.4332。

字。《韩非子·难二》："赵简子围卫之郛郭，犀楯、犀橹立于矢石之所不及，鼓之而士不起。""胁盾"是"盾"的或称，盾使用时置于腋下至腰的部位，故称。《管子·幼官》："旗物尚黑，兵尚胁盾。"根据材质，盾分为"鞶盾""杨楯"。"鞶盾"以有花纹的皮革制成。《国语·齐语》："轻罪赎以鞶盾一戟。""杨楯"以黄杨木制成。《左传·定公六年》："（乐祁）献杨楯六十于简子。"杨伯峻注："古代盾或以木为之，此杨木非水杨……则此杨楯之杨或即黄杨，木材黄色，质坚致，故以为盾。"

用义位结构式表示它们的词义结构：

胁盾：<名>（护具）（挡在身前）［（抵御）（刀箭）］

蔽橹：<名>（护具）（挡在身前）［（抵御）（刀箭）］（大）

犀楯：<名>（护具）（挡在身前）［（抵御）（刀箭）］（坚固）

犀橹：<名>（护具）（挡在身前）［（抵御）（刀箭）］（坚固）（大）

鞶盾：<名>（护具）（挡在身前）［（抵御）（刀箭）］［（用……制成）（有纹采的皮革）］

杨楯：<名>（护具）（挡在身前）［（抵御）（刀箭）］［（用……制成）（杨木）］

可见，"胁盾""蔽橹"为上下位关系；"犀楯""犀橹"为上下位关系；"鞶盾""杨楯"为同位关系。

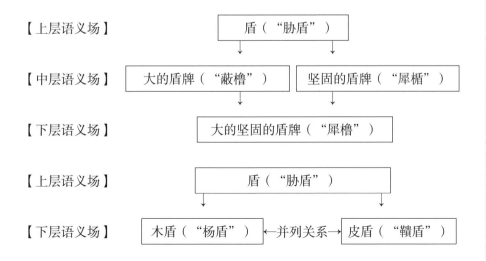

（四）战车

战国时期，战车广泛应用，产生了一系列与战车有关的新词。这些新词多含有词素"车""舆""冲"，这些词素都是战国以前出现的。"车""舆"为交通运输工具。《诗·秦风·车邻》："有车邻邻。"《易·剥》："君子得舆，小人剥庐。""冲"是冲城攻坚的战车。《诗·大雅·皇矣》："以尔钩援，与尔临冲，以伐崇墉。"战国时"冲"和"车"形成新词"冲车"。"冲车"即"冲"。《六韬·军用》："大扶胥冲车三十六乘，螳螂武士共载，可以击纵横，可以败强敌。"

1. 含词素"车""舆"的新词

有关战车的含词素"车""舆"的偏正式复合新词有"战车""兵车""赋舆""甲车""阵车""候车""楼车""巢车"。

"战车""兵车""赋舆""甲车""阵车"都是普通战车。"战车"始见于《管子》。《管子·山国轨》："国为师旅，战车驱就。"每辆战车配有一定数量的将士，可以依据战车数量计算兵力，故战车又称"兵车"。《左传·襄公十年》："子产闻盗，为门者，庀群司，闭府库，慎闭藏，完守备，成列而后出，兵车十七乘。"古代按田赋出兵车、甲士，据朱熹《论语集注》："赋，兵也，古者以田赋出兵，故谓兵为赋。"故兵车又称"赋舆"。《左传·成公二年》："群臣帅赋舆，以为鲁卫请。"拉兵车的马要披甲，故兵车又称"甲车"。《左传·宣公二年》："宋师败绩，囚华元，获乐吕，及甲车四百六十乘。"兵车临阵作战，故又称"阵车"。《尉缭子》有"陈车"。"陈"是"阵"的古字，"陈车"即"阵车"。《尉缭子·兵教下》："臣闻人君有必胜之道，故能并兼广大，以一其制度，则威加天下有十二焉……十曰陈车，谓接连前矛，马冒其目也。"以上五种车名都是偏正式结构，中心词素"车""舆"意义相同，偏词素"战""兵""赋""甲""阵"分别代表战车的五个方面的特点："作战""配将士""按田赋出兵车""马披甲""临战"。

用义位结构式表示它们的词义结构：

战车：<名>（工具）（能移动的）（双轮的）（临阵作战的）｛（由……拉动）

[（披甲的）（马）]｝｛[（配备）（将士）]（按田赋缴纳的）

兵车：同"战车"

赋舆：同"战车"

甲车：同"战车"

阵车：同"战车"

可见，"战车""兵车""赋舆""甲车""阵车"构成了一个表示战车的同义关系义场。

"候车"是侦察敌情的战车。《商君书·兵守》："三军之多，分以客之候车之数。""候车"包括"楼车"和"巢车"两种作瞭望之用的战车。"楼车"上设用以瞭望的望楼。《左传·宣公十五年》："（解扬）登诸楼车，使呼宋人而告之，遂致其君命。"杜预注："楼车，车上望橹。"楼车也称"飞楼"或"行楼"。《六韬·军略》："视城中，则有云梯飞楼。"《墨子·备城门》："渠谵、藉车、行栈、行楼。""巢车"上设有可升降的瞭望台，人在台中犹如鸟在巢中，故名。《左传·成公十六年》："楚子登巢车以望晋军。"

用义位结构式表示它们的词义结构：

候车：<名>（工具）（能移动的）（双轮的）（临阵作战的）｜（由……拉动）［（披甲的）（马）］｜［（配备）（将士）］（按田赋缴纳的）［（用于……）（侦察）］

楼车：<名>（工具）（能移动的）（双轮的）（临阵作战的）｜（由……拉动）［（披甲的）（马）］｜［（配备）（将士）］（按田赋缴纳的）［（用于……）（侦察）］（设有望楼的）

飞楼：同"楼车"

行楼：同"楼车"

巢车：<名>（工具）（能移动的）（双轮的）（临阵作战的）｜（由……拉动）［（披甲的）（马）］｜［（配备）（将士）］（按田赋缴纳的）［（用于……）（侦察）］（设有瞭望台的）

由上可见，"巢车""楼车""飞楼""行楼"形成了一个同位关系义场，义位之间的区别在于"楼车""飞楼""行楼"设望楼，"巢车"设望台。相比

"候车"，"巢车""楼车""飞楼""行楼"义位结构式中增加了限制性义素"（设有望楼的）"和"（设有瞭望台的）"，四词构成了"候车"的下位义场。"候车"比前文讨论的战车语义场的义位增加了限制性义素"［（用于……）（侦察）］"，所以"候车"处于战车语义场的下一层义场中。

2. 含词素"冲"的新词

有关战车的含词素"冲"的偏正式复合新词有"飞冲""武冲""距冲""渠冲"。其中，"飞冲""武冲""距冲"意义相同，都指冲车。《墨子·备城门》："城上之备……飞冲、县梁。"《六韬·军略》："三军行止，则有武冲大橹，前后拒守。"《韩非子·八说》："干城距冲，不若埋穴伏橐。""渠"表大，"渠冲"是一种大型的冲车。《荀子·强国》："为人臣者，不恤己行之不行，苟得利而已矣，是渠冲入穴而求利也，是仁人之所羞而不为也。"从词义上看，"飞冲""武冲""距冲"与前文讨论的"冲""冲车"都表示冲城攻坚的战车，它们形成了一个同义义场；而"渠冲"是大型冲车，属于"冲"的下一层义场。

用义位结构式表示它们的词义结构：

飞冲：〈名〉（工具）（能移动的）（双轮的）（临阵作战的）｜（由……拉动）［（披甲的）（马）］｜［（配备）（将士）］（按田赋缴纳的）［用于……）（冲击）］

武冲：同"飞冲"

冲车：同"飞冲"

距冲：同"飞冲"

渠冲：〈名〉（工具）（能移动的）（双轮的）（临阵作战的）｜（由……拉动）［（披甲的）（马）］｜［（配备）（将士）］（按田赋缴纳的）［（用于……）（冲击）］（大）

从结构式中可见，冲车语义场比战车语义场增加了"［（用于……）（冲击）］"的限制性义素，所以冲车语义场是战车语义场的下一层义场。与"飞冲""武冲""距冲""冲车"的结构式比较，"渠冲"增加了限制性义素"（大）"，是冲车语义场的下位词。

下图表示的是战国时期关于战车的新词语场。

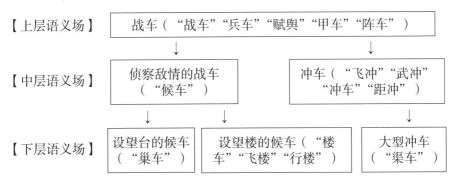

【上层语义场】 战车（"战车""兵车""赋舆""甲车""阵车"）

【中层语义场】 侦察敌情的战车（"候车"）　　冲车（"飞冲""武冲""冲车""距冲"）

【下层语义场】 设望台的候车（"巢车"）　设望楼的候车（"楼车""飞楼""行楼"）　大型冲车（"渠车"）

二、战阵

春秋以车战为主。受限于地形条件，兵车只能在平原开阔地列阵，阵法相对简单，变化较少。《孙子兵法》中只谈列阵而不讲如何排军布阵，相比之下，《孙膑兵法》中有多个篇章专讲阵法，这也从侧面说明了春秋时期战阵还没有成为军事研究的主要课题。表示春秋战阵的词只有《左传》中的"鱼丽之陈"，即"鱼丽之阵"。《左传·桓公五年》："原繁、高渠弥以中军奉公为鱼丽之陈，先偏后伍，伍承弥缝。"虽为春秋战阵，但"鱼丽之阵"应视作战国时期出现的词。

"鱼丽之阵"是一种呈鱼形或鱼鳞状的战阵，作战时战车在前，其间的空隙由后面的步兵补充。用义位结构式表示"鱼丽之阵"的词义结构：

鱼丽之阵：<名>（队形）（军队的）（战斗的）［（呈……形）（鱼）］

战国时期出现了骑兵，兵器种类也多样了，作战更讲究排军布阵，战术阵法层出不穷。表示战国时期战阵的新词有"火阵""水阵""方阵""圆阵""疏阵""数阵""锥行之阵""雁行之阵""钩行之阵""玄襄之阵""鸟云之阵""冲阵"。这些词都是偏正式复合词，中心词素都是"阵"，偏词素显示战阵的特征。大体分为四类：

第一类是依据阵法的形态而冠名，有"方阵""圆阵""锥行之阵""雁行之阵""钩行之阵"，偏词素表示战阵的形状。"方阵""圆阵""锥行之阵""雁行之阵""钩行之阵"是《孙膑兵法·十阵》中的阵名。^①"方阵"为方形之军阵，"圆阵"为圆形之军阵，"锥行之阵"为前尖如锥形的军阵，"雁行之阵"为横列展开似飞雁行列的军阵，"钩行之阵"为左右翼弯曲如钩形的军阵。

用义位结构式表示它们的词义结构：

方阵：<名>（队形）（军队的）（战斗的）［（呈……形)（方）］

圆阵：<名>（队形）（军队的）（战斗的）［（呈……形)（圆）］

锥行之阵：<名>（队形）（军队的）（战斗的）［（呈……形)（锥）］

雁行之阵：<名>（队形）（军队的）（战斗的）［（呈……形)（雁）］

钩行之阵：<名>（队形）（军队的）（战斗的）［（呈……形)（钩）］

第二类为"火阵""水阵""冲阵"，是利用某种资源形成杀伤力的战阵，偏词素表示战阵攻击的手段。"火阵""水阵"是指用火或水攻的军阵。《孙膑兵法·十阵》："火阵者，所以拔也。水阵者，所以伥固也。"《六韬》中有"冲阵"，指利用战车冲击敌方的阵法。《六韬·鸟云泽兵》："凡用兵之大要，当敌临战，必置冲陈。"

用义位结构式表示它们的词义结构：

火阵：（队形）（军队的）（战斗的）［（以……为攻击手段)（火）］

水阵：（队形）（军队的）（战斗的）［（以……为攻击手段)（水）］

冲阵：（队形）（军队的）（战斗的）［（以……为攻击手段)（冲车）］

第三类根据兵力多少冠名，有"疏阵""数阵"，偏词素表示的是兵车部署采用的手段。"疏阵"为兵力稀疏之阵，"数阵"为兵力密集之阵，两词均见于《孙膑兵法·十阵》。

用义位结构式表示它们的词义结构：

疏阵：<名>（队形）（军队的）（战斗的）［（士卒)（部署)（稀疏）］

---

① 《孙膑兵法·十阵》："凡阵有十：有方阵，有圆阵，有疏阵，有数阵，有锥行之阵，有雁行之阵，有钩行之阵，有玄襄之阵，有火阵，有水阵。此皆有所利。方阵者，所以剸也。圆阵者，所以榑也。疏阵者，所以吴也。数阵者，为不可掇也。锥行之阵者，所以决绝也。雁行之阵者，所以接射也。钩行之阵者，所以变质易虑也。玄襄之阵者，所以疑众难故也。火阵者，所以拔也。水阵者，所以伥固也。"

数阵：<名>（队形）（军队的）（战斗的）［(士卒)(部署)(密集)］

第四类依据战阵性质冠名，有"玄襄之阵""鸟云之阵"，偏词素表示战阵特殊的性质特点。"玄襄之阵"是用来迷惑敌人的玄妙军阵。《孙膑兵法·十阵》谓玄襄之阵"所以疑众难故"。"鸟云之阵"指变化多端的阵法，如鸟散云合，聚散无常。《六韬·鸟云山兵》："鸟云之阵，阴阳皆备，或屯其阴，或屯其阳。"

用义位结构式表示它们的词义结构：

玄襄之阵：<名>（队形）（军队的）（战斗的）（玄妙）

鸟云之阵：<名>（队形）（军队的）（战斗的）（变化多端）

凡以上12个义位形成了一个表示战阵的同位关系义场，义场中的义位数量众多，说明战国时期"战阵之间，不厌诈伪"（《韩非子·难一》），军事韬略被广泛采用。这些阵法构成了我国传统军事学的重要内容。

三、军兵种

先秦时期，作战时普遍使用多兵种联合作战的方式。军种分为陆军、水军；陆军中的兵种除步兵外，还出现了骑兵、车兵、侦察兵。

（一）军种

成书于战国早期的《左传》中出现了"陵师""舟师"，两词是战国初产生的新词，但从词义的内容看，它们表示的是春秋时期的军种。陆军称"陵师"。《左传·定公六年》："子期又以陵师败于繁扬。"杜预注："陵师，陆军。"水军称"舟师"。《左传·襄公二十四年》："楚子为舟师以伐吴。""陵师""舟师"都是偏正式合成词。偏词素"陵""舟"限定中心词素"师"。"师"在先秦时就可以表示军队，如《诗·秦风·无衣》："王于兴师，修我戈矛，与子同仇。""陵"即土山。《诗·小雅·天保》："如山如阜，如冈如陵。""陵"作为词素构成"陵师"，表示军队作战的地形地域。"舟"作为词素构成"舟师"，表示军队作战时乘坐的工具。

用义位结构式表示它们的词义结构：

陵师：<名>（军队）［(在……作战)(陆地)］

舟师：<名>（军队）［（在……作战）（水上）］

从结构式中可见，“陵师”“舟师”形成了一个最小的同位关系义场。

（二）兵种

先秦时期，步兵是陆军的主要兵种，此外还出现了骑兵、车兵、侦察兵。

有关步兵的新词有“步兵”“步卒”“徒卒”“徒兵”“徒师”。“徒卒”“徒兵”“徒师”最早见于《左传》《国语》，表明春秋时期步兵就是主要的作战兵种。《左传·哀公十一年》：“冉有以武城人三百为己徒卒。”又《隐公四年》：“诸侯之师败郑徒兵，取其禾而还。”《国语·吴语》：“吴王既会，越闻愈章，恐齐、宋之为己害也，乃命王孙雒先与勇获帅徒师，以为过宾于宋，以焚其北郛焉而过之。”“步兵”“步卒”最早见于《六韬》。《六韬·战步》：“步兵与车骑战，奈何？”又《均兵》：“武王问太公曰：‘以车与步卒战，一车当几步卒？几步卒当一车？’”五词中只有“步兵”沿用至现代。

与“步兵”相对的有“车兵”“骑”“候”“遮”。“车兵”指战车上披甲持械的士兵。《左传·襄公二十五年》：“赋车兵、徒兵、甲楯之数。”“骑”指骑兵。银雀山汉墓竹简《孙膑兵法·八阵》：“车骑与战者……易则多其车，险则多其骑，厄则多其弩。”“候”和“遮”是古代两种侦察敌情的兵卒。《墨子·号令》：“候出越陈表，遮坐郭门之外内。”孙诒让间诂：“遮，《杂守篇》谓之斥。此候与遮二者不同，候出郭十里，迹知敌往来多少；遮则守郭门，不远出。候、遮各有表，与城上相应。盖郭外候者置表，郭内遮者置表与。”“候”也可以表示伺望、侦察，与“斥”同义。《吕氏春秋·贵因》：“武王使人候殷。”《左传·襄公十八年》：“晋人使司马斥山泽之险。”杜预注：“斥，候也。”“候”和“遮”“斥”连缀形成联合式合成词“候遮”“斥候”，泛指负责侦察的吏卒。《国语·晋语八》：“攀辇即利而舍，候遮扦卫不行。”《左传·襄公十一年》：“纳斥候，禁侵掠。”

从词的内部结构上分析，“步兵”“步卒”“徒卒”“徒兵”“徒师”“车兵”均为偏正式复合词。中心词素“兵”“卒”“师”表士兵或军队。“车兵”的偏词素“车”表示兵车。《左传·隐公元年》：“命子封帅车二百乘以伐京。”其余五词的偏词素“步”和“徒”表步行。《书·召诰》：“王朝步自周，则至于丰。"《易·贲》："贲其趾，舍车而徒。""斥候""候遮"为联合式复合词，其构成词素前文已有解释，兹不赘述。

用义位结构式表示它们的词义结构：

步兵：<名>（士兵）（陆军的）［（负责）（作战）］［（以……形式）（徒步）］

步卒：同"步兵"

徒卒：同"步兵"

徒兵：同"步兵"

徒师：同"步兵"

车兵：<名>（士兵）（陆军的）［（负责）（作战）］［（以……形式）（乘坐战车）］

骑：<名>（士兵）（陆军的）［（负责）（作战）］［（以……形式）（骑马）］

候：<名>（士兵）（陆军的）［（负责）（侦察）］

遮：同"候"

候遮：同"候"

斥候：同"候"

由上可见，这些义位都包含义素"（士兵）"和"（陆军的）"，而表示具体分工的义素各不相同。它们构成了一个大的同位关系义场，也是"陵师"的下一层义场。

下图表示的是战国时期诸兵种的新词语场。

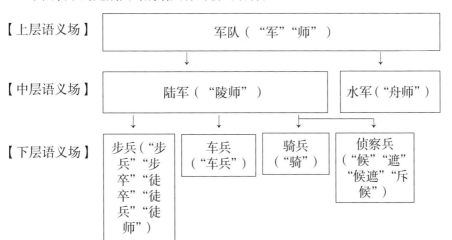

第三节　反映战国—秦时期农业生产的新词语场

农业是古代社会发展的根本，也是衡量综合国力的重要标准。战国—秦时期，各国重视农业生产，通过推行授田制确立了小农经济生产方式。土地私有化及铁器牛耕的推广促进了农业发展，同时也产生了一批关于农业的新词。

一、农业生产工具

第一类为表示农具总称的新词，如"稼器""耒耜""耒耨"等。"稼器"泛指农业劳动的工具。《周礼·地官·遂大夫》："正岁，简稼器，修稼政。""耒耜""耒耨"由表示具体农具的词素"耒""耜""耨"连缀而成，泛指农具。《孟子·滕文公上》："陈良之徒陈相，与其弟辛，负耒耜而自宋之滕。"《庄子·胠箧》："昔者齐国邻邑相望，鸡狗之音相闻，罔罟之所布，耒耨之所刺，方二千余里。"

第二类是表示铁制农具的新词。《国语·齐语》："美金以铸剑戟，试诸狗马；恶金以铸鉏、夷、斤、斸，试诸壤土。"其中的"恶金"即指铁。铁耕在战国时期已经相当普遍，铁制农具代替了木石材质的农具，使农业生产力有了质的飞跃。此类农具主要包括锄类、镰类、锹类、犁类等。

锄类农具是铁制农具的代表，使用广泛。战国时期出现的锄类农具名有"斸""斫斸""耨""锯欘""镃基""铫""珧铫""镢""荣镢"等。这些新词可分为三类：第一类是义为普通锄类农具的词，有"斸""斫斸"。"斸"一说为锄的别名，也称"斫斸"。《说文·斤部》："斸，斫斸也。"《国语·齐语》："恶金以铸鉏、夷、斤、斸，试诸壤土。"《尔雅·释器》："斫斸谓之定。"郭璞注："锄属。"第二类是义为小锄的词，只有"耨"一词。"耨"，也作"鎒""镈"，是一种小锄。《国语·齐语》："时雨既至，挟其枪、刈、耨、镈，以旦暮从事于田野。"第三类是义为大锄的词，数量最多，有"锯欘""镃基""铫""珧铫""镢""荣镢"。"锯欘"是一种大锄。《管子·小匡》："恶金以铸斤斧，鉏夷、锯欘，试诸木土。""镃基"亦作"镃錤"，也是一种大锄。《孟子·公孙丑上》："虽有镃基，不如待时。"铫"亦为大锄。《庄子·外物》："春雨日时，草木怒生，铫鎒于是乎始修。"铫"亦称"挑铫"。《韩非子·八说》："古者寡事而备简，朴陋而不尽，故有挑铫而推车者。""钁"即钁头。《说文·金部》："钁，大鉏也。"《六韬·农器》："钁锸斧锯杵臼，其攻城器也。"战国文献中出现了含词素"钁"的合成词"棨钁"。"棨钁"是一种大锄，亦可作武器。《六韬·军用》："棨钁，刃广六寸，柄长五尺以上，三百枚。"

用义位结构式表示这三类锄的词义结构：

斸：<名>（农具）（手用的）（长柄的）［（刀身）（平）（窄）（薄）］［（用于……）（松土）（除草）］

斫斸：同"斸"

耨：<名>（农具）（手用的）（长柄的）［（刀身）（平）（窄）（薄）］［（用于……）（松土）（除草）］（小）

锯橘：<名>（农具）（手用的）（长柄的）［（刀身）（平）（窄）（薄）］［（用于……）（松土）（除草）］（大）

镃基：同"锯橘"

铫：同"锯橘"

挑铫：同"锯橘"

钁：同"锯橘"

棨钁：同"锯橘"

由上可见，"锯橘""镃基""铫""挑铫""钁""棨钁"构成了一个表示大锄的同义关系义场。"耨"和"锯橘""镃基""铫""挑铫""钁""棨钁"构成了一个大的表示锄具不同种类的同位关系义场，这个义场是"斸""斫斸"的下一层义场。

表示镰类农具的新词有"镰""铩"。"镰"也写作"鎌"。《管子·乘马》："薮，镰缠得入焉，九而当一。""铩"也是镰刀类农具。《说文·金部》："铩，鎌也。"战国时期文献中没有出现"铩"的本义用例，但其引申义"截断"在《左传》中有用例。《左传·定公九年》："尽借邑人之车，铩其轴。"虽然"铩"本义用例没有出现在战国文献中，但其引申义已经在战国时期出现，因此"鎒"可以看作战国新词。

用义位结构式表示"镰""鎒"的词义结构：

镰：<名>（农具）（手用的）（短柄的）〔（刀身）（弯）（窄）（薄）〕〔（用于……）（收割谷物）（割草）〕

鎒：同"镰"

从结构式中可见，"镰""鎒"构成了一个表示镰类农具的同义关系义场。

表示锹类农具的新词有"锹"。"锹"指用于插地起土的农具，最早见于《尔雅》，《尔雅》作"斛"，"斛"是"锹"的古字形。《尔雅·释器》："斛谓之疀。"郭璞注："皆古锹、锸字。"郝懿行义疏："《文选·祭古冢文》注引《尔雅》作'锹谓之锸'矣。锹盖俗字，锸亦借声。"战国承古词"臿"也可以指锹，如《管子·度地》："以冬无事之时，笼臿板筑各什六。"《方言》："臿，燕之东北朝鲜、洌水之间谓之斛斛，宋、魏之间谓之铧，或谓之鍏，江淮、南楚之间谓之臿，沅、湘之间谓之畚，赵、魏之间谓之梟，东齐谓之梩。"可见，"锹"与承古词"臿"为不同地区方言。

用义位结构式表示"锹""臿"的词义结构：

锹：<名>（农具）（手用的）（长柄的）〔（刀身）（平）（宽）（薄）〕〔（用于……）（掘土）（铲挖）〕<风>（燕之东北朝鲜、洌水方言）

臿：<名>（农具）（手用的）（长柄的）〔（刀身）（平）（宽）（薄）〕〔（用于……）（掘土）（铲挖）〕<风>（江淮、南楚方言）

从结构式中可见，"锹"和"臿"两个义位中的风格上的附加义素不同，但是基本义相同，构成了一个表示锹类农具的同义关系义场。

犁类农具的新词有"耜"。"耜"是一种犁属的农具，一说为"耜"字之误。《吕氏春秋·任地》："是以六尺之耜，所以成亩也。"高诱注："耜，六尺，其刃广八寸。古者以耜耕。"

用义位结构式表示犁类农具的词义结构：

耜：<名>（农具）〔（牛拉的）或（人拉的）〕〔（由……构成）（辕）（铧）……〕〔（用于……）（翻土）〕

第三类是木石农具的新词，如"耰""枷""磨₂石"①。"耰"是一种类似榔头的农具，主要用来击碎土块，平整土地，也写作"櫌"。《吕氏春秋·简选》："鉏耰白梃，可以胜人之长铫利兵。""枷"，也作"柍"，是用于脱粒打豆的农具。《国语·齐语》："令夫农群萃而州处，察其四时，权节其用，耒、耜、枷、芟，及寒，击菒除田，以待时耕。""磨₂石"是研碎粮食的石制工具，一般由两个圆石盘组成。《庄子·天下》："若羽之旋，若磨石之隧。"

用义位结构式表示这三种木石农具的词义结构：

耰：<名>（农具）（手用的）（长柄的）〔（锤头）（圆柱状）〕〔（用于……）（击碎土块）（平整土地）〕

枷：<名>（农具）（手用的）（木制的）〔（由……构成）（长柄）（一组平排的竹条或木条）〕〔（用于……）（脱粒）〕

磨₂石：<名>（农具）（手用的）（石制的）〔（由……构成）（两个圆石盘）〕〔（用于……）（研碎粮食）〕

下图表示的是战国时期出现的农耕工具的新词语场。

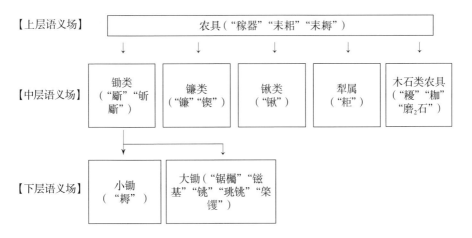

---

① "磨₂"音mò。

二、农业生产技术

（一）耕种技术

春秋战国时期，深耕、轮耕等耕种技术使精细化种植逐步实现。表示这类技术的新词有"深耕""深殖""一易之地""再易之地""粪种"等。

"深耕"是相对浅耕而言，耕地深度达六七寸及以上。适当的深耕可以改良土壤结构，提高作物产量。《国语·齐语》："深耕而疾耰之，以待时雨。""深殖"即深种。《吕氏春秋·任地》："五耕五耨，必审以尽。其深殖之度，阴土必得，大草不生，又无螟蜮。"根据土地肥瘠不同实行轮耕可使地力得到恢复。两年中休耕一年的田地称为"一易之地"，三年中休耕两年的田地称为"再易之地"。《周礼·地官·大司徒》："不易之地，家百亩；一易之地，家二百亩；再易之地，家三百亩。"

"深耕""深殖"是动词，"一易之地""再易之地"是名词。从词的内部结构上看，"深耕""深殖"是状中式结构，中心词素"耕""殖"分别表示耕种、种植的动作，偏词素"深"表示程度深。"一易之地""再易之地"是定中式结构，中心词素"地"表示土地，偏词素"一易"和"再易"表示休耕年限。

用义位结构式表示它们的词义结构：

深耕：<动>［（深度地）（翻犁）］<受>（田地）

深殖：<动>［（深度地）（播）］<受>（种）

一易之地：<名>（土地）{（每两年）［（中止）（耕种）（一年）］}

再易之地：<名>（土地）{（每三年）［（中止）（耕种）（两年）］}

从结构式中可以看出，"深耕""深殖"构成了表示深耕深种技术的最小同位关系义场，"一易之地""再易之地"构成了表示轮耕技术的最小同位关系义场。

战国文献中还记载了一种称为"粪种"的种子处理方法。此法是用动物骨煮汁后拌入谷物种子，然后再行播种。《周礼·地官·草人》："凡粪种，骍刚用牛，赤缇用羊。"郑玄注："凡所以粪种者，皆谓煮取汁也……郑司农云：用牛，以牛骨汁渍其种也，谓之粪种。""粪种"是动宾式结构的合成词，"粪种"中的"粪"表示施肥的动作。《老子》中有"走马以粪"，其中的"粪"即表施肥。"粪"作为词素与"种"构成合成词"粪种"，特指用动物骨汁拌谷种，以增加种子的肥力。

用义位结构式表示"粪种"的词义结构：

粪种：<动>［（用动物骨煮的汁）（拌）］<受>（谷种）

"粪种"与前述之"深耕""深殖""一易之地""再易之地"同处于表示耕种技术的语义场中。

（二）农田等级

将农田划分出优劣等级，有利于因等施种。表示优质农田的新词有"沃田""良田""善田"。《国语·晋语一》："虽获沃田而勤易之，将不克飨。"《商君书·垦令》："农逸则良田不荒。"《韩非子·诡使》："夫陈善田利宅，所以战士卒也。""沃田""良田""善田"为近义词，均为偏正式复合词，中心词素都是"田"，偏词素"良""善""沃"表示品质。

用义位结构式表示它们的词义结构：

沃田：<名>（土地）［（用于……）（耕种）］（肥沃）

良田：<名>（土地）［（用于……）（耕种）］（优良）

善田：<名>（土地）［（用于……）（耕种）］（优良）

由上可见，"良田""善田"是同义词，构成了一个最小的同义关系义场；"沃田"与"良田""善田"形成近义关系。这三个词同属于一个表示优质农田的语义场。

田地按照作物产量的高低可分为"高田""间田""庸田""荒田"四个等级。《管子·山权数》："桓公曰：'何谓国无制、地有量？'管子对曰：'高田十石，间田五石，庸田三石，其余皆属诸荒田。'"此外，还有"上田""下田""山田"。《管子·山国轨》："山田以君寄币振其不赡，未淫失也。"《吕氏春秋·上农》："上田，夫食九人；下田，夫食五人，可以益，不可以损。"可见，"高田"与"上田"相类，"庸田"与"下田""山田"相类。"高田、上田""间田""庸田、下田、山田""荒田"形成一个顺序义场。如果把

"高田、上田"列为第一等的田地，那么其他词就分别列为第二等到第四等。

"高田、上田"　"间田"　"庸田、下田、山田"　"荒田"

$\longrightarrow$

区别义素：　第一等　　　第二等　　　　第三等　　　　第四等

用义位结构式表示上述新词的词义结构：

高田：<名>（土地）［（用于……）（耕种）］（第一等）

上田：同"高田"

间田：<名>（土地）［（用于……）（耕种）］（第二等）

庸田：<名>（土地）［（用于……）（耕种）］（第三等）

下田：同"庸田"

山田：同"庸田"

荒田：<名>（土地）［（用于……）（耕种）］（第四等）

由上可见，这些词的义位中都含有义素"（土地）"和"［（用于……）（耕种）］"，表示不同等级的义素是它们的区别性义素。这些词的层次关系整齐清楚，形成了一个顺序关系的子语义场。

（三）作物害虫

由于农民对农作物害虫有了进一步的认识，战国文献中出现了一批表示农作物害虫的新词："蚼蛆""蚼蠋""蝗""螽蝗""藿蠋""蠜""蟆""尺蠖"。

"蚼蛆"与"蚼蠋"义同，均指禾稼害虫。《吕氏春秋·审时》："得时之麦，不蚼蛆；先时者，暑雨未至，胕动蚼蛆而多疾。"《商君书·农战》："今夫螟螣蚼蠋，春生秋死，一出而民数年不食。"高亨注："吕书之蚼蛆，即《商子》之蚼蠋也。""蝗"即蝗虫。《吕氏春秋·不屈》："蝗螟，农夫得而杀之，奚故，为其害稼也。""蝗"作为词素构成复音词"螽蝗"，词义与"蝗"相同。《山海经·东山经》："（余峨之山）有兽焉，其状如菟而鸟喙，鸱目蛇尾，见人则眠，名曰犰狳，其鸣自訆，见则螽蝗为败。"藿蠋"是生长在豆菽类植物上的毛虫。《庄子·庚桑楚》："奔蜂不能化藿蠋。""蠦"是一种喜食瓜叶的黄甲小虫。《尔雅》："蠦，與父，守瓜。""蠖"又称"尺蠖"。《尔雅·释虫》："蠖，蚇蠖。"郝懿行义疏："其行先屈后伸，如人布手知尺之状，故名尺蠖。"

用义位结构式表示它们的词义结构：

蚼蛆：<名>（虫）［（危害）（农作物）］（不能飞）［（以……为食）（茎叶）］

蚼蠋：同"蚼蛆"

蝗：<名>（虫）［（危害）（农作物）］（能飞）［（以……为食）（茎叶）］

螽蝗：同"蝗"

藿蠋：<名>（虫）［（危害）（农作物）］（不能飞）{（以……为食）［（豆类植物的）（茎叶）］}

蠦：<名>（虫）［（危害）（农作物）］（不能飞）{（以……为食）［（瓜类植物的）（叶）］}

蠖：<名>（虫）［（危害）（农作物）］（不能飞）{（以……为食）（棉花）（桑）……］}

尺蠖：同"蠖"

从结构式中可以看出，这些词构成了一个表示农作物害虫的同位关系义场。

三、农作物

这一部分主要讨论表示粮食品种、粮食品质、粮食合称泛称以及农作物植株部位的新词。

（一）粮食品种

随着农作物品种日益丰富，战国文献中出现了一系列表示粮食新品种的名词，如"穄""秬黍""黄粱""虋""白稻""菰""菰粱""雕胡"。

"穄"是一种不黏的黍。《吕氏春秋·本味》："饭之美者，玄山之禾，不周之粟，阳山之穄。""秬黍"是一种黑黍。《左传·昭公四年》："黑牡秬黍，以享司寒。""黄粱"即黄小米。《楚辞·招魂》："稻粢穱麦，挈黄粱些。""虋"为一种赤粱粟，是谷的良种。《尔雅·释草》："虋，赤苗。""白稻"是一种谷粒狭长的稻类。《管子·地员》："凫土之次曰五桀，五桀之状甚咸以苦，其物为下，其种白稻长狭。""菰"，亦作"苽"，又称"菰粱"，即菰米，属六谷之一，是茭白的子实，俗称"雕胡"。《楚辞·大招》："五谷六仞，设菰粱只。"战国楚宋玉《讽赋》："为臣炊雕胡之饭，烹露葵之羹，来劝臣食。"

用义位结构式表示它们的词义结构①：

稷：<名>（粮食作物）（黍类的）（不黏）（淡黄）

柜黍：<名>（粮食作物）（黍类的）（黏）（黑）

黄粱：<名>（粮食作物）（粱类的）（黄）

虋：<名>（粮食作物）（粱类的）〔（苗）（赤）〕

白稻：<名>（粮食作物）（稻类的）〔（谷粒）（狭长）〕

菰粱：（粮食作物）（苽类的）〔（茭白的）（子实）〕

雕胡：同"菰粱"

由上可见，这些词构成了一个大的同位关系义场，其中"稷"与"柜黍"形成了一个黍类作物的最小同位关系义场，"黄粱"与"虋"形成了一个粱类作物的最小同位关系义场。

此外，这一时期对同一种粮食作物也有了更细致的划分，并按照特征赋予新名。例如，战国文献中出现了"陵稻""陆稻"，两词意义相同，都指抗旱能力较强的陆生稻。《管子·地员》："五凫之状，坚而不觳，其种：陵稻、黑鹅、马夫。"《礼记·内则》："淳熬：煎醢加于陆稻上，沃之以膏，曰淳熬。"南北朝时期，"陵稻"又称"旱稻"。北魏贾思勰《齐民要术·旱稻》："旱稻用下田，白土胜黑土。"

用义位结构式表示"陵稻""陆稻"的词义结构：

汉语词汇通史 战国—秦卷

---

① 义位结构式中的"（黍类的）""（粱类的）""（稻类的）""（苽类的）"是按照古代"六谷"划分的。《周礼·天官·膳夫》："凡王之馈，食用六谷。"郑玄注引郑司农曰："六谷，稷（稻）、黍、稷、粱、麦、苽。苽，雕胡也。""苽"即菰米。义位结构式中使用"（苽类的）"是为了与其他结构式中的义素在形式上保持一致。

陵稻：<名>（粮食作物）（稻类的）[（适宜……生长的）（旱地）]

陆稻：同"陵稻"

同一类作物又细分出不同的品种。例如，总称豆类的"菽"细分出"赤菽"、"戎菽"、"大菽"、"小菽"（"细菽"）等品种。"赤菽"即赤小豆。《韩非子·内储说上》："俄又置一石赤菽东门之外而令之曰：'有能徙此于西门之外者赐之如初。'"大豆在西周时称"荏菽"，《诗·大雅·生民》有"荏菽旆旆"。战国时"荏菽"又称"戎菽"。《管子·戒》："北伐山戎，出冬葱与戎菽，布之天下。"这一时期大豆分为"大菽""小菽"两个品种。"小菽"也称"细菽"。《管子·地员》："五殖之次曰五毂，五毂之状娄然，不忍水旱，其种大菽、细菽，多白实。"《吕氏春秋·审时》："大菽则圆，小菽则抟以芳。"

用义位结构式表示这些豆菽类新词的词义结构：

赤菽：<名>（粮食作物）（豆类的）（暗红）[（颗粒）（小）]（（颗粒小的）[（圆形）或（椭圆形）]（不能榨油）

戎菽：<名>（粮食作物）（豆类的）（浅黄）[（圆形）或（椭圆形）]（能榨油）

大菽：<名>（粮食作物）（豆类的）（浅黄）[（颗粒）（大）][（圆形）或（椭圆形）]（能榨油）

小菽：<名>（粮食作物）（豆类的）（浅黄）[（颗粒）（小）][（圆形）或（椭圆形）]（能榨油）

细菽：同"小菽"

由上可见，"小菽"与"细菽"义同，形成一个最小的同义关系义场。"大菽""小菽、细菽"都含义素"（能榨油）"，它们的区别性义素是表示颗粒大或小的义素，所以"大菽""小菽、细菽"形成一个大豆的最小反义关系义场。"大菽"和"小菽、细菽"是"戎菽"的下位词，构成下一层语义场。"赤菽"与"戎菽"同属于豆类作物的语义场。

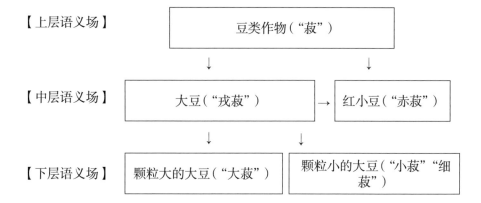

战国时期，同一种粮食品种产生了不同的名称。如成书于战国中期的《孟子》中大麦被称作"䵆麦"。《孟子·告子上》："今夫䵆麦，播种而耰之。"而成书于战国晚期的《吕氏春秋》中其却被称作"大麦"。《吕氏春秋·任地》："孟夏之昔，杀三叶而获大麦。"

用义位结构式表示它们的词义结构：

䵆麦：<名>（粮食作物）（禾本科）［(子实外壳)（有长芒)］

大麦：同"䵆麦"

"䵆麦""大麦"构成了一个同义关系义场。

（二）粮食品质

随着人们饮食精细化程度的加深，战国时期出现了一些与粮食粗精品质有关的新词。这些新词包括"糈""粗""粝""粝粢""粝粱""脱粟"。

西周时期表示精米的词有"粺""精"。"粺"即精米。《诗·大雅·召旻》："彼疏斯粺，胡不自替。"郑玄笺："米之率，粝十，粺九。""精"亦即精米，《说文·米部》："精，择也。"战国以前文献中只见其引申义例证，本义例证出现在战国早期文献《论语》中。《论语·乡党》："食不厌精。"至战国晚期，文献中出现的表示精米的新词有"糈"。"糈"本义为粮食，引申为精米。《说文·米部》："糈，粮也。"《楚辞·离骚》："巫咸将夕降兮，怀椒糈而要之。"

西周时期表示粗米的词有"疏"，如《诗·大雅·召旻》有"彼疏斯粺"，

汉语词汇通史 战国—秦卷

其中的"疏"就指粗米。战国时期出现的表示糙米的新词有"粗""粝""粝粢""粝粱""脱粟"。"粗"表示糙米、粗粮。《庄子·人间世》："吾食也执粗而不臧。""粝"指只去皮壳、不加精制的糙米。《尸子》卷上："珍羞百种而尧粝饭菜粥。""粝"作为词素构成合成新词"粝粢"和"粝粱",二词义同,都表糙米。《韩非子·五蠹》："(尧)粝粢之食,藜藿之羹。"《六韬·盈虚》："鹿裘御寒,布衣掩形;粝粱之饭,藜藿之羹。""脱粟"也指糙米。《晏子春秋·杂下二六》："晏子相景公,食脱粟之食。"

用义位结构式表示上述新词的词义结构:

糈:<名>(粮食)(脱壳的)+｛(人)［(舂)或(碾)］(仔细地)｝

粗:<名>(粮食)(脱壳的)-｛(人)［(舂)或(碾)］(仔细地)｝

粝:同"粗"

粝粢:同"粗"

粝粱:同"粗"

脱粟:同"粗"

由上可见,"糈"与"粗""粝""粝粢""粝粱""脱粟"拥有共同的义素"(粮食)"和"(脱壳的)",表明它们都是脱壳后的米。两组义位的区别性义素为表示是否经过仔细舂碾的义素:"糈"是脱壳后碾白舂精的米,含有义素"｛(人)［(舂)或(碾)］(仔细地)｝";"粗""粝""粝粢""粝粱""脱粟"是脱壳后未经舂碾或舂碾得不精的米,不含义素"｛(人)［(舂)或(碾)］(仔细地)｝"。两组新词形成了反义关系义场。

(三)粮食合称和泛称

一类为粮食合称的新词,主要有"五谷""五种""六谷""九谷"。这些词具体所指后世多有异见。关于"五谷",《周礼·天官·疾医》："以五味、五谷、五药养其病。"郑玄注:"五谷,麻、黍、稷、麦、豆也。"《楚辞·大招》："五谷六仞。"王逸注:"五谷,稻、稷、麦、豆、麻也。"《素问·藏气法时论》："五谷为养。"王冰注:"谓粳米、小豆、麦、大豆、黄黍也。"关于"五种",《周礼·夏官·职方氏》："河南曰豫州……其谷宜五种。"郑玄注:"五种,黍、稷、菽、麦、稻。"《荀子·儒效》："相高下,视垴肥,序五种，君子不如农人。"杨倞注："五种，黍、稷、豆、麦、麻。"关于"六谷"，《周礼·天官·膳夫》："凡王之馈，食用六谷。"郑玄注引郑司农曰："六谷，稌、黍、稷、粱、麦、苽。苽，雕胡也。"《三字经》称稻、粱、菽、麦、黍、稷为"六谷"。关于"九谷"，《周礼·天官·大宰》："三农生九谷。"郑玄注："司农云：'九谷：黍、稷、秫、稻、麻、大小豆、大小麦。'九谷无秫、大麦，而有粱、苽。""五谷""五种""六谷""九谷"都是由数词性词素加名词性词素构成的偏正式复合词。

用义位结构式表示它们的词义结构①：

五谷：＜名＞（粮食）（五种）［（包括……）（麻）（黍）（稷）（麦）（豆）］（合称）

五种：＜名＞（粮食）（五种）［（包括……）（黍）（稷）（菽）（麦）（稻）］（合称）

六谷：＜名＞（粮食）（六种）［（包括……）（稌）（黍）（稷）（粱）（麦）（苽）］（合称）

九谷：＜名＞（粮食）（九种）［（包括……）（黍）（稷）（稻）（麻）（粱）（苽）（大豆）（小豆）（小麦）］（合称）

另一类为粮食泛称的新词。主要有两类：一类是由数词性词素加名词性词素构成的偏正式复合词，另一类是用两个表示粮食作物的名词性词素连缀而成的联合式复合词。

由数词性词素加名词性词素构成的粮食泛称有"五谷"。《六韬·立将》："是故风雨时节，五谷丰登，社稷安宁。""五谷"既可以作五种谷物的合称，也可以作各种谷物的通称。

用两个表示具体粮食作物的词素连缀成词也可用来泛指粮食。以这种形式构词在战国以前就已经出现，如《诗·唐风·鸨羽》中有"稷黍""黍稷""稻粱"，三词都泛指粮食。战国时又出现了"稻麦""菽粟""米粟""粟米"等

汉语词汇通史 战国—秦卷

① "五谷""五种""六谷"义位结构式中表示具体所指的义素是根据郑玄《周礼注》列出的。

新词。"稻""麦"分别指两种不同的作物，连缀后形成"稻麦"，泛指粮食。《周礼·夏官·职方氏》："正东曰青州，其民二男二女，其畜宜鸡狗，其谷宜稻麦。""菽粟"中的两个词素分别指豆类作物与谷类作物，连缀成复合词后泛指粮食。《墨子·尚贤中》："是以菽粟多而民足乎食。"秦以前，"粟"为未去壳的谷物，"米"指去壳的谷物，两个词素结合而成的复合词"米粟""粟米"泛指粮食。《墨子·鲁问》："杀其人民，取其牛马狗豕、布帛米粟货财，则何若？"《孟子·尽心下》："有布缕之征，粟米之征，力役之征。"

（四）禾稼植株称谓

随着种植技术的提高，人们对农作物植株的认识也逐渐细化，相应地产生了若干表示作物植株不同部位的新词。战国以前文献中已有"穗""颖""穰""秸"等词，战国时又出现了"稠""穖""芒""槁""秆""荚""稿""稃"等新词。[1]

"稠"是禾的总花梗。"穖"是禾谷总穗的分枝。"芒"是稻麦子实外壳上长的细刺。《吕氏春秋·审时》："得时之稻，大本而茎葆，长稠疏穖，穗如马尾，大粒无芒。"《周礼》中有"芒种"一词，指长有芒刺的稻、麦之类的谷物。《周礼·地官·稻人》："泽草所生，种之芒种。""槁"为禾类植物的茎秆，《说文·禾部》："槁，秆也。""槁"亦作"藁"。《吕氏春秋·任地》："子能使藁数节而茎坚乎？""秆"与"槁"义同，也指禾茎。《左传·昭公二十七年》："或取一编菅焉，或取一秉秆焉，国人投之，遂弗爇也。""荚"为豆类植物的果实。《吕氏春秋·审时》："得时之菽，长茎而短足，其荚二七以为族。""稿"表示禾秆的皮。《吕氏春秋·审时》："薄稿而赤色。""稃"表示稻麦子实上脱下的皮或壳。《尔雅·释草》："秬，一稃二米。"[2]

---

① "穰"，后作"糠"，表示作物子实上脱下的皮或壳。甲骨文中已经出现"穰"字形，其文献用例见于战国。《庄子·天运》："夫播穰眯目，则天地四方易位矣。"依据字形，"穰"当为殷商时就已经出现的词。

② 《汉语大词典》"稃"首见书证滞后。

用义位结构式表示上述新词的词义结构：

稠：<名>（茎）（主）（谷类作物的）［（位于……）（植株顶端）］（细长）（有花或果实聚生）

穖：<名>（茎）（分）（谷类作物的）［（位于……）（植株顶端）］（细长）（有花或果实聚生）

芒：<名>（刺）（稻麦子实的）［（位于……）（外壳）］（细长）（尖）

秆：<名>（茎）（主）（谷类作物的）［（位于……）（植株中部）］（细长）（直立）（与根相连的）

稾：同"秆"

荚：<名>（果实）（豆类植物的）（有外皮的）（多籽的）（狭长）

穬：<名>（皮）（禾秆的）（外层的）

稃：<名>［（壳）或（皮）］（稻麦子实的）（外层的）

由上可见，"稠""穖""秆""稾"构成了一个表示谷类植株茎部的同位关系义场；"芒"和"稃"构成了一个表示稻麦类子实不同部位的同位关系义场。

第四节　反映战国—秦时期社会生活的新词语场

社会生活包含的内容非常广泛。本节选择反映社会阶层和日常生活两个方面的新词展示战国—秦时期社会生活发生的变化。

一、社会阶级结构

战国—秦时期是中国古代社会结构发生急剧变化的时代。在社会由分到合的过程中，阶级结构发生了变化，士、农、工、商四民分业，逐渐形成了士、农、工、商四种社会阶层，一系列的新词也相应产生。

（一）士

西周春秋时期，士属于统治阶层中的低级贵族，享有世袭的权利。战国时期，世卿世禄制度瓦解，一部分士失去贵族身份，进入平民阶层。同时，私学的兴起也使平民有了更多受教育的机会，其中一部分人成为具备文化知识的群体，这一群体也称为"士"。此时，士人群体应时而生，成为知识阶层的统称。士人阶层成分的变化也反映到词义的变化中。比如，春秋时"列士"指地位略低于下大夫的上士，享有一定的政治权利。《春秋·哀公十一年》："王及列士皆有馈饩。"而在战国晚期文献中"列士"的意义发生变化，不再指属于低级贵族的上士，而是转指有知识有名望的人。《荀子·大略》："子赣、季路，故鄙人也，被文学，服礼义，为天下列士。"

战国时期的士，富有学识，怀有抱负，但缺乏深厚的社会背景，不少士是四处干谒的游方者。以下三类新词基本反映了当时士人的生存状况。

富有才智却隐居不仕的知识分子称为"居士""处士"或"隐士"。《韩非子·外储说右上》："齐东海上有居士曰狂矞、华士昆弟二人者立议曰：'吾不臣天子，不友诸侯……吾无求于人也。'"《孟子·滕文公下》："圣王不作，诸侯放恣，处士横议，杨朱、墨翟之言盈天下。"《庄子·缮性》："古之所谓隐士者，非伏其身而弗见也。""居士""处士""隐士"都是偏正式复合词，中心词素都是"士"，偏词素"居""处""隐"意义相同。"居"指平素家居，特指赋闲未仕。《文选·束皙〈补亡诗〉》："彼居之子，罔或游盘。""处"表示居家不仕，隐居。《易·系辞上》："君子之道，或出或处。""隐"表隐居。《易·乾》："（文言曰）龙德而隐者也，不易乎世。"

用义位结构式表示它们的词义结构：

居士：<名>（人）（有知识的）（有才智的）［（隐居）（不仕）］

处士：同"居士"

隐士：同"居士"

从结构式中可见，"居士""处士""隐士"形成了一个最小的同义义场。从三词在后世的发展看，"隐士"一直沿用至今，词义基本没有发生变化。"居士"在中古以后不再指隐士，而是转指在家受戒的佛教徒，如《南史·虞寄传》："寄因宝应不可谏，虑祸及己，乃为居士服以拒绝之。""处士"在中古以后泛指没有做过官的士人，如唐元稹《中书省议举县令状》："又云见任官及处士、散试官，并请停集。"

以其所学，士有"儒士""兼士""术士"。奉行孔子学说的人称为"儒士"，奉行墨家兼爱学说的人称为"兼士"。《墨子·非儒下》："今孔某之行如此，儒士则可以疑矣。"又《兼爱下》："是故退睹其友，饥则食之，寒则衣之……兼士之言若此，行若此。""术士"在战国时期指崇尚法术之士。法术之学即法家之学，是战国末期韩非对商鞅的"法"、申不害的"术"等法家思想的系统整合。《韩非子·人主》："且法术之士，与当途之臣，不相容也。何以明之？主有术士，则大臣不得制断，近习不敢卖重，大臣左右权势息，则人主之道明矣。""儒士""兼士""术士"都是偏正式复合词，拥有相同的中心词素"士"，偏词素"儒""兼""术"分别表示所奉行的学说："儒家学说""墨家兼爱学说""法家学说"。

用义位结构式表示这些词的词义结构：

儒士：<名>（人）（有知识的）｛（奉行）［（儒家的）（学说）］｝

兼士：<名>（人）（有知识的）｛（奉行）［（墨家的）（学说）］｝

术士：<名>（人）（有知识的）｛（奉行）［（法家的）（学说）］｝

结构式显示出"儒士""兼士""术士"形成一个最小的同位关系义场。它们拥有相同的指称义素，义位中的区别性义素来自偏词素的意义。

以其所长，士有"辩士""文士""游士""方士""谋士""权士"之分。善辩之士称"辩士"。《管子·禁藏》："阴内辩士，使图其计。"能文之士称"文士"。《战国策·秦策一》："文士并饰，诸侯乱惑。"从事游说活动的人称"游士"。《韩非子·和氏》："官行法则浮萌趋于耕农，而游士危于战陈。"行医卜相的人称"方士"。《素问·至真要大论》："余锡以方士，而方士用之尚未能十全。""权士"和"谋士"义同，指设谋献计之人。《墨子·号令》："县各上其县中豪杰若谋士、居大夫、重厚口数多少。"《六韬·龙韬》："权士三人，主行奇谲，设殊异，非人所识，行无穷之变。"以上新词均为偏正式复合词，中心词素为"士"，偏词素表示所擅长或从事的职业，"辩""文""游""方"分别表示辩论、文辞、游说、方术，"谋"和"权"义同，都表示谋略。

88

汉语词汇通史 战国—秦卷

用义位结构式表示它们的词义结构：

辩士：＜名＞（人）（有知识的）〔（擅长）（辩论）〕

文士：＜名＞（人）（有知识的）〔（擅长）（文辞）〕

游士：＜名＞（人）（有知识的）〔（擅长）（游说）〕

方士：＜名＞（人）（有知识的）〔（擅长）（方术）〕

谋士：＜名＞（人）（有知识的）〔（擅长）（谋略）〕

权士：同"谋士"

可见，以上新词构成了一个同位关系义场，其中"谋士"和"权士"为一个最小的同义关系义场。

（二）农

战国时期，各国施行以授田制为核心的土地制度。国家把土地分配给个体农户，并向农户征收赋税。这种以个体家庭为单位的小农经济模式促使小农阶层发展壮大，语言中也出现了一系列的涉农新词。

西周文献中，农夫、农民称作"农"，如《书·盘庚上》："若农服田力穑乃亦有秋。"战国初期文献中出现了表示农民的复音词"穑人"。《左传·襄公四年》："边鄙不耸，民狎其野，穑人成功。"战国晚期文献中，农民又称"作夫"。《商君书·徕民》："地方百里者……恶田处什二，良田处什四，以此食作夫五万。""穑人""作夫"构成了一个同义义场。它们都是偏正式复合词，中心词素"人""夫"义近，都可以表示从事劳动的人，偏词素"穑""作"表示耕种、耕作。

战国晚期，农业生产中的雇佣关系已经很普遍，一些失地破产的农民被迫成为受人雇用、为人耕作的劳动力，称为"庸客"。《韩非子·外储说左上》："夫卖庸而播耕者，主人费家而美食、调布而求易钱者，非爱庸客也，曰：如是，耕者且深，耨者熟耘也。""庸"指受雇用的劳动力，后写作"佣"。《韩非子·五蠹》："泽居苦水者，买庸而决窦。""客"表示外来之人。"庸客"即佣工，指被雇用的外人。

用义位结构式表示"穑人""作夫""庸客"的词义结构：

穑人：＜名＞（人）〔（从事）（耕种）〕

作夫：同"穑人"

庸客：<名>（人）［（从事）（耕种）］［（以……形式）（被雇用）］

由上可见，"穑人""作夫"形成了一个同义关系义场。"庸客"比"穑人""作夫"多了限制性的义素"［（以……形式）（被雇用）］"，所以"庸客"是"穑人""作夫"的下位词。

（三）工

从事各种手工技艺的劳动者通称"工"。工是与士、农、商相对独立的社会阶层，故《荀子·荣辱》中有"可以为工匠，可以为农贾"之语。"工"也称"工人""匠工"。《荀子·儒效》："设规矩，陈绳墨，便备用，君子不如工人。"《尉缭子·原官》："程工人，备器用，匠工之功也。"现代汉语中，"工人"转指不占有生产资料，依靠工资收入为生的劳动者。

各个行业的工匠皆有其工艺专长。《墨子·节用中》："凡天下群百工，轮车鞼匏，陶冶梓匠，使各从事其所能。"轮、车、鞼、匏、陶、冶、梓、匠为八种工匠："轮"专事车轮制作，"车"专事车辆和农具制造，"鞼"和"匏"均为制皮革之工，"陶"专事陶器烧制，"冶"专事冶铸金属，"梓""匠"为两种木工，"梓"造器具，"匠"主建筑。

战国时期，表示各种工匠的新词主要是以"人""工"为中心词素构成的偏正式复合词。

以"人"为中心词素的有7个："轮人""弓人""瓬人""函人""舆人""矢人""玉人"。"轮人"为制作车轮的工匠。《周礼·考工记·轮人》："轮人为轮，斩三材必以其时。""弓人"为制弓者。《周礼·考工记·弓人》："弓人为弓，取六材，必以其时。""瓬人"为陶工。《周礼·考工记·瓬人》："瓬人为簋，实一觳，崇尺，厚半寸，唇寸。""函人"为造铠甲的工匠。《周礼·考工记·函人》："函人为甲。""舆人"为造车的工匠。《韩非子·备内》："故舆人成舆，则欲人之富贵；匠人成棺，则欲人之夭死也。""矢人"为造箭的工匠。《孟子·公孙丑上》："矢人岂不仁于函人哉？""玉人"为雕琢玉器的工匠。《荀子·大略》："和之璧，井里之厥也。玉人琢之，为天子宝。"

以"工"为中心词素的有3个："冶工""玉工""金工"。冶炼金属的工匠称"冶工"。《韩非子·外储说左上》："右御、冶工言王曰：'臣闻人主无十日不燕之斋，今知王不能久斋，以观无用之器也。'"雕琢玉石的工人称"玉工"，与上文的"玉人"同义。《尹文子·大道上》："魏王召玉工相之。"铸造加工金属器物的工匠称"金工"。《国语·越语下》："王命金工以良金写范蠡之状而朝礼之。"

这些词的偏词素分为三类：一类表示制作对象——"轮""弓""瓶""函""舆""矢"；一类表示制作材料——"玉""金"；还有一类表示制作工艺——"冶"。

用义位结构式表示这些词的词义结构：

轮人：<名>(人)[(从事)(手艺)][(制作)(车轮)]

弓人：<名>(人)[(从事)(手艺)][(制作)(弓)]

瓶人：<名>(人)[(从事)(手艺)][(制作)(陶器)]

函人：<名>(人)[(从事)(手艺)][(制作)(铠甲)]

舆人：<名>(人)[(从事)(手艺)][(制作)(车)]

矢人：<名>(人)[(从事)(手艺)][(制作)(箭)]

玉人：<名>(人)[(从事)(手艺)][(制作)(玉器)]

冶工：<名>(人)[(从事)(手艺)][(冶炼)(金属)]

玉工：<名>(人)[(从事)(手艺)][(制作)(玉器)]

金工：<名>(人)[(从事)(手艺)][(制作)(金属器物)]

由上可见，"轮人""弓人""瓶人""函人""舆人""矢人""冶工""玉人""玉工""金工"构成了一个同位关系义场，其中"玉人"和"玉工"是一个最小的同义义场。

（四）商

战国时期，随着农业和手工业的发展，商品流通和市场建设的规模日渐扩大，商人阶层随之形成，出现了一批涉商新词。

"商"和"贾"分别指行商和售卖。《白虎通·商贾》："行曰商，止曰贾。"《易·复》："（象曰）商旅不行，后不省方。"《诗·邶风·谷风》："既阻我德，贾用不售。"战国时期文献中出现了"商"和"贾"名词义的用例。运货贩卖的商人称为"商"，囤积坐售的商人称为"贾"，即"行商坐贾"之谓。《周礼·地官·大宰》："商贾阜通货贿。"郑玄注："行曰商，处曰贾。"《左传·宣公十二年》："商农工贾，不败其业。"此处"商""贾"分列相对，可见其义有别。

西周至春秋，多数商人"食官"，少数为私营从业者。进入战国后，食官制解体，私营经商群体成长壮大，于是出现了一些通过买贱卖贵以获利的小经营者，称为"贩"。"贩"为战国新词，本义与"商""贾"相近，指买贱卖贵以获利者，这从侧面表明此时商贾之间的差别逐渐模糊。《说文·贝部》："贩，买贱卖贵者。"《荀子·王霸》："农分田而耕，贾分货而贩。"从下面"商""贾""贩"的义位结构式中就可以看出它们之间的差别：

商：<名>（人）［（买卖）（商品）（行）］［（以……为目的）（赢利）］

贾：<名>（人）［（买卖）（商品）（坐）］［（以……为目的）（赢利）］

贩：<名>（人）｛（买卖）（商品）［（行）或（坐）］｝［（以……为目的）（赢利）］

由上可见，战国时期"贩"是"贾"和"商"的上位词，"贩"与"贾""商"形成上下位关系义场。

后世随着词义的发展，"商"和"贾"均泛指商人，"商""贾""贩"三词成为同义词。

除单音节新词"贩"外，还出现了一批以词素"贩""商""贾"构成的复音新词。

词素"贩"构成的新词有"贩夫""贩妇"。《周礼·地官·司市》："夕市，夕时而市，贩夫贩妇为主。"

词素"商"构成的新词有"商人""商民""游商""客商"。"商人"和"商民"为同义词。《左传·僖公三十三年》："郑商人弦高，将市于周。"《商君书·农战》："国有事则学民恶法，商民善化。"往来各地运货贩卖的商人称为"游商"或"客商"。《管子·七臣七主》:"时有春秋,故谷有贵贱,而上不调淫,故游商得以什伯其本也。"《韩非子·难二》:"利商市关梁之行,能以所有致所无,客商归之,外货留之,俭于财用,节于衣食,宫室器械,周于资用,不事玩好,则入多。"

词素"贾"构成的新词有"贾人""蓄贾""官贾"。"贾人"即"贾"。《国语·越语上》:"臣闻之,贾人夏则资皮,冬则资绤,旱则资舟,水则资车,以待乏也。"囤积居奇、待价而沽的商人称为"蓄贾"。《管子·国蓄》:"故使蓄贾游市,乘民之不给,百倍其本。"战国时还有一种在官府中经商的人,称为"官贾"。《管子·乘马》:"贾,知贾(价)之贵贱,日至于市而不为官贾者,与功而不与分焉。"

上述复音新词进一步佐证了战国时期"商"和"贾"词义上的差别。"游商""客商"选择"商"作为中心词素,表明造词时人们注意到"商"运货贩卖的特点;"蓄贾"选择"贾"作为中心词素,也是因为造词时人们注意到"贾"居货坐售的特点。正因为当时还存在"行商坐贾"的差异,以"商""贾"为中心词素的新词才包含了不同的意义。

战国晚期文献中"商""贾"的含义开始融合。《战国策·赵策三》:"夫良商不与人争买卖之贾,而谨司时。"《荀子·修身》:"良农不为水旱不耕,良贾不为折阅不市。""良商"和"良贾"意义相同,都表示善于经营的商人。可见至战国晚期时,"商"和"贾"已经可以泛指商人,意义趋同。

二、日常生活

战国时期,物质生活日益丰富,促使一批新词产生。下面从衣、食、住、行、乐五个方面展示这一时期反映日常生活的新词语场。

(一)衣

1.鞋袜

战国时期出现了大量表示鞋的新词,单音词有"屣(鞮)"^①"扉""鞯

---

① "鞮",同"屣"。《说文·革部》:"鞮,鞮属。"徐锴系传:"此字今俗作屣。"

（屩）"屐（跂）"等，复音词有"扉屦""菲₃履"①"縢履""绳屦""绳菲₃""菅屦""菅菲₃""纠屦""皮屦""豹舄""絇屦（句₄屦）"②等。其中，单音节词"屝（鞴）"泛指鞋，如《孟子·尽心上》："犹弃敝蹝也。"《吕氏春秋·观表》："窃观公之志，视舍天下若舍屣。"其余新词根据鞋的材质可分为三大类：

表示草或麻质鞋的新词有"扉""鞽（屩）""扉屦""菲₃履""縢履""绳屦""绳菲₃""菅屦""菅菲₃""纠屦"。"扉"，也称"扉屦""菲₃履"，为粗鞋，多以麻、草制成。《左传·僖公四年》："若出于陈郑之间，共其资粮扉屦，其可也。"《晏子春秋·问下二十》："治唐园，考菲履。""鞽"，又作"屩"或"蹻"，也是一种草鞋。《管子·轻重甲》："禁百钟之家不得事鞽，千钟之家不得为唐园。"马非百新诠："'鞽'即'屩'，谓履也。《集韵》：屩，或作鞽。""縢履"是古代丧服所穿的鞋，由草绳编织而成。《晏子春秋·谏下二十》："逢于何遂葬其母于路寝之台墉下，解衰去绖，布衣縢履。"这种鞋在《仪礼》中称作"绳屦"或"绳菲₃"。《仪礼·丧服》："绳屦者，绳菲也。""菅屦"，又称为"菅菲₃"，是用菅草编织为鞋，服丧时穿着。《仪礼·丧服》："斩衰裳，苴绖、杖、绞带，冠绳缨，菅屦者。"又："菅屦者，菅菲也。""纠屦"以粗麻绳编成。《荀子·富国》："布衣纠屦之士诚是，则虽在穷阎漏屋，而王公不能与之争名。"杨倞注："纠，绖也。谓编麻为之粗绳之屦也。"

表示皮质鞋的新词有"皮屦""豹舄"。"皮屦"是冬天穿的皮质鞋。《仪礼·士冠礼》："冬皮屦可也。""豹舄"是用豹皮制成的鞋。《左传·昭公十二年》："雨雪，王皮冠，秦复陶，翠被，豹舄。"杜预注："豹舄，以豹皮为履。"

表示木质鞋的新词有"屐（跂）"。"屐"，又作"跂"。《庄子·天下》："使后世之墨者，多以裘褐为衣，以跂蹻为服。"成玄英疏："木曰跂，

---

① "菲₃"音fèi，通"扉"。

② "句₄"音qú。

草曰蹻也。"陆德明释文："李云，麻曰屩，木曰屐。屐与跂同，屩与蹻同。"

除以上三类外，还有一种带有絇饰的鞋，称为"絇屦（句₄屦）"。《荀子·哀公》："哀公曰：'然则夫章甫、絇屦、绅而搢笏者，此贤乎？'""絇"为鞋头上的饰物，是一种绦制有孔的鼻，可穿系鞋带。《仪礼·士丧礼》："乃屦，綦结于跗，连絇。"郑玄注："絇，屦饰如刀衣鼻，在屦头上，以余组连之，止足坼也。"

从复音词的内部结构上看，"扉屦""菲₃履""縢履""绳屦""绳菲₃""菅屦""纠屦""皮屦""豹舄""絇屦（句₄屦）"都是偏正式复合词，中心词素为"履""屦""舄"，偏词素除"絇"表鞋的附件外，其余都表制鞋材料或材料来源。

用义位结构式表示上述新词的词义结构：

屝（鞮）：<名>（东西）（穿在脚上的）+（走路时着地的）−（有筒）

扉：<名>（东西）（穿在脚上的）+（走路时着地的）−（有筒）［（以……制成）（麻）或（草）］

扉屦：同"扉"

菲₃履：同"扉"

鞒（屩）：同"扉"

縢履：<名>（东西）（穿在脚上的）+（走路时着地的）−（有筒）［（以……制成）（麻）或（草）］（丧服时穿着的）

绳屦：同"縢履"

绳菲₃：同"縢履"

纠屦：同"縢履"

菅屦：<名>（东西）（穿在脚上的）+（走路时着地的）−（有筒）［（以……制成）（菅草）］（丧服时穿着的）

菅菲₃：同"菅屦"

屐（跂）：<名>（东西）（穿在脚上的）+（走路时着地的）−（有筒）［（以……制成）（木）］

皮屦：<名>（东西）（穿在脚上的）+（走路时着地的）−（有筒）［（以……制成）

（皮）］

豹舄：＜名＞（东西）（穿在脚上的）＋（走路时着地的）－（有筒）｛（以……制成）
　　　　［（豹）的（皮）］｝

絇屦（句₄屦）：＜名＞（东西）（穿在脚上的）＋（走路时着地的）－（有筒）［（鞋
　　　　头）（有）（绦制的鼻）］

从结构式中可以看出，“屦”是其他新词的上位词。“扉”“扉屦”“菲₃
屦”“鞮（屩）”“縢履”“绳屦”“绳菲₃”“纠屦”“菅屦”“菅菲₃”依次形成了
三层语义场。同样，“皮屦”和“豹舄”形成了两层语义场。下面用图表示这
些义场之间的关系。

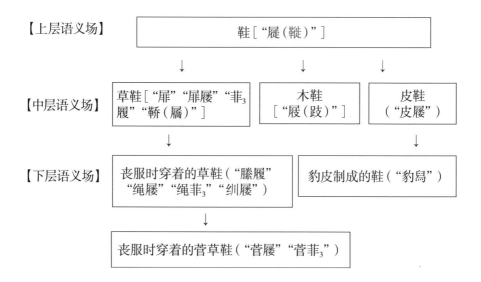

【上层语义场】　鞋［“屦（鞮）”］

【中层语义场】　草鞋［“扉”“扉屦”“菲₃履”“鞮（屩）”］　　木鞋［屐（跂）”］　　皮鞋（“皮屦”）

【下层语义场】　丧服时穿着的草鞋（“縢履”“绳屦”“绳菲₃”“纠屦”）　　豹皮制成的鞋（“豹舄”）

丧服时穿着的菅草鞋（“菅屦”“菅菲₃”）

战国文献中表示袜子的新词有“韈（韤）”。《说文·韦部》：“韤，足衣
也。”《左传·哀公二十五年》：“褚师声子韈而登席。”此处“韈”为名词作
动词用。《韩非子》中有“韤系”一词，表示束袜的带子。《韩非子·外储说左
下》：“文王伐崇，至凤黄虚，韤系解，因自结。”“韤”“韈”为一个词，因构
成字形的“韦”“革”义为皮革，可见当时的袜子是以皮制的。后世袜子多以布
制，于是又有新字形“袜”，与“韈”为同一个词，但字形反映出所指的材质已
变。现代汉语中“袜”与词缀“子”形成附加式合成词“袜子”。“袜子”是现

代口语中的常用词。用义位结构式表示"鞻（韈）"的词义结构：

鞻（韈）：＜名＞（东西）（穿在脚上的）－（走路时着地的）＋（有筒）〔（以……制成）（皮）〕

2.衣服

表示上衣的战国新词有"襦""袿""䌛""短褐""竖褐"。"襦"为短上衣。《说文·衣部》："襦，短衣也。"《左传·昭公二十五年》："鸲鹆跦跦，公在乾侯，征褰与襦。""襦"在现代汉语中已经不再使用，取而代之的是"褂"。"袿"，最早写作"袿"，战国时是一种妇女穿的长襦。宋玉《神女赋》："振绣衣，被袿裳。"现代汉语中"褂"指普通的上衣。"䌛"是丝绵絮制成的袍，后也称"襺"。《左传·襄公二十一年》："重䌛衣裘，鲜食而寝。"杜预注："䌛，绵衣也。"《尔雅·释言》："袍，襺也。""褐"是西周出现的词，当时尚无棉花种植，"褐"为粗毛麻制成的衣服。战国时期出现了以词素"褐"构成的复音词"短褐""竖褐"。"短褐"，也称"竖褐"，是古代贫贱者穿的粗布短衣。《墨子·非乐上》："昔者齐康公，兴乐万，万人不可衣短褐，不可食糟糠。"《荀子·大略》："古之贤人，贱为布衣，贫为匹夫，食则饘粥不足，衣则竖褐不完。"

用义位结构式表示上述新词的词义结构：

襦：＜名＞（衣）（上身穿着）（短）（外面穿的）

袿：＜名＞（衣）（上身穿着）（长）（外面穿的）（妇女穿的）

䌛：＜名＞（衣）（上身穿着）（长）（外面穿的）（丝绵絮制成的）

短褐：（衣）（上身穿着）（短）（外面穿的）（粗布的）

竖褐：同"短褐"

由上可见，"袿""䌛"均为长衣，形成了一个同位关系义场。"襦""短褐""竖褐"均为短衣，它们构成上下位关系义场，"襦"是"短褐""竖褐"的上位词。

表示下衣的新词有"裙""绔""裮"。"裙"在上古时期称下裳，男女同用，现代汉语中专指妇女的裙子。《庄子·外物》："未解裙襦，口中有珠。""绔"，亦作"袴""裤"，上古指开裆的套裤。《说文·糸部》：

"绔，胫衣也。"《墨子·非乐中》："因其羽毛，以为衣裘，因其蹄蚤，以为绔屦。"现代汉语中"裤"已经成为裤子的通称，口语中使用复音词"裤子"。战国时期"襦"与"袴"连缀形成复音词"襦袴"。《吕氏春秋·离谓》："大狱一衣，小狱襦袴。""襄"亦为套裤。《说文·衣部》："襄，绔也。"《左传·昭公二十五年》："鸜鹆跦跦，公在乾侯，征襄与襦。"杜预注："襄，袴。""襄""绔"都是方言词。《方言》："袴，齐鲁之间谓之襦，或谓之襱，关西谓之袴。"其中的"襦"是"襄"的异体字。

用义位结构式表示"裙""绔""襄"的词义结构：

裙：<名>（衣）（下身穿着）（不分腿的）

绔：<名>（衣）（下身穿着）（分腿的）（无腰的）（罩在裤子外面的）<风>（关西方言）

襄：<名>（衣）（下身穿着）（分腿的）（无腰的）（罩在裤子外面的）<风>（齐鲁方言）

可见，"绔"与"襄"词义上的区别在于风格上的附加义素："襄"为"（齐鲁方言）"，"绔"为"（关西方言）"。除此之外，两个义位的其他义素相同，故二者形成同义关系义场。"裙"与"绔、襄"的差别主要是表示分腿与否的义素："裙"不分腿，"绔、襄"分腿，它们形成同位关系义场。

春秋时期，表示贴身内衣的词有"亵""衶""泽"。战国时，文献中又出现了新词"衷""袒""袒服""明衣"。"衷""袒""袒服"三词同义，皆表示贴身内衣，《说文·衣部》："衷，里亵衣。"又："袒，日日所常衣。"《左传·宣公九年》："陈灵公与孔宁、仪行父通于夏姬，皆衷其袒服，以戏于朝。"其中的"衷"为动词，表示贴身穿着。"明衣"是古人在斋戒期间沐浴后所穿的干净内衣。《论语·乡党》："齐，必有明衣，布。"何晏集解："孔曰：'以布为沐浴衣。'"

用义位结构式表示这些新词的词义结构：

衷：<名>（衣）（贴身穿的）

袒：同"衷"

袒服：同"衷"

明衣：<名>（衣）（贴身穿的）（干净）（斋戒沐浴后穿的）

从结构式中可以看出，"衷""袒""袒服"形成同义关系义场。"明衣"是它们的下位词。

【上层语义场】　　内衣（"衷""袒""袒服"）

↓

【下层语义场】　　斋戒时穿的内衣（"明衣"）

（二）食

1.食品

（1）主食

主食指以粮食为主料做成的食物。战国时期，粮食有"六谷"之称，用六谷制成的主食统称为"六食"。《周礼·天官·食医》："掌和王之六食、六饮、六膳、百羞、百酱、八珍之齐。"王引之《经义述闻·周官上》："稌、黍、稷、粱、麦、苽，所谓六食也。"

战国时期，面食品种逐渐增多，有关面食类食品的新词包括"饼""粉餈""糗饵""粗粝""蜜饵"等。烤熟或蒸熟的面食称为"饼"。《说文·食部》："饼，面餈也。"《墨子·耕柱》："见人之作饼，则还然窃之。""餈"是用糯米粉或黍米粉制成的糕饼。战国文献中没有"餈"的单音词用例，但是出现了"餈"作为词素构成的合成词"粉餈"。"粉餈"是粘有豆屑的米粉糕饼。"饵"也是一种糕饼，早在春秋时期就已出现，战国文献中出现了以词素"饵"构成的合成词"糗饵"。"糗饵"是将米麦炒熟捣粉后制成的食品。《周礼·天官·笾人》："羞笾之实，糗饵、粉餈。"郑玄注："故书餈作茨。郑司农云：'糗，熬大豆与米也；粉，豆屑也；茨字或作餈，为干饵饼之也。'玄谓此二物，皆粉稻米、黍米所为也。合蒸曰饵，饼之曰餈。糗者，捣粉熬大豆为饵餈之黏著，以粉之耳。饵言糗，餈言粉，互相足。"根据郑玄《周礼注》，"餈"与"饵"的区别在于："饵"是蒸制的，而"餈"与饼接近，但水分较少。

除饼、饵类面食外，战国文献中还出现了以米面制成的甜点"粔籹"和"蜜饵"。"粔籹"类似今之馓子，以蜜和米面搓成细条，用油煎熟。"蜜饵"是用蜜和米面制成的糕饼。《楚辞·招魂》："粔籹蜜饵，有餦餭些。"

从词的内部结构上看，除"粔籹"外，"糗饵""粉餈""蜜饵"都是偏正式复合词。中心词素"饵"和"餈"都是指面粉做成的糕饼，偏词素"糗""粉""蜜"表示中心词素的特征。

用义位结构式表示上述新词的词义结构：

饼：<名>(面食)［(烤熟的)或(蒸熟的)］［(以⋯⋯为主料)(稻黍之粉)］

糗饵：<名>(面食)(蒸熟的)［(以⋯⋯为主料)(稻黍之粉)(大豆)］

粉餈：<名>(面食)［(烤熟的)或(蒸熟的)］［(以⋯⋯为主料)(稻黍之粉)］
　　　　(粘有豆屑的)

粔籹：<名>(面食)(油煎熟的)［(以⋯⋯为主料)(稻黍之粉)(蜜)］

蜜饵：<名>(面食)(蒸熟的)［(以⋯⋯为主料)(稻黍之粉)(蜜)］

由上可见，"饼""糗饵""粉餈""粔籹""蜜饵"构成一个不同类别面食的同位关系义场。

粥类食物是上古常见的食品。西周时已经出现"粥"这个词。[1]战国时表示粥类食品的新词全部为单音词，有"饘""糜""麷""饦""餬"。粥亦称作"饘"或"糜"。《说文》中"饘"为"鬻"的或体。《说文·鬻部》："鬻，鬻也。从鬻侃声。饘，或从食衍声。"《荀子·礼论》："刍豢、稻粱、酒醴、饘鬻、鱼肉、菽藿、酒浆，是吉凶忧愉之情发于食饮者也。""糜"是凉州方言。《说文》中"糜"是"鬻"的重文。《说文·鬻部》："鬻，凉州谓鬻为鬻。从鬻糜声。糜，鬻或省从末。"《管子·轻重丁》："城阳大夫，嬖宠被绨綌，鹅鹜含余糜。""麷"为大麦粥。《说文·麦部》："麷，麦甘鬻也。"《荀子·富国》："冬日则为之饘粥，夏

① "鬻"，后写作"粥"。《说文·鬻部》："鬻，键也。"本义例证见于战国文献。《左传·昭公七年》："饘于是，鬻于是，以餬余口。"《诗经》中已有"鬻"其他意义的用例。《诗·豳风·鸱鸮》："恩斯勤斯，鬻子之闵斯。"毛传："鬻，稚。"本书把"鬻（粥）"看作西周词汇。

日则与之瓜粆。""馐""餬"都指稠粥。《说文·食部》："馐，糜也……周谓之馐，宋谓之餬。"《左传·僖公二十八年》："执卫侯，归之于京师，寘诸深室。宁子职纳橐馐焉。"《尔雅·释言》："餬，馐也。"

用义位结构式表示上述新词的词义结构：

餰：<名>（食物）（半流质）（煮成的）［（以……为主料）（粮食）］

粙：<名>（食物）（半流质）（煮成的）［（以……为主料）（粮食）］<风>（凉州方言）

麩：<名>（食物）（半流质）（煮成的）［（以……为主料）（大麦）］

馐：<名>（食物）（半流质）（煮成的）［（以……为主料）（粮食）］（稠）

餬：<名>（食物）（半流质）（煮成的）［（以……为主料）（粮食）］（稠）<风>（宋地方言）

由上可见，"粙"与"餰"词义上的区别在于"粙"有风格上的附加义素"（凉州方言）"。同样，"馐"与"餬"词义上的区别在于"餬"有风格上的附加义素"（宋地方言）"。但是两组义位的基本义相同，形成了两个同义关系义场。"粙""餰"是"馐""餬""麩"的上位词，形成上下位关系义场。

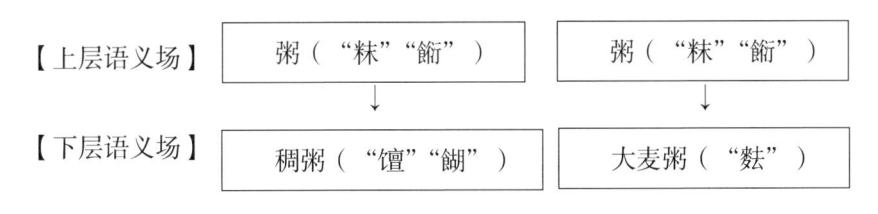

（2）蔬菜

单音词"菜""蔬"皆为蔬菜的总称。"菜"是西周时期中出现的词，《诗·周南·关雎》有"参差荇菜"，春秋金文中也有"菜"。[1]"蔬"最早见于《国语》。《国语·鲁语上》："昔烈山氏之有天下也，其子曰柱，能殖百谷百蔬。""蔬"最早写作"疏"。《周礼·地官·委人》："委人掌敛野之赋敛薪刍，凡疏材木材，凡畜聚之物。"孙诒让正义："疏俗作蔬。"复音

---

[1] 《庚儿鼎》铭文："用䣧用鬻（菜）。"参见《殷周金文集成》5.2715-6。

词"蔬菜"也是最早见于战国文献。《韩非子·外储说右下》："秦大饥，应侯请曰：五苑之草著、蔬菜、橡果，足以活民，请发之。"

表示各类蔬菜的战国新词有"荤""荤菜""藕""葵""芦菔""苋""蕢""蒜""薑"①"藜"。"荤"指葱、蒜、韭、薤之类的辛味菜。《说文·艸部》："荤，臭菜也。"《仪礼·士相见礼》："夜侍坐，问夜，膳荤，请退可也。""荤"亦称"荤菜"。《荀子·富国》："今是土之生五谷也，人善治之……然后荤菜百疏以泽量。""蒜""薑"可作蔬菜或调料，都属荤菜。《论语·乡党》："沽酒市脯不食，不撤薑食，不多食。"《尔雅·释草》："蒚，山蒜。"战国新出现的蔬菜名还有"藕""葵""苋""蕢""藜"。"藕"为荷的根茎。《尔雅·释草》："荷，芙渠……其实莲，其根藕。""葵"指萝卜，也称"芦菔"。②《尔雅·释草》："葵，芦菔。"郭璞注："菔，宜为蔔。芦菔，芜菁属。""苋"是苋菜，"蕢"是苋菜的一种，赤苋。《尔雅·释草》："蕢，赤苋。""藜"又称灰藋、灰菜，嫩叶可食。《庄子·让王》："孔子穷于陈蔡之间，七日不火食，藜羹不糁。"

用义位结构式表示上述新词的词义结构：

荤：<名>（蔬菜）（辛味的）［（包括……）（葱）（蒜）（韭）（薤）……］

荤菜：同"荤"

藕：<名>（根茎）（荷的）（蔬菜类的）［（白）或（淡黄）］（圆柱形）

葵：<名>（根茎）（芜菁类的）（蔬菜类的）［（白）或（绿）或（红）］［（圆柱形）或（球形）］

芦菔：同"葵"

蒜：<名>（根茎）（辛味的）（蔬菜类的）（白）（分瓣的）（可作调味料）

薑：<名>（根茎）（辛味的）（蔬菜类的）［（灰白）或（黄）］（不规则块状的）（可作调味料）

苋：<名>（草叶）（蔬菜类的）［（茎）（细长）］⎱（叶子）［（卵形）或（菱形）］-

---

① 薑，今简化为"姜"。《汉语大词典》"薑"首见书证滞后。

② 《汉语大词典》"芦菔"首见书证滞后。

（背面有粉状物）｜［（暗紫红）或（绿）］

    蒉：＜名＞（草叶）（蔬菜类的）［（茎）（细长）］｜（叶子）［（卵形）或（菱形）］-

（背面有粉状物）｜（暗紫红）

    藜：＜名＞（草叶）（蔬菜类的）［（茎）（直立）］｜（叶子）［（卵形）或（菱形）］+

（背面有粉状物）｜（绿）

    从结构式中可以看出，"藕""葵""芦菔""蒜""薑"属于根茎类蔬菜，属于同一个语义场，其中，"蒜""薑"又构成了一个最小的辛味根茎类蔬菜的语义场。"苋""藜""蒉"属于草叶类蔬菜，属于同一个语义场，其中"苋"是"蒉"的上位词。

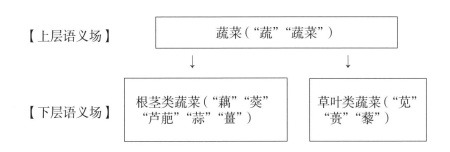

    2. 酒

    我国古人很早就掌握了酿酒技术，酒的种类繁多。据《周礼》记载，"酒正"辨四饮，"一曰清，二曰醫，三曰浆，四曰酏"①，"浆人"掌"水浆醴凉醫酏"六饮，其中的"清""醫""酏""醴""凉"均为酒类饮品："清"指滤去汁滓的清酒；"醫"为粥加曲蘖酿成的酒；"酏"为黍米酿成的酒；"醴"为甜酒；"凉"为掺了水的薄酒。"醴"在西周文献中已见，为西周词汇。上古有清酒白酒之分，清酒在西周时称"清酒"，春秋时称"清酤"，《周礼》中单称"清"，这可以看作单音节词"清"在《周礼》中出现的新义。"醫""酏""凉"三词则是始见于《周礼》的新词。

————————————

① "醫"，今简化为"医"。

值得一提的是，古代以酒治病，据《史记·扁鹊仓公列传》，扁鹊曾说："其（指疾——引者注）在肠胃，酒醪之所及也。"故"醫"也指治病的人。《说文·酉部》："醫，治病工也……从酉……殹，病声，酒所以治病也。"意思是说，"醫"是由殹、酉两部分构成，"殹"是患者病痛时发出的呻吟，"酉"是"酒"的省略，为治病之用。表示医生的"醫"也是始见于战国文献的词，如《左传·成公十年》："公（晋侯）疾病，求醫于秦。秦伯使醫缓为之。"《国语·晋语八》："上醫醫国，其次疾人，固醫官也。"

表示各种酒类的单音节新词还有"醙""醪""糟""醇""醲""酎"。"醙"为白酒，色白味美。《仪礼·聘礼》："醙黍清皆两壶。""醪"与"糟"相近，都是汁渣混合未经漉清的酒。《说文·酉部》："醪，汁滓酒也。"又《米部》："糟，酒滓也。"段玉裁注："今之酒但用沐者，直谓已漉之粕为糟，古则未沐带滓之酒谓之糟。"《庄子·盗跖》："今富人耳营钟鼓筦籥之声，口嗛于刍豢醪醴之味。""醇"与"凉"相近，也是一种掺了水的薄酒。《说文·酉部》："醇，薄酒也。"《楚辞·渔父》："众人皆醉，何不餔其糟而歠其醇？""醲"为味厚之酒。《说文·酉部》："醲，厚酒也。""醲"引申为浓厚，战国文献中有其引申义例证。《韩非子·难势》："夫有盛云醲雾之势而不能乘游者，螾螘之材薄也。""酎"是反复多次酿成的醇酒。《说文·酉部》："酎，三重醇酒也。"《左传·襄公二十二年》："见于尝酎，以执燔焉。"

用义位结构式表示上述单音新词的词义结构：

清：<名>（饮料）（含乙醇的）（发酵制成的）［（以……为原材料）（粮食）］（不带滓的）［（味道）（清醇）］

醫：<名>（饮料）（含乙醇的）（发酵制成的）［（以……为原材料）（米粥）］

醙：<名>（饮料）（含乙醇的）（发酵制成的）［（以……为原材料）（黍）］

凉：<名>（饮料）（含乙醇的）（发酵制成的）［（以……为原材料）（粮食）］（加水稀释的）

醙：<名>（饮料）（含乙醇的）（发酵制成的）［（以……为原材料）（粮食）］［（味道）（美）］（白）

醪：<名>（饮料）（含乙醇的）（发酵制成的）［（以……为原材料）（粮食）］
（带滓的）

糟：<名>（饮料）（含乙醇的）（发酵制成的）［（以……为原材料）（粮食）］
（带滓的）

醨：<名>（饮料）（含乙醇的）（发酵制成的）［（以……为原材料）（粮食）］
（加水稀释的）

醲：<名>（饮料）（含乙醇的）（发酵制成的）［（以……为原材料）（粮食）］
［（味道）（浓厚）］

酎：<名>（饮料）（含乙醇的）［（反复多次）（发酵制成的）］［（以……为原材
料）（粮食）］［（味道）（浓厚）］

由上可见，这些单音节新词都是构成酒的语义场的成分。"酏""醫"与
其他词不同：其他词表示原材料的义素为"（粮食）"，而"酏""醫"表示
原材料的义素是所指范围更小的"（黍）""（米粥）"。"醪"与"糟"为
同义词，"凉"与"醨"为同义词，它们构成了两个同义关系义场。"酎"
比"醲"增加了限制发酵词素的义素"（反复多次）"，故"酎"是"醲"的
上位词。"醙"含有限制性义素"［（味道）（美）］（白）"，与"醲"形
成同类关系义场。

战国时期出现的表示各种酒类的复音新词有"稻醴""清醴""溲₂
酒"①"药酒""献₂酒"②等。西周春秋时清酒称"清酒""清酤"，战国时
又出现了新称谓"清醴"。《周礼·天官·浆人》："共夫人致饮于宾客之
礼，清醴醫酏糟而奉之。""稻醴"是用稻米酿造的醴酒。《左传·哀公十一
年》："（辕颇）道渴，其族辕咺进稻醴、粱糗、腵脯焉。""溲₂酒"即醙
酒，一种色白的美酒。《仪礼·士虞礼》："嘉荐普淖，普荐溲酒。""药
酒"是用药材浸制的酒。《韩非子·外储说左上》："夫药酒用言，明君圣主
之以独知也。""献₂酒"是一种浊酒。《仪礼·大射》："又尊于大侯之乏东

_____

①　"溲₂"音sǒu，为"醙"的古字。

②　"献₂"音suō。

北，两壶献酒。"郑玄注："献读为沙，沙酒浊，特沙之，必摩沙者也。两壶皆沙酒。""献₂"是古代一种滤酒方法。《周礼·春官·司尊彝》："凡六尊六彝之酌，郁齐献酌。"郑玄注："献读为摩莎之莎，齐语声之误也。煮郁和相鬯以醆酒，摩莎沙之，出其香汁也。"

从词的内部结构上看，以上复音词都是偏正式复合词，中心词素为"酒""醴"。"醴"本义为甜酒，也泛指酒，与"酒"无别。上述复音词中的中心词素"酒"和"醴"意义相同，都是指酒，偏词素"清""稻""溲""药""献₂"分别是从制作原料、制作工艺等方面对中心词素进行限制。

用义位结构式表示它们的词义结构：

清醴：<名>（饮料）（含乙醇的）（发酵制成的）[（以……为原材料）（粮食）]（不带滓的）[（味道）（清醇）]

稻醴：<名>（饮料）（含乙醇的）（发酵制成的）[（以……为原材料）（稻米）]

溲₂酒：<名>（饮料）（含乙醇的）（发酵制成的）[（以……为原材料）（粮食）][（味道）（美）]（白）

药酒：<名>（饮料）（含乙醇的）（发酵制成的）[（以……为原材料）（粮食）]（经药材浸制的）

献₂酒：<名>（饮料）（含乙醇的）（发酵制成的）[（以……为原材料）（粮食）]（带滓的）

由上可见，这些词都是酒的语义场中的成分。"稻醴"与其他词不同，其他词表示原材料的义素为"（粮食）"，而"稻醴"表示原材料的义素是所指范围更小的"（稻米）"。"稻醴"与上文讨论的"酏"构成了一个最小的分类义场。"献₂酒"与"醪""糟"义同，构成了一个最小的同义关系义场。

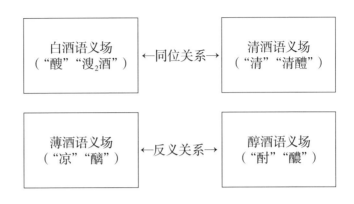

【同义语义场】 浊酒语义场（"献₂酒""醪""糟"）

白酒语义场
（"酨""溲₂酒"） ←同位关系→ 清酒语义场
（"清""清醴"）

薄酒语义场
（"凉""醨"） ←反义关系→ 醇酒语义场
（"酎""醲"）

【分类语义场】 按原材料分类的语义场（"稻醴""酏""药酒""醫"）

（三）住

战国以前，文献中已经出现了"宫""屋""室""庙""序""宇""厅"等词。战国时期又出现了一批表示房屋的新词。

有关房屋泛称的新词有"屋室""宫室"。《战国策·赵策一》："愿大夫之往也，毋伐树木，毋发屋室。"《易·系辞下》："上古穴居而野处，后世圣人易之以宫室，上栋下宇，以待风雨。"两词都是联合式复合词，构词词素"屋""室""宫"的意义都与房屋有关。"屋"本义表帷帐，"室"本义为堂后之正室，"宫"是古代对房屋、居室的通称。它们都是商代或西周出现的单音词，至战国时彼此连缀形成复音词，泛指居住的房屋。

用义位结构式表示"屋室"和"宫室"的词义结构：

屋室：<名>（建筑物）［（用于……）（居住）］

宫室：同"屋室"

表示不同形制的房屋的新词有"楼""殿""茅屋"。战国时有了两层楼房。《荀子·赋》："志爱公利，重楼疏堂。""重楼"即层楼，可证。"殿"本义为敲击声音。《说文·殳部》："殿，击声也。"战国时期"殿"

假借为高大房屋的通称。《战国策·魏策四》："要离之刺庆忌也，仓鹰击于殿上。""茅屋"是指用茅草盖的房屋。《左传·桓公二年》："清庙茅屋。"这些词的出现表明战国时人们对房屋的分类进一步细化。

用义位结构式表示它们的词义结构：

楼：<名>（建筑物）［（用于……）（居住）］（两层的）（高）

殿：<名>（建筑物）［（用于……）（居住）］（高）（大）（一层的）

茅屋：<名>（建筑物）［（用于……）（居住）］（用茅草盖的）（一层的）

由上可见，这三个义位构成了一个同位关系义场。

根据房屋的位置不同而创造的新词有"庿"①"廊""廊室""下室""中堂"。"庿"即正堂两侧夹室之前的小堂。《尔雅·释宫》："室有东西庿曰庿。"郭璞注："夹室前堂。""廊"是厅堂周围的屋，又称"廊室"。《韩非子·十过》："大风至，大雨随之，裂帷幕，破俎豆，隳廊瓦，坐者散走。"又："平公恐惧，伏于廊室之间。""下室"即内室、内堂。《仪礼·既夕》："朔月，若荐新，则不馈于下室。"郑玄注："下室，如今之内堂。""中堂"指正中的厅堂。《仪礼·聘礼》："公侧袭受玉于中堂与东楹之间。"这些词的出现表明战国时期住宅内部房屋的功能划分更加细致。

用义位结构式表示它们的词义结构：

庿：<名>（建筑物）（住宅的一部分）（正堂两边的）（夹室之前的）

廊：<名>（建筑物）（住宅的一部分）（厅堂周围的）

廊室：同"廊"

下室：<名>（建筑物）（住宅的一部分）（内进的）

中堂：<名>（建筑物）（住宅的一部分）（院落正中的）

由上可见，"庿""廊""廊室""下室""中堂"构成了一个表示住宅组成部分的最小同位关系义场。

表示居室的附加建筑的新词有"厨""厕""廥""地室""窟室"。西周春秋时期表示厨房的词有"庖"，如《诗·小雅·车攻》有"大庖不盈"。战

---

① 今"厢"字通行。

国晚期又出现了"厨"。《说文·广部》："厨，庖屋也。"又："庖，厨也。"王筠句读："《孟子》始有厨字，是周初名庖，周末名厨也。"《孟子·梁惠王上》："是以君子远庖厨也。""厕"指便所。《左传·成公十年》："（晋侯）将食，张，如厕，陷而卒。""廥"是用来堆放秣草的房舍，《说文·广部》："廥，刍藁之藏也。"《韩非子·内储说下》："故烧刍廥而中山罪，杀老儒而济阳赏也。""地室"和"窟室"意义相同，都指地下室。《左传·成公十二年》："子反相，为地室而县焉。"又《襄公三十年》："郑伯有耆酒，为窟室，而夜饮酒，击钟焉，朝至未已。"

用义位结构式表示它们的词义结构：

厨：<名>（建筑物）［（用于……）（做饭）］

厕：<名>（建筑物）［（用于……）（方便）］

廥：<名>（建筑物）［（用于……）（堆放秣草）］

地室：<名>（建筑物）（地面以下的）

窟室：同"地室"

由上可见，这五个义位构成了一个同位关系义场，所指皆非人居之处，只是居室的附属建筑。

（四）行

古时人们出行主要以车船作为代步工具，战国文献中出现了一批表示车船的新词。

1. 车

泛指各种车辆的新词有"车辇"。《周礼·地官·小司徒》："使各登其乡之众寡，六畜车辇，辨其物，以岁时入其数，以施政教，行征令。"

按照车辆的形制或乘客的身份划分出的新词有"服车""夏篆""夏缦""墨车""栈车""辂车""轩车"。《周礼·春官·巾车》中记载："服车五乘：孤乘夏篆，卿乘夏缦，大夫乘墨车，士乘栈车，庶人乘役车。""服车"指官车，服王事者所乘之车。服车分五种："夏篆"是古代三孤即少师、少傅、少保所乘以五彩雕刻为饰的车；"夏缦"是卿所乘坐的五彩车；"墨车"是一种不加文饰的黑色车乘，为大夫所乘；"栈车"是用竹木制成的车，不张皮革，为士所乘；"役车"为供役之车，庶人所乘。"役车"一词《诗经》中已经出现，不是战国新词。"辂"是帝王所乘的大车，在西周时就已经出现。战国时期出现合成词"辂车"，义与"辂"同。《国语·晋语七》："辂车十五乘。""轩"是一种前顶较高有屏障的车，供大夫以上乘坐。"轩"在西周时就已经出现，战国时期出现合成词"轩车"，义与"轩"同。《庄子·让王》："子贡乘大马，中绀而表素，轩车不容巷，往见原宪。"

用义位结构式表示它们的词义结构：

服车：＜名＞（交通工具）（陆地的）（有轮子）［（由……拉动）（牛）或（马）……］（服王事者乘坐的）

夏篆：＜名＞（交通工具）（陆地的）（有轮子）［（由……拉动）（牛）或（马）……］（三孤乘坐的）＋（有五彩纹饰的）＋（张设皮革的）

夏缦：＜名＞（交通工具）（陆地的）（有轮子）［（由……拉动）（牛）或（马）……］（卿乘坐的）＋（有五彩纹饰的）＋（张设皮革的）

墨车：＜名＞（交通工具）（陆地的）（有轮子）［（由……拉动）（牛）或（马）……］（大夫乘坐的）－（有五彩纹饰的）＋（张设皮革的）

栈车：＜名＞（交通工具）（陆地的）（有轮子）［（由……拉动）（牛）或（马）……］（士乘坐的）－（有五彩纹饰的）－（张设皮革的）

辂车：＜名＞（交通工具）（陆地的）（有轮子）［（由……拉动）（牛）或（马）……］（天子乘坐的）

轩车：＜名＞（交通工具）（陆地的）（有轮子）［（由……拉动）（牛）或（马）……］（大夫乘坐的）

从词义结构式中可以看出，"夏篆""夏缦""墨车""栈车""辂车""轩车"六词构成了一个大的同位关系义场，它们都是"服车"的下位词。其中。"夏篆""夏缦""墨车""栈车"词义界限明确，层次分明，构成一个严整的顺序关系义场。按照乘坐人的职位从高到低，词与词之间形成的顺序关系依次为：

"夏篆"→"夏缦"→"墨车"→"栈车"

在商代时，用人挽拉的车称作"辇"。战国时期出现了双音节词"辇车"，义与"辇"同。《周礼·春官·巾车》："辇车组輓，有翠羽盖。"此外还有一些按驾车的动物划分出的战国新词，有"輂""小车""轺车""牛车""象车"。"輂"是用马驾的大车。《说文·车部》："輂，大车驾马者也。"《周礼·地官·乡师》："大军旅，会同，正治其徒役与其輂辇，戮其犯命者。"马拉的轻便车称作"小车"或"轺车"。《论语·为政》："大车无輗，小车无軏，其何以行之哉？"《墨子·杂守》："为解车以枱，城矣。以轺车，轮轱，广十尺，辕长丈，为三辐，广六尺。"以牛驾的车称作"牛车"。《韩非子·内储说上》："市南门之外甚众牛车，仅可以行耳。"以象驾的车称作"象车"。《韩非子·十过》："昔者黄帝合鬼神于西泰山之上，驾象车而六蛟龙。"

用义位结构式表示它们的词义结构：

辇车：<名>（交通工具）（陆地的）（有轮子）［（由……拉动）（人）……］

輂：<名>（交通工具）（陆地的）（有轮子）［（由……拉动）（马）……］（大）

小车：<名>（交通工具）（陆地的）（有轮子）［（由……拉动）（马）……］（轻便）

轺车：同"小车"

牛车：<名>（交通工具）（陆地的）（有轮子）［（由……拉动）（牛）……］

象车：<名>（交通工具）（陆地的）（有轮子）［（由……拉动）（象）……］

由上可见，"辇车""輂""小车""轺车""牛车""象车"构成了一个大的同位关系义场，其中，"輂"与"小车、轺车"构成一个最小的同位关系义场。

按照车辆功用划分出的新词，除前文已经讨论过的"服车"外，还有"辌""辒车""輀""蜃车""匶路""任车"。"辌"是供人卧息的车。《说文·车部》："辌，卧车也。"《楚辞·招魂》："轩辌既低，步骑罗些。""辒"也是一种卧车。《说文·车部》："辒，卧车也。"战国文献中出现合成词"辒车"。《韩非子·内储说上》："戴驩，宋太宰，夜使人曰：'吾闻数夜有乘辒车至李史门者，谨为我伺之。'""輀"是古代载柩的车。《吕氏春秋·节丧》："世俗之行丧，载之以大輀。"载柩的车也可称"蜃车""匶路"。① 《周礼·地官·遂师》："大丧，使帅其属以幄帟先，道野役及窆，抱磨，共丘笼及蜃车之役。"又《春官·巾车》："小丧，共匶路，与其饰。""任车"用以载物负重。《吕氏春秋·举难》："宁戚欲干齐桓公，穷困无以自进，于是为商旅将任车以至齐，暮宿于郭门之外。"毕沅校正："《淮南·道应训》注曰：'任'，载也。《诗》曰：'我任我辇。'此则是已。"

用义位结构式表示它们的词义结构：

服车：〈名〉（交通工具）（陆地的）（有轮子）〔（由……拉动）（牛）或（马）……〕（服王事者乘坐的）

辌：〈名〉（交通工具）（陆地的）（有轮子）〔（由……拉动）（牛）或（马）……〕（可以伏着休息的）

辒车：同"辌"

辒：〈名〉（交通工具）（陆地的）（有轮子）〔（由……拉动）（牛）或（马）……〕〔（用于……）（载枢）〕

蜃车：同"辒"

匶路：同"辒"

任车：〈名〉（交通工具）（陆地的）（有轮子）〔（由……拉动）（牛）或（马）……〕〔（用于……）（载物负重）〕

由上可见，"服车""辌""辒车""辒""蜃车""匶路""任车"构成了一个大的同位关系义场，其中"辒""蜃车""匶路"与"辌""辒车"分别是两个最小的同义关系义场。

2.船筏

表示船的新词有"船""舡""舫""舲船""便檝""桂舟"。

西周春秋时期，船称"舟"。战国时出现了"船"。《说文·舟部》："船，舟也。"《庄子·渔父》："有渔夫者，下船而来。"船也称作

---

① "匶"是"枢"的古字。"路"在上古亦表车。《仪礼·觐礼》："路先设西上，路下四亚之。"郑玄注："路谓车也。"

"舡"。《商君书·弱民》："济大川，而无舡楫也。""舫"是并连起来的船只。《说文·舟部》："舫，船师也。"《战国策·楚策一》："舫船载卒，一舫载五十人。""艅船"为有窗户的小船。《楚辞·九章·涉江》："乘艅船余上沅兮，齐吴榜以击汰。""檝"，也作"楫"，本义为船桨，与"便"构成合成词"便檝"，转指轻便的船。《韩非子·奸劫弑臣》："治国之有法术赏罚，犹若陆行之有犀车良马也，水行之有轻车便檝也，乘之者遂得其成。""桂舟"是用桂木造的船。《楚辞·九歌·湘君》："美要眇兮宜修，沛吾乘兮桂舟。"

用义位结构式表示它们的词义结构：

船：<名>（运输工具）（水上的）［（由……制造）（木）］［（包括……）（底板）
　　（舷）（桨）……］

舡：同"船"

舫：<名>（运输工具）（水上的）（两个并连的）［（由……制造）（木）］［（包
　　括……）（底板）（舷）（桨）……］

艅船：<名>（运输工具）（水上的）［（由……制造）（木）］［（包括……）（底
　　板）（舷）（桨）……］（有窗户）（小）

便檝：<名>（运输工具）（水上的）［（由……制造）（木）］［（包括……）（底
　　板）（舷）（桨）……］（轻便）

桂舟：<名>（运输工具）（水上的）［（由……制造）（桂木）］［（包括……）
　　（底板）（舷）（桨）……］

由上可见，"船""舡"是"舫""艅船""便檝""桂舟"的上位词，两组词构成上下位关系义场，其中，"舫""艅船""便檝""桂舟"构成了一个同位关系义场。

此外，表示木筏的新词有"桴""筏"。"桴"是竹木制作的小筏子，也作"泭"。《国语·齐语》："方舟设泭，乘桴济河，至于石枕。"韦昭注："编木曰泭，小泭曰桴。""筏"是竹木排，也写作"栰"。《墨子·杂守》："诸林木渥水中，无过一栰。""筏"比"桴"大。《论语·公冶长》："道不行，乘桴浮于海。"何晏集解："大者曰栰，小者曰桴。""栰",同"筏"。《篇海类编·花木类·木部》:"栰,大曰栰,小曰桴,乘之渡水。与筏同。"

用义位结构式表示它们的词义结构:

桴:<名>(运输工具)(水上的)[(由……制造)(木)或(竹)](数根并扎)(小)

筏:<名>(运输工具)(水上的)[(由……制造)(木)或(竹)](数根并扎)(大)

可见,"桴""筏"词义上的差别在于表示竹筏大小的限定义素不同,二者构成一个同位关系义场。

(五)乐

战国时期,人们创造出许多游戏娱乐项目,有的发展成为现代流行的文体娱乐活动,一批新词也应运而生。

与棋类活动有关的新词有"象棋""弈""博""六簙""簺"。"棋"在甲骨文中就已经出现,象牙做的棋子称为"象棋"。《楚辞·招魂》:"菎蔽象棋,有六簙些。""棋",同"棋"。"弈"指下围棋。①"博"指博戏,又叫局戏,为古代的一种掷采下棋的游戏,有六根博箸,黑白各六枚棋子。"博"和"弈"常连称。《论语·阳货》:"饱食终日,无所用心,难矣哉!不有博弈者乎?为之,犹贤乎已。""博"又称"六簙",亦作"六博",上引《楚辞·招魂》中所言"六簙"指两人相博,人各六棋,故名。博戏时,掷得五子皆白,称"五白"。《楚辞·招魂》:"成枭而牟,呼五白些。"古代还有一种用以赌博的格五戏,称为"簺"。《说文·竹部》:"行棋相塞谓之簺。"战国文献中以"塞"为"簺"的通假字。《管子·四称》:"昔者无道之君……进其谀优,繁其钟鼓,流于博塞,戏其工瞽。"《庄子·骈拇》:"臧与谷,二人相与牧羊而俱亡其羊。问臧奚事,则挟筴读书;问谷奚事,则

---

① 战国时期,"弈"在社会上已经相当普遍。当时围棋的形制应该不会像现在这么复杂,但是已经出现了围棋的着法术语。《尹文子》云:"以智力求者,喻如弈碁,进退取与,攻劫放舍,在我者也。""进退取与,攻劫放舍"当是围棋术语。当时还涌现出一些著名的棋手,如《孟子·告子上》记载:"弈秋,通国之善弈者也。"

博塞以游。"成玄英疏："行五道而投琼曰博，不投琼曰塞。"

用义位结构式表示承古词"棋"和上述新词的词义结构：

棋：<名>（子）（棋类活动使用的）（颗粒的）

象棋：<名>（子）（棋类活动使用的）（颗粒的）（象牙的）

弈：<动>［（移动）（棋子）］［（吃掉）（对方棋子）］［（包括……）（棋子）（棋盘）］（文娱活动）

博：<动>［（移动）（棋子）］［（吃掉）（对方棋子）］［（包括……）（棋子）（博箸）（棋盘）］（文娱活动）+（投骰子）

六簙：同"博"

簙：<动>［（移动）（棋子）］［（吃掉）（对方棋子）］［（包括……）（棋子）（博箸）（棋盘）］（文娱活动）-（投骰子）

由上可见，"象棋"是"棋"的一种，两个义位构成上下位关系义场，"象棋"是"棋"的下位词。"弈""簙""博""六簙"构成了一个表示博弈活动的同位关系义场，其中"博""六簙"构成了一个同义关系义场。

与身体运动有关的新词有"毂击""蹋鞠""投壶"等。"毂"为车轮的中心部分。齐人以车交驰，以车毂相击为乐，称为"毂击"。《晏子春秋·杂下二》："齐人甚好毂击，相犯以为乐。禁之不止。""蹋"，同"踏"，义为踢。"鞠"是将毛纠结为球形或以毛填充皮囊而成的一种球。"蹋鞠"就是蹴鞠，是一种用于习武、健身和娱乐的踢球运动。《战国策·齐策一》："临淄甚富而实，其民无不吹竽鼓瑟，击筑弹琴，斗鸡走犬，六博蹋鞠者。""投壶"是一种由射礼演变而来的宴会游戏，宾主依次投矢壶口，以投中多少决定胜负。《左传·昭公十二年》："晋侯以齐侯宴，中行穆子相。投壶，晋侯先。"从词的内部结构上看，"毂击"是主谓式复合词，"蹋鞠"和"投壶"是动宾式复合词。

用义位结构式表示它们的词义结构：

毂击：<动>［（击）（车毂）（相互地）］（在车辆交驰过程中）（文娱活动）

蹋鞠：<动>［（踢）<受>（球）（相互地）］（文娱活动）

投壶：<动>［（投）<受>（箭）<受>（盛酒的壶）（轮流地）］（文娱活动）

由上可见，"毂击""蹴鞠""投壶"构成了一个同位关系义场。

战国时期还出现了中国最早的职业说笑艺人，此类新词有"倡""优""倡优""谀优""俳优"。"倡""优"都是表演歌舞杂戏的艺人。"倡"主要指表演音乐歌舞的乐人；"优"主要指表演杂技戏谑的艺人。《晏子春秋·问下四》："今君左为倡，右为优，谗人在前，谀人在后。"二者连缀成复音词"倡优"，泛指表演歌舞杂戏的艺人。《管子·小匡》："倡优侏儒在前，而贤大夫在后。""倡优"亦称"谀优"或"俳优"。《管子·四称》："进其谀优，繁其钟鼓，流于博塞，戏其工瞽。"《荀子·正论》："今俳优、侏儒、狎徒，詈侮而不斗者，是岂钜知见侮之为不辱者！"战国时倡优多由侏儒充任。《国语·晋语四》："侏儒扶卢，蒙瞍修声。"可见，这种称作"扶卢"的杂技是由侏儒通过攀缘矛戟之柄完成的。

第五节　反映战国—秦时期思想科技的新词语场

战国时期社会动荡不定，以知识分子为主的士阶层从不同角度对各种社会问题和现象进行反思，产生了众多的思想流派。各种思想和价值观相互交锋，彼此交融，形成了百家争鸣的局面。西汉司马谈所著《论六家要旨》将诸子之学概括为道、儒、墨、名、法、阴阳六家。各家为了宣扬自己的思想主张，都创造了大批反映本流派思想的新词语，极大丰富了汉语词汇。徐朝华《上古汉语词汇史》独辟一节讨论了春秋战国时期反映意识形态的新词语，其中着重介绍了反映儒、道、墨、法四家思想的新词语以及各家传世经典中出现的对丰富汉语词汇产生重要影响的新词语，数量达120余个。[①]因此，有关战国意识形态的新词本书不再赘述。俭德思想是战国时期衡量君子德行的重要标准，所以本节选择反映战国—秦时期俭德思想的新词语场作为讨论的重点。

战国—秦时期，科技水平有了很大提高，也产生了大量的与科技有关的新词。比如，医学方面的新词大批出现，《素问》《灵枢经》中有许多表示

---

① 参见徐朝华：《上古汉语词汇史》，商务印书馆2003年版，第105—113页。

疾病的新词,如"疴""疽""痈肿""霍乱""疠风"等。《周礼》中表示疾病的新词有"溃疡""痒疥""瘑首""疟寒"等。除了疾病名称外,还出现了一些有关疗疾的新词,有"刺骨""针灸""熨"等,这些都是传统医学的基础。又如,战国冶炼技术也有了极大提高,已经能够冶炼精铜,精铜称为"炼铜"。《战国策·赵策一》:"臣闻董子之治晋阳也,公宫之室,皆以炼铜为柱质。"冶炼工艺已有巨大进步,出现了铜锡比例不同的六种合金配方,称为"六齐"[①]。《周礼·考工记·辀人》:"金有六齐:六分其金,而锡居一,谓之钟鼎之齐;五分其金,而锡居一,谓之斧斤之齐;四分其金,而锡居一,谓之戈戟之齐;参分其金,而锡居一,谓之大刃之齐;五分其金,而锡居二,谓之削杀矢之齐;金锡半,谓之鉴燧之齐。"再如,战国时期矿石开采也有了较大进步,人们发现了许多新的矿物,相关新词有"丹干(丹矸)""白垩""涅石""洗石""水玉""青丹""泠石""磁石""青金"等。总之,战国时期表示科技发展的新词语场的词语丰富,上述反映科技水平的新词不再赘述,本节将选择反映战国—秦时期天文历法的新词语场作为讨论的重点。

一、俭德思想

《易·否》:"(象曰)君子以俭德辟难,不可荣以禄。"崇尚节俭、反对奢侈浪费是君子修德的重要内容,战国时期产生了一系列的表示节俭和奢侈的新词。

表示节约俭省的新词有单音词"俭"和复音词"俭节""节俭""俭约"等。"俭"本义指行为约束而有节制,引申为节省。《说文·人部》:"俭,约也。"《晏子春秋·杂上四》:"举俭力孝弟,罚偷窃,而惰民恶之。""节俭"与"俭节"为同素逆序关系。《墨子·辞过》:"俭节则昌,淫佚则亡。"《晏子春秋·谏下十四》:"法其节俭则可,法其服,居其室,无益也。""节俭"沿用至今,而"俭节"明代以后就不再使用了。"俭约"也表俭省,现代汉语中仍在沿用。《荀子·非十二子》:"上功用,大俭约而

---

① "齐"音jì,后写作"剂"。

僈差等。"从词的内部结构上分析，"俭节""节俭""俭约"都是联合式复合词，由词素"俭""约""节"相互连缀而成。"约""节"都是在战国以前就已经出现的词素。"约"本义指缠缚，"节"本义指竹节，两词在战国时引申出俭省义。《战国策·楚策一》："昔者先君灵王好小要，楚士约食，冯而能立，式而能起。"《管子·乘马》："知侈俭，则百用节矣。"

表示奢侈浪费的新词较多。单音节新词有"奢""费"。"奢"本义指奢侈、浪费。《说文·奢部》："奢，张也。"《论语·八佾》："礼，与其奢也，宁俭。""费"本义指靡费。《说文·贝部》："费，散财用也。"《荀子·议兵》："若是则戎甲俞众，奉养必费。"

表示奢侈浪费的复音新词有"淫奢""淫侈""肆侈""崇侈""奢侈""靡₂费"①"侈靡""侈泰""泰侈"等。

从词的内部结构上看，"淫奢""淫侈""肆侈""崇侈"均为状中式复合词。《韩非子·解老》："遇诸侯有礼义则役希起，治民事务本则淫奢止。"《晏子春秋·杂上十五》："以其家货养寡人，不欲其淫侈也。"《国语·晋语一》："民之主也，纵惑不疚，肆侈不违，流志而行，无所不疚。"《左传·文公十八年》："缙云氏有不才子，贪于饮食，冒于货贿，侵欲崇侈，不可盈厌。""淫奢""淫侈""肆侈""崇侈"的中心词素"奢"和"侈"都表示奢侈。偏词素"淫"表示过度，"肆"表示极，"崇"表示大，它们在程度上对中心词素进行限制。

"奢侈""靡₂费""侈靡""侈泰""泰侈"都是联合式复合词。词素"奢""侈""靡₂""费""泰"都表示浪费。"奢""费"是战国新词，前文已有叙述。"侈"指奢侈浪费，如《书·毕命》："怙侈灭义服美于人，骄淫矜侉，将由恶终。""靡"本义指倒下，战国时引申为耗费、浪费。《墨子·节葬下》："此为辍民之事，靡民之财。""泰"本义指通达，战国时引申为奢侈。《国语·晋语八》："夫郤却昭子，其富半公室，其家半三军，恃其富宠，以泰于国。""奢""侈""靡₂""费""泰"5个词素在战国时期彼此连缀成

---

① "靡₂"音mí。

5个复音词。"奢""侈"连缀成"奢侈",表挥霍浪费,追求过分享受。《国语·晋语八》:"桓子骄泰奢侈,贪欲无艺。"这个词沿用至今。"靡₂"与"费"连缀成"靡₂费",表示耗费过度。《荀子·君道》:"故天子诸侯无靡费之用,士大夫无流淫之行。""侈"与"靡"连缀成"侈靡",表示浪费。《吕氏春秋·节丧》:"侈靡者以为荣,俭节者以为陋。""侈泰"与"泰侈"为同素逆序词,表示奢侈无度。《管子·重令》:"国虽富,不侈泰,不纵欲。"《左传·襄公三十年》:"大人之忠俭者,从而与之;泰侈者,因而毙之。"

从词素的构词能力上看,"俭"同时出现在3个表示节俭的新词中,构词能力最强;而表示奢侈的新词中,含词素"侈"的达到7个,词素"侈"构词能力最强。

用义位结构式表示上述新词的词义结构:

俭:<形>−［<施>（花费）（多）］

节俭:同"俭"

俭节:同"俭"

俭约:同"俭"

奢:<形>+［<施>（花费）（多）］

费:同"奢"

淫奢:同"奢"

淫侈:同"奢"

肆侈:同"奢"

崇侈:同"奢"

奢侈:同"奢"

侈靡:同"奢"

靡₂费:同"奢"

侈泰:同"奢"

泰侈:同"奢"

由上可见,"俭""节俭""俭节""俭约"与"奢""费""淫奢""淫侈""肆侈""崇侈""奢侈""侈靡""靡₂费""侈泰""泰侈"两组义位构成了一个反义关系义场。

二、天文历法

战国时期，人们对天体运行已经有了更多的认识，根据其变化制定了科学历法，由此出现了一批与之相关的新词，其中有相当一部分是星辰名称。比如土星称为"镇星"。《素问·金匮真言论》："其应四时，上为镇星。"火星称为"荧惑"。《吕氏春秋·制乐》："宋景公之时，荧惑在心。"北极星称为"北辰""北极"。《论语·为政》："子曰：'为政以德，譬如北辰，居其所而众星共之。'"《尔雅·释天》："北极谓之北辰。"又如，《韩非子·饰邪》中有"此非丰隆、五行、太一、王相、摄提、六神、五括、天河、殷抢、岁星数年在西也"，其中"岁星"指木星，"丰隆""五行""太一""王相""摄提""六神""五括""天河""殷抢"也都是星名。二十八星宿是古人观测黄道天象的坐标。《吕氏春秋》中出现了完整的二十八星宿的名称。《吕氏春秋·有始》："中央曰钧天，其星角、亢、氐；东方曰苍天，其星房、心、尾；东北曰变天，其星箕、斗、牵牛；北方曰玄天，其星婺女、虚、危、营室；西北曰幽天，其星壁、奎、娄；西方曰颢天，其星胃、昴、毕；西南曰朱天，其星觜嶲、参、东井；南方曰炎天，其星舆鬼、柳、七星；东南曰阳天，其星张、翼、轸。"这些专名本书不予过多讨论。下面选择"周天""陨星""流星""浃日""浃辰""旬日"以及二十四节气称谓和"二分""二至"进行讨论，以便展示战国时期天文历法方面的新词语场特点。

"周天"表示绕天球大圆三百六十度一周。《逸周书·周月》："日月俱起于牵牛之初，右回而行，月周天起一次而与日合宿。"

《春秋·僖公十六年》记载："十有六年，春，王正月，戊申，朔，陨石于宋五。"这是我国历史上著录最早的陨石现象。战国文献中出现了新词"流星""陨星"。《楚辞·九辩》："愿寄言夫流星兮，羌儵忽而难当。"《左传·隐公十六年》："十六年春，陨石于宋五，陨星也。""流星""陨星"是偏正式复合词，偏词素"流""陨"分别表移动、陨落，在性质方面对中心词素"星"进行修饰限制。

用义位结构式表示"周天""流星""陨星"的词义结构：

周天：<动>（绕）<受>（其他天体）（三百六十度一周）<施>（天体）

流星：<名>（固体）（石头状的）［（由……构成）（铁）（硅酸盐）……］［（进入）（大气层）（燃烧发光）］

陨星：<名>（固体）（石头状的）［（由……构成）（铁）（硅酸盐）……］［（坠落）（到地球）］

古代以干支相配纪日，从甲至癸的十天称为"浃日"，从子至亥的十二天称为"浃辰"。《国语·楚语下》："远不过三月，近不过浃日。"《左传·成公九年》："浃辰之间，而楚克其三都。""浃日""浃辰"都是偏正式复合词。"浃"为战国新词，本义为浸渍，引申为周匝。《荀子·君道》："古者先王审礼，以方皇周浃于天下。"

与"浃日"同义的还有"旬日"。"旬日"也指十天。《周礼·地官·泉府》："凡赊者，祭祀无过旬日。""旬日"也是偏正式复合词。"旬"本义指十天。《说文·勹部》："旬，徧也。十日为旬。"《书·尧典》："朞，三百有六旬有六日，以闰月定四时成岁。"

用义位结构式表示"浃日""浃辰""旬日"的词义结构：

浃日：<名>（十）（日）

旬日：同"浃日"

浃辰：<名>（十二）（日）

由上可见，"浃日""旬日"为同义关系，与"浃辰"构成的一个最小的同位关系义场。

为了对天文物候变化有更全面的了解，人们最先通过测量日影以确定"春分""秋分""冬至""夏至"四个节气点，以此为基础推算二十四节气，作为指导农事的历法。《逸周书·时训》中有完整的二十四节气名称："冬至""小寒""大寒""立春""雨水""惊蛰（启蛰）"①"春分""清明""谷雨""立夏""小满""芒种""夏至""小暑""大暑""立秋""处暑""白露""秋分""寒露""霜降""立冬""小雪""大雪"。

从词的内部结构上分析，"冬至""夏至""春分""秋分""小寒""大寒""小暑""大暑""大雪""小雪""白露""寒露""雨水""谷雨""小满"是偏正式结构，"清明"是联合式结构，"立春""立秋""立夏""立冬""处暑""启蛰"是动宾式结构，"霜降""芒种"是主谓式结构。

"夏至""冬至"和"春分""秋分"中的"至"和"分"表示节气。《左传·僖公五年》："凡分、至、启、闭，必书云物，为备故也。"杜预注："分，春、秋分也。至，冬、夏至也。"又《昭公十七年》："日过分而未至。"杜预注："过春分而未夏至。""至"的"节气"义是从"至极"义引申而来。夏至时日影短至，阳气至极，而冬至时日影长至，阴气至极，故名。"分"的"节气"义是从"半"义引申而来。清富察敦崇《燕京岁时记·春分》："按《月令广义》云：'分者半也，当九十日之半也，故谓之分。'"春分、秋分时春秋至半，故名。

"立春""立秋""立夏""立冬"中的"立"表示显现。《淮南子·主术训》："德无所立，怨无所藏。"高诱注："立，见。""处暑"中的"处"表停止、止歇。《易·小畜》："既雨既处。"程颐传："既处，既止也。"

二十四节气名词构成了一个最小的顺序关系义场。这个义场中的词义表示的对象是可以循环的，二十四节气周而复始，既没有开始，也没有结束。这样的顺序关系义场是环形的。

"二分""二至"也是与节气有关的新词。二十四节气中，春分、秋分、冬至、夏至四个节气最为重要。古人最先就是以这四个节气点为基础推算出二十四节气的，所以春分、秋分、冬至、夏至是最重要的节气时间点。春分、

---

① "惊蛰"最早称为"启蛰"，《左传·桓公五年》中有"启蛰而郊外"，汉初时为避景帝讳，改"启"为"惊"。杨伯峻《春秋左传注》："启蛰犹今言惊蛰，宋王应麟所谓'改启为惊，盖避景帝讳'。""启蛰"在《逸周书·时训》中作"惊蛰"，盖因《时训》中掺入了西汉时期的文辞。总之，"启蛰"是秦以前出现的词，"惊蛰"是西汉时期出现的词。

秋分统称为"二分"，冬至、夏至统称为"二至"。《左传·昭公二十一年》："二至、二分，日有食之，不为灾。""二分""二至"都是偏正式复合词，词义结构式如下：

二分：<名>（节气）［（包括……）（春分）（秋分）］（合称）

二至：<名>（节气）［（包括……）（夏至）（冬至）］（合称）

通过义素分析可以看出，"二分""二至"构成了节气合称的最小同位关系义场。

第六节　战国—秦标志性新词语场的主要特征

词义包含指称意义和系统意义。"义位不仅指称对象，有指称意义，它还反映该对象与其他有关对象的关系，有系统意义。"[①]词的系统意义存在的基础是现实中所指对象之间的联系。通过研究词的系统意义，可以了解义位所指的对象与外部世界其他对象之间的关系，了解词义的产生与客观世界变化之间的关系。本章为战国—秦时期的新词划分出不同的反映时代特征的语义场，就是希望从这些词义关系中发现战国—秦时期词汇系统随时代发展变化的规律。

首先，战国—秦时期标志性新词场是一个综合性义场，具有鲜明的社会特征。它包含反映政治、军事、农业、社会生活、思想科技等子语义场。各个子语义场中又包含数个更小的子语义场。"语义场，特别是底层义场具有时代性。"[②]新的子语义场往往伴随社会发展而产生。这些新词语场的形成反映了该历史时期社会生活的巨大变化以及人们对客观世界认识的持续深化。

战国—秦时期封建制度发展最显著的特点就是封建官僚体系的初步建立。为了加强政府对各级官员的管理，提高行政管理效率，各国基本采用官分文武的中央集权体制。国君之下设相将掌管文武官吏。文武分治的形成反映在语言上就是产生了表示将、相的两个新词语场。宰相称为"丞相""相室""相

[①] 贾彦德：《汉语语义学》，北京大学出版社1999年版，第38页。

[②] 张志毅、张庆云：《词汇语义学》，商务印书馆2012年版，第68页。

邦"，将帅称为"主将""大将""上将""执将"。将相之下文官武吏的新词语场更是繁杂。除了职官设置，在官吏管理上施行俸禄制、玺符制、上计制，打破了之前以宗法血缘关系维系的世袭制。"俸"是战国晚期出现的单音词，而以"禄"为词素形成的复音词"重禄""丰禄""盈禄""大禄"是"厚禄"的同义义场，这些都是战国时期俸禄制度在语言上的反映。"玺""符"二词的出现反映了战国—秦时期国君依凭授权、官吏依凭受职制度的推行。战国—秦时期，君主对官吏实行任内考核，考核的方法称为"上计""官计""大计"，考核的内容包括善、能、敬、正、法、辨，统称为"六计"。这些词构成了反映战国封建官僚体系的新词语场。

青铜兵器的发展在战国进入成熟期，兵器的冶炼工艺有了巨大改善。《周礼·考工记》中的合金配方"六齐"，其中的四项"戈戟之齐""斧斤之齐""大刃之齐""杀矢之齐"都与兵器制造有关。统一规范的青铜器冶炼配方保证了兵器质量的稳定。青铜兵器的类型也更加丰富，长兵、短兵包含的成员较春秋时有了明显增加。长兵器以格斗兵器为主，新词语场中的成员数量丰富，有"釶""猎""鋋""鏦""枪""夷矛""酋矛""长斧""长椎""长兹""长铫"等。短兵器以卫体兵器为主，新词语场包括"铗""长剑""长铗""匕首"等，成员数量比长兵器新词语场的少。从语义场成员数量上的差异可以看出，战国时期战争规模扩大，格斗兵器的大量出现满足了攻击性作战方式的需求。同时，各种长兵器品种呈现多样化，仅矛类兵器就有"釶""猎""鋋""鏦""夷矛""酋矛"，这表明战国时期传统兵器的改进和新型兵器的创制适应了当时提高兵器杀敌效能的需要。

战国—秦时期农业生产水平较西周春秋时有了进一步发展。农业实行精耕细作，以耕作、轮作、施肥、灌溉来改善土壤，充分挖掘土地增产的潜力。"深耕""深殖""一易之地""再易之地""粪种"都是该时期文献中记载的先进的耕种技术。农业灌溉技术更加成熟，农民开挖渠道向农田引水，"沟""洫""沟洫""沟浍""灌溉"形成了田间水道的新词语场。水利使战国时期一些地区的农作物种植结构发生了变化。战国前，黄河流域的主要农作物为黍和稷，战国—秦时期，菽、麦发展成为主要农作物。这些变化也反映在词汇上，比如，菽成为主要农作物后，种类细分出"赤菽""大菽""小菽"三种，三词都是战国新词。麦成为主要农作物后，文献又出现了"䅟麦""大麦"。除了农业技术的提高，农作时使用的"稼器"种类也极大丰富起来，如由耕畜牵引用于耕翻土地的"粔"，除草用的"䥏""镃基""铫""䒪镬"，收割庄稼的"镰""锲"，一系列的新词反映了战国时期农业生产的进步。

战国—秦时期社会生活丰富多彩，思想文化更是蓬勃发展，反映这些领域的新词形成了各类标志性新词语场，成为后世了解战国—秦时期物质文化和精神文明的重要介质。比如，"庑、廊、下室、中堂"语义场反映了战国时期宅院的结构组成，这说明当时已经出现了庭院式建筑的雏形。又如，战国时期产生了众多的思想流派，形成了百家争鸣的局面。各家在宣扬自己的思想主张时创造了大批反映意识形态的新词语，这些词语不仅对丰富汉语词汇产生了重要影响，它们所反映的思想文化已经深深植根于汉民族意识之中，至今仍有深刻的影响。

其次，战国—秦时期各类标志性新词语场具有鲜明的丰富性特征。它们包含着大量的不同类型的子语义场。比如，"弈"与"博"形成一个表示博弈的同位关系义场；"高田"与"上田"形成一个表示高产田的同义关系义场；"县₂尉""县₂长"形成一个地方职官名的顺序关系义场；"恶剑"与"利剑"形成一个反义关系义场；"弩"与"连弩"形成上下位关系义场；"绚屦"与"绚"形成了整体部分关系义场；"刺骨""针灸""熨"形成非层次关系义场。此外，一个语义场又存在兼类现象。比如，"大菽、小菽"既是反义关系义场，也是同位关系义场；"夏篆、夏缦、墨车、栈车"既是顺序关系义场，也是同位关系义场。

同一类型子语义场中的义位关系也存在差别。例如，"大将、裨将、兵尉、伯₅长、什长、伍长"是一个官职名词的顺序关系义场，二十四节气名是一个节气名词的顺序义场。这两个顺序义场中义位所表对象之间的关系分别呈现出直线形和圆环形两种关系：大将、裨将、兵尉、伯₅长、什长、伍长各职位之间是一种从高到低的等级关系，呈现直线形；二十四节气则是一个封闭的循环关系，每年节气周而复始，没有首尾之分，呈现圆环形。又如，"云梯、诎胜、车梯"是一个同位关系义场，"庑、廊、下室、中堂"也是一个同位关系义场，但云梯、诎胜、车梯都是攀城用的梯子，它们是同类事物中的不同分类，"云梯、诎胜、车梯"是一个反映同一类别中不同对象的同位关系义场；庑、廊、下室、中堂是一套住宅中不同的区域，是一个事物中的各个组成部位，"庑、廊、下室、中堂"是一个反映同一对象不同部分的同位关系义场。

各个新词语场之间通过各种关系联系在一起，形成错综复杂的关系。例如，"穄"与"柜黍"形成了一个黍类作物的最小同位关系义场；"黄粱"与"虋"形成了一个粱类作物的最小同位关系义场；"菰粱"与"雕胡"形成了一个菰米的最小同义关系义场。"穄、柜黍""黄粱、虋""菰粱、雕胡"三个义场之间的关系为并列关系，又同时共处于"黄粱、穄、柜黍、菰粱、雕胡、虋、白稻"的大义场之中。这个大义场是一个作物名称的同位关系义场。又如，"百羞、膏粱"是一个表示美味食品的同位关系义场，"疏食、粝饭"是一个粗劣食品的同位关系义场，两义场又形成了一个大的反义关系义场。

最后，战国—秦时期新词语场具有鲜明的时代特征。它们可以形成西周春秋时没有的最小子语义场。比如，战国以前出现的表示禾穗的词有"穗""颖"，但是尚未出现描述禾穗各个部位的词。随着人们对植物的认识逐步加深，战国文献中出现了表示禾穗不同部位的新词。"稆""穖""芒"分别表禾穗的梗、分枝和细刺，它们形成了一个最小的新词语场，也是战国前出现的"穗、颖"义场的下一层义场。"稆、穖、芒"义场与"穗、颖"义场之间是部分与整体的关系。又如，先秦时期，战车是战争中主要的"攻守之具"（《六韬·虎韬》），当时军队的主力是乘坐战车作战的"车兵"。"车兵""步兵""骑"形成一个战国兵种新词语场。战国后期，随着步兵、骑兵地位的提高，战争开始由车战向步、骑拼杀转变。汉代以后，车战形式已经被淘汰，车兵这个兵种也随之消失，兵种语义场中就不再包括"车兵"一词。

此外，战国新词也可以与战国承古词形成新的语义场。比如，黍米分为两种，性黏的称为"黍"，不黏的称为"穄"。"黍"在卜辞中就已经出现，是殷商时期出现的词。"穄"是战国出现的新词。"黍""穄"在战国形成了一个语义场。又如，清酒在西周春秋时称"清酒"或"清酤"，这两个词在战国依然使用。战国时又出现了"清醴"。"清醴"进入"清酒、清酤"语义场，使战国时期清酒的同义义场中的成员增加到3个。战国新词与承古词形成的新语义场中，有的成员数量相当可观。例如，西周文献中，表示农民的复音词有"农人""农夫""穑夫"，它们在战国依然使用。战国文献中又出现了"穑人""作夫"，使表示农民的义场的义位增加到5个。又如，表示食禾苗害虫的"蟘蛉""螣""蝎""阜螽"出现于西周，"蜚""蠭"出现于春秋，战国文献中又出现了"蚼蛆""蚼蠋""蝗""螽蝗""藿蠋""蠸""蠖""尺蠖"8个新词。新词和承古词形成了一个包含14个义位的表示农作物害虫的同位关系义场。

同位关系义场中的复音词往往使用同一个词素或是同义的词素构词。例如，"儒士""兼士""术士"都属于士，他们分别奉行孔子学说、墨家兼爱学说、法家之学。这三个词拥有共同的词素"士"。又如，"轮人、弓人、瓶人、函人、舆人、矢人、梓人、玉人、玉工、金工"是一个有关工匠的同位关系义场，它们拥有共同的词素"人"或"工"，两个词素意义相近，都表示从事各种技艺的劳动者，且都带有明显的时代特点。这种语言现象说明，战国—秦时期人们对事物概念认识的广度较之前有了进一步扩大，新词的出现使人们的语言表达更加准确。与之相应的是，这一时期汉语的复音化趋势已经相当显著。人们造词时往往在单音词的基础上，通过添加限制性词素来满足表达细致化的要求。

第二章 战国—秦时期汉语基本词汇的发展

根据词在语言系统中的作用和地位，词汇可以分为基本词汇和一般词汇。基本词汇是语词不断产生的基础，决定了词汇系统的基本面貌。基本词汇比一般词汇稳固，但也并非一成不变，词汇的发展使一部分古代基本词逐步退出基本词汇的系统，成为一般词汇，甚至趋于消亡。战国—秦时期是汉语词汇发展的重要时期，汉语基本词汇在这一时期继续积累，同时又出现更替。研究战国—秦时期汉语基本词汇的发展可以提供汉语基本词汇形成的历史线索，从古今传承的关系上揭示汉语基本词汇发展变化的规律。

第一节 基本词汇研究的现状

基本词汇处于词汇系统的核心地位。斯大林说："语言的词汇中的主要东西就是基本词汇，其中包括所有的根词，成为基本词汇的核心。"[1]他进一步指出："基本词汇是比语言的词汇窄小得多的，可是它的生命却长久得多，它在千百年的长时期中生存着并给语言构成新词的基础。"[2]可见，基本词汇的数量固然不算庞大，却是词汇系统中最具生命力和再生力的部分。"所以如果语言的基本词汇完全改变了或者彻底消亡了，都意味着这种语言已经不存在

---

① 斯大林：《马克思主义与语言学问题》，人民出版社1953年版，第21页。

② 斯大林：《马克思主义与语言学问题》，人民出版社1953年版，第21页。

了。"①

目前学界对基本词汇的基础性地位已有大体一致的认识，但是对基本词汇的判定标准却存在争议，尚未达成共识。一般认为，基本词汇具备三个特征：有较强的构词能力，为全民族通用，在语言发展过程中具有稳固性。通常将其归纳为能产性、全民性、稳固性。②这三个特征往往被认为是判断基本词的依据，但是根据它们区别基本词汇和一般词汇时却存在很多问题。

首先，是否所有的基本词都应该同时具备这三个特征，学界有不同的看法。有学者认为，稳固性和全民性是三个特征中最重要的，也是确定基本词汇的必要条件；而能产性并非所有基本词汇都具有，一些在语感上可以认定为基本词汇的词就不具备能产性。持这种观点的学者常举代词和虚词为例。代词和虚词很少能成为构造新词的材料，但是它们中有相当一部分具有很强的稳固性，也是语言中经常使用的，所以代词和虚词也可以认为是基本词汇。③但也有学者认为，三个特征中能产性是关键。张世禄在《基本词汇的性质与范围》一文中指出："它的这种作用（指基本词汇的构词能力——引者注），不但使得语言连续不断地发展，而且使得词汇的变化具有极显著的系统性。"④由于基本词汇的构词能力在词汇发展中起决定性作用，因此有学者提出，能产性是基本词的本质特点，是判断基本词的主要依据。⑤

其次，基本词汇的三个特征只是理论上的概括，缺乏细致的解释和量化的标准。词作为造词的材料形成多少个复音词才能认为其具备了能产性，这个问

---

① 葛本仪：《现代汉语词汇学》（修订本），山东人民出版社2004年版，第3页。

② 张世禄将"能产性"称为"构词能力"。葛本仪最初在《汉语词汇研究》中把基本词汇的构词能力称为"能产性"，但在《现代汉语词汇学》中又将"能产性"改称为"产生新词的基础"，把全民通用这一特征称为"普遍性"。尽管表述方式不同，但所指的基本词汇三个特征基本一致。参见周荐：《汉语词汇研究史纲》，语文出版社1995年版，第28页；葛本仪：《现代汉语词汇学》（修订本），山东人民出版社2004年版，第7页。

③ 持此观点的有葛本仪、周荐等。参见葛本仪：《现代汉语词汇学》（修订本），山东人民出版社2004年版，第5—8页；周荐：《基本词汇与一般词汇划分刍论》，《南开学报》1987年第3期。

④ 张世禄：《基本词汇的性质与范围》，《语文知识》1956年第8期。

⑤ 参见徐正考、于飞：《汉语的基本词和常用词》，载《词汇学理论与应用》（四），商务印书馆2008年版，第52页。

题很难回答。全民性可以把行业用词和方言词排除在基本词汇之外，却不能把基本词汇从通用语中剥离出来。基本词的稳固性也很难从时间上划定一个明确的界限。总之，能产性、全民性、稳固性没有统一的可操作的标准，用它们判断基本词汇往往带有一定的主观随意性。

再次，能产性和稳固性着眼于词汇发展的历史，是历时的标准，而全民性则强调词汇的语用范围，是共时的标准。同时使用历时和共时的标准进行判断，既要追溯词汇的发展历史，从一个词的最早文献用例开始逐一考察语用频率和构词能力，又要从当时的实际使用中考察其使用范围。这样得到的基本词汇固然比较有把握，但是数量却非常有限，排除了很多一般语感上认为是基本词汇的词。如"汽车""电视""邮票"等，葛本仪认为它们都是现代汉语的基本词，但是它们存在的历史不过百余年，构词能力远不如单音词，如果严格按照三个标准来判断，这些词就会排除在基本词汇之外。①同样，"日""月""父""母""子""民""口""目""语""言"等构词能力很强的单音词，它们在现代汉语中很少单独使用，有的甚至已经不能独立成词，按照三个标准，它们也不能算作现代汉语的基本词。周行以为："缺少这一类成分，'基本词汇'将会变得多么贫乏、单薄！如何担负得起作为'语言的基础'，体现'语言特点的本质'的重任呢？"②可见，这三个标准作为充分必要条件虽然在理论上站得住，但在实践中只能判断出基本词汇中的一部分，其科学性也就明显降低了。

正因为目前判断基本词汇缺乏统一明确的标准，各类词汇学著作和汉语教材在列举基本词汇时一般都比较谨慎，多是举一些典型的基本词，数量非常有限。有学者对符淮青《现代汉语词汇》，北京大学中文系现代汉语教研室《现代汉语》，杨润陆、周一民《现代汉语》，张志公《现代汉语》，林祥楣《现代汉语》，叶蜚声、徐通锵《语言学纲要》，马学良《语言学概论》，高名凯、石安石《语言学概论》等八种著作和教材所列基本词进行统计，除去重

---

① 参见葛本仪：《现代汉语词汇学》（修订本），山东人民出版社2004年版，第6页。

② 周行：《关于"基本词汇"的再探讨》，《汉字文化》2002年第1期。

复的词，共列出现代汉语基本词199个。①本书又把葛本仪的《现代汉语词汇学》和黄伯荣、廖序东主编的《现代汉语》中列出的基本词统计进去，这十种作品列举的现代汉语基本词共302个，其中单音词221个，复音词81个。②具体如下：

表示名物类的基本词：

日、月、天、地、星、山、水、江、河、湖、海、风、火、雷、气、雨、云、人、狗、马、鸟、牛、虾、羊、鱼、猪、树、草、花、太阳、月亮、白云、空气、天气、阳光、树木、东、西、南、北、春、夏、秋、冬、前、后、左、右、上、下、年、月、日、下午、上午、头、嘴、鼻、耳、眼、舌、牙、心、胃、肠、肺、肝、肾、腿、脚、手、血、眼睛、头发、鼻子、耳朵、胳膊、指头、男、女、父、母、儿、弟、妹、姐、兄、爸爸、妈妈、父母、父亲、母亲、兄弟、儿子、女儿、姐姐、弟弟、哥哥、姊妹、爷爷、姑姑、舅舅、叔叔、姨妈、叔伯、妻子、丈夫、米、面、粮、稻、麦、饼、粥、饭、糕、菜、瓜、果、梨、面条、米饭、馒头、饺子、玉、丝、布、针、线、油、盐、烟、网、碗、笔、田、锄、刀、斧、车、船、屋、窗、门、墙、灯、电、锅、书、纸、墨、木、土、房子、窗户、椅子、桌子、刀子、绳子、道路、沙子、石头、衣服、邮票、电话、电视、汽车、学校、老师

表示动作行为的基本词：

走、做、睡、醒、写、想、问、吐、跑、跳、听、说、生、死、取、来、去、拿、买、卖、流、看、见、吃、喝、进、出、吹、飞、帮助、成功、发展、破坏、失败、休息、学习、工作、劳动、喜欢

表示性质状态的基本词：

早、晚、肥、胖、瘦、深、浅、阴、晴、长、短、多、少、高、矮、低、黑、红、白、蓝、绿、薄、厚、甜、苦、大、小、软、硬、冷、热、好、坏、粗、细、方、圆、轻、重、美、香、臭、全、轻快、美丽、漂亮、沉重、高兴、健康、快乐、干净、丰富、舒服、困难、团结

其他：

一、二、三、四、五、十、百、千、万、尺、寸、个、两、斤、分、角、元、我、你、他、

---

① 杨同用：《基本词汇问题的重新思考》，《语文研究》2003年第3期。

② 参见葛本仪：《现代汉语词汇学》（修订本），山东人民出版社2004年版，第5—6页；黄伯荣、廖序东主编：《现代汉语》（上册），高等教育出版社2002年版，第307页。

谁、这、最、都、很、把、但、虽、跟、和、就、了、吗、那、再、什么、所以、因为、怎么

　　相对于现代汉语基本词汇，古代汉语的基本词汇更加难以确定。由于存世文献有限，无论从能产性、全民性还是稳固性上都无法为古代汉语基本词的确定提供充足的语用实例支撑。目前论及古汉语基本词汇的著作不多。史存直《汉语史纲要》第十六章"基本词汇的形成和发展"列举的全部为上古汉语基本词。[①]王力《汉语史稿》第四章第五十四节"汉语基本词汇的形成及其发展"列举的词既有上古汉语基本词，也有中古以后的基本词。[②]张联荣《汉语词汇的流变》和徐朝华《上古汉语词汇史》也列举了一部分基本词，全部为卜辞中出现的词，这些词只能看作殷商时期基本词汇，不能视为上古汉语基本词汇。[③]本书对史存直《汉语史纲要》和王力《汉语史稿》中列出的上古基本词进行统计，剔除重复者，两部著作列出的上古汉语基本词共307个，全部为单音词。具体如下：

　　表示名物类的基本词：

　　天、地、日、月、星、山、水、江、河、海、云、风、雨、露、冰、霜、雪、雷、电、火、石、花（华）、草、虫、鱼、鸟、兽、年、月、日、岁、春、夏、秋、冬、寒、暑、东、西、南、北、左、右、上、下、前、后、身、体、首、领、脑、面、耳、目、口、鼻（自）、舌、齿、毛、发、须、眉、手、足、臂、肱、掌、指、股、胫、肌、肤、筋、骨、血、肉、背、腹、心、肺、肝、胆、肠、胃、父、母、子、女、祖、孙、伯、叔、兄、弟、姊、妹、夫、妻、舅、甥、姑、侄、麋、鹿、雉、兔、虎、豹、犀、象、禽、龟、鳖、弓、矢、网、罗、马、牛、羊、鸡、犬、豕、畜、稻、粱、菽、麦、黍、稷、禾、苗、谷、米、蚕、丝、桑、麻、铜、铁、竹、木、工、匠、斧、凿、机、械、宫、室、房、屋、楼、台、堂、榭、家、宅、馆、舍、门、户、窗、牖、衣、衫、袿、袴、服、裳、裘、巾、帽、鞋、鞯、布、帛、履、屦、冠、杯、盘、盌、箸、壶、尊、瓶、盆、缸、瓮、箕、帚、器、皿、几、案、床、席、桥、梁、舟、车

　　表示动作行为的基本词：

---

　　① 参见史存直：《汉语史纲要》，中华书局2008年版，第415—446页。

　　② 参见王力：《汉语史稿》，中华书局2004年版，第561—586页。

　　③ 参见张联荣：《汉语词汇的流变》，大象出版社2009年版，第144—157页；徐朝华：《上古汉语词汇史》，商务印书馆2003年版，第15—39页。

饮、食、衣、居、坐、卧、起、立、行、走、进、退、往、来、追、逐、握、持、提、举、指、视、见、听、闻、尝、言、思、喜、怒、哀、乐、爱、恶、欲、出、入、在、射、获、田、禽（擒）、牧、饲、养、锻、铸、纺、织、陶、冶、农、耕

表示性质状态的基本词：

赤、白、青、黄、紫、绿、黑、大、小、多、少、高、低、长、短、方、圆、远、近、热、冷、暖、明、暗、深、浅、美、丑、香、臭、好、凶、吉、新、旧、老

其他：

朕、汝、一、二、三、四、五、六、七、八、九、十、百、千、万

上述各家在列举古今基本词时多采用按义类分别列举的方法。正因为界定基本词的标准存在差异，所以针对不同时期汉语划分出的义类也不尽相同。比如，上面列举的上古汉语基本词汇中含有若干反映生产劳动的基本词，其中"网""罗""田""获""禽（擒）""牧""饲""养""农""耕"等是有关渔猎、畜牧、农业的词，而上面列举的现代汉语基本词汇中只出现了"劳动""工作"两个复音词。这并不是说现代汉语基本词汇中不存在反映渔猎、畜牧、农业的词，而是学者们在列举现代汉语基本词汇时没有专门划分这个类别，也就没有列举这一类别的基本词。

上面列举出的基本词只是基本词汇中的一部分，虽然数量不多，但是通过对比还是可以发现，同一类别的古今基本词汇存在许多共有的单音词。例如表示自然现象的"日""月""天""地""星""山""水""江""河""海""风""火""雷""雨""云""电"等既是上古汉语基本词，也是现代汉语基本词。孙常叙指出："绝大多数的古汉语基本词传承到现代，成为现代汉语的基本词。"[1]虽然基本词汇也会随词汇的发展产生变化，但是其变化的程度远比一般词汇小。现代汉语基本词汇中有相当多的词在上古时期就已经成为汉语的基本词汇。

---

① 孙常叙：《汉语词汇》（重排本），商务印书馆2006年版，第347页。

第二节　进入基本词汇系统的战国—秦新词举隅

虽然根据稳固性、能产性、全民性三个特征判断基本词汇存在诸多争议，但是目前学界还没有寻找到更科学的判断标准。鉴于此，判断战国—秦新词是否为上古基本词还是要以它们为主要判断标准。

关于稳固性，主要考察词的使用时间是否长久。有些始见于战国文献的新词沿用至后世，且词义基本没有发生变化，这类词就可以认为具有了稳固性。判断一个词是否具有稳固性还可附带考察这个词的义域是否具有封闭性。汪维辉在《关于基本词汇的稳固性及其演变原因的几点思考》一文中指出："我们认为基本词具有一定的封闭性，每个义位（概念）成员有限，相当稳定。通常认为实词都是开放的词类，但是实词中属于基本词的各个小类实际上具有相对的封闭性：在一个共时共域的语言系统中，一个基本概念通常只用一个词来表达，有两个词的不多，三个以上的则几乎没有。"[1]如果某个战国—秦新词表示的是一个常用的基本概念，且这一时期表达这一基本概念的词通常只有这个新词，那么这个词的义域就具有封闭性，该词在战国—秦时期或上古时期极有可能具备稳固性。

关于能产性，主要依据这个新词在战国—秦时期作为构词材料产生新词的能力。虽然战国—秦时期双音节词已经有了显著发展，但是这一时期双音节词的构词能力非常有限，绝大多数参与构词的新词为单音节。因此，这一时期进入上古基本词汇系统的新词当以单音词为主。

全民性也就是常用性，主要依据使用频率。使用频率越高，说明词越常用，词也就越稳固。"常用性既是基本词汇的特征之一（有的学者称为'全民常用性'），也是基本词汇稳固性的一个原因。"[2]本书参考了王力编写的《古代汉语》常用词部分，这些常用词是根据其在文献中出现的频率确定的。

---

[1]　汪维辉：《关于基本词汇的稳固性及其演变原因的几点思考》，载《厦大中文学报》（第二辑），厦门大学出版社2015年版，第33页。

[2]　汪维辉：《关于基本词汇的稳固性及其演变原因的几点思考》，载《厦大中文学报》（第二辑），厦门大学出版社2015年版，第29页。

"上册的常用词大致是以《春秋三传》《诗经》《论语》《孟子》《庄子》中出现10次以上的词为标准，而予以适当的增减。"①从该册所列常用词中遴选出的战国—秦时期出现的新词，即可视作具有了全民性。

总之，确定属于上古时期基本词汇的战国—秦时期新词，主要依据它们在战国—秦时期以及后世发展过程中的稳固性和构词能力，其次是看其在这一时期是否常用。

概括性也可作为判断上古基本词汇的参考。徐正考等在《汉语的基本词和常用词》一文中指出，基本词所表概念往往具有概括性，概括性为词在词义方面提供了成为基本词的条件，自然也就成为构造新词的基础。②从上节统计的各家所列上古基本词可以看出，大部分实词表达的概念属于人类认知的基本范畴。基本范畴概念表达的往往是最先被人们认识的事物，如"人""鸟""鱼""山""水""风""雨"等，这些概念包含了基本范畴成分的本质特征，因而表达基本范畴概念的词也就具备一定的概括性。当人们需要表达下位范畴的概念时，往往会以这些词为构词材料，运用合成造词方式创造新词。所以，具有概括性的词往往也具有能产性。比如，"屦"表示鞋，词义具有一定的概括性，《汉语大词典》收录的含词素"屦"的战国—秦合成新词中，表示鞋下位概念的新词多达14个。当然，只有实词才具有概括性，虚词没有。所以概括性只能作为判断基本词汇中实词的参考。

本节从属于上古基本词汇的战国—秦新词中选择一部分典型实词，其中既有从战国沿用至现代的词，也有在后世发展过程中发生了更替的词，并参照一般列举基本词汇采用的义类划分方式，按照自然现象及事物、肢体器官、家庭成员、生产劳动、物质文化五个类别分类探讨。

一、关于自然现象及事物的基本词

人类最先认识的是自然界中的现象和事物。早在殷商西周春秋时，汉语

---

① 王力主编：《古代汉语》，中华书局1981年版，第9页。

② 徐正考、于飞：《汉语的基本词和常用词》，载《词汇学理论与应用》（四），商务印书馆2008年版，第53页。

中就已经出现了许多表示自然现象和事物的基本词，例如表示地理天象的有"天""地""日""月""星""山""水""江""河""湖""海""云""风""雨""露""冰""霜""雪""雹""雷""电""火"等，表示自然界动植物的有"花（华）""草""木""果""虫""鱼""鸟""兽""禽"等，表示自然界事物性状的有"赤""白""青""黄""绿""黑""大""小""多""少""长""短""明"等。这些词历时几千年没有发生大的变化，绝大部分在现代汉语中依然是基本词，具有很强的稳固性。

战国—秦时期，人们对自然界的认识进一步加深，出现了一批表示自然界气候、地理、动植物和颜色性状的新词，例如表示地理气候的新词有"谿""墈""澜""砾""霓""霞""霄"等，表示动植物的新词有"蠹""蜗""虹""蚊""蛙""猿""橡""藜""菅""芰"等，表示事物性状的词有"黝""缇""黢""縓""圆""闇""暗"等。这些新词皆可视作上古基本词汇。下面选择"谿""蠹""闇""暗"四词进行讨论。

谿 "谿"本指山中不与外界相通的沟渎。《尔雅·释山》："山渎无所通，谿。"《说文·谷部》："谿，山渎无所通者。"战国时"谿"引申为深峭的山谷。宋玉《笛赋》："其处磅礴千仞，绝谿凌阜。"又引申为山谷中的水流。《左传·隐公三年》："涧谿沼沚之毛，蘋蘩蕴藻之菜……可荐于鬼神，可羞于王公。" 这个引申义位的"谿"亦写作"溪"。"谿"在战国时期已经具有一定的构词能力，形成5个复音词，分别是"谿谷""谿壑""深谿""山谿""嶰谿"。"谿"的"山谷水流"义在后世逐渐成为常用义，"溪"字成为常用字形。现代汉语中"溪"亦属基本词汇，多说"小溪""溪流"。

蠹 "蠹"本指蛀虫。《说文·蚰部》："蠹，木中虫。""蠹"在战国文献中不仅有本义用例，而且《汉语大词典》列出的"蠹"的3个引申义全部出现于战国时期文献。《荀子·劝学》中"鱼枯生蠹"即为本义用例。"蠹"用以比喻祸国害民者。《左传·襄公二十二年》："不可使也，而傲使人，国之蠹也。""蠹"还用作动词，表示蛀蚀。《庄子·人间世》："以为门户则液樠，以为柱则蠹。"进一步引申为损害、败坏。《战国策·秦策一》："韩亡则荆魏不能独立，则是一举而坏韩蠹魏。""蠹"在战国时期已经具有一定的构词能力，构成复音词4个，分别是"隙蠹""朽蠹""蠹孔""蠹物"。现代汉语用复音词"蛀虫"代替"蠹"，"蠹"不再是基本词。

闇、暗　　"闇"和"暗"都是战国文献中出现的新词。"闇"与"暗"同源，均属影母侵部，两词声韵相同。《说文·门部》："闇，闭门也。"又《日部》："暗，日无光也。"从《说文》给出的解释看，两词本义不同，不过战国时期两词均可表光线不足。《韩非子·解老》："以为暗乎，其光昭昭；以为明乎，其物冥冥。"《周礼·春官·眡祲》："五曰闇。"孙诒让正义引俞樾曰："闇即《春秋》所谓晦也。""闇""暗"又均可引申为昏乱、愚昧。《荀子·天论》："上暗而政险，则是虽无一至者，无益也。"《国语·晋语二》："除闇以应外谓之忠，定身以行事谓之信。"两词在战国时期都具有一定的构词能力："暗"作为词素构成复音词"暗夜""暗漠""暗昧"；"闇"作为词素构成复音词"闇闇""闇主""闇君""闇将""闇乱""三闇""悠闇""阴$_2$闇"[1]"闇惑""闇墨""薈闇"。所以，"闇""暗"都可视为战国时期基本词。战国时期与"闇""暗"同义的还有表示光线昏暗和昏乱愚昧的基本词"昧"，不过"昧"是西周时期出现的词，到战国时期已然广泛使用。现代汉语中，"闇""昧"已经很少使用了，而"暗"一直保留在基本词汇的系统中。

二、关于肢体器官的基本词

汉民族祖先很早就对人体器官有了较详细的认知。甲骨文中已经出现了"首""面""耳""目""鼻（自）""肩""舌""眉""止""须"等词，西周春秋时期出现了"颈""头""领""发""肺""肠""肤""指""胃"等词。至战国—秦时期，中医学已经开始形成理论体系，人们对肢体结构的认知更加深入和细化，语言中又出现了一批表示肢体器官的新词，有"脑""髓""肌""肝""胆"等。这些词均可视为基本词。有关肢体器官的词

---

①　"阴$_2$"音yìn。

是基本词汇中最具稳固性的一类，沿用至今，意义基本没有变化。以下着重讨论"肌""肝""胆"三词。

肌　战国时期表肉的基本词有"肉"和"肌"。"肉"本指供食用的禽兽肉，在甲骨卜辞中已出现字形，最早传世文献用例见于《易经》。至战国时，"肉"的本义依然是常用义，在战国早期、中期、晚期文献中均有本义用例。大约至战国后期，"肉"的词义扩大，除了可以指动物的肉，还可以指人的肉。《楚辞·大招》："丰肉微骨，调以娱只。""肌"是战国时期出现的新词，本指人的肉。《说文·肉部》："肌，肉也。"《韩非子·用人》："昔者介子推无爵禄而义随文公，不忍口腹而仁割其肌。"战国晚期文献中，"肌"也指皮肤。宋玉《登徒子好色赋》："眉如翠羽，肌如白雪。"战国时期"肌"与"肤"形成复音新词"肌肤"。史存直《汉语史纲要》和王力《汉语史稿》都把"肌""肉"列为上古基本词，可能是考虑到两个词的本义分别指人的肉和动物的肉。不过，"肉"在战国时已经可以泛指包括动物肉、人肉在内的各种肉，而"肌"却不能指称动物的肉，"肉"逐渐演变为"肌"的上位词。现代汉语中，"肉"仍是基本词，"肌"不再是基本词，只作为词素存在于书面语中。

肝、胆　"肝"指肝脏，"胆"指胆囊。《说文·肉部》："肝，木藏也。"又："胆，连肝之府。"两词均是产生于战国中晚期的新词。《庄子·盗跖》："盗跖乃方休卒徒太山之阳，脍人肝而餔之。"《素问·灵兰秘典论》："胆者，中正之官，决断出焉。"古人认为胆主决断，有判断事物做出决定的功能，胆气旺盛者往往果敢，因此"胆"在战国时期引申为胆气、胆量。《荀子·修身》："勇胆猛戾，则辅之以道顺。"中医认为肝与胆互为表里，胆为肝府，以故二者常并提。战国时期"肝胆"连文，泛指人的身体或内部器官。《庄子·大宗师》："假于异物，托于同体，忘其肝胆，遗其耳目，反复终始，不知端倪。""肝胆"在战国时期还产生了比喻义，表示关系密切或真心诚意。《庄子·德充符》："自其异者视之，肝胆楚越也；自其同者视之，万物皆一也。""肝胆楚越"比喻虽近犹远，虽亲犹疏。"肝"和"胆"在战国时期还可以构成其他新词，如以"肝"构成的复音新词有"虮肝""肝肺""肝脉""肝气"；以"胆"构成的复音新词有"张胆""破胆"。"肝""胆"均为战国—秦时期的基本词，两词沿用至今，意义基本没有变化，在现代汉语中亦属基本词。

三、关于家庭成员的基本词

家庭是以婚姻和血缘关系为基础的社会单位，包括父母、子女和其他共同生活的亲属在内。早在战国以前，家庭已成为维系社会伦理的实体，表示家庭成员的基本词汇也已经相当完备。"父""母""子""女""祖""孙""伯""叔""兄""弟""姊""妹""夫""妻""妾""妇""舅""姨""甥""姑""姪（侄）"均为战国以前出现的词。这些词的基本意义在后世没有发生大的变化。现代汉语中这些词或用于书面语，或作为词素构成复音词，多数在口语中已经被其他词取代。战国—秦时期，关于家庭成员的基本词汇中又增加了"嫂"和"婿"两个新词。

嫂、婿　"嫂"为兄之妻，最早见于战国中期文献。《庄子·盗跖》："昔者桓公小白杀兄入嫂，而管仲为臣。""婿"，亦作"壻"，《说文》释其本义为丈夫。《说文·士部》："壻，夫也。从士，胥声。《诗》曰：'女也不爽，士贰其行。'士者，夫也。"此处的"夫"虽有多种理解，但是从所引《诗经》的内容看，是一位善良的女子在哭泣"夫"的行为不专一，显然该"夫"为其配偶无疑。战国文献中，"婿"已表示女婿，女儿的丈夫。《尔雅·释亲》："女子子之夫为婿。"《仪礼·士昏礼》："婿御妇车授绥。"《左传·桓公十五年》："祭仲专，郑伯患之，使其婿雍纠杀之。"

虽然"嫂""婿"在战国时期尚未发现构成合成词，但是两词表示的都是家庭中的重要成员，而且战国以前文献中也没有出现表示这两个概念的单音词，因此可将其列入战国—秦时期的基本词汇。两词沿用至今，意义基本未变，但很少作为单音词使用，现代口语中多使用复音词"嫂子""女婿"。

四、关于生产劳动的基本词

战国以前，汉语中表示生产劳动的基本词汇已经相当完备，"弓""矢""网"

"罗""斧""凿""工""机""射""获""田""狩""猎""禽（擒）""牧""养""锻""铸""织""绩""陶""冶""播""农""耕""耘"等词均在战国以前出现。这些表示生产工具和生产方式的基本词相当稳固，绝大多数沿用至今。这表明虽然社会生产力在不断发展进步，但表示生产工具和生产方式的称谓却没有发生太大的变化，旧有词汇依然继续使用。比如，从原始的手工播种方式到现代化的大型自动播种机，虽然播种的器具和技艺已经发生巨变，但是"播"这个词从西周产生后就一直使用，现代汉语中仍为基本词。可见，涉及生产劳动的基本词汇具有很强的稳固性。尽管战国时期的生产水平较之前已经发生了很大变化，但是战国以前有关生产劳动的基本词汇仍然使用，新出现的基本词数量不多，有"耨""械""铄""纺"等。下面着重讨论"械"和"纺"。

械　　"械"指枷和镣铐之类的刑具，也指器械。《说文·木部》："械，桎梏也。从木戒声。一曰器之总名。一曰持也。一曰有盛为械，无盛为器。"战国文献中"械"的用例绝大多数是"器械"义的，并没有出现"刑具"义的用例，如《庄子·天地》"有械于此，一日浸百畦，用力甚寡而见功多"中的"械"就表器械。"械"还特指武器。《周礼·天官·司书》："三岁，则大计群吏之治，以知民之财，器械之数。"郑玄注："械，犹兵也。""械"与"器"意义相近。统言之，两者都表示器物。析言之，"器"一般指容器，"械"一般指非容器的器具。段玉裁《说文解字注》："有所盛曰器，无所盛曰械。"段氏对"器"与"械"的解释当为是。战国时"械"与"器"连缀成复音词"械器"和"器械"，二词均用来泛指各种器具。《荀子·荣辱》："百工以巧尽械器。"《庄子·徐无鬼》："百工有器械之巧则壮。""械器"一词最晚见于宋代文献，此后无文献可征，而"器械"则沿用至今。除"械器""器械"外，战国文献中含词素"械"的复音新词还有7个，分别为"械用""利械""兵械""战械""守械""机械""盗械"。所以，"械"应视为战国—秦时期的基本词。现代汉语中"械"已经不能独立成词，退出了基本词汇的系统。

纺　　"纺"本义为把丝麻等制成纱或线。《说文·系部》："纺，网丝也。"段玉裁以为《说文》释义不确，改为"纺，纺丝也。"注："纺，各本作网，不可通。唐本作拗，尤误。今定为纺丝也，三字句，乃今人常语耳。""纺"是战国早期出现的新词。《左传·昭公十九年》："托于纪鄣，纺焉，以度而去之。"杨伯峻注："纺线或葛丝为绳索也。"这一时期"纺"作为词素构成的复音词有"束纺"和"纺织"。"纺织"一直沿用至今，成为现代汉语的常用词。

五、关于物质文化的基本词

战国以前已经出现的与建筑宫室有关的基本词有"宫""室""房""屋""台""堂""榭""家""宅""馆""门""户""牖"等，与衣服有关的基本词有"衣""服""裳""裘""巾""帽""布""帛""履""屦"等，与家用器具有关的基本词有"盘""壶""尊""匜""瓶""瓮""箕""帚""器""皿""几""床""席"等，与食品有关的基本词有"食""粮""稻""粱""菽""麦""黍""稷""谷""米""醢""肉""酒""脯"等，与交通有关的基本词有"道""路""梁""舟""车"等，表示出行起居动作的基本词有"饮""食""居""坐""起""立""行""走""寝""进""退""追""逐"等。这些词大部分沿用至今，意义基本没有发生变化，表现出很强的稳固性，在现代汉语中仍属于基本词汇。

战国—秦时期，在物质文化诸多方面又产生了一批新词，有的进入了基本词汇系统。例如"厕""楣""椽""櫺""庑""廊""楼""杯""箸""案""笔""裙""襦""绔（裤）""韤（袜）""饼""荤""蔬""卵""船""呕""卧""睡""饿"等。下面着重讨论"杯""箸""案""笔""卵""卧""睡"等七个词。

杯 古时"杯"指盛羹及注酒之器，是战国中期出现的新词。《庄子·逍遥游》："覆杯水于坳堂之上，则芥为之舟；置杯焉则胶，水浅而舟大也。""杯"还可以用作量词，如《孟子·告子上》："今之为仁者，犹以一杯水救一车薪之火也。"虽然"杯"在这一时期形成的复音新词只有"杯棬"，但该词在文献中出现的频率已经相当可观，除《庄子》《孟子》外，

《晏子春秋》《礼记》中亦可见"杯"的用例，因此可以说"杯"在战国时期已经显示出作为基本词的通用性特征。至西汉时，"杯"可以用作盘盏的统称。《方言》卷五："盃、械、盏、㿿、閜、櫎、㯛，杯也……杯其通语也。"这说明此时"杯"已经具备词义上的概括性，可以视作上古基本词了。现代汉语中，"杯"依然是基本词。

箸　"箸"即筷子，《说文·竹部》："箸，饭攲也。""箸"是战国晚期出现的词。《荀子·解蔽》："从山下望木者，十仞之木若箸。"用象牙制作的筷子称作"象箸"。《韩非子·喻老》："昔者纣为象箸而箕子怖。"战国时期流行一种博戏，是用六根博箸和十二枚棋子进行掷箸下棋的游戏。可见"箸"在当时应用广泛。现代口语中已经不再使用"箸"，取而代之的是"筷子"。

案　"案"为木制器具。一说为几桌，是可供凭依的木制器具。《说文·木部》："案，几属。"一说为有足的盘盂类食器。《急就篇》卷三："椷杅盘案杯閜盌。"颜师古注："无足曰盘，有足曰案，所以陈举食也。""案"最早见于战国文献。《周礼·考工记·玉人》："案，十有二寸。"据此尺寸大小，此种"案"似应为有足的食盘。战国时期，"案"形成的复音词有"毡案""重$_2$案"①。《周礼·天官·掌次》："王大旅上帝，则张毡案。"又："设重帟、重案。""毡案"指铺有毡的坐榻。"重$_2$案"指设有重席的坐具。②在这两个复音词中，"案"又表示憩坐用具。虽然案的用途、形制略变，但其作为狭长的桌类木制器具一直沿用至今，现代汉语中"案"依然是基本词。

笔　"笔"为书写绘画的工具。《说文·聿部》："笔，秦谓之笔。"卜辞中表示笔的词是"聿"。《说文·聿部》："聿，所以书也。""笔"为战国新词，在战国早期、中期、晚期文献中均有本义用例。《国语·晋语九》："臣以秉笔事君。"《庄子·田方子》："宋元君将画图，众史皆至，

---

①　"重$_2$"音chóng。

②　古时坐席按坐席层叠的多寡分尊卑。《礼记·礼器》："天子之席五重，诸侯之席三重，大夫再重。"重席即按尊卑地位决定的坐席层次。

受揖而立，舐笔和墨，在外者半。"《战国策·齐策六》："取笔牍受言。"战国时期含词素"笔"的合成词有"奋笔""秉笔""刀笔"。"奋笔"指振奋精神，勇于直书。《国语·鲁语上》："臣以死奋笔，奚啻其闻之也！""秉笔"即执笔。《国语·晋语九》："臣以秉笔事君。" 古时在竹简上记事，以刀刮去错字，故将执掌公文案卷的官吏称为"刀笔"。《战国策·秦策五》："臣少为秦刀笔，以官长而守小官，未尝为兵首。""笔"一直沿用至今。从古代的毛笔到现代的钢笔、铅笔等，虽然"笔"的所指发生了变化，但是"笔"的基本义始终指书写绘画的工具，从未发生变化。现代汉语中"笔"依然是基本词。

卵 "卵"是战国早期文献中出现的新词，本义为蛋。《说文·卵部》："卵，凡物无乳者卵生。"《国语·鲁语上》："鸟翼鷇卵。"《孙子·势》："兵之所加，如以碫投卵者，虚实是也。"战国时"卵"还用作动词，表孵育。《庄子·应帝王》："众雌而无雄，而又奚卵焉！"由此可见，庄子时代人们已知动物只有在雌雄两性结合产卵后才可能孵育出第二代。"卵"作为词素形成的复音新词有"卵鸟""卵翼""覆卵""累卵""重₂卵"[①]"雕卵""鸡卵""鹄₃卵"[②]等，这表明战国时期"卵"已经具有相当强的构词能力。现代汉语中"卵"已经不再是基本词汇，取代它的是"蛋"。

卧、睡 "卧"是战国中晚期出现的新词，《说文·卧部》："卧，休也。"段玉裁注："卧与寝异。寝于床，《论语》'寝不尸'是也；卧于几，《孟子》'隐几而卧'是也。""卧"在战国文献中多指一般意义上的睡觉，如《墨子·经上》："梦，卧而以为然也。"《荀子·解蔽》："心卧则梦。"《韩非子·外储说右上》："昭侯必独卧，惟恐梦言泄于妻妾。"例不多举。战国时"卧"作为词素构成了5个复音词："睡卧""寝卧""偃卧""觉₂卧"[③]"卧具"。"卧"的反义词是"觉₂"，上古文献中常对举，如《庄子·应帝王》："泰氏，其卧徐徐，其觉于于。"《史记·高祖本

---

① "重₂"音chóng。

② "鹄₃"，通"鹤"，音hè。

③ "觉₂"音jiào。

纪》："行数里，醉，因卧……后人至，高祖觉。"上古汉语中还有"寐"。"寐"是西周出现的词，指入睡。"卧"出现之前，"寐""觉₂"常对举，如《诗·王风·兔爰》："尚寐无觉。"大约两汉时期，"卧"引申出躺伏义，如《论衡·雷虚》："吕后断戚夫人手，去其眼……惠帝见之，病卧不起。"魏晋以后，这个后起义逐渐取代本义，成为"卧"的常用义。

"睡"是战国中晚期出现的新词。坐着打瞌睡叫"睡"。《说文·目部》："睡，坐寐也。"《战国策·秦策一》："读书欲睡，引锥自刺其股，血流至足。"读书当为坐读，苏秦读书时坐着打瞌睡，以此亦可佐证"睡"的本义。战国时期，"睡"作为词素形成的复音词有"睡寐""睡卧"，词素"睡"都是指坐着打盹。大约中古以后，"睡"逐渐多用来泛指睡觉，并沿用至现代，是现代汉语中表示睡觉的基本词。

第三节 战国—秦新词发展为基本词汇的原因

社会发展是词汇系统演变的外部因素，词汇系统自身的发展是其演变的内部因素。战国—秦新词能够进入上古基本词汇系统与社会的发展和词汇的发展存在密切联系，是内外两种因素共同作用的结果。

一、外部因素

战国—秦时期能够成为上古基本词的新词中，有相当一部分是与客观事物和社会生活有关的新词，而表示自然现象和时空的词相对较少。这表明客观事物、社会生活的变化以及人们认知的深化是基本词汇系统变化的一个重要原因。

早在殷商西周时期，人们就对自然现象和时空有了较完整的认识，创造出一系列表达这些概念的基本词。这些词不仅在战国时期广泛使用，还沿用至今，词义基本未变，成为汉语基本词汇中最具稳固性的部分。进入战国—秦时期，随着人们对客观事物认识的进一步深入，大量新词被创造出来。其中一部分新词在战国时期广泛使用，并作为构词材料构成复音词，词义在后世发展中也保持稳固，它们进入了这一时期的基本词汇系统。比如，表示动植物名称的基本词"蚊""蛙""藜""菅"，表示人体器官的基本词"脑""肝""胆"，这些新词表达的客观事物早已存在，此时被人们所认识，因物赋名，创造的新词在战国时期成为基本词。同时，随着社会生活的进步和科技的发展，一些在战国时期出现的新事物新概念需要创造新词以满足交际的需求，一部分表示与人们生活密切相关的事物概念的词也在战国时期成为基本词汇。比如，与房舍有关的基本词"楼""庑""廊"，与食品有关的基本词"酪"，与冶炼工艺有关的基本词"铄""淬"，它们表达的都是战国时期社会生活发展的新生事物。

方言的影响也是基本词汇系统演变的原因之一。有些方言词进入通语后成为基本词。汪维辉在《关于基本词汇的稳固性及其演变原因的几点思考》一文中指出："凡是'突变性'的基本词新旧替换一定是外部因素导致的，通常就是通语的基础方言发生了变化。"[①]春秋战国之交，各国语言不统一，当时较为通行的语言称为雅言，类似今天的普通话、标准语。雅言是以黄河中下游地区的方言为基础的共同语，被战国早期文献广泛使用。《论语·述而》中有"子所雅言，《诗》、《书》、执礼，皆雅言也"的记载，可知孔子在诵读《诗》《书》和行礼时说的是雅言。战国中期，随着秦国的崛起，秦地方言逐步进入通语，其中一部分词就成为战国—秦时期的基本词。比如，"绔"，也作"袴"，本是关西方言。《方言》："袴，齐鲁之间谓之襱，或谓之襱，关西谓之袴。"战国末期，"绔"在文献中出现的频率增多，如《吕氏春秋·离谓》有"襦袴"，《韩非子·内储说上》有"弊袴"。"绔"在战国末期成为表示套裤的基本词。由秦地方言进入通语成为基本词的还有"笔"。殷商时期称笔为"聿"。《说文·聿部》："聿，所以书也。楚谓之聿，吴谓之不律，燕谓之弗。"又："笔，秦谓之笔。"朱骏声通训定声："秦以后皆作笔字。""聿"在先秦文献中未见笔义的用例，而"笔"在战国早期文献中就

---

① 汪维辉：《关于基本词汇的稳固性及其演变原因的几点思考》，载《厦大中文学报》（第二辑），厦门大学出版社2015年版，第33页。

已经出现。笔者利用北京大学中国语言学研究中心古代汉语语料库对"笔"的用例进行检索发现,"笔"在战国时期文献中共出现11次,其中7次出现在战国晚期文献中,这表明"笔"在战国晚期已经成为通语,得到广泛使用。

二、内部原因

战国—秦时期基本词汇的发展还与词汇自身的发展有直接的关系,词汇本身的变化是战国—秦时期基本词汇演变的内因。有关论著对此多有阐述,以下仅从词义和语音角度分析该时期基本词汇演变的内部机制。

词义的演变促使一部分词进入或退出基本词汇的系统。比如,战国以前表示肢体器官的基本词"领"在战国晚期词义发生了转移,由"脖子"转指"衣领","领"就逐渐退出了表示肢体器官的基本词汇系统,转而成为表示衣领的基本词,进入了与衣服有关的基本词汇系统。表示脖子的"颈",字形最早出现在春秋金文中,其"脖子"义的文献用例屡见于战国文献。到了"领"出现转指义"衣领"的战国晚期,"颈"就逐渐取代了"领"的位置,成为表示脖子的基本词。

词拥有义位的多寡也会对基本词汇系统产生影响。基本词汇中有相当一部分表示的是与人类生活密切相关的事物和概念。越是与人类生活联系紧密的事物和概念,从中提炼概括出的特征往往也越丰富,表达这些事物概念的词产生的引申义也就越多。如果一个基本词的义位过多,就会导致该词的语义负担过重,那么这个基本词就有可能被其他词代替。比如,上古时期表示脚的基本词是"足"。"足"的引申义很多,《汉语大词典》列出的义位达25个,其中上古义位有11个。[①]过多的义位促使"足"在中古以后逐步退出基本词汇的系统,取而代之的是"脚"。"脚"是战国晚期出现的新词,本义指小腿。战国—秦时期表示小腿的基本词不是"脚",而是"胫","脚"属于一般词汇。大约中古时期,"脚"的意义已经发生转移,转指足,并逐渐取代"足"成为基本词。又如,"目"是上古表示眼睛的基本词。《汉语大词典》列出

---

① 这里统计的义项不包含通假义项。

的"目"的义位有16个，其中上古义位有7个。①过多的义位促使"目"在后世发展中逐步被"眼"取代。"眼"也是战国新词，战国文献中都指眼珠，如《庄子·盗跖》《战国策·韩策二》有"抉眼"，这里的"眼"指眼珠。"眼"在中古时期已经可以表示眼睛，并逐渐在口语中广泛使用。现代汉语中，"眼"已经彻底取代"目"成为表示眼睛的基本词。

此外，语音也是造成基本词汇系统演变的因素。比如，"首""头"在战国时期都是表示头的基本词，前者最早出现在甲骨文中，后者最早出现在春秋晚期金文中。西汉之后，"头"的使用渐多，陆续在口语中代替了"首"。在现代汉语中，"首"已经完全退出了基本词汇系统，而"头"依然是基本词。汪维辉认为，"同音冲突"是造成"头""首"在基本词汇系统中更替的原因之一。"两个基本词同音，而且词性相同，分布相似，就容易导致表义不明晰，造成所谓的'同音冲突'。"②"首"和"手"在上古都是表示肢体器官的基本词，词性相同，声韵相同，这就容易导致理解上的混淆，形成同音冲突。而与"首"同义的"头"就可以避免与"手"发生语音上冲突，所以"首"在口语中逐步让位于"头"。当然，同音冲突只是造成"头""首"更替的一方面原因，另一方面的原因是"首"的义项过多。《汉语大词典》列出的"首"的先秦义位有10个，而"头"只有2个。"首"的语义负担明显重于"头"。另据张双棣统计，战国晚期文献《吕氏春秋》中，"首"出现了12次，其中6次表示脑袋，4次表示首位，2次表示开端，而"头"出现了12次，全部表示脑袋。③可见，"首"的引申义在先秦语用中占了相当大的比重，而"头"的意义就相对单一。总之，应该说，是语音和语义上的双重原因导致"首"逐步被"头"取代。

史存直《汉语史纲要》和王力《汉语史稿》所列307个上古汉语基本词

---

① 这里统计的义项不包含通假义义项。

② 汪维辉：《关于基本词汇的稳固性及其演变原因的几点思考》，载《厦大中文学报》（第二辑），厦门大学出版社2015年版，第35页。

③ 参见张双棣：《〈吕氏春秋〉词汇研究》（修订本），商务印书馆2008年版，第42页。

中，属于战国—秦新词的仅15个，分别为"脑""肌""肝""胆""楼""案""纺""箸""卧""裢""绔""韈（袜）""低""械""桥"，约占总数的4.9%，另外还有3个属汉代新词，分别为"缸""衫""鞿"，约占1.0%，其余289个上古基本词全部为战国以前出现的，约占94.1%。尽管《汉语史纲要》和《汉语史稿》中列出的这些基本词只是上古汉语中的一部分，但从战国—秦新词占比很小的情况观之，上古基本词汇系统在战国以前就已经基本形成，进入战国时，汉语已是较为成熟的语言。同时，从属于战国—秦新词的15个基本词表达的意义上可见，进入上古基本词汇系统的战国新词多是与社会生活有关的词。这表明社会发展是这一时期上古基本词汇系统演变的主要动因。此外，来自词汇系统内部的词义和语音因素也是促使上古基本词汇系统在战国—秦时期产生变化的原因。可以说，战国—秦新词能够进入上古基本词汇系统是内因和外因共同作用的结果。

成为基本词的战国—秦新词中，大部分表达的是战国以前文献中没有出现的概念，如"谿""霞""蚊""蛙""蛊""脑""肝""胆""廊""辇""楼""箸"等，表示的都是这一时期出现的新事物新概念，在后世相当长的时间内（至少在中古之前）这些概念往往只用这些词表达，几乎没有出现词的替换。当然，也有的战国—秦新词出现后取代了殷商西周时期汉语的基本词，比如前文讨论的新词"笔"就替代了甲骨卜辞中出现的"聿"，成为汉语中表示笔的基本词。还有一些新词与承古词同存于基本词汇系统中，举"船"为例。《说文》"舟""船"互训，两词义同。"舟"是甲骨卜辞中出现的词，"船"是战国中晚期出现的词。《庄子·渔父》："有渔夫者，下船而来。""船"本是关西方言。《方言》："舟，自关而西谓之船，自关而东或谓之舟。"战国末期，"船"逐渐进入通语，成为常用词，在文献中出现的频率逐渐增多。笔者利用北京大学中国语言学研究中心古代汉语语料库对"船"进行检索发现，仅《吕氏春秋》中"船"就出现12次，表明该词在战国末期已经得到广泛使用。战国末期"船"作为词素构成"并船""方船""船骥""船人""舲船"等复合词，说明此时"船"已经具备一定的能产性，可以视为基本词，与"舟"同属于古代汉语基本词。

第三章　战国—秦时期单音节新词

　　战国—秦时期的汉语中，单音词的数量和使用频率都超过了复音词。多位学者对战国文献中单音词和复音词做过统计，虽然同一部文献各家统计的数据存在一定出入，但是数据反映出的总体情况却是一致的，即战国文献中单音词所占比例超过复音词。比如，伍宗文对先秦十一部传世文献进行过全面统计，其中九部为战国文献。本书根据其统计的数据计算出这九部战国文献中单音词占各自总词数的比例，具体数字如下表：

表2　战国文献中单音词占各文献总词数的比例①

	论语	左传	墨子	孟子	庄子	商君书	荀子	韩非子	吕氏春秋
单音词数	1150	2992	2641	1589	3205	906	2397	2278	2844
总词数	1479	4177	3977	2240	5170	1353	3753	3762	3992
占比	77.8%	71.6%	66.4%	70.9%	62.0%	67.0%	63.9%	60.6%	71.2%

　　九部文献的单音词占总词数的比例均超过60%。伍宗文还对《论语》和《吕氏春秋》中单音词和复音词的使用频率做过比较，具体数字如下表：

---

　　① 表格中九部战国文献的单音节词数量和总词数均来自伍宗文的统计。参见伍宗文：《先秦汉语复音词研究》，巴蜀书社2001年版，第362页。

表3 《论语》《吕氏春秋》单音词及复音词使用频率[①]

	论语			吕氏春秋		
	词数	使用次数	平均	词数	使用次数	平均
单音词	1079	12690	11.8	2704	81400	30.1
复音词	329	838	2.5	1148	4165	3.6

《论语》中单音词使用频率是复音词的4.7倍，《吕氏春秋》中单音词使用频率更高，是复音词的8.4倍。可见，无论是战国早期文献《论语》，还是战国晚期文献《吕氏春秋》，单音词的使用频率都远远高于复音词。根据上面两表显示的数据可以得出结论：战国—秦时期单音词在汉语中占主导地位。

战国—秦时期出现了大量的单音节新词。据本书统计，战国—秦文献中出现的单音节新词共3252个，其中既有不为现代人熟知的冷僻词，也有很多词沿用至今，甚至成为现代汉语常用词。本章将考察战国—秦单音节新词的基本情况，并分析这一时期单音词的造词方式。

第一节 战国—秦单音节新词概况

战国—秦时期产生的单音节新词中，有的是利用战国以前的语言材料创造出来的，与战国以前出现的词存在音义或书写形式上的联系；有的则是通过音义任意结合创造出来的，并另造新的书写形式，与战国以前出现的词没有联系。下面将从词义和字形两个方面考察新词与战国以前出现的词之间的关系，呈现这一时期单音节新词的总貌。

一、从词义角度看战国—秦单音节新词

根据词义，战国—秦单音节新词可以分为两类：一类表示的是战国—秦时期新出现的事物或概念，另一类表示的是战国以前既有的事物或概念。如果

---

① 表3引自伍宗文《先秦汉语复音词研究》。表2、表3中《论语》《吕氏春秋》单音词数据不一致，经查，《先秦汉语复音词研究》原文如此。参见伍宗文：《先秦汉语复音词研究》，巴蜀书社2001年版，第371页。

某种事物或概念是战国以前文献中没有出现过的，就认为这种事物或概念是战国—秦时期新出现的；反之，如果是战国以前文献中已经出现的，就认为这种事物或概念是战国以前既已存在的。

（一）表示新事物或新概念的词

战国—秦时期，随着社会生活的丰富和人们对客观世界认识能力的提高，语言中产生了大量的单音节新词来表示这一时期出现的新事物和新概念。下面分别举例说明。

1.表示名物的单音节新词

阉：被阉割的人。指宫中守门的太监。后为太监的通称。《国语·晋语二》："公令阉楚刺重耳，重耳逃于狄。"

糗：炒熟的米麦等干粮。《左传·哀公十一年》："国人逐之，故出，道渴，其族辕咺进稻醴粱糗腵脯焉。"

疣：皮肤病名。《庄子·大宗师》："彼以生为附赘悬疣，以死为决疯溃痈，夫若然者，又恶知死生先后之所在！"

炱：火烟凝积成的黑灰。《吕氏春秋·任数》："向者煤炱入甑中，弃食不祥，回（颜回）攫而饮之。"

騄：家畜名。公驴和母马交配所生的家畜。《吕氏春秋·爱士》："赵简子有两白騄而甚爱之。"

楸：木名。落叶乔木，叶子三角状卵形或长椭圆形，花冠白色，有紫色斑点，木材质地细密。可供建筑、造船等用。《庄子·人间世》："宋有荆氏者，宜楸、柏、桑。"

2.表示动作的单音节新词

舐：以舌舔物。《庄子·田子方》："宋元君将画图，众史皆至，受揖而立，舐笔和墨，在外者半。"

蹉：足骨折断，也泛指骨折。《韩非子·说林下》："此其为马也，蹉肩而肿膝。"

讆：吹捧坏人。《管子·形势解》："毁訾贤者之谓訾，推誉不肖之谓讆。"

禅：古代帝王祭祀土地山川。《管子·地数》："封于泰山，禅于梁父，封禅之王，七十二家。"

3.表示性状的单音节新词

辁：车毂匀整齐一。《周礼·考工记·轮人》："望其毂，欲其辁。"

黝：淡青黑色。《周礼·地官·牧人》："凡阳祀，用骍牲毛之；阴祀，用黝牲毛之。"

齫：无齿貌。《荀子·君道》："则夫人行年七十有二，齫然而齿堕矣。"

讱：语言迟缓谨慎。《荀子·正名》："外是者谓之讱，是君子之所弃，而愚者拾以为己宝。"

皏：淡白色。《素问·风论》："肺风之状，多汗恶风，色皏然白，时欬短气。"

膑：腻，油脂多。《吕氏春秋·本味》："咸而不减，辛而不烈，澹而不薄，肥而不膑。"

4.表示数量的单音节新词

畦：古代土地面积单位，通常为五十亩。《庄子·天地》："有械于此，一日浸百畦，用力甚寡而见功多，夫子不欲乎？"

稯：古代计算禾把的单位。四十把为一稯。《国语·鲁语下》："其岁，收田一井，出稯禾、秉刍、缶米，不是过也。"

秅：古代计算禾把的单位。十稯为一秅。《周礼·秋官·掌客》："车三秅，刍薪倍禾。"

辈：古代一百辆车或六十骑为一辈。《六韬·均兵》："三十骑为一屯，六十骑为一辈。"

镒：古代重量单位。合二十两，一说二十四两。《墨子·号令》："又赏之黄金，人二镒。"

以上列举的新词表示的均为战国以前文献中没有出现过的事物或概念。在实际情况中，这些事物概念或许在战国以前已经出现，但是以书面语的形式被文献记录下来，却是战国—秦时期的事，因此把它们视作战国—秦时期出现的新事物新概念。

同一个新事物或新概念会出现两个或以上新词来表示，新词之间构成同义关系。例如：

墣、块 "墣"和"块"都表示土块。《说文·土部》："凷，墣也。从土，一屈象形。块，凷或从鬼。"又："墣，块也。"《国语·吴语》："王寐，畴枕王以墣而去之。"又《晋语四》："（重耳）过五鹿，乞食于野人，野人与块以与之。""墣"在西汉初期文献中仍有用例。《淮南子·说林训》："土胜水者，非以一墣塞江也。"此后就很少使用了，而"块"的本义一直沿用至清代。《红楼梦》第六四回："贾珍贾蓉此时为礼法所拘，不免在灵旁籍草枕块，恨苦居丧。"现代汉语中，用复音词"土块"表示土块这个概念。

隄、塘 "隄"，也作"堤"，与"塘"本义都指堤坝。《说文》中"隄"与"塘"互训。《说文·土部》："塘，隄也。"又《昌部》："隄，唐也。"段玉裁注："唐，塘，正俗字。"《篇海类编·地理类·阜部》："隄，亦作堤。"《左传·襄公二十六年》："宋芮司徒生女子，赤而毛，弃诸堤下。"《庄子·达生》："被发行歌而游于塘下。" 战国时"塘"亦表水池。《国语·周语下》："陂塘汙庳，以钟其美。""塘"的"堤坝"义和"水池"义至今仍存。现代汉语中有"塘堰""塘坝"，又有"池塘""鱼塘"。"隄"，今写作"堤"，本义沿用至今。

（二）表示旧事物或旧概念的词

大量战国—秦单音节新词表达的是战国以前文献中已经出现过的事物或概念，与战国以前出现的词形成同义关系。下面分别举例说明。

1.表示名物的单音节新词

鞈：生皮。《墨子·备穴》："令陶者为罂，容四十斗以上，因顺之以薄鞈革。"

"鞈"本义指生皮。《说文·革部》："鞈，生革，可以为缕束也。"战国前表示生皮的词有"鞹"和"革"，如《诗·齐风·载驱》："载驱薄薄，簟茀朱鞹鞹。"又《召南·羔羊》："羔羊之革，素丝五緎。""鞹""革"在战国时期依然使用，如《论语·颜渊》："虎豹之鞟，犹犬羊之鞟。""鞟"，同"鞹"。《墨子·备城门》："持水者必以布麻斗、革盆。"新词"鞈"与承古词"鞹""革"形成同义关系。

蝉：俗称蜘蟟、知了。《荀子·大略》："饮而不食者，蝉也。"

"蝉"本指知了。《说文·虫部》："蝉，以旁鸣者。""蝉"在战国早期就已经出现。《逸周书》中有复音词"寒蝉"。《逸周书·时训》："立秋之日，凉风至；又五日，白露降；又五日，寒蝉鸣。"战国以前，知了称"蜩"。《诗·豳风·七月》："五月鸣蜩。""蜩"在战国时期中依然使用，如《庄子·逍遥游》："蜩与学鸠笑之。"新词"蝉"与承古词"蜩"在战国时期是同义词。

窍：洞，孔穴。《庄子·齐物论》："夫大块噫气，其名为风，是唯无作，作则万窍怒呺。"

"窍"本义为洞穴。《说文·穴部》："窍，空也。"战国以前表示洞穴的词是"穴"。《易·需》："需于血，出自穴。""穴"在战国文献中依然使用，如《墨子·辞过》："古之民未知为宫室时，就陵阜而居，穴而处。"新词"窍"与承古词"穴"形成同义关系。

葩：麻。《吕氏春秋·士节》："捆蒲苇，织萉屦。"

"萉"本指麻子。《说文·艸部》："萉，枲实也。"战国时，"萉"引申为麻，《吕氏春秋》中的"萉屦"即指以麻织成的鞋。西周春秋时期已有"麻""枲"等词表示麻。《诗·陈风·东门之池》："东门之池，可以沤麻。"《书·禹贡》："厥贡漆、枲、缔、纻。"新词"萉"与承古词"麻""枲"在战国时期形成同义关系。

嫠：寡妇。《左传·襄公二十五年》："嫠也何害，先夫当之矣。"

"嫠"本指寡妇。《说文·女部》："嫠，无夫也。"战国时还出现复音词"嫠妇"，与"寡妇"义同。《左传·昭公十九年》："初，莒有妇人，莒子杀其夫，已为嫠妇。"西周时期用"寡"表示丧夫之妇。《诗·小雅·鸿雁》："爰及矜人，哀此鳏寡。""寡"在战国文献中依然使用，如《孟子·梁惠王下》："老而无妻曰鳏，老而无夫曰寡。"西周文献中还出现了复音词"寡妇"。《诗·小雅·大田》："彼有遗秉，此有滞穗，伊寡妇之利。"新词"嫠""嫠妇"与承古词"寡""寡妇"义同。

宸：屋檐。《国语·越语上》："君若不忘周室而为弊邑宸宇，亦寡人之愿也。"

霤：屋檐。《左传·定公九年》："先登，求自门出，死于霤下。"

檐：屋檐。《尔雅·释宫》："檐谓之樀。"

樀：屋檐。《尔雅·释宫》："檐谓之樀。"

战国以前，表示屋檐的词有"宇"。《诗·豳风·七月》："七月在野，八月在宇，九月在户，十月蟋蟀入我床下。""宇"在战国文献中依然使用。《易·系辞下》："上栋下宇，以待风雨。"战国新词"宸""霤""檐""樀"都表示屋檐。"宸"本义指屋檐。《说文·宀部》："宸，屋宇也。"《国语》中的"宸宇"是联合式复合词。"霤"本义指屋檐的流水。《说文·雨部》："霤，屋水流也。"战国时引申为屋檐。《左传》"死于霤下"的"霤"即指屋檐。"檐""樀"均始见于《尔雅》，本义同"宸"。《说文·木部》："檐，樀也。"又："樀，户樀也。从木啻声。"新词"宸""霤""檐""樀"与承古词"宇"在战国—秦时期为同义关系。

2.表示动作的单音节新词

塓：涂抹。《左传·襄公三十一年》："圬人以时塓馆宫室。"

"塓"是战国早期出现的新词，本义指涂抹。《说文·新附·土部》："塓，涂也。"战国以前表示涂抹的词有"涂"。《书·梓材》："若作室家，既勤垣墉，惟其涂塈茨。""涂"在战国文献中依然使用。《战国策·赵策一》："乃变名姓，为刑人，入宫涂厕。"新词"塓"与承古词"涂"在战国时期为同义词。

缚：捆绑。《左传·文公二年》："晋襄公缚秦囚，使莱驹以戈斩之。"

"缚"本义指捆绑。《说文·糸部》："缚，束也。"战国以前表示捆绑的词有"束"。《诗·小雅·白华》："白华营兮，白茅束兮。""束""缚"在战国时期是同义词，并连缀成"束缚"。《国语·齐语》："于是庄公使束缚以予齐使，齐使受之而退。"

偫：储备，积储。《国语·周语中》："收而场工，偫而畚挶。"

储：蓄积，储存。《韩非子·十过》："仓无积粟，府无储钱，库无甲兵，邑无守具。"

"偫"为战国早期新词，"储"为战国中晚期新词，二词本义都指储备。

《说文·人部》："偫，待也。"又："储，偫也。"战国时期表储备的承古词有"备"，此字卜辞已见，"储备"义的用例见于战国文献。《墨子·七患》："故仓无备粟，不可以待凶饥；库无备兵，虽有义不能征无义。"新词"储""偫"和承古词"备"在战国时期形成同义关系。

扮：握持。《战国策·魏策二》："又身自丑于秦，扮之请焚天下之秦符者，臣也。"

把：执，握持。《战国策·燕策三》："臣左手把其袖，右手揕其胸。"

捉：握持。《左传·僖公二十八年》："叔武将沐，闻君至，喜，捉发走去。"

"扮""把""捉"本义相同。《说文·手部》："把，握也。"又："扮，握也。"又："捉，搤也。从手足声。一曰握也。"战国以前表示握持的词有"握""秉""持"等，本义均指握。"握""秉"在《诗经》中有本义用例。《诗·小雅·小宛》："握粟出卜。"又《商颂·长发》："有虔秉钺。""持"在春秋金文中已出现，传世文献用例如《战国策·赵策四》："媪之送燕后也，持其踵为之泣。"战国时期，新词"扮""把""捉"与承古词"握""秉""持"是同义词。

拣：选择；挑选。《逸周书·酆保》："十败……五，比党不拣。"

"拣"本指挑选。《广雅·释诂一》："拣，择也。"《逸周书·酆保》中"比党不拣"的"拣"即表本义。战国以前表示挑选的词有"选""择"。《九年卫鼎》铭文："选皮二。"[1]《书·洪范》："稽疑，择建立卜筮人。""选"和"择"在战国时期还形成复音词"选择"。《墨子·尚同中》："是故选择天下贤良圣知辩慧之人，立以为天子。"战国时期，新词"拣"和承古词"选""择"形成同义关系。

搏：抑制。《荀子·儒效》："不恤是非、然不然之情，以相荐撙，以相耻怍，君子不若惠施、邓析。"

"搏"为战国晚期新词，本义为抑制。《广韵·混韵》："搏，挫趋。"战国以前表示抑制的词有"抑"。《书·无逸》："厥亦惟我周太王王季，

---

① 《殷周金文集成》5.2831。

克自抑畏。""抑"在战国文献中依然使用。《战国策·秦策一》："约纵散横，以抑强秦。"新词"搏"和承古词"抑"在战国时期形成同义关系。

3.表示性状的单音节新词

怊：悲哀。《楚辞·九章·哀郢》："发郢都而去闾兮，怊荒忽其焉极。"

悷：悲伤。《楚辞·九辩》："靓杪秋之遥夜兮，心缭悷而有哀。"

"怊""悷"都表示悲伤。"怊"为《说文·新附》字，《说文·新附·心部》："怊，悲也。"《说文》无"悷"字。《广韵·霁韵》："悷，懔悷，悲吟也。"战国以前表示悲伤的词有"悲""伤""哀"等。《诗·小雅·采薇》："行道迟迟，载渴载饥。我心伤悲，莫知我哀。"新词"怊""悷"与承古词"悲""伤""哀"在战国时期为同义关系。

齵：参差不齐。《周礼·考工记·轮人》："察其菑蚤不齵，则轮虽敝不匡。"

人齿参差不齐谓之"齵"。《说文·齿部》："齵，齿不正也。"战国时期，"齵"泛指参差不齐的样子。《周礼·考工记·轮人》："察其菑蚤不齵，则轮虽敝不匡。"西周时期，联绵词"参差"表示不齐。《诗·周南·关雎》："参差荇菜，左右流之。""齵"与"参差"同义。

慄：恐惧。《逸周书·官人》："导之以利，而心迁移；临慑以威，而气慄惧，日鄙心而假气者也。"

慑：恐惧。《墨子·七患》："君修法讨臣，臣慑而不敢拂。"

兇：恐惧。《左传·僖公二十八年》："师迁焉，曹人兇惧，为其所得者棺而出之。"

"慄""慑""兇"本义相同。《玉篇·心部》："慑，惧也。"《说文·凶部》："兇，扰恐也。"《玉篇·心部》："慄，恐惧也。"战国以前表示恐惧的词有"畏""惧""恐"，它们都是殷商西周出现的词。《诗·大雅·烝民》："不侮矜寡，不畏强御。"又《小雅·谷风》："将恐将惧，维予与女。"《书·盘庚中》中有"恐人倚乃身，迂乃心"，这里的"恐"表担心，是引申义。战国时期，"畏""惧""恐"仍沿用，与新词"慄""慑""兇"同义。

漻：清澈貌。《庄子·天地》："夫道，渊乎其居也，漻乎其清也。"

"瀏"本义指清澈。《说文·水部》："瀏，清深也。"战国以前表示水流清澈义的词有"清"和"潊潊"。《诗·郑风·溱洧》："溱与洧，浏其清矣。"又《唐风·扬之水》："扬之水，白石潊潊。"新词"瀏"与承古词"清""潊潊"义同。

以上列举的单音节新词表示战国以前文献中已出现的事物或概念，与表示相同事物或概念的承古词形成同义关系。与承古词相比，新词在战国—秦文献中的使用频率相对较低。例如，"恐""惧""畏""慄""慴""兇"六词均为表示恐惧害怕的单音词，其中"恐""惧""畏"是承古词，"慄""慴""兇"是新词。笔者利用北京大学中国语言学研究中心古代汉语语料库对"慄""慴""兇"在战国文献中表示恐惧害怕的用例进行检索时发现，三个新词中"慄"只在《逸周书》中出现过1次，其他战国文献未见；"兇"只在《左传》中出现过2次"恐惧"义的用例，其他战国文献未见本义用例。即使是使用相对频繁的"慴"，其文献用例也仅为14例。相比之下，承古词"恐""惧""畏"的使用频率均过百次，且由它们构成的复音词"恐惧""畏惧"等在现代汉语书面语中仍然常用。可见，与承古词表达同一概念的新词出现后，短时间内往往不能得到广泛使用，而承古词由于拥有良好的语用基础而表现出强大的生命力。

从新词的后世发展上看，新词与承古词彼此消长，这些词的存亡有三种情况：有的战国—秦新词在后世逐渐代替了承古词，成为常用词；有的则在出现后很快消亡了；还有的与承古词共存，沿用至今。例如，上文列举的新词"檐"后来逐步取代了承古词"宇"，成为现代汉语中表示屋檐的常用词，而其他三个同义新词"宸""雷""楣"随着汉语的发展逐步被淘汰，现代汉语中已不再使用。又如，表示生皮的"鞈"在《墨子》《吕氏春秋》中都有本义用例，但秦以后则很少使用，而战国以前出现的"革"则具有很强的稳固性，是古代汉语中表示生皮的基本词。有的战国新词与承古词在很长时间内能同时共存，甚至一直沿用至今。比如，战国新词"拣"在后世汉语中成为表示选择的常用词，战国以前出现的"选""择"也一直使用，并没有被"拣"取代，新旧词并存共生。明清时期又出现了新词"挑"。"选""择""拣""挑"四词沿用至今，体现了词汇日益丰富、精准、便宜的发展趋势。

二、从字形角度看战国—秦单音节新词

字与词存在一定的对应关系。"在上古汉语中以单音词为主，就单音词来说，一个词就写成一个汉字。"[1]从字形上看，一部分战国—秦单音节新词是以构造新的字形来记录的，另一部分则借用既有的字形记录新词。下面分别举例说明。

（一）构造新字形记录新词

箠：马鞭。《管子·形势解》："弱子下瓦，慈母操箠。"

鉨：储钱器。睡虎地秦墓竹简《秦律十八种·关市》："为作务及官府市，受钱必辄入其钱鉨中。"

鹏：传说中最大的鸟。《庄子·逍遥游》："北冥有鱼，其名为鲲。鲲之大不知其几千里也。化而为鸟，其名为鹏。"

羈：拴缚马足的绳索；绊子。《庄子·马蹄》："连之以羁羈，编之以皂栈。"

猋：犬奔貌。《楚辞·九歌·云中君》："灵皇皇兮既降，猋远举兮云中。"

猎：犬吠声。《楚辞·九辩》："猛犬猎猎而迎吠兮，关梁闭而不通。"

览：考察。《楚辞·离骚》："阽余身而危死兮，览余初其犹未悔。"

悕：畏怯，恐惧。引申为虚弱貌。《灵枢经·寒热病》："精泄则病甚而悕。"

以上新词的字形在战国前均未出现，是为了记录新词构造出的。从字形结构上看，新造字的构造方式以形声为主，少数为会意。上面列举的"箠""鉨""鹏"均为形声字。"鉨"和"箠"见于《说文》。《说文·竹部》："箠，击马也，从竹垂声。"又《缶部》："鉨，受钱器也。从缶后声。"《说文》无"鹏"字，"鹏"从鸟朋声。上面列举的"羈""猋""猎"是会意字。《说文·马部》："羈，绊马也。从马，口其足。"又《犬部》："猋，犬走貌。从三犬。"《说文》无"猎"字。《集韵·平谆》："猎，犬吠声。""猎"当是会意字，从犬从言。除形声字和会意字外，新字形中还

第三章 战国—秦时期单音节新词

159

---

[1] 蒋绍愚：《古汉语词汇纲要》，商务印书馆2005年版，第28页。

出现了会意兼形声字。上面列举的"览""悝"即为会意兼形声。《说文·见部》："览，观也。从见、监，监亦声。"又《心部》："悝，怯也。从心、匡，匡亦声。"

这一时期的新词之所以采用以形声为主的造字方式，一是因为社会的剧烈变动和生活的日益丰富所形成的巨量文化需求，二是因为形声字的特点更适合记录新词。汉字属于表意文字，字形字义关系密切。形声造字合二形为一字，义音相伴，既具表意功能，又可直读其音，方便直观，无须另辟蹊径。采用同一声符而增加或改变义符的方式创制新字，即可短时间内产生大批同声符的形声字。实际上，在整个汉字繁衍的历史中，象形是基础，形声才是造字主流。此外，王宁在《训诂学原理》中指出，一部分形声字的声符有助于显示词源。"周秦时代，这种声符示源的形声字大量产生，这是因为周秦时代是汉语词汇派生的高峰期，所以这一时期同声符的同源字比例很大。"[1] 当然，同声符不代表同词源，同词源也不一定同声符。不过战国—秦时期确实出现了一些具有同声符的形声字记录同源词的情况。比如，新词"庳"与承古词"婢"为同源词，二者字形均为形声字，共用声符"卑"；新词"麖""鲸"为同源词，二者字形均为形声字，共用声符"京"。可见，词的同源派生一定程度上可以引起同声符的形声字孳乳。至于有少数新词以会意的方式构造新字，是因为会意字常由两个或三个象形字相合汇成一字，虽不能表音，但也便于领悟其义。

（二）借用已有字形记录新词

献$_2$[2]：古代一种滤酒方法。《周礼·春官·司尊彝》："凡六尊六彝之酌，郁齐献酌。"郑玄注："献读为摩莎之莎，齐语声之误也。煮郁和鬯以盏酒，摩莎沛之，出其香汁也。"

表示滤酒的"献$_2$"是战国新词，借用的是表示进献的"献"的字形。"献"本义指祭宗庙所用之犬，上古音属晓母元部。《说文·犬部》："献，宗庙犬名羹献。犬肥者以献之。"西周文献中，"献"引申为动词，表示进

汉语词汇通史 战国—秦卷

---

① 王宁：《训诂学原理》，中国国际广播出版社1996年版，第131页。

② "献$_2$"音suō。

酒。《诗·大雅·行苇》："或献或酢。"郑玄笺："进酒于客曰献。"战国时期，借用"献"的字形表示一种滤酒方法。表示滤酒的"献₂"上古音属心母歌部，与表示进酒的"献"在语音、词义上都没有关系。这两个"献"是两个词，共享一种书写形式。

洒₅^①：惊异貌。《庄子·庚桑楚》："庚桑子之始来，吾洒然异之。"

形容惊异貌的"洒₅"是战国新词，借用的是表示淋水的"洒"的字形。"洒"本指在地面上淋水，在卜辞中已经出现，春秋文献中亦有用例，如《诗·唐风·山有枢》："子有廷内，弗洒弗扫。"战国时期，借用"洒"的字形表示惊异。表示淋水的"洒"与表示惊异的"洒₅"为两个词，共享一种书写形式。

溺₂^②：尿。小便。《庄子·知北游》："庄子曰：'在屎溺。'"

表示小便的"溺₂"是战国新词，借用的是表示溺水的"溺"的字形。"溺"在《说文》中训为水名。《说文·水部》："溺，水。自张掖删丹西至酒泉合黎，余波入于流沙。"西周时"溺"表示水淹，引申为陷于危难的境地。《诗·大雅·桑柔》："其何能淑？载胥及溺。"战国时，借用"溺"的字形表示小便。表示水淹的"溺"与表示小便的"溺₂"是两个词，共享一种书写形式。

上例中有的新词与被借用字形的词语音、字形皆一致，有的仅字形相同，而语音迥异。创造新词却没有创造新字，而是借用他词的书写形式，这是运用了假借之法。从文字形式上看，上述各组是假借字和本字的关系。从词的内容和语音上看，战国新词与拥有同一字形的承古词各自概括一个独立的概念，即使读音相同，也属偶合现象。总之，这些战国新词与承古词具有同一书写形式，但形同义异，字同词异。

---

① "洒₅"音sěn。

② "溺₂"音niào。

第二节 战国—秦单音节新词的造词方式

王宁在《训诂学原理》中把汉语词汇的产生和积累过程分为三个阶段：原生阶段、派生阶段和合成阶段。汉语单音词主要产生于原生阶段和派生阶段，两个阶段的造词方式分别是原生造词和派生造词。原生造词通过音义任意结合或摹拟声音等手段创造语词，派生造词通过同源派生创造语词。[1]从文献材料上看，西周时期原生造词占主导地位，而东周时期派生造词已经相当活跃。[2]战国—秦时期，派生造词产生的单音词已经积累到相当大的数量，足以支撑汉语造词进入合成阶段，通过合成造词产生大量合成词。

原生阶段和派生阶段在时间上没有绝对清晰的界限。虽然派生造词在战国—秦时期产生大量新词，但是原生造词在这一时期依然存在，有相当多的战国—秦单音节新词是通过音义任意结合产生的。可以说，原生造词和派生造词都是战国—秦时期单音词产生和积累的主要方式。

一、原生造词

（一）音义任意结合

战国—秦时期，一部分单音节新词的音义关系很难解释，无法找出两者之间的联系。这部分词是通过原生造词的方式产生的，音义结合存在偶然性。比如：

䝤：传说中一种似牛的野兽。《山海经·西山经》："有兽焉，其状如牛而苍黑，大目，其名曰䝤。"

豜：古代北方的一种野狗。《周礼·夏官·射人》："士以三耦射豜侯。"

侠：旧时指有武艺、见义勇为、肯舍己助人的人。《韩非子·五蠹》："儒以文乱

---

① 参见王宁：《训诂学原理》，中国国际广播出版社1996年版，第146—148页。

② 侯月明认为西周时期是原生词大量产生的时期。这一结论是在对西周单音词进行了穷尽式研究的基础上得出的，当可信。同时，王宁指出，周秦时代是汉语词汇派生的高峰期，这一时期积累了大量的同源词。参见侯月明：《基于〈汉语大词典〉语料库的西周词汇研究》，山东大学博士学位论文，2012年，第93页；王宁：《训诂学原理》，中国国际广播出版社1996年版，第147页。

法，侠以武犯禁，而人主兼礼之，此所以乱也。"

笞：用鞭、杖或竹板打人。《管子·形势解》："弱子，慈母之所爱也，不以其理动者，下瓦则慈母笞之。"

寄：委托。《论语·泰伯》："可以托六尺之孤，可以寄百里之命，临大节而不可夺也——君子人与? 君子人也。"

禅：古代帝王祭祀土地山川。《管子·地数》："封于泰山，禅于梁父，封禅之王，七十二家。"

湫：低下。《左传·昭公三年》："子之宅近市，湫隘嚣尘，不可以居，请更诸爽垲者。"

宄：闲散。《周礼·地官·稾人》："稾人掌共外内朝宄食者之食。"

瘦：肌肉不丰满；脂肪少。《韩非子·内储说下》："中山有贱公子，马甚瘦，车甚弊。"

以上新词的读音与词义是任意结合的。

（二）摹声造词

通过摹拟客观事物发出的声音创造语词的摹声造词法是早期汉语造词的方法之一。战国—秦时期，一部分单音节新词就是通过描摹人类或自然界中的声音创造出来的。

1. 摹拟自然界声音或外力打击的反射声

窾：逆风声。《庄子·天下》："其风窾然，恶可而言。"郭象注："逆风所动之声。"

"窾"摹拟狂风吹过的声音。

曝：形容物体落地或迸裂声。《庄子·知北游》："神农隐几拥杖而起，曝然放杖而笑。"

"曝"摹拟放杖时发出的声音。

騞：刀裂物的声音。《庄子·养生主》："庖丁为文惠君解牛，手之所触，肩之所倚，足之所履，膝之所踦，砉然响然，奏刀騞然，莫不中音。"

砉：象声词。形容雷声、水声、断裂声、关门声等。常用以形容破裂声、折断声、开启声、高呼声等。《庄子·养生主》："砉然向然，奏刀騞然。"

"騞""砉"在《庄子·养生主》中摹拟刀具劈开物体发出的声音。

2.摹拟人或动物的声音

謦：咳嗽声。《庄子·徐无鬼》："夫逃空虚者，藜藋柱乎鼪鼬之径，踉位其空，闻人足音跫然而喜矣，又况乎昆弟亲戚之謦欬其侧者乎？"

吤：喉中哽塞所发声。《灵枢经·邪气藏府病形》："岐伯曰：'臣请言五藏之病变也……微缓为伏梁，在心下，上下行，时唾血。大甚为喉吤。'"

"謦""吤"都摹拟人发出的声音。"謦"摹拟人咳嗽之声。《说文·言部》："謦，欬也。""吤"摹拟喉咙哽塞时发出的声音。

嗾：口中发出声音来指使狗。《左传·宣公二年》："公嗾夫獒焉，明（提弥明）搏而杀之。"

"嗾"摹拟的是嘴里发出的指使狗咬人的声音。《说文·口部》："嗾，使犬声。"

嗥：吼叫。《左传·襄公十四年》："赐我南鄙之田，狐狸所居，豺狼所嗥。"

"嗥"摹拟野兽吼叫的声音。《说文·口部》："嗥，咆也。"《广韵·豪韵》："嗥，熊虎声。"

二、派生造词

利用既有的词可以增殖出大量的派生词。人们利用原生词的语音创造新词，来表达一些在特征上与原生词所指相近或相关的事物概念。派生词往往在读音和意义上与原生词或者同源的其他派生词存在"音近义通"的联系。比如，"求"表示谋求，联想到用财物贪求私利，就创造出新词"赇"来表示行贿。《韩非子·八经》："尊私行以贰主威，行赇纳以疑法。"语音上，新词"赇"与源词"求"相同；词义上，"赇"是由"求"引申分化而来。"求""赇"是源词与派生词的关系。

由同源派生造词产生的战国—秦单音节新词中，既有能够确定源词、与源词形成源流关系的新词，也有无法确定源词、与同源的其他派生词形成同源关系的新词。比如，战国时期出现的表示耳饰的新词"珥"是从表示耳朵的"耳"派生出来的。"耳"在卜辞中就已经出现，是"珥"的源词。"耳"和

"珥"就是源和流的关系，前面讨论的"求"和"赇"也形成源流关系。无法确定源词的，如这一时期出现的新词"哽""鲠"，它们与承古词"梗"是同源关系，应该是从同一个表示阻塞的源词派生出来的，但是限于目前的语言资料，这个源词究竟是什么尚无法追溯。

"音近义通"是判断一个词是否是通过派生造词创造出来的基本原则。如果几个词表示相同、相近或相关的概念，语音相同或相近，那么这些词就是音近义通的关系。音近义通的几个词之间为源流关系或同源关系，是一组同源词。下面将从音义的角度分析战国—秦时期通过同源派生产生的新词。

（一）语音关系

词在派生过程中语音有时保持不变，有时发生细微变化，由是源词与派生词之间或者派生词与派生词之间的语音关系呈现出声韵相同和相近两种情况。

1. 声韵相同

源流关系或者同源关系的几个词声纽和韵部有可能相同。下面列举的战国—秦新词完全借用了源词的语音，与源词或同源的其他词形成同声韵关系。

饼：古称烤熟或蒸熟的面食。《墨子·耕柱》："见人之作饼，则还然窃之。"

"饼"是由"并"派生出来的。"并"在卜辞中已经出现，本义为合并。《说文·从部》："并，相从也。""并"直接派生出具有"合并"义素的新词"饼"。刘熙《释名·释饮食》："饼，并也。溲面使合并之。""饼"的命名是取面水合并之意。从语音上看，"饼"完全继承了"并"的声纽和韵部。"并"上古属帮母耕部，"饼"上古也属帮母耕部，两词声韵相同。

輮：车轮的外框。《周礼·考工记·车人》："行泽者反輮，行山者仄輮。"

"輮"是由"柔"派生出来的。"柔"在西周时期已经出现，本义指草木始生。《说文·木部》："柔，木曲直也。"《诗·小雅·采薇》："采薇采薇，薇亦柔止。"幼嫩的植物特点是曲软，由这个特征派生出"輮"。车轮的外框弯曲呈圆形，所以称为"輮"。从语音上看，"柔"上古属日母幽部，"輮"上古也属日母幽部，两词声韵相同。

战国—秦时期，同一个源词有时会派生出两个或两个以上的新词，这些同源的新词之间有的也存在声韵相同的情况。比如：

倪：幼儿。《孟子·梁惠王下》："反其旄倪。"朱熹集注："旄，老人也；倪，小儿也。"

鯢：动物名。俗称娃娃鱼。《尔雅·释鱼》："鯢大者谓之鰕。"

麛：幼鹿。《仪礼·士相见礼》："上大夫相见以羔，饰之以布，四维之结于面，左头如麛执之。"贾公彦疏："麛是鹿子，与鹿同时献之。"

"倪""鯢""麛"是一组同源词，都是由"兒"派生来的。"麛"指幼鹿，"倪"指小儿，两词的词义都与小有关。"鯢"本指娃娃鱼。《尔雅·释鱼》："鯢大者谓之鰕。"郭璞注："今鯢鱼似鲇，四脚，前似猕猴，后似狗，声如小儿啼。"战国文献中"鯢"多表示小鱼。《管子·轻重甲》："原鱼以为脯，鯢以为殽。"可见"鯢"的词义也与小有关。"倪""鯢""麛"词义中都含有共同的义素"小"。从语音上看，"倪""鯢""麛"在上古都属疑母支部，三个词声纽和韵部都相同。

2. 声韵相近

在语词派生的过程中，语音有时会出现细微分化，源词与派生词之间或派生词与派生词之间声纽韵部存在些许差异。王力指出，音近的同源词声韵上的差异包括声纽关系为准双声、旁纽、准旁纽及少数邻纽，韵部关系为对转、旁转、旁对转、通转。[1]下面列举的战国—秦新词与源词形成声韵上的相近关系。

绔：套裤。《墨子·非乐中》："因其羽毛，以为衣裘，因其蹄蚤，以为绔屦。"

"绔"是"奎"的派生词。"奎"最早出现在西周金文中，本义是胯。《说文·大部》："奎，两髀之间。""奎"的本义也是"绔"的造词理据。从语音上看，"奎"上古属溪母支部，"绔"上古属溪母鱼部，两词同属溪纽，韵部支鱼旁转，音近。

祲：日旁云气。古时迷信，认为此由阴阳二气相互作用而发生，能预示吉凶。常指妖气，不祥之气。《左传·昭公十五年》："吾见赤黑之祲，非祭祥也，丧氛也。"

"祲"是由"侵"派生出来的。"侵"表示侵犯，是甲骨文时期出现的

---

① 参见王力：《同源字论》，载《同源字典》，中华书局2014年版，第11—19页。

词。古人认为，阴阳二气相侵会产生不祥的妖气。《周礼·春官·眂祲》："一曰祲。"郑玄注引郑众曰："祲，阴阳气相侵也。"可见，"祲"由"侵"得名。从语音上看，"侵"上古属清母侵部，"祲"上古属精母侵部，清精旁纽，叠韵，两词语音相近。

辏：车轮的辐条内端聚集于毂上。《管子·任法》："群臣修通辐凑以事其主，百姓辑睦听令道法以从其事。"

"辐凑"的"凑"是"辏"的通假字。"辏"是由"聚"派生出来的，核义素是"会聚"。从语音上看，"聚"上古属从母侯部，"辏"上古属清母侯部，清从旁纽，叠韵。"聚"与"辏"语音相近。

由同一个源词派生出来的多个新词之间也存在声韵相近的情况。比如：

隙：壁缝。《孟子·滕文公下》："钻穴隙相窥，逾墙相从。"

罅：裂缝，缝隙。《鬼谷子·抵巇》："圣人见萌牙巇罅则抵之以法。"

"罅""隙"是一组同源词。两词都是从源词"间"派生出来的，核义素是"空隙"。从语音上看，"罅"上古属晓母鱼部，"隙"上古属溪母铎部，晓溪旁纽，鱼铎对转，两词声纽和韵部皆相近。

款：直诚；诚恳。《荀子·修身》："愚款端悫，则合之以礼乐。"

豤：诚恳。《吕氏春秋·下贤》："卑为布衣而不瘁摄，贫无衣食而不忧慑，豤乎其诚自有也。"

悃：诚恳，至诚。《楚辞·卜居》："吾宁悃悃款款朴以忠乎？"

"豤""款""悃"是一组同源词。"豤"后写作"恳"，本义为诚恳。《说文》中"恳"与"悃"递训。《说文·心部》："恳，悃也。"又："悃，愊也。""款"在《说文》中作"欵"，本义亦为诚恳。《说文·欠部》："欵，意有所欲也。""豤""款""悃"三词义同。从语音上看，"豤"和"悃"上古都属溪母文部，两词声韵相同。"款"上古音为溪母元部，与"豤"双声，文元旁转，韵部相近。

（二）语义关系

分析战国—秦时期同源词的语义关系采用的是王宁提出的意义结构两分

法。①意义结构两分法借鉴西方语言学的义素分析法，把词的词源意义切分为词义类别和词义特征两部分。两分法分离出来的成分类似于西方语言学的义素，都是小于义位的意义单位，所以王宁把它们也称作"义素"。②需要指出的是，意义结构两分法中的"义素"与西方语言学中义素分析法的"义素"虽然都是从词义中分离出来的小于义位的意义单位，但两者存在本质上的差别。义素分析法分解的是词的义位，通过对比同一语义场的词或邻近语义场的词的义位提取出义位中的意义成分，这些小于义位的成分称作"义素"。意义结构两分法分解的是词源意义。词源意义不等于词义。词义是词汇使用中的意义，而词源意义是造词理据中深层次的东西，体现的是人们造词时选取的事物概念的特征。词源意义有时会在词义中显现出来，有时则需要挖掘和概括。

意义结构两分法中，显示同源词意义类别的义素称作"类义素"，显示同源词共有的意义特征的义素称为"核义素"或"源义素"。"核义素"或"源义素"显示的是词源意义，也就是造词理据。王宁还归纳出显示同源词意义关系的公式：Y［X］= /N［X］/+/H/，源词的意义公式：Yh=0+\H\。公式中，/N/代表"类义素"，/H/代表"核义素"或"源义素"，［X］代表一个同源词组包含的词的数量或词义类别的数量，\H\代表源词的义位。③

下面以战国新词"朐""痀""鞠"为例来展示使用意义结构两分法分析词源意义的过程。

"朐""痀""鞠"都是战国新词。"朐"为屈曲的肉脯。《仪礼·士虞礼》："荐脯醢，设俎于荐东，朐在南。"郑玄注："朐，脯及干肉之屈也。""痀"表示曲背。《庄子·达生》："仲尼适楚，出于林中，见痀偻者承蜩，犹掇之也。""鞠"是车軶两边下伸反曲夹贴马颈的部分。《左传·襄公十四年》："射两鞠而还。"杜预注："鞠，车軶卷者。"

---

① 王宁提出，词的词源意义可以切分为"类义素"和"核义素"两部分，以此分析同源词之间的意义关系。王宁在为黄易青《上古汉语同源词意义系统研究》作序时将这种方法称为"意义结构两分法"。参见王宁：《训诂学原理》，中国国际广播出版社1996年版，第149—150页；黄易青：《上古汉语同源词意义系统研究》"序二"，商务印书馆2007年版，第10页。

② 参见王宁：《训诂学原理》，中国国际广播出版社1996年版，第149—150页。

③ 参见王宁：《训诂学原理》，中国国际广播出版社1996年版，第149—151页。

"胊""痀""軥"是一组同源词，它们都是从"句"派生出的。从语音上看，"胊""軥"上古属群母侯部，"痀"上古属见母侯部，见群旁纽，三词上古音近。从语义上看，三词语义相关。用意义结构两分法来分析"胊""痀""軥"词源意义的内部结构，可以得到：

胊=/食品类/+/弯曲/

痀=/器官类/+/弯曲/

軥=/车类/+/弯曲/

用公式表示这组同源词的意义关系为：

Y[3]=/食品类、器官类、车类[3]/+/弯曲/[①]

"胊""痀""軥"的源词是"句"。"句"的意义表示为：

Y（句）=0+\弯曲\

"句"的意义是弯曲，这也是派生词"胊""痀""軥"的核义素。

派生词与源词之间、派生词与派生词之间都存在意义上的联系，具体可以分为语义相同和相关两种情况。下面分别举例说明。

1. 语义相同

王力指出："音义皆近的同义词，在原始时代本属一词。后来由于各种原因（如方言影响），语音分化了，但词义没有分化，或者只有细微的分别。"[②]战国—秦时期由派生方式产生的新词中，有的与同源的其他派生词在语音有细微的差别，但是词义没有变化。比如：

（1）奎、胯

"奎"在西周金文中已见，属西周时期出现的词。"胯"是战国新词。"奎、胯"是一组同源词。"奎"上古属溪母支部，"胯"上古属溪母鱼部，声纽相同，支鱼旁转，语音相近。从语义上看，"奎"的本义是胯。《说

---

① 由"句"派生出的词有"钩""笱""构""胊""痀""軥""矩"等。"钩""笱""构""矩"是战国以前出现的词，如果用公式表示这七个派生词意义关系，应为Y[7]=/金属类、器皿类、树木类、食品类、器官类、车类、工具类[7]/+/弯曲/。本节一般只列举战国—秦时期单音节新词中的同源词。

② 王力：《同源字论》，载《同源字典》，中华书局2014年版，第22页。

文·大部》："奎，两髀之间。"《庄子·徐无鬼》："濡需者，豕虱是也，择疏鬣自以为广宫大囿，奎蹏曲隈，乳间股脚，自以为安室利处。""胯"在《尔雅》中写作"跨"。《尔雅·释畜》："骊马白跨。""跨"，通"胯"，表示两股之间，即胯部。"奎"与"胯"为同义词。

（2）掉、摇

"掉"是战国新词，"摇"是西周文献中出现的词，两词是一组同源词。"掉"上古属定母药部，"摇"上古属余母宵部，定余旁纽，宵药对转，两词语音相近。从语义上看，"掉""摇"是同义词，本义都是摇动。《说文》中两词递训。《说文·手部》："掉，摇也。"又："摇，动也。"战国文献中有两词的本义用例，如《左传·昭公十一年》："末大必折，尾大不掉。"《墨子·备城门》："城上千步一表，长丈，弃水者操表摇之。"

2.语义相关

有时，战国—秦时期新词与源词之间或者与同源的其他派生词之间存在意义上的联系，即语义相关，这种关联来自同源词所表事物概念的某种共有特征。

比如，"梗"是西周文献中出现的词，"哽""鲠"是战国新词，三词上古音均属见母阳部，声韵相同。从语义上看，"哽"指食物堵塞喉咙。《韩非子·内储说下》："女欲寡人之哽邪？奚为以发绕炙。""鲠"指骨头卡着喉咙，战国时引申为祸患、阻碍。《国语·晋语六》："今治政而内乱，不可谓德；除鲠而避强，不可谓刑。""梗"本指长有刺的榆树。《说文·木部》："梗，山枌榆，有束。"引申为阻塞、断绝。《管子·四时》："修除神位，谨祷獘梗。"归纳它们的意义可以得到"阻碍"这个共有特征。它们之间的意义关系为：

哽＝/食品类/＋/阻碍/

梗＝/树木类/＋/阻碍/

鲠＝/骨类/＋/阻碍/

这组同源词语义中含有核义素"阻碍"。"阻碍"是"哽""梗""鲠"派生的理据。

又如，"铫""莜"都是战国新词。从语音上看，"铫"上古属定母宵部，"莜"上古属定母幽部，双声，宵幽旁转，两词语音相近。从语义上看，"铫""莜"都是除草农具。"铫"类似大锄。《管子·海王》："耕者必有一耒一耜一铫。""莜"是耘田用的竹器，亦作"莜"。《说文·艸部》："莜，艸田器。"《论语·微子》："子路从而后，遇丈人以杖荷莜。"杨伯峻注："莜，古代除田中草所用的工具。""铫""莜"为同源词，归纳它们的意义可以得到"耘田"这个共有特征。它们之间的意义关系为：

铫=/金属类/+/耘田/

莜=/竹类/+/耘田/

"铫""莜"语义相关，都含有核义素"耘田"。

语义上相关的同源词除了具有某些共同的语义特征外，还可以进一步形成各种语义关系。王力曾在《同源字论》一文中总结归纳了十五种同源词的语义关系。[①]下面针对战国—秦时期同源派生新词举其中五类关系为例。

（1）工具与动作

①蹢——踶

"踶"是战国新词，"蹢"是西周词。"踶"是由"蹢"派生出来的。从语音上看，"蹢"上古属端母锡部，"踶"上古属定母支部，定端旁纽，支锡对转，两词语音相近。从语义上看，两词都含有"蹄"的语义成分。"蹢"本义为蹄。《诗·小雅·渐渐之石》："有豕白蹢，烝涉波矣。""踶"表示用蹄踢。《庄子·马蹄》："夫马，陆居则食草饮水，喜则交颈相靡，怒则分背相踶。""蹢"的词义在内容上等同于"踶"词义中的一个成分，因此可以拟定"踶"是由"蹢"派生出来的。用意义结构两分法来分析两个词的词源意义，可以得到：

蹢=0+\蹄\

踶=/使用/+/蹄/

"蹢"的意义是派生词"踶"的核义素。"蹢"是"踶"的源词。从语义

---

① 参见王力：《同源字论》，载《同源字典》，中华书局2014年版，第26—37页。

关系上看，"蹢"表示工具，"蹄"表示使用工具的动作。

②椎——捶

"椎"的字形在甲骨文中已经出现。"捶"是战国新词。从语音上看，"椎"上古属定母锡微部，"捶"上古属照母歌部，定照准双声，微歌旁转，两词语音相近。从语义上看，"椎"指捶击的工具。《说文·木部》："椎，击也。"段玉裁注："椎，所以击也。"《庄子·外物》："儒以金椎控其颐，徐别其颊，无伤口中珠。""捶"表示用椎击打。《荀子·富国》："名声足以暴炙之，威权足以捶笞之。""椎"的词义在内容上等同于"捶"词义中的一个成分，因此可以拟定"捶"是由"椎"派生出来的。用意义结构两分法来分析两个词的词源意义，可以得到：

椎=0+\打击的工具\

捶=/使用/+/打击的工具/

"椎"的意义是派生词"捶"的核义素，"椎"是"捶"的源词。从语义关系上看，"椎"表示工具，"捶"表示使用工具的动作。

（2）对象与动作

①箧——缄

"箧"和"缄"都是战国新词。从语音上看，"箧"上古属溪母盍部，"缄"上古属见母谈部，溪见旁纽，盍谈对转，两词语音相近。从语义上看，"箧"表示小箱子。《左传·昭公十三年》："卫人使屠伯馈叔向羹与一箧锦。""缄"表示束缚捆扎箱箧。《说文·系部》："缄，束箧也。"《墨子·节葬下》："榖木之棺，葛以缄之。""箧"的词义在内容上等同于"缄"词义中的一个成分，因此可以认为"缄"由"箧"得名，是由"箧"派生出来的。用意义结构两分法来分析两个词的词源意义，可以得到：

箧=0+\箱\

缄=/捆扎/+/箱/

"箧"的意义是派生词"缄"的核义素，"箧"是"缄"的源词。从语义关系上看，"箧"表示对象，"缄"表示涉及对象的动作。

汉语词汇通史 战国—秦卷

（3）特征与事物

① 卑——陴、庳

"陴""庳"都是战国新词，是由"卑"派生出来的。从语音上看，"卑"上古属帮母支部，"庳"上古属并母支部，"陴"上古属滂母支部，帮并旁纽，滂并旁纽，韵部相同，三词语音相近。从语义上看，"庳"表示两旁高而中间低的屋舍。《说文·广部》："庳，中伏舍。"段玉裁注："谓高其两旁而中低伏之舍也。""庳"在战国时期引申为低矮。《左传·襄公三十一年》："侨闻文公之为盟主也，宫室卑庳，无观台榭。""陴"，也称"俾倪"，是城上的矮墙。《说文·𨸏部》："陴，城上女墙，俾倪也。"《左传·宣公十二年》："守陴者皆哭。"通过归纳意义特征可以看出，它们都有共同的语义成分"低下"，该语义成分来自源词"卑"。"卑"在西周《彧簋》铭文中已经出现，本义为低下。《说文·ナ部》："卑，贱也。"用意义结构两分法来分析它们的词源意义，可以得到：

卑＝0＋\低下\

庳＝/房屋类/＋/低下/

陴＝/墙类/＋/低下/

可以看出，"陴""庳"表示不同的事物，但是具有共同的特征义素"低下"，该义素是吸收了"卑"的意义获得的。

② 卷——桊

"桊"是战国新词，是由"卷"派生出来的。从语音上看，"卷"上古属群母元部，"桊"属溪母元部，溪群旁纽，叠韵，两词语音相近。从语义上看，"桊"表示曲木制成的杯盂。《集韵·仙韵》："桊，屈木盂也。"《孟子·告子上》："以人性为仁义，犹以杞柳为桮桊。""桊"的语义成分"卷曲"来自源词"卷"。"卷"的本义为卷曲。《说文·卪部》："卷，㔒曲也。""卷"是西周时期出现的词。《诗·小雅·都人士》："彼君子女，卷发如虿。"用意义结构两分法来分析它们的词源意义，可以得到：

卷＝0＋\卷曲\

桊＝/盂类/＋/卷曲/

可以看出，"棬"的特征义素是吸收了"卷"的意义获得的。从语义关系上看，"卷"表示特征，"棬"表示具体事物。

③京——鲸、麖

"鲸""麖"是战国新词，由"京"派生出来的。从语音上看，"京""麖"上古属见母阳部，二词声韵相同，"鲸"上古属群母阳部，与"京"见群旁纽，叠韵，读音相近。从语义上看，"京"本义为高丘，引申义表示大。《说文·京都》："京，人所为绝高丘也。"《尔雅·释诂》："京，大也。"《左传·庄公二十二年》："八世之后，莫之与京。""鲸"，亦作"鱷"，本指鲸鱼。《说文·鱼部》："鱷，海大鱼也。从鱼畺声。《春秋传》曰：'取其鱷鲵。'鲸，鱷或从京。"《左传·宣公十二年》："古者明王伐不敬，取其鲸鲵而封之，以为大戮。""麖"，亦作"麔"，指一种大鹿。《说文·鹿部》："麖，大鹿也，牛尾，一角……麔或从京。"《山海经·中山经》："尸山多苍玉，其兽多麔。"鲸是大鱼，麖是大鹿。"鲸""麖"的源词为"京"。用意义结构两分法来分析它们的词源意义，可以得到：

京=0+＼大＼

鲸=/鱼类/+/大/

麖=/鹿类/+/大/

可以看出，"鲸""麖"具有共同的特征义素"大"，该义素是吸收了"京"的意义获得的。

（4）泛指与特指

①贪——饕

"饕"是战国新词，是由"贪"派生出来的。从语音上看，"贪"上古音属透母侵部，"饕"上古音属透母物部，声纽相同，侵物通转，两词语音相近。从语义上看，"饕"表贪食。《左传·文公十八年》："天下之民以比三凶，谓之'饕餮'"晋杜预注："贪食为饕。""贪"在甲骨文时期已经出现，表爱物。《说文·贝部》："贪，欲物也。"《诗·大雅·桑柔》："大风有隧，贪人败类，听言则对，诵言如醉。""贪"和"饕"的语义中都含有"贪求"这一语义成分。用意义结构两分法来分析它们的词源意义，可以得到：

贪＝/物类/+/贪求/

餮＝/食品类/+/贪求/

贪求物品谓之"贪"，贪求食物谓之"餮"，两词形成泛指和特指的关系。

② 倍——培

"培"是战国新词，是由"倍"派生出来的。从语音上看，"倍""培"上古音都属并母之部，声韵相同。从语义上看，"培"表示在植物根部或墙堤等的根基部分堆土。《说文·土部》："培，培敦。土田山川也。"《逸周书·时训》："秋分之日，雷始收声。又五日，蛰虫培户。"朱右曾校释引孔颖达曰："户，穴也，以土增益穴之四畔。""倍"是西周出现的词，表增加。《书·吕刑》："劓辟疑赦，其罚惟倍。"用意义结构两分法来分析它们的词源意义，可以得到：

倍＝/物类/+/增加/

培＝/土类/+/增加/

一般事物的增加称为"倍"，增土称为"培"，两词形成泛指和特指的关系。

（5）自动与使动

① 籴——粜

"籴"是春秋新词，"粜"是战国新词，两词为同源关系。"籴"上古音属定母药部，"粜"上古音属透母药部。透定旁纽，韵部相同。从语义上看，"籴"表示买进谷物。《春秋·庄公二十八年》："臧孙辰告籴于齐。""粜"表示卖出谷物。《说文·出部》："粜，出谷也。"《管子·轻重丁》："齐西水潦而民饥，齐东丰庸而粜贱。""籴"与"粜"的差别在于前者为自己买入，后者为使他人买入。用意义结构两分法来分析它们的词源意义，可以得到：

籴＝/自己/+/买谷物/

粜＝/使人/+/买谷物/

在语义上"籴"与"粜"形成自动与使动的关系。

②赊——贳

"赊""贳"都是战国新词，两个形成同源关系。从语音上看，"赊"上古音属书母鱼部，"贳"上古音属书母月部，声纽相同，鱼月通转，两词语音相近。"赊"表示买物延期交款。《周礼·地官·泉府》："凡赊者，祭祀无过旬日。"孙诒让正义："赊者，先贳物而后偿直。""贳"表示借贷。《说文·贝部》："贳，贷也。"战国时期"贳"引申为赦免、宽纵。《国语·吴语》："吾先君阖庐，不贳不忍。"韦昭注："贳，赦也。""赊"与"贳"的差别在于："赊"为赊入货物，"贳"为使他人赊入货物。用意义结构两分法来分析它们的词源意义，可以得到：

赊＝/自己/＋/买物延期交款/

贳＝/使人/＋/买物延期交款/

在语义上"赊"与"贳"形成自动与使动的关系。

方言也是派生词产生的原因之一。如战国新词"簀"和"第"，两词都表示床，《尔雅·释器》："簀谓之第。"从语音上看，"簀""第"庄母双声，脂锡通转，语音相近。两词为同源词。"簀"为齐鲁方言，"第"为陈楚方言。《方言》卷五："床，齐鲁之间谓之簀，陈楚之间或谓之第。"

派生词的产生反映出战国—秦时期人们对事物划分更加细致、语言表达更加精确的特征。比如，战国时期由"儿"派生出表幼鹿的新词"麑"和表幼儿的新词"倪"，新词丰富了语言表达，表达幼小生物时不再只用"儿"这个词笼统地表示，而是有了更多选择。派生词的出现还与战国—秦时期的社会发展有着密切的联系。比如，由"柔"派生出新词"輮"，由"聚"派生出新词"輳"，由"扼"派生出新词"軛"，由"句"派生出新词"軥"。"輮""輳""軛""軥"都与车的部件有关，反映了战国—秦时期造车技术已经相当成熟，车的形制已经发展得相当复杂。

总之，原生造词和派生造词在战国—秦时期创造出大量的单音节新词，是这一时期单音词的主要造词方式。

战国—秦时期单音节新词还有其他的造词方式。比如，连用的双音组合在急读时音节有可能紧缩成一个新的音节，进而产生新词。战国—秦时期有一些单音节新词就是通过双音组合的急读或合音形成的合音词。下面举兼词为例：

"兼词一般是合音词，即两个不同性质的词，经常连用或快读而造成的。但其中也有个别兼词，如'焉'，和所兼的两个词的语音没有关系。"[1]从词义上看，兼词表达的是双音组合的意义；从语音上看，兼词的读音多是由两个音节紧缩而成，与这个双音组合的读音形成相近关系。战国以前出现的兼词有"旃"，为"之焉"的合音。战国—秦时期出现的通过合音形成的兼词有"盍""诸""那""耳"等。

盍：副词。表示反诘。犹何不。《左传·成公六年》："或谓栾武子曰：'圣人与众同欲，是以济事。子盍从众？'"

"盍（hé），是'何不'的合音词，意义同'何不'。"[2]"何不"组合在春秋文献中就出现了。《诗·唐风·山有枢》："子有酒食，何不日鼓瑟？且以喜乐，且以永日。"吕叔湘指出，"盍"是"何"受了"不"的影响音变而成。[3]兼词"盍"多见于《论语》《左传》《国语》等战国早期文献，如《左传·成公六年》："子盍从众？"《国语·吴语》："王其盍亦鉴于人，无鉴于水。"《论语·公冶长》："子曰：'盍各言尔志？'"

那[4]："奈何"的合音。《左传·宣公二年》："牛则有皮，犀兕尚多，弃甲则那？"

"那"是"奈何"的合音，表示询问，基本意义是"怎么办"。《左传·宣公二年》："弃甲则那？"杨伯峻注："那，奈何之合音。顾炎武《日知录》三十二云：'直言之曰"那"，长言之曰"奈何"，一也。'"

耳：语气词。"而已"的合音。《论语·阳货》："子曰：'二三子！偃之言是也，前言戏之耳。'"

"耳"是"而已"的合音词，表示限止性语气，犹"罢了"。

---

① 朱星主编：《古代汉语》（下册），天津人民出版社1980年版，第174—175页。

② 朱星主编：《古代汉语》（下册），天津人民出版社1980年版，第175页。

③ 参见吕叔湘：《文言虚字》，上海教育出版社1959年版，第149页。

④ "那"音nuó。

诸:"之于"的合音。《左传·哀公六年》:"楚子使问诸周大史。"

诸:"之乎"的合音。《左传·僖公二十三年》:"晋公子有三焉,天其或者将建诸? 君其礼焉!"

"诸"既是代词"之"和介词"于"的合音,也是代词"之"和疑问语气词"乎"的合音。兼词"诸"在上古比较常见,尤其指表示"之于"的"诸"最常见。何乐士对《左传》中的"诸"进行过统计,表"之于"的"诸"出现281次,表"之乎"的"诸"出现14次。[①]

战国—秦时期出现单音节新词3252个。从词的内容上看,有的单音节新词记录了战国以前文献中没有出现过的新事物和新概念,有的记录了战国以前文献中已经出现的事物概念。新词的大量出现促使这一时期单音词系统内部形成丰富多样的聚合关系。比如,新词"脡""臘""朐"都表示干肉,它们构成一个新词同义关系义场,同时又与战国前出现的表示干肉的"脩""脯""腊"形成一个更大的同义义场;新词"漻""泚""澂"表示清澈,与战国前出现的"清""洌"形成同义关系,与"浊""浑"形成反义关系;新词"潎"表示酸臭的陈淘米水,与表示淘米水的新词"泔"形成上下位关系义场。这些单音词不仅丰富了语言表达,也为汉语词汇双音化提供了充足的语言材料。

战国—秦时期单音节新词中,有的是通过摹声或音义任意结合的方式创造出来的原生词,有的则是利用已有的语词材料通过增殖派生出来的派生词。派生新词中,有的是从战国以前的词派生出来的。比如,"痀""饼""輮"的源词分别为"句""并""柔",三个源词均为战国以前的词。还有一部分派生新词是由战国新词派生出来的。比如,"緘"的源词为"箴",源词和派生词均为战国新词。有的派生新词可以构拟出源词,如"句"与"痀"、"并"与"饼"、"柔"与"輮"、"奎"与"绮"、"箴"与"緘"、"椎"与"捶"都有明确的源流关系,但也有一些派生新词难以确定源词。比如,"款""狠""悃"

---

① 参见何乐士:《〈左传〉虚词研究》(修订本),商务印书馆2004年版,第305—311页。

是同源关系，但是由于古代文献能够提供的资料有限，已经很难追溯它们的源词了。派生出的新词在很大程度上继承了源词的声音和意义，音义结合有规律可循。比如，战国时期“度”可以引申为渡水。《吕氏春秋·异宝》：“丈人度之，绝江。”岳麓书院藏秦简《占梦书》中出现了“渡”的字形，而《占梦书》的年代下限为秦王政三十六年（公元前211年）[①]。由出土文献可证，至晚到秦代时，人们已经为“度”的引申义“渡水”创造了新字形“渡”，“渡”从“度”中分化出来形成新词。

新词的产生与社会发展密切相关。战国—秦时期政治军事、生产生活等方面的变革反映到语言中，就产生了大量具有时代特色的新词。本书第一章详细分析了战国—秦时期标志性新词语场，其中就有很多单音节词，它们集中反映了战国—秦时期的社会特征。比如，表示武器的“鉇”“矠”“鋋”“鏦”以及表示农具的“镰”“锲”“锹”“斸”“铫”“镢”都从侧面反映了这一时期冶铁业对社会发展的重要意义。除了社会变革，文化交流也是新词产生的途径，这一时期文献中记录的方言词就是当时社会内部地域间交流的产物。比如，由关西方言逐步进入通语的新词“船”“笔”等，在后世的发展中都成为汉语基本词。

战国—秦时期出现的单音节新词中，有的沿用至今并成为现代汉语常用词，有的则不为人熟知，是冷僻词，在现代汉语中已经消亡。比如，“瘦”“饼”“酱”“荤”等词在战国时期产生后，后世使用范围逐渐扩大，发展为古代汉语乃至现代汉语的常用词。相比之下，一些冷僻词只在战国文献中出现一次，此后很快就消亡了。比如，表示竹席的“笵”，表示竹器的“匲”，表示乐器的“簥”，表示果木的“櫠”，表示荆木的“菙”，表示长兵的“鉇”，它们在汉以后鲜有文献用例，只在一些字书中出现过。还有一部分新词虽然在后世文献中使用，但使用频率极低，并逐渐趋于消亡，如形容牛、羊角卷曲貌的“觠”在《北史》中出现用例外，唐代以后文献中几乎不见，现代汉语中“觠”已经不再使用了。

① 参见赵岩：《简帛文献词语历时演变专题研究》，中国社会科学出版社2013年版，第6页。

第四章　战国—秦时期复音新词

　　战国—秦时期是复音词快速发展的时期，产生了大量的复音词。伍宗文曾对九部战国文献中的复音词进行统计，发现战国早期、中期、晚期文献中复音词所占的比例呈现上升的趋势：占比最低的是战国早期文献《论语》，为22.2%；占比最高的是战国晚期文献《韩非子》，为39.7%。[①]具体数据如下表：

表4　战国文献中复音词占各文献总词数的比例[②]

	论语	左传	墨子	孟子	庄子	商君书	荀子	韩非子	吕氏春秋
复音词数	329	1185	1336	651	1965	447	1356	1484	1148
总词数	1479	4177	3977	2240	5170	1353	3753	3762	3992
占比	22.2%	28.4%	33.6%	29.1%	38.0%	33.0%	36.1%	39.4%	28.8%

　　上述统计不包括人名、地名、国名、部族名、朝代名、著作或篇目名，如果把这些专名计算进去，文献中复音词的数量更是可观。比如，据毛远明统计，战国早期文献《左传》中包括专名在内的复音词达5437个；据张双棣统

---

　　① 参见伍宗文：《先秦汉语复音词研究》，巴蜀书社2001年版，第362页。

　　② 表4中九种战国文献的复音节词数量和总词数均来自《先秦汉语复音词研究》，其中原书表格《荀子》中复音词所占比例计算有误，应为36.1%。本书引用时已酌改。参见伍宗文：《先秦汉语复音词研究》，巴蜀书社2001年版，第362页。

计，战国末期文献《吕氏春秋》中包括专名在内的复音词达2017个。①这些数字表明战国时期复音词的发展已成蔚然之势。

本章将考察战国—秦时期复音新词的基本情况。在此之前，先对这一时期复音词的判断标准进行讨论。

与印欧语相比，汉语缺乏明确的形态标志，加之很多汉语复音词由词组凝固而成，词和词组的界限比较模糊，这给复音词的判定带来不少困难。采用"替换法""扩展法""插入法"可以检验一个复音组合结合是否紧密，语义是否融合，结构是否稳固，以此区分复音词与词组，但这些方法是否适用上古复音词的判定，学界看法不一。有学者认为，可以从上古资料中发现一些符合检验要求的材料，通过比对来判断某些复音组合在当时能否视作复音词。②但多数学者认为，"替换法""扩展法""插入法"在操作时需要依据大量的言语事实，而上古资料有限，能够查找到的可用于比对的文献材料非常少，所以这些方法不能有效地判断上古复音词。③

本书认为，判断上古复音词要从词的本质入手。词是表达概念的，具有固定的语音。声音是词的形式，每个词都有自己独立完整的语音。意义是词的内容，能够完整明确地表达特定事物或概念。语音和意义的完整性是复音词区别于复音组合的基础。正如刘叔新所说："研究词，确定词的单位，理应首先从词汇的角度入手，观察和分析作为语言一种特定材料单位的词所应有的和可能具有的意义内容和语音形式。"④下面分别讨论如何利用语音和意义判断战国—秦时期的复音词。

首先是语音。复音词的语音形式是多个音节的组合。这个完整的语音组

① 参见毛远明：《左传词汇研究》，西南师范大学出版社1999年版，第90页；张双棣：《〈吕氏春秋〉词汇研究》（修订本），商务印书馆2008年版，第270页。

② 参见伍宗文：《先秦汉语复音词研究》，巴蜀书社2001年版，第6页。

③ 持此观点的有马真、张双棣、程湘清等。参见马真：《先秦复音词初探》，《北京大学学报》（哲学社会科学版）1980年第5期；张双棣：《〈吕氏春秋〉词汇研究》（修订本），商务印书馆2008年版，第274页；程湘清：《先秦双音词研究》，载《汉语史专书复音词研究》，商务印书馆2003年版，第58页。

④ 刘叔新：《论词的单位的确定——兼谈以词为词目的问题》，载《语言研究论丛》（第二辑），天津人民出版社1982年版，第188—189页。

合在语流中可能会出现重音、轻声、变调的现象，其前后还可能有细微的停顿。重音、轻声、变调或停顿与语感有着密切的关系，而目前可供研究的战国—秦时期的语言材料都是书面语，从书面语中无法了解古人在诵读时是否会对语音组合作语流上的处理，而依靠现代人语感作出的判断未必准确可靠，所以重音、轻声、变调和停顿无助于判断战国—秦时期的复音词。不过，语音形式也并非完全威无所施。有些复音词，尤其是双音节词的音节呈现重叠、双声或叠韵的关系，如战国—秦新词"填填""侃侃""缺缺""汶汶""宾宾"是叠音，"芒芴""嚅唲""歔欷""盬蟫""呝喾"是双声，"部娄""魍魎""踒蹑""徘徊""玫瑰"是叠韵，这些语音关系有助于判断战国—秦时期的一部分复音词，尤其是单纯词和重叠式合成词。当然，不具有重叠、双声或叠韵关系的语音组合也有可能是单纯词，如"鲜卑""驮骒"都是既非双声也非叠韵的联绵词。总之，语音只能作为判断复音词的辅助手段。

其次是意义。意义是判定复音词的主要标准。马真指出："划分先秦的复音词，主要应从词汇意义的角度来考虑问题，即考察复音组合的结合程度是否紧密，它们是否已经成为具有完整意义的不可分割的整体。这是最可行的办法，其他方面的标志都只能作为参考。"[1]复音词无论包含几个词素，表达的都是一个完整的意义。一般来说，如果两个成分结合以后产生的新意义有自己独特的义域，那么这个组合就是词，而不是词组。比如，下面15个战国时期出现的偏正式复合新词都含有词素"白"：

白后：传说主西方之神，因作西方的代称。《管子·幼官》："九和时节，君服白色，味辛味，听商声，治湿气，用九数，饮于白后之井。"

白汗：因劳累、惶恐、紧张而流的汗；虚汗。《战国策·楚策四》："夫骥之齿至矣，服盐车而上太行，蹄申膝折，尾湛胕溃，漉汁洒地，白汗交流，中阪迁延，负辕不能上。"

白羽：古代军中主帅所执的指挥旗。《吕氏春秋·不苟》："武王左释白羽，右释黄钺，勉而自为系。"

---

① 马真：《先秦复音词初探》，《北京大学学报》（哲学社会科学版）1980年第5期。

白芷：香草名。《楚辞·招魂》："菉蘋齐叶兮，白芷生。"

白昌：菖蒲的一种。可入药。《管子·地员》："其草薪白昌。"

白金：古指银子。《管子·揆度》："燕之紫山白金，一策也。"

白骨：尸骨；枯骨。《国语·吴语》："君王之于越也，繄起死人而肉白骨也。"

白屋：指不施采色、露出本材的房屋。一说，指以白茅覆盖的房屋。为古代平民所居。《尸子·君治》："人之言君天下者瑶台九累，而尧白屋。"

白梃：亦作"白挺"，大木棍。《吕氏春秋·简选》："鉏櫌白梃，可以胜人之长铫利兵，此不通乎兵者之论。"

白徒：未经训练的兵卒；临时征集的壮丁。《管子·七法》："以教卒练士击驱众白徒，故十战十胜，百战百胜。"

白垩：白土，石灰岩的一种，白色，质软而轻。《吕氏春秋·察微》："六曰使治乱存亡若高山之与深谿，若白垩之与黑漆。"

白鱼：衣服、书籍中的一种蛀虫。通称蠹鱼。《尔雅·释虫》："蟫，白鱼。"

白琥：雕成虎形的白玉。古代祭祀西方时用之。《周礼·春官·大宗伯》："以白琥礼西方。"

白意：谓心胸坦荡。《韩非子·说疑》："此十五人者为其臣也，皆夙兴夜寐，卑身贱体，竦心白意，明刑辟，治官职，以事其君。"

白头：犹白发。形容年老。《战国策·韩策三》："中国白头游教之士，皆积智欲离秦韩之交。"

理解这些词不能望文生义，不能把"白后"简单地理解为白色的君主，或者把"白头"理解为白色的头。这些词的词义是构词词素的意义融合后形成的新义；或凝结成一个更概括的意义，如"白梃"泛指大木棍；或增加了某种附加意义，如"白头"含有年老之义。总之，"复音词的词义特点在于它的意义是统一的，它的意义不等于构成词素意义的简单相加"[1]。

许多复音词在形成前是结构松散的词组，由词组凝固成词的过程缓慢而渐进，并非一蹴而就。有些复音组合在战国—秦时期就处于这种过渡阶段。比

---

[1]　张双棣：《〈吕氏春秋〉词汇研究》（修订本），商务印书馆2008年版，第275页。

如"刍藁"的"刍"本指野草。《说文·艸部》："刍，刈艸也。""藁"同"稾"，本义指稻麦等的秆。《说文·禾部》："稾，秆也。"云梦秦简《田律》中有"入顷刍藁，以其受田之数，无垦不垦，顷入刍三石，稾二石"，此处的"刍藁"当为词组，因为《田律》后文对"刍""稾"的数量进行了说明，"刍三石，稾二石"，"刍"和"稾"分别指茅草饲料和秸秆饲料。不过，"刍藁"在战国文献中也有用作复音词的书证。《商君书·去强》："强国知十三数：竟内仓、口之数，壮男、壮女之数，老、弱之数，官、士之数，以言说取食者之数，利民之数，马、牛、刍藁之数。"文中明确有所谓"十三"数，分别为"仓""口""壮男""壮女""老""弱""官""士""以言说取食者""利民""马""牛""刍藁"，其中"刍藁"之数为第十三数。"刍藁之数"即饲料之数，这里的"刍藁"可以视作复音词，泛指饲料。可以说，"刍藁"在战国时期还处于成词阶段，有时是词，有时是词组。对于这类处在过渡阶段的组合，本书采用从宽的标准，把它们判定为词，这样有助于展示复音词发展的历史轨迹。

此外，本书把一部分在战国—秦时期还不能明确界定为词的复音组合也收入战国—秦复音新词语料库。比如"白璧"指白色的玉璧，样子呈平圆形，中间有孔。《管子·轻重甲》："禺氏不朝，请以白璧为币乎？""白璧"的语义基本上相当于"白""璧"两个意义的相加，且从词素的角度上看，战国时期"白""璧"都是可成词词素，可以以单音词的形式出现在语用中，如《管子·揆度》："其在色者，青、黄、白、黑、赤也。"《荀子·大略》："聘人以珪，问士以璧。"所以"白璧"在战国时期还不能明确无疑地判断为复合词。随着语言的运用和发展，"白璧"的使用频率增多。笔者利用北京大学中国语言学研究中心古代汉语语料库检索发现，"白璧"在战国文献中出现3次，两汉文献中出现10次，魏晋南北朝文献中出现11次，唐代文献中出现25次，宋朝文献中出现31次。出现次数的增加说明"白璧"逐渐凝固成词。本书把这部分复音组合收入战国时期的新词语料库，目的是更全面地展示汉语复音词发展。如果把这部分复音组合从语料库中删除，就割断了复音词发展的脉络，不利于复音词的历时研究。

第一节　战国—秦复音新词的分布

战国—秦文献中出现的复音新词（人名、地名等专有名词除外）共13726个[①]，数量远远超过这一时期出现的单音节新词，显示了汉语历时发展中复音化的总趋势。音节上，战国—秦复音新词分为双音节词、三音节词、四音节词和五音节词；词性上，分为名词、动词、形容词、代词、数词、拟声词、副词、感叹词、连词、介词、语气词等；结构上，分为单纯词和合成词。

一、音节分布

按照音节数量，战国—秦时期产生的复音新词分为双音节词和多音节词，其中双音节词最具代表性，在数量上占绝对优势。据统计，双音节新词共13413个，占这一时期复音新词总数的97.72%。与双音节新词相比，多音节新词数量明显减少，其中三音节词共170个，占复音新词总数的1.24%，四音节词共141个，占复音新词总数的1.03%，五音节词共2个，占复音新词总数的0.01%。战国—秦时期没有出现六个或六个以上音节的复音新词。本章第二节、第三节将分别对双音节新词和多音节新词进行详细考察。

表5　战国—秦时期复音新词的音节分布

	双音节新词	三音节新词	四音节新词	五音节新词	总计
数量	13413	170	141	2	13726
占比	97.72%	1.24%	1.03%	0.01%	100%

二、词类分布

从词类上看，战国—秦时期产生的复音新词中实词占绝对优势，共13685个，占复音新词总数的99.7%。虚词41个，占0.3%。具体情况如下：

[①] 战国—秦文献中新出现的表示人名、地名的复音词共405个，其中双音节词362个，三音节词40个，四音节词3个。本书统计的战国—秦复音新词不包括这些专名。

表6 战国—秦时期复音新词的词类分布①

| | 实词 | | | | | | | | 虚词 | | | 总数 |
	名词	动词	形容词	代词	数词	拟声词	副词	感叹词	连词	介词	语气词	
数量	8505	3156	1944	7	9	19	41	4	28	5	8	13726
占比	61.96%	22.99%	14.16%	0.05%	0.07%	0.14%	0.29%	0.03%	0.20%	0.04%	0.06%	100%

从表格中可以看出，战国—秦复音新词以名词、动词、形容词为主，三种词类的新词占复音新词总数的99.11%，其中又以名词数量最多，占复音新词总数的61.96%。

双音节新词中，名词8235个，动词3132个，形容词1930个，拟声词19个，代词5个，数词8个，副词41个，感叹词3个，连词、介词、语气词共40个。三音节新词中，名词151个，动词14个，形容词1个，代词2个，感叹词1个，语气词1个。四音节新词中，名词117个，动词10个，形容词13个，数词1个。五音节词2个，都是名词。

三、结构分布

多数学者认为甲骨卜辞和商代晚期青铜器铭文中已经出现复音词，但数量很少，而且大都为名词性的偏正式复合词。②西周时期，汉语中复音词数量开始增加，多种构词法相继出现，"复音词已经完全突破了旧词汇体系的局限，先秦汉语复音词的主要类型已经大体具备"③。此时复音词以偏正式和并列式

汉语词汇通史 战国—秦卷

---

① 表6中词类划分参考了《现代汉语》。参见黄伯荣、廖序东主编：《现代汉语》（下册），高等教育出版社2002年版，第8—58页。

② 认为商代甲骨文中已经出现复音词的学者有向熹、徐朝华、伍宗文等。但也有学者持否定观点。比如，郭锡良就明确指出，甲骨文时代的语言只有单音节，甲骨文中的复音结构在殷商时代的词汇系统中只能看作是词组，还没有凝固成词。持类似观点的还有史存直。他对甲骨文中的表示人名、部族名的复音结构是否可以称为词持谨慎态度，同时明确指出，复音词到了西周才出现。参见向熹：《简明汉语史》（上），商务印书馆2010年版，第393页；徐朝华：《上古汉语词汇史》，商务印书馆2001年版，第278页；伍宗文：《先秦汉语复音词研究》，巴蜀书社2001年版，第306—324页；郭锡良：《先秦汉语构词法的发展》，载《汉语史论集》，商务印书馆1997年版，第131—152页；史存直：《汉语词汇史纲要》，中华书局2008年版，第392—396页。

③ 伍宗文：《先秦汉语复音词研究》，巴蜀书社2001年版，第328页。

为主，动宾式和附加式"也已经发轫"①。春秋时期，复音词的数量继续增长。据向熹统计，反映西周到春秋末期语言面貌的《诗经》中除单纯词外，还出现了偏正式、联合式、动宾式、附加式结构的合成词。②至战国—秦时期，各种构词法已基本齐备，新出现的复音词包括了除补充式以外的其他所有构词类型：单纯词包括叠音词和联绵词，合成词包括重叠式、附加式、复合式，其中复合式合成词包括偏正式、联合式、动宾式、主谓式四种。

绝大多数战国—秦时期的复音新词能够较容易地套用句法模式进行构词分析，不过也有少数新词的词义已经不为人们熟悉，这给词素关系的确定带来一些困难。比如，"傅别"是古代的一种券据，剖为两部分，双方各执一部分以便核对。确定"傅别"的内部结构需要先弄清其构词理据。《周礼·天官·小宰》："四曰听称责以傅别。"郑玄注："傅别，谓券书也……傅，傅著约束于文书；别，别为两，两家各得一也。"根据郑玄对"傅别"构词理据的注释，可以把词素"傅"的意义确定为"附着"，词素"别"的意义确定为"分开"，"傅别"可以视为两个动词性词素构成的联合式复合词。还有一些复音词是通过简缩的造词方式形成的，对这类词也可以通过词素义与词义之间的联系判断其构词类型。比如，"服车"即官车。《周礼·春官·巾车》："服车五乘。"郑玄注："服车，服事者之车。"据郑玄注，"服车"是简缩"服事者之车"而成。从词的内部语义关系上看，词素"服"是用来修饰限制词素"车"的，所以"服车"可视为偏正式复合词。

还有少数复音新词的构词类型存在两可的情况。这类词的构词词素往往可以做出不同的解释，使词素之间形成不同的语义关系。比如，"役徒"指服劳役者。《墨子·七患》："苦其役徒，以治宫室观乐。"上古汉语中，"役"既有动词义，表示服劳役，也有名词义，表示服劳役的人，而"徒"只有名词义，表示供使役的人。"役徒"既可以看作由两个名词性词素构成的联合式

---

① 伍宗文：《先秦汉语复音词研究》，巴蜀书社2001年版，第337页。

② 据向熹统计，《诗经》中有"复音词900多个，包括重言词359个，单纯复音词99个，并列式200个，偏正式294个（人名、地名、族名在外），支配式13个，附加式27个"。转引自伍宗文：《先秦汉语复音词研究》，巴蜀书社2001年版，第348页。

结构，也可以看作由一个动词性词素修饰限制一个名词性词素构成的偏正式结构。这两种结构对于"役徒"来说都是成立的。不过，由于《墨子》中还出现了"徒役"一词。《墨子·尚贤中》："不肖者抑而废之，贫而贱之，以为徒役。""徒役"与"役徒"义同。"徒役"为两个名词性词素构成的联合式结构，所以"役徒"也应视作联合式结构，与"徒役"形成同素异序关系。又如，"震雷"指响雷，《国语·周语上》："阴阳分布，震雷出滞。"上古汉语中，"震"既有名词义，指雷，也有形容词义，表示威，而"雷"只有名词义。"震雷"既可以看作由两个名词性词素构成的联合式结构，也可以看作由一个形容词性词素限制一个名词性词素构成的偏正式结构。不过，《孙子·军争》中有"动如雷震"，"雷震"与"震雷"义同。"雷震"为两个名词性词素构成的联合式结构，词素"震"表示的是其本义——雷，所以"震雷"也宜视作联合式结构，与"雷震"形成同素异序关系。

复音新词中还有极少数内部结构无法分析的词。比如，"金分"犹罚金。《国语·齐语》："小罪谪以金分，宥间罪。"韦昭注："小罪不入于五刑者，以金赎，有分两之差，今之罚金是也。"罚金按获罪的轻重有分两之差，故称"金分"。"金分"的内部结构无法套用句法模式进行分析。又如，"若干"用来指不定量。《墨子·天志下》："吾攻国覆军杀将若干人。"由于年代久远，"若干"的造词理据已无从考证，后人的某些解释也未可信。[①]该词的内部结构无法套用句法模式进行解释。战国—秦时期复音新词中还有相当数量的连词、介词和副词不能套用一般的句法模式进行构词分析。比如，可以充当介词的"乃若""如其"，充当连词的"然而""所以""亡$_2$其"[②]，充当副词的"乃至""无乃"，它们在战国—秦文献中常以固定的形式出现，可以认为已经凝固成词，但这些连词、介词和副词不能用合成词的内部结构类型进行分析。经过统计，战国—秦时期出现的复音新词中有98个无法分析内部结构。

战国—秦复音新词（表示人名、地名的专有名词除外）的构词类型统计

---

① 《字汇》解释"若干"为"数始于一而成于十，干字从一从十，故言若干。谓或如一，或如十，数未定之辞也"。这种解释未必可信。

② "亡$_2$"音wú。

如下：

表7　战国—秦时期复音新词的结构分布

	单纯词	合成词						其他	总计
		重叠式	附加式	偏正式	联合式	动宾式	主谓式		
数量	397	141	180	7928	4240	679	63	98	13726
占比	2.89%	1.03%	1.31%	57.76%	30.89%	4.95%	0.46%	0.71%	100%

第二节　战国—秦双音节新词的结构分析

战国—秦时期出现的双音节新词共计13413个，占复音新词的97.72%，其中13315个新词可以进行内部结构分析。下面对双音节新词中的各种构词类型逐一进行论述。

一、单纯词

双音节单纯词是由一个双音节词素构成的复音词。战国—秦时期新出现的双音节单纯词共383个，占双音节新词总数的2.86%。双音节单纯新词分为叠音词和联绵词两类。

（一）叠音词

叠音词由一个双音节词素构成，词素的两个音节相同。叠音词与重叠式合成词具有相同的外部形式，传统语文学把它们统称为重言词，但是两者有着本质的区别：叠音词只包含一个词素，重叠式合成词包含两个词素。区分叠音词和重叠式合成词主要根据重言词单个音节能否独立成词，独立成词的词义是否与重言词的意义相关。如果单个音节不能独立成词，或者即使独立成词，单音词的词义与连用后形成的重言词的词义了不相关，那么这个词就是叠音单纯词；反之，如果单个音节可以独立成词，且重言词的词义基本相当于单音词词义或者与单音词词义相关，那么这个词就是重叠式合成词。比如，"职职"形容繁多的样子。《庄子·至乐》："万物职职，皆从无为殖。""职"用作单音词时多表示职务、职责，与"职职"的"繁多"义没有任何联系，且文献中没有"职"单用表示繁多的用例，故"职职"是叠音词。又如，"忽忽"形容急速的样子。《楚辞·离骚》："欲少留此灵琐兮，日忽忽兮其将暮。"上古时"忽"用作单音词可以表示迅速。《楚辞·离骚》："忽奔走以先后兮，及前王之踵武。""忽"单用的意义与"忽忽"的意义基本相当，故"忽忽"为重叠式合成词。

需要指出的是，对重言词单个音节的考察宜限制在先秦文献的范围内，这样可以避免后世为仿古而简缩旧有叠音词使原本没有意义的音节产生与叠音词相同的意义，进而对战国—秦时期叠音词的判断造成干扰。比如，"耾耾"形容雷声大。《文选·宋玉〈风赋〉》："耾耾雷声，回穴错迕。"先秦文献中没有"耾"单用的书证，西汉文献中亦未见"耾"的书证，仅见"耾耾"，如汉扬雄《法言·问道》："非雷非霆，隐隐耾耾。"直至东汉时期，马融《长笛赋》中出现了"耾"单用表示声音洪大的用例。《文选·马融〈长笛赋〉》："震郁怫以凭怒兮，耾砀骇以奋肆。"这里"耾"的词义极可能是为追求辞赋句式对偶而简缩"耾耾"形成的，所以不能作为"耾耾"的"耾"具有意义的证据。因此，根据先秦文献中"耾"的使用情况，把"耾耾"确定为叠音词。

战国—秦时期新出现的叠音词共105个，占这一时期双音节新词的0.78%。大多数叠音新词是摹状的形容词，共62个，另外还有名词18个，动词16个，拟声词8个，副词1个。

1. 形容词

作形容词的叠音新词中，既有描写人或动物情态样貌的词，也有描写其他客观事物性质状态的词。

（1）描写人或动物的情态样貌

这类词大部分描写的是人的情貌，描写动物的相对较少，只有"儵儵"一个词。

儵儵：形容鸟兽无毛羽貌。《荀子·赋》："有物于此，儵儵兮其状，屡化如神。"杨倞注："儵，读如其虫保之'保'。儵儵，无毛羽之貌。"

描写人的情感心理的叠音词相对较多。比如：

翕翕：失意不满貌。《孙子·行军》：“谆谆翕翕，徐与人言者，失众也。”

绳₃绳①：戒慎貌。《管子·宙合》：“故君子绳绳乎慎其所先。”尹知章注：“绳绳，戒慎也。”

空空：诚实貌；憨厚无知貌。《吕氏春秋·下贤》：“悾悾乎，其心之坚固也；空空乎，其不为巧故也。”

郁郁：舒畅而喜悦的样子。《庄子·大宗师》：“郁郁乎其似喜乎！崔乎其不得已乎！”

描写人的样貌的叠音词如“肩₂肩”②“种种”等。

肩₂肩：瘦小细长貌。《庄子·德充符》：“闉跂支离无脤说卫灵公。灵公说之；而视全人，其脰肩肩。”

种种：形容人头发短少。《左传·昭公三年》：“余发如此种种，余奚能为。”杜预注：“种种，短也。”

“种种”还可用来形容人淳厚朴实。《庄子·胠箧》：“舍夫种种之民，而悦夫役役之佞。”王先谦集解引李颐曰：“种种，谨悫貌。”表示头发短少的“种种”和表示淳厚朴实的“种种”之间没有联系，是两个不同的词共用了一个书写形式。

人的同一种情态可以由不同的叠音新词来描写。比如，“侧侧”“莘莘”“縱縱”都表示众多貌，三词是同义关系。《逸周书·大聚》：“天民侧侧，予知其极有宜。”《文选·宋玉〈高唐赋〉》：“縱縱莘莘，若生于鬼，若出于神。”又如，形容人失意的叠音新词除上文提到的“翕翕”外，还有新词“项项”“悻悻”。《庄子·天地》：“子贡卑陬失色，项项然不自得。”陆德明释文：“项项，本又作‘旭旭’，许玉反，李云：‘自失貌。’”《孟子·公孙丑下》：“谏于其君而不受，则怒，悻悻然见于其面。”“翕翕”“项项”“悻悻”为同义关系。再如，《庄子·齐物论》中的“蘧蘧”和“栩栩”分别形容悠然自得和欢喜自得的样子。《庄子·齐物论》：“昔者庄

---

① “绳₃”音mǐn。

② “肩₂”音xián。

周梦为胡蝶，栩栩然胡蝶也。自喻适志与，不知周也。俄然觉，则蘧蘧然周也。"与"蘧蘧""栩栩"意义相近的还有"遗₂遗"①。"遗₂遗"形容逍遥自如、从容不迫的样子。《管子·枢言》："纷纷乎若乱丝，遗遗乎若有从治。""蘧蘧""栩栩""遗₂遗"为近义关系。

（2）描写其他客观事物的性质状态

描写植物的形容词有"苹₃苹"②"调调""刁刁"等。"苹₃苹"形容野草丛生，"调调"和"刁刁"形容草木摇动。

苹₃苹：草聚生貌。宋玉《高唐赋》："涉漭漭，驰苹苹。"

调调、刁刁：草木摇动貌。《庄子·齐物论》："厉风济，则众窍为虚，而独不见之调调之刁刁乎？"郭象注："调调刁刁，动摇之貌也。"陈鼓应今注："'调调'是树枝大动。'刁刁'是树叶微动。"

还有一些描写自然现象的形容词，如"贲₃贲"③描写的是二十八星宿之一柳宿的形状，"潼潼""澹澹"描写水势浩漾，"熊熊""魂魂"描写光气盛大。

贲₃贲：状柳宿之形。《左传·僖公五年》："鹑之贲贲，天策焞焞。"杨伯峻注："贲音奔，贲贲，状柳宿形。"

潼潼：高貌。《文选·宋玉〈高唐赋〉》："巨石溺溺之瀺灂兮，沫潼潼而高厉。"

澹澹：荡漾貌。《文选·宋玉〈高唐赋〉》："水澹澹而盘纡兮，洪波淫淫之溶滴。"

熊熊：光焰旺盛貌。《山海经·西山经》："南望昆仑，其光熊熊，其气魂魂。"

魂魂：气盛貌。《山海经·西山经》："其气魂魂。"

还有描写器物、土壤的形容词。比如，"觺觺"形容角锐利，"娄娄"形容土地空疏。

觺觺：角锐利貌。《楚辞·宋玉〈招魂〉》："土伯九约，其角觺觺兮。"

---

① "遗₂"音wèi。

② "苹₃"音pēng。

③ "贲₃"音bēn。

娄娄：空疏貌。《管子·地员》："五殖之次曰五觳，五觳之状娄娄然，不忍水旱。"

有的叠音新词构成同义或近义的关系。比如，"职职""总总"都表示众多貌，两词为同义关系。《庄子·至乐》："万物职职，皆从无为殖。"《楚辞·九歌·大司命》："纷总总兮九州。"

2. 名词

西周春秋时期，叠音词多是描摹事物性质或声音的形容词或拟声词，没有出现名词性的叠音词。虽然有人认为《诗经·邶风》中"燕燕于飞"的"燕燕"是玄鸟的别名，但学界更倾向孔颖达的看法，认为"燕燕"是单音词"燕"的叠用，不能视为叠音词。[①]战国—秦时期，文献中出现了一批表示动植物名的叠音词，共计18个，其中17个为动物名，1个为植物名。

（1）植物名

"欇欇"即枫树。《尔雅·释木》："枫，欇欇。"邢昺疏："《说文》云：枫木厚叶弱枝，善摇。一名欇欇。"

（2）动物名

此类叠音新词中除出现在《逸周书·王会》中的"禺₃禺"[②]为鱼名外，其余均为鸟兽名。

鸟兽名中少数表示的是现代人熟悉的动物。比如：

费费：即狒狒。《逸周书·王会》："州靡费费，其形人身技踵，自笑，笑则上唇翕其目，食人，北方谓之吐喽。"

生生：即猩猩。《逸周书·王会》："生生若黄狗，人面能言。"

鹣鹣：比翼鸟。《尔雅·释地》："南方有比翼鸟焉，不比不飞，其名谓之鹣鹣。"郭璞注："似凫，青赤色，一目一翼，相得乃飞。"

大多数动物名为怪鸟异兽名，其中多数始见于《山海经》，如"猲猲""辣辣""狓狓""文文""軨軨""灌灌""狟狟""精精""罗罗"等。一些

① 孔颖达《毛诗正义》："此燕即今之燕也，古人重言之。"

② "禺₃"音yóng。

鸟兽在《山海经》中有"其鸣自詨""其鸣自訆"的记载，可以推测这些传说中的怪鸟异兽可能是古人根据其发出的声音通过摹声的方式命名的。比如：

狪狪：传说中的兽名。《山海经·东山经》："（泰山）有兽焉，其状如豚而有珠，名曰狪狪，其名自訆。"

辣辣：古代传说中的兽名。《山海经·南山经》："有兽焉，其状如羊，一角一目，目在耳后，其名曰辣辣。其鸣自訆。"

精精：兽名。《山海经·东山经》："有兽焉，其状如牛而马尾，名曰精精，其鸣自叫。"

有的叠音名词既是兽名，也是鸟名。比如，"蛮蛮"在《山海经》中表示两种动物，一种是水兽，一种是比翼鸟。《山海经·西山经》："刚山之尾，洛水出焉，而北流注于河，其中多蛮蛮。其状鼠身而鳖首，其音如吠犬。"又："崇吾之山，有鸟焉，其状如凫，而一翼一目，相得乃飞，名曰蛮蛮。"

有的新词在战国—秦文献中出现了几种不同的书写形式。比如，上文提到的"费费"亦写作"狒狒"。《尔雅·释兽》："狒狒如人，被发迅走，食人。""生生"亦写作"狌狌"或"猩猩"。《荀子·非相》："今夫狌狌形笑亦二足而无毛也，然而君子啜其羹，食其胾。"《吕氏春秋·本味》："肉之美者，猩猩之唇，獾獾之炙。"又如，"邛邛"是一种传说中的异兽，似马而色青。《逸周书·王会》："独鹿邛邛距虚，善走也。""邛邛"在《吕氏春秋》中又写作"蛩蛩"。《吕氏春秋·不广》："北方有兽，名曰蹶，鼠前而兔后，趋则踬，走则颠，常为蛩蛩距虚取甘草以与之。"

3.动词

叠音新词中的动词有相当一部分是描写人或动物行走姿态的词。比如：

蹮蹮：蜿蜒而行貌。《楚辞·九辩》："左朱雀之茇茇兮，右苍龙之蹮蹮。"

跦跦：跳行貌。《左传·昭公二十五年》："鸜鹆跦跦，公在乾侯，征褰与襦。"

衙₂衙[①]：行走貌。《楚辞·九辩》："属雷师之阗阗兮，通飞廉之衙衙。"

誙誙：奔竞貌。《庄子·至乐》："吾观夫俗之所乐，举群趣者，誙誙然如将不得

[①] "衙₂"音yú。

已。”

倓倓：往来奔走貌。《楚辞·招魂》：“豺狼从目，往来倓倓些。”

还有描写鸟类飞翔的词，比如：

茇₂茇[①]：飞翔貌。《楚辞·九辩》：“左朱雀之茇茇兮，右苍龙之躣躣。”朱熹集注：“茇茇，飞扬之貌。”

秋秋：飞舞貌。《荀子·解蔽》：“凤凰秋秋，其翼若干，其声若箫。”杨倞注：“秋秋，犹跄跄，谓舞也。”

4.拟声词

摹拟声音的叠音词共8个，有的摹拟人或动物发出的声音，有的摹拟自然界的声响，还有的摹拟敲击物体发出的声音。

（1）摹拟人或动物的声音

摹拟鸟兽声音的新词相对较多，如“榴榴”“狺狺”摹拟的是兽类发出的声音，“啾啾”“喈喈”“喙喙”摹拟的是鸟虫发出的声音。

榴榴：兽叫。《山海经·西山经》：“阴山……有兽焉，其状如狸而白首，名曰天狗，其音如榴榴。”

狺狺：犬吠声。《楚辞·九辩》：“猛犬狺狺而迎吠兮，关梁闭而不通。”

啾啾：鸟兽虫的鸣叫声。《楚辞·九歌》：“雷填填兮雨冥冥，猿啾啾兮狖夜鸣。”

喈喈、喙喙：形容声音轻细。多指鸟虫鸣声。《尔雅·释鸟》：“行扈，唶唶。宵扈，啧啧。”邢昺疏引李巡曰：“唶唶、啧啧，鸟声貌也。”

“喈喈”也可以指人发出的赞叹声。《慎子》：“野人负薪而越之，不留趾而达，观者喈喈。”摹拟人声的词还有“出出”。“出出”指人发出的惊怪声。《左传·襄公三十年》：“或叫于宋大庙，曰：‘嘻嘻，出出。’”

（2）摹拟自然界的声响

摹拟自然界声响的新词有“礚礚”“霈霈”“填填”“眈眈”“凄凄”等。

礚礚：形容水石轰击声等。《楚辞·九章·悲回风》：“悃涌湍之礚礚兮，听波声

---

① “茇₂”音pèi。

之汹汹。"

凄凄：波浪相击声。《文选·宋玉〈高唐赋〉》："奔扬踊而相击兮，云兴声之凄凄。"吕延济注："凄凄，水声也。"

凄凄：风声。《吕氏春秋·古乐》："其音若熙熙凄凄锵锵，帝颛顼好其音，乃令飞龙作效八风之音。"

眈眈：形容雷声大。《文选·宋玉〈风赋〉》："眈眈雷声，回穴错迕。"

填填：形容雷声。《楚辞·九歌·山鬼》："雷填填兮雨冥冥，猿啾啾兮又夜鸣。"

"填填"除了可以作拟声词外，在其他战国文献中还有不同的意义。比如，"填填"可以形容人心满意足的样子。《荀子·非十二子》："吾语汝学者之嵬容：其冠絻，其缨禁缓，其容简连，填填然。""填填"还可以形容人谨慎持重的样子。《庄子·马蹄》："至德之世，其行填填，其视颠颠。""填填"的三个意义之间没有联系，这是一种字形对应了三个不同的词。

（3）摹拟物体发出的声音

摹拟物体声音的新词有"从从"。"从从"摹拟车铃声。《楚辞·九辩》："前轻辌之锵锵兮，后辎乘之从从。"朱熹集注："锵锵、从从，皆其鸾声也。"

需要指出的是，《楚辞·九辩》中的"锵锵"与"从从"义同，都指车铃声。"锵锵"最早见于《诗·大雅·烝民》，属西周词。战国时期，"锵锵"也指鸟鸣声。《左传·庄公二十二年》："凤皇于飞，和鸣锵锵。"《吕氏春秋》中还出现了摹拟风声的"锵锵"。《吕氏春秋·古乐》："其音若熙熙凄凄锵锵，帝颛顼好其音，乃令飞龙作效八风之音。"表示风声和鸟鸣声的"锵锵"可以看作表示车铃声的"锵锵"因词义转移而产生的引申义，是"锵锵"在战国时期出现的新义。

5. 副词

叠音新词中只有一个描写频率的副词——"宾宾"。"宾宾"表频频。《庄子·德充符》："孔丘之于至人，其未邪？彼何宾宾以学子为？"俞樾

《诸子平议·庄子一》："宾宾，犹频频也。"

（二）联绵词

与叠音词一样，联绵词也是由一个双音节的词素构成的单纯词。战国—秦时期新出现的联绵词共278个，占双音节新词总数的2.07%，其中形容词70个，名词177个，动词24个，拟声词7个。

1. 形容词

新词中既有描写人或动物情态样貌的，也有描写其他客观事物性质状态的。

（1）描写人或动物的情态样貌

这类联绵词大部分是描写人的情貌的，描写动物的相对较少，只有"觳觫""飘摇"两个词。"觳觫"形容牛恐惧战栗的样子。"飘摇"形容鸟儿高飞远翔的样子。

觳觫：恐惧战栗貌。《孟子·梁惠王上》："王曰：'舍之。吾不忍其（指牛）觳觫，若无罪而就死地。'"赵岐注："觳觫，牛当到死地处恐貌。"

飘摇：飞翔貌。《战国策·楚策四》："（黄鹄）奋其六翮，而凌清风，飘摇乎翱翔，自以为无患，与人无争也。"

描写人的形容词中，既有写情的，也有写貌的。前者相对较多。比如：

纬繣：乖戾，相异不合。《楚辞·离骚》："纷总总其离合兮，忽纬繣其难迁。"王逸注："纬繣，乖戾也。"

忼慨：激昂；愤激。《楚辞·九章·哀郢》："憎愠惀之修美兮，好夫人之忼慨。"洪兴祖补注："忼慨，愤意。"

郁邑：郁悒。《楚辞·离骚》："曾歔欷余郁邑兮，哀朕时之不当。"王逸注："郁邑，忧也。"

须臾：优游自得貌。《仪礼·燕礼》："寡君有不腆之酒，以请吾子之与寡君须臾焉，使某也以请。"

犹豫：迟疑不决。《楚辞·离骚》："心犹豫而狐疑兮，欲自适而不可。"

造次：仓猝；匆忙。《论语·里仁》："君子无终食之间违仁，造次必于是，颠沛必于是。"

"犹豫"又写作"容与""夷犹"。《楚辞·离骚》："忽吾行此流沙兮，遵赤水而容与。"又《九歌·湘君》："君不行兮夷犹。"汉以后文献中，"造次"又作"草次"，如《仪礼·聘礼》"飧不致"郑玄注："不以束帛致命，草次馈飧具轻。"又通过音转产生了"仓卒"，如《汉书·王嘉传》："今诸大夫有材能者甚少，宜豫畜养可成就者……临事仓卒乃求，非所以明朝廷也。"

同一种情绪可以由不同的词表达。比如，始见于《楚辞》的"侘傺""怆₂悦"[①]"懭悢""惆怅"都形容人失意怅惘，四词与上文提到的叠音新词"项项"形成同义关系。

《楚辞·离骚》："忳郁邑余侘傺兮，吾独穷困乎此时也。"

《楚辞·九辩》："怆怳懭悢兮，去故而就新。"

《楚辞·九辩》："惆怅兮，而私自怜。"

又如，始见于《庄子》的"暖₂姝"[②]"吕钜"都形容人得意自满，两词与"侘傺"等形成反义关系。

《庄子·徐无鬼》："所谓暖姝者，学一先生之言，则暖暖姝姝而私自说也，自以为足矣。"

《庄子·列御寇》："如而夫者，一命而吕钜，再命而于车上儛，三命而名诸父。"

还有一些联绵词描写的是人的样貌，如"顑颔"形容人黄瘦，"于思"形容人多须，"痀偻"形容人驼背。

顑颔：因饥饿而面黄肌瘦的样子。《楚辞·离骚》："苟余情其信姱以练要兮，长顑颔亦何伤。"洪兴祖补注："顑颔，食不饱，面黄貌。"

于思：多须貌。《左传·宣公二年》："于思于思，弃甲复来。"杜预注："于思，多须之貌。"

痀偻：驼背；曲背。《庄子·达生》："仲尼适楚，出于林中，见痀偻者承蜩，犹掇

---

① "怆₂"音chuǎng。

② "暖₂"音xuān。

之也。”

描写人样貌的联绵新词中，有的形成同义或反义关系。比如，形容人面貌黄瘦的联绵新词除"顑颔"外，还有"憔悴"。"憔悴"始见于《国语》。《国语·吴语》："使吾甲兵钝弊，民日离落而日以憔悴，然后安受吾烬。""顑颔"和"憔悴"为同义词。又如，形容从容自得的联绵新词有"彷徨""从容""逡巡""踌躇"，四词均见于《庄子》。《庄子·大宗师》："芒然彷徨乎尘垢之外，逍遥乎无为之业。"又《外物》："圣人踌躇以兴事。"又《秋水》："儵鱼出游从容，是鱼之乐也。"又《秋水》："东海之鳖，左足未入，而右膝已絷矣，于是逡巡而却。"形成反义关系的如"姽婳"和"哀骀"，两词分别形容人娴静美好和丑陋难看。宋玉《神女赋》："既姽婳于幽静兮，又婆娑乎人间。"《庄子·德充符》："卫有恶人焉，曰哀骀它。"陆德明释文引李颐云："'哀骀'，丑貌，'它'，其名。"

（2）描写其他客观事物的性质状态

这类词描写的对象涉及多种景物，如"挥绰"形容声音悠扬，"扶疏"形容枝叶繁茂，"偓蹇"形容楼台高耸，"罔象"形容水势盛大。

挥绰：悠扬；悠远。《庄子·天运》："其声挥绰，其名高明。"

扶疏：枝叶繁茂分披貌。《吕氏春秋·任地》："树肥无使扶疏，树墝不欲专生而族居。"

偓蹇：高耸貌。《楚辞·离骚》："望瑶台之偓蹇兮，见有娀之佚女。"

罔象：水盛貌。《楚辞·远游》："览方外之荒忽兮，沛罔象而自浮。"

有的联绵新词形成同义、近义或反义关系。比如，"灼烁"和"粲烂"都可以形容事物鲜明有光彩，两词为同义关系。《古文苑·宋玉〈舞赋〉》："珠翠灼烁而照曜兮，华袿飞髾而杂纤罗。"宋玉《风赋》："眴焕粲烂，离散转移。""晻²蔼"^①和"暧曃"都可以形容光线昏暗不明，两词与叠音词"暧暧"为同义关系，且都见于《楚辞》。《楚辞·离骚》："扬云霓之晻蔼兮，鸣玉鸾之啾啾。"又《远游》："时暧曃其曭莽兮，召玄武而奔属。"又

───────────

① "晻₂"音ǎn。

《离骚》："时暧暧其将罢兮，结幽兰而延伫。""灼烁""粲烂"与"晻₂蔼""暧曃""暧暧"两组词又形成反义关系。再如，"莽苍"形容景色迷茫。《庄子·逍遥游》："适莽苍者，三餐而返，腹犹果然。""髣髴"意为隐约依稀。《楚辞·远游》："时髣髴以遥见兮，精皎皎以往来。""莽苍""髣髴"都表示模糊朦胧，不甚真切，两词为近义关系。

有的词拥有几种不同的书写形式，也就是一词多形。比如，"恍惚"形容迷离、难以捉摸的样子。《韩非子·忠孝》："世之所为烈士者……为恬淡之学，而理恍惚之言。"战国文献中，"恍惚"又写作"感₂忽"①"芒₂芴₂"②。《荀子·解蔽》："凡人之有鬼也，必以其感忽之间、疑玄之时正之。"杨倞注："感忽，犹慌惚也。"《庄子·至乐》："察其始而本无生，非徒无生也而本无形，非徒无形也而本无气，杂乎芒芴之间。"

2. 拟声词

联绵新词中拟声词共7个，既有摹拟人或动物声音的，也有摹拟自然界声响的。比如，"呱₂呕"③摹拟人声，"啁哳"摹拟鸟声。

呱₂呕：小儿语声。《荀子·富国》："垂事养民，拊循之，呱呕之。"杨倞注："呱呕，婴儿语声也。"

啁哳：烦杂而细碎的声音。《楚辞·九辩》："雁廱廱而南游兮，鹍鸡啁哳而悲鸣。"洪兴祖补注："啁哳，声繁细貌。"

摹拟自然界声响的只有"瀺灂"。

瀺灂：水声。《文选·宋玉〈高唐赋〉》："巨石溺溺之瀺灂兮，沫潼潼而高厉。"

3. 名词

战国—秦时期新出现的联绵词中，名词共177个，除20个为普通名词外，其余157个为专名。

（1）专名

专名中以动植物名为主，共121个，另外还有其他专名36个。

---

① "感₂"音hàn。

② "芒₂"，同"恍"，音huǎng。"芴₂"，通"忽"，音hū。

③ "呱₂"音wā。

① 动植物名

动物名共92个。有的表示的是现代人熟悉的动物。比如：

意怠：玄鸟（燕）的别名。《庄子·山木》："东海有鸟焉，其名曰意怠。"

蜻蛉：蜻蜓的别称。《战国策·楚策四》："王独不见夫蜻蛉乎？六足四翼，飞翔乎天地之间，俛啄蚊虻而食之，仰承甘露而饮之。"

蛛蝥：蜘蛛的别名。《吕氏春秋·异用》："昔蛛蝥作网罟，今之人学纾。"

大部分动物名表示的是传说中的怪鸟异兽。比如：

随兕：传说中的恶兽名。《吕氏春秋·至忠》："荆庄哀王猎于云梦，射随兕，中之，申公子培劫王而夺之。"

隃冠：传说中的奇兽名。《逸周书·王会》："北唐以闾，闾似隃冠。"

善芳：鸟名。《逸周书·王会》："善芳者，头若雄鸡，佩之令人不昧。"

饕餮：传说中的一种贪残的怪物。古代钟鼎彝器上多刻其头部形状以为装饰。《吕氏春秋·先识》："周鼎著饕餮，有首无身，食人未咽，害及其身，以言报更也。"

动物名中有55个始见于《山海经》，如"趹踢""诸怀""孟极""闾麋""酸与""婴胡""狙如""𤟤湖"等。这些词可能由摹声而来。《山海经》中有鸟兽"其鸣自詨""其鸣自号""其鸣自呼"的记载，可以推测这些鸟兽是古人根据其发出的声音命名的。比如：

那父：传说中的兽名。《山海经·北山经》："又北三百二十里，曰灌题之山……有兽焉，其状如牛而白尾，其音如訆，名曰那父。"

青耕：传说中的鸟。《山海经·中山经》："堇理之山……有鸟焉，其状如鹊，青身白喙，白目白尾，名曰青耕，可以御疫，其鸣自叫。"

𩿧斯：传说中的人面神鸟名。《山海经·北山经》："（灌题之山）有鸟焉，其状如雌雉而人面，见人则跃，名曰𩿧斯，其鸣自呼也。"

象蛇：古代传说中的鸟名。一体而具雌雄。《山海经·北山经》："有鸟焉，其状如雌雉，而五采以文，是自为牝牡，名曰象蛇，其鸣自詨。"

植物名共29个，其中一些为传说中的植物名，多始见于《山海经》。比如：

帝屋：神话传说中的树木名。《山海经·中山经》："（讲山）有木焉，名曰帝屋。

叶状如椒,反伤赤实,可以御凶。"

风条:传说中的草名。《山海经·中山经》:"有草焉,其状如蓍,赤叶,而本丛生,名曰风条,可以为辂。"

植楮:传说中的草名。《山海经·中山经》:"又东七十里,曰脱扈之山。有草焉,其状如葵叶而赤华,荚实,实如棫荚,名曰植楮,可以已癙,食之不眯。"

植物名中还有5个香草名,分别为"揭车""胡绳""薜荔""杜若""留夷",这些词始见于《楚辞》。

此外,还有一些现代人熟悉的药用植物名。比如:

柴胡:多年生草本植物。根供药用,有解热作用。《战国策·齐策三》:"今求柴胡、桔梗于沮泽,则累世不得一焉。"

芎䓖:植物名。根茎皆可入药。《山海经·西山经》:"又北百八十里,曰号山,其木多漆、棫,其草多药、虈、芎䓖。"

空夺:药草名。又名寇脱,俗名通草。《山海经·中山经》:"(峡山)其木多檀柘,其草多蓏韭,多药空夺。"

茯苓①:寄生在松树根上的菌类植物。中医用以入药,有利尿、镇静等作用。《吕氏春秋·精通》:"兔丝非无根也,其根不属也,茯苓是。"

这些药用植物名的出现反映出战国—秦时期人们对植物类药材的认识已经相当深入。

②其他专名

联绵新词中还有一些表示其他事物的专名。这些名称涉及的器物种类繁多,如"砥厄"(《战国策·秦策三》)为美玉名,"焦原"(《尸子》)为巨石名,"繁弱"(《荀子·性恶》)、"钜黍"(《荀子·性恶》)为良弓名,"墨阳"(《战国策·韩策一》)、"太阿"(《战国策·韩策一》)为宝剑名,"娵訾"(《左传·襄公三十年》)、"析木"(《国语·周语下》)为星次名,"馀皇"(《左传·昭公十七年》)为船名,"肥胡"(《国语·吴语》)为旗帜名,"阊阖"(《楚辞·离骚》)为天门名。这些

---

① 《汉语大词典》"茯苓"首见书证滞后。

词大部分在现代汉语中已不再使用。

（2）普通名词

与人有关的新词有"僬侥""侏儒""胼胝""髑髅"。"僬侥""侏儒"同义，表示身材异常矮小的残疾人。

侏儒、僬侥：身材异常短小者；矮子。《国语·晋语四》："僬侥不可使举，侏儒不可使援。"

"胼胝"指手掌脚底因长期劳动摩擦而生的茧子。"髑髅"即骷髅，多指死人的头骨。

胼胝：指茧子。《荀子·子道》："夙兴夜寐，耕耘树艺，手足胼胝，以养其亲。"

髑髅：多指死人的头骨。《庄子·至乐》："庄子之楚，见空髑髅。"

表鬼怪的有"蝄蜽"，即"魍魉"。

蝄蜽：传说山川的精怪。《国语·鲁语下》："木石之怪曰夔、蝄蜽。"

普通名词中还有一些表示自然界现象的词。比如：

扶摇：盘旋而上的暴风，《庄子·逍遥游》："鹏之徙于南冥也，水击三千里，抟扶摇而上者九万里。"成玄英疏："扶摇，旋风也。"

沆瀣：夜间的水气。《楚辞·远游》："餐六气而饮沆瀣兮，漱正阳而含朝霞。"

联绵词"沆瀣"与成语"沆瀣一气"中的"沆瀣"没有关系。成语"沆瀣一气"源于唐代故事。据宋钱易《南部新书》记载，唐代崔瀣参加科举考试，被考官崔沆录取，有人嘲笑说："座主门生，沆瀣一气。"后"沆瀣一气"比喻气味相投的人联结在一起。

有的词拥有几种不同的书写形式。比如，"侏儒""僬侥""蝄蜽"都出现了一词多形的现象。"侏儒"也作"朱儒"。《左传·襄公四年》："我君小子，朱儒是使。""僬侥"也作"焦侥""周饶"。《山海经·大荒南经》："有小人名曰焦侥之国，几姓，嘉谷是食。"又《海外南经》："周饶国，在其东，其为人短小冠带。"毕沅校注："周饶即僬侥，音相近也。""蝄蜽"也作"罔两"。《左传·宣公三年》："故民入川泽山林，不逢不若；螭魅罔两，莫能逢之。"再如，"师比"指带钩。《战国策·赵策二》："（赵武灵王）遂赐周绍胡服衣冠，具带黄金师比，以傅王子也。""师比"来自匈奴语，极可能是serbi的音译。①由于音译借用的汉字不同，"师比"在《楚辞》中作"犀比"或"鲜卑"。《楚辞·招魂》："晋制犀比，费白日些。"又《大招》："小腰秀颈，若鲜卑只。"

4. 动词

大部分动词描写的是人或动物的动作行为。比如：

泠汰：听从放任。《庄子·天下》："是故慎到弃知去己而缘不得已，泠汰于物以为道理。"郭象注："泠汰，犹听放也。"

蹊蹀：小步趋进貌。《楚辞·九章·哀郢》："众蹊蹀而日进兮，美超远而逾迈。"

踯躅：以足击地，顿足。《荀子·礼论》："今夫大鸟兽，则失亡其群匹，越月逾时，则必反铅过故乡，则必徘徊焉，鸣号焉，踯躅焉，踟蹰焉，然后能去之也。"

望洋：仰视或远视。《庄子·秋水》"（河伯）望洋向若而叹曰：'野语有之，曰：闻道百以为莫己若者，我之谓也。'"

"望洋"又写作"望羊"。《晏子春秋·谏上六》："杜扃望羊待于朝。"

还有少数词关涉自然现象，如"披拂"描写的是大气的运行。

披拂：吹拂。《庄子·天运》："风起北方，一西一东，有上彷徨，孰嘘吸是？孰居无事而披拂是？"

有的动词书写形式呈现多样化。除上文提到的"望洋"外，还有"彷徉""逡巡"。表示徘徊的"彷徉"又写作"倘₂徉"②"方₃羊"③"相羊"。

《文选·宋玉〈招魂〉》："彷徉无所倚，广大无所极些。"

《文选·宋玉〈风赋〉》："然后倘徉中庭，北上玉堂。"

《左传·哀公十七年》："如鱼窥尾，衡流而方羊。裔焉大国，灭之将亡。"

① 参见史有为：《汉语外来词》（增订本），商务印书馆2013年版，第41页。

② "倘₂"音cháng。

③ "方₃"páng。

《楚辞·离骚》："折若木以拂日兮，聊逍遥以相羊。"

表示退却的"逡巡"又写作"逡遁""遵遁""逡循""巡遁""迁逡""蹲₄循"①。

《公羊传·宣公六年》："赵盾逡巡北面再拜稽首，趋而出。"

《管子·戒》："桓公蹴然逡遁。"又《小问》："公遵遁缪然远，二三子遂徐行而进。"

《晏子春秋·问下十》："晏子巡遁而对曰：'婴北方之贱臣也，得奉君命以趋于末朝，恐辞令不审，讥于下吏，惧不知所以对者。'"又《问下十二》："晏子逡循对曰：'婴不肖，婴之族又不若婴，待婴而祀先者五百家，故婴不敢择君。'"

《楚辞·九章·思美人》："迁逡次而勿驱兮，聊假日以须时。"

《庄子·至乐》："忠谏不听，蹲循勿争。"

王念孙认为《荀子·儒效》"遵道则积，夸诞则虚"的"遵道"为"遵遁"的讹误，"遵遁"即"逡巡"。王念孙《读书杂志·荀子二》"遵道"："道当为遁，字之误也。遵遁即逡巡。《文选·上林赋》注引《广雅》曰：'逡巡，却退也。'《管子·戒篇》作'逡遁'，《小问篇》作'遵遁'，与《荀子》同。《晏子·问篇》作'逡遁'，又作'逡循'。《庄子·至乐篇》作'蹲循'，《汉书·平当传赞》作'逡遁'，《万章传》作'逡循'，《三礼注》作'逡遁'，并字异而义同。"

从联绵词两个音节的声韵关系上看，战国—秦时期出现的联绵新词分为双声联绵词、叠韵联绵词和非双声叠韵联绵词三类：双声联绵词有"恍惚"（明母双声）、"缤纷"（滂母双声）、"湆滩"（透母双声）、"陆离"（来母双声）、"忸怩"（泥母双声）等；叠韵联绵词有"扶疏"（鱼部叠韵）、"婵媛"（元部叠韵）、"陇种"（东部叠韵）、"蛔蛖"（阳部叠韵）、"屏营"（耕部叠韵）等；非双声叠韵联绵词有"挥绰""滑稽""胼胝""恣睢"等。有的联绵词虽非严格意义上的双声叠韵，但是两个音节的语音关系却很密切。比如，"滑滑"中的"滑"古音为匣母物部，"滔"为晓母文部，

①　"蹲₄"音qǔn。

匣晓同为牙音，发音部位很接近，物文为同类韵部，元音相同，韵尾的发音部位也相同，属对转关系。"滑潏"的两个音节语音关系比较接近，以至有学者认为"滑潏"也可以算作是双声叠韵。[①]又如，"滑稽"中的"滑"为匣母物部，"稽"为见母脂部，见匣旁纽，同为喉音，物脂旁对转，元音也很接近，"滑""稽"虽非双声叠韵，但语音相近。

据统计，战国—秦文献中的双音节单纯新词共383个，其中叠音词105个，联绵词278个。单纯新词的词性呈现出多样性，有形容词、名词、动词、拟声词、副词。如果不把名词中的专名计算在内，那么新词中形容词数量最多。具体数字见下表：

表8　战国—秦时期双音节单纯新词的词类分布

词类	名词	动词	形容词	副词	拟声词	总计
叠音词	18	16	62	1	8	105
联绵词	177	24	70	0	7	278
各词类总计	195	40	132	1	15	383
占单纯新词比例	50.9%	10.4%	34.5%	0.3%	3.9%	100%

除拟声词外，多数叠音词、联绵词的音义结合是约定俗成的。不过，还是可以从语音的角度探寻战国—秦时期单纯新词形成的方式。张世禄认为："联绵词和迭音词，这样的纯粹双音词，大部分可能是由于声音的发展变化而形成的。这种声音的发展变化，大体上有两种途径：一种是由单音词引延为双音词，还有一种是双音词相互间依据双声、迭韵而演变。"[②]战国—秦时期单纯新词中的叠音词就是通过重叠音节创造出来的，联绵词中除一部分词是对音节进行双声、叠韵处理形成的，还有一些联绵词是通过音变产生的。

---

①　参见伍宗文：《先秦汉语复音词研究》，巴蜀书社2001年版，第210页。

②　张世禄：《古代汉语》，上海教育出版社1978年版，第69页。

比如，切语和缓读可以使单音词变为联绵词。这类词有"扶摇""于菟""俾倪""丁宁""不律"等。"扶摇"是"猋"的缓读，《尔雅·释天》："扶摇谓之猋。""于菟"是"虎"的缓读。《左传·宣公四年》："楚人谓乳谷，谓虎于菟。""俾倪"是"睥"的缓读。《左传·宣公十二年》："守睥者皆哭。"晋杜预注："睥，城上俾倪。""丁宁"是"钲"的缓读。《国语·吴语》："丁宁、錞于振铎，勇怯尽应。"韦昭注："丁宁，谓钲也，军行鸣之，与鼓相应。""不律"是"笔"的缓读。《尔雅·释器》："不律谓之笔。"郭璞注："蜀人呼笔为不律也，语之变转。"张世禄还举"须臾"为例，认为"须臾"是"颗"的缓读。[①]此外，一个联绵词也可以通过音转形成新的联绵词。"侏儒""周饶""僬侥"都表示矮人。从上古音看，"周"属章母幽部，"侏"属章母侯部，两字双声，幽侯旁转；"饶"属日母宵部，"儒"属日母侯部，两字双声，宵侯旁转；"僬侥"韵部同为宵部，"侏儒"韵部同为侯部，宵侯旁转。总之，三词音近。袁珂认为，此三词是通过音转形成的同源词。《山海经·大荒南经》"有小人名曰焦侥之国"袁珂校注："周饶、焦侥，并侏儒之声转。"始见于《楚辞》的"萧瑟"与始见于《诗经》的"萧萧"都形容风吹树木的声音。"瑟"上古音为山母，"萧"上古音为心母，山心准双声。联绵词"萧瑟"是由叠音词"萧萧"音转形成的。始见于《韩非子》的"密密"与始见于《诗经》的"黾勉""密勿"都形容人勤勉努力。"黾勉""密勿"为同一个词。《诗·小雅·十月之交》："黾勉从事，不敢告劳。"王先谦《诗三家义集疏》谓"鲁'黾勉'作'密勿'"。《韩非子·说林下》："己独何为密密十年难乎。"陈奇猷集释引刘师培注："案密、勉一声之转，密密犹《诗》'密勿'。"可见叠音词"密密"是由联绵词"黾勉"音转形成的。

除音变外，单纯词的产生还与外来词有关。商周时期，汉族已经与周边少数民族进行交往。战国时期一些双音节单纯新词就来自外族语。比如，《逸周书·王会》："请令以橐驼、白玉、野马、騊駼、駃騠、良弓为献。"又：

---

① 参见张世禄：《古代汉语》，上海教育出版社1978年版，第70页。

"州靡狒狒，其形人身，反踵，自笑，笑则上唇翕其目，食人，北方谓之吐喽。"又："都郭生生欺羽，生生若黄狗，人面能言。"其中"駃騠""騊駼""橐驼""吐喽""生生""都郭"都是北狄语的借词。①又如，《楚辞》中风神称"飞廉"。据尉迟治平考证，"飞廉"来自古东夷语。②《管子·封禅》中出现的"麒麟"指的可能就是非洲的长颈鹿，"现代索马里东部方言称为giri，其音通过阴阳对转与麒麟相当，当时可能由非洲通过中亚在传闻中间接输入"③。《尔雅·释天》中有十二干支命名的岁名，"摄提""单阏""执徐""大荒落""敦牂""协洽""涒滩""作噩""阉茂""大渊献""困敦""赤奋若"，这些岁名分别对应"寅、卯、辰、巳、午、未、申、酉、戌、亥、子、丑"十二支，这些词极可能是来自古巴比伦的外来语。④

二、合成词

战国—秦时期新出现的双音节合成词共12932个，占双音节新词的96.4%。双音节合成新词可以分为重叠式合成词、附加式合成词和复合式合成词。其中，双音节复合式新词包括偏正式、联合式、动宾式、主谓式四种类型，共12745个，占双音节合成新词的98.6%。下面分别对重叠式、附加式、偏正式、联合式、动宾式、主谓式六种合成新词进行分析。

（一）重叠式

重叠式合成词是用重叠词素的方式构成的合成词。如前所述，区分叠音词和重叠式合成词主要考察复音词中单个音节是否可以独立成词，独立成词后的词义是否与复音词的词义有联系。如果单个音节可以独立成词，且词素叠用后的意义与单用意义有关联，那么这个词就是重叠式合成词。比如，"唯"在

---

① "橐驼"即骆驼，后因语音讹变写作"骆驼"，其源词可能是匈奴语dada。参见史有为：《汉语外来词》（增订本），商务印书馆2013年版，第42页。

② 参见尉迟治平：《"风"之谜和夷语走廊》，《语言研究》1995年第2期。

③ 史有为：《汉语外来词》（增订本），商务印书馆2013年版，第40页。

④ 史有为指出，十二岁名中的大部分与郭沫若提供的巴比伦语或其亲属语言中表示天文学十二宫的词存在语音上的对应关系，这些词极有可能是从巴比伦辗转进入中国的。参见史有为：《汉语外来词》（增订本），商务印书馆2013年版，第35—36页。

战国初期可以表示应答声。《论语·里仁》："子曰：'参乎！吾道一以贯之。'曾子曰：'唯。'"战国晚期出现的复音词"唯唯"表示恭敬的应答声，显示出人卑恭顺从的样子。《韩非子·八奸》："优笑侏儒，左右近习，此人主未命而唯唯，未使而诺诺，先意承旨，观貌察色以先主心者也。""唯唯"是由"唯"叠用后形成的，意义上与"唯"有联系，故"唯唯"是重叠式合成词。"唯唯"这个词形也曾在《诗经》中出现。《诗·齐风·敝笱》："敝笱在梁，其鱼唯唯。"这里的"唯唯"形容鱼儿相随而行的样子。由于文献中没有"唯"单用表示相随而行的例证，故《诗经》中的"唯唯"是叠音词。要之，"唯唯"这个词形对应了两个词，表示相随而行的"唯唯"是叠音词，表示连续应答声的"唯唯"是重叠式合成词。

战国—秦时期新出现的双音节重叠式合成词共计134个，占双音节新词的1.0%。绝大多数新词为形容词，共120个，另外还有名词2个，动词1个，拟声词4个，副词7个。

1. 形容词

这类词既有描写人或动物情态样貌的，也有描写其他事物性质状态的。

（1）描写人或动物的情态样貌

描写人的形容词如"謇謇""愬愬""款款""规规"等。

謇謇：忠贞、正直。《楚辞·离骚》："余固知謇謇之为患兮，忍而不能舍也。"

愬愬：担心害怕貌。《荀子·强国》："愬愬然常恐天下之一合而轧己也。"

款款：诚恳；忠实。《楚辞·卜居》："吾宁悃悃款款朴以忠乎？将送往劳来斯无穷乎？"

"謇"本义指口吃，战国时期假借"謇"表示正直。《楚辞·招魂》："弱颜固植，謇其有意些。"王逸注："謇，正言貌也。""愬"表示担心害怕。《说文·言部》："愬，思之意。"《荀子·强国》："佚而治，约而详，不烦而功，治之至也，秦类之矣。虽然，则有其愬矣。""款"表示诚恳。《荀子·修身》："愚款端悫，则合之以礼乐。"词素"謇""愬""款"叠用后形成重叠式合成词"謇謇""愬愬""款款"，词义基本上等同于构词词素作单音词时的意义，不过合成词的词义都增加了强调的色彩。

规规：浅陋貌。《庄子·秋水》："子乃规规然而求之以察，索之以辩，是直用管窥天，用锥指地也，不亦小乎！"

单音词"规"在战国多指法度，似乎与"规规"表示的"浅陋"义没有直接的关联。不过，据伍宗文考证，先秦时期"规"有"细小"义。"《方言》第二：'嫢，细也。'郭注：'嫢嫢，小成貌。'《说文》："嫢，秦晋谓细为嫢。'又'窥，小视也。'是'规'声之字皆有细小之义。《庄子·天运》：'三皇之知……其知憯于蛎虿之尾，鲜规之兽。'成疏：'鲜规，小貌。'董志翘以为'鲜规'一词，众说纷纭，唯以成疏得其旨。'鲜'者少也，'规'者细小也；'鲜规'乃近义复用，泛指稀见小兽，其说至确。"①"规规"的"浅陋"义与"规"的"细小"义有关，故"规规"当为重叠式合成词。

描写动物的重叠式新词如"圉圉""蜿蜿""习习"等。

圉圉：困而未舒貌。《孟子·万章上》："昔者有馈生鱼于郑子产，子产使校人畜之池。校人烹之，反命曰：'始舍之，圉圉焉；少则洋洋焉，攸然而逝。'"赵岐注："圉圉，鱼在水羸劣之貌。"

蜿蜿：屈曲貌；卷曲貌。《楚辞·离骚》："驾八龙之蜿蜿兮，载云旗之委蛇。"

习习：频频飞动貌。《楚辞·九辩》："骖白霓之习习兮，历群灵之丰丰。"朱熹集注："习习，飞动貌。"

"圉"本义指牢狱，引申为禁锢。《说文·幸部》："圉，囹圉，所以拘罪人。"《尔雅·释言》："圉，禁也。""圉圉"是由动词性词素"圉"连缀构成的重叠式合成词，形容鱼在水里局促困顿的样子。"蜿"形容屈曲貌。《楚辞·大招》："山林险隘，虎豹蜿只。"重叠式合成词"蜿蜿"的意义基本上等同于单音词"蜿"的意义。"习"本义为数飞，是卜辞中出现的词。《说文·羽部》："习，数飞也。"《礼记·月令》："鹰乃学习，腐草为萤。""习习"是由词素"习"重叠而成，形容频频飞动的样子，与单音词"习"本义相近，但强调动作的反复性。

① 伍宗文：《先秦汉语复音词研究》，巴蜀书社2001年版，第152—153页。

（2）描写其他客观事物的性质状态

描写植物的形容词有"屯屯""莽莽""每每"。

屯屯：丰盛；满盈。马王堆汉墓帛书《称》："山有木，其实屯屯。"

莽莽：茂盛貌。《楚辞·九章·怀沙》："滔滔孟夏兮，草木莽莽。"

每每：形容草盛貌。《左传·僖公二十八年》："听舆人之诵曰：'原田每每，舍其旧而新是谋。'"杜预注："喻晋军美盛，若原田之草每每然。"

单音词"屯"可以表示满。《易·序卦》："盈天地之间者唯万物，故受之以屯。屯者，盈也。"相比单音词"屯"，"屯屯"的意义有所加强，强调丰盈。"莽"本义指密生的草。《左传·哀公元年》："暴骨如莽。""莽"可以引申为形容词，表茂密。《汉书·景帝纪》："或地饶广，荐草莽，水泉利，而不得徙。"重叠式合成词"莽莽"的意义基本上等同于单音词"莽"的意义。"莽莽"在战国时还出现了引申义，形容长大貌。《吕氏春秋·知接》："戎人见暴布者而问之曰：'何以为之莽莽也？'""每"的本义指草盛的样子。《说文·屮部》："莓，艸盛上出也。"徐灏注笺："莓，隶变作每。"段玉裁注："《左传》'舆人诵曰：原田每每'，杜注：'晋军美盛，若原田之草每每然。'《魏都赋》'兰渚每每'用此，俗改为莓。按，每是草盛，引伸为凡盛。""每每"为重叠式合成词，意义与"每"的本义基本相同。

还有描写其他事物的形容词。比如：

章章：鲜明美好貌。《荀子·法行》："故虽有珉之雕雕，不若玉之章章。"

暴₃暴①：突起貌。《荀子·富国》："上得天时，下得地利，中得人和，则财货浑浑如泉源，汸汸如河海，暴暴如丘山。"

潒潒：旷远貌。《晏子春秋·外篇下十四》："然而潒潒乎不知六翮之所在。"

嗛₄嗛②：微小貌。《国语·晋语一》："嗛嗛之德，不足就也，不可以矜，而祗取忧也。"

---

① "暴₃"音bó。

② "嗛₄"音qiàn。

《说文》释"章"为"乐竟为一章",即乐曲结束为一章。"章"还可以指纺织品的花纹,并引申为明显、显著。《国语·周语下》:"夫见乱而不惕,所残必多,其饰弥章。"词素"章"叠用后形成的重叠式合成词"章章"不是单音词意义的简单叠加,而是强调纹饰的鲜明美好。单音词"暴"在战国时可以表示鼓起、突出。《周礼·考工记·瓬人》:"凡陶瓬之事,髻垦薜暴不入市。"郑玄注:"暴,坟起不坚致也。"重叠式合成词"暴暴"的意义基本上等同于单音词"暴"的意义。"漻"即"寥",表空廓。《韩非子·主道》:"寂乎其无位而处,漻乎莫得其所。"重叠式合成词"漻漻"的意义基本上等同于单音词"漻"的意义。"嗛",通"歉",表示歉收。《穀梁传·襄公二十四年》:"一谷不升谓之嗛。"由歉收引申为不足。《荀子·仲尼》:"故知者之举事也,满则虑嗛,平则虑险,安则虑危。""嗛"叠用后形成的"嗛嗛"表示微小,合成词与单音词在意义上存在一定的联系,故"嗛嗛"是重叠式合成词。

有的新词构成同义或反义关系。比如,"邈邈"形容遥远,与前述之"漻漻"构成同义关系。《楚辞·离骚》:"抑志而弭节兮,神高驰之邈邈。"又如,"墨墨"形容昏暗。《管子·四称》:"政令不善,墨墨若夜。""昭昭"形容明亮。《楚辞·九歌·云中君》:"灵连蜷兮既留,烂昭昭兮未央。""墨墨"与"昭昭"构成反义关系。

从构词词素的性质上看,作形容词的重叠式合成新词由形容词性词素、动词性词素或名词性词素重叠而成。

由形容词性词素重叠而成的重叠式合成词占绝大多数,如前文所述之"嗛嗛""漻漻""謇謇""规规""愬愬"等都是由形容词性词素重叠而成。新词词义与词素单用时基本相同,但大都增加了描写、强调的意味。比如:

区区:小。《左传·襄公十七年》:"宋国区区,而有诅有祝,祸之本也。"

"区"可以表示小。《关尹子·一宇》:"吾道如处暗,夫处明者不见暗中一物,而处暗者能见明中区事。""区"重叠后形成"区区",词义基本没有变化,但"区区"表示的小的程度有所加深,强调微小到不值一谈的地步,所以"区区"往往形容微不足道。

由动词性词素重叠而成的重叠式合成词数量较少,除上文讨论的"圉圉""习习"外，还有"缀缀""拘拘""雕雕""扰扰"等。举"雕雕"为例：

雕雕：彰明貌。《荀子·议兵》："雕雕焉县贵爵重赏于其前。"

"雕"本指一种大型猛禽，如《山海经·南山经》："水有兽焉……其状如雕而有角。"战国时假借"雕"表示治玉，也泛指雕刻。《论语·公冶长》："朽木不可雕也。"合成词"雕雕"的意义与"雕"的假借义相关："雕雕"表示雕这个动作的结果，即雕刻后产生的文采彰明的效果。

由名词性词素重叠而成的重叠式合成词只有"秩秩"一词。

秩秩：有条理、不混乱的样子。《荀子·仲尼》："贵贱长少秩秩焉，莫不从桓公而贵敬之。"

"秩"表示次序。《书·洛诰》："周公曰：'王，肇称殷礼。祀于新邑，咸秩无文。'"词素"秩"叠用后形成的合成词"秩秩"表示次序这个抽象概念的特征：条理不乱。

2. 名词

作名词的重叠式合成新词都是由名词性词素重叠而成，仅"人人""元元"两词。

人人[①]：所有的人。《孟子·离娄上》："人人亲其亲，长其长，而天下太平。"

元元：百姓庶民。《战国策·秦策一》："制海内，子元元，臣诸侯，非兵不可！"

"元"本义为首。《左传·僖公三十三年》："（先轸）免胄入狄师，死焉。狄人归其元，面如生。""元"叠用形成"元元"，表示百姓民众。"人"叠用形成"人人"，表示所有人。可见，"元"和"人"重叠后形成的合成词词义中都带有周遍性。

3. 动词

动词性重叠式合成新词只有"生生"一词。

生生：孳生不绝，繁衍不已。《易·系辞上》："生生之谓易。"孔颖达疏："生生，不绝之辞。阴阳变转，后生次于前生，是万物恒生谓之易也。"

---

① 按现代语言学理论，"人人"属于词的构形问题。本书是基于《汉语大词典》的词汇研究，"人人"在《汉语大词典》中单列词目，故本书将其视为合成词。

"生"本义指植物生长，引申为滋生。《说文·生部》："生，进也。象草木生出土上。"《老子》："道生一，一生二，二生三，三生万物。""生生"表示滋生不绝，强调"生"这个动作不断反复。伍宗文认为先秦时期未出现动词的重叠形式，恐非。[1]

4. 拟声词

重叠式合成新词中有4个拟声词，都是摹拟人或动物发出的声音。

"唯$_2$唯"[2]"诺诺"表示顺从，不加违逆。

《韩非子·八奸》："优笑侏儒，左右近习，此人主未命而唯唯，未使而诺诺，先意承旨，观貌察色以先主心者也。"

古时"唯"和"诺"都是同意、遵命的应答声。《论语·里仁》："子曰：'参乎！吾道一以贯之。'曾子曰：'唯。'"《论语·阳货》："诺，吾将仕矣。""唯唯""诺诺"为声音的反复，表示连声应诺，词义比单用时增加了恭敬顺从的意味。

嘻嘻：表示嗟叹。《左传·襄公三十年》："鸟鸣于亳社，如曰'嘻嘻'。"

吤吤：人喉中哽塞而反复发出的声音。《灵枢经·邪气藏府病形》："胆病者，善太息，口苦，呕宿汁，心下澹澹，恐人将捕之，嗌中吤吤然，数唾。"

"嘻"是人发出的感叹、悲痛等声。《庄子·养生主》："嘻，善哉！技盖至此乎？""嘻嘻"表示嗟叹，比"嘻"单用时加强了感叹的意味。"吤"为喉中哽塞所发之声。《灵枢经·邪气藏府病形》："大甚为喉吤。""吤吤"与单音词"吤"意义相近，但强调声音的反复。

5. 副词

作副词的重叠式合成新词有7个。"辈辈""旦旦""日日"由名词性词素重叠而成。

辈辈：犹言一批批，一伙伙。《商君书·农战》："说者得意，道路曲辩，辈辈成群。"

---

[1] 参见伍宗文：《先秦汉语复音词研究》，巴蜀书社2001年版，第298页。

[2] "唯$_2$"音wěi。

汉语词汇通史 战国—秦卷

旦旦：天天。《孟子·告子上》："旦旦而伐之，可以为美乎？"

日日：每天。《左传·哀公十六年》："国人望君如望岁焉，日日以几。"

"一一"由数词性词素重叠而成。

一一：逐一；一个一个地。《韩非子·内储说上》："宣王死，湣王立，好一一听之，处士逃。"

需要说明的是，按照现代语言学理论，"辈辈""旦旦""日日""一一"以及上文提到的"人人"是单音词通过重叠法产生的形态变化，当属词的构形问题。不过，本书是基于《汉语大词典》的词汇研究，"人人""一一"等在《汉语大词典》中单列词目，那么就将它们视作词，不看作构形。

"稍稍""少少""常常"由副词性词素构成。

稍稍：渐次；逐渐。《战国策·赵策二》："无有名山大川之限，稍稍蚕食之，傅之国都而止矣。"

少少：不久。《墨子·非攻下》："少少有神来告曰：夏德大乱，往攻之，予必使汝大堪之。"

常常：时常，经常。《孟子·万章上》："欲常常而见之，故源源而来。"

"稍"可以作副词，表示逐渐。《史记·项羽本纪》："项王乃疑范增与汉有私，稍夺其权。""少"可以表示少顷。《孟子·万章上》："始舍之，圉圉焉；少则洋洋焉，悠然而逝。""常"表示经常。《庄子·天地》："三患莫至，身常无殃，则何辱之有。""稍""少""常"重叠后形成的副词"稍稍""少少""常常"与词素单用时的意义基本相同。

战国—秦时期出现双音节重叠式合成词共134个，其中大部分为形容词，还有少量名词、动词、副词和拟声词。具体数字如下表：

表9　战国—秦时期重叠式双音节新词的词类分布

	名词	动词	形容词	副词	拟声词	总计
数量	2	1	120	7	4	134
占比	1.5%	0.7%	89.6%	5.2%	3.0%	100%

从词的内部语法构成上看，多数重叠式新词的词性与构词词素的性质一致。比如，作动词、名词、拟声词的重叠式新词分别是由动词性、名词性、拟声词性的词素重叠而成，绝大多数作形容词的重叠式新词也是由形容词性词素重叠而成。当然，战国—秦时期也出现了重叠式新词的词性与构词词素的性质不一致的情况。比如，少数形容词由动词性词素或名词性词素构成，少数副词由名词性词素或数词性词素构成。这种新词词性与构词词素性质不一致的情况很少，仅11例，占全部重叠式新词的8.2%。

（二）附加式

附加式合成词是由一个词根词素和一个词缀词素构成的合成词。词缀词素是合成词结构中的形态成分，它不改变词根意义的内容，只标志所构新词的词性等语法意义。词缀词素置于词根词素之前的称为前附式合成词，置于词根词素之后的称为后附式合成词。

战国—秦时期新出现的双音节附加式合成词共180个，占双音节新词的1.3%。其中，前附式合成词9个，后附式合成词171个，分别占附加式合成新词的5%和95%。

1. 前附式

前附式合成新词全部为名词。构成这些前附式合成新词的前缀词素是"有"。

词缀词素"有"在战国以前就已经出现。西周春秋时期，词缀"有"可以附加在名词性、动词性、形容词性词根词素前，构成名词、形容词、动词。名词多数是朝代名、国名等专名，如"有夏""有殷""有商""有周""有邰""有娀"，也有一些普通名词，如"有正""有命""有神"。动词如"有如""有鸣"。形容词如"有觉""有忡""有实"。

战国—秦时期，"有"继续构词，构成附加式新词9个，都是国名。其中，8个为远古时期的国名，1个为周代诸侯国国名。

8个古国名分别为"有仍""有吕""有果""有施""有洛""有缗""有苏""有狄"。除"有狄"见于《楚辞》外，其余7个见于战国早期文献《左传》《国语》和《逸周书》。

有狄：古国名。在黄河之北或易水附近。《楚辞·天问》："昏微遵迹，有狄不宁。"

有苏：古国名。故址在今河北省沙河县西北。《国语·晋语一》："殷辛伐有苏，有苏氏以妲己女焉。"

有缗：古国名。为桀所灭。故址在今山东省金乡县东北，旧名缗城阜。《左传·昭公四年》："夏桀为仍之会，有缗叛之。"

有洛：古国名。为商所灭。《逸周书·史记》："成商伐之，有洛以亡。"

有施：古国名。夏代喜姓之国。《国语·晋语一》："昔夏桀伐有施，有施人以妹喜女焉。"

有吕：古国名。姜姓。传为四岳之后。《国语·周语下》："祚四岳国，命以侯伯，赐姓曰姜、氏曰有吕。"

有果：古国名。《逸周书·史记》："昔有果氏好以新易故。故者，疾怨，新故不和。"孔晁注："有果，亦国名也。"

有仍：古国名。在今山东省济宁市。《左传·哀公元年》："后缗方娠，逃出自窦，归于有仍，生少康焉。"

"有仍"又作"有戎"。《韩非子·十过》："昔者桀为有戎之会，而有缗叛之，纣为黎丘之搜而戎狄叛之，由无礼也。"陈奇猷集释："旧注：有戎，有缗，皆国名。卢文弨曰：'戎，《左》昭四年《传》作仍。'"

除古国名外，还有一个前附式新词"有宋"，表示诸侯国宋国。

《庄子·在宥》："云将不得问。又三年，东游，过有宋之野而适遭鸿蒙。"

前缀"有"本身没有实际的意义，作为前缀形成的前附式合成词与词根词素单用时的意义基本一致。战国文献中这些国名也常常不加前缀"有"，词根词素可以独立成词。比如，"有吕"直称"吕"，《国语·郑语》："当成周者，南有荆蛮、申、吕、应、邓、陈、蔡、随、唐。""有洛"直称"洛"。《国语·郑语》："北有卫、燕、狄、鲜、虞、潞、洛、泉、徐、蒲。"而宋国直称"宋"的情况更为常见。《公羊传·隐公三年》："故君子大居正。宋之祸，宣公为之也。"笔者利用北京大学中国语言学研究中心古代汉语语料库对"有宋"和"宋"的用例进行检索发现，"有宋"在战国文献中仅出现2

次，而"宋"在战国时期文献中出现近500次。这说明"有宋"虽然是战国新词，但这种附加式合成词在使用范围上远不如单音词广泛。

战国时期出现的含前缀"有"的新词可以看作词缀"有"构词在战国时的遗留。通过统计《汉语大词典》收录的含有前缀"有"的附加式合成词发现，出自西周春秋文献《易经》《尚书》《诗经》的共计29个，出自战国早期文献《左传》《国语》《逸周书》的有7个，出自战国中晚期文献《庄子》《楚辞》的有2个。由此可见，从西周到战国末期，前缀"有"的构词能力呈现出逐渐下降的趋势。从构词内容上看，战国—秦时期"有"构成的新词全部为专名，没有出现普通名词，也没有出现名词以外的其他词性，这也反映出这一时期"有"的构词能力已经大大削弱。汉以降，除出现少数仿古词如"有汉""有清"外，这种前缀"有"加词根词素的构词方式已经逐渐被淘汰。

2.后附式

战国—秦时期新出现的后附式合成词有171个，数量远远超过前附式合成词。后附式新词中，形容词占多数，共162个，其余9个为副词。参与构词的后缀有"然""尔""如""焉""若""而"。除"焉"外，其他后缀词素都是战国以前出现的。

（1）词缀"然"构成的附加式新词

西周春秋时期，词缀"然"多附加在形容词性词根词素后面，构成形容词，如"居然""烝然""潸然""贲然"。

战国—秦时期，"然"继续构词，构成附加式新词131个，其中多数为形容词。这些附加式形容词关涉内容广泛。比如，《孟子·梁惠王上》："天油然作云，沛然下雨，则苗浡然兴之矣。"其中"油然""沛然""浡然"都是形容自然界事物兴盛充足的新词。又如，《庄子·养生主》："砉然向然，奏刀騞然。"其中"砉然""騞然"都是形容破裂声或折断声的新词。不过，大多数形容词描写的是人的情貌。据统计，仅《汉语大词典》中收录的始见于《庄子》的含有后缀"然"的附加式新词就有59个，其中45个描写人的情貌。比如，《庄子·天道》："而（汝）容崖然，而目冲然，而颡頯然，而口阚然，而状义然，似系马而止也。""崖然"形容傲岸矜持，"冲然"形容鼓目

突视，"頯然"形容额头高显，"闒然"形容张口阔大，"义然"形容体态
巍峨。

含后缀"然"的附加式新词中有4个副词。其中，"全然""卒然""俄
然"见于《庄子》，"造然"见于《韩非子》。

全然：完全，都。《庄子·应帝王》："子之先生遇我也！有瘳矣，全然有生
矣！"

卒$_3$然[1]：突然。《庄子·列御寇》："卒然问焉而观其知。"

俄然：一会儿，突然。《庄子·齐物论》："俄然觉，则蘧蘧然周也。"

造然：突然。《韩非子·难二》："景公造然变色曰：'寡人其暴乎！'"

新词的词根词素既有形容词性的，也有动词性、名词性和副词性的。比
如，"介然"表示坚定不动摇。《荀子·修身》："善在身，介然必以自好
也。""介然"的"介"是形容词性词素，表示坚实。《易·豫》："介于
石，不终日，贞吉。"此外，"粲然"的"粲"、"怡然"的"怡"分别表示
鲜明与和悦，也都是形容词性的词素。再如，"瞋然"形容惊视貌，"敛然"
形容聚集貌。《荀子·荣辱》："俄而粲然有秉刍豢稻粱而至者，则瞋然视
之，曰：'此何怪也！'"又《非十二子》："敛然圣王之文章具焉。"两词
中"瞋""敛"是动词性词素，分别表示惊视和聚敛。"翼然"的"翼"是名
词性的词素。"翼然"指像翅膀一样舒展，常用以形容自然飘逸、恭谨端好
之态，如《管子·心术下》："正形饰德，万物毕得，翼然自来，神莫知其
极。"而前文所述之"造然"的"造"是副词性词素，单用可以作副词，表示
突然，如《礼记·玉藻》："造受命于君前，则书于笏。"

有的新词构成同义、近义或反义关系。比如，"懔然"形容人戒惧的样
子。《荀子·议兵》："纣刳比干，囚箕子，为炮烙刑；杀戮无时，臣下懔
然，莫必其命。"与"凛然"同义的有"怵然"。《庄子·养生主》："吾
见其难为，怵然为戒。"此外，"惕然"和"懼然"都可以形容人惶恐惊
惧。《战国策·魏策三》："秦王懼然曰：'国有事，未澹下兵也，今以兵

---

① "卒$_3$"音cù。

从。'"《晏子春秋·杂上九》："晏子闻之，不待时而入见景公，公汗出惕然。""惕然""懼然""凛然""怵然"意义相近。再如，"涣然"形容离散之貌。《荀子·议兵》："君臣上下之间，涣然有离德者也。""涣然"与前文所述之"敛然"构成反义关系。

（2）词缀"尔"构成的附加式新词

西周春秋时期，词缀"尔"附加在形容词性词根词素后面，构成形容词，如"蠢尔""宴尔"。

战国—秦时期，"尔"构成附加式新词9个，全部为形容词。新词中，5个见于战国早期文献《论语》《左传》，2个见于战国中期文献《孟子》，还有2个见于《周礼》，战国晚期文献未见含后缀"尔"的新词，表明后缀"尔"的构词能力在这一时期呈现逐渐下降的趋势。

从词义上看，这些新词既有描写人的情貌的，如"卓尔""率尔"，也有描写其他客观事物状态的，如"藐尔""铿尔"。

卓尔：形容超群出众。《论语·子罕》："既竭吾才，如有所立卓尔。"

率尔：急遽貌。《论语·先进》："子路率尔而对。"

藐尔：形容小。《左传·昭公七年》："郑虽无腆，抑谚曰'蕞尔国'，而三世执其政柄。"

铿尔：形容金石玉木等所发出的洪亮声。《论语·先进》："鼓瑟希，铿尔，舍瑟而作。"

新词的词根词素既有形容词性的，也有动词性的。比如，"颓尔"形容厌伏不振之貌。《周礼·考工记·梓人》："爪不深，目不出，鳞之而不作，则必颓尔如委矣。""颓"是形容词性的词素，表示厌伏不振。"嘑₂尔"①形容怒叱之貌。《孟子·告子上》："嘑尔而与之，行道之人弗受。"其中的"嘑₂"是动词性词素，表示呵叱。战国—秦时期没有出现"尔"附加在名词性词根词素后的新词。

---

① "嘑₂"音hù。

（3）词缀"如"构成的附加式新词

西周春秋时期，词缀"如"附加在形容词性或动词性词根词素后面，构成形容词，如"焚如""交如""屯如"。

战国—秦时期，"如"构成附加式新词10个，全部为形容词。新词中，8个见于战国早期文献《论语》，2个见于战国中晚文献《孟子》《荀子》，表明后缀"如"的构词能力在这一时期呈现逐渐下降的趋势。

从词义上看，这些新词既有描述人的情貌的，如"跃如""齐₃如"[①]，也有描写其他客观事物的，如"鬲如""襜如"。

跃如：跃跃欲试貌。《孟子·尽心上》："君子引而不发，跃如也。"

齐₃如：庄重恭敬貌。《论语·乡党》："虽蔬食、菜羹、瓜，祭，必齐如也。"何晏集解引孔安国曰："齐，严敬貌。三物虽薄，祭之必敬也。"

鬲如：上小下大貌。《荀子·大略》："望其圹，皋如也，巅如也，鬲如也。"

襜如：（衣服前后摆动）整齐的样子。《论语·乡党》："揖所与立，左右手，衣前后，襜如也。"

新词的词根词素既有形容词性的，也有动词性和名词性的。比如，《论语·八佾》："乐其可知也；始作，翕如也；从之，纯如也，皦如也，绎如也，以成。"其中"翕如"形容盛多，"纯如"形容美好，"皦如"形容清晰，"绎如"形容相续不绝，词素"翕""纯""皦""绎"都是形容词性词素。前文所述之"跃如"的"跃"是动词性词素，"鬲如"的"鬲"是名词性词素。再如，"翼如"中的"翼"也是名词性词素。《论语·乡党》："趋进，翼如也。""翼如"与"翼然"义同，表示像鸟的翅膀一样舒展，多形容姿态端好。

（4）词缀"焉"构成的附加式新词

词缀词素"焉"是战国时期新出现的。这一时期由"焉"构成的双音节附加式新词共10个，其中9个为形容词，1个为副词。

从词义上看，新词"忽焉"和"悖焉"为同义词，都形容快速。

---

① "齐₃"音 zhāi。

《左传·庄公十一年》："禹汤罪己，其兴也悖焉；桀纣罪人，其亡也忽焉。"

除上述两词外，其余都是描述人的情貌的，如"喟焉""恤焉""斩焉"。

喟焉：感叹貌。《吕氏春秋·慎势》："简公喟焉太息。"

恤焉：忧闷貌。《庄子·德充符》："无几何也，去寡人而行，寡人恤焉若有亡也。"

斩焉：因丧哀痛貌。《左传·昭公十年》："孤斩焉在衰绖之中。"

作副词的新词只有"少焉"。

少焉：少刻，一会儿。《庄子·徐无鬼》："少焉，徐无鬼曰：'尝语君，吾相狗也。'"

新词的词根词素既有形容词性的，也有动词性和副词性的。比如，前文所述之"恤焉"的"恤"是形容词性词素，表示忧愁、悯惜，如《晏子春秋·谏上五》："而君不恤，日夜饮酒。""喟焉"的"喟"是动词性词素，表示叹息，如《楚辞·离骚》："依前圣以节中兮，喟凭心而历兹。""少焉"的"少"是副词性词素，表少顷、少刻，《孟子·万章上》："始舍之，圉圉焉；少则洋洋焉，悠然而逝。"战国—秦时期没有出现"焉"附加在名词性词根词素后的新词。

（5）词缀"若"构成的附加式新词

西周春秋时期，词缀"若"附加在形容词性词根词素后面，构成形容词，如"纷若""沃若"。

战国—秦时期，"若"构成附加式新词6个，全部为形容词。

从词义上看，新词多描写人，如"汒若""犹若"。

汒若：茫然。《庄子·天地》："蒋闾葂覤覤然惊曰：'葂也汒若于夫子之所言矣。'"

犹若：舒和貌。《荀子·子道》："子路趋而出，改服而入，盖犹若也。"

构成新词的词根词素都是形容词性的。比如，"沛若"形容盛大。《公羊传·文公十四年》："晋郤缺帅师，革车八百乘，以纳接菑于邾娄，力沛若有余而纳之。""沛"表示盛大，是形容词性的词素。战国—秦时期没有出现"若"附加在其他性质的词根词素后的新词。

（6）词缀"而"构成的附加式新词

西周春秋时期，词缀"而"附加在形容词性词根词素后面，构成形容词，如"舒而"。

战国—秦时期，"而"构成附加式新词5个，其中形容词1个，副词4个。

形容词为"馁而"。

馁而：饥饿。《左传·宣公四年》："且泣曰：'鬼犹求食，若敖氏之鬼不其馁而！'"

副词为"俄而""儵而""忽而""继而"。其中，"俄而""儵而""忽而"三词义同。

俄而：不久；突然间。《庄子·大宗师》："俄而子舆有病，子祀往问之。"

忽而：忽然。《楚辞·九歌·少司命》："荷衣兮蕙带，儵而来兮忽而逝。"

儵而：忽然。《楚辞·九歌·少司命》："荷衣兮蕙带，儵而来兮忽而逝。"

继而：表示紧随着某事之后。《孟子·公孙丑下》："继而有师命。"

新词的词根词素既有形容词性的，也有动词性的。比如，前文所述之"馁而"的"馁"是形容词性词素，表示饥饿，如《左传·桓公六年》："今民馁而君逞欲。""继而"的"继"是动词性词素，表示前后相续，如《易·离》："（象曰）大人以继明照于四方。"战国—秦时期没有出现"而"附加在名词性词根词素后的新词。

"然""尔""如""焉""若""而"都是后缀词素，附加在词根词素后多表示状态。其中，"然""若""尔""而""如"音近，"在用作形容词词尾的情况下……五字同源"①。"然"和"焉"上古音也相近，"然"为影母元部，"焉"为日母元部，影母为喉音，日母为舌面音，影日邻组，韵部相同。战国—秦时期，"然""尔""如""焉""若""而"有时附加在同一个词根词素后，表达的意义相同。比如，"忽然""忽焉""忽而"义同，都表示忽然。

《庄子·知北游》："人生天地之间，若白驹之过郤，忽然而已。"

《左传·庄公十一年》："桀纣罪人，其亡也忽焉。"

---

① 王力：《同源字典》，中华书局2014年版，第156页。

《楚辞·九歌·少司命》："荷衣兮蕙带,儵而来兮忽而逝。"

"喟然""喟焉"义同,都形容叹息之貌。

《吕氏春秋·慎势》："简公喟焉太息。"

《论语》："夫子喟然叹曰:'吾与点也。'"

"慨然""慨焉"义同,都形容感慨之貌。

《荀子·宥坐》："孔子慨然叹曰:'呜呼!上失之,下杀之,其可乎!'"

《吕氏春秋·审己》："潘王慨焉太息曰:'贤固若是其苦邪?'

战国—秦时期新出现的双音节附加式合成词共180个,其中以形容词为主,还有少数名词和副词。

表10　战国—秦时期附加式双音节新词的词类分布

	名词	形容词	副词	总计
数量	9	162	9	180
占比	5.0%	90.0%	5.0%	100%

从新词产生的数量上可以看出,词缀构词法的构词能力有限,在战国—秦时期并不发达。新词中,后附式合成新词的数量占所有附加式新词的95%,表明这一时期附加后缀的构词能力远远超过附加前缀的构词能力。从各个词缀的构词数量看,后缀"然"构成的新词最多,占所有附加式新词的72.8%,说明"然"的构词能力明显超过了其他词缀,在战国时期词缀构词方式中占有重要地位。汉以降,"然"继续构成大批新词,而"有""如""若""而""尔""焉"虽然还继续构词,但构词能力无法与"然"相比,甚至有的词缀在后来的发展中逐渐消亡了。

有学者认为上古时期词缀中还包括"者""子"[①],但本书不把二者看作战国—秦时期的词缀。先说"者"。虽然"者"能在固定位置上与某类词素

汉语词汇通史　战国—秦卷

---

① 毛远明把"者"构成的合成词看作附加式合成词,唐元发把"者""子"构成的合成词看作附加式合成词。参见毛远明:《左传词汇研究》,西南师范大学出版社1999年版,第142—143页;唐元发:《〈逸周书〉词汇研究》,浙江大学出版社2015年版,第172—173页。

结合，且战国—秦时期"者"具有较强的构词能力[1]，但是"者"不宜看作词缀。这是因为词缀是造词结构中的形态成分，"它们不是以明确的意义单位作为新词结构中的基本组织，而是以形态上的结构特点来标志词根意义的变化"[2]。"者"在构词时不仅标志了所构新词的词性，还用以指代人、事、物，为新词增加了明确的理性意义，所以"者"不是词缀。再说"子"。"子"在战国—秦时期还没有完成词义的虚化，也不宜看作这一时期出现的词缀。战国末期文献中"子"确已呈现出虚化的倾向，如《吕氏春秋·乐成》："男子行乎涂右，女子行乎涂左。"其中"男子"和"女子"已经泛指男性和女性。《韩非子·外储说左上》："郑县人卜子使其妻为裤，其妻问曰：'今裤何如？'夫曰：'象吾故裤。'妻子因毁新，令如故裤。"其中"妻子"指妻，而非妻与子。不过，词义虚化相当缓慢，"子"在战国末期虽有虚化的趋势，但依然保留实际的意义。少数几个含意义虚化的"子"的词，如"男子""女子""妻子"，在汉以后很长时间依然可以指男孩、女孩、妻与子。此外，两汉时期几乎未见"子"作后缀形成的附加式新词，说明至少在汉代"子"还没有成为具有构词能力的词缀，而且也不排除战国文献中出现的个别"子"虚化的现象是文献流传过程中出现的讹误的可能性。所以，"子"在战国—秦时期还不能认定为词缀。战国—秦末期"男子""女子"泛指男性、女性，这种泛指义可以看作本义的引申，而"妻子"单指妻的现象可以视为词义发展过程中出现的语义偏指现象。总之，这些词的词素"子"都是以明确的意义单位参与构词的，不是词缀。

（三）联合式

两个意义相同、相近、相关或相反的词素并列组合成的复合词称为联合式复合词。西周春秋时期，联合式复合词的数量远远少于偏正式复合词，如《诗经》中联合式复合词只占全书复合词总数的23.9%，低于偏正式复合词55.3%

---

① 《汉语大词典》收录的战国—秦时期出现的含"者"的新词共49个，可见这一时期"者"的构词能力很强。

② 孙常叙：《汉语词汇》（重排本），商务印书馆2006年版，第42页。

的比例。①战国时期，联合式复合词在文献中所占比例明显提高，如《国语》中联合式复合词占全书复合词总数的40.3%，《吕氏春秋》中联合式复合词占全书复合词总数的47.5%。②据笔者统计，春秋时期出现的双音节联合式新词共161个，占这一时期双音节新词的17.6%，而战国—秦时期出现的双音节联合式新词共4199个，占这一时期双音节新词的31.3%。可见，战国—秦时期，联合式复合词的产生和使用都呈现明显增长的趋势。下面从语义、词性、语序三个方面对战国—秦联合式复合新词进行考察。

1. 从语义看构成

联合式复合词词素的意义可以是相同、相近或相关的关系，也可以是相反、相对的关系。据此，联合式复合词分为同义联合、类义联合和反义联合三类。

（1）同义联合

同义联合式复合词中两个词素的意义相同或者相近。战国—秦时期出现的此类新词共2431个，占联合式复合新词的57.9%。两个意义相同或相近的词素连缀成词后，表达的概念更加明确、概括。比如：

罔罟：指渔猎的网具。《荀子·王制》："鼋、鼍、鱼、鳖、鳅、鳣孕别之时，罔罟毒药不入泽。"

"罔罟"，也作"网罟"，是战国—秦时期的常用词。除《荀子》外，"罔罟"在《易传》《庄子》《管子》中均有用例。词素"罔"和"罟"义同。"罔"为绳索交叉编结而成的渔猎用具。《说文·网部》："网，庖牺所结绳以渔。罔，网或从亡。"《诗·大雅·瞻卬》："天之降罔，维其优矣。""罟"本义指网。《说文·网部》："罟，网也。"《国语·鲁语上》："里革断其罟而弃之。""罔罟"的意义基本相当于构词词素单用时的意义，词素"罔"和"罟"在意义上形成互训，使"罔罟"的意义较词素单用时更加明确。

---

① 参见向熹：《诗经语言研究》，四川人民出版社1987年版，第204—228页。

② 《国语》《吕氏春秋》中联合式复合词占全书复合词的比例系根据陈长书、张双棣的统计计算出来的。据陈长书统计，《国语》中复合式合成词共1222个，其中联合式493个。据张双棣统计，《吕氏春秋》中复合式合成词共967个，其中联合式459个。参见陈长书：《〈国语〉词汇研究》，中国社会科学出版社2014年版，第75—82页；张双棣：《〈吕氏春秋〉词汇研究》（修订本），商务印书馆2008年版，第273页。

汉语词汇通史 战国—秦卷

年齿：年龄。《庄子·徐无鬼》："舜举乎童土之地，年齿长矣，聪明衰矣，而不得休归。"

词素"年"和"齿"义同。"年"表谷熟。《说文·禾部》："年，谷熟也。"《春秋·桓公三年》："有年。"战国时期"年"引申为年纪。《左传·襄公九年》："晋侯以公宴于河上，问公年，季武子对曰：'会于沙随之岁，寡君以生。'""齿"本指门牙。《说文·齿部》："齿，口断骨也。"《诗·卫风·硕人》："领如蝤蛴，齿如瓠犀。"战国时期"齿"引申为年龄。《孟子·公孙丑下》："天下有达尊三：爵一、齿一、德一……乡党莫如齿。""年齿"的意义基本相当于构词词素单用时的意义，词素"年"和"齿"在意义上形成互训，使"年齿"的意义较词素单用时更加明确。

犯间：冒犯。《左传·哀公二十年》："吴犯间上国多矣，闻君亲讨焉，诸夏之人莫不欣喜，唯恐君志之不从。"

词素"犯"和"间"义同。"犯"本义指侵犯。《说文·犬部》："犯，侵也。"《左传·桓公五年》："陈乱，民莫有斗心，若先犯之，必奔。"由本义引申为冒犯。《左传·襄公十年》："众怒难犯，专欲难成。""间"本义指空隙。《说文·门部》："间，隟（隙）也。"《墨子·经上》："有间，中也。""间"在战国时期还表干犯。《左传·昭公二十六年》："穆后及大子寿早夭即世，单刘赞私立少，以间先王。"王引之《经义述闻·春秋左传下》："间之言干也，谓干犯先王之命也。""犯间"的意义基本相当于构词词素单用时的意义，词素"犯"和"间"在意义上形成互训，使"犯间"的意义更加明确。

狼戾：凶狼，暴戾。《战国策·燕策一》："夫赵王之狼戾无亲，大王之所明见知也。"

狼性凶残，故"狼"引申为凶狼。《淮南子·要略》："秦国之俗，贪狼强力，寡义而趋利。""戾"本义指弯曲，引申为乖张违逆。《诗·小雅·节南山》："昊天不惠，降此大戾。"进一步引申为暴戾。《荀子·儒效》："杀管叔，虚殷国，而天下不称戾焉。"词素"狼"和"戾"义同。《广雅·释诂三》："狼、戾，很也。"王念孙疏证："狼与戾一声之转。"两词素结合成复合词"狼戾"，意义比词素单用时有所加强。

以上新词都是由意义完全相同的词素联合形成的。战国—秦时期，由意义完全相同的词素连缀形成的新词数量较少，大多数同义联合式新词的词素义在意义轻重、适用范围、方俗风格等方面存在细微差别。比如：

斤斧：斧头。《管子·乘马》："其木可以为棺，可以为车，斤斧得入焉。"

"斤"和"斧"的本义都指斧子。《说文·斤部》："斤，斫木斧也。"段玉裁注："此依小徐本。凡用斫物者皆曰斧，斫木之斧则谓之斤。"《说文·斤部》："斧，所以斫也。"段玉裁注："斧之为用广矣，斤则不见于他用也。"根据段注，"斤"和"斧"的适用范围不同，"斤"主要作用于木，"斧"可以作用于各种物体，"斧"的适用范围比"斤"广。"斤"和"斧"的基本意义相同，都是指用于砍斫的斧子，两词在语用中没有差别，如《逸周书·文传》："山林非时不升斤，以成草木之长。"《诗·齐风·南山》："析薪如之何？匪斧不克。"复合词"斤斧"词义更加概括，泛指各种斧子。

疾病：泛指病。《周礼·天官·疾医》："掌养万民之疾病。"

"疾"和"病"本义都指疾病，但两者在病痛程度上有差别："疾"轻"病"重。《说文·疒部》："疾，病也。"又："病，疾加也。"随着词义的发展，这种差异逐渐变得模糊。比如，《管子·内业》："忧郁生疾，疾困乃死。"其中"疾"指重病。又如，《荀子·法行》："且夫良医之门多病人。"《国语·晋语八》："上医医国，其次疾人，固医官也。""病人""疾人"都指病人，病痛程度没有区别。"疾"和"病"浑言无别，可以看作同义词。词素"疾"和"病"的结合属同义联合，形成的复合词"疾病"泛指病。

诛杀：杀戮。《管子·正世》："今使人君行逆不修道，诛杀不以理，重赋敛，竭民财，急使令，罢民力。"

"诛"本义为指责。《说文·言部》："诛，讨也。"《周礼·天官·大宰》："以八柄诏王驭群臣……八曰诛，以驭其过。"引申为杀戮。《孟子·梁惠王下》："闻诛一夫纣矣，未闻弑君也。""杀"本义指杀戮。《说文·杀部》："杀，戮也。"《书·大禹谟》："与其杀不辜，宁失不经。""诛"和"杀"都指杀戮，但两者语义色彩不同。"诛"指诛杀有罪者，是上对下、有道对无道的行为，带有褒扬的色彩，如《国语·晋语二》："大国道，小国袭焉曰服；小国傲，大国袭焉曰诛。""杀"的适用范围比"诛"广，可以指一般性的杀戮行为，是中性词。"诛"和"杀"的语义色彩虽然不同，但是基本意义相同，所以词素"诛"和"杀"结合后形成的复合词"诛杀"属于同义联合的类型，泛指各种杀戮。

薪荛：柴草。银雀山汉墓竹简《孙膑兵法·十阵》："薪荛既积，营窟未谨。如此者，可火也。"

薪蒸：薪柴。《周礼·天官·甸师》："帅其徒以薪蒸役外内饔之事。"孙诒让正义："薪蒸即薪柴也。"

"薪"和"荛"本义都指柴火。《说文》中"薪""荛"互训。《说文·艸部》："薪，荛也。"又："荛，薪也。" 两词浑言无别，析言有别。《管子·轻重甲》："今北泽烧莫之续，则是农夫得居装而卖其薪荛。"尹知章注："大曰薪，小曰荛。"《左传·昭公十三年》："叔鲋求货于卫，淫刍荛者。"孔颖达疏："荛者，共（供）燃火之草也。"可见，"薪"多指木柴，"荛"多指柴草。"薪""荛"意义虽然有别，但都指烧火用的柴火，意义相近，作为词素构成的复合词"薪荛"宜看作同义联合。新词"薪蒸"的情况与"薪荛"类似。"蒸"本指小的木柴。《说文·艸部》："蒸，析麻中干也。"《诗·小雅·无羊》："尔牧来思，以薪以蒸，以雌以雄。"郑玄笺："粗曰薪，细曰蒸。""薪"和"蒸"的差别在于木柴的大小。虽然两词所指有细微差别，但是基本意义都是柴火，可以看作同义词。词素"薪""蒸"的结合也属同义联合，形成的复合词"薪蒸"泛指柴火。

沟洫：田间水道，借指农田水利。《论语·泰伯》："卑宫室而尽力乎沟洫。"

"沟"和"洫"本义都指田间水道，但两者规格有别。《周礼·考工记·匠人》："匠人为沟洫……九夫为井，井间广四尺，深四尺，谓之沟。方十里为成，成间广八尺，深八尺，谓之洫。"《说文·水部》："沟，水渎。广四尺、深四尺。"又："洫，十里为成。成间广八尺、深八尺谓之洫。"虽然"沟"和"洫"所指不尽相同，但是基本意义都指田间水道，所以它们结合后形成的复合词"沟洫"属同义联合的类型，词义更加概括，泛指田间水道，战国时期还可以借指农田水利。

总之，以上新词的构词词素意义虽有差别，但基本意义相同，可以认为它们构成的词是同义联合式复合词。

（2）类义联合

类义联合式复合词的词素表示同类性质的概念，两个词素义形成类义关系。战国—秦时期出现的此类新词有1604个，占联合式复合新词的38.2%。词素义融合成的词义往往更加概括，有的还通过修辞手段形成比喻义或借代义。比如：

烽燧：边防报警的信号。《墨子·号令》："与城上烽燧相望。"

"烽"和"燧"都是古代边防报警的烟火信号，白天放烟称"烽"，夜间举火称"燧"。《墨子·号令》："昼则举烽，夜则举火。""烽"和"燧"表示同类事物，意义形成类义关系。复合词"烽燧"的词义更加概括，泛指边防报警的烽火信号。

耕芸：翻土除草。泛指耕种。《管子·八观》："行其田野，视其耕芸，计其农事。"

"耕"本义指翻土犁田。《说文·耒部》："耕，犁也。"《诗·周颂·载芟》："载芟载柞，其耕泽泽。""芸"，通"耘"，表示除草。《论语·微子》："植其杖而芸。"何晏集解引孔安国曰："除草曰芸。""耕"和"芸"形成类义关系，作为词素形成复合词"耕芸"，词义更加概括，泛指耕种。

阿顺：阿谀依顺。《楚辞·天问》："比干何逆，而抑沉之？雷开阿顺，而赐封之？"

"阿"本义指大的丘陵，一说为山之弯曲处，泛指曲隅。《说文·昌部》："阿，大陵也。一曰曲昌也。"《楚辞·九歌·少司命》："与女沐兮咸池，晞女发兮阳之阿。"王逸注："阿，曲隅，日所行也。"由曲隅引申为曲从、迎合。《管子·君臣下》："明君之道，能据法而不阿。""顺"本义指顺应、依顺。《说文·页部》："顺，理也。"王筠句读："释名：'顺，循也，循其理也。'"《诗·大雅·抑》："有觉德行，四国顺之。""阿"和"顺"都指对人奉迎的态度，两者形成类义关系，它们结合成复合词"阿顺"后，词素义相互补充，形成的复合词词义具有一定的概括性。

龟策：指占卜之人。《逸周书·史记》："谋臣不用，龟策是从。"

古代用龟甲作占卜之具，"龟"特指占卜用的龟甲。《左传·僖公四年》："筮短龟长，不如从长。""策"本义指马鞭，战国时期还可以表示占卜时用的蓍草。《战国策·秦策一》："襄主错龟，数策占兆，以视利害，何国可降，而使张孟谈。"战国时"龟"和"策"常并举或连用，如《楚辞·卜居》："用君之心，行君之意，龟策诚不能知事。"《文选·屈原〈卜居〉》："詹尹乃端策拂龟。"词素"龟"和"策"结合后形成复合词"龟策"，转指占卜之人。

禽犊：禽和犊，比喻干禄进身之物。《荀子·劝学》："君子之学也，以美其身；小人之学也，以为禽犊。"

"禽"本为禽兽之总名，也特指鸟类。《说文·内部》："禽，走兽总名。"《庄子·马蹄》："禽兽成群，草木遂长。""犊"指小牛。《说文·牛部》："犊，牛子也。"《礼记·月令》："（季春之月）牺牲驹犊，举书其数。" 古时禽、犊都可用作馈赠的礼品。《荀子·劝学》："小人之学也，以为禽犊。"杨倞注："禽犊，馈献之物也。"刘师培补释："《礼记·曲礼》言：'凡贽：卿，羔；大夫，雁；士，雉。'是所执之贽非兽即禽，特此文以犊代羔耳。"词素"禽"和"犊"结合成复合词"禽犊"，比喻求禄位、求仕进所依凭之物。

溷浊：指混乱污浊的东西。宋玉《风赋》："动沙堁，吹死灰，骇溷浊，扬腐余。"

"溷"本义指混乱。《说文·水部》："溷，乱也。"汉王褒《圣主得贤臣颂》："虽崇台五层，延袤百丈，而不溷者，工用相得也。""浊"表液体浑浊。《诗·小雅·四月》："相彼泉水，载清载浊。""溷"和"浊"的意义形成类义关系，结合后形成复合词"溷浊"，词义指代具有混乱污浊特征的事物。

有的复合词的构词词素表示两个动作，动作发生的时间有先后，形成连动关系。比如：

归耕：回家耕田。谓辞官回乡。《吕氏春秋·赞能》："子何以不归耕乎，吾将为子游。"

"归耕"的两个词素分别表示回家和耕田两种动作，动作发生的时间存在先后：先"归"后"耕"。"归""耕"在构成新词时，词素排列的顺序与动作发生的时间顺序一致。

由表连动的词素构成的新词还有"升望""收养""围攻""还报""起舞"等。

升望：登高而望。《墨子·迎敌祠》："升望我郊，乃命鼓，俄升，役司马射自门右。"

收养：收容抚养。《庄子·盗跖》："收养昆弟，共祭先祖。"

围攻：包围起来加以攻击。《战国策·赵策三》："今者齐韩相方而国围攻焉，岂有敢日我其以三万救是者乎哉？"

还报：返回报告。《庄子·渔父》："子贡还报孔子，孔子推琴而起曰：'其圣人与！'乃下求之。"

起舞：起身舞蹈。《国语·晋语二》："中饮，优施起舞。"

上述复合词中，前一个词素表示先发生的动作，后一个词素表示后发生的动作："升望"是先"升"后"望"，"收养"是先"收"后"养"，"围攻"是先"围"后"攻"，"还报"是先"还"后"报"，"起舞"是先"起"后"舞"。词素以直线型排列显示了动作发生的先后顺序。这种语言成分按时间顺序排列的结构反映了人类认知概念的规律。时间顺序是人类认知的重要原则。人们通常以事物的运动发展作为时间的参照，造词时，为了表现概念的时间顺序，语素次序的安排就以事物运行的过程为依据。在表达动作顺承关系的联合式复音词中，表示动作的语素按时间事理铺开，中间不使用表示语义逻辑关系的成分，只通过两个动词性词素的语序显示客体发展或思维逻辑的先后顺序，词的外部形成紧凑连贯的连动式结构，这反映出人的思维认知脉络是按时间展开的。

（3）反义联合

反义联合式复合词的两个词素表示的是相反或相对的概念。战国—秦时期出现的反义联合式新词共164个，占联合式复合新词的3.9%。词素义相互补充，融合成的复合词词义往往表达一个全面的概念，有的还概括出新义。比如：

穷通：困厄与显达。《吕氏春秋·高义》："然则君子之穷通，有异乎俗者也。"

"穷"本义指终极。《说文·穴部》："穷，极也。"《楚辞·九歌·云中君》："览冀州兮有余，横四海兮焉穷？"引申为困窘。《墨子·非儒下》："孔某穷于蔡陈之间。""通"本义指到达。《说文·辵部》："通，达也。"《国语·晋语二》："道远难通，望大难走。"引申为仕途通畅、命运亨通。《荀子·修身》："事乱君而通，不如事穷君而顺焉。"词素"穷"和"通"的意义形成两极反义关系，结合后形成的复合词词义更加明确，专指仕途上的困厄与显达。

方圆：指事物的形体、性状。《尹文子·大道上》："生于不称，则群形自得其方圆。名生于方圆，则众名得其所称也。"

规是画圆形的工具，矩是画方形或直角的用具。《管子·形势解》"以规矩为方圆则成"中的"方"和"圆"分别指方形与圆形。词素"方"和"圆"构成复合词"方圆"，复合词词义不是词素义的简单相加，而是从方圆的矛盾对立中概括出新的意义，表示物体的形状。

鲸鲵：比喻凶恶的敌人。《左传·宣公十二年》："古者明王伐不敬，取其鲸鲵而封之，以为大戮。"杜预注："鲸鲵，大鱼名，以喻不义之人吞食小国。"

"鲸"和"鲵"都指鲸鱼，雄曰"鲸"，雌曰"鲵"。《文选·左思〈吴都赋〉》："长鲸吞航，修鲵吐浪。"刘逵注引杨孚《异物志》："鲸鱼……雄曰鲸，雌曰鲵。""鲸"和"鲵"形成反义关系，两个词素结合后意义互补，包括了所有的鲸鱼，不分性别。复合词"鲸鲵"的词义是在词素义结合的基础上通过隐喻形成的，比喻凶恶的敌人。

战国—秦时期还有一种特殊结构的联合式合成新词。构词的两个词素意义相关或相反，但是词素结合成复合词时，词素义在表现复合词词义方面发挥的作用不平等，一个词素义对复合词词义的贡献很大，显示了词义的主要内容或全部内容，另一个词素对复合词词义的贡献很小，只起到陪衬作用。这种联合式复合词也称为偏义复词。① 比如：

---

① 参见赵克勤：《古代汉语词汇学》，商务印书馆1994年版，第41—44页。

比周：结党营私。《管子·立政》："群徒比周之说胜，则贤不肖不分。"

"比"本义指并列，《说文·比部》："比，密也。二人为从，反从为比。"由本义引申为勾结。《礼记·缁衣》："大臣不治而迩臣比矣。"郑玄注："比，私相亲也。""周"本义指密。《说文·口部》："周，密也。"《左传·昭公四年》："其藏之也周，其用之也遍。"引申为亲密。《韩非子·说难》："周泽未渥也，而语极知，说行而有功则德亡……如此者身危。""比"和"周"都含有聚合结交的意思，但是词义色彩不同，"比"是贬义词，"周"是褒义词。《论语·为政》："君子周而不比，小人比而不周。"何晏集解引孔安国曰："忠信为周，阿党为比。"复合词"比周"指结党营私，义在"比"不在"周"。

祅祥：指显示灾异的凶兆。《战国策·楚策四》："襄王曰：'先生老悖乎？将以为楚国祅祥乎？'庄辛曰：'臣诚见其然也，非敢以为国祅祥也。'"

"祅"指反常、怪异的事物，《说文》作"祆"。《说文·示部》："祆，地反物为祆也。"《左传·庄公十四年》："人弃常则妖兴，故有妖。""祥"本义指吉祥。《说文·示部》："祥，福也。"《书·伊训》："作善，降之百祥；作不善，降之百殃。"引申为吉兆。《易·系辞下》："吉事有祥，象事知器，占事知来。"战国时期，"祅"和"祥"常连用表示凶兆和吉兆，如《国语·晋语六》："辨祅祥于谣。"《周礼·春官·视祲》："以观妖祥，辨吉凶。"《荀子·非相》："相人之形状颜色，而知其吉凶妖祥。"以上各书证中的"祅祥"指凶、吉二兆，更像词组，还没有完全凝固成词。不过，《战国策》"非敢以为国祅祥也"中的"祅祥"偏指凶兆，可以视为偏义复合词，词义中只有词素"祅"的意义，词素"祥"只作陪衬。

市朝：偏指"市"，谓市集，市场。《论语·宪问》："夫子固有惑志于公伯寮，吾力犹能肆诸市朝。"

"市"为集中的贸易场所。《说文·冂部》："市，买卖所之也。"《易·系辞下》："日中为市，致天下之民，聚天下之货，交易而退，各得其所。""朝"本义指早晨。《说文·倝部》："朝，旦也。"引申为朝廷。《孟子·公孙丑下》："昔者有王命，有采薪之忧，不能造朝。""市"为商贾所聚之所，"朝"为官吏所会之所，所以"市""朝"常对举，如《周礼·考工记·匠人》："面朝后市，市朝一夫。"《战国策·秦策一》："臣闻争名者于朝，争利者于市。"战国初期，"市"和"朝"结合成偏义复词"市朝"，偏指市场。《周礼·秋官·乡士》"肆之三日"贾公彦疏："《论语·宪问篇》……注云：'大夫于朝，士于市。'公伯寮是士，止应云'肆诸市'，连言'朝'耳。"除《论语》外，偏义复词"市朝"在《孟子》中也有用例。《孟子·公孙丑上》："不肤桡，不目逃，思以一豪挫于人，若挞之于市朝。"焦循正义引顾炎武《日知录》："'若挞之于市朝'，即《书》所言'若挞于市'。古者朝无挞人之事，市则有之。"

战国时期出现的偏义复词数量不多，除上面提到的"比周""市朝""祆祥"外，还有"休祲"（偏指"祲"）"国家"（偏指"国"）"是非"（偏指"非"）"面目"（偏指"面"）"勤辱"（偏指"勤"）等。还有一些战国时期的联合式新词在产生之初并不是偏义复词，但随着词义的发展，逐渐发生偏指，如"安危""成败""得失""饥寒""祸福""行止""甘苦""缓急"等。

通常认为，双音化和修辞是偏义复词产生的主要原因。汉语词汇双音化把两个词素结合在一起，在词义和语音上形成对称。虽然偏义复词不存在词义上的对称，但是增加音节可以延长语音，使音律和谐，便于记忆和诵读。除语音方面的原因外，修辞也促使词义发生偏指。俞樾把偏义复词的出现归因于"连及"这种修辞手段："古人之文省者极省，繁者极繁。省则有举此见彼者矣，繁则有因此及彼者矣。《日知录》曰：'得失，失也。'……此皆因此及彼之辞，古书往往有之。《礼记·文王世子篇》'养老幼于东序'，因老而及幼，非谓养老兼养幼也。《玉藻篇》'大夫不得造车马'，因车而及马，非谓造车兼造马也。"①"'因此以及彼'被有的语言学家简称为'连及'，作为古汉语的一种修辞手段。可见，偏义复词是受修辞影响而产生的一种语言现象。"②

<hr />

① 俞樾：《古书疑义举例》卷二《因此以及彼例》，转引自赵克勤：《古代汉语词汇学》，商务印书馆1994年版，第42页。

② 赵克勤：《古代汉语词汇学》，商务印书馆1994年版，第42—43页。

除双音化和修辞外，偏义复词的产生还与认知机制有关。宋文辉等指出，如果一个词素比另一个词素的认知凸显程度高，那么这个词的词义就有可能出现偏指。比如，人们往往主观认为有害的对象会产生更大的影响，表示有害概念的词素的认知凸显程度往往比表示有利概念的词素高，所以"安危""甘苦""得失""缓急""祸福"等偏义复词多偏指有害的概念。①

偏义复词往往需要借助语境才能存在，如果脱离了特定的语境，偏义也就不存在了。比如，"市朝"在《论语·宪问篇》"肆诸市朝"和《孟子·公孙丑上》"若挞之于市朝"中是偏义复词，而在《战国策》中却没有发生词义上的偏指。《战国策·秦策一》："臣闻争名者于朝，争利者于市。今三川、周室，天下之市朝也。"根据上下文可知，这里的"市朝"指争名逐利之所。在市争利，在朝争名，"市朝"词义来自"市"和"朝"两个词素的意义，词素义在复合词词义形成过程中起到同等重要的作用。可见，语境可以决定一个联合式复合词是否是偏义复词。过分依赖语境为偏义复词的理解带来了难度，影响到人们的交际，所以汉语中偏义复词数量不多。

2. 从词性看构成

战国—秦联合式复合新词中，名词1339个，占联合式新词的31.89%；动词1447个，占34.46%；形容词1393个，占33.17%；副词6个，占0.14%；数词4个，占0.10%；代词3个，占0.07%；感叹词3个，占0.07%，语气词4个，占0.10%。大多数联合式新词是由两个相同词性的单音词作词素结合而成的，也有少数新词的词性与构词词素单用时的词性不一致。下面从词性的角度分析战国—秦时期联合式新词的构成情况。

（1）名词

大多数名词由两个名词性词素结合而成，共1261个，占联合式名词总数的94.2%。还有少数名词是由动词性、形容词性词素结合而成，分别为20个和58个，占联合式名词的1.5%和4.3%。

---

① 参见宋文辉、魏丽：《偏义复词形成和理解的功能与认知机制》，载《词汇学理论与应用》（五），商务印书馆2010年版，第86页。

① 名+名→名

典程：常法。《逸周书·宝典》："仁以爱禄，允维典程，既得其禄，又增其名。"孔晁注："言仁人以爱禄为常法。"

"典"本义指作为典范的重要书籍。《说文·丌部》："典，五帝之书也。"《书·五子之歌》："明明我祖，万邦之君，有典有则，贻厥子孙。"引申为制度法规。《国语·晋语四》："阳人有夏、商之嗣典，有周室之师旅，樊仲之官守焉。""程"本指长度单位。《说文·禾部》："程，品也。十发为程，十程为分，十分为寸。"引申为章程法度。《墨子·号令》："为守备程，而署之曰某程，置署术街衢阶若门。"词素"典"和"程"单用时都为名词，形成的复合词"典程"也是名词，表示常法。

昏暮：黄昏；傍晚。《孟子·尽心上》："民非水火不生活，昏暮叩人之门户，求水火，无弗与者，至足矣。"

"昏"本义指傍晚。《说文·日部》："昏，日冥也。"《诗·陈风·东门之杨》："昏以为期，明星煌煌。""暮"也指傍晚。《说文》中"暮"作"莫"，《说文·茻部》："莫，日且冥也。从日在茻中。"《国语·晋语五》："范文子暮退于朝。"词素"昏"和"暮"单用时都为名词，形成的复合词"昏暮"也是名词，表示黄昏。

轩冕：指官位爵禄。《庄子·缮性》："古之所谓得志者，非轩冕之谓也，谓其无以益其乐而已矣。"

"轩""冕"分别指古时大夫以上官员的车乘和冕服。"轩"有曲辕，车厢前高后低，设帷幕。《说文·车部》："轩，曲辀藩车。"《左传·闵公二年》："卫懿公好鹤，鹤有乘轩者。""冕"是天子、诸侯、卿、大夫等行朝仪、祭礼时所戴的礼帽。《说文·冃部》："冕，大夫以上冠也。"徐锴系传："冕，冠上加之也。长六寸，前狭圆，后广方，朱绿涂之。"词素"轩"和"冕"单用时都为名词，形成的复合词"轩冕"也是名词，指官位爵禄，词义是词素义结合后通过借喻形成的。战国时期"轩冕"还转指国君或显贵，如《管子·轻重甲》："故轩冕立于朝，爵禄不随，臣不为忠。"

② 动+动→名

游旅：犹旅人。指客居或旅行在外的人。《逸周书·大匡》："于是告四方游旅，旁生忻通，津济道宿，所至如归。"

"游"本义指游览。《诗·唐风·有杕之杜》："彼君子兮，噬肯来游。"毛传："游，观也。"引申为游历。《论语·里仁》："子曰：父母在，不远游，游必有方。""旅"本指军队编制单位。《说文·扑部》："旅，军之五百人为旅。"假借为动词，表旅居。《左传·庄公二十二年》："羁旅之臣，幸若获宥……君之惠也。"词素"游"和"旅"单用时都是动词，形成的复合词"游旅"是名词，指旅行在外的人。

瞻视：指外观。《论语·尧曰》："君子正其衣冠，尊其瞻视，俨然人望而畏之。"

"瞻"本义指向前看或向上看。《说文·目部》："瞻，临视也。"《诗·魏风·伐檀》："不狩不猎，胡瞻尔庭有县狟兮？""视"本义也指看。《说文·见部》："视，瞻也。"《易·履》："眇能视，不足以有明也。""瞻"和"视"都是动词，作为词素形成复合词"瞻视"，词义转指名物，表外观。

③ 形+形→名

故旧：旧交；旧友。《论语·泰伯》："君子笃于亲，则民兴于仁；故旧不遗，则民不偷。"

"故"与"旧"义同，都表示旧。《诗·大雅·文王》："周虽旧邦，其命维新。"又《小雅·正月》："召彼故老，讯之占梦。""故""旧"都是形容词性词素，形成的复合词"故旧"是名词，指旧友。

闵凶：忧患凶丧之事。《左传·宣公十二年》："寡君少遭闵凶，不能文。"杜预注："闵，忧也。"

"闵"本义指哀伤。《说文·门部》："闵，吊者在门也。"《书·文侯之命》："呜呼！闵予小子嗣，造天丕愆，殄资泽于下民。"由本义引申为忧患、凶丧。《诗·邶风·柏舟》："觏闵既多，受侮不少。""凶"与"吉"相对，本义指祸殃。《说文·凶部》："凶，恶也。"《左传·昭公三十二年》："越得岁，而吴伐之，必受其凶。""闵"和"凶"都是形容词性词素，形成的复合词"闵凶"是名词，指忧患凶丧之事。

（2）动词

作动词的联合式新词都由两个动词性词素结合而成，共1447个，构词方式全部为"动+动→动"。

迁化：变化。《荀子·非十二子》："通达之属，莫不从服；六说者立息，十二子者迁化；则圣人之得势者，舜禹是也。"

"迁"本义指上升。《说文·辵部》："迁，登也。"引申为变化。《礼记·大传》："有百世不迁之宗，有五世则迁之宗。""化"，即"匕"，本义指变化。《说文·匕部》："匕，变也。"徐灏笺："匕、化古今字。"王力指出："'匕、化,实同一词,《说文》以具体的变化为匕,抽象的教化为化,是强生分别。"①《国语·晋语九》："鼋鼍鱼鳖，莫不能化，唯人不能。""迁"和"化"都是动词性词素，结合成的复合词"迁化"也是动词，意义与构词词素单用时相同。

茇舍：言军队茇除草莽，于野地宿息。《周礼·夏官·大司马》："中夏教茇舍，如振旅之陈。"郑玄注："茇舍，草止之也。"也作"拔舍"。《左传·僖公十五年》："秦获晋侯以归，晋大夫反首拔舍从之。"杜预注："反首，乱头发下垂也。拔草舍止，坏形毁服。"

"茇"本指草木根。《说文·艸部》："茇，艸根也。"引申为止宿于草舍。《诗·召南·甘棠》："蔽芾甘棠，勿翦勿伐，召伯所茇。"郑玄笺："茇，草舍也。""舍"本指客馆。《说文·人部》："市居曰舍。"先秦时期军队住宿一夜称为"舍"。《左传·庄公三年》："凡师，一宿为舍，再宿为信，过信为次。""茇"和"舍"都是动词性词素，形成的复合词"茇舍"也是动词，表示军队草野息宿。

谄谀：阿谀奉承。《左传·昭公六年》："晏子曰：'不入。燕有君矣，民不贰。吾君贿，左右谄谀，作大事不以信，未尝可也。'"

"谄""谀"都是动词，指奉承巴结，《说文》中两词互训。《说文·言

_____

① 王力：《同源字典》，中华书局2014年版，第458页。

部》："讇，谀也。谄，讇或省。"又："谀，谄也。"析言之，"谀"强调用言语奉承，"谄"则不限于言语。词素"谄""谀"连用形成复合词时，词素义不再有区别。战国时"谄谀"还可以由动词义引申出名词义，转指长于阿谀奉承的人。《墨子·亲士》："臣下重其爵位而不言，近臣则喑，远臣则唫，怨结于民心，谄谀在侧，善议障塞，则国危矣。"

馆谷：居其馆，食其谷。指驻军就食。《左传·僖公二十八年》："楚师败绩……晋师三日馆谷，及癸酉而还。"

"馆"和"谷"本义分别为客舍和粮食。上古时期，两词都可以用作动词。"馆"指安置。《孟子·万章下》："舜尚见帝，帝馆甥于贰室。""谷"表示提供膳食加以赡养。《诗·小雅·小弁》："民莫不谷，我独与罹。""馆"和"谷"作为动词性词素连缀成的复合词"馆谷"也是动词，表示军队驻扎就食。"馆谷"的这个意义一直沿用至五代，如《旧唐书·李密传》："未若直取荥阳，休兵馆谷，待士勇马肥，然后与人争利。"大约唐以后，"馆谷"开始泛指食宿款待。《北史·周纪上·太祖文帝》："是岁，关中饥，帝馆谷于弘农五十余日。"这个引申义沿用至清代，如蒲松龄《聊斋志异·丁前溪》："有少年来，馆谷丰隆。"

战国—秦时期由两个本义表名物的单音词作为动词性词素结合成的动词性联合式新词还有"毕弋"。

毕弋：打猎。《韩非子·说疑》："诚明于臣所言，则虽毕弋驰骋、撞钟舞女，国犹且存也。"

"毕"本指捕兽所用之网，"弋"本指射鸟所用的系绳之箭。上古时期"毕"和"弋"都可用作动词。"毕"指用网捕捉。《诗·小雅·鸳鸯》："鸳鸯于飞，毕之罗之。""弋"指用带丝绳的箭来射。《诗·郑风·女曰鸡鸣》："将翱将翔，弋凫与雁。""毕""弋"作为动词性词素连缀成动词性复合词"毕弋"，泛指打猎。战国以前，作动词的联合式复合词的构词词素本义都表动作，没有出现类似"馆谷""毕弋"的联合式复合词。

（3）形容词

大多数作形容词的联合式新词由两个形容词性词素结合而成，共1384个，占联合式形容词的99.4%。还有少数新词是由两个名词性或动词性词素结合而成，分别为8个和1个，占联合式形容词的0.6%和0.1%。

① 形+形→形

诸众：众多；许多。《吕氏春秋·谨听》："诸众齐民，不待知而使，不待礼而令。"

"诸"本义指问辩。《说文·言部》："诸，辩也。"西周时假借"诸"表示众多。《诗·小雅·沔水》："嗟我兄弟，邦人诸友，莫肯念乱，谁无父母！""众"本指多。《说文·仏部》："众，多也。"《墨子·法仪》："天下之为学者众而仁者寡。""诸"和"众"都是形容词性词素，结合成的复合词"诸众"也是形容词，意义与构词词素单用时相同。

和辑：和睦团结。《管子·五辅》："举错得，则民和辑；民和辑，则功名立矣。"

词素"和"和"辑"单用时义同。"和"表示声音相应。《诗·郑风·萚兮》："叔兮伯兮，倡予和女。"由声音相和引申为和睦。《书·皋陶谟》："同寅协恭，和衷哉。""辑"本义指车辆。段玉裁《说文解字注》："辑，车舆也。"上古时"辑"表和睦。《诗·大雅·板》："辞之辑矣，民之洽矣。""和"和"辑"都是形容词性词素，形成的复合词"和辑"也是形容词，表示和睦团结。

慎比：顺从亲近。《荀子·仲尼》："主安近之，则慎比而不邪。"

"慎"本义指慎重。《说文·心部》："慎，谨也。"也可以表依顺。《墨子·天志中》："今天下之君子，中实将欲遵道利民，本察仁义之本，天之意，不可不慎也。"孙诒让间诂："慎与顺同。""比"本义指亲近和睦。《说文·比部》："比，密也。"《诗·大雅·皇矣》："王此大邦，克顺克比。""慎"和"比"表示的都是对人亲和的态度，意义相互补充，形成的复合词"慎比"形容人和顺可亲。

② 名+名→形

咫尺：形容微小。《战国策·秦策五》："虽有高世之名，无咫尺之功者不赏。"

"咫"和"尺"都是长度单位。周制八寸为咫，十寸为尺。《说文·尺部》："咫，中妇人手长八寸谓之咫，周尺也。"又："尺，十寸也。人手却十分动脉为寸口。十寸为尺。""咫"和"尺"作为词素结合成复合词"咫尺"，极言其小。

除"咫尺"外，还有一些比喻小或少的联合式新词是由表示计量单位的词素连缀而成。比如，"铢""锱"表示重量单位，古制六铢为一锱[①]。词素"铢""锱"结合成复合词"锱铢"，比喻微小。《庄子·达生》："累丸二而不坠，则失者锱铢。""锤"在战国时期也用作重量单位。睡虎地秦墓竹简《秦律·司空》："一脂、攻间车一两（辆），用胶一两、脂二锤。"整理小组注："锤，重量单位，相当八铢，即三分之一两。"词素"锱"和"锤"结合成复合词"锱锤"，也比喻微小。《吕氏春秋·应言》："今割国之锱锤矣，而因得大官，且何地以给之。"此外，还有"分寸""扶$_2$寸"[②]"寻常""寻尺""斗升""拱把"等联合式新词都可以比喻小或少。

③动+动→形

孩提：幼小。《孟子·尽心上》："孩提之童，无不知爱其亲也。"赵岐注："孩提，二三岁之间，在襁褓知孩笑，可提抱者也。"

"孩"本义指小儿笑。《说文》中"孩"是"咳"的重文。《说文·口部》："咳，小儿笑也。"《老子》："我独泊兮其未兆，如婴儿之未孩。""提"本义指悬持、拎起。《说文·手部》："提，挈也。"《庄子·列御寇》："列子提屦，跣而走。"《孟子·尽心上》"孩提之童"赵岐注："孩提，二三岁之间，在襁褓知孩笑，可提抱者也。"通过赵岐的注释可知"孩提"的构词理据为"知孩笑，可提抱"。据此，"孩提"的两个构词词素"孩"和"提"是动词性词素，分别表示孩笑和提抱，它们构成的联合式复合词"孩提"是形容词，形容幼小。

（4）副词

大多数作副词的联合式新词由两个副词性词素结合而成，共5个，占副词

---

① "锱"所表重量说法不一，有六铢、八铢、六两、八两之说。《说文·金部》："锱，六铢也。"今从之。

② "扶$_2$"音fū。

性联合式新词总数的83.3%。还有1个由数词性词素形成的复合词，占16.7%。

① 副+副→副

虑率：大概。《荀子·议兵》："为人主上者也，其所以接下之百姓者，无礼义忠信焉，虑率用赏庆刑罚埶诈除院其下，获其功用而已矣。"

"虑率"是副词，表大概。词素"虑"和"率"单用时都可以做副词，意义相同，都表示大概。《论语·颜渊》："夫达也者，质直而好义，察言而观色，虑以下人，在邦必达，在家必达。"《史记·韩长孺列传》："汉与匈奴和亲，率不过数岁即复倍约。""虑"和"率"为同义关系，形成复合词"虑率"，词性与词素单用时相同。

既已：已经。《庄子·逍遥游》："子治天下，天下既已治矣。"

"既""已"均为副词，表已经。《书·尧典》："克明俊德，以亲九族，九族既睦，平章百姓。"孔传："既，已也。"《论语·微子》："道之不行，已知之矣。""既"和"已"形成复合词"既已"，词性与词素单用时相同。

② 数+数→副

一二：一一；逐一。《墨子·尚同上》："远国异土之民，是非利害之辩，不可一二而明知，故画分万国，立诸侯国君。"

"一"和"二"都是数词，作为词素结合形成复合词"一二"，表示逐一。"一二"的词义暗含着词素"一""二"之间形成的时间先后顺序，这是复合词"一二"词义形成的理据。

（5）代词

作代词的联合式新词由两个代词性词素结合而成，共3个，构词方式为"代+代→代"。如：

尔汝：古代尊长对卑幼者的称呼，引申为轻贱之称。《孟子·尽心下》："人能充无受尔汝之实，无所往而不为义也。"朱熹集注："盖尔汝，人所轻贱之称。"焦循正义："尔汝为尊于卑、上于下之通称，卑下者自安而受之，所谓实也……盖假借尔汝为轻贱，受尔汝之实，即受轻贱之实。"

"尔"和"汝"都是第二人称代词，作词素结合成复音词"尔汝"，用作轻贱之称。"尔汝"在唐宋文献中仍有用例，如《北史·儒林传上·陈奇》："（游雅）尝众辱奇，或尔汝之，或指为小人。"宋苏轼《墨君堂记》："凡人相与号呼者，贵之则曰公，贤之则曰君，自其下则尔汝之。"

（6）数词

作数词的联合式新词由两个数词性词素结合而成，共4个，构词方式为"数+数→数"。如：

千万：形容数目极多。《商君书·定分》："夫不待法令绳墨，而无不正者，千万之一也。"

"千"和"万"都是数词，作词素结合成复音词"千万"，表示数目极多。

（7）感叹词

作感叹词的联合式新词由两个感叹词作词素结合而成，共3个，构词方式为"感+感→感"。如：

吁嗟：叹词。表示忧伤或有所感。《楚辞·卜居》："吁嗟嘿嘿兮，谁知吾之廉贞。"

"吁"和"嗟"都是感叹词。"吁"表示惊怪、不然、感慨等。《书·尧典》："帝曰：'吁！嚚讼，可乎？'""嗟"表悲伤。《诗·魏风·陟岵》："父曰：'嗟！予子行役，夙夜无已。'""吁"和"嗟"作词素结合成复音词"吁嗟"，表示忧伤感叹。

（8）语气词

联合式新词中还出现了语气词，共4个，均由语气词性词素构成，构成方式为"语+语→语"。如：

乎哉：语气助词。表感叹。《论语·宪问》："子曰：'赐也贤乎哉！夫我则不暇。'"

"乎"和"哉"都可以作语气助词，表感叹。《论语·颜渊》："富哉言乎！"《易·乾》："象曰：大哉，乾元！万物资始，乃统天。"复合词"乎哉"的词义与词素单用时意义相同。

3. 从语序看构成

战国—秦联合式复合新词中存在同素逆序现象，即构词词素相同、排列顺序相异。从词性上看，同素逆序词中名词稍占优势，形容词和动词相对较少。从词义上看，同素逆序组合中的两个词有的意义相同，构成同义关系，有的则意义有别。

（1）从词性上看

新词中的同素逆序组合共37组。其中名词18组，动词10组，形容词9组，举例如下：

① 名词

【券契、契券】

券契：契据。《战国策·齐策四》：“于是约车治装，载券契而行。”

契券：契据，证券。《荀子·君道》：“合符节，别契券者，所以为信也。”

【楚棘、棘楚】

楚棘：荆棘。《管子·地员》：“其木宜蚖蓄与杜松，其草宜楚棘。”

棘楚：荆棘。《吕氏春秋·应同》：“师之所处，必生棘楚。”

② 动词

【赏赐、赐赏】

赏赐：旧时尊长把财物送给卑幼者。《周礼·春官·小宗伯》：“掌衣服、车旗、宫室之赏赐。”

赐赏：赏赐。《管子·法禁》：“乱国之道，易国之常，赐赏恣于己者，圣王之禁也。”

【讟谤、谤讟】

讟谤：诽谤。《楚辞·九章·惜往日》：“何贞臣之无辠兮，被讟谤而见尤！”

谤讟：怨恨毁谤。《左传·昭公元年》：“民无谤讟，诸侯无怨。”

③ 形容词

【喜悦、悦喜】

喜悦：愉快，高兴。《吴子·图国》：“成汤讨桀而夏民喜悦，周武伐纣而殷人不非。”

悦喜：喜悦。《墨子·非儒下》："富人有丧，乃大悦喜曰：此衣食之端也。"

【困穷、穷困】

困穷：艰难窘迫。《易·系辞下》："困穷而通。"

穷困：困难之极，处境窘迫。《左传·襄公八年》："民知穷困，而受盟于楚。"

（2）从词义上看

从词义关系上看，大部分同素逆序组合中的词构成同义关系。这些同义词分为两种：一种是在战国—秦时期的所有义位上形成同义关系；一种是在战国—秦时期的某个或某些义位上形成同义关系。

大部分同素逆序词在战国—秦时期只有一个义位。比如：

【志气、气志】

志气：意志和精神。《庄子·盗跖》："目欲视色，耳欲听声，口欲察味，志气欲盈。"

气志：意志和精神。《楚辞·九章·惜往日》："信谗谀之溷浊兮，盛气志而过之。"

【传流、流传】

传流：流传。《墨子·非命中》："我非作文后世也，自昔三代有若言以传流矣。"

流传：传下来；传播开。《墨子·非命中》："声闻不废，流传至今。"

两组同素逆序词"志气、气志"和"传流、流传"在战国—秦时期都只出现了一个义位，在这个义位上两组词分别形成同义关系。这类同义词还有"巧诈"（《管子·牧民》）和"诈巧"（《庄子·盗跖》），"泽薮"（《周礼·夏官·职方氏》）和"薮泽"（《庄子·刻意》），"节俭"（《晏子春秋·谏下》）和"俭节"（《墨子·辞过》），"伪诈"（《韩非子·奸劫弑臣》）和"诈伪"（《吕氏春秋·义赏》）[①]等。

少数同素逆序组合中的词在战国—秦时期拥有多个相同的义位。比如，"富贵"和"贵富"在战国时都有两个义位。

---

① 《汉语大词典》"诈伪"首见书证滞后。

【富贵、贵富】

富贵：1.富裕而显贵。《论语·颜渊》："商闻之矣：死生有命，富贵在天。"2.指有财有势之人。《孟子·离娄下》："其妻问所与饮食者，则尽富贵也。"

贵富：1.犹富贵。《国语·吴语》："民之恶死而欲贵富以长没也，与我同。"2.指富贵者。《墨子·尚贤中》："故古者圣王，甚尊尚贤，而任使能，不党父兄，不偏贵富，不壁颜色。"

"富贵"和"贵富"本义都指富裕显贵，都可以引申为富者。两词本义相同，引申义也相同，词义发展方向完全一致。

还有一些同素逆序组合中的词只在某个或某些义位形成同义关系，这些词往往在战国时拥有的义位数量不同。比如，"和调"在战国时出现了两个义位，"调和"出现了三个义位。

【和调、调和】

和调：1.调和。《管子·度地》："天地和调，日有长久。"《素问·痹论》："荣者，水谷之精气也，和调于五藏。"2.和睦；使和睦。《墨子·兼爱中》："兄弟不相爱，则不和调。"

调和：1.烹调，调味。《管子·小称》："夫易牙以调和事公，公曰：'惟烝婴儿之未尝。'于是烝其首子而献之公。"2.协调、和谐；使和谐。《墨子·节葬下》："是故凡大国之所以不攻小国者，积委多，城郭修，上下调和，是故大国不耆攻之。"3.折中，中和。《荀子·修身》："治气养心之术：血气刚强，则柔之以调和。"

"和调"和"调和"在"协调、和谐"这个义位上为同义词，其他义位上不同义。明代以后"和调"几乎不再使用，而"调和"则沿用至今。

又如，战国时期"襁褓"为多义词，有两个义位，"褓襁"为单义词。

【襁褓、褓襁】

襁褓：1.背负幼儿的布带和布兜。《吕氏春秋·直谏》："不谷免衣襁褓而齿于诸侯。"2.指幼儿。《管子·五行》："毋傅速，亡伤襁褓。"

褓襁：即襁褓。指婴儿。《吕氏春秋·明理》："民多疾疠，道多褓襁，盲秃伛尪，万怪皆生。"

"襁褓"和"褓襁"在"婴儿"这个义位上为同义关系。战国时"襁褓"

还指背负幼儿的布带和布兜，而"襁褓"没有这个意义。这类同义词还有"困穷"（《易·系辞下》）和"穷困"（《左传·襄公八年》），它们在"艰难窘迫"这个义位上为同义关系；"危险"（《韩非子·有度》）和"险危"（《韩非子·用人》）在"不安全"这个义位上为同义关系；"会计"（《周礼·地官·舍人》）和"计会"（《战国策·齐策四》）在"计算"这个义位上为同义关系。

词义相同的同素逆序词很难在语言中长时间共存，其中一个往往或被淘汰，或词义发生转移。比如：

【爵禄、禄爵】

爵禄：官位俸禄。《周礼·夏官·司士》："凡邦国，三岁则稽士任而进退其爵禄。"

禄爵：官位俸禄。《国语·晋语九》："穆子召之曰：'鼓有君矣，尔心事君，吾定而禄爵。'"

"爵禄""禄爵"意义和用法完全相同。西汉以后，"禄爵"就不再使用了，而"爵禄"沿用至今。

战国—秦时期的同素逆序组合中还出现了两词不同义的情况。这类同素逆序组合中的词没有相同的义位，意义上有差别。比如：

【平安、安平】

平安：指心境平静安定。《韩非子·解老》："人无智愚，莫不有趋舍；恬淡平安，莫不知祸福之所由来。"

安平：平安。《韩非子·六反》："君上之于民也，有难则用其死，安平则尽其力。"

"平安"强调心境平和，"安平"强调平稳安全，两词意义不同。大约唐朝时"平安"也可以表示没有危险，如岑参《逢入京使》诗："马上相逢无纸笔，凭君传语报平安。"这时"平安"和"安平"才形成了同义关系。

战国—秦双音节联合式新词共4199个，占这一时期双音节新词的31.3%，双音节复合新词的33.3%。联合式复合新词具有以下特点：

首先，战国—秦联合式复合新词的构成特点符合先秦联合式复合词的总体情况。

从词类分布上看，战国—秦时期新出现的联合式复合词中，名词、形容词、动词数量基本相当，动词数量略占优势。（见表11）马真指出，先秦时期"由联合式构成的复合词，形容词居多，动词次之，名词最少"[1]。虽然战国—秦时期联合式的动词数量略高于形容词，但是联合式的名词数量是最少的，这与先秦联合式复合词的词类分布特点基本一致。除名词、形容词、动词外，其他词类均有出现，但数量很少。

表11　战国—秦联合式双音节新词的词类分布

	名词	动词	形容词	副词	代词	数词	感叹词	语气词	总数
数量	1339	1447	1393	6	3	4	3	4	4199
占比	31.89%	34.46%	33.17%	0.14%	0.07%	0.10%	0.07%	0.10%	100%

马真指出，先秦时期"联合式复合词多为同义或近义成分的联合，但也有少数是反义成分的对峙"[2]。张博曾对先秦联合式复音词的内部语义关系进行过研究，指出先秦时期联合式复合词多为同义、近义或类义成分的联合，其中同义、近义联合占到总数的53.71%，类义联合占到37.05%，反义联合占比最小，仅有9.24%。[3]战国—秦时期联合式复合新词的词素结合方式也以同义、类义联合为主，反义联合最少，仅占总数的3.9%。（见表12）可见，战国—秦时期联合式复合新词的内部语义关系特征与先秦联合式复合词的总体情况相一致。

表12　战国—秦联合式双音节新词的词素义关系

	同义或近义关系	类义关系	反义关系	总计
数量	2431	1604	164	4199
占比	57.9%	38.2%	3.9%	100%

① 马真：《先秦复音词初探》，《北京大学学报》（哲学社会科学版）1980年第5期。
② 马真：《先秦复音词初探》，《北京大学学报》（哲学社会科学版）1980年第5期。
③ 参见张博：《组合同化——词义衍生的一种途径》，《中国语文》1999年第2期。

从词的内部语法构成上看，多数战国—秦联合式新词是由两个具有相同词性的单音词作词素构成的，其中，"名+名→名""动+动→动""形+形→形"是这一时期主要的构词方式。可见战国—秦时期联合式新词的词性往往受到构词词素性质的影响。当然，也有少数新词的词性与构词词素单用时的词性不一致。比如，有的名词是由"动+动"或"形+形"的方式形成的，有的形容词是由"名+名"或"动+动"的方式形成的。（见表13）马真指出，先秦时期"联合式复合词在词性上一般与其构成成分词性相同，但也有少数不相一致的"①。战国—秦时期多数联合式复合新词词性与构词词素性质一致，这也符合先秦联合式复合词的总体情况。

表13　战国—秦联合式双音节新词的内部语法构成

<table>
<tr><td rowspan="3">名词</td><td>类型</td><td>名+名→名</td><td>动+动→名</td><td>形+形→名</td><td>总计</td></tr>
<tr><td>数量</td><td>1261</td><td>20</td><td>58</td><td>1339</td></tr>
<tr><td>占比</td><td>94.2%</td><td>1.5%</td><td>4.3%</td><td>100%</td></tr>
<tr><td rowspan="3">动词</td><td>类型</td><td>动+动→动</td><td></td><td></td><td>总计</td></tr>
<tr><td>数量</td><td>1447</td><td></td><td></td><td>1447</td></tr>
<tr><td>占比</td><td>100%</td><td></td><td></td><td>100%</td></tr>
<tr><td rowspan="3">形容词</td><td>类型</td><td>形+形→形</td><td>名+名→形</td><td>动+动→形</td><td>总计</td></tr>
<tr><td>数量</td><td>1384</td><td>8</td><td>1</td><td>1393</td></tr>
<tr><td>占比</td><td>99.3%</td><td>0.6%</td><td>0.1%</td><td>100%</td></tr>
<tr><td rowspan="3">副词</td><td>类型</td><td>副+副→副</td><td>数+数→副</td><td></td><td>总计</td></tr>
<tr><td>数量</td><td>5</td><td>1</td><td></td><td>6</td></tr>
<tr><td>占比</td><td>83.3%</td><td>16.7%</td><td></td><td>100%</td></tr>
<tr><td rowspan="3">代词</td><td>类型</td><td>代+代→代</td><td></td><td></td><td>总计</td></tr>
<tr><td>数量</td><td>3</td><td></td><td></td><td>3</td></tr>
<tr><td>占比</td><td>100%</td><td></td><td></td><td>100%</td></tr>
</table>

---

① 马真：《先秦复音词初探》，《北京大学学报》（哲学社会科学版）1980年第5期。

（续表）

	类型	数+数→数			总计
数词	数量	4			4
	占比	100%			100%
感叹词	类型	感+感→感			总计
	数量	3			3
	占比	100%			100%
语气词	类型	语+语→语			总计
	数量	4			4
	占比	100%			100%

其次，联合式构词是战国—秦时期极具能产性的构词方式。联合式复音词是通过意义相同、相类或相反的词素连缀产生的，这就需要足够多的意义相同、相类或相反的单音节词素充当构词材料。战国—秦时期出现了大量的单音节新词，词义的发展又促使大量承古词引申出新义位，加上战国以前既有的旧词旧义，这一时期积累了丰富的单音节词素，这些词素都是创造复合词的语言材料。此外，这一时期单音词在词义上形成各类关系，如《左传》和《吕氏春秋》中，同义的单音词分别达到483组和352组，反义的单音词分别达到396组和269组。[①]这些意义相同、相类、相反的单音词为联合式复合词的形成提供了充足的语言材料。

联合式复音词的形成主要有语义和语音两个方面的因素。从语义角度看，联合式复合词表达的是全新的或是更明确概括的意义，这个意义往往是构词词素作为单音词不能清楚表达的。比如，复合词"居处"指平日的仪容举止。《论语·子路》："居处恭，执事敬，与人忠，虽之夷狄，不可弃也。"相对于构词词素"居"和"处"，复合词"居处"表达的是一个全新的概念，不是词素义的简单相加。又如，复合词"币帛"泛指财物或礼物。《左传·襄

---

① 《左传》和《吕氏春秋》中的同义词和反义词的数量参考了毛远明《左传词汇研究》和张双棣《〈吕氏春秋〉词汇研究》。毛远明统计的《左传》反义词共406组，其中单音节反义词396组，双音节反义词10组。参见毛远明：《左传词汇研究》，西南大学出版社2000年版，第224—275页；张双棣：《〈吕氏春秋〉词汇研究》（修订本），商务印书馆2008年版，第162—226页。

公八年》："敬共币帛，以待来者，小国之道也。""币"和"帛"意义相近，都指用于祭祀、馈赠的缯帛，如《墨子·尚同中》说："其祀鬼神也……珪璧币帛，不敢不中度量。""币帛"泛指财物或礼物，表达的是"币"和"帛"的上位概念。有的联合式复合词在两个词素义联合的基础上产生了比喻义。比如，复合词"源流"比喻事物的起源和发展。《荀子·富国》："故禹十年水，汤七年旱，而天下无菜色者……是无它故焉，知本末源流之谓也。""源"和"流"分别指水的本源和支流，作为词素形成复合词"源流"后，由具体的概念喻指抽象的概念。除了表达新概念外，联合式复合词表达的概念比单音节词更清晰明确。比如，复合词"民庶"指百姓。《管子·国蓄》："人君铸钱立币，民庶之通施也。""民"和"庶"都是战国时期常用的多义词，"百姓"是这两个单音词多个义位中的一个。如果用单音词"民"或"庶"表示百姓，那么它们的其他义位容易造成理解上的干扰。"民"和"庶"作为词素形成"民庶"，词素之间相互参照，便于从各自的多个义位中选择出"百姓"这个义位，意义就能更明确地表达出来，这样可以避免单音词因拥有多个义位而引起的交际上的歧义。

语音也是战国—秦时期联合式复合词大量产生的重要原因。借助同义、类义或反义词素的连文，可以增加语词音节的数量，形成双音步音节，满足文辞上追求声韵匀称和谐的需要。在辞赋散文中使用联合式结构，可以使辞气浑厚，音节舒长。比如，《汉语大词典》收录的见于《楚辞》的联合式复合新词多达297个，见于《庄子》的联合式复合新词多达396个。联合式复合词的词素不仅在语义上相互衬托，实现语义上的俪对，音律上也可以相互呼应，达到音节上的谐调，由此联合式复合词在音义上形成了一个完整的表述单位，结构更加稳固。

再次，从新词历时发展的角度看，相当多的战国—秦联合式新词得以沿用至今，词义没有发生太大的变化。比如，名词中的"容貌"（《论语·泰伯》）、"社稷"（银雀山汉墓竹简《孙膑兵法·见威王》）、"是非"（《庄子·盗跖》）、"仓库"（《国语·晋语九》）、"图书"（《韩非子·大体》）、"产业"（《韩非子·解老》）、"形状"（《荀子·非相》）、"才能"（《管子·八观》），动词中的"禁止"（《管子·明法》）、"驰骋"（《周礼·考工记·辀人》）、"欺诈"（《战国策·燕策二》）、"防御"（《吕氏春秋·论人》）、"游泳"（《晏子春秋·问下十五》）、"思念"（《国语·楚语下》）、"供给"（《管子·地图》）、"潜伏（《逸周书·时训》）"，形容词中的"恭敬（《孟子·告子上》）"、"整齐"（《商君书·赏刑》）、"空虚"（《管子·八观》）、"节俭"（《晏子春秋·谏下十四》）、"果敢"（《逸周书·谥法》）、"欢喜"（《战国策·中山策》）、"洁白"（《吕氏春秋·审分》）、"白皙"（《左传·昭公二十六年》）等等，这些词的词义一直没有发生变化，在现代汉语中依然常用。

还有一些新词的古今词义变化很大。主要表现为两种情况。一种情况是现代汉语中使用复合词的引申义，本义已经废弃不用。比如，"商贩"是《管子》中出现的新词，本义表经商，为动词。《管子·八观》："悦商贩而不务本货，则民偷处而不事积聚。" 清代以后，这个本义就不再使用了。东汉时期，"商贩"转指经商的人，这个引申义在现代汉语中成为常用义，多指现买现卖的小商人。第二种情况是现代汉语中的意义与战国时期的意义没有任何联系，属同形词。比如，"合同"是《商君书》中的新词，表志同道合。《商君书·赏刑》："是父兄、昆弟、婚姻、合同者，皆曰：'务之所加，存战而已矣。'"汉以后这个意义就不再使用了。中古时期，"合同"表示契约文书，它与表示志同道合的"合同"是两个不同的词。表示契约文书的"合同"沿用至今，成为现代汉语的常用词。又如，"翡翠"是《逸周书》中出现的新词，为翠鸟的别称。《逸周书·王会》："仓吾翡翠，翡翠者所以取羽。" 现代汉语中"翡翠"已经不再指翠鸟，而是指翡翠玉石。表玉石的"翡翠"大约是在南北朝时期出现的。

（四）偏正式

一个作修饰成分的词素和一个作中心成分的词素组合成的复合词为偏正式复合词。西周春秋时期，偏正式是复合词中最具能产性的构词类型，如《诗经》中偏正式复合词占全书复合词总数的55.3%①。战国—秦时期，偏正式构词依然处于优势地位，文献中偏正式复合词的数量超过了其他类型的复合词，如战国早期文献《国语》中偏正式复合词占全书复合词总数的50.6%，战国晚期文献《吕氏春秋》中偏正式复合词占全书复合词总数的48.6%。②不过从数字上也可以看出，从《诗经》到《国语》再到《吕氏春秋》，偏正式复合词在复合词中所占比重呈现出下降的趋势。

战国—秦时期出现的双音节偏正式新词共7687个，占双音节新词的57.3%。下面从语义、词性、语序三个方面对这一时期偏正式复合新词进行考察。

1. 从语义看构成

偏正式复合词的两个词素之间形成修饰与被修饰、限制与被限制的关系，具有修饰限制作用的词素称为偏词素，被修饰被限制的词素称为中心词素。根据中心词素的意义，战国—秦双音节偏正式新词包括以下三种类型：

（1）中心词素表示人或事物

中心词素表名物的偏正式复合词也称为定中式复合词。战国—秦时期出现的定中式复合新词共6446个，占偏正式复合新词的83.86%。根据偏词素的意义，定中式新词分为以下几种类型：

① 偏词素表材质、颜色

苴布：子麻所织的粗布。《庄子·让王》："颜阖守陋闾，苴布之衣，而自饭牛。"成玄英疏："苴布，子麻布也。"

金椎：金属捶击具。《庄子·外物》："儒以金椎控其颐。"

"苴"指结子的大麻。《礼记·丧服四制》："丧不过三年，苴衰不补，坟墓不培。"孔颖达疏："苴衰不补者，言苴麻之衰，虽破不补。""金"为金属的总称。《说文·金部》："金，五色金也。"复合词"苴布""金

---

① 参见向熹：《诗经语言研究》，四川人民出版社1987年版，第204—228页。

② 《国语》《吕氏春秋》中偏正式复合词占全书复合词的比例系根据陈长书、张双棣的统计计算出来的。据陈长书统计，《国语》中复合式合成词共1222个，其中偏正式618个。据张双棣统计，《吕氏春秋》中复合式合成词共967个，其中偏正式470个。参见陈长书：《〈国语〉词汇研究》，中国社会科学出版社2014年版，第75—82页；张双棣：《〈吕氏春秋〉词汇研究》（修订本），商务印书馆2008年版，第273页。

椎"中，词素"苴""金"分别修饰中心词素"布""椎"，表示布料和槌棒的材质。

赤肉：泛指动物的肉。《吕氏春秋·贵当》："窥赤肉而乌鹊集，狸处堂而众鼠散。"

赤米：也称桃花米。一种劣质米。《国语·吴语》："今吴民既罢，而大荒荐饥，市无赤米。"韦昭注："赤米，米之奷者。"

"赤"表示浅红色，亦泛指红色。《礼记·月令》："（季夏之月）天子居明堂左个，乘朱路，驾赤骝。"孔颖达疏："色浅曰赤，色深曰朱。"在复合词"赤肉""赤米"中，词素"赤"分别修饰中心词素"肉"和"米"，表示肉和米的颜色。

有些偏词素不表示材质，而是表示材料的来源。比如：

兕爵：古代以兕角制的酒杯。《左传·昭公元年》："穆叔、子皮及曹大夫兴，拜，举兕爵曰：'小国赖子，知免于戾矣。'"

翠旍：用翡翠鸟羽毛制成的旌旗。《楚辞·九歌·少司命》："孔盖兮翠旍，登九天兮抚彗星。"王逸注："言司命以孔雀之翅为车盖，翡翠之羽为旗旍。"

"兕"为猛兽名。《诗·小雅·吉日》："发彼小豝，殪此大兕。"兕爵是用兕角制作的。复合词"兕爵"中，词素"兕"表用以制爵的兽角的来源。"翠"即翠鸟。《楚辞·九歌·东君》："翾飞兮翠曾。""旍"，同"旌"，指旗帜。《仪礼·乡射礼》："旌各以其物。"翠旍是用翠鸟的羽毛制成的。复合词"翠旍"中，词素"翠"修饰中心词素"旍"，表用以制旗的羽毛的来源。汉以后，"翠"引申为青绿色，构成复合词时，词素"翠"可以表示颜色，如汉蔡邕《胡栗赋》"似翠玉之清明"中的"翠玉"指绿色的玉石。

② 偏词素表方位、时间

右臂：事物的要害部分。《战国策·赵策二》："今楚与秦为昆弟之国，而韩魏称为东藩之臣，齐献鱼盐之地，此断赵之右臂也。"

后宫：指妃嫔。《晏子春秋·外篇上八》："景公赏赐及后宫，文绣被台榭，菽粟食凫雁。"

"右"表右手边的方位。《礼记·曲礼上》："效驾，奋衣由右上。""后"表示与"前"相对的方位。《书·武成》："前徒倒戈，攻于后以北。"复合词"右臂""后宫"中，词素"右""后"分别表示"臂""宫"的方位。这两个复音词的词义都是在词素义的基础上通过比喻、借代等修辞手段形成的：人大多惯于用右手做事，故"右臂"比喻重要的部位；妃嫔居后宫，故"后宫"成为嫔妃的代称。

昏礼：婚娶之礼。古时于黄昏举行，故称。《墨子·非儒下》："昏礼威仪，如承祭祀。"

秋豪：比喻细微之物。《商君书·错法》："夫离朱见秋豪百步之外，而不能以明目易人。"

"昏"指天刚黑的时候。《诗·陈风·东门之杨》："昏以为期，明星煌煌。""秋"本义指禾熟，引申为秋季。《诗·卫风·氓》："将子无怒，秋以为期。""豪"，通"毫"，指长而细的毛。《墨子·天志中》："今夫天兼天下而爱之，撽遂万物以利之，若豪之末，非天之所为也，而民得而利之，则可谓否矣。"复合词"昏礼""秋豪"中，词素"昏""秋"分别表示"礼""豪"的时间。秋天鸟兽新长出来的毛细长，故"秋豪"比喻细微之物，"秋豪"的词义是在词素义的基础上通过比喻产生的。

③ 偏词素表领属主体

这类复合词中，中心词素表示的概念隶属于偏词素表示的概念，两者之间形成领属关系。

熊蹯：即熊掌。《左传·文公元年》："王请食熊蹯而死，弗听，丁未，王缢。"

"熊"为动物名。《诗·小雅·斯干》："吉梦维何？维熊维罴，维虺维蛇。""蹯"为兽类的足或掌。《战国策·赵策三》："虎怒，决蹯而去。"熊掌是熊肢体的一个部位。复合词"熊蹯"中，"熊"表示的是"蹯"隶属的主体。战国时与"熊蹯"同义的还有"熊掌"。《孟子·告子上》："鱼，我所欲也，熊掌，亦我所欲也。""蹯"与"掌"义同。复合词"熊掌"的语义结构与"熊蹯"相同。

宫墙：住宅的围墙。《管子·八观》："宫墙毁坏，门户不闭，外内交通，则男女之别毋自正矣。"

上古时期，"宫"为房屋、居室的通称。《易·困》："入于其宫，不见其妻，凶。""宫墙"即房舍的围墙。围墙是房舍的一部分，词素"宫"表示的是"墙"隶属的主体。"宫墙"也称"宫垣"。《管子·八观》："宫垣不备，关闭不固，虽有良货，不能守也。""墙"与"垣"义同。"宫垣"的语义结构与"宫墙"相同。

边遽：指边境警报。《国语·吴语》："吴晋争长未成，边遽乃至，以越乱告。"

"边"表示边境、边界。《国语·吴语》："句践用帅二三之老，亲委重罪，顿颡于边。""遽"表示传车、驿马。《国语·吴语》："无姬姓之振也，徒遽来告。"韦昭注："遽，传车也。"古时以边地的驿车传递警报，所以复合词"边遽"指边境的警报。词素"边"表示中心词素"遽"所属范围。

④ 偏词素表次序、等级

原蚕：二蚕，即夏秋第二次孵化的蚕。《周礼·夏官·马质》："禁原蚕者。"郑玄注："原，再也。"

"原"可以表示第二次。《尔雅·释言》："原，再也。"《易·比》："吉。原筮，元永贞，无咎。""原蚕"指第二次孵化的蚕，词素"原"修饰中心词素"蚕"，表示次序。原蚕一岁两收，故南北朝时期也称"二蚕"，如《魏书·高祖纪上》："（承明元年秋八月）甲申，以长安二蚕多死，丐民岁赋之半。"

孟夏：夏季的第一个月，农历四月。《楚辞·九章·抽思》："望孟夏之短夜兮，何晦明之若岁。"

"孟"指四季中每季的第一个月。《逸周书·周月》："岁有春夏秋冬，各有孟仲季，以名十有二月。"复合词"孟夏"中，词素"孟"表示"夏"的次序。

上宅：上等住宅。《韩非子·内储说上》："于是乃倚一车辕于北门之外而令之曰：'有能徙此南门之外者，赐之上田上宅。'"

下田：下等的田。《吕氏春秋·上农》："上田，夫食九人；下田，夫食五人，可以益，不可以损。"

单音词"上"和"下"由位置的高低转指等第高低或品质优劣。《周礼·考工记·弓人》："凡取干之道七：柘为上，檍次之……竹为下。"复合词"上宅"和"下田"中的词素"上"和"下"分别表示等级的高低。

⑤ 偏词素表数量

同一个偏词素有时表确数，有时表概数。比如：

七窍：指眼、耳、口、鼻七孔。《庄子·应帝王》："人皆有七窍，以视听食息。"

九天：谓天之中央与八方。《楚辞·离骚》："指九天以为正兮，夫唯灵修之故也。"王逸注："九天谓中央八方也。"

复音词"七窍"和"九天"中，词素"七"和"九"表示准确的数字。"七窍"在《国语》中也称"七体"。《国语·郑语》："和六律以聪耳，正七体以役心。"韦昭注："七体，七窍也。" 天的中央与八方合称"九天"，具体包括中天、羡天、从天、更天、睟天、廓天、减天、沈天、成天。①

七戎：古代泛称我国西部的少数民族。《墨子·节葬下》："舜西教乎七戎。"《尔雅·释地》："九夷、八狄、七戎、六蛮，谓之四海。"郭璞注："七戎在西。"

九死：犹万死。《文选·〈楚辞·离骚〉》："亦余心之所善兮，虽九死其犹未悔。"刘良注："九，数之极也，言……虽九死无一生，未足悔恨。"

复音词"七戎"和"九死"中，词素"七"和"九"并非确指七个或九个，而是表示概数，相当于所有、各种。战国时期表达概数的数词性词素还有"三""五""百""千""万""亿"等。比如：

三家：极言人户之少。《韩非子·难势》："无庆赏之劝，刑罚之威，释势委法，尧舜户说而人辩之，不能治三家。"

五技：谓多能而不精一技。《荀子·劝学》："螣蛇无足而飞，鼫鼠五技而穷。"

百羞：各种味美的食品。《周礼·天官·内饔》："选百羞酱物珍物以俟馈。"

千金：极言钱财多。《韩非子·外储说右上》："虽有乎千金之玉卮，至贵，而无

---

① 汉代扬雄《太玄·太玄数》："九天：一为中天，二为羡天，三为从天，四为更天，五为睟天，六为廓天，七为减天，八为沈天，九为成天。"

当,漏,不可盛水,则人孰注浆哉?"

万事:一切事。《墨子·贵义》:"子墨子曰:'万事莫贵于义。'"

亿事:极多的事情。《国语·郑语》:"出千品,具万方,计亿事,材兆物。"

除数词性词素外,量词也可以作为偏词素表示数量。比如:

束脩:十条干肉。古代入学敬师的礼物。《论语·述而》:"子曰:'自行束脩以上,吾未尝无诲焉。'"

束素:一束绢帛。常用以形容女子腰肢细柔。宋玉《登徒子好色赋》:"腰如束素,齿如含贝。"

"束"为量词,用于计量捆在一起的东西。《诗·小雅·白驹》:"生刍一束,其人如玉。""脩"指干肉。《周礼·天官·膳夫》:"凡肉脩之颁赐,皆掌之。""素"指白色生绢。《礼记·杂记下》:"纯以素,纰以五采。"复合词"束脩""束素"中,词素"束"表示"脩""素"的数量。与"束素"意义相近的战国新词还有见于《仪礼》的"束纺""束锦",两词的语义结构与"束素"相同。这种"束~"的偏正式构词模式在西周时期就已出现,如《易·贲》:"束帛戋戋。"其中的"束帛"表一束帛。春秋时期,又出现了"束矢""束蒲""束薪""束楚"等。汉以降,"束~"又构成了"束竹""束草""束棘""束缣"等。现代汉语中,上述各词已经不再使用,"束~"的构词模式已经消亡了。

钧金:三十斤铜。《周礼·秋官·大司寇》:"以两剂禁民狱,入钧金,三日乃致于朝,然后听之。"郑玄注:"三十斤曰钧。"

"钧"为古代重量单位之一。《书·五子之歌》:"关石和钧,王府则有。"孔颖达疏:"《律历志》云:二十四铢为两,十六两为斤,三十斤为钧,四钧为石。"上古铜可称"金",《孔子家语·观周》:"孔子观周,遂入太祖后稷之庙,堂右阶之前,有金人焉。""金人"即铜铸的人像。复合词"钧金"中,词素"钧"表示铜的重量。

⑥偏词素表种概念

偏词素表示种概念,中心词素表示属概念,两者在概念上形成上下位关系。

秬黍：即黑黍。《左传·昭公四年》："黑牡秬黍，以享司寒。"

皇鸟：传说中的雌凤。《逸周书·王会》："巴人以比翼鸟，方炀以皇鸟。"孔晁注："皇鸟，配于凤者也。"

"秬"即黑黍，古人视为嘉谷。《诗·大雅·生民》："诞降嘉种，维秬维秠。"毛传："秬，黑黍也。"复合词"秬黍"中，词素"秬"和"黍"在意义上形成种属关系。黍包括秬，秬是黍的一种。黍是上位概念，秬是下位概念。"皇"是"凰"的古字，指传说中的雌凤。《尔雅·释鸟》："鹝，凤；雌其皇。"复合词"皇鸟"中，词素"皇"表示的是种概念，词素"鸟"表示的是属概念，"皇"和"鸟"在意义上形成种属关系。鸟是上位概念，雌凤为下位概念。

偏正式新词中还有一种"大名冠小名"的结构，构词词素表达的概念也形成种属关系。比如：

乌鸟：乌鸦。《左传·襄公十八年》："师旷告晋侯曰：'乌鸟之声乐，齐师其遁。'"杨伯峻注："乌鸟祗是乌。"

词素"鸟"表示的是属概念，词素"乌"表示的是种概念，"鸟"和"乌"在意义上形成属和种的关系。这类属名在前、种名在后的特殊语序将在后文详细讨论。

⑦ 偏词素表功用

舆梁：可通车的桥梁。《孟子·离娄下》："十二月，舆梁成。"

粮道：运粮的道路。《六韬·疾战》："敌人围我，断我前后，绝我粮道，为之奈何？"

"舆"本义指车厢，引申为车。《易·剥》："君子得舆，小人剥庐。""梁"指桥。《诗·大雅·大明》："造舟为梁，不显其光。"复合词"舆梁"指可以通车的桥梁，词素"舆"在功用上修饰限制中心词素"梁"。同样地，复合词"粮道"的词素"粮"表示的是道路的功能，也在功用上修饰限制中心词素"道"。战国—秦时期，与"粮道"同义的还有"粮涂"。银雀山汉墓竹简《孙膑兵法·擒庞涓》："吾攻平陵，南有宋，北有卫，当涂有市丘，是吾粮涂绝也。""涂"，通"途"，与"道"同义。"粮涂"的语义结构与"粮道"相同。

灌渎：供灌溉用的沟渠。《庄子·外物》："夫揭竿累，趣灌渎，守鲵鲋，其于得大鱼难矣。"

候馆：供瞭望用的小楼。《周礼·地官·遗人》："五十里有市，市有候馆，候馆有积。"郑玄注："候馆，楼可以观望者也。"

"灌"表灌溉。《庄子·天地》："凿隧而入井，抱瓮而出灌。""渎"表沟渠。《论语·宪问》："（管仲）岂若匹夫匹妇之为谅也，自经于沟渎而莫之知也？"复合词"灌渎"指可供灌溉的沟渠，偏词素"灌"是动词性词素，表示中心词素"渎"所指的沟渠是用来浇灌的，与"渎"形成修饰与被修饰的关系。"候"表伺望、侦察。《吕氏春秋·贵因》："武王使人候殷。""馆"表客舍。《诗·郑风·缁衣》："适子之馆兮。""候馆"可供瞭望，词素"候"表示馆舍的用途，与中心词素"馆"形成修饰与被修饰的关系。

⑧偏词素表形貌

圜冠：儒者戴的圆形帽子。也叫鹬冠。《庄子·田子方》："儒者冠圜冠者，知天时；履句屦者，知地形。"

"圜"，同"圆"，指圆形。《楚辞·离骚》："何方圜之能周兮，夫孰异道而相安？""圜冠"就是圆形的冠，词素"圜"表示冠的形状。战国时期，"圜冠"又称"鹬冠"。《左传·僖公二十四年》："郑子华之弟子臧出奔宋，好聚鹬冠。"章炳麟《原儒》："鹬冠者，亦曰术氏冠，又曰圜冠。""鹬冠"虽然与"圜冠"义同，但其构词词素的语义关系异于"圜冠"。"鹬冠"强调用鹬羽制成，偏词素"鹬"表示冠的材质。《左传·僖公二十四年》"好聚鹬冠"杜预注："鹬，鸟名。聚鹬羽以为冠，非法之服。"

彗星：绕太阳运行的一种星体。后曳长尾，呈云雾状。《楚辞·远游》："擎彗星以为旓兮，举斗柄以为麾。"

"彗"指扫帚。《史记·孟子荀卿列传》："（驺子）如燕，昭王拥彗先驱，请列弟子之座而受业，筑碣石宫，身亲往师之。"司马贞索隐："彗，帚也。"彗星的形状像扫帚，故称"彗星"。复合词"彗星"中，偏词素

"彗"的词素义进入词义时使用了隐喻的手段，形象地描绘出中心词素"星"所表概念的形状。唐朝时彗星又称"帚星"或"扫星"，如《晋书·天文志中》："若星，帚星，若彗，竹彗，墙星，棨星，白蘺，皆太白之所生也。"又："妖星，一曰彗星，所谓扫星。"明代文献中出现了彗星的俗称"扫帚星"。明黄溥《闲山今古录》："彗星如洗帚状，微见于西方，至酉刻以后渐长如扫帚，人呼曰'扫帚星'。"

⑨ 偏词素表性质

猾民：刁滑狡诈的人。《韩非子·扬权》："猾民愈众，奸邪满侧。"

大造：大功劳；大恩德。《左传·成公十三年》："文公恐惧，绥静诸侯，秦师克还无害，则是我有大造于西也。"

"猾"表狡诈。《史记·高祖本纪》："项羽为人僄悍猾贼。"复合词"猾民"中，词素"猾"从性质上修饰限制中心词素"民"。复合词"大造"指大的功劳，其中心词素"造"表成就功绩，作单音词的用例始见于《诗经》。《诗·大雅·思齐》："肆成人有德，小子有造。"毛传："造，为也。""大造"的偏词素"大"也是从性质上修饰限制中心词素"造"。

一些表卑贱蠢笨或尊贵明智的偏词素进入复合词后，使复合词的词义带有了谦敬的色彩。比如：

愚臣：大臣对君主自称的谦词。《韩非子·存韩》："愿陛下幸审愚臣之计无忽。"

鄙臣：谦词。犹言小臣。《晏子春秋·谏上十三》："使君之嗣，寿皆若鄙臣之年。"

贱臣：臣下在君主或上司前的谦称。《战国策·赵策二》："周绍曰：'王失论矣，非贱臣所敢任也。'"《韩非子·存韩》："今贱臣之愚计，使人使荆。"

词素"愚""鄙""贱"都带有贬义的色彩，从性质方面修饰限制中心词素"臣"，形成的复合词可作谦称。除了以上三词外，战国—秦时期可作谦称的偏正式新词还有"寡君""敝邑""愚意""愚计""下妾""贱息"等，这些词的偏词素都表性质。

大王：古代对君主或诸侯王的敬称。《战国策·魏策四》："大王加惠，以大易小,甚善。"

嘉命:敬称别人的告语。《仪礼·士昏礼》:"吾子有嘉命。"《左传·哀公十六年》:"胖以嘉命来告余一人。"

明上:犹圣上。对君王的尊称。《晏子春秋·问下二十》:"命之曰狂僻之民,明上之所禁也。"

词素"大""嘉""明"都带有褒义的色彩,从性质方面修饰限制中心词素,形成的复合词都用作尊称。

⑩ 偏词素表技能职业

作夫:耕作之夫,农民。《商君书·徕民》:"地方百里者……恶田处什二,良田处什四,以此食作夫五万。"

没人:潜水的人。《庄子·达生》:"若乃夫没人,则未尝见身而便操之也。"郭象注:"没人,谓能鹜没于水底。"

"作"表耕作。《逸周书·太子晋》:"士率众时作,谓之曰伯。"孔晁注:"作,谓农功。""没"表在水中潜游。《庄子·大宗师》:"且汝梦为鸟而厉乎天,梦为鱼而没于渊。"复合词"作夫""没人"中,词素"作"和"没"分别修饰中心词素"夫"和"人",表示人擅长的技能或从事的工作。

⑪ 偏词素表原因

火患:火灾。《韩非子·喻老》:"是以白圭无水难,丈人无火患。"

风灾:因暴风、旋风等造成的灾害。《吕氏春秋·仲秋》:"行冬令,则风灾数起,收雷先行,草木早死。"

复合词"火患"和"风灾"中,词素"火"和"风"表示引起中心词素"患"和"灾"所表灾难的原因。

露风:中医指风寒。《素问·生气通天论》:"因于露风,乃生寒热。"王冰注:"因于露体,触冒风邪,风气外侵,阳气内拒,风阳相薄,故寒热由生。"

中医认为"风"是人体的病因之一,外感风邪常致风寒、风热、风湿等症。《素问·风论》:"风之伤人也,或为寒热,或为热中,或为寒中,或为疬风,或为偏枯,或为风也,其病各异,其名不同。""露"可致风邪,在形成复合词"露风"时,表示中心词素"风"所表疾病的原因。

⑫ 偏词素表动作

走狗: 猎犬。《战国策·齐策四》: "世无东郭俊卢氏之狗, 王之走狗已具矣。"《晏子春秋·谏下二三》: "景公走狗死, 公令外共之棺, 内给之祭。"

"走"表示疾趋、奔跑。复合词"走狗"的偏词素"走"为动词性词素, 从动作形态上修饰限制中心词素"狗"。"走狗"专指猎犬, 词义是在构词词素义的基础上通过特指形成的。

伏虎: 蹲伏着的老虎。《荀子·解蔽》: "冥冥而行者, 见寝石以为伏虎也。"

"伏"表示俯卧。《荀子·仲尼》: "志不免乎奸心, 行不免乎奸道, 而求有君子圣人之名, 辟之是犹伏而咶天。"复合词"伏虎"指蹲伏的老虎, 偏词素"伏"为动词性词素, 从动作形态上修饰限制中心词素"虎"。

（2）中心词素表示动作

中心词素表示动作或性质的偏正式复合词称为状中式复合词。战国—秦时期出现的状中式复合新词共1241个, 占全部偏正式新词的16.14%。下面对中心词素表示动作的状中式新词进行分析。根据偏词素的意义, 这类状中式复合新词可以分为以下几种情况:

① 偏词素表状态

偃卧: 仰卧, 睡卧。《孙子·九地》: "令发之日, 士卒坐者涕沾襟, 偃卧者涕交颐。"

疾驱: 驾着车马急速行进。《吕氏春秋·贵卒》: "管仲扞弓射公子小白, 中钩。鲍叔御, 公子小白僵……鲍叔因疾驱先入, 故公子小白得以为君。"

"偃"表仰卧。《诗·小雅·北山》: "或息偃在床, 或不已于行。""疾"表急速。《庄子·天道》: "斲轮, 徐则甘而不固, 疾则苦而不入。"复合词"偃卧"和"疾驱"中, 词素"偃"和"疾"分别修饰中心词素"卧"和"驱"所表动作的状态。

战国时期还出现了一种名词性偏词素表状态的状中式复合词, 这类复合词春秋文献中未见。比如:

蛇行: 像蛇一样伏地爬行。《战国策·秦策一》: "(苏秦)路过洛阳……嫂蛇行匍伏, 四拜, 自跪而谢。"高诱注: "蛇行匍匐, 匀曳地也。"

狼顾：像狼一样回头看，比喻人有所畏惧。《战国策·齐策一》："秦虽欲深入，则狼顾，恐韩魏之议其后也。"

偏词素"蛇"为名词性词素，词素义进入词义时通过隐喻的修辞手段形象地描绘出中心词素"行"所表动作的特点，像蛇一样伏地蜿蜒爬行。同样地，"狼顾"的偏词素"狼"的意义也是通过隐喻进入复合词词义的。狼行走时常转头回看，以防袭击。词素"狼"形象地描绘出回看这一动作的特点。

② 偏词素表方式

函封：用匣子盛而封之。《战国策·燕策三》："既已无可奈何，乃遂收盛樊於期之首函封之。"

臣事：以臣道奉事。《墨子·非攻下》："焉率天下之百姓，以农臣事上帝山川鬼神，利人多，功故又大。"

偏词素"函"和"臣"都是名词性词素，词素义表示的是"封"和"事"这两种动作所采用的方式。

③ 偏词素表时间

昼寝：白昼寝寐；午睡。《论语·公冶长》："宰予昼寝。"

夜禁：夜间禁止通行。《周礼·秋官·司寤氏》："掌夜时，以星分夜，以诏夜士夜禁。"

复合词"昼寝""夜禁"中，偏词素"昼"和"夜"分别表示中心词素"寝"和"禁"所表动作发生的时间，从时间方面修饰限制中心词素。

有的偏词素表示的不是具体的时间，而是动作发生时间的先后或持续时间的长短。比如：

新生：刚出生。《庄子·知北游》："汝瞳焉，如新生之犊，而无求其故。"

新霁：雨雪后初晴。战国楚宋玉《高唐赋》："遇天雨之新霁兮，观百谷之俱集。"

"新"表示新近、刚刚。《韩非子·说林上》："鲁季孙新弑其君，吴起仕焉。"复合词"新生""新霁"中，词素"新"表示中心词素所表动作刚刚发生。

久假：长期借用。《孟子·尽心上》："久假而不归，恶知其非有也。"

"假"表借。《左传·成公二年》："唯器与名,不可以假人。"复合词"久假"中,偏词素"久"表示借用的时间长久。

④ 偏词素表程度

笃虑:深入考虑。马王堆汉墓帛书《战国纵横家书·苏秦献书赵王章》:"臣愿王与下吏详计某言而笃虑之也。"

熟察:详察。《战国策·魏策一》:"外挟强秦之势,以内劫其主,以求割垒,愿大王之熟察之也。"

重贶:犹厚赐。《国语·晋语二》:"终君之重爱,受君之重贶。"

复合词"笃虑""熟察""重贶"的偏词素"笃""熟""重"都表程度深。"笃"表深厚。《汉书·贾山路温舒等传赞》:"路温舒辞顺而意笃,遂为世家,宜哉。""熟"表仔细、周密。《韩非子·解老》:"行端直则思虑熟,思虑熟则得事理。""重"表增重、加重。《左传·宣公十二年》:"今天或者大警晋也,而又杀林父以重楚胜,其无乃久不竞乎?"它们作词素形成复合词时,从程度方面修饰限制中心词素。

程度上表示相反意义的两个偏词素与同一个中心词素结合,可以构成反义的复合词。比如:

薄葬:葬具及丧礼简单、节俭。《荀子·正论》:"太古薄葬,棺厚三寸,衣衾三领。"

厚葬:谓不惜财力地经营丧葬。《论语·先进》:"颜渊死,门人欲厚葬之。"

"薄"和"厚"是一组反义词。"薄"指微薄简陋。《易·系辞上》:"夫茅之为物薄,而用可重也。""厚"指丰厚殷实。《韩非子·奸劫弑臣》:"皆欲行货财事富贵,为私善立名誉,以取尊官厚俸。"词素"薄""厚"与"葬"结合构成复合词"薄葬"和"厚葬",词义相反。

⑤ 偏词素表范围

周置:犹密布。《墨子·备城门》:"枪二十枚,周置二步中。"

偏举:全面概括;全部列举。《荀子·正名》:"故万物虽众,有时而欲偏举之,故谓之物;物也者,大共名也。"

兼听:广泛听取意见。《管子·明法解》:"明主者,兼听独断。"

单音词"周""徧"都指周遍、全部。《易·系辞上》："知周乎万物而道济天下，故不过。"《诗·邶风·北门》："我入自外，室人交徧谪我。"陆德明释文："徧，古遍字。""兼"表示同时具有或涉及几种事物或行为。《易·系辞下》："《易》之为书也，广大悉备。有天道焉，有人道焉，有地道焉，兼三材而两之，故六。"复合词"周置""徧举""兼听"中，"周""徧""兼"作为偏词素强调"置""举""听"所表动作涉及的范围广。

独乐：独自欣赏、娱乐。《孟子·梁惠王上》："民欲与之偕亡，虽有台池鸟兽，岂能独乐哉？"

单处：单独居处。《逸周书·大明武》："旁隧外权，隳城湮溪，老弱单处，其谋乃难。"

"独"和"单"义同，都表示独自。《论语·季氏》："（孔子）尝独立，鲤趋而过庭。"《荀子·正名》："单足以喻则单，单不足以喻则兼。""独"和"单"作为偏词素修饰中心词素"乐"和"处"，强调动作涉及的范围窄。

⑥ 偏词素表数量频率

同一个偏词素有时表确数，有时表概数。比如：

九献：九次献酒。周天子接待上公朝聘的享礼。《周礼·秋官·大行人》："上公之礼……飨礼九献。"贾公彦疏："九献者，王酌献宾，宾酢主人，主人酬宾，酬后更八献，是为九献。"《国语·晋语四》："（晋文公）遂如楚，楚成王以周礼享之九献。"韦昭注："九献，上公之享礼也。"

九逝：几度飞逝。谓因深思而心灵不安。《楚辞·九章·抽思》："惟郢路之辽远兮，魂一夕而九逝。"

复合词"九献"中，词素"九"表示准确的数字，而"九逝"的"九"表示多次，是概数。

骤胜：屡次胜利。《吕氏春秋·适威》："骤战而骤胜。"高诱注："骤，数也。"《战国策·燕策二》："夫齐，霸国之余教也，而骤胜之遗事也。"

"骤"表示屡次。《左传·文公十四年》："公子商人骤施于国。""骤"作为偏词素修饰中心词素"胜"，强调胜利的次数频率。战国时期，词素"骤"以"屡次"义构成的复合新词还有"骤战"(《吕氏春秋·适威》)、"骤至"(《左传·襄公二十年》)、"骤令"(《管子·版法》)等。

⑦ 偏词素表方位处所

野享：在野外设食款待。《左传·襄公二十六年》："大子知之，请野享之。"

水战：水上作战。《庄子·逍遥游》："越有难，吴王使之将，冬与越人水战。"

"野"和"水"都是名词性词素，构成状中式复合词时，表示动作发生的地点。表示水战的偏正式新词还有"舟战"。《墨子·鲁问》："楚人与越人舟战于江。"从词的内部语义结构上看，"舟战"与"水战"不同。"舟战"的偏词素"舟"表示动作发生的方式，以舟船作战，"水战"的偏词素"水"表示动作发生的地点，在水上作战。

一些表示方位的偏词素在构成复合词时，显示的是动作发展的方向。比如：

东迁：向东迁移。特指周平王将京都由镐京东迁到洛邑。《左传·隐公六年》："我周之东迁，晋郑焉依。"

偏词素"东"表示迁移的方向。

（3）中心词素表示性质状态

中心词素表示性质状态的状中式新词可以分为以下几种情况：

① 偏词素表程度

至贤：极贤能；极有贤德。《荀子·正论》："故至贤畴四海，汤武是也。"

幽忧：过度忧劳；忧伤。《庄子·让王》："我适有幽忧之病，方且治之，未暇治天下也。"

"至"表极其，多形容事物尽善尽美。《易·系辞上》："阴阳之义配日月，易简之善配至德。""幽"表深。《诗·小雅·伐木》："出自幽谷，迁于乔木。"复合词"至贤"和"幽忧"中，词素"至"和"幽"分别表示贤和忧的程度深。

微奸：小奸。《韩非子·制分》："然则去微奸之道奈何? 其务令之相规其情者也。"

"微"表示小。《易·系辞下》："几者动之微。"复合词"微奸"中，词素"微"表示奸的程度轻。

斑白：头发黑白相杂。谓年老。《礼记·祭义》："斑白者不以其任行乎道路。"郑玄注："斑白者，发杂色也。"

火赤：火红的颜色。《周礼·考工记·弓人》："鹿胶青白，马胶赤白，牛胶火赤。"孙诒让正义："牛胶火赤者，谓纯赤如火也。"

"斑"指色彩驳杂。《楚辞·离骚》："纷总总其离合兮，斑陆离其上下。"洪兴祖补注："斑，驳文也。"复合词"斑白"指须发没有全白，而是黑白混杂，词素"斑"修饰中心词素"白"，表示白的程度。同样地，复合词"火赤"的偏词素"火"也表示色彩的程度，"火赤"就是像火一样红。

② 偏词素表否定

不豫：天子有病的讳称，泛称尊长有疾。《逸周书·五权》："维王不豫，于五日召周公旦。"朱右曾校释："天子有疾称不豫。"《逸周书·祭公》："我闻祖不豫有加。"朱右曾校释："今言不豫，尊之也。"

"豫"表安乐、顺适。《书·金縢》："王有疾，弗豫。""不豫"就是不安乐，引申为有病，用作天子和尊长有病的讳称。

战国—秦偏正式新词中，同一个偏词素可以从多个角度修饰和限制不同的中心词素，同一个中心词素也可以被不同的偏词素修饰和限制。举词素"山"为例：

山冕：古代天子服绘有山形花纹礼服时所戴之冕。《荀子·大略》："天子山冕，诸侯玄冠，大夫裨冕，士韦弁，礼也。"

山梁：山涧上的桥。《论语·乡党》："山梁雌雉，时哉时哉！"

寒山：传说中北方常寒之山。《楚辞·大招》："魂乎无北！北有寒山，逴龙赩只。"

中山：中等的山。《周礼·地官·序官》："山虞，每大山：中士四人，下士八人……中山：下士六人。"

高山：高峻的山。亦比喻崇高的德行。《荀子·劝学》："故不登高山，不知天之高也。"

生山：指有利于攻守进退的山头。银雀山汉墓竹简《孙膑兵法·地葆》："南阵之山，生山也；东阵之山，死山也。"

青山：青葱的山岭。《管子·地员》："青山十六施，百一十二尺而至于泉。"

"山冕""山梁"的"山"是偏词素。"山冕"的词素"山"从形状样貌方面修饰限制中心词素"冕"；"山梁"的词素"山"从领属方面修饰限制中心词素"梁"。"寒山""中山""高山""生山""青山"的"山"是中心词素，修饰限制"山"的偏词素各不相同，分别从不同方面表示山的特征。"寒山"的"寒"表示性质，"中山"的"中"表示等级，"生山"的"生"表示功用，"高山"的"高"表示形貌，"青山"的"青"表示色彩。可见，事物概念的不同特征既可以使表示这个事物概念的词素从不同方面修饰其他词素，也可以被多个不同的词素所修饰，这也是战国—秦时期偏正式构词极具能产性的主要原因。

2.从词性看构成

战国—秦偏正式复合新词中，名词6466个，占偏正式新词总数的84.12%；动词1109个，占14.43%；形容词106个，占1.38%；代词2个，占0.03%；数词4个，占0.05%。大多数偏正式新词的词性与中心词素作单音词时的词性一致，也有少数新词的词性与中心词素作单音词时的词性不一致。下面从词性的角度分析战国—秦时期出现的偏正式复合新词的构成情况。

（1）名词

大多数名词由名词性词素充当中心词素，共6436个，占偏正式名词总数的99.54%。少数名词的中心词素由动词性词素或形容词性词素充当，分别为26个和4个，占偏正式名词的0.40%和0.06%。名词的偏词素由名词性、动词性、形容词性、数词性、代词性、副词性词素来充当。

① 名+名→名

"名+名"结构的名词共2689个，占偏正式名词的41.59%。举"縢履""羊肠""舆薪"为例：

縢履：用绳编的鞋。《晏子春秋·谏下二十》："逢于何遂葬其母于路寝之台塘下，解衰去绖，布衣縢履。"

羊肠：喻指狭窄曲折的小路。《尉缭子·兵谈》："兵之所及，羊肠亦胜，锯齿亦胜，缘山亦胜，入谷亦胜。"

舆薪：满车子的柴。比喻大而易见的事物。《孟子·梁惠王上》："明足以察秋毫之末，而不见舆薪。"

"滕"指绳索。《诗·鲁颂·閟宫》："公交车千乘，朱英绿滕。"毛传："滕，绳也。""履"即鞋。《庄子·山木》："庄子衣大布而补之，正縻系履而过魏王。" 词素"滕"和"履"都是名词性词素，构成的复合词"滕履"也是名词。同样地，"羊肠"和"舆薪"也都是由名词性词素结合而成。

"名+名→名"结构还可以形成表示时间的名词。如：

初时：起初；开始的时候。《战国策·魏策三》："初时惠王伐赵，战胜乎三梁。"

复合词"初时"中，"初"和"时"都是名词性词素。偏词素"初"表示起始、开端，中心词素"时"表时间。《战国策·魏策三》中，"初时"作状语。

② 形+名→名

"形+名"结构的名词共2465个，占偏正式名词的38.12%。举"犀车""极浦""黔首""下贫"为例：

犀车：坚固的车子。《韩非子·奸劫弑臣》："托于犀车良马之上，则可以陆犯阪阻之患；乘舟之安，持楫之利，则可以水绝江河之难。"王先慎集解引俞樾曰："《汉书·冯奉世传》注引晋灼云：'犀，坚也。'然则犀车良马，即坚车良马矣。"

单音词"犀"可以作形容词，表锐利、坚固。银雀山汉墓竹简《孙膑兵法·兵情》："矢，金在前，羽在后，故犀而善走。"整理者注："犀，犀利。"《后汉书·张衡传》"犀舟劲楫"李贤注引《汉书音义》："今俗谓刀兵利为犀。犀，坚也。"复合词"犀车"指坚固的车子，由一个形容词性词素与一个名词性词素结合形成。

极浦：遥远的水滨。《楚辞·九歌·湘君》："望涔阳兮极浦，横大江兮扬灵。"

"极"指远。《史记·三王世家》："极临北海，西溱月氏。""浦"指水边、河岸。《诗·大雅·常武》："率彼淮浦，省此徐土。"复合词"极浦"中，"极"是形容词性词素，修饰限制名词性词素"浦"。

黔首[①]：古代称平民；老百姓。《吕氏春秋·古乐》："功名大成，黔首安宁。"

"黔"指黑色。《左传·襄公十七年》："泽门之晳，实兴我役；邑中之黔，实慰我心。"平民以黑巾覆头，故称"黔首"。"黔首"的"黔"是形容词性词素，修饰限制名词性词素"首"。

下贫：指极穷的人。《管子·度地》："令甲士作隄大水之旁……令下贫守之。"

"下"指身份地位低。《礼记·坊记》："尸饮三，众宾饮一，示民有上下也。""贫"本指贫困，转指贫民。《左传·昭公十四年》："分贫振穷。"复合词"下贫"中，偏词素"下"是形容词性词素，修饰限制名词性词素"贫"。

③ 动+名→名

"动+名"结构的名词共679个，占偏正式名词的10.50%。举"窃权""走兽""攫鸟"为例：

窃权：不正当的权力。《晏子春秋·问上十七》："上无骄行，下无谄德；上无私义，下无窃权；上无朽蠹之藏，下无冻馁之民。"

走兽：泛指兽类。《孟子·公孙丑上》："麒麟之于走兽，凤凰之于飞鸟，泰山之于丘垤，河海之于行潦，类也。"

攫鸟：鸷鸟。凶猛的鸟。《老子》："毒虫不螫，猛兽不据，攫鸟不搏。"成玄英疏："攫鸟，鹰鹯类也。"

非其有而取之谓之"窃"。《庄子·山木》："君子不为盗，贤人不为窃。""走"指疾趋、奔跑。《左传·昭公七年》："循墙而走。""攫"指鸟兽以爪抓取。《荀子·哀公》："鸟穷则啄，兽穷则攫。"复合词"窃权""走兽""攫鸟"中，词素"窃""走""攫"都是动词性词素，分别修饰限制名词性词素"权""兽""鸟"。

④数+名→名

---

① 《汉语大词典》"黔首"首见书证滞后。

"数+名"结构的名词共602个，占偏正式名词的9.31%。举"四末""四秋"为例：

四末：四肢。《管子·内业》："饱不疾动，气不通于四末。"尹知章注："四末，四支（肢）。"

四秋：指春、夏、秋、冬四季的收成。《管子·轻重乙》："夫岁有四秋，而分为四时。"

"末"本义指树梢，泛指物的端尾。"四末"指人体的四肢，同义的还有"四体"和"四肢"。"四体"和"四肢"也是战国新词。《孟子·公孙丑上》："人之有是四端也，犹其有四体也。"又《尽心下》："四肢之于安佚也，性也。""四末""四体""四肢"都是由数词性词素修饰名词性词素构成的。"秋"本义指谷熟，引申为收成。《书·盘庚上》："若农服田力穑，乃亦有秋。""四秋"也是由数词性词素修饰名词性词素构成的。

⑤代+名→名

"代+名"结构的名词仅有"斯民"一词。

斯民：指老百姓。《孟子·万章上》："予将以斯道觉斯民也。"《管子·侈靡》："天之所覆，地之所载，斯民之良也。"

"斯"为指示代词，义同"此"。《论语·子罕》："有美玉于斯。""民"指平民百姓。《易·系辞下》："上古结绳而治，后世圣人易之以书契，百官以治，万民以察，盖取诸夬。"复合词"斯民"由一个代词性词素修饰名词性词素构成。

⑥副+动→名

"副+动"结构的名词共24个，占偏正式名词的0.37%。举"同产""先驱""朝生"为例：

同产：同母所生者。《墨子·号令》："归敌者，父母、妻子、同产皆车裂。"

先驱：先锋军；前导。《左传·襄公二十三年》："秋，齐侯伐卫。先驱，谷荣御王孙挥，召扬为右。"杜预注："先驱，前锋军。"

"同"可作副词，表示共同、一起。《韩非子·扬权》："亏靡有量，毋使民比周，同欺其上。""产"表示生育。《韩非子·六反》："且父母之于子也，产男则相贺，产女则杀之。""同产"由副词性词素修饰动词性词素构成，词素义相加表示同母所生，转指后形成词义，指同母所生的人。同样，"先驱"的"先"也是副词性词素，谓时间或次序在前。"驱"指前进。《诗·唐风·山有枢》："子有车马，弗驰弗驱。""先驱"也是由副词性词素修饰动词性词素构成，词义是在词素义的基础上通过转指形成的，词素义表示先行，词义指军队的先行部队。

朝生：木槿。《战国策·秦策五》："一日山陵崩，太子用事，君危于累卵而不寿于朝生。"鲍彪注："朝生，木槿也，朝荣夕落。"

"朝生"是木槿的别名，是根据木槿花朝荣夕落的特点命名的。复合词"朝生"中，偏词素"朝"从时间上修饰限制中心词素"生"，形成的复合词"朝生"为名词，转指木槿。

⑦ 形+动→名

"形+动"结构的名词共2个，占偏正式名词的0.03%。

横生：指人类以外的世间万物。《逸周书·文传》："故诸横生尽以养从，从生尽以养一丈夫。"孔晁注："横生，万物也。从生，人也。一丈夫，天子也。"

从₂生①：指人。人直立而行，故称。《逸周书·文传》："故诸横生尽以养从生，从生尽以养一丈夫。"

"从₂"为"纵"的古字，表直，与"横"相对。因人直立行走，故谓人"从₂生"，人以外的其他万物称"横生"。"生"指生存。复合词"从₂生"和"横生"中，"从₂"和"横"是形容词性词素，修饰动词性词素"生"。

⑧ 名+形→名

由"名+形"结构构成的名词共4个，占偏正式名词的0.06%。举"狐白"为例：

狐白：狐狸腋下的白毛皮。《管子·轻重戊》："代之出狐白之皮，公其贵买之。"

据李时珍《本草纲目·兽二·狐》："毛皮可为裘，腋毛纯白，谓之狐

---

① "从₂"音zòng。

白。"狐狸腋下的毛皮色泽纯白，故称"狐白"。"狐白"由一个名词性词素加一个形容词性词素构成。

（2）动词

偏正式动词共1109个，中心词素全部是动词性词素，偏词素由名词性、动词性、形容词性、数词性、副词性词素充当。

① 名+动→动

"名+动"结构的动词共221个，占偏正式动词的19.93%。举"瓜分""夜行""家居"为例：

瓜分：如同切瓜一样地分割或分配。常指分割国土。《战国策·赵策三》："天下将因秦之怒，乘赵之敝而瓜分之。"

夜行：谓阴行其德。履德而不事张扬。《管子·形势》："召远者使无为焉，亲近者言无事焉，唯夜行者独有也。"

家居：指辞去官职或无职业，在家里闲住。《韩非子·十过》："仲父家居有病，即不幸而不起此病，政安迁之？"

偏词素"瓜""夜""家"都是名词性词素，分别表示动作的时间、方式和地点。中心词素"分""行""居"都是动词性词素。它们形成的复合词"瓜分""夜行""家居"都是动词。

② 动+动→动

"动+动"结构的动词共156个，占偏正式动词的14.07%。举"忤视""合战""循行"为例：

忤视：正面看；面对面看。《战国策·燕策三》："燕国有勇士秦舞阳，年十二，杀人，人不敢与忤视。"

"忤"指违逆、触犯。《庄子·刻意》："无所于忤，虚之至也。""视"指看。《易·履》："眇能视。"人正面相视时，目光相对，视线相逆，故称"忤视"。"忤视"的偏词素"忤"是动词性词素，修饰限制动词性词素"视"。

合战：交战。《荀子·强国》："合战用力而敌退，是众威也。"

"合"指会集、聚合。《国语·楚语下》："于是乎合其州乡朋友婚姻，比尔兄弟亲戚。""战"指作战。《书·甘誓》："大战于甘，乃召六卿。""合战"就是两军交战。复合词"合战"中，偏词素"合"是动词性词素，修饰限制动词性词素"战"。

这类复合词中，有的偏词素和中心词素表示的概念属上下位关系，偏词素表示下位概念，中心词素表示上位概念。比如：

循行：巡视；巡行。《墨子·号令》："大将信人行守，长夜五循行，短夜三循行。"

"循"，通"巡"，指巡行。《墨子·迎敌祠》："凡守城之法，县师受事，出葆，循沟防，筑荐通涂，修城。" 巡行是出游行走的一种，"巡"表示下位概念，"行"表示上位概念。复合词"循行"中，偏词素"循"是动词性词素，修饰限制动词性词素"行"。

③ 形+动→动

"形+动"结构的动词共531个，占偏正式动词的47.88%。举"牟食""笃虑""静思""微笑"为例：

牟食：不劳而食，多吃多占。《韩非子·六反》："游居厚养，牟食之民也，而世尊之曰有能之士。"

笃虑：深入考虑。马王堆汉墓帛书《战国纵横家书·苏秦献书赵王章》："臣愿王与下吏详计某言而笃虑之也。"

"牟"和"笃"单用时都是形容词。"牟"指大、多。《吕氏春秋·谨听》："贤者之道，牟而难知，妙而难见。"高诱注："牟，犹大也。""笃"指深厚。《汉书·贾山路温舒等传赞》："路温舒辞顺而意笃，遂为世家，宜哉。"复合词"牟食"和"笃虑"中，偏词素"牟"和"笃"都是形容词性的，修饰限制动词性词素"食"和"虑"。

静思：沉静地思考、省察。《荀子·解蔽》："辟耳目之欲，而远蚊虻之声，闲居静思则通。"

微笑：轻微地笑；轻微的笑。战国宋玉《登徒子好色赋》："含喜微笑，窃视流眄。"

复合词"静思""微笑"中，偏词素"静""微"都是形容词性词素，中心词素"思""笑"都是动词性词素。

④副+动→动

"副+动"结构的动词共147个，占偏正式动词的13.26%。举"相容""相待""复合""复生"为例：

相容：同时并存；互相包容。《韩非子·五蠹》："故不相容之事，不两立也。"

相待：相互对待。《韩非子·六反》："犹用计算之以相待也，而况无父子之泽乎？"

复合：重新联合或聚合。马王堆汉墓帛书《战国纵横家书·韩晶献书于齐章》："齐秦复合，使晶反。"

复生：复活；再生。《孙子·火攻》："亡国不可以复存，死者不可以复生。"

单音词"相"和"复"都是副词。"相"指相互。《易·同人》："大师克相遇。""复"指再、又。《左传·僖公五年》："晋侯复假道于虞以伐虢。"复合词"相容""相待""复合""复生"中，"相""复"为副词性词素，分别与动词性词素"容""待""合""生"结合成偏正式动词。

⑤数+动→动

"数+动"结构的动词共54个，占偏正式动词的4.87%。举"三分""四战""百说"为例：

三分：谓一分为三。《左传·襄公十一年》："三分公室，而各有其一。"

四战：犹言四面受敌。《商君书·兵守》："四战之国贵守战，负海之国贵攻战。"

百说：多方劝告、游说。《战国策·楚策三》："仪（张仪）善于魏王，甚信之，公虽百说之，犹不听也。"

偏词素"三""四""百"都是数词性词素，中心词素"分""战""说"都是动词性词素，它们形成的复合词"三分""四战""百说"都是动词。

（3）形容词

偏正式形容词共106个，中心词素全部是形容词性的词素，偏词素由名词性、形容词性、数词性、副词性词素充当。

①形+形→形

"形+形"结构的形容词共79个，占偏正式形容词的74.53%。举"粹白""长乐""轻欢"为例：

粹白：纯白。《吕氏春秋·用众》："天下无粹白之狐，而有粹白之裘，取之众白也。"

长乐：永久快乐。《韩非子·功名》："以尊主御忠臣，则长乐生而功名成。"

轻欢：小欢。《韩非子·解老》："众人之为礼也，人应则轻欢，不应则责怨。"陈奇猷校注："轻欢，犹言小欢。"

偏词素"粹""长""轻"都是形容词性词素，中心词素"白""乐""欢"也是形容词性词素，它们形成的复合词"粹白""长乐""轻欢"都是形容词。

② 名+形→形

"名+形"结构的形容词共8个，占偏正式形容词的7.55%。举"火赤""荼白"为例：

火赤：火红的颜色。《周礼·考工记·弓人》："鹿胶青白，马胶赤白，牛胶火赤。"

偏词素"火"是名词性词素，中心词素"赤"是形容词性词素，它们形成的复合词"火赤"是形容词，表颜色如火一般红。

荼白：如荼之白色。《周礼·考工记·鲍人》："革，欲其荼白，而疾浣之，则坚；欲其柔滑，而腥脂之，则需。"

"荼"是茅、芦之类的白花。《诗·郑风·出其东门》："出其闉阇，有女如荼。"复合词"荼白"的偏词素"荼"是名词性词素，中心词素"白"是形容词性词素。

③ 副+形→形

"副+形"结构的形容词共17个，占偏正式形容词的16.04%。举"极知""至明"为例：

极知：极其智慧。《韩非子·说难》："周泽未渥也，而语极知，说行而有功则德忘。"

至明：极贤明。《荀子·正论》："天下者……至众也，非至明莫之能和。"

"知"是"智"的古字，表聪明、智慧。《礼记·中庸》："好学近乎知。""明"指圣明、贤明。《易·井》："王明，并受其福。"词素"知""明"都是形容词性词素，词素"极""至"是副词性词素，表程度深，它们形成的复合词"极知""至明"都是形容词。

④ 数+形→形

"数+形"结构的形容词共2个，占偏正式形容词的1.89%。

四虚：空旷无涯。《庄子·天运》："傥然立于四虚之道。"

万全：万无一失；绝对安全。《韩非子·饰邪》："悬衡而知平，设规而知圆，万全之道也。"

词素"四""万"是数词性词素，"虚""全"是形容词性词素，它们形成的复合词"四虚""万全"是形容词。

（4）代词

偏正式代词共2个，分别通过"代+名→代"和"代+代→代"结构构成。

① 代+名→代

而夫：此人，其人。《庄子·列御寇》："如而夫者，一命而吕钜，再命而于车上儛，三命而名诸父。"刘淇《助字辨略》卷一："而夫，犹云若人。"

"而"作代词，表示这个或那个。《穆天子传》卷一："吾顾见汝，比及三年，将复而野。""夫"为名词，为成年男子的通称。《诗·秦风·黄鸟》："维此奄息，百夫之特。"词素"而"和"夫"构成的复合词"而夫"为代词，表示此人。

② 代+代→代

吾子：对对方的敬爱之称。一般用于男子之间。《左传·隐公三年》："吾子其无废先君之功。"《仪礼·士冠礼》："某有子某，将加布于其首，愿吾子之教之也。"郑玄注："吾子，相亲之辞。吾，我也；子，男子之美称。"

"吾"指我。《易·中孚》："我有好爵，吾与尔靡之。""子"是古代对男子的尊称或美称。《左传·昭公十二年》："乡人或歌之曰：'我有圃，生之杞乎！从我者子乎，去我者鄙乎，倍其邻者耻乎！'"杨伯峻注："子为男子之美称，意为顺从我者不失为男子汉。"词素"吾"和"子"都是代词性词素，构成的复合词"吾子"用作对对方的敬称。这个用法一直延续至中古时期，如南朝梁沈约《报王筠书》："擅美推能，寔归吾子。""吾子"战国时期还表示"我的儿子"。《国语·鲁语下》："今吾子夭死，吾恶其以好内闻也。"表示"我的儿子"的"吾子"和表示对对方敬称的"吾子"当为两个不同的词，前者是通过"代+名→名"结构构成的。

（5）数词

偏正式数词共4个，中心词素全部是数词性词素，偏词素由形容词性或数词性词素充当。

① 形+数→数

"形+数"结构的数词只有"巨万"一词。

巨万：极言数目之多。《商君书·兵守》："四战之国不能以万室之邑舍巨万之军者，其国危。"

词素"巨"表大，是形容词性词素，中心词素"万"是数词性词素。

② 数+数→数

"数+数"结构的数词共3个。举"一百"为例：

一百：数词。十的十倍。《孟子·公孙丑下》："前日于齐，王馈兼金一百而不受。"

"一"和"百"都是数词。复合词"一百"中，"一"从数量上限制"百"，"一百"是偏正式结构。

3.从语序看构成

有些战国—秦偏正式新词的构词词素在意义上形成种属关系。这类词的一般结构是前一个词素表示种概念（即下位概念），后一个词素表示属概念（即上位概念）。也有少数词的前一个词素表示属概念，后一个词素表示种概念，这种特殊结构也称作"大名冠小名"。举"鸟乌"为例：

鸟乌：乌鸦。《左传·襄公十八年》："师旷告晋侯曰：'鸟乌之声乐，齐师其遁。'"杨伯峻注："鸟乌衹是乌。"

"鸟乌"即"乌鸟"，指乌鸦。"乌鸟"始见于《周礼》。《周礼·夏官·罗氏》："罗氏掌罗乌鸟。"郑玄注："乌谓卑居鹊之属。"乌鸦可单称"乌"。《诗·邶风·北风》："莫赤匪狐，莫黑匪乌。""鸟乌"的词素

"鸟"和"乌"在意义上形成属和种的关系。鸟是上位概念，是属概念；乌是下位概念，是种概念。鸟包括乌，乌是鸟的一种。由于"鸟乌"与"乌鸟"同义，且构词词素相同，所以"鸟乌"通常也被认为是偏正式复合词。从语序上看，"鸟乌"的偏词素的位置在中心词素的后面，属于"前正后偏"结构，与"乌鸟"的"前偏后正"结构相反。

春秋文献中出现的"大名冠小名"结构的新词只有"树檖"一词，而战国—秦文献中出现的此类新词，除"鸟乌"外，还有"虫蠁""虫蝗""虫螟""亲姻""疾疟""疾疠"。这些词与同词素构成的"前偏后正"结构的词意义相同，构成同义关系。比如：

亲姻：由婚姻关系结成的亲属。《左传·僖公二十五年》："此，谁非王之亲姻，其俘之也？乃出其民。"

姻亲：由婚姻关系而结成的亲戚。《左传·襄公二十五年》："今陈忘周之大德，蔑我大惠，弃我姻亲。"

"亲姻"和"姻亲"都是战国新词。两个词都是由词素"亲"和"姻"构成。"亲"指亲戚。《左传·襄公四年》："咨亲为询。"杜预注："问亲戚之义。""姻"指由婚姻关系结成的亲戚。《左传·僖公五年》："弦子奔黄，于是江、黄、道、柏方睦于齐，皆弦姻也。"杜预注："姻，外亲也。"从"亲"和"姻"表示的概念上看，"亲"是上位词，"姻"是下位词。"亲姻"和"姻亲"词义相同，构词词素也相同，不同的是词素排列顺序，"亲姻"为"前正后偏"结构，"姻亲"为"前偏后正"结构。

虫蠁：虫名。似蚕而大。亦名地蛹、知声虫。《尔雅·释虫》："国貉，虫蠁。"

"虫蠁"就是"蠁虫"，即土蛹。《尔雅·释虫》"虫蠁"，郝懿行义疏："蠁虫即虫蠁。"《广雅》："土蛹，蠁虫也。""蠁"即蠁虫。《说文·虫部》："蠁，知声虫也。""虫蠁"是"大名冠小名"结构，词素"虫"和"蠁"在意义上形成属和种的关系。"虫蠁"为"前正后偏"结构，而《广雅》中的"蠁虫"为"前偏后正"结构。"亲姻""姻亲"和"虫蠁""蠁虫"是两组同素逆序词，各组词的构词词素在语序上形成逆序关系。

判断同素逆序词要考察两个词的构词词素是否相同。由通假造成的同形词素构成的词不能视为逆序关系组合。比如，见于《左传》的"疾疟"和"疟疾"构词词素不同，词义也不同，两词不能看作逆序关系的偏正式复合词。

疾疟：指疟疾。《左传·定公四年》："水潦方降，疾疟方起。"

疟疾：虐疾。犹暴疾。《左传·襄公七年》："子驷使贼夜弑僖公，而以疟疾赴于诸侯。"杨伯峻注："俞樾《平议》谓'疟疾'古本止作'虐疾'，《书·金縢》'遘厉虐疾'，犹言暴疾。弑之而以暴疾赴，于情事为近。"

《汉语大词典》释"疾疟"为疟疾。"疾疟"的词素"疟"指急性传染病疟疾。《左传》中有"疟"作单音词表疟疾的用例，如《左传·昭公十九年》："夏，许悼公疟。"词素"疟"表示的是词素"疾"的下位概念，所以"疾疟"可以看作"前正后偏"结构。同样出现在《左传》中的"疟疾"不指急性传染病，这里的"疟疾"即"虐疾"，犹暴疾、恶疾。"疟"，通"虐"，指残暴、灾害。《释名·释疾病》："疟，酷虐也。"从构词词素上看，《左传》中"疾疟""疟疾"两词的"疟"不是同一个词素，前者的"疟"指疟疾，后者的"疟"指暴重。由于构词词素不同，所以《左传》的"疾疟"和"疟疾"不构成词素逆序关系。

表示急性传染病的"疟疾"一词始见于《逸周书》。

疟疾[1]：以疟蚊为媒介，由疟原虫引起的周期性发作的急性传染病。《逸周书·时训》："行夏令，则天多火灾，寒热不节，民多疟疾。"

《逸周书·时训》中的"疟疾"与《左传》中的"疾疟"可以看作逆序关系组合，前者是"前偏后正"结构，后者是"前正后偏"结构。

战国—秦双音节偏正式新词共7687个，占这一时期双音节新词的57.3%，双音节复合新词的60.9%。偏正式新词数量超过了联合式新词数量，表明偏正式构词在战国—秦时期是主要的构词方式。战国—秦偏正式复合新词具有以下特点：

首先，战国—秦偏正式复合新词的构成特点符合先秦偏正式复合词的总体情况。

汉语词汇通史 战国—秦卷

---

① 《汉语大词典》"疟疾"首见书证滞后。

从词类分布上看，战国—秦时期出现的偏正式名词数量最多，占偏正式新词的84.12%，动词、形容词的数量远不如名词。除名词、形容词、动词外，新词中还出现了少数代词和数词。（见表14）伍宗文指出，先秦时期偏正式复合词以名词为主，动词不多，形容词则十分有限。[1]战国—秦偏正式名词数量远远高于其他词类，这与先秦偏正式复合词的词类分布特点基本一致。

表14　战国—秦偏正式双音节新词的词类分布

	名词	动词	形容词	代词	数词	总数
数量	6466	1109	106	2	4	7687
占比	84.12%	14.43%	1.38%	0.03%	0.05%	100%

从词的内部语义结构上看，战国—秦偏正式新词词素之间形成修饰与被修饰的关系，大部分词素的排列顺序为"前偏后正"。中心词素表名物的定中式复合词数量远远超过中心词素表动作和性质特征的状中式复合词。（见表15）新词的偏词素从不同角度对中心词素进行修饰限制，词素之间形成多种关系类型。其中，定中式复合词的内部语义关系有十二种，状中式复合词的内部语义关系有九种。伍宗文对先秦时期偏正式复合词的词素关系进行过分析，总结出十几种类型。[2]可见，战国—秦时期偏正式新词的内部语义关系多样化的特征与先秦偏正式复合词的情况一致。

表15　战国—秦偏正式双音节新词的词素义关系

	定中式	状中式	总计
数量	6446	1241	7687
占比	83.86%	16.14%	100%

从词的内部语法构成上看，除少数名词外，大多数战国—秦偏正式新词的词性与中心词素作单音词时的词性一致。（见表16）虽然伍宗文在《先秦汉

---

① 参见伍宗文：《先秦汉语复音词研究》，巴蜀书社2001年版，第281—282页。

② 参见伍宗文：《先秦汉语复音词研究》，巴蜀书社2001年版，第266—276页。

语复音词研究》中没有提供具体的数据，但是通过考察部分偏正式结构得出了先秦时期"多数偏正式复合词跟B（中心词素——引者注）的性质相同"的结论。①可以说，中心词素的语法性质往往决定了偏正式复合词的语法性质。战国—秦时期偏正式复合新词词性与中心词素性质的关系符合先秦偏正式复合词的总体情况。

表16　战国—秦偏正式双音节新词的内部语法构成

	类型	名＋名→名	形+名→名	动+名→名	数+名→名	代+名→名	副+动→名	名+形→名	形+动→名	总计
名词	数量	2689	2465	679	602	1	24	4	2	6466
	占比	41.59%	38.12%	10.50%	9.31%	0.02%	0.37%	0.06%	0.03%	100%
动词	类型	名＋动→动	动+动→动	形+动→动	副+动→动	数+动→动				总计
	数量	221	156	531	147	54				1109
	占比	19.93%	14.07%	47.88%	13.25%	4.87%				100%
形容词	类型	形＋形→形	名+形→形	副+形→形	数+形→形					总计
	数量	79	8	17	2					106
	占比	74.53%	7.55%	16.04%	1.88%					100%
代词	类型	代＋名→代	代+代→代							总计
	数量	1	1							2
	占比	50%	50%							100%
数词	类型	形＋数→数	数+数→数							总计
	数量	1	3							4
	占比	25%	75%							100%

其次，偏正式造词是战国—秦时期最具能产性的构词方式。偏正式造词能产是因为这种造词方式具有灵活的特点。"任何一个词素都可以以它的语义特

───────────────

① 参见伍宗文：《先秦汉语复音词研究》，巴蜀书社2001年版，第280页。

点去修饰与它有关系的另一个词素，任何一个词素都可以以它特有的意义去修饰一个与之相关的词素，造词灵活，语义丰富。"①一个多义词素在构成偏正式复合词时可以以不同的词素义修饰其他词素，同时也可以被其他词素修饰。比如，战国—秦时期以词素"风"为中心词素形成的偏正式新词有54个，涉及"风"的六个意义，分别为"空气流动的现象"，"习俗、风气"，"风范、风度"，"声音"，"乡土乐曲、民谣"和"中医学术语（人体急症）"，修饰它的偏词素多达49个。（见表16）除偏正式构词本身具有灵活性外，单音节词素的积累也是战国—秦时期偏正式复合词大量产生的原因。战国时期出现了大量单音词，新词和承古词的词义也有了很大的发展，这为偏正式复合词的产生提供了充足的语言材料。

表17　战国—秦时期中心词素为"风"的偏正式新词

中心词素	中心词素的词素义	偏正式新词	数量
风	空气流动的现象	贼风、厉风、滔风、炎风、融风、飂风、泰风、熏风、谷风、光风、协风、回风、冷风、冽风、凄风、大风、微风、冲风、寒风、柔风、疾风、雄风、迅风、美风、景风、暖风、泠风、巨风、条风、南风（指"南方吹来的风"）、北风（指"北方吹来的风"）、春风、东风、八风（指"八方之风"）、长风、绪风、上风、下风	38
	习俗，风气	雌风	1
	风范，风度	大风（指"大国的风度、气派"）	1
	声音	八风（指"八音"）	1
	乡土乐曲，民谣	众风、正风、土风、乐风、南风（指"南方的乐曲"）、北风（指"北方的乐曲"）	6
	中医学术语，人体急症	偏风、大风（指"麻风病"）、心风、疠风、酒风、露风、五风	7

语音也是促使战国—秦时期偏正式复合词产生的重要原因。战国—秦偏

---

① 杨端志：《汉语的词义探析》，载《汉语词汇学》，山东大学出版社2003年版，第424页。

正式新词中，有些复合词的词义与构成它的某个构词词素义相同，造成另一个词素词义上的羡余现象。比如，"斧柯"指斧柄。《逸周书·和寤》："毫末不掇，将成斧柯。""柯"作单音词时就指斧柄，如《诗·豳风·伐柯》："伐柯如何，匪斧不克。"毛传："柯，斧柄也。"战国时期，"柯"仍然可以独立成词，如《国语·晋语八》："今若大其柯，去其枝叶，绝其本根，可以少间。"韦昭注："柯，斧柄，所操以伐木。"复合词"斧柯"与"柯"意义相同，偏词素"斧"在"斧柯"中是羡余成分。又如，"璞玉"指未经雕琢的玉。《韩非子·喻老》："宋之鄙人得璞玉，而献之子罕。"战国时期，"璞"单用就可以指未雕琢的玉，如《韩非子·和氏》："王乃使玉工理其璞，而得宝焉。"《战国策·秦策三》："郑人谓玉未理者璞。"复合词"璞玉"与"璞"意义相同，中心词素"玉"在"璞玉"中是羡余成分。战国偏正式复合新词中出现羡余现象的词数量不少，除"斧柯""璞玉"外，还有"人臣"（《左传·僖公十五年》）、"车辕"（《国语·晋语九》）、"茅茨"（《墨子·三辩》）、"斥卤"（《吕氏春秋·乐成》）、"磐石"（宋玉《高唐赋》）、"匏瓜"（《论语·阳货》）、"骸骨"（《吕氏春秋·禁塞》）、"猘狗"（《吕氏春秋·首时》）等，这些词的羡余成分虽然没有增加复合词的语义内容，但是增加了复合词的音节，满足了词汇在语音上追求匀称和谐的双音步的要求。

（五）动宾式

一个表示动作行为的词素和一个表示动作行为关涉对象的词素组合成的复合词为动宾式复合词。西周春秋时期，动宾式复合词的数量很少，如据向熹统计，《诗经》中动宾式复合词仅占全书复合词总数的约1.5%[1]。战国—秦时期，文献中动宾式复合词的数量有所增加，如《国语》中动宾式复合词占全书复合

---

① 参见向熹：《诗经语言研究》，四川人民出版社1987年版，第204—208页。

词总数的7.8%，《吕氏春秋》中动宾式复合词占全书复合词总数的3.6%。①不过，这一时期动宾式复合词在复合词中所占比重依然较低，动宾式构词不是能产的构词方式。

战国—秦时期出现的双音节动宾式新词共670个，占双音节新词的5.0%。下面从语义、词性两个方面对这一时期动宾式复合新词进行考察。

1.从语义看构成

构成动宾式复合词的两个词素之间形成支配关系。本书参考周荐对支配格复合词内部语义结构类型的划分②，将战国—秦动宾式复合新词的内部语义关系分为以下八种类型：

（1）动作+客体

"'动作'指支配客体的动作，'客体'指为动作支配的物象。"③这类词前一个词素表动作，后一个词素表客体，词素之间的语义关系为动作支配客体。战国—秦动宾式新词中属于此类的共537个，占动宾式复合新词的80.15%。举"释菜""洒₂心""剖符""述职"为例：

释菜：古代入学时祭祀先圣先师的一种典礼。《礼记·月令》："（仲春之月）上丁，命乐正习舞，释菜。"郑玄注："将舞，必释菜于先师以礼之。"

"释"指放下、弃置。《庄子·养生主》："庖丁释刀对曰：'臣之所好者，道也，进乎技矣。'"词素"释"表示动作，"菜"表示动作支配的对象。"释菜"就是用蘋蘩等菜来敬老师，是古代入学时的尊师之礼。古籍中"释菜"也作"舍采"。"舍"是"捨"的古字，"捨"与"释"通用；"采"是"菜"的通假字。《周礼·春官·大胥》："春入学，舍采合舞。"郑玄注："舍即释也；采读为菜。始入学必释菜，礼先师也。菜，蘋蘩之

---

① 《国语》《吕氏春秋》中动宾式复合词占全书复合词的比例系根据陈长书、张双棣的统计计算出来的。据陈长书统计，《国语》中复合式合成词共1221个，其中动宾式95个。据张双棣统计，《吕氏春秋》中复合式合成词共967个，其中动宾式35个。参见陈长书：《〈国语〉词汇研究》，中国社会科学出版社2014年版，第75—82页；张双棣：《〈吕氏春秋〉词汇研究》（修订本），商务印书馆2008年版，第273页。

② 参见周荐：《汉语词汇结构论》（增订版），人民教育出版社2014年版，第204—206页。

③ 周荐：《汉语词汇结构论》（增订版），人民教育出版社2014年版，第206页。

属。"战国文献中还有"择菜"，与"释菜"同义，"择"或为"释"的讹误。《庄子·让王》："孔子穷于陈蔡之间，七日不火食，藜羹不糁，颜色甚惫，而弦歌于室，颜回择菜。"《吕氏春秋·慎人》："孔子弦歌于室，颜回择菜于外。"

洒₂心[①]：荡涤心中的杂念；彻底悔改。《庄子·山木》："吾愿君刳形去皮，洒心去欲，而游于无人之野。"

"洒₂"指洗涤，后写作"洗"。扬雄《法言·问明》："好大累克，巢父洒耳，不亦宜乎？"复合词"洒₂心"指洗涤心胸，比喻除去心中的恶念或杂念。词素"洒₂"表示动作，"心"表示动作支配的对象。战国文献中，"洒₂心"也写作"洗心"。《易·系辞上》："圣人以此洗心。"

剖符：犹剖竹。后以"剖符"为分封、授官之称。《战国策·秦策三》："穰侯使者操王之重，决裂诸侯，剖符于天下，征敌伐国，莫敢不听。"

"符"是古代用作凭证的信物。帝王分封诸侯、功臣时，以竹符为信，剖分为二，君臣各执其一，故以"剖符"喻指授官封爵。复合词"剖符"的词素"剖"表示动作，"符"表示动作支配的对象。

述职：诸侯向天子陈述职守。《孟子·梁惠王下》："诸侯朝于天子曰述职。述职者，述所职也。"

"述"指叙述。《论语·宪问》："幼而不孙弟，长而无述焉，老而不死，是谓贼。""职"指职务、职责。《书·周官》："六卿分职，各率其属，以倡九牧，阜成兆民。"战国—秦时期"述职"专指古代诸侯向天子陈述其职守。词素"述"表示陈述这个动作，"职"表示陈述的内容。

（2）动作+主体

"'动作'指支配主体的动作，'主体'指为动作支配的人或物象。"[②] 这类词的第一个词素往往带有使动的意味。新词中属于此类的共79个，占动宾式复合新词的11.79%。举"息兵""寒心"为例：

---

① "洒₂"音xǐ。

② 周荐：《汉语词汇结构论》（增订版），人民教育出版社2014年版，第206页。

息兵：停止用兵。《战国策·秦策二》："宜阳未得，秦死伤者众，甘茂欲息兵。"

"息"有停止、停息之意。《易·乾》："象曰：天行健，君子以自强不息。""兵"有军事、战争之意。《左传·隐公四年》："夫兵犹火也，弗戢，将自焚也。""息兵"中的"息"表示动作，"兵"表示动作的主体，两个词素义结合在一起表示战事停歇。

寒心：戒惧，担心。《逸周书·史记》："刑始于亲，远者寒心。"

"寒"本指冷，引申为动词，指使寒冷。《孟子·告子上》："虽有天下易生之物也，一日暴之，十日寒之，未有能生者也。"复合词"寒心"中，词素"寒"表示使动，"心"表示动作支配的对象，两个词素义结合在一起表示使心寒，形成复合词后表示戒惧、担心。"寒心"在战国时期还可以表示伤心。《左传·哀公十五年》："吴人加敝邑以乱，齐因其病，取欢与阐，寡君是以寒心。"

（3）动作+处所

这类词的后一个词素表处所，既可以是动作发生的处所，也可以是动作关涉的处所。新词中属于此类的共27个，占动宾式复合新词的4.03%。举"寓木""登天""游水"为例：

寓木：寄生在树木上的植物。《山海经·中山经》："又东北七十里，曰龙山，上多寓木。"郭璞注："寄生也，一名宛童。"

"寓"指寄居。《孟子·离娄下》："无寓人于我室，毁伤其薪木。"复合词"寓木"中，词素"寓"表示动作，词素"木"表示动作所至之地，两个词素义结合在一起表示寄生在树木上，形成复合词后转指寄生在树木上的植物。

登天：升天。比喻极难。《孟子·尽心上》："道则高矣美矣，宜若登天然，似不可及也。"

复合词"登天"中，词素"登"表示动作，词素"天"表示动作所至之地。两个词素义结合在一起表示登天，形成复合词后喻指极难。

游水：人或动物在水中游动。《管子·轻重甲》："齐民之游水，不避吴越。"

复合词"游水"中，词素"游"表示动作，词素"水"表示动作发生的处所，两个词素义结合形成复合词指游泳。

（4）动作+时间

"'动作'指支配某一时间的动作，'时间'指为动作支配的时间。"[①]战国—秦时期属于此类的新词共6个，占动宾式新词总数的0.89%。举"历岁""献岁""嘑旦"为例：

历岁：经过一年；超过一年。《战国策·赵策一》："夫用百万之众，攻战逾年历岁，未见一城也。"

献岁：进入新的一年；岁首正月。《楚辞·招魂》："献岁发春兮，汩吾南征。"王逸注："献，进；征，行也。言岁始来进，春气奋扬，万物皆感气而生。"

"历"指经历。《书·毕命》："既历三纪，世变风移。""献"指进入、进到。晋王浚《从幸洛水饯王公》诗："群僚荷恩泽，朱颜感献春。""岁"指年。《尔雅·释天》："载，岁也。"复合词"历岁"中，词素"岁"表示的是词素"历"所表动作支配的时间。复合词"献岁"中，词素"岁"表示的是词素"献"所表动作达到的时间。

嘑旦：呼叫以报晓。《周礼·春官·鸡人》："大祭祀，夜嘑旦以嘂百官。"郑玄注："夜，夜漏未尽，鸡鸣时也。呼旦以警起百官，使夙兴。"

"嘑"，同"呼"，指呼喊、号叫。《汉书·息夫躬传》："仰天大嘑。""旦"指早晨。《左传·成公十六年》："旦而战，见星未已。"复合词"嘑旦"中，词素"嘑"表动作，词素"旦"表时间。

（5）动作+方位

"'动作'指支配方位的动作，'方位'指为动作支配的方向、位置。"[②]战国—秦时期属于此类的新词共4个，占动宾式新词总数的0.60%。举"司南"为例：

司南：我国古代辨别方向用的一种仪器。《韩非子·有度》："夫人臣之侵其主也，

汉语词汇通史 战国—秦卷

---

① 周荐：《汉语词汇结构论》（增订版），人民教育出版社2014年版，第205页。

② 周荐：《汉语词汇结构论》（增订版），人民教育出版社2014年版，第205页。

如地形焉，即渐以往，使人主失端，东西易面而不自知。故先王立司南以端朝夕。"

"司"指主管。《书·高宗肜日》："呜呼！王司敬民，罔非天胤，典祀无丰于昵。"复音词"司南"中，词素"司"表示动作，词素"南"表示动作支配的方位，两个词素结合形成复合词后，喻指用于指南的仪器。

（6）动作+目的或结果

这类词的前一个词素表示动作，后一个词素表示动作达到的目的或导致的结果。战国—秦时期这类新词共15个，占动宾式新词总数的2.24%。举"煮盐""染色"为例：

煮盐：熬干含盐分的水，提取食盐。《管子·轻重甲》："北海之众，无得聚庸而煮盐。"

复合词"煮盐"中，词素"煮"表示动作，词素"盐"表示煮这个动作完成后产生的结果。

染色：用染料使物着色。《吕氏春秋·贵信》："百工不信，则器械苦伪，丹漆染色不贞。"

复合词"染色"中，词素"染"表示动作，词素"色"表示动作的目的，"染"的目的是使物着色。

（7）动作+颜色

新词中这类词只有"生白"一词，占动宾式新词总数的0.15%。

生白：生出光明，谓产生纯洁的道心。《庄子·人间世》："瞻彼阕者，虚室生白，吉祥止止。"司马彪注："室比喻心，心能空虚则纯白独生也。"

复合词"生白"中，词素"生"表示动作，词素"白"表示纯白。白色代表纯净，喻指"道"。"虚室生白"谓人清虚无欲，则内心纯洁，道心自生。

（8）动作+状态

新词中这类词只有"处约"一词，占动宾式复合新词总数的0.15%。

处约：生活在穷困之中。《论语·里仁》："子曰：'不仁者，不可以久处约。'"朱熹集注："约，穷困也。"

"处"指居于、处在。《易·系辞下》："上古穴居而野处，后世圣人易之以宫室。""约"指贫困。《史记·张耳陈馀列传论》："然张耳、陈馀始居约时，相然信以死，岂顾问哉。"复合词"处约"中，词素"处"表示动作，词素"约"表示所处的状态。

2.从词性看构成

动宾式名词有162个，占动宾式新词的24.18%；动词有503个，占75.07%；副词有5个，占0.75%。大多数动宾式新词是由动词性词素加名词性词素构成的，但也有少数例外。下面从词性的角度具体分析战国—秦时期出现的动宾式新词的构成情况。

（1）名词

多数动宾式名词是以"动+名"结构构成的。这些词的词义多是由两个词素义结合后通过转指形成的，通常指与动作行为有关的人或事。

① 动+名→名

"动+名"结构的名词共156个，占动宾式名词的96.30%。举"比竹""塞门""戴胜""戴鵀"为例：

比竹：指竹制编管乐器，如笙篪之类。《庄子·齐物论》："人籁则比竹是已。"

复合词"比竹"中，词素"比"为动词性词素，词素"竹"为名词性词素。"比"指并排排列，上古文献中这个意义的"比"单用的用例始见于《尚书》。《书·牧誓》："称尔戈，比尔干。"词素"比"和"竹"结合形成复合词，转指通过并排竹管制作出的乐器。

塞门：屏，影壁。《论语·八佾》："邦君树塞门，管氏亦树塞门。"

复合词"塞门"中，词素"塞"为动词性词素，表示堵塞，词素"门"为名词性词素。"塞门"即影壁。影壁有遮蔽大门的功能，故称。

戴胜①：鸟名。《逸周书·时训》："戴胜不降于桑，政教不中。"

戴鵀：也作"戴任"，鸟名，戴胜。《尔雅·释鸟》："戴鵀。"郭璞注："鵀即头上胜，今亦呼为戴胜。"《吕氏春秋·季春》："戴任降于桑。"高诱注："戴任，戴胜。"

"戴胜""戴鵀"义同。据郭璞注，"鵀"即"头上胜"。"胜"是一种古

① 《汉语大词典》"戴胜"首见书证滞后。

代妇女的头饰。《山海经·西山经》："西王母其状如人，豹尾虎齿而善啸，蓬发戴胜，是司天之厉及五残。"郭璞注："胜，玉胜也。"戴胜鸟头上有鸟冠，形状像妇女的头饰，故名戴胜。复合词"戴胜""戴鵀"中，词素"戴"为动词性词素，词素"胜""鵀"为名词性词素，词素结合后转指鸟冠像胜的鸟。

屠牛：指以宰牛为职业的人。《管子·制分》："屠牛坦，朝解九牛。"

"屠"表宰杀。《逸周书·程典》："牛羊不尽齿，不屠。"复合词"屠牛"中的"屠"是动词性词素，表动作，"牛"是名词性词素，表动作涉及的对象，两个词素结合成复合词后，转指宰牛的屠夫。大约至战国末期，"屠"出现了引申义，表示以宰杀牲畜为职业的人。这时出现了偏正式结构"~屠"，用来表示以宰杀某种牲畜为职业的人，如《战国策·韩策二》"客游以为狗屠"中的"狗屠"指以屠狗为业者，也泛指从事卑贱职业者。"屠牛"和"狗屠"都指宰杀牲畜的人，但两词语义结构不同："屠牛"是动宾式结构复合词，词素义的语义关系是支配与被支配的关系；"狗屠"是偏正式结构复合词，词素义的语义关系是修饰与被修饰的关系。

② 动+形→名

由"动+形"结构构成的名词共6个，占动宾式名词的3.70%。举"处暑"为例：

处暑：二十四节气之一，在公历八月二十三日左右。《逸周书·周月》："秋三月中气，处暑，秋分，霜降。"

"处"表止歇。《易·小畜》："既雨既处。"程颐传："既处，既止也。""暑"表炎热。《左传·襄公十七年》："吾侪小人皆有阖庐，以避燥湿寒暑。"词素"处"是动词性词素，"暑"是形容词性词素，两者结合形成复合名词"处暑"，用作节气名。

伍宗文指出，先秦时期动宾式复合词多为官名。[①]战国—秦动宾式新词的情况大体与之相合。这一时期出现的动宾式名词中，与职务名称有关的有48个，其中绝大多数是由表示执掌的动词性词素"司""职""掌"和表示管理对

---

① 参见伍宗文：《先秦汉语复音词研究》，巴蜀书社2001年版，第289页。

象的名词性词素结合而成。此外还有"祈向""赞命""剐截""屠牛"等词表示从事某种职业的人。名词中还出现了节气名和星名，节气名有"立春""立夏""立秋""立冬""启蛰"等，星名有"司命""司禄""司寒"等。除以上专名外，表示一般事物的名词涉及的类别呈现多样化，除前文中提到的"戴胜""寓木"等动植物名外，还有各种器物的名称，如"飞江"是渡江工具，"象人"是木偶人或泥人，"系蹄"是捕兽工具，"任正"是车箱底部木档。这些名词都是通过"动+名"结构形成的。

（2）动词

动宾式动词共503个。大多数动词由动词性词素和名词性词素结合而成，还有少数动词是由动词性词素加动词性、形容词性、代词性词素构成的。

① 动+名→动

"动+名"结构的动词共392个，占动宾式动词的77.93%。举"交臂""游目""养口"为例：

交臂：叉手；拱手。表示降服，恭敬。《战国策·魏策二》："魏不能支，交臂而听楚。"

游目：放眼纵观；流览。《楚辞·离骚》："忽反顾以游目兮，将往观乎四方。"

养口：谓供给口腹的需要。《荀子·正名》："蔬食菜羹，而可以养口。"

复合词"交臂""游目""养口"中，词素"交""游""养"都是动词性词素，"臂""目""口"都是名词性词素，动词性词素在语义上支配名词性词素，形成的复合词为动词。

② 动+形→动

春秋新词中鲜见"动+形"结构的动宾式动词，而战国时出现97个，占这一时期动宾式动词的19.28%。举"告老""荐新"为例：

告老：旧指官吏年老辞官退休。《左传·襄公七年》："韩献子告老。"

"告"指上报、报告。《史记·孟尝君列传》："（齐王）使人至境候秦使。秦使车适入齐境，使还驰告之。"复合词"告老"是由动词性词素"告"与形容词性词素"老"结合而成的，转指年老辞官。

荐新：以时鲜的食品祭献。《仪礼·既夕礼》："朔月，若荐新，则不馈于下室。"

"荐"指进献。《仪礼·乡射礼》："主人阼阶上拜送爵，宾少退，荐脯醢。"复合词"荐新"是由动词性词素"荐"与形容词性词素"新"结合而成的，特指祭祀时献上时令新鲜的食品。

③ 动+动→动

"动+动"结构的动词共13个，占动宾式动词的2.59%。举"赐见""施赏""谋反"为例：

赐见：请尊长接见的敬辞。《仪礼·士相见礼》："宾对曰：'某不足以辱命，请终赐见。'"

施赏：行赏。《韩非子·五蠹》："故主施赏不迁，行诛无赦，誉辅其赏，毁随其罚，则贤不肖俱尽其力矣。"

谋反：图谋反叛。《墨子·号令》："诸吏卒民，有谋杀伤其将长者，与谋反同罪。"

复合词"赐见""施赏""谋反"中，词素"赐""施""谋"都是动词性词素，"见""赏""反"也是动词性词素，前一个动词性词素在语义上支配另一个动词性词素，形成的复合词为动词。

④ 动+代→动

"动+代"结构的动词只有"行己"一词，占动宾式动词的0.20%。

行己：谓立身行事。《论语·公冶长》："子谓子产有君子之道四焉：其行己也恭，其事上也敬，其养民也惠，其使民也义。"

复合词"行己"中，词素"行"是动词性词素，"己"是代词性词素，一个动词性词素在语义上支配一个代词性词素，形成的复合词为动词。

（3）副词

动宾式副词共5个，全部是"动+名→副"结构。举"有顷""终夜"为例：

有顷：不久；一会儿。《战国策·秦策一》："孝公已死，惠王代后，莅政有顷，商君告归。"姚宏注："有顷，言未久。"

"顷"指顷刻、片刻。《荀子·正论》："譬之是犹以砖涂塞江海也，以焦侥而戴太山也，蹎跌碎折不待顷矣。"词素"有"为动词性词素，词素

"顷"为名词性词素，形成的复合词"有顷"为副词。

终夜：通宵；彻夜。《论语·卫灵公》："吾尝终日不食，终夜不寝，以思，无益，不如学也。"

"终"指尽。《荀子·劝学》："吾尝终日而思矣，不如须臾之所学也。" 词素"终"为动词性词素，词素"夜"为名词性词素，形成的复合词"终夜"为副词。

战国—秦双音节动宾式复合新词共670个，占这一时期双音节新词的5.0%，占双音节复合新词5.3%。从词类分布上看，动宾式新词以动词为主，其次是名词，另外还有少量副词。（见表18）

表18 战国—秦动宾式双音节新词的词类分布

	名词	动词	副词	总数
数量	162	503	5	670
占比	24.18%	75.07%	0.75%	100%

从词的内部语义结构上看，战国—秦动宾式新词的内部语义关系呈现多样化，充当被支配对象的词素不仅有表示客体和主体的，还有表示处所的、时间的、方位的、目的结果的、颜色的、状态的，其中表示客体的最常见。（见表19）

表19 战国—秦动宾式双音节新词的词素义关系

	动作+客体	动作+主体	动作+处所	动作+时间	动作+方位	动作+目的/结果	动作+颜色	动作+状态	总计
数量	537	79	27	6	4	15	1	1	670
占比	80.15%	11.79%	4.03%	0.89%	0.60%	2.24%	0.15%	0.15%	100%

从词的内部语法构成上看，战国—秦动宾式新词都含有一个动词性词素，由动词性词素和名词性词素结合成的动宾式新词数量最多，新词词性以动词为主，动词的内部语法结构种类也最丰富。（见表20）

表20　战国—秦动宾式双音节新词的内部语法构成

	类型	动+名→名	动+形→名			总计
名词	数量	156	6			162
	占比	96.30%	3.70%			100%
	类型	动+名→动	动+形→动	动+动→动	动+代→动	总计
动词	数量	392	97	13	1	503
	占比	77.93%	19.28%	2.59%	0.20%	100%
	类型	动+名→副				总计
副词	数量	5				5
	占比	100%				100%

（六）主谓式

一个表示陈述对象的词素和一个表示陈述对象发出的动作或具有的性状的词素组合成的复合词为主谓式复合词。有学者对战国时期主要文献中的主谓式复合词进行过统计，发现主谓式复合词在各文献复合词中占比很小。（见表21）虽然各家判断复合词的标准不尽一致，数据未必准确，但从中可以窥见战国—秦时期主谓式构词的构词能力极低。

表21　战国文献中主谓式复合词占复合词的比例[①]

	逸周书	左传	国语	韩非子	吕氏春秋
主谓式复合词数量	4	13	15	14	3
复合词总数	622	1164	1221	1901	967
占比	0.6%	1.1%	1.2%	0.7%	0.3%

---

① 表中的数据参见毛远明：《左传词汇研究》，西南师范大学出版社1999年版，第103、135页；唐元发：《〈逸周书〉词汇研究》，浙江大学出版社2015年版，第147、171页；陈长书：《〈国语〉词汇研究》，中国社会科学出版社2014年版，第75—82页；车淑娅：《〈韩非子〉词汇研究》，浙江大学博士学位论文，2004年，第86、98页；张双棣：《〈吕氏春秋〉词汇研究》（修订本），商务印书馆2008年版，第281—300页。

《汉语大词典》中收录的始见于战国—秦文献的"自～"结构组合共98个，其中95个"自～"结构的"自"表示自己、自身。这种组合是否可以看作词，目前学界看法不一。伍宗文认为，对于先秦汉语中出现的众多"自～"结构的组合，"即使现存文献的穷尽性统计，也未必能反映出它们实际上常用与否；其中的'自'或表示动作由自己发出并及于自身，或表示动作由自己发出而非外力推动，《现代汉语八百词》把这样的'自'释为'前缀'。对这一特殊的组合，如何确定其成词与否；即使成为复词，其内部构成是否主谓式，都有待进一步斟酌"[①]。就战国—秦时期出现的"自～"组合来看，除"自出"用作"甥"的代称可以视为合成词外，其余94个组合的意义就是两个成分意义的简单相加，很难断定它们在先秦时期已经凝固成词。因此本书不把这94个"自～"结构的组合看作战国—秦时期主谓式新词。

战国—秦双音节主谓式复合新词共62个，占双音节新词的0.46%。下面从语义、词性两个方面对主谓式新词进行分析。

1.从语义看构成

根据主谓式复合词词素之间的语义关系，主谓式新词的内部语义关系分为以下两种类型：

（1）施动者+动作

前一个词素表示动作的发出者，后一个词素表示动作。这类新词共39个，占62.9%。举"铁洛""狸步"为例：

铁洛：打铁时飞溅出的铁屑。古代中医认为可入药。《素问·疾能论》："夫生铁洛者，下气疾也。"

"洛"，通"落"，"铁洛"即"铁落"。词素"铁"表示动作的主体，"落"表示动作。

狸步：古代大射时测量侯道的器具，长六尺。《周礼·夏官·射人》："若王大射，则以狸步张三侯。"郑玄注："狸，善搏者也，行则止而拟度焉，其发必获，是以量侯道法之也。侯道者，各以弓为度。九节者九十弓，七节者七十弓，五节者五十弓；

---

① 伍宗文：《先秦汉语复音词研究》，巴蜀书社2001年版，第292页。

弓之下，制长六尺。"

"狸"为兽名，指豹猫，也称野猫、狸猫、狸子、山猫。《说文·豸部》："狸，伏兽，似貙。""步"指行，引申为以脚步测量远近。《山海经·海外东经》："帝命竖亥步自东极至于西极。"狸行走时随时揣度距离，所以总能成功捕获猎物，而古代射礼时需要用器具测量箭靶与射者间距离，类似狸猫捕猎时揣度距离，故称这种器具为"狸步"。复合词"狸步"中，词素"狸"为动作的发出者，"步"表示动作，两个词素义结合后通过比喻产生了复合词的词义。

（2）事物+性状

前一个词素表示事物，后一个词素表示事物具有的性状特征。这类主谓式新词共23个，占37.1%。举"日中""心怯"为例：

日中：正午。《左传·昭公元年》："叔孙归，曾天御季孙以劳之，旦及日中不出。"杨伯峻注："季孙以旦至叔孙家，候至中午，叔孙仍不出户接见。"

正午时太阳处于天空的中间，故称"日中"。词素"日"表示太阳，词素"中"说明太阳所处的方位。《书·尧典》中出现了表示春分的"日中"，这个"日中"也是主谓式复合词，不过其词素"日"表白昼，"中"表平分，词素义与表示正午的"日中"迥异，所以表示春分的"日中"与表示正午的"日中"当是两个不同的词。

心怯：畏缩；害怕。《六韬·论将》："智而心怯者，可窘也。"

复合词"心怯"中，词素"心"表示内心，词素"怯"表示胆怯，说明内心的状态。

2.从词性看构成

主谓式名词有21个，占主谓式新词的33.87%；动词有32个，占51.61%，形容词有9个，占14.52%。下面从词性的角度具体分析战国—秦时期主谓式复合新词的构成情况。

（1）名词

主谓式名词的前一个词素都是名词性词素，后一个词素有的是动词性词素，有的是形容词性词素。

① 名+动→名

"名+动"结构的名词共13个，占主谓式名词的61.9%。举"规磨""霜降"为例：

规磨：犹差错。《荀子·正论》："是规磨之说也，沟中之瘠也，则未足与及王者之制也。"杨倞注："规磨之说，犹言差错之说也。规者，正圆之器，磨久则偏尽而不圆，失于度程也。"

"规"指圆规。《韩非子·饰邪》："悬衡而知平，设规而知圆。""磨"指磨治。《诗·大雅·抑》："白圭之玷，尚可磨也。"圆规是画圆的工具，磨损后画出的圆形就会出现偏差，故借"规磨"指差错。名词性词素"规"和动词性词素"磨"结合成的"规磨"为名词。

霜降：二十四节气之一，在公历10月23日或24日。《逸周书·周月》："秋三月中气：处暑、秋分、霜降。"

词素"霜"为名词性词素，"降"为动词性词素，两者结合成主谓式结构复合词"霜降"。

② 名+形→名

"名+形"结构的名词共8个，占主谓式名词的38.1%。举"名高"为例：

名高：崇高的声誉；名声显著。《韩非子·说难》："所说出于为名高者也，而说之以厚利，则见下节而遇卑贱，必弃远矣。"

复合词"名高"中，词素"名"指名声、声誉，词素"高"指显著、崇高。

（2）动词

主谓式动词的前一个词素都是名词性词素，后一个词素有的是动词性词素，有的是形容词性词素。

① 名+动→动

"名+动"结构的动词共28个，占主谓式动词的87.5%。举"目逃""片合"为例：

目逃：谓眼睛受到突然刺激而避开。形容心存怯懦。《孟子·公孙丑上》："北宫黝之养勇也，不肤挠，不目逃。"《韩非子·显学》："漆雕之议，不色挠，不目逃。"

词素"目"为名词性词素，表眼睛。词素"逃"为动词性词素，表逃避。

片合：两半相合。指交配。《庄子·则阳》："欲恶去就，于是桥起；雌雄片合，于是庸有。"成玄英疏："言物在阴阳造化之中，蕴斯情虑，开杜交合，以此为常也。"

词素"片"为名词性词素，表示一半。词素"合"为动词性词素，表示合拢。与"片合"同义的还有"胖合"。《仪礼·丧服》："夫妻胖合也。"词素"胖"与词素"片"同义，都表示半。

② 名+形→动

"名+形"结构的动词共4个，占主谓式动词的12.5%。举"心醉"为例：

心醉：佩服，倾倒。《庄子·应帝王》："列子见之而心醉，归以告壶子，曰：'始吾以夫子之道为至矣，则又有至焉者矣。'"

复合词"心醉"中，词素"心"指内心，为名词性词素，词素"醉"指内心沉迷陶醉的状态，为形容词性词素。

（3）形容词

主谓式形容词有9个，都是"名+形"结构。举"年耆"为例：

年耆：年老。《庄子·寓言》："无经纬本末以期年耆者，是非先也。"

古称六十岁为"耆"。"耆"可泛指年长。《诗·鲁颂·閟宫》："俾尔昌而大，俾尔耆而艾。"词素"年"为名词性词素，"耆"为形容词性词素，构成的"年耆"为形容词。

战国—秦主谓式复合新词共62个，占这一时期双音节新词的0.5%，占双音节复合新词的0.5%。从词类分布上看，主谓式新词以动词为主，其次是名词，另外还有少量形容词。（见表22）

表22　战国—秦主谓式双音节新词的词类分布

	名词	动词	形容词	总数
数 量	21	32	9	62
占 比	33.87%	51.61%	14.52%	100%

从词的内部语义结构上看，战国—秦主谓式新词的内部语义关系有两种类型：前一个词素都表示人或物；后一个词素或表示人或物发出的动作，或表示人或物具有的性状。（见表23）

表23 战国—秦主谓式双音节新词的词素义关系

	施动者+动作	事物+性状	总计
数量	39	23	62
占比	62.9%	37.1%	100%

从词的内部语法构成上看，构成战国—秦主谓式新词的前一个词素都是名词性词素，后一个词素既有动词性的词素，也有形容词性的词素。由名词性词素和动词性词素结合成的主谓式新词数量最多，占主谓式新词的66.1%。（见表24）

表24 战国—秦主谓式双音节新词的内部语法构成

	类型	名+动→名	名+形→名	总计
名词	数量	13	8	21
	占比	61.9%	38.1%	100%
	类型	名+动→动	名+形→动	总计
动词	数量	28	4	32
	占比	87.5%	12.5%	100%
	类型	名+形→形		总计
形容词	数量	9		9
	占比	100%		100%

目前多数学者认为先秦时期没有出现补充式复合词。[①]《汉语大词典》中收录了一些在现代汉词中被认为是补充式结构的始见于战国—秦文献的词目，如：

突出：窜出；冲出。《韩非子·外储说右下》："王子于期齐辔笑而进之，彘突出于沟中，马惊驾败。"

矫直：矫正弯曲使之直。《韩非子·外储说右下》："故所遇术者，如造父之遇惊马，牵马推车则不能进，代御执辔持笑则马咸骛矣。是以说在椎锻平夷，榜檠矫直。"

寖久：犹积久。《管子·君臣上》："行公道而托其私焉，寖久而不知，奸心得无积乎？"

焦死：枯死。《墨子·非攻下》："寒暑杂至，五谷焦死。"

溺死：淹死。《庄子·盗跖》："直躬证父，尾生溺死，信之患也。"

这些词目的首见书证基本属于战国中晚期文献。从文献所属时期上看，它们在战国—秦时期出现的时间较晚，且绝大多数在这一时期文献中属于独用结构，使用频率很低，加之上古汉语中词的兼类现象很常见，因此不能确定它们在当时已经成为补充式复合词。基于此，本书采纳学界多数学者的观点，认为战国—秦时期还没有出现补充式复合词。不过，上述词目虽然不能确定为补充式结构，但是其中后一个语言成分对前一个语言成分的意义上的补充意味已经很强，它们"为后来动补式的孕育提供了基础"[②]。

综上所述，战国—秦时期出现的双音节复合词中，联合式和偏正式新词数量庞大，动宾式和主谓式新词数量很少，没有出现补充式新词。不同结构方式构词能力的差距与汉语复合词的构成特点有关。汉语复合词的词素是根据句法结构规则组合在一起的，而汉语的典型句式是"主谓宾"型，这种句式中的

---

① 马真、伍宗文、史存直、向熹、徐朝华等认为先秦没有补充式复合词。参见马真：《先秦复合词初探》，《北京大学学报》（哲学社会科学版）1981年第1期；伍宗文：《先秦汉语复音词研究》，巴蜀书社2001年版，第292—294页；史存直：《汉语史纲要》，中华书局2008年版，第507页；向熹：《简明汉语史》（上册），商务印书馆2010年版，第480页；徐朝华：《上古汉词词汇史》，商务印书馆2003年版，第304页。

② 伍宗文：《先秦汉语复音词研究》，巴蜀书社2001年版，第293页。

主语、谓语、宾语独立性很强，主语和谓语或者谓语和宾语可以较容易地形成词组，但是由词组转化成主谓式或动宾式新词往往需要较长的时间，很难在短时间内完成。同样地，由一个及物动词和一个不及物动词构成或由一个及物动词和一个形容词构成的补充式结构也是需要经过长时间使用才有可能凝固成词的。"相比之下，并列式和偏正式的两个构成成分则一般共处于一个句法成分之中，这是动宾式、主谓式与动补式无法具备的，给这两种结构形式的组合凝固成词提供了十分有利的条件。"①所以，联合式和偏正式的构词能力远强于动宾式、主谓式、补充式的构词能力。

第三节　战国—秦多音节新词的结构分析

战国—秦时期产生的多音节新词包括三音节词、四音节词和五音节词，共313个，占这一时期复音新词总数的2.3%。

五音节新词有2个，为"从祖祖父母"和"三百六十节"，分别见于《仪礼》和《吕氏春秋》。两词均为名词，内部结构可以视为偏正式结构。多音节新词以三音节词和四音节词为主。下面分别对三音节词和四音节词进行分析。

一、三音节词

战国—秦三音节新词共170个，占复音新词总数的1.2%。从词性上看，三音节名词151个，动词14个，形容词1个，代词2个，感叹词1个，语气词1个。从构词类型上看，三音节新词包括单纯词和合成词两种，其中合成词又包括偏正式、联合式、动宾式、主谓式四种结构。下面对三音节新词中的各种构词类型逐一进行分析。

（一）单纯词

战国—秦三音节单纯词共11个，占三音节新词总数的6.5%。从意义上看，它们全部是表示名物的词，包括动物名、旌旗名、岁名、山名、部落名

---

① 伍宗文：《先秦汉语复音词研究》，巴蜀书社2001年版，第286页。

等。比如：

乾余骨①：古代传说中的鸟名。《庄子·至乐》："鸹掇千日为鸟，其名曰乾余骨，乾余骨之沫为斯弥，斯弥为食醯。"

灵姑銔：古代旌旗名。《左传·昭公十年》："公卜使王黑以灵姑銔率，吉。"孔颖达疏："灵姑銔者，齐侯旌旗之名……《礼》，诸侯当建交龙之旂，此灵姑銔盖是交龙之旂，当时为之名，其义不可知也。"

大渊献：亥年的别称。古以太岁在天宫运转的方向纪年。太岁指向亥宫之年称大渊献。《尔雅·释天》："（太岁）在亥曰大渊献。"

医无闾：即医巫闾山。《周礼·夏官·职方氏》："东北曰幽州，其山镇曰医无闾。"郑玄注："医无闾，在辽东。"

廧咎如：赤狄部落名。隗姓，在今河南安阳市西南。《左传·僖公二十三年》："狄人伐廧咎如，获其二女，叔隗、季隗，纳诸公子。"杜预注："廧咎如，赤狄之别种也。"

这些词都是由一个三音节词素构成，是单纯词。

一些三音节单纯词的产生可能与外来词有关。比如，表示岁名的"摄提格""大渊献""赤奋若""大荒落"可能与古巴比伦语有关②；表示山名的"医无闾"和表示泽名的"昭余祁""似乎都不是汉语"③。

（二）合成词

战国—秦三音节合成新词共159个，占三音节新词总数的93.5%。新词包括偏正式、联合式、动宾式、主谓式四种结构。

1.偏正式

三音节偏正式新词共142个，其中定中式结构138个，状中式结构4个。定中式结构中，除代词"二三子""夫₂己氏"④外，其余为名词。状中式结构中，除形容词"常无有"外，其余为动词。除少数新词的内部结构只包含一个

---

① "乾"音gān，今简化为"干"。

② 参见史有为：《汉语外来词》（增订本），商务印书馆2013年版，第35—36页。

③ 史存直：《汉语史纲要》，中华书局2008年版，第506页。

④ "夫₂"音fú。

层次外，大多数新词的内部结构包含两个层次，这两种情况分别称为单层偏正式和双层偏正式。单层偏正式包括一个单纯单音节词素和一个单纯双音节词素，双层偏正式包括一个单纯单音节词素和一个合成双音节词素。

（1）单层偏正式

单层三音节偏正式新词共25个。内部结构存在两种情况：一种情况是偏词素为一个单纯双音节词素，中心词素为一个单纯单音节词素；另一种情况是偏词素为一个单纯单音节词素，中心词素为一个单纯双音节词素。属于前一种情况的新词共21个，后一种情况的新词共4个。

① 偏（单纯双音词素）+正

辛夷车：谓以辛夷木制成的车子。极言其华贵雅洁。《楚辞·九歌·山鬼》："乘赤豹兮从文狸，辛夷车兮结桂旗。"

"辛夷车"的偏词素"辛夷"是单纯双音节词素，修饰限制中心词素"车"。

辛 夷 车

└──┘ └──┘　　偏正（定中）

逢蒙视：微视，不正视。《荀子·富国》："负戴黄金，而遇中山之盗也，虽为之逢蒙视，诎要桡腘，君卢屋妾，由将不足以免也。"

《荀子集解》引郝懿行曰："'逢蒙'，叠韵字也。此等语言，古来或无正字，往往但取其声。"[1]三音节新词"逢蒙视"中，"逢蒙"为单纯双音节词素，修饰限制中心词素"视"。

逢 蒙 视

└──┘ └─┘　　偏正（状中）

这类新词中有18个是以"～国"或"～氏"结构形成的古国名、古官名或古部落名。比如：

轩辕国：古代传说中的国名。《山海经·海外西经》："（轩辕之丘）在轩辕国北。"

---

① 王先谦：《荀子集解》，中华书局1988年版，第200页。

"轩辕国"的偏词素"轩辕"是单纯双音节词素，修饰限制中心词素"国"。

轩　辕　国

└──┘　└──┘　　　　偏正（定中）

䚢蔟氏：官名。《周礼·秋官·䚢蔟氏》："䚢蔟氏掌覆妖鸟之巢。"

"䚢蔟氏"的偏词素"䚢蔟"是单纯双音节词素，修饰限制中心词素"氏"。

䚢　蔟　氏

└──┘　└──┘　　　　偏正（定中）

② 偏+正（单纯双音词素）

铁蒺藜：蒺藜状的尖锐铁器。战时置于路上或水中，用以阻止敌方人马前进。《六韬·军用》："狭路微径，张铁蒺藜，芒高四寸，广八寸，长六尺以上，千二百具。"

"铁蒺藜"的中心词素"蒺藜"是单纯双音节词素，被偏词素"铁"修饰限制。

铁　蒺　藜

└──┘　└──┘　　　　偏正（定中）

（2）双层偏正式

双层三音节偏正式新词共117个，内部结构存在两种情况：一种情况是偏词素为一个合成双音节词素，中心词素为一个单纯单音节词素；另一种情况是偏词素为一个单纯单音节词素，中心词素为一个合成双音节词素。属于前一种情况的词共56个，后一种情况的词共61个。

① 偏（合成双音词素）+正

A.偏（动宾）+正

比翼鸟：传说中的一种鸟。《尔雅·释地》："南方有比翼鸟焉，不比不飞，其名谓之鹣鹣。"郭璞注："似凫，青赤色，一目一翼，相得乃飞。"

"比翼鸟"的偏词素"比翼"是动宾式结构的双音节词素，修饰限制中心词素"鸟"。

比　翼　鸟

　└─┘　└─┘　　偏正（定中）

　└─┘　　　　动宾

造₂物者①：特指创造万物的神。《庄子·大宗师》："伟哉，夫造物者将以予为此拘拘也。"

　　"造₂物者"的偏词素"造₂物"是动宾式结构的双音节词素，修饰限制中心词素"者"。

造₂　物　者

　└─┘　└─┘　　偏正（定中）

　└─┘　　　　动宾

B.偏（偏正）+正

千里马：日行千里的骏马。《战国策·燕策一》："臣闻古之君人，有以千金求千里马者，三年不能得。"

　　"千里马"的偏词素"千里"是偏正式结构的双音节词素，修饰限制中心词素"马"。

千　里　马

　└─┘　└─┘　　偏正（定中）

　└─┘　　　　偏正

重室子：指贵家子弟。《墨子·备城门》："城四面四隅皆为高磨襜，使重室子居亓上，候适。"孙诒让间诂："重室子，谓贵家子弟。"

　　"重室子"的偏词素"重室"是偏正式结构的双音节词素，修饰限制中心词素"子"。

重　室　子

　└─┘　└─┘　　偏正（定中）

　└─┘　　　　偏正

---

① "造₂"音zào。

C. 偏（联合）+正

禽兽行: 古代特指乱伦的行为。《管子·八观》:"倍人伦, 而禽兽行, 十年而灭。"

"禽兽行"的偏词素"禽兽"是联合式结构的双音节词素, 修饰限制中心词素"行"。

禽　兽　行

└─┘ └─┘　偏正（定中）

└┘ └┘　　联合

夫₂己氏:[①]犹言某人, 不欲明指其人时之称。《左传·文公十四年》:"齐公子元不顺懿公之为政也, 终不曰公, 曰夫己氏。"杜预注:"犹言某甲。"

"夫₂己氏"的偏词素"夫₂己"是联合式结构的双音节词素, 修饰限制中心词素"氏"。"夫₂"为代词, 表示第三人称。《左传·襄公二十六年》:"子木曰:'夫独无族姻?'"杜预注:"夫, 谓晋。""己"指自身、自己。《书·大禹谟》:"稽于众, 舍己从人。"三音节词"夫₂己氏"为代词, 表某人。

夫₂　己　氏

└─┘ └─┘　偏正（定中）

└┘ └┘　　联合

D. 偏（附加）+正

有虞氏: 古部落名。传说其首领舜受尧禅, 都蒲阪。故址在今山西省永济县东南。《国语·鲁语上》:"故有虞氏禘黄帝而祖颛顼, 郊尧而宗舜。"

"有虞氏"的偏词素"有虞"是附加式结构的双音节词素, 修饰限制中心词素"氏"。

有　虞　氏

└─┘ └─┘　偏正（定中）

└┘ └┘　　附加

② 偏+正（合成双音词素）

---

① "夫₂"音fú。

A. 偏+正（动宾）

三将军：指三军的主帅。《孙子·军争》："倍道兼行，百里而争利，则擒三将军。"

"三将军"的中心词素"将军"是动宾式结构的双音节词素，被偏词素"三"修饰限制。

国司空：战国时秦官名。《商君书·境内》："其攻城围邑也。国司空訾其城之广厚之数，国尉分地，以徒校分积尺而攻之。"

"国司空"的中心词素"司空"是动宾式结构的双音节词素，被偏词素"国"修饰限制。

B. 偏+正（偏正）

玉连环：套连在一起的玉环。《战国策·齐策六》："秦始皇尝使使者，遗君王后玉连环，曰：'齐多知，而解此环不？'"

"玉连环"的中心词素"连环"是定中式结构的双音节词素，被偏词素"玉"修饰限制。

玉　连　环
⎣⎦⎣　⎦　　偏正（定中）
　　⎣⎦⎣⎦　　定中

上大夫：为中国古代的官阶之一。《韩非子·外储说左下》："故晋国之法，上大夫二舆二乘，中大夫二舆一乘，下大夫专乘，此明等级也。"

"上大夫"的中心词素"大夫"是定中式结构的双音节词素，被偏词素"上"修饰限制。

```
上    大    夫
└┘  └───┘        偏正（定中）
    └┘└┘        定中
```

C. 偏+正（联合）

私兄弟：指妾的兄弟。《仪礼·丧服》："凡妾为私兄弟如邦人。"郑玄注："私兄弟，自其族亲也。"贾公彦疏："以其兄弟总外内之称，若言私兄弟则妾家族亲也。"

"私兄弟"的中心词素"兄弟"是联合式结构的双音节词素，被偏词素"私"修饰限制。

```
私    兄    弟
└┘  └───┘        偏正（定中）
    └┘└┘        联合
```

隶子弟：士对其子弟的称谓。《左传·桓公二年》："士有隶子弟。"杜预注："士卑，自以其子弟为仆隶。"

"隶子弟"的中心词素"子弟"是联合式结构的双音节词素，被偏词素"隶"修饰限制。

```
隶    子    弟
└┘  └───┘        偏正（定中）
    └┘└┘        联合
```

2.联合式

三音节联合式复合新词共7个。除"嗟兹乎"的内部只有一层结构外，其余6词内部有双层结构。

嗟兹乎：叹息声。《管子·小称》："公曰：'嗟兹乎，圣人之言，长乎哉！'"

"嗟""兹""乎"都可以作叹词。"嗟兹乎"是3个表示叹息的词素并列构成的感叹词。

```
嗟    兹    乎
└┘  └┘  └┘        联合
```

士大夫：旧时指官吏或较有声望、地位的知识分子。《周礼·考工记序》："坐而论道，谓之王公；作而行之，谓之士大夫；审曲面执，以饬五材，以辨民器，谓之百工。"郑玄注:"亲受其职,居其官也。"

"士大夫"是由词素"士"和"大夫"并列结合形成。其中,"大夫"是偏正式结构的双音词素。

3.动宾式

三音节动宾式复合新词有9个,全部为动词。表示被支配对象的合成词素有偏正式和联合式两种结构,构成新词的数量分别是3个和6个。

① 动+宾(偏正)

弃群臣:帝王之死的婉词。《韩非子·外储说右下》:"古者禹死,将传天下于益,启之人因相与攻益而立启……王不幸弃群臣,则子之亦益也。"

"弃群臣"是由动词性词素"弃"和名词性词素"群臣"结合形成。"群臣"是偏正式结构的合成词素。

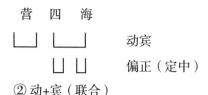

营四海:形容瞻视高远。《庄子·外物》:"老莱子之弟子出薪,遇仲尼,反以告,曰:'有人于彼,修上而趋下,末偻而后耳,视若营四海,不知其谁氏之子?'"成玄英疏:"瞻视高远,似营天下。"

"营四海"是由动词性词素"营"和名词性词素"四海"结合形成。"四海"是偏正式结构的合成词素。

```
营  四  海
└┘ └──┘    动宾
   └┘ └┘   偏正(定中)
```

② 动+宾(联合)

填沟壑:谓填尸于沟壑。指死。多用作婉辞。《战国策·赵策四》:"(舒祺)十五岁矣。虽少,愿及未填沟壑而托之。"

"填沟壑"是由动词性词素"填"和名词性词素"沟壑"结合形成。"沟壑"是联合式结构的合成词素。

```
填　沟　壑
└─┘└───┘　　　动宾
　　└─┘└─┘　　联合
```

捐馆舍：抛弃馆舍。死亡的婉辞。《战国策·赵策二》："今奉阳君捐馆舍。"

"捐馆舍"是由动词性词素"捐"和名词性词素"馆舍"结合形成。"馆舍"是联合式结构的合成词素。

```
捐　馆　舍
└─┘└───┘　　　动宾
　　└─┘└─┘　　联合
```

4.主谓式

三音节主谓式复合词只有1个，为"主（联合）+谓"结构。

山陵崩：诸侯帝王死亡的委婉语。《战国策·秦策五》："王之春秋高，一旦山陵崩，太子用事，君危于累卵，而不寿于朝生。"

"山陵崩"是由名词性词素"山陵"和动词词素"崩"结合形成，"山陵"是联合式结构的合成词素。

```
山　陵　崩
└───┘└─┘　　　主谓
└─┘└─┘　　　　联合
```

战国—秦三音节新词具有以下特点：

从词性上看，三音节词以名词居多，共151个，占三音节新词88.8%。除名词外，还出现了动词、形容词、代词、感叹词、语气词。（见表25）

表25 战国—秦三音节新词的词类分布

	名词	动词	形容词	代词	感叹词	语气词	总数
数量	151	14	1	2	1	1	170
占比	88.8%	8.2%	0.6%	1.2%	0.6%	0.6%	100%

　　从内部结构上看，三音节的单纯词较少，合成词较多。合成词的构词类型覆盖了除重叠式、附加式、补充式以外的其他所有类型，其中偏正式新词的数量最多，远远超过联合式、动宾式、主谓式。（见表26）大多数三音节合成词是由一个单音词素和一个合成词素形成的。

表26 战国—秦三音节新词的结构分布

	单纯词	合成词				总数
		偏正式	联合式	动宾式	主谓式	
数量	11	142	7	9	1	170
占比	6.5%	83.5%	4.1%	5.3%	0.6%	100%

　　从意义上看，大多数三音节名词为专名，包括职官名、称谓、岁名、动植物名、国名、部落名等。这些专名有的只在战国—秦文献中出现，后世文献鲜见用例，如"廥咎如""瓘朱国""犬封国""鸤鸠氏""野庐氏"等。战国—秦时期还出现了一些表示家族成员称谓的三音节新词，如"族父母""姑姊妹""外兄弟""从孙甥"等，这些词的出现反映了古代家族关系在这一时期进一步细化。

二、四音节词

　　战国—秦四音节新词共141个，占复音新词总数的1.0%。从词性上看，四音节新词中名词117个，动词10个，形容词13个，数词1个。从构词类型上看，四音节新词有单纯词和合成词两种，其中合成词包括重叠式、偏正式、联合式三种结构。下面对四音节新词中的各种构词类型逐一进行分析。

（一）单纯词

战国—秦新出现的四音节单纯词共3个，全部为叠音词，词性为形容词。

槚槚啐啐：形容大声。《孙膑兵法·十阵》："槚槚啐啐，若从天下，若从地出。"

昐昐眣眣：形容鸟群舒缓地循序而飞。《庄子·山木》："其为鸟也，昐昐眣眣，而似无能。"

睢₂睢盱盱①：形容庄矜傲慢、目空一切的样子。《庄子·寓言》："老子曰：'而睢睢盱盱，而谁与居？'"郭象注："睢睢盱盱，跋扈之貌，人将畏难而疏远。"成玄英疏："睢盱，躁急威权之貌也。"

（二）合成词

战国—秦四音节合成新词有重叠式、偏正式和联合式三种结构。

1.重叠式

四音节新词中的重叠式合成词有7个。

嬴嬴缩缩：谓行止、进退顺时。《管子·势》："修阴阳之从，而道天地之常；嬴嬴缩缩，因而为当。"

"嬴嬴缩缩"是重叠词素"嬴"和"缩"形成的，也可以认为是通过重叠扩展双音节词"嬴缩"形成的。"嬴"指满、胜。《逸周书·常训》："六极不嬴，八政和平。""缩"指收敛。《淮南子·览冥训》："春秋缩其和，天地除其德。"战国时"嬴"和"缩"连缀成联合式复合词"嬴缩"。《国语·越语下》："天予不取，反为之灾。嬴缩转化，后将悔之。"韦昭注："嬴缩，进退也。""嬴嬴缩缩"与"嬴缩"意义基本相同。

战战栗栗：敬畏戒慎貌。《韩非子·初见秦》："且臣闻之曰：'战战栗栗，日慎一日。'苟慎其道，天下可有。"

"战战栗栗"是重叠词素"战"和"栗"形成的，也可以认为是通过重叠扩展双音节词"战栗"形成的。"战"和"栗"都指恐惧发抖。《吕氏春秋·审应》："公子沓相周，申向说之而战。"《论语·八佾》："夏后氏以松，殷人以柏，周人以栗，曰，使民战栗。"战国时"战"和"栗"连缀成联

---

① "睢₂"音huī。

合式复合词"战栗"。"战战栗栗"与"战栗"意义基本相同。

需要指出的是，四音节词中的叠音词和重叠式复合词在形式上都是AABB式，但两者本质不同。叠音词的A和B都不能单用。比如，"睢睢盱盱"中的"睢"和"盱"都不能独立成词。"睢睢盱盱"与"睢盱"意义基本相同。"睢盱"形容人睁眼仰视，目空一切的样子。张衡《西京赋》："迥卒清候，武士赫怒，缇衣韎鞈，睢盱拔扈。"既然"睢"和"盱"不能独立成词，那么"睢盱"就是叠音词，"睢睢盱盱"也应该是叠音单纯词。与叠音词不同，重叠式复合词的A和B可以单用，且AABB的意义与单用时的意义有关。比如，"窈窈冥冥"形容微妙精深之貌。《庄子·在宥》："至道之精，窈窈冥冥；至道之极，昏昏默默。""窈"指深远，"冥"指幽暗，两者都可以单用，如《老子》："窈兮冥兮，其中有精。"战国时期，两个词素构成联合式复音词"窈冥"，形容深远渺茫之貌。《鹖冠子·能天》："观乎孰莫，听乎无罔，极乎无系，论乎窈冥，湛不乱纷，故能绝尘埃而立乎太清。""窈窈冥冥"可以看作由"窈冥"重叠扩展形成的四音节重叠式复合词。

2.偏正式

偏正式新词共97个。构成这些词的偏词素有的为单音节，有的为双音节，还有的为三音节。

（1）偏词素为单音节

偏词素为单音节词素的四音节词，它中心词素的内部结构往往比较复杂，可以使整个四音节词分出三个层次。战国—秦时期这类四音节词都是表示家庭成员称谓的新词，数量不多。如：

族祖父母：族祖父与族祖母。《仪礼·丧服》："缌麻三月者……族祖父母。"

此外，还有出自《仪礼》的"从父姊妹""从祖昆弟""从祖叔母"等，它们的内部结构均为"偏+正〔偏+正（联合）〕"式。

（2）偏词素为双音节

这类四音节词可以分为两种类型：一种是偏词素和中心词素都为双音节，另一种是偏词素为双音节，中心词素为单音节，偏词素和中心词素之间用"之"连接。后一种类型的新词数量很大，共85个。

①偏（动宾）+正（偏正）

搢绅先生：古代服儒服的读书人。《庄子·天下》："其在于《诗》《书》《礼》《乐》者，邹鲁之士，搢绅先生多能明之。"

"搢"表示插的动作，后写作"缙"。《仪礼·乡射礼》："三耦皆执弓，搢三而挟一个。""绅"是古代仕宦者和儒者围于腰际的大带。《论语·卫灵公》："子张书诸绅。""搢绅"就是插笏于绅。"先生"指年长而有学问的人。《战国策·齐策三》："孟尝君燕坐，谓三先生曰：'愿闻先生有以补之阙者。'"姚宏注："先生，长老，先己以生者也。""先生"的构词理据是"先于己生"，当为状中式结构。

搢　绅　　　　　　　先　生

②偏（偏正）+正（偏正）

五尺竖子：指尚未成年的儿童。《吕氏春秋·重己》："使五尺竖子引其棬，而牛恣所以之，顺也。"

五　尺　　　　　　　竖　子

③偏（动宾）+之+正

负床之孙：指倚床而立尚未能行的小孩。《战国策·燕策一》："足下以爱之故与，则何不与爱子与诸舅、叔父、负床之孙，不得，而乃以与无能之臣，何也？"鲍彪注："负，言背。倚床立，未能行也。"

负　床　之　孙

└─┘　　　└─┘　偏正（定中）

└─┘└─┘　　　　动宾

④偏（主谓）+之+正

颡推之履：古代一种鞋头高出的履。《吕氏春秋·达郁》："列精子高听行乎齐湣王，善衣东布衣，白缟冠，颡推之履，特会朝雨祛步堂下。"

"颡"指额头。《易·说卦》："其于人也，为寡发，为广颡，为多白眼。""推"为"頯"的借字，"頯"指额头突出。《说文》："頯，出额也。"段玉裁注："谓额朕出向前也。"

颡　推　之　履

└─┘　　　└─┘　偏正（定中）

└─┘└─┘　　　　主谓

⑤偏（偏正）+之+正

蜚₂蓬之问①：比喻无根据的传闻。《管子·形势解》："蜚蓬之问，明主不听也。无度之言，明主不许也。故曰：蜚蓬之问，不在所宾。"

"蜚₂"，通"飞"。"蜚₂蓬"就是飞旋飘荡的蓬草。汉王充《论衡·感类》："见鸟迹而知为书，见蜚蓬而知为车。""问"指音讯、传闻。汉王粲《为刘表谏袁谭书》："初闻此问，尚谓不然。""蜚₂蓬之问"指消息像四处飘荡的蓬草一样找不到根源依据。

蜚₂　蓬　之　问

└─┘　　　└─┘　偏正（定中）

└─┘└─┘　　　　偏正（定中）

万分之一：形容极少的一部分。《庄子·在宥》："其存人之国也，无万分之一。其丧人之国也，一不成而万有余丧矣。"

"万分之一"为数词，形容极少。

————————————

① "蜚₂"音fēi。

|　　偏正（定中）
|　　偏正（状中）

⑥偏（联合）+之+正

心腹之疾：指体内致命的疾病。比喻严重的隐患。《左传·哀公十二年》："越在我，心腹之疾也。"

心　腹　之　疾

|　　偏正（定中）
|　　联合

⑦偏（附加）+之+正

浩然之气：正气；正大刚直之气。《孟子·公孙丑上》："我善养吾浩然之气……其为气也，至大至刚，以直养而无害，则塞于天地之间。"

浩　然　之　气

|　　偏正（定中）
|　　附加

⑧偏（重叠）+之+正

靡靡之乐：指柔弱、颓靡的音乐。《韩非子·十过》："此师延之所作，与纣为靡靡之乐也……先闻此声者，其国必削。"

"靡"指衰弱、不振。《史记·太史公自序》："为秦开地益众，北靡匈奴，据河为塞，因山为固，建榆中。""靡靡"为重叠式结构，表示柔弱，颓靡。

靡　靡　之　乐

|　　偏正（定中）
|　　重叠

⑨偏（联绵）+之+正

轩辕之山：古代传说中的山名。《山海经·北山经》："又东北二百里，曰轩辕之山，其上多铜，其下多竹。"

"轩辕"为单纯双音节词素。

轩辕 之 山

⎣_⎦ 　 ⎣_⎦ 　 偏正（定中）

（3）偏词素为三音节

七十二钻：谓多次钻龟占卜。古代占卜者钻灼龟甲，使兆坼见于表面以定吉凶。《庄子·外物》："杀龟以占卜，乃剖龟，七十二钻而无遗筴。"

七 十 二 钻

⎣___⎦ ⎣_⎦ 　 偏正（定中）

⎣_⎦ ⎣_⎦ 　 联合

⎣_⎦ ⎣_⎦ 　 偏正（定中）

3.联合式

联合式的四音节新词共34个。词素联合的方式有两种：一种是两两并列的形式，另一种是四个词素并列的形式。

（1）两两联合

① （偏正）+（偏正）

孤臣孽子：指孤立无助的远臣和贱妾所生的庶子，引申为不容于当政者但心怀忠诚的人。《孟子·尽心上》："独孤臣孽子，其操心也危，其虑患也深，故达。"

孤 臣 　　　 孽 子

⎣_____⎦ 　　 ⎣_____⎦ 联合

⎣_⎦ ⎣_⎦ 偏正（定中） 　 ⎣_⎦ ⎣_⎦ 偏正（定中）

四分五裂：分裂败亡。《战国策·魏策一》："魏南与楚而不与齐，则齐攻其东……不亲于楚，则楚攻其南；此所谓四分五裂之道也。"

四 分 　　　 五 裂

⎣_____⎦ 　　 ⎣_____⎦ 联合

⎣_⎦ ⎣_⎦ 偏正（状中） 　 ⎣_⎦ ⎣_⎦ 偏正（状中）

② （动宾）+（动宾）

探筹投钩：犹今言抽签。《荀子·君道》："探筹投钩者，所以为公也。"

③（主谓）+（主谓）

木干鸟栖：谓鸟栖树上，至树干枯也不离去。喻行事坚定不移。《晏子春秋·外篇上十一》："若此而不得，则臣请挽尸车而寄之于国门外宇溜之下，身不敢饮食，拥辕执辂，木干鸟栖，袒肉暴骸，以望君愍之。"张纯一校注："此喻如鸟栖木，任其干枯而不移。"

（2）四素联合

蛮夷戎狄：古代对四方少数民族的统称。东方曰夷，南方曰蛮，西方曰戎，北方曰狄。《国语·周语中》："夫三军之所寻，将蛮夷戎狄之骄逸不虔，于是乎致武。"《荀子·正论》："故诸夏之国，同服同仪，蛮夷戎狄之国，同服不同制。"

蛮　夷　戎　狄
└┘└┘└┘└┘ 联合

战国—秦四音节新词具有以下特点：

从词性上看，四音节新词以名词居多，占四音节新词83%。除名词外，还出现了动词、形容词和数词。（见表27）

表27　战国—秦四音节新词的词类分布

	名词	动词	形容词	数词	总数
数量	117	10	13	1	141
占比	83.0%	7.1%	9.2%	0.7%	100%

从内部结构上看，四音节的单纯词较少，合成词较多。合成词的构词类型有重叠式、联合式和偏正式，其中偏正式新词的数量远远超过重叠式和联合式。（见表28）偏正式新词中，以"之"连接偏词素和中心词素的结构最多，共85个，占四音节偏正式新词的87.6%。有的四音节新词的内部结构比较复杂，可以划分出三个层次，如"不龟手药""族祖父母"等词的构词词素之间形成多种关系；有的新词内部结构比较简单，如"富贵利达""安富尊荣""腥臊膻香""蛮夷戎狄"都是四个词素并列的结构，只有一层结构。

表28　战国—秦四音节新词的结构分布

	单纯词	合成词			总数
		重叠式	偏正式	联合式	
数量	3	7	97	34	141
占比	2.1%	5.0%	68.8%	24.1%	100%

从意义上看，大部分四音节新词中的名词是普通名词，专名较少，这与三音节新词专名占名词多数的情况相反。有的四音节新词出现时带有很强的时代特色，多在先秦时期使用，汉以后就趋于消亡了。比如，"坚白同异"指战国时名家公孙龙的"离坚白"和惠施的"合同异"之说。"坚白同异"见于《荀子》，西汉《史记》中虽有用例，但此后未见使用。又如，"静因之道"指战国时期一部分道家的认识方法。这个词的语用范围很窄，只在《管子》中有用例，其他文献未见。

第四节　战国—秦复音新词的造词方式

原生造词和合成造词是复音词的主要造词方式。[①]战国—秦时期，大部分复音新词是通过结合词素的合成造词方式产生的，还有少量复音新词是通过音义任意结合或摹声的原生造词方式产生的。

---

① 参见王宁：《训诂学原理》，中国国际广播出版社1996年版，第146—148页。

一、原生造词

原生造词不仅可以产生单音词，也可以产生复音词。战国—秦复音新词中的单纯词就是通过原生造词的方式产生的。据笔者统计，春秋时期单纯复音新词占春秋复音新词总数的12.1%，而战国—秦时期单纯复音新词的数量只占战国—秦复音新词总数的2.9%，这表明战国—秦时期原生造词方式产生复音词的能力较春秋时期已经明显下降。

（一）音义任意结合

战国—秦时期，绝大多数单纯复音词的音义结合是约定俗成的。比如：

剌剌：多言貌。《管子·白心》："愕愕者不以天下为忧，剌剌者不以万物为笑。"

漅漅：明察貌。《荀子·不苟》："其谁能以己之漅漅，受人之掝掝者哉？"

悴悴：贪爱貌。《荀子·荣辱》："悴悴然唯利饮食之见，是狗彘之勇也。"

由由：愉悦。《孟子·万章下》："与乡人处，由由然不忍去也。"

屑屑：劳瘁匆迫貌。《左传·昭公五年》："礼之本末将于此乎在，而屑屑焉习仪以亟。"

这些词都是通过音义任意结合的方法形成的，无法从语言内部寻找到音义结合的理据。

（二）摹声造词

少数单纯复音新词是通过描摹声音创造出来的。有叠音词，也有联绵词。这些词摹拟的对象种类繁多，既有社会生活中乐器的击奏声、人群的嘈杂声，也有自然界中鸟兽的鸣叫声、风雷的轰响声。比如，"呢₂呕"①摹婴儿牙牙学语声，"霈霈"极似波浪相击之声。同一类声音可能由不同的词表示，如同为摹拟风动之声，就出现了"翏₂翏"②"熙熙""凄凄"等词；同为摹拟鸟鸣之声，就出现了"啾啾""喈₃喈"③"唶唶""喌₂噍"④等词。对于这些通过摹声

---

① "呢₂"音wá。

② "翏₂"音lù。

③ "喈₃"音jí。

④ "喌₂"音zhōu。

产生的复音词来说，无论是近取于身的摹拟人声，还是远取于物的摹拟自然之声，摹声本身就是它们的造词理据。

有些战国—秦单纯复音词的产生与外来语有关。如"师比"，也译作"鲜卑""犀比"，是一种带钩，这个词是由匈奴语输入的外来词，源词可能是serbi。[①]先秦时期大部分外来词的来源尚无定论，源词未详，不过这些词是以汉字记录外族语的语音产生的，从这个角度上讲，它们摹拟的是外族语的语音，造词方式也可以归为摹声造词。

二、合成造词

战国—秦时期，单音词已经积累到相当大的数量，足以支撑汉语造词进入合成阶段。这一时期合成词占复音新词总数的96.4%，可见合成造词具有很强的造词能力，是复音词最主要的造词方式。

根据构词词素之间的关系以及词素义与词义之间的关系，战国—秦时期合成造词可分为三类：一是修辞造词，就是运用比喻、借代、夸张等修辞手段造词；二是句法造词，就是运用句法关系把词素组合起来形成合成词；三是附缀造词，就是在词根前后添加词缀进行造词。[②]

（一）修辞造词

战国—秦时期用来造词的修辞手段有比喻、借代、用典、节缩、夸张、委婉、反复。

1. 比喻

比喻造词是根据事物之间的相似处，通过以此喻彼的方式反映指称的对象，从而产生新词。比喻造词在战国—秦时期运用广泛，创造出大量的合成词。这些词可以分为两类：一类是构词词素中有一个代表喻体，含有比喻意

① 参见史有为：《汉语外来词》（增订本），商务印书馆2013年版，第41页。

② 本书对合成造词方式的分类是在孙常叙和杨端志关于造词方式分类的基础上做出的划分。孙常叙归纳的造词法中可以反映合成造词方式的有变义和比拟造词、词汇—结构造词和形态—结构造词三类。杨端志把合成造词的方式分为典故造词、比喻造词、语法造词和词法学造词四类。详见孙常叙：《汉语词汇》（重排本），商务印书馆2006年版，第83—157页；杨端志：《汉语的词义探析》，载《汉语词汇学》，山东大学出版社2003年版，第316—317页。

义；另一种是构词词素共同代表喻体，都含有比喻意义。赵克勤将前者称为单素比喻，将后者称为双素比喻。[①]

（1）单素比喻

根据代表喻体和代表本体的词素所处位置，单素比喻可以分为两种：一种是代表喻体的词素在前，代表本体的词素在后；另一种是代表本体的词素在前，代表喻体的词素在后。

① 喻体+本体

水玉：水晶的古称。《山海经·南山经》："堂庭之山多棪木，多白猿，多水玉，多黄金。"郭璞注："水玉，今水精也。"

水晶透明似水，故称"水玉"。"水玉"是像水一样的玉，"水"是喻体，"玉"是本体。

藩服：古九服之一。古代分王畿以外之地为九服。其封国区域离王畿最远的称"藩服"。《周礼·夏官·职方氏》："乃辨九服之邦国……又其（镇服）外方五百里曰藩服。"贾公彦疏："言藩者，以其最在外为藩篱，故以藩为称。"

"藩"本义指篱笆。古代把王畿以外的地区称为"服"。"服"分九等，处在最外层的地区对王畿和其他八服起屏障的作用，故称"藩服"。合成词"藩服"中，"藩"表示的是喻体，"服"表示的是本体。

雾縠：薄雾般的轻纱。《文选·宋玉〈神女赋〉》："动雾縠以徐步兮，拂墀声之珊珊。"李善注："縠，今之轻纱，薄如雾也。"

"縠"是一种绉纱。《战国策·齐策四》："王之忧国爱民，不若王爱尺縠也。"绉纱薄如清雾，故称"雾縠"。合成词"雾縠"中，"雾"表示的是喻体，"縠"表示的是本体。

② 本体+喻体

云旂：状如旌旗的云气。《吕氏春秋·明理》："其云状有若犬若马……有其状若悬釜而赤，其名曰云旂。"高诱注："云气之象旂旗者。"

"旂"，同"旌"，表示旗帜。合成词"云旂"中，"云"表示的是本

---

① 参见赵克勤：《古代汉语词汇学》，商务印书馆1994年版，第79页。

体，"旐"表示的是喻体，比喻云像旗帜一样迎风飘动。

骨节：骨头。《国语·鲁语下》："昔禹致群神于会稽之山，防风氏后至，禹杀而戮之，其骨节专车。"

"节"本指竹节。合成词"骨节"中，"骨"表示的是本体，"节"表示的是喻体，比喻骨头像竹节一样。

蝉蛇：鳝鱼。《逸周书·王会》："欧人蝉蛇。蝉蛇顺，食之美。"朱右曾校释引《尔雅翼》："蝉似蛇，无鳞，体有涎沫，今字作鳝，生水岸泥窟中。"

"蝉"，通"鳝"，指鳝鱼。因鳝鱼外形似蛇，故称"蝉蛇"。合成词"蝉蛇"中，"蝉"表示的是本体，"蛇"表示的是喻体，比喻鳝像蛇。

（2）双素比喻

双素比喻是指构词词素共同代表喻体，词素义组合后向相关事物转化，形成比喻义。这类词最初往往是词组，当比喻义产生时就意味着词组已经凝固成词了。比如：

锱锤：比喻微小之物。《吕氏春秋·应言》："凡人主之与其大官也，为有益也。今割国之锱锤矣，而因得大官，且何地以给之。"

"锱"和"锤"都是古代重量单位。《说文·金部》："锱，六铢也。"又："锤，八铢也。"一锱即一两的四分之一，一锤即一两的三分之一，两个重量单位所指重量都很小。"锱"和"锤"代表喻体，结合在一起形成"锱锤"，比喻像锱和锤一样微小的东西。

胶漆：比喻事物的牢固结合。《韩非子·安危》："尧无胶漆之约于当世而道行，舜无置锥之地于后世而德结。"

"胶"是用动物的皮、角等或树脂制成的黏结之物，"漆"是漆树汁制成的涂料，两者都是黏性极强的物质。战国时"胶"和"漆"常连用表示黏结之物，如《孙子·作战》："千里馈粮，则内外之费，宾客之用，胶漆之材，车甲之奉，日费千金，然后十万之师举矣。"随着语用逐渐增多，"胶漆"可以用以比喻事物像黏合过的东西一样牢固。

豕心：比喻贪婪之心。《左传·昭公二十八年》："实有豕心，贪惏无餍。"孔颖达疏："豕心，言其心似猪，贪而无耻也。"

"豕"即猪。"豕心"就是猪心。因猪贪食，故用"豕心"比喻人的贪婪之心。

社鼠：社庙中的鼠。比喻有所依恃的小人。《晏子春秋·问上九》："景公问于晏子曰：'治国何患？'晏子对曰：'患夫社鼠。'"

"社"本指土地神，引申为祭祀社神的所在。"社鼠"指社中的老鼠。《晏子春秋·问上九》："夫社，束木而涂之，鼠因往托焉。熏之则恐烧其木，灌之则恐败其涂。此鼠所以不可得杀者，以社故也。"投鼠忌"社"，社中的老鼠很难灭除，故以"社鼠"比喻有所依恃的小人。

羊肠：喻指狭窄曲折的小路。《尉缭子·兵谈》："兵之所及，羊肠亦胜，锯齿亦胜，缘山亦胜，入谷亦胜。"

羊肠曲细，故蜿蜒曲折的小路称"羊肠"。羊肠是喻体，小路是本体。

2. 借代

借代造词是利用事物之间的相关性，通过以此代彼的方式反映所指称的对象，从而产生新词。借代造词在战国时期运用较为广泛，创造出大量的合成词。比如：

两和：兵营左右门。借指守卫营门的军士。《韩非子·外储说左上》："李悝警其两和曰：'谨警敌人，旦暮且至系汝。'如是者再三而敌不至。两和懈怠，不信李悝。"

古代军队营垒的门称为"和"。《周礼·夏官·大司马》："以旌为左右和之门。"郑玄注："军门曰和，今谓之垒门，立两旌以为之。""两和"就是兵营的两个门，借指守门的军士。

肩尻：肩膀和屁股。借指人或牲物的全体。《庄子·达生》："十日戒，三日齐，藉白茅，加汝肩尻乎雕俎之上，则汝为之乎？"

"肩"指肩膀。"尻"指臀部。《仪礼·少牢馈食礼》："腊两髀属于尻。""肩"和"尻"结合成"肩尻"，借指整个身体。这是以部分代全体。

重禄：厚俸，高薪。古代借指重臣、大臣。《国语·越语下》："吴王帅其贤良，与其重禄，以上姑苏。"韦昭注引贾侍中曰："重禄，大臣也。"

"重禄"就是厚禄、厚俸。《管子·立政》："功力未见于国者，则不可授以重禄。"古代以官职大小给予俸禄，朝廷重臣享受厚禄，所以"重禄"指代重臣、大臣。

五尺：指尚未成年的儿童。《战国策·楚策二》："悉五尺至六十，三十余万弊甲钝兵；愿承下尘。"

古尺短，儿童未成年，身量不足，故称"五尺"。这是以特征代本体。战国时期，儿童亦称"五尺之童"。《孟子·滕文公上》："从许子之道，则市价不贰，国中无伪；虽使五尺之童适市，莫之或欺。"也可以认为"五尺"是通过节缩"五尺之童"形成的复合词。

同一个词可以指代不同的对象。比如：

轩冕：1.借指官位爵禄。《庄子·缮性》："古之所谓得志者，非轩冕之谓也，谓其无以益其乐而已矣。"2.指国君或显贵者。《管子·轻重甲》："故轩冕立于朝，爵禄不随，臣不为忠。"

《左传·哀公十五年》："大子与之言曰：'苟使我入获国，服冕乘轩，三死无与。'""轩"和"冕"是古时大夫以上官员的车乘冕服，"轩冕"既可以指代服冕乘轩的显贵者，也可以指代显贵者的官位爵禄。

位著：亦作"位宁"。1.指在朝居官。《国语·楚语上》："在舆有旅贲之规，位宁有官师之典。"2.指朝官的职守。《国语·周语上》："大夫、士日恪位著，以儆其官。"

古代宫殿的中庭左右两侧称为"位"。大门与屏风之间称为"著"，也写作"宁"，"宁"读作zhù。"位著"既可以指代在朝为官，也可以指代在朝为官者的职责。

同一个事物概念也可以由不同的代体来指代。比如，指代朝廷的新词有"魏阙""廊庙""庙堂"。

魏阙：古代宫门外两边高耸的楼观。楼观下常为悬布法令之所。亦借指朝廷。《庄子·让王》："身在江海之上，心居乎魏阙之下。"

廊庙：指朝廷。《国语·越语下》："谋之廊庙，失之中原，其可乎？王姑勿许也。"

庙堂：指朝廷。《庄子·在宥》："故贤者伏处大山嵁岩之下，而万乘之君忧栗乎庙堂之上。"

"魏"和"阙"都指宫门外两边的楼观。《周礼·天官·大宰》："乃县治象之法于象魏。"郑玄注引郑司农曰："象魏，阙也。"《诗·郑风·子衿》："在城阙兮。"高亨注："阙，城门两边的高台。""廊"指厅堂周围的房屋。《韩非子·十过》："大风至，大雨随之，裂帷幕，破俎豆，隳廊瓦，坐者散走。""庙"指太庙。《诗·大雅·思齐》："雍雍在宫，肃肃在庙。""魏阙""廊庙""庙堂"都可以借指朝廷。这是以具体事物指代抽象事物。

3. 用典

战国—秦时期，典故造词产生的新词数量不多。利用典故造词有两种方式：一种是概括典故的主要内容并加以改造创造复音词；另一种是截取典故中具有代表性的成分以创造复音词。比如：

赴渊：谓嫉浊避世。《庄子·刻意》："刻意尚行，离世异俗，高论怨诽，为亢而已矣；此山谷之士，非世之人，枯槁赴渊者之所好也。"陆德明释文引司马彪曰："枯槁，若鲍焦、介推；赴渊，若申徒狄。"

申徒狄是殷商人，一说为春秋人，因鄙弃利禄而抱石投河。他的故事在先秦文献中有记载，如《庄子·盗跖》："申徒狄谏而不听，负石自投于河，为鱼鳖所食。"汉代文献亦有记述，如韩婴《韩诗外传》："申徒狄非其世，将自投于河，崔嘉闻而止之曰：'吾闻圣人仁士之于天地之间也，民之父母也。今为儒雅之故，不救溺人，可乎？'申徒狄曰：'不然。桀杀关龙逢，纣杀王子比干，而亡天下。吴杀子胥，陈杀泄冶，而灭其国。故亡国残家，非无圣智也，不用故也。'遂抱石而沉于河。""赴渊"指嫉浊避世，是通过概括典故的主要内容构成的复音词。"赴渊"为动宾式结构复合词。

璧马：用作礼物的璧玉和良马。《战国策·魏策三》："客谓齐王曰：'淳于髡言不伐魏者，受魏之璧马也。'"

《左传》记载，鲁襄公在蒲圃招待晋国的六卿，送给荀偃丰厚的礼品，除了五匹束锦外，还有美玉良马以及吴国的寿梦之鼎。《左传·襄公十九年》："（襄公）赂荀偃束锦加璧、乘马，先吴寿梦之鼎。"后以"璧马"泛指用作礼物的璧玉良马，如《韩非子·喻老》："晋献公将欲袭虞，遗之以璧马；知伯将袭仇由，遗之以广车。""璧马"是通过截取典故中的"璧"和"马"两个代表性成分构成的复音词。"璧马"为联合式结构复合词。

除历史故事外，典故造词还利用古书中的名句创造复音词。比如：

暴虎冯河：空手搏虎，徒步渡河。比喻冒险行事，有勇无谋。《论语·述而》："暴虎冯河，死而无悔者，吾不与也。"

"暴虎冯河"典出《诗·小雅·小旻》："不敢暴虎，不敢冯河。人知其一，莫知其他。"把源句中"暴虎"和"冯河"两部分并列组合在一起，形成联合式结构复合词"暴虎冯河"。

曲全：犹言委曲求全。《庄子·天下》："人皆求福，己独曲全。"成玄英疏："委曲随物，保全生道。"

《老子》有"曲则全，枉则直"，"曲全"是截取其中的"曲"和"全"两个词以词素的形式构成的复合词。"曲全"在后世文献中仍有用例，如宋黄庭坚《和邢惇夫秋怀》之五："天道当曲全，小智惊后患。"

4. 节缩

"节缩"指的是为追求语音简洁、整齐的效果而截取原有语词中的成分创造复音词，新词的意义就是源语词的意义。

后帝：天帝；上帝。《楚辞·天问》："何献蒸肉之膏，而后帝不若。"

"后帝"是"皇皇后帝"的节缩。"皇皇后帝"指天帝。《诗·鲁颂·閟宫》："皇皇后帝，皇祖后稷。"郑玄笺："皇皇后帝，谓天也。"《论语·尧曰》："予小子履敢用玄牡，敢昭告于皇皇后帝。"何晏集解："皇，大；后，君也。大大君帝，谓天帝也。""后帝"较源词减少了音节长度，在辞赋中使用可以实现句式整齐、节奏和谐。表示天帝的"后帝"仅在《楚辞》中出现，后世文献中仍使用"皇皇后帝"，如《南齐书·高帝纪下》："皇帝臣道成敢用玄牡，昭告皇皇后帝。"

前文讨论的通过借代造词形成的"五尺"也可以认为是"五尺之童"的节缩。"五尺"压缩了"五尺之童"的音节，可以使语句更加扼要。

5. 夸张

战国—秦时期，一些复音词中的数词性词素虚指数字，这些词的产生可以认为是借助了夸张的修辞手段。比如：

万钟：指优厚的俸禄。《孟子·告子上》："万钟则不辩礼义而受之，万钟于我何加焉。"

"钟"为古代容量单位。《左传·昭公三年》："齐旧四量：豆、区、釜、钟。""万钟"通过夸张的手段强调俸禄之优厚。

这类词数量较多，有"万形""万事""万类""千品""千钧""千仞""百胜""百体""百围"等。有时，同一个中心词素可以被不同的数词词素修饰，极言其多。比如，"千岁""万岁"极言年代久远。《荀子·非相》："欲观千岁，则数今日。"《庄子·齐物论》："参万岁而一成纯，万物尽然。""千官""万官"极言官员众多。《吕氏春秋·君守》："大圣无事，而千官尽能。"《国语·楚语下》："五物之官，陪属万为万官。"

6. 委婉

战国—秦时期，一些复音词的产生与委婉的修辞手段有关。比如：

陛下：对帝王的尊称。《韩非子·存韩》："陛下虽以金石相弊，则兼天下之日未也。"

"陛下"本指帝王宫殿的台阶之下，战国末期用作对帝王的尊称。东汉蔡邕《独断》释"陛下"："陛下者，陛，阶也，所由升堂也。天子必有近臣执兵陈于阶侧，以戒不虞。谓之陛下者，群臣与天子言，不敢指斥天子，故呼在陛下者而告之，因卑达尊之意也。"

晏驾：车驾晚出。古代称帝王死亡的讳辞。《战国策·秦策五》："秦王老矣，一日晏驾，虽有子异人，不足以结秦。"

"晏"指晚。《论语·子路》："冉子退朝。子曰：'何晏也？'""晏驾"就是车驾晚出，用为帝王薨逝的讳辞。《史记·范雎蔡泽列传》："宫车一日晏驾，是事之不可知者一也。"裴骃集解引韦昭曰："凡初崩为'晏驾'者，臣子之心犹谓宫车当驾而晚出。"

除"晏驾"外，战国—秦时期出现的用于帝王薨逝的讳辞还有"山陵崩""弃群臣"。《战国策·秦策五》："王之春秋高，一日山陵崩，太子用事，君危于累卵，而不寿于朝生。"《韩非子·外储说右下》："王不幸弃群臣，则子之亦益也。"用于普通人死亡的委婉语有"没世""物故""不可讳""捐馆舍"。《论语·卫灵公》："君子疾没世而名不称焉。"《荀子·君道》："人主不能不有游观安燕之时，则不能不有疾病物故之变焉。"《战国策·魏策一》："公叔（痤）病，即不可讳，将奈社稷何？"又《赵策二》："今奉阳君捐馆舍。"这些词的形成与避讳有关。

除上述新词外，战国—秦时期还出现了"不敏""不穀""小人""草鄙之人""严教""足下"等谦称和尊称的词。

7. 反复

反复造词是用重叠一个词素产生新词的方式。战国—秦时期，反复造词不是一种能产的造词方式，产生的新词数量不多。这种方式产生的新词有的表示与词素义相同的概念，有的表示与词素义相关的概念。比如：

偠偠：远貌。《荀子·强国》："然而县之以王者之功名，则偠偠然其不及远矣。"

词素"偠"指远。《荀子》有"偠然"，形容远。《荀子·强国》："俄而天下偠然举去桀纣而奔汤武。""偠偠"是通过重叠词素"偠"形成的重叠式合成词，与"偠然"同义。"偠偠"和"偠然"使用了两种造词方式：前者通过修辞造词产生，后者通过附缀造词产生。附缀造词后文有释。

役役：劳苦不息貌。《庄子·齐物论》："终身役役，而不见其成功。"

"役"指劳役。《周礼·地官·小司徒》："乃会万民之卒伍而用之……以起军旅，以作田役。"役作之事使人劳苦。词素"役"重叠后形成的"役役"转为形容词，形容人劳苦不息的样子，词义与词素单用时的意义相关。

（二）句法造词

句法造词是把具有词汇意义的词素按照句法的结构规则组合在一起的造词方式。运用句法造词产生的新词称为复合词，复合词的内部结构包括偏正式、联合式、动宾式、主谓式、补充式五种类型。战国—秦时期，句法造词是极具能产性的造词方式，产生了偏正式、联合式、动宾式、主谓式四种类型的复合词，数量庞大。

语言成分按照句法组合，往往先以词组的形式出现，经过一段时间的语用才凝固成词。比如，"监"与"门"结合后形成动宾式组合"监门"，指监守门户，《荀子·荣辱》"或监门御旅，抱关击柝"中的"监门"就是一个由动词"监"和名词"门"组成的词组，不能看作词。"监门"在词组的基础上进一步发展，可以指守门的小吏。《周礼·地官·司门》："祭祀之牛牲系焉，监门养之。"郑玄注："监门，门徒。"这里的"监门"已经成词。与"监门"类似的还有"守门"。《周礼·秋官·司寇》"墨者使守门，劓者使守关，宫者使守内，刖者使守囿，髡者使守积"中的"守门"不是词，而是词组。"守门"成词后表示看守门户的人，如《左传·僖公二十八年》："卫侯先期入，宁子先长牂，守门以为使也，与之乘而入。"《荀子·正名》："故虽为守门，欲不可去，性之具也；虽为天子，欲不可尽。"《左传》《荀子》中的"守门"是词。当然，也有一些组合产生后能够直接成词，如"兵法"指用兵之法，"行军"泛指用兵。《孙子·形》："兵法：一曰度，二曰量，三曰数，四曰称，五曰胜。"《管子·小问》："桓公曰：'吾已知战胜之器，攻取之数矣，请问行军袭邑，举错而知先后，不失地利，若何？'""兵法""行军"是随着战国军事理论的发展而产生的。

根据词素在句法规则下彼此间形成的关系，句法造词可以分为并列关系造词和主从关系造词两种。主从关系造词又可细分为修饰关系造词、因果关系造词、支配关系造词、表述关系造词。[①]因果关系造词是结合表示因果关系的词素以成词的方式，战国—秦时期没有出现使用因果关系造词法产生的复音词。

1. 并列关系造词

孙常叙把并列关系造词分为四种类型：一是两端对举，即把能够概括两端特点的词素组合起来产生新词；二是两类概括，即把表示不同类别概念的词素组合起来产生一个更具概括性或象征性的新词；三是两事相成，即把表示相辅相成概念的词素组合起来产生新词；四是同义互注，即把同义或近义的词素组

---

① 本书句法造词的分类是在孙常叙"词组结构造词"分类的基础上，结合了赵克勤对合成词的结构分类重新做出的划分。参见孙常叙：《汉语词汇》（重排本），商务印书馆2006年版，第108—111页；赵克勤：《古代汉语词汇学》，商务印书馆1994年版，第34页。

合起来产生新词。①

（1）两端对举

两端对举的既有绝对反义的概念，也有相对反义的概念。比如：

巫觋：古代称女巫为巫，男巫为觋。泛指以装神弄鬼替人祈祷为职业的巫师。《荀子·正论》："出户而巫觋有事。"

捭₂阖②：犹开合。《鬼谷子·捭阖》："捭阖者，以变动阴阳四时开闭，以化物纵横……此天地阴阳之道，而说人之法也。"

迂直：曲和直。《孙子·军争》："先知迂直之计者胜，此军争之法也。"杜牧注："言军争者，先须计远近迂直，然后可以为胜。"

谤誉：毁谤和称誉。《国语·晋语六》："考百事于朝，问谤誉于路。"

盈虚：盈满或虚空。谓发展变化。《庄子·秋水》："察乎盈虚，故得而不喜，失而不忧。"

端末：首尾；始末。《韩非子·解老》："进兼天下而退从民人，其术远，则众人莫见其端末；莫见其端末，是以莫知其极。"

六词中，"巫觋""捭₂阖""迂直"由表示绝对反义概念的词素对举成词，"谤誉""盈虚""端末"由表示相对反义概念的词素对举成词。

（2）两类概括

表示不同类别概念的词素通过概括的方式组合成词，新词往往表达一个更具概括性或象征性的概念。比如：

笔牍：泛指文具。《战国策·齐策六》："君王后曰：'善。'取笔牍受言。"

古代写字用的木板称为"牍"。汉董仲舒《春秋繁露·玉杯》："今赵盾弑君，四年之后，别牍复见，非《春秋》之常辞也。""笔"和"牍"结合后形成"笔牍"，泛指书写用的文具。

通过这种方式产生的新词还有"金木""膏粱""耕耨""子弟""兵革"等。

334

---

① 参见孙常叙：《汉语词汇》（重排本），商务印书馆2006年版，第108—111页。

② "捭₂"音bò。

金木：旧时施刑所用金属和木制刑具的总称。金属刑具如刀锯斧钺，木制刑具如捶楚桎梏等。《庄子·列御寇》："宵人之离外刑者，金木讯之；离内刑者，阴阳食之。"

膏粱：肥美的食物。《国语·晋语七》："夫膏粱之性难正也。"韦昭注："膏，肉之肥者；粱，食之精者。"

耕耨：耕田除草。泛指耕种。《周礼·天官·甸师》："掌帅其属耕耨王藉，以时入之，以共齍盛。"

子弟：子与弟。对父兄而言。泛指子侄辈。《孟子·梁惠王下》："若杀其父兄，系累其子弟，毁其宗庙，迁其重器，如之何其可也？"

兵革：兵器和甲胄的总称。泛指武器军备。《韩非子·解老》："凡兵革者，所以备害也。"《战国策·秦策一》："期年之后，道不拾遗，民不妄取，兵革大强。"

（3）两事相成

两事相成中的"事"既可以是动作行为，也可以是性质状态。比如：

背弃：背离抛弃。《左传·成公十三年》："君又不祥，背弃盟誓。"

蠲洁：清洁。《墨子·尚同中》："其事鬼神也，酒醴粢盛，不敢不蠲洁。"

"背"指背离，"弃"指抛弃，"背离"就是背离抛弃。"蠲"指清澈，"洁"指干净，"蠲洁"就是清澈干净。"背离"由两个表示动作的词素互相补充成词。"蠲洁"由两个表示状态的词素互相补充成词。复合新词中有不少是通过这种方式产生的。比如：

防守：防备守卫。《鬼谷子·符言》："许之则防守，拒之则闭塞。"

疑虑：怀疑顾虑。《尉缭子·兵谈》："人人无不腾陵张胆，绝乎疑虑，堂堂决而去。"

逸怠：谓贪图安乐而不勤于修身治国。《群书治要》卷三三引《晏子春秋·问上六》："居处逸怠，左右慑畏，繁乎乐，省乎治，则东郭牙昵侍。"按：《晏子春秋》今本作"佚怠"。

困废：困顿而废滞。《荀子·正名》："贵贱不明，同异不别，如是，则志必有不喻之患，而事必有困废之祸。"

廉直：清廉正直。《国语·晋语八》："夫阳子行廉直于晋国，不免其身，其知不足称也。"

重厚：持重而敦厚。《墨子·号令》："葆卫必取戍卒有重厚者。"

六词中，"防守""疑虑"由表示动作互相补充的词素结合而成，"逸怠""困废""廉直""重厚"由表示性质互相补充的词素结合而成。

（4）同义互注

孙常叙认为："互注造词是汉语新质特点给某些从古汉语传承下来的单音节词以影响而引起的词的形式改造。当然在这同时也反映着认识上的和生活上的某些改变和要求，可是在基本意义上并没有什么大的改变。"[①]同义互注造词不是简单地把同义或近义的词素相连，而是在同义或近义的词素结合的过程中实现相互注解的目的，使新词义更加明确。同义或近义的词素相互结合可以形成大量复合词。比如：

牖向：窗户。《荀子·君道》："便嬖左右者，人主之所以窥远收众之门户、牖向也。"

"牖""向"都指窗户。析言之，"牖"是朝南的窗户，"向"是朝北的窗户。《诗·豳风·七月》："塞向墐户。"毛传："向，北出牖也。"两个词素结合后形成"牖向"，词素意义的差别不再显现，词素互训，"牖"即"向"，"向"即"牖"，"牖向"指窗户。

以同义互注方式产生的新词还有"猿猱""罗纨""膏腴""藩篱""樵薪"等。

猿猱：泛指猿猴。《管子·形势》："坠岸三仞，人之所大难也，而猿猱饮焉。"

罗纨：泛指精美的丝织品。《战国策·齐策四》："下宫糅罗纨，曳绮縠，而士不得以为缘。"

膏腴：谓（土地）肥沃。《战国策·赵策四》："今媪尊长安君之位，而封之以膏腴之地。"

藩篱：指用竹木编成的篱笆或栅栏。《国语·吴语》："孤用亲听命于藩篱之外。"韦昭注："藩篱，壁落。"

① 孙常叙：《汉语词汇》（重排本），商务印书馆2006年版，第111页。

樵薪：柴薪。《墨子·旗帜》："凡守城之法，石有积，樵薪有积，菅茅有积。"

2. 主从关系造词

（1）修饰关系造词

修饰关系造词是把起修饰作用的词素和被修饰的词素结合成词的造词方式。词素义之间是修饰与被修饰的关系。比如：

薄寒：微寒。《楚辞·九辩》："憯凄增欷兮，薄寒之中人。"

午割：交叉切割。《仪礼·特牲馈食礼》："肵俎心舌，皆去本末，午割之。"郑玄注："午割，从横割之。"

翼卫：护卫。《逸周书·大明武》："阵若云布，侵若风行，轻车翼卫，在戎二方。"

重室子：指贵家子弟。《墨子·备城门》："城四面四隅皆为高磨𢹂，使重室子居亓上，侯适。"

万户侯：食邑万户之侯。《战国策·齐策四》："有能得齐王头者，封万户侯。"

上述合成词中，"薄""午""翼""重室""万户"在各词中作修饰的成分，修饰后一个词素。

（2）支配关系造词

支配关系造词是把表示动作的词素与表示动作支配对象的词素结合成词的造词方式。词素义之间是支配与被支配关系。比如：

弃甲：丢掉铠甲。表示战败。《左传·宣公二年》："睅其目，皤其腹，弃甲而复。"杜预注："弃甲，谓亡师。"

合室：犹成婚。《国语·鲁语下》："今以诗合室，歌以咏之，度于法矣。"韦昭注："合，成也。"

渔利：用不正当的手段谋取利益。《管子·法禁》："渔利苏功，以取顺其君。"尹知章注："饰诈以钓君利，谓之渔利。"

祈向：向导；引导。《庄子·天地》："三人行而一人惑，所适者犹可致也，惑者少也。二人惑，则劳而不至，惑者胜也。而今也以天下惑，予虽有祈向，不可得也。"

交臂：叉手；拱手。表示降服，恭敬。《战国策·魏策二》："魏不能支，交臂而听楚。"

"弃""合""渔""祈""交"在各词中表示动作，语义上支配后一个词素所表示的对象。

（3）表述关系造词

表述关系造词是把表示主语的词素与表示述语的词素结合成词的造词方式。词素之间是主述关系。比如：

日晚：犹傍晚。《韩非子·外储说左上》："夫婴儿相与戏也，以尘为饭，以涂为羹，以木为胾，然至日晚必归馈者，尘饭涂羹可以戏而不可食也。"

题凑：古代天子的椁制，也赐用于大臣。椁室用大木累积而成，木头皆内向为椁盖，上尖下方，犹如屋檐四垂，谓之"题凑"。《吕氏春秋·节丧》："诸养生之具，无不从者。题凑之室，棺椁数袭，积石积炭，以环其外。"高诱注："题凑，复累。"

心伤：害怕。《六韬·动静》："吾欲令敌人将帅恐惧，士卒心伤，行陈不固。"

（三）附缀造词

附缀造词是在具有词汇意义的成分上添加词缀产生新词的方式。战国—秦时期，附缀造词不是一种能产的造词方式，产生的新词数量不多。附缀造词分两种方式：一种是附加前缀，另一种是附加后缀。战国—秦时期，附加前缀造词就是在名词性词素前附加前缀"有"。前缀"有"只能附加在国名、部落名等名词性词素前面。附加后缀造词主要是在以形容词性词素为主的词根词素后附加后缀"然""若""如""尔""焉""而"，形成的新词多为形容词。由附缀造词形成的附加式合成词的一般情况已在本章第二节中作过详细论述，此处不再重复。

原生造词和合成造词都是战国—秦时期复音词产生和积累的方式。两种造词方式相互补充，共同作用，产生出大量的复音新词。

原生造词的造词能力远不及合成造词。原生造词产生的复音新词共397个，而合成造词产生的复音新词共13231个。合成造词产生的新词数量远高于原生造词，其造词能力约为原生造词的33倍。原生造词和合成造词又可细分出多种造词类型，各种造词类型的造词能力也呈现出不均衡的特点。原生造词中，摹声造词产生的复音词很少，其造词能力远远低于音义任意结合的方式。合成造词中，句法造词和修辞造词极具能产性，产生的复音词远超附缀造词。

战国—秦时期，合成造词是复音新词产生的主要方式，表明这一时期复音词造词更趋理性和科学性。原生造词主要通过音义任意结合产生新词，新词内部缺乏理据性，除摹声产生的少数拟声词外，大多数原生造词产生的新词无法寻找到形式和内容结合的依据。合成造词通过词素之间的有序组合产生新词，新词内部具有理据性。这种理据性表现在文化和内部形式两个方面。通过修辞手段创造复音词，就是依据客观事物之间的联系，把人们对客观事物的认知投射到语词的创造中，所以修辞造词与人们的文化心理和审美情趣有着密切的联系。战国—秦时期，修辞造词中采用的修辞手段丰富多样，反映出这一时期人们能够从更广泛的角度发掘世间万物之间的联系，这是客观事物感知力提高的结果。句法造词创造出的新词，其语义结构和语法结构之间存在一定的联系，词素的排序反映出词素义结合的方式，这种内部结构的形式化使语词的产生走向规范化、严密化，产生出的复音词具有理据性，更容易被人们理解和接受。战国—秦时期，句法造词是产生复音新词的最重要手段，产生出的复音词数量巨大，反映出该时期人们的思维日臻严密、科学，促使语言的发展朝着逻辑性的方向发展。此外，原生造词是一种完全创造语言新要素的造词方式，造词时不利用任何语言中已有的语言要素。与原生造词不同，句法造词利用已有的语言要素作为造词材料，大大开辟了词汇的扩展空间，使语义的表达获得了更大的可能。这也是战国—秦时期汉语词汇发展的巨大进步。

战国—秦时期，复音化进入快速发展阶段，产生了大量的复音词。虽然战国—秦时期单音词的使用频率总体上高于复音词，但是复音新词的造词数量远远超过单音节新词。据本书统计，战国—秦时期出现的复音新词共13726个，约是单音节新词的3.7倍，显示了汉语历时发展中复音化的总趋势。汉语词汇的复音化主要是词汇的双音化，战国—秦时期复音新词也以双音节词为主，多音节词数量很少。双音节词既可以使表义更加精确，其双音步也可以满足文辞上追求声韵和谐的需要。总之，"由单音向双音发展，是汉语词汇发展的一种必然现象”①。

通过分析复音新词内部结构发现，汉语复音化的主要构词形式在战国—秦时期已经具备，各个构词形式的构词能力较战国前有了明显提高。其中，偏正式复合词数量最多，占全部复音新词的57.76%，表明使用具有修饰与被修饰关系的词素构词成为战国—秦时期复音词最重要的构词手段。偏正式构词之所以最能产，与其构成的新词表义范围广泛有密切的关系。偏正式结构是通过一个偏词素修饰限定一个中心词素形成的，词素间的修饰限定关系可以使形成的复合词表达中心词素的下位概念，由此创造出的新词可以指称更多的新生事物和概念。比如，商周时期各国之间战事频仍，兵车在战争中广泛使用。先秦文献中，“车”可以特指兵车，如《诗·小雅·出车》：“出车彭彭，旂旐央央。”《左传·隐公元年》：“命子封帅车二百乘以伐京。”随着兵车的种类逐渐细化，语言中产生了一批表示各类兵车的复音新词，这些词都是以“车”为中心词素的偏正式复合词。据统计，《汉语大词典》中收录的含词素“车”的战国—秦时期复音新词共127个，其中19个表示各类兵车，分别为“驰车”“革车”“电车”“都车”“轻车”“輣车”“阵车”“阙₂车”②“侵车”“佐车”“候车”“兵车”“冲车”“广₂车”③“强车”“楼车”“战车”“择车”“甲车”。除“兵车”“战车”外，其余17个词表示的都是兵车的下位概念。与偏正式构词相比，联合式构词表示新事物新概念的能力就逊色很多。联合式是由两个意义相同、相关或相反的词素连缀而成，新词表达的概念往往比构词词素表达的概念更加概括，更适合表达构词词素的上位概念。而战国—秦时期产生的大量新事物新概念往往是思维精细化的结果，多涉及下位概念，联合式构词在表达新事物概念方面不能满足语言表达的需要，其构成新词的能力也就不及偏正式构词。

社会发展促使新事物新概念不断产生，需要通过创造新词把它们记录下来，这也是词汇产生的动因。战国—秦时期是中国历史的重要转型期，王室式

---

① 葛本仪：《现代汉语词汇学》（修订本），山东人民出版社2004年版，第277页。

② “阙₂”音quē。

③ “广₂”音guàng。

微，诸侯争霸，列国兼并重组，最终归于一统。社会变革反映到语言中，就产生出大量具有时代特色的新词。从战国—秦复音新词的词义上看，新词中有相当一部分反映的是这一时期出现的新事物新概念。比如，"节俭""俭节""俭约""淫奢""淫侈""肆侈"都是与先秦俭德思想有关的新词，这些词的产生反映出战国—秦时期人们价值观的新取向；"飞钩""钩梯""云梯""讪胜""车梯""行城""楼车""巢车"都是表示战国新型武器装备的新词，它们的出现是这一时期军事发展的结果；"冰鉴""螭龙""蚳醢""磁石""荷衣""鲦鲋""狐白"都是反映物质生活的新词，它们表示的事物概念都是战国以前文献中没有出现过的，反映了战国—秦时期人们社会生活愈加丰富。

当然，复音新词中也有一些记录的是战国以前文献中已经出现的事物概念，如新词"於菟""维斗""耀灵"分别为虎、北斗、太阳的别称，战国以前文献中已经出现"虎""北斗""日"，战国—秦时期为这些概念创造新的复音词，满足了语言表达丰富化、精细化的要求。

除了词汇系统本身和社会发展两方面的原因外，人们思维能力的提高在一定程度上也可以成为促进新词产生的催化剂。语言是人类思维的产物，思维能力的进步促使人们从简单具体的事物现象中发现各种复杂抽象的性质特征，进而推动语言系统不断丰富。战国—秦时期，人们思维能力较之前有了提高，对客观世界的认识逐渐从肤浅到深入，由具体到抽象。比如，古人最早对电的认识是自然界中的闪电。甲骨文及西周春秋文献中的"电"均指闪电，此时文献中对闪电的描述都强调闪电威力巨大，使人内心产生畏惧感，如《诗·小雅·十月之交》："烨烨震电，不宁不令。"《书·金縢》："秋，大熟，未获。天大雷电以风，禾尽偃。"至战国—秦时期，人们对闪电这一自然现象认识有所加深，不仅知道闪电对人们的生产生活造成破坏，还注意到了闪电迅疾、快速的特征，于是这一时期以"电"构成的一些复音新词可以指称带有迅疾、快速特征的事物。比如，"电影"是箭名。《六韬·军用》："材士强弩矛戟为翼，飞凫电影自副。"这种箭速度极快，像闪电划过，故名"电影"。类似的还有新词"电车""电击"。"电车"形容车忽往忽来、风驰电掣。"电击"形容打击快速猛烈。《六韬·军用》："陷坚阵，败步骑，大扶胥冲车三十六乘……一名电车，兵法谓之电击。"虽然此时词素"电"还不能单用表示迅疾、快速，当期文献中也没有出现有关闪电迅疾的描述，但是从"电影""电车""电击"三词可以看出，战国—秦时期人们对自然界中电的认识已经不仅限于其威力大，还注意到了其速度快，所以才选择了词素"电"构成新词，喻指速度快的事物。大约到唐朝时，"电"作为单音词已经可以表示迅疾。《晋书·闵王承传》："足下若能卷甲电赴，犹或有济。"随着现代社会科技的发展，电成为能够为人类利用的能源，"电影""电车""电击"的意义发生改变。从"闪电"到"迅疾"再到"电能"，"电"词义上的变化可以视为人们思维能力进步和社会发展共同作用的结果。

　　总之，战国—秦时期复音新词的产生是诸多因素共同作用的结果，与汉语词汇发展的一般规律相一致。

第五章　战国—秦时期合成新词的构词词素

构成战国—秦合成新词的词素数量庞大，共3645个。[①]这些词素中，有的在战国以前就已出现，如"弭""苣""雄""羊""先""采""金""豺""诸侯""蒺藜"，战国—秦时期它们与其他词素构成新的合成词；有的是战国—秦时期新出现的词素，如"菕""黝""禅""览""鲵""皮树"，这些词素单用时是战国—秦时期的新词，同时它们又与其他词素构成新的合成词。从词素的音节数量上看，构成战国—秦合成新词的词素既有单音节词素，如"宝""人""糇""虮""奸""狡""木""朝"，也有双音节词素，如"将军""君子""禽兽""主人"。从词素的内部结构上看，合成新词的词素既有单纯词素，如"诺""元""辛夷""鞿鞴""轩辕"，也有合成词素，如"夫人""耳目""天下""公子""祭祀"。从词素的意义上看，合成新词的词素既有单义词素，如"惼""雹""鳍""鼪""缘""豹""蟹"，也有多义词素，如"秕""冲""炱""本""鄙""钝""黄"。总之，战国—秦合成新词的词素种类繁多，意义复杂，只有对它们进行深入研究，才能真正了解这一时期合成新词的全貌。本章将从词素的构词能力、词素义的发展、词素义与词义的关系三个方面对战国—秦合成新词的词素进行研究。

----

① 本书合成新词词素数量的统计主要利用了Excel表格的重复项统计功能和数据排序筛选功能。基本步骤如下：将所有合成词导入Excel表格，然后进行词素拆分；将拆分后的词素合并为一列，一个词素占一个单元格；用Countif函数对表格中的重复单元格进行统计，计算出每个词素出现的次数；最后利用排序和筛选功能对数据进行处理。

第一节　战国—秦合成新词词素的构词能力

　　战国—秦时期，词素的构词能力普遍较春秋时期有了明显提高，但不同词素的构词能力差别很大：有的词素构词能力很弱，在战国—秦时期只参与构成了一个合成词；有的词素构词能力很强，参与构成了几十个甚至上百个合成词。

　　构词能力弱的词素大多生僻，参与构成合成词的词素义也往往单一。比如，战国—秦时期只参与构成一个合成词的词素有1241个，这些词素中绝大多数作单音词时不属于上古基本词汇，且在战国—秦文献中出现频率极低。举词素"稂""珩""糇""槸""玑""榑""牿"为例，它们在战国—秦时期只参与构成了一个合成词：

　　稂莠：泛指对禾苗有害的杂草。《国语·鲁语上》："子服之妾，衣不过七升之布，马饩不过稂莠。"

　　白珩：古代佩玉上部的横玉。《国语·楚语下》："赵简子鸣玉以相，问于王孙围曰：'楚之白珩犹在乎？'"

　　糇粮：干粮。《尸子》卷下："乃遣使巡国中，求百姓宾客之无居宿、绝糇粮者赈之。"

　　槸柜：用木条交叉制成的栅栏，置于官署前遮拦人马。《周礼·天官·掌舍》："掌王之会同之舍，设槸柜再重。"

　　珠玑：珠宝，珠玉。《墨子·节葬下》："诸侯死者，虚车府，然后金玉珠玑比乎身。"

　　榑木：即榑桑。《山海经·东山经》："至于无皋之山，南望幼海，东望榑木，无草木，多风。"

　　牿亡：受遏制而消亡。《孟子·告子上》："其日夜之所息，平旦之气，其好恶与人相近也者几希，则其旦昼之所为，有牿亡之矣。"

　　这些词素不仅在战国—秦时期构词能力低，而且在整个词汇发展过程中也很少构词。现代汉语中这些词素不仅没有构词能力，作为单音词也没有保留下来。

　　有的词素构词能力非常强，如词素"人"是战国—秦时期最具能产性的词素，构成新词220个，另外还有56个词素参与构成了50个以上的合成新词。具体如下：

人（220）、行（136）、车（127）、三（116）、然（105）、大（103）、一（101）、心（101）、事（98）、道（93）、国（91）、民（91）、言（91）、士（89）、兵（89）、中（89）、相（88）、长（87）、之（86）、五（85）、上（82）、服（80）、重（80）、九（78）、正（78）、白（75）、生（75）、木（71）、臣（70）、官（70）、玉（70）、德（68）、私（65）、法（65）、远（65）、地（63）、名（61）、物（60）、政（60）、子（69）、水（58）、王（58）、主（58）、风（57）、疾（57）、器（57）、师（57）、战（56）、六（56）、四（54）、乐（54）、礼（53）、下（52）、亲（52）、主（51）、马（50）、军（50）[①]

从上述57个词素的语法性质上看，本义表名物的词素数量最多，远远超过本义表动作或性状的词素。这与战国—秦时期偏正式构词能产有关。战国—秦时期出现的双音节偏正式新词共7687个，以名词性词素为中心词素的新词有6437个，这表明这一时期通过修饰限制名词性词素合成新词是最能产的构词方式，名词性词素与其他词素结合成词的能力最强。此外，57个能产词素中有5个数词性词素，其中词素"一""三"构词过百，是数词性词素中最能产的。数字在汉文化中往往具有一定的文化含义，这是数词性词素构词能力强的重要原因，如"一"表示万物之始，而"三"的三横分别代表天、地、人，可以概括世间万物。《道德经》说："道生一，一生二，二生三，三生万物。""一""三"不仅在战国—秦时期构词数量多，在整个汉语词汇发展中也极具能产性。据统计，仅《汉语大词典》收录的以"一"和"三"开头的词目就分别达到1824个和1427个，虽然这些词目中含有少数语的成分，但从数量上可以窥见"一"和"三"超强的构词能力。

从词素的语法功能上看，构词能力极强的词素中有两个黏着词素：一个是可以充当词缀的"然"，构成的105个新词可证"然"是战国—秦时期最能产的词缀；另一个是"之"，"之"的构词能力主要体现在四音节构词方面。除"然""之"外，其余55个都是自由词素，这些词素作单音词时都属于上古基本词汇。

[①]　词素后括号内的数字为该词素在战国—秦时期参与构成合成新词的数量。

从词素的意义上看，构词能力强的词素表达的概念往往具有明显的时代特征。比如，与军事有关的词素"兵""战""军""车""马"能产性强，表明军事战争方面的新词是战国—秦新词的重要组成部分，这与该时期各国征伐不断的社会状态有关。又如，战国—秦时期词素"玉"的构词能力很强，这与古人尚玉有关。玉不仅用作礼器，而且用作服饰。《礼记·玉藻》："古之君子必佩玉。""玉"作为词素构成大量合成词也是这一社会特点在语言中的体现。

下面，本节将从多义词素构词和词素间的语义关系两个方面分析战国—秦时期词素的构词能力。

一、从多义词素看词素的构词能力

战国—秦时期构词能力强的词素往往拥有多个义位。下面逐一展示战国—秦时期九个多义词素的构词情况，详细分析它们在这一时期的构词能力。

（一）本义表示名物的词素

从这类词素中选择了与人有关的词素"心"、与植物有关的词素"木"以及与社会有关的词素"政"。

1.词素"心"

"心"本义指心脏。古人以心为思维器官，所以"心"在上古时期常作为思想、意念、感情的通称。战国以前，"心"有四个义位参与合成词构词，分别为"心脏""脑的代称""思想意念的通称"和"草木的尖刺或芽尖"，构成15个合成词。

战国—秦时期，"心"的构词能力明显增强。参与构词的义位较战国前增加了"本性、性情"义。虽然构词的义位只增加了1个，但是构词数量较战国前明显增多，构成101个合成词。合成新词以偏正式结构为主，共77个，其中以"心"为中心词素的有73个。多数新词的词素"心"表示思想意念，这表明"心"的常用义"思想、意念、感情的通称"在战国—秦时期是构词能力最强的义位。"心"的本义"心脏"在这一时期的构词能力也明显提高，表明该时期人们对人体结构的认识更加全面。这一时期新出现的引申义"本性"的构词能力较强，表明人们对人类精神本质的探讨逐渐深入。引申义"草木的尖刺或芽尖"是"心"的生僻义，不仅战国—秦时期没有继续产生新词，后世文献中也鲜见用例。

表29　词素"心"的构词情况

词素	词素义	词素义性质	战国前构词	战国构词
心	心脏	本义	腹心	心耳、心目、心动、心病、心气、心风
	脑的代称	引申义	劳心	心智、心思
	思想、意念、感情的通称	引申义	忧心、遐心、肃心、心曲、一心、中心、悛心、惠心、甘心、常心、小心、褊心	尽心、众心、虚心、圣心、疑心、悉心、恒心、怵心、思心、忠心、烦心、方心、盗心、异心、慢心、惰心、愧心、愚心、恶心、疾心、游心、背心、两心、心术、心涂、三心、乱心、心志、心死、心斋、心伤、心怵、心治、心服、他心、凶心、利心、剀心、动心、幸心、专心、大心、同心、小心、奋心、失心、奸心、寒心、安心、守心、外心、存心、淫心、春心、散₂心①、归心、战心、戒心、成心、戎心、死心、欢心、民心、骄心、惊心、冯心、斗心、顾心、违心、邪心、足心、觊心、贼心、贪心、贞心、赤心、心力、机心、攻心、移心、洒心、心意
	本性、性情	引申义		本心、善心、人心、德心、流心、朴心、欲心、野心、豖心、良心
	中心、中央	引申义		心中
	草木的尖刺或芽尖	引申义	棘心	

2.词素"木"

"木"本义指树木。卜辞中就已经出现"木"假借为专名的用法。"木"

---

① "散₂"音sǎn。

的本义书证见于西周文献，如《诗·小雅·角弓》："毋教猱升木，如涂涂附。"战国以前，"木"有3个义位，分别为"树木""船"和"五行之一"，能够参与合成词构词的只有"树木"义，构成10个合成词。

战国—秦时期，"木"构成的合成新词共71个，"木"的构词能力明显增强，参与构词的义位较战国以前也显著增多。除了本义"树木"继续构词外，承古义"五行之一"也可以构成合成词。此外，这一时期"木"产生了许多引申义，参与构词的新义位有5个，分别为"木材""木制的""木制刑具""棺椁"和"木制建筑"。合成新词中偏正式结构有64个，其中以"木"为中心词素的有34个，以"木"为偏词素的有30个。词素"木"的本义"树木"在战国—秦时期是构词能力最强的义位，由这个义位构成的合成词除动宾式结构"斲木""寓木"和联合式结构"木石""林木"外，其余均为偏正式结构。这一时期"木"的两个新引申义"木料"和"木制的"构词能力也很强，构成的合成词均为偏正式结构，其中表示性质的引申义"木制的"所构偏正式新词都是以"木"为偏词素来修饰限制其他词素。

表30　词素"木"的构词情况

词素	词素义	词素义性质	战国前构词	战国构词
木	树木	本义	木瓜、木李、木桃、乔木、坏₃木①、卉木、灌木、柔木、株木、木冰	木实、木叶、木处、木桂、木材、木末、木兰、木石、白木、丹木、若木、亢₂木②、楠木、朱木、枫木、樽木、阴木、阳木、山木、寻木、生木、小木、散₂木③、檠木、枯木、材木、招₂木④、甘木、玄木、寿木、竹木、林木、斲木、寓木、扶木、木虫、拱木、果木

---

① "坏₃"，通"瘣"，音huì。

② "亢₂"音kàng。

③ "散₂"音sǎn。

④ "招₂"音zhāo。

⑤ "构₃"音gōu。

词素	词素义	词素义性质	战国前构词	战国构词
	木料、木材	引申义		抗木、柴木、林木、五木、任木、衡木、朽木、枉木、枸₃木⑤、木工、木板
	木制的	引申义		木镰、木罂、木鸡、木舘、木阁、木鸢、木路、木楗、木梗、木柶、木柙、木弩、木屎、木豆、木人、木铎、木楼
	木制刑具	引申义		金木
	木制建筑	引申义		土木
	棺椁	引申义		就木
	五行之一	引申义		木气、木正

3.词素"政"

"政"本义指政治。战国以前，"政"有4个义位，分别为"政治""政事""政权"和"政令"。除"政权""政令"外，其余两个义位"政治""政事"可以参与合成词构词，构成10个合成词。

战国—秦时期，"政"的构词能力明显增强，构成60个合成词。除"政治""政事"继续构词外，承古义"政权""政令"和新产生的引申义"主持政事的人"也可以构成合成词。新词中偏正式结构有53个，其中以"政"为中心词素的有42个。词素"政"的引申义"政事"在战国—秦时期是构词能力最强的义位，本义"政治"和引申义"政令"也具有一定的构词能力。

表31　词素"政"的构词情况

词素	词素义	词素义性质	战国前构词	战国构词
政	政治	本义	有政、政事	政教、政议、政令、推政、失政、乱政、仁政、力政、政柄、顺政、烦政、义政

（续表）

词素	词素义	词素义性质	战国前构词	战国构词
政	政事	引申义	政典、邦政、八政、庶政、司政、令政、政人、政治、	政理、政德、政学、政官、政长、内政、夏政、外政、德政、稼政、私政、文政、逆政、美政、苞政、军政、谤政、阳政、马政、学政、武政、横政、大政、逆政、守政、从政、曲政、国政、市政、知政
	政权	引申义		二政、致政、贰政、两政、执政
	政令	引申义		王政、刑政、力政、天政、政象、政刑、美政、秕政、时政、法政、荒政、虐政
	主持政事的人	引申义		下政

通过对"心""木""政"三个词素构词情况的分析可以看出，这些本义表名物的词素构成合成词的能力在战国—秦时期明显提高，参与构词的义位也明显增多。比如，词素"木"在战国前仅构成了10个合成词，参与构词的义位只有本义"树木"，而战国—秦时期构成了71个合成词，参与构词的义位多达7个。具体到一个词素的同一个义位，战国—秦时期产生的合成词也比前代多。比如，"政"的引申义"政事"在战国前仅构成了8个合成词，而在战国—秦时期构成了30个合成词；"心"的引申义"本性"在战国前未构成合成词，而在战国—秦时期构成了10个合成词。从合成新词的内部结构类型上看，这些合成词多为偏正结构，但也出现了少数联合式、动宾式和主谓式结构，类型较战国前丰富。比如，词素"木"的本义"树木"在战国前仅能构成联合式和偏正式两种合成词，而战国—秦时期除继续构成联合式和偏正式合成词外，又构成了两个动宾式合成词"斲木"和"寓木"，两词分别指啄木鸟和树木上的寄生植物。

一个词素的不同义位在战国—秦时期的构词能力存在差异。比如，"木"的本义"树木"可以引申为"木材、木料"和"木制的"，这两个引申义可以看作"木"的直接引申义或近引申义。由引申义"木制的"又进一步引申为"木制刑具""木制建筑""棺椁"，这三个引申义可以看作"木"的间接引申义或远引申义。"木"的各个义位构成的新词数量差距明显。以本义"树木"构成的合成词有38个，以"木材、木料"和"木制的"两个引申义构成的合成词有28个，而以"木制刑具""木制建筑""棺椁"三个引申义构成的合成词只有3个。可见，本义或者与本义关系较近的义位构词能力较强，间接引申义或远引申义构词能力较弱。

战国—秦时期，词素"心""木""政"能够构成合成词的义位绝大多数为表示名物的义位，只有词素"木"的引申义"木制的"表示的是性质特征，由这个义位构成的合成词全部为定中式结构，没有出现状中式结构。

（二）本义表示行为动作的词素

从这类词素中选择了与生命有关的词素"生""养"以及与人类社会生活有关的词素"教"。

1.词素"生"

"生"本义指植物生长。战国以前，"生"引申为生育，又由"生育"义引申出"生存""活的"两个义位，"生"还引申出"植物新鲜或未干"义。这些义位在战国前都可以参与构词，构成8个合成词。

战国—秦时期，"生"的构词能力增强。除既有义位继续构词外，新出现的义位"产生""生命""生计""天性""生物""未成熟或未煮熟""读书人"也可以构成合成词。这一时期，词素"生"参与构词的义位达到12个，构成75个合成词。合成新词中，偏正式结构52个，联合式结构12个，动宾式结构5个，主谓式结构5个，重叠式结构1个。各义位的构词能力存在差别，本义的构词能力较低，这大概与本义所指范围仅限于植物有关。引申义中，"生育""生存""产生""活的""生命"五个义位构词能力较强，其中表示性质状态的引申义"活的"构成的全部为定中式合成词。

表32　词素"生"的构词情况

词素	词素义	词素义性质	战国前构词	战国构词
生	植物生长	本义	苍生	朝生、萌生
	生育、养育	引申义	初生、笃生、先生、后生	同生、生殖、生长、生育、生养、附生、生阜、新生
生	生存、生长	引申义	化生	生死、从₂生、横生、生育、生道、生理、生活、生禄、死生、长生、生杀、保生、托生、寄生、偷生、幸生
	滋生、产生	引申义		相生、生忧、生色、生火、生变、生白、徒生、复生、生生
	活的	引申义	生民	生命、生人、生山、生水、生离、生间、生虏、生木、生器、生物、生拘、生执
	生命	引申义		生本、遗生、赋生、贪生、伐生、形生、吾生、人生、生力、穷生、养生
	生计	引申义		民生、末生、治生
	天性	引申义		正生、全生
	生物	引申义		诸生（指"各种生物"）、嘉生、群生、万生
	新鲜或未干	引申义	生刍	生草、生栋
	未成熟或未煮熟的	引申义		生稻、生肉、生鱼、生熟
	读书人的通称	引申义		诸生（指"众儒生"）、狂生

2.词素"养"

"养"本义指养育、供养。战国以前，"养"的本义和引申义"奉养、事奉"都可以参与构词，但构词能力十分有限，只构成2个合成词。

战国—秦时期，"养"的构词能力明显增强。除承古义外，新引申出的义位"饲养""财用""保持养护""培养教育""休养""恣纵助长""任炊烹之人"也可以构成新的合成词。词素"养"参与构词的词素义达到9个，构成的

___

① "从₂"音zòng。

合成词共48个。新词中，联合式结构最多，共25个，其次是动宾式结构和偏正式结构，分别为12个和8个，另外还有3个主谓式结构。虽然参与构词的义位众多，但本义依然是构词能力最强的词素义，构成合成词24个。引申义"饲养"构成的都是联合式合成词，引申义"养护"和"恣纵"构成的都是动宾式合成词。表示某类人的引申义"任炊烹之人"构成了两个联合式合成词"扈养"和"厮养"，两词意义相近，都泛指厮役仆从。

表33　词素"养"的构词情况

词素	词素义	词素义性质	战国前构词	战国构词
养	养育、供养	本义	井养	牧养、收养、天养、养衰、持养、事养、厚养、养给、养长、养视、公养、养交、共$_3$养①、生养、恭养、将养、养口、养地、待养、养产、燕养、谨养、利养、颐养
	奉养、事奉	引申义	终养	孝养、侍养、养$_2$生、养$_2$志②、奉养
	饲养	引申义		养蓄、养食、畜$_2$养③、食养、负养
养	财用	引申义		服养
	保持、养护	引申义		养中、养耳、养目
	休养	引申义		养疾
	培养、教育	引申义		养成、治养、养恬、宣养、长$_2$养④
	恣纵、助长	引申义		养赢、养求
	任炊烹之人	引申义		扈养、厮养

---

① "共$_3$"，通"供"，音gōng。

② "养$_2$"音yàng。

③ "畜$_2$"音xù。

④ "长$_2$"音zhǎng。

3.词素"教"

"教"本义指教育。战国以前，"教"的本义和引申义"教化"都可以参与构词，但构词能力有限，构成合成词8个。

战国—秦时期，"教"的构词能力明显增强，共构成合成词45个。除承古义外，新产生的引申义"训练"也可以构成合成词。合成新词中，偏正式结构最多，共32个，还有13个联合式结构，其他结构类型未见。虽然这一时期词素"教"参与构词的义位只有3个，但每个意义都具有一定的构词能力。本义是构词能力最强的词素义，构成合成词27个。引申义"训练"构成的合成词中有3个偏正式结构，分别是"教卫""教卒""教士"，三词意义相近，都表示训练过的士卒。

表34　词素"教"的构词情况

词素	词素义	词素义性质	战国前构词	战国构词
教	教育、教导	本义	教海、诰教、教告、教刑	教数、教导、教护、教驯、教诏、教育、教典、教戒、本教、妇教、至教、惠教、教泽、四教、严教、口教、幸教、劳教、死教、明教、余教、末教、遗教、谕教、教职、教治、教象
	教化	引申义	彝教、声教、文教、五教	法教、政教、十教、七教、道教、训教、教训、俗教、名教、教令、教官、德教
	教练、训练	引申义		教扰、教习、教服、教卫、教卒、教士

通过对"生""养""教"三个词素构词情况的分析可以看出，这些词素的构词能力在战国—秦时期明显提高。比如，词素"生"在战国前仅构成了8个合成词，参与构词的义位只有5个，而在战国—秦时期构成了75个合成词，参与构词的义位多达12个。具体到一个词素的同一个义位，战国—秦时期产生的合成词也比前代多。比如，"教"的引申义"教育"在战国前仅构成了4个合成词，而在战国—秦时期构成了27个合成词。从合成新词的内部结构类型上

看，"生""养""教"的本义虽然表动作行为，但在战国—秦时期产生的合成词仍以偏正式结构为主。不过，与本义表名物的词素"心""木""政"相比，"生""养""教"构成联合式新词的数量明显增加。"心""木""政"构成联合式新词仅10个，占所构新词的4.8%；而"生""养""教"构成联合式新词共50个，占所构新词的29.8%，其中仅有"厦养""赙养""服养""形生"是以"名+名"方式构词的，其余46个都是以"动+动"方式构词。综合来看，词素"心""木""政""生""养""教"构成的联合式新词中，"动+动"结构超过了"名+名"结构，这与战国—秦时期联合式新词内部语法构成的一般情况一致，即"动+动"是联合式构词中最具能产性的构词方式。此外，虽然词素"生""养""教"多是以表示动作的意义进行构词，但是动宾式新词数量并没有明显增加，由此可见战国—秦时期动宾式的构词能力远不如联合式构词和偏正式构词。

同一词素的不同义位在战国—秦时期的构词能力不同。与词素"心""木""政"的构词特点一致，词素"生""养""教"的本义或近引申义构词的数量超过了远引申义构词的数量。比如，"养"的本义"养育"和近引申义"奉养""饲养"构成的合成词共34个，占构成新词数量的71%。可见，越是本义或者与本义关系相近的义位，其构词能力就越强。

（三）本义表示性质状态的词素

从这类词中选择了与空间特征有关的词素"远"、与人性特征有关的词素"善"以及与颜色有关的词素"白"。

1.词素"远"

"远"本义指遥远。战国以前，本义与引申义"长远""远大"都可以参与构词，构成合成词6个。

战国—秦时期，"远"的构词能力明显增强。除既有义位继续构词外，新的引申义"多""深远""不亲近""偏远之地""远邦"也可以构成新词。这一时期，词素"远"参与构词的义位达到8个，构成合成词65个。新词中偏正式结构占多数，共46个，另外还有15个联合式结构和4个动宾式结构。"远"的本义在战国—秦时期是构词能力最强的义位，由这个义位构成的合成词共37

个。这一时期"远"的名词性引申义"偏远之地"构成的新词全部为定中式结构，而引申义"远邦"构成的新词全部为动宾式结构。

表35 词素"远"的构词情况

词素	词素义	词素义性质	战国前构词	战国构词
远	遥远	本义	悠远、远扬、远迩、远条	远徙、远望、远游、远道、远路、远境、远土、远地、远行、远形、远使、远忽、远郊、远输、卓远、修远、僻远、广远、姚远、辽远、远近、穷远、超远、旷远、越远、远方、远交、泰远、远集、远逝、深远、远遥、邃远、阔远、幽远、妙$_2$远①、远征
	时间久远	引申义	永远	远日、远谋、远举、远祖、久远、追远
	多	引申义		远年
	深远、深奥	引申义		远见、远图、远虑
	远大	引申义	远犹	远绩、远迹、远志
	远方偏僻之地	引申义		远客、远国、远旅、远候、远鄙、远人、远臣、远味、远官
	远邦、远国	引申义		服远、怀远、烛远
	不亲近、不接近	引申义		疏远、弃远、远$_2$志②

2.词素"白"

"白"本义指白色。战国以前，"白"只有本义和引申义"明白"可以参与构词，构成15个合成词。

战国—秦时期，本义"白"构词的数量迅速增加，除承古义外，新的引申义"洁净""光明""表明""未经训练的""坦荡的""白旗"等也可以构成合成词。这一时期，词素"白"参与构词的义位达到8个，构成的合成词共75

---

① "妙$_2$"音miǎo。

② "远$_2$"音yuàn。

个。新词中偏正式结构占多数，共67个，另外还有8个联合式结构。"白"的本义"白色"在战国—秦时期是构词能力最强的义位，由这个义位构成的合成词有67个。这一时期表动作的引申义"表明"构成了联合式新词"告白"，而表名物的引申义"白旗"构成了联合式新词"乘₂白"[①]，专指军队中的车乘和军旗。

表36　词素"白"的构词情况

词素	词素义	词素义性质	战国前构词	战国构词
白	白色	本义	白圭、白石、白牡、白茅、白鸟、白云、白坟、白蹢、白露、白马、白驹、大白、白銑、白壤	白木、白丹、白汗、白玉、白布、白色、白衣、白羽、白沙、白昌、白金、白狗、白波、白珉、白骨、白珩、白鹿、白蛇、白眼、白雪、白梓、白狼、白豹、白华、白枣、白棠、白黑、白晳、白裘、白猿、白蒂、白裳、白蜺、白翟、白雁、白稻、白质、白薠、白藏、白鸡、白鹇斑、白粹、狐白、大白、交白、五白、白芷、白龙、白头、白鼋、白璧、白琥、白螭、白豪、白垩、白耳、白缟、白毂、洁白、黄白、青白、黑白
	洁净	引申义		清白
	光明、明亮	引申义		白日、白昼
	清楚明白	引申义	明白	分白
	表明	引申义		告白
	未经训练的	引申义		白徒
	坦荡的	引申义		白意
	白旗	引申义		乘₂白

---

① "乘₂"音shèng。

3.词素"善"

"善"本义指好。战国以前，"善"引申为名词，指善人、善事、善行。战国前，只有本义可以参与构词，构成合成词6个，而引申义"善人、善事、善行"不能构成合成词，只能单用。

战国—秦时期，"善"的构词能力增强，构成合成词45个。除本义继续构词外，既有义位"善人、善事、善行"及新引申义"大""成功""友好""交好""完善"也可以构成合成词，使词素"善"参与构词的义位达到7个。新词中偏正式结构占绝大多数，共38个，另外还有5个联合式结构和2个动宾式结构。"善"的本义在战国—秦时期是构词能力最强的义位，由这个义位构成的合成词有28个，名词义"善人、善事、善行"的构词能力也很强，构成新词11个。

表37　词素"类"的构词情况

词素	词素义	词素义性质	战国前构词	战国构词
善	好	本义	不善、清善、善风、善政、圣善、善声	善法、善事、善言、善否、善防、善名、善行、善民、善田、善心、善经、善节、善恶、美善、善物、异善、善辞、善药、善谋、善谏、善赏、善妇、善气、善柔、善人、善少、善士、廉善
	大、丰	引申义		善贾、善岁
	善人、善事、善行	引申义		百善、私善、众善、上善、一善、遗善、迁善、重善、至善、小善、五善
	成功	引申义		善败
	友好	引申义		树善
	交好	引申义		相善
	完善	引申义		尽善

通过对"远""白""善"三个词素构词情况的分析可以看出，这些词素的构词能力在战国—秦时期明显提高。比如，词素"善"在战国前仅构成了6个合成词，参与构词的词素义只有1个，而战国—秦时期构成了45个合成词，

参与构词的词素义达到7个。具体到一个词素的同一个义位，产生的合成词也比战国前多。比如，"远"的引申义"疏远、不亲近"在战国前没有构成合成词，而战国—秦时期，以此义位构成的合成词有3个，分别为"疏远""弃远""远₂志"。从新词的内部结构类型上看，本义表性质状态的词素在战国—秦时期产生的合成词绝大多数为偏正式结构，联合式结构较少，动宾式结构最少。

同一词素的不同义位在战国—秦时期的构词能力不同。比如，词素"白"的本义是常用义，使用频率高，因此构成合成词的能力最强，构成的合成词有67个，而引申义的构词能力较弱，构成的合成词仅有8个。

通过上述9个多义词素的分析可以得出以下结论：

从历时的角度看，战国—秦时期词素的构词能力较西周春秋时期有了明显提高。就上述九个词素的构词数量而言，战国前构成合成词80个，战国—秦时期构成合成词585个，两者的比例约为1:7.3；就九个词素的构词词素义数量而言，战国前参与构词的义位共22个，而战国—秦时期达到64个，两者的比例约为1:2.9。这些数字反映出词素构词能力的历时变化，词素在战国—秦时期构词能力远远超过前代。

从共时的角度看，同一个词素的多个词素义中，以本义、直接引申义或近引申义构词的数量往往超过以间接引申义或远引申义构词的数量。本义、直接引申义或近引申义往往是一个词素的常用义，因此也可以说，词素的常用义构成合成词的能力最强。

通过九个词素的分析还发现，构词能力强的词素往往拥有多个义位，如"生"拥有10个以上的义位。虽然每个多义词素拥有的义位数量不尽相同，但它们都拥有极强的构词能力。一般来说，拥有的义位越多，词素构成合成词的数量就越多，构词能力就越强。汉语属于分析型语言，缺乏形态变化，语义的表达更多的是依靠单位与单位之间的组合。虽然在合成词形成过程中，词素的组合在一定程度上受到语法规则的支配，但是具体到单个词素，选择与哪些词素组合却是相对自由和开放的。多义词素拥有多个词素义，构成合成词时可以以不同的意义与组合对象的意义结合在一起，大大增加了与其他词素组合的机会，构词能力也就相应提高。比如，词素"生"在战国以前构词的义位基本上集中在"养育"义上，能与"生"组合成词的词素很少，主要是表示时间前后概念的词素"先""初""后"，与"生"构成合成词"先生""初生""后生"。战国—秦时期，"生"引申出"产生"义，这时"生"就可以与一些表示情绪或变化等抽象概念的词素结合，构成"生忧""生变""生色""生白"等合成词。"生"还引申出名词义"生命"，这时"生"就可以与一些表示动作行为的词素结合，构成"赋生""贪生""遗生""养生""伐生"等合成词。当"生"引申出与"熟"相对的"未煮熟或未成熟"义时，"生"又可以与表示食材的词素结合，构成"生稻""生肉""生鱼"等合成词。可见，随着"生"的义位增多，"生"的组合能力较战国以前明显增强，组合的对象也随之增多，呈现多样化的特点。

二、从词素义关系看词素的构词能力

一个词素以一个意义构词时，可以与不同的词素形成复杂多样的语义关系。一般来说，词素的构词能力越强，与其他词素形成的语义关系就越复杂；词素的构词能力越弱，与其他词素形成的语义关系就越单一。战国—秦合成新词词素之间的语义关系在本书第四章中进行过讨论，不过那是在复合词内部语法关系的框架下针对合成词词素进行的综合性、概括性的分析，对词素之间语义关系的总结相对粗略。杨端志指出："研究词素义之间的语义关系，必须限制在同一个词素的同一个语素义的范围内，这样的研究才有价值。"[1]下面以词素"木"为例，在"木"的一个词素义范围内分析其构词时与其他词素形成的语义关系。

战国—秦时期，"木"以"树木"义构成合成新词38个。除"若木""甘木"两个词的命名依据无从考释外，其余36个合成词词素之间的语义关系呈现出复杂多样的特点。具体如下：

汉语词汇通史 战国—秦卷

---

① 杨端志：《汉语的词义探析》，载《汉语词汇学》，山东大学出版社2003年版，第432页。

木实：树木的果实。见于《战国策·秦策三》。所有者与事物的关系。

木叶：树木的叶子。见于《楚辞·九歌·湘夫人》。所有者与事物的关系。

木桂：肉桂的别称。见于《尔雅·释木》。大类名与小类名的关系。

木末：树梢。见于《楚辞·九歌·湘君》。整体与部分的关系。

木虫：寄生于树中的虫。见于《山海经·西山经》。处所位置与事物的关系。

木材：树木经初步加工成可供建筑及制造器物用的材料。见于《周礼·地官·委人》。来源与事物的关系。

木石：树木和山石。见于《孟子·尽心上》。相关并列互补关系。

木处：居住在树上。犹巢居。见于《庄子·齐物论》。动作行为所在处所与动作行为的关系。

白木：树木名。树色正白。见于《山海经·大荒西经》。颜色与事物的关系。

丹木：木名。圆叶而赤茎，黄华而赤实。见于《山海经·西山经》。颜色与事物的关系。

朱木：木名。赤皮。见于《山海经·大荒南经》。颜色与事物的关系。

玄木：传说中的一种常绿树，谓食其叶，可成仙。见于《吕氏春秋·本味》。颜色与事物的关系。

散$_2$木①：原指因无用而享天年的树木。后多喻天才之人或全真养性、不为世用之人。见于《庄子·人间世》。状态与事物的关系。

槃木：枝干盘曲的树。见于《山海经·大荒北经》。状态与事物的关系。词素"槃"，同"盘"，表示旋转、盘绕。

枯木：枯树。见于《管子·度地》。状态与事物的关系。

拱木：径围大如两臂合围的树。见于《国语·晋语八》。状态与事物的关系。词素"拱"表示两手或两臂合围的径围。

---

① "散$_2$"音sǎn。

扶木：扶桑。树名。扶桑树同根偶生，相互依倚，故名扶桑。①见于《山海经·大荒东经》。状态与事物的关系。词素"扶"表示扶持。

桏木：木名。见于《山海经·中山经》。小类名与大类名的关系。

枫木：木名。见于《山海经·大荒南经》。小类名与大类名的关系。

榑木：榑桑树。见于《山海经·东山经》。小类名与大类名的关系。

阴木：山北所生的树木。见于《周礼·地官·山虞》。处所位置与事物的关系。

阳木：山南之木。见于《周礼·地官·山虞》。处所位置与事物的关系。

山木：山中的树木。见于《左传·昭公三年》。处所位置与事物的关系。

寻木：大木。见于《山海经·海外北经》。形状与事物的关系。词素"寻"表示长。

小木：小树。见于《庄子·秋水》。形状与事物的关系。

招₂木②：乔木。见于《墨子·亲士》。形状与事物的关系。词素"招₂"与"乔"义同，表高大。

亢₂木③：传说中的一种大树。见于《山海经·中山经》。形状与事物的关系。

材木：可作木材的树；木材。见于《孟子·梁惠王上》。功能作用与事物的关系。

果木：果树。见于《管子·地员》。功能作用与事物的关系。

寿木：生长年岁长久的树木。见于《吕氏春秋·本味》。性质与事物的关系。

生木：活的树木。见于《墨子·耕柱》。性质与事物的关系。

竹木：竹与树木。见于《左传·襄公十八年》。相关并列互补关系。

---

① 据《海内十洲记·带洲》记载，扶桑"多生林木，叶如桑。又有椹，树长者二千丈，大二千余围。树两两同根偶生，更相依倚，是以名为扶桑也"。参见《汉语大词典》第六卷"扶桑"词条。

② "招₂"音qiáo。

③ "亢₂"音kàng。

林木：树林。见于《荀子·劝学》。近义并列互补关系。

鴷木：鸟名。即啄木鸟。见于《尔雅·释鸟》。动作与支配对象的关系。

寓木：寄生在树木上的植物。见于《山海经·中山经》。动作行为与动作行为所在处所的关系。

登木：上树。见于《管子·地员》。动作行为与动作行为所致处所的关系。

表38 含词素"木"的合成词中各词素的语义关系

"木"的词素义	合成词	合成词词义	"木"与另一词素的语义关系	内部语法结构
树木	木实	树木的果实	所有者与事物的关系	偏正式
	木叶	树木的叶子	所有者与事物的关系	偏正式
	木桂	肉桂的别称	大类名与小类名的关系	偏正式
	木末	树梢	整体与部分的关系	偏正式
	木虫	寄生于树中的虫	处所位置与事物的关系	偏正式
	木材	树木加工后形成的材料	来源与事物的关系	偏正式
	木处	巢居	动作行为的处所与动作行为的关系	偏正式
	白木	树木名	颜色与事物的关系	偏正式
	丹木	木名	颜色与事物的关系	偏正式
	朱木	木名	颜色与事物的关系	偏正式
	玄木	一种常绿树	颜色与事物的关系	偏正式
	散₂木	无用而享天年的树木	状态与事物的关系	偏正式
	樛木	枝干盘曲的树	状态与事物的关系	偏正式
	枯木	枯树	状态与事物的关系	偏正式
	拱木	径围大如两臂合围的树	状态与事物的关系	偏正式
	扶木	木名	状态与事物的关系	偏正式
	楠木	木名	小类名与大类名的关系	偏正式
	枫木	木名	小类名与大类名的关系	偏正式
	榑木	榑桑木	小类名与大类名的关系	偏正式
	阴木	山北所生的树木	处所位置与事物的关系	偏正式

"木"的词素义	合成词	合成词词义	"木"与另一词素的语义关系	内部语法结构
树木	阳木	山南之木	处所位置与事物的关系	偏正式
	山木	山中的树木	处所位置与事物的关系	偏正式
	寻木	大木	形状与事物的关系	偏正式
	小木	小树	形状与事物的关系	偏正式
	招₂木	乔木	形状与事物的关系	偏正式
	亢₂木	一种大树	形状与事物的关系	偏正式
	材木	可作木材的树	功能作用与事物的关系	偏正式
	果木	果树	功能作用与事物的关系	偏正式
	寿木	生长年岁长久的树木	性质与事物的关系	偏正式
	生木	活的树木	性质与事物的关系	偏正式
	木石	树木和山石	相关并列互补关系	联合式
	竹木	竹与树木	相关并列互补关系	联合式
	林木	树林	近义并列互补关系	联合式
	斲木	啄木鸟	动作与支配对象的关系	动宾式
	寓木	寄生在树木上的植物	动作行为与动作行为所在处所的关系	动宾式
	登木	上树	动作行为与动作行为所致处所的关系	动宾式

上述36个合成词中，词素义之间的关系呈现出18种类型，可见词素"木"以"树木"义与其他词素构成合成词时可以形成复杂的语义关系。"词素之间语义关系的本质，是造词之初，人们对客观事物之间现实关系的认识和概括，是人们对客观现实现象关系的认识概括在语义关系中的凝固。"①含"木"的合成词呈现出的复杂词素义关系反映了战国—秦时期人们对树木这一客观事物与其他客观事物的联系已经有了较为充分的认识，于是才能在造词时融入种类繁多的语义关系，使词素"木"的构词能力大大增强。

词素之间的语义关系具有时代性。如果事物或概念在某一时期没有得到充

---

① 杨端志：《汉语的词义探析》，载《汉语词汇学》，山东大学出版社2003年版，第441页。

分的认识，那么表示这个事物概念的词素构成的合成词中词素之间的语义关系就可能表现得比较单一。杨端志曾以"落"构成的合成词为例，系统深入地研究了现代汉语中所有含"落"合成词的构词词素的语义关系，总结出15种词素义关系。[①]相比之下，战国—秦时期含"落"合成词的词素义关系没有这么丰富复杂。这一时期词素"落"参与构成了6个合成词，除"武落"的"落"指篱笆外，其余5个合成词的"落"都表示动作。具体如下：

落英：落花。落下的花。见于《楚辞·离骚》。动作行为与被修饰者的关系。

离落：犹离散。见于《国语·吴语》。近义并列互补关系。

解落：解散，散落。见于《吕氏春秋·决胜》。近义并列互补关系。

凋落：草木花叶脱落。见于《素问·五常政大论》。近义并列互补关系。

涸落：因干旱而水位下降。见于《管子·度地》。相关并列互补关系。

武落：虎落。遮护城堡或营寨的竹篱。见于《六韬·军略》。功能作用与事物的关系。

表39　含词素"落"的合成词中各词素的语义关系

"落"的词素义	合成词	合成词词义	"落"与另一词素的语义关系	内部语法结构
坠落，掉下	落英	落下的花	动作行为与被修饰者的关系	偏正式
	离落	离散、散落	近义并列互补关系	联合式
	解落	散落	近义并列互补关系	联合式
	凋落	草木花叶脱落	近义并列互补关系	联合式
下降	涸落	干旱而水位下降	相关并列互补关系	联合式
篱笆	武落	遮护城堡营寨的竹篱	功能作用与事物的关系	偏正式

可以看出，战国—秦时期含"落"合成新词的词素义关系相对简单，只

---

① 参见杨端志：《汉语的词义探析》，载《汉语词汇学》，山东大学出版社2003年版，第434—441页。

有4种类型，数量上远远少于现代汉语含"落"合成词的15种词素义关系。这反映出战国—秦时期人们对"落"这一概念的认识相对简单，对客观世界中与"落"有关的事物现象认识有限。随着社会发展和人类了解世界能力的进步，人们对"落"的认识不断深化、细化，词素"落"与其他词素构成的语义关系也趋于多样化和复杂化，构词能力也就相应增强了。

第二节　战国—秦合成新词词素义的发展

词素的多义化主要是引申的结果。除引申外，词素义的发展还有其他途径，相因生义、虚化、语法影响、修辞影响、简缩、社会影响也可以引起词义的发展。[①]比如，词素"生"可以指有才学的人，这个意义就是通过简缩"先生"产生的。[②]"先生"即年长有学问的人。《孟子·告子下》："宋牼将之楚，孟子遇于石丘，曰：'先生将何之？'"赵岐注："学士年长者，故谓之先生。""先生"简缩为"生"，使"生"具有了复音词"先生"的意义。战国新词"诸生"中的词素"生"就表示有才学的人。《管子·君臣上》："是以为人君者，坐万物之原，而官诸生之职者也。"尹知章注："生，谓知学之士也。"

针对战国—秦合成新词词素的特点，本节主要从心理学和社会学角度分别对引申和社会影响这两种词素义发展的途径进行分析。

一、心理学角度

从心理学的角度看，词义的引申依靠联想。词由一个指称对象转为另一个指称对象就是基于两个对象在人脑中引起的各种与其特征相关的联想。词义的

---

① 蒋绍愚认为，词义发展的主要途径有引申、相因生义、虚化、语法影响、修辞影响、简缩、社会影响等。参见蒋绍愚：《古汉语词汇纲要》，商务印书馆2005年版，第70～93页。

② 简缩即节缩，就是缩短复音词使构词词素具有整个复音词的意义。词素"生"例引自蒋绍愚《古汉语词汇纲要》。参见蒋绍愚：《古汉语词汇纲要》，商务印书馆2005年版，第90页。

发展就是词素义的发展，词义发生了引申，也就意味着词素义发生了引申。具有引申关系的词素义能够反映各自所指事物概念之间相似或相关的联系，故词素义的引申可以分为相似引申和相关引申。

（一）相似引申

相似引申是基于相似联想的引申。事物之间性质、形貌、位置、功能、方式、感受等方面的相似特征都可以引发相似联想。

1.性质相似

"本"本义指草木的根。《诗·大雅·荡》："枝叶未有害，本实先拨。"农业为立国之本，在性质上与草木之根相似，都是所属对象赖以存在的根本，故战国—秦时期"本"引申为农业生产。《荀子·天论》："强本而节用，则天不能贫。"这一时期词素"本"以"农业生产"义构成的合成词有"务本"和"作本"，两词同义，都指务农。《商君书·徕民》："今以故秦事敌，而使新民作本，兵虽百宿于外，竟内不失须臾之时，此富强两成之效也。"《管子·禁藏》："故先慎于己而后彼，官亦慎内而后外，民亦务本而去末。"

"浅"本义指水不深。《诗·邶风·谷风》："就其浅矣，泳之游之。"见识学识浅薄和水浅性质相似，故战国—秦时期"浅"引申为肤浅，专指学识智谋。《庄子·山木》："君之除患之术浅矣。"这一时期词素"浅"以"肤浅"义构成的合成词有"褊浅""蹇浅""浅薄"，三词均为形容词，意义相近，都形容心地、见识狭隘短浅。《楚辞·九辩》："性愚陋以褊浅兮，信未达乎从容。"《庄子·列御寇》："小夫之知，不离苞苴竿牍，敝精神乎蹇浅。"《荀子·非相》："智行浅薄，曲直有以相县矣。"

2.位置相似

"末"本义指树梢。《易·系辞下》："其初易知，其上难知，本末也。"树梢处于树枝的末端，所以事物的端或尾皆可称"末"，如《周礼·考工记·弓人》："角欲青白而丰末。"战国—秦时期，"末"构成多个合成词，表示各种事物的端或尾。其中，多数合成新词的词素"末"表示的是末尾。比如，"四末"指人的四肢，是肢体之末。《管子·内业》："饱不疾动，气不通于四末。""末年"指晚年，是年纪之末。《庄子·齐物论》：

"昭文之鼓琴也，师旷之枝策也，惠子之据梧也，三子之知几乎，皆其盛者也，故载之末年。"有的新词词素"末"表示的是首端。比如，"末甲"指前锋部队，为部队之首。银雀山汉墓竹简《孙膑兵法·擒庞涓》："吾末甲劲，本甲不断。"

3.功能相似

"权"本义指秤锤。《论语·尧曰》："谨权量、审法度、修废官，四方之政行焉。"权是重要的称重工具，决定物品的重量，而权力代表管理他人的资格，决定管理是否有效。两者功能相似，都起决定性的作用，因此"权"引申为权力。《战国策·秦策三》："善为国者，内固其威，而外重其权。"战国—秦时期，词素"权"以"权力"义构成的合成词有"权臣""权数""主权"等。"权臣"指有权势之臣。《晏子春秋·谏上十》："今有车百乘之家，此一国之权臣也。""权数"指掌握权力的要领。《管子·山权数》："桓公问管子曰：'请问权数。'""主权"指君主的权力。《管子·七臣七主》："藏竭则主权衰，法伤则奸门闾。"

4.形貌相似

"节"本义指竹节。《吕氏春秋·古乐》："（伶伦）取竹于嶰谿之谷，以生空窍厚钧者，断两节间，其长三寸九分，而吹之以为黄钟之宫。"基于形状上的相似，骨节也称"节"。《吕氏春秋·开春》："饮食居处适，则九窍百节千脉皆通利矣。"战国—秦时期，"节"以"骨节"义构成合成词"骨节""三百六十节"等。《国语·鲁语下》："昔禹致群神于会稽之山，防风氏后至，禹杀而戮之，其骨节专车。"《吕氏春秋·达郁》："凡人三百六十节，九窍、五藏、六府。"

"斗"本为酒器名。《诗·大雅·行苇》："酌以大斗，以祈黄耇。"北斗星的形状像斗形，故名"斗"。《易·丰》："丰其蔀，日中见斗。"战国时期，词素"斗"以"北斗星"义构成合成词"维斗""斗柄"。"维斗"为北斗星之别称。《庄子·大宗师》："维斗得之，终古不忒。"成玄英疏："北斗为众星纲维，故曰维斗。""斗柄"指北斗的第五至第七星。《国语·周语下》："日在析木之津，辰在斗柄。"

5.方式状态相似

"缄"本义指扎束器物的绳。战国时，"缄"引申为动词，表束缚、捆扎，如《墨子·节葬下》："榖木之棺，葛以缄之。"因为束缚的动作具有限制、约束的特征，于是联想到另外一个具有约束特征的动作——封闭，于是"缄"引申为闭藏、封闭。《庄子·齐物论》："其厌也如缄，以言其老洫也。"词素"缄"以"闭藏、封闭"义在战国—秦时期构成了合成词"机缄"。"机缄"指机关开闭，比喻推动事物发生变化的力量。《庄子·天运》："天其运乎？地其处乎？日月其争于所乎？孰主张是？孰维纲是？孰居无事推而行是？意者其有机缄而不得已邪？"

"散"本指分散。《易·说卦》："雷以动之，风以散之。"战国时"散"引申为不拘检。《荀子·修身》："庸众驽散，则劫之以师友。"分散和不拘检都表现出一种不受约束、散漫自由的状态。战国—秦时期，词素"散"以"不拘检"义构成的合成词有"散$_2$儒""散$_2$人"[①]。"散$_2$儒"指不自检束的儒生。《荀子·劝学》："不隆礼，虽察辩，散儒也。""散$_2$人"指平庸无用的人。《墨子·非儒下》："君子笑之，怒曰：'散人焉知良儒！'"

6.感受相似

"苦"本义指苦菜。《诗·唐风·采苓》："采苦采苦，首阳之下。"苦菜味苦，"苦"可以引申为苦味。《书·洪范》："润下作咸，炎上作苦。"人世间的艰难困苦给人感觉与苦味有相似之处，都是一种苦涩难耐的体验，所以战国时"苦"又引申为困苦。《孟子·梁惠王上》："乐岁终身苦，凶年不免于死亡。"词素"苦"以"困苦"义构成的合成新词有"愁苦""困苦""穷苦"等，这些词意义相近，都指忧愁痛苦、贫穷苦恼。《楚辞·九章·涉江》："吾不能变心而从俗兮，固将愁苦而终穷。"《吕氏春秋·慎势》："民之穷苦弥甚，王者之弥易。"《庄子·逍遥游》："不夭斤斧，物无害者，无所可用，安所困苦哉！"

---

① "散$_2$"音sǎn。

（二）相关引申

相关引申是基于相关联想的引申。动作行为、性质特征等方面的相关性都可以引发相关联想。

1.材料—器物的关系

"金"为金属总称。《说文·金部》："金，五色金也。"古代器具多为铜制，故"金"多指铜。战国时期，"金"借指铜铸的钟鼎。《国语·周语下》："如是而铸之金，磨之石。"韦昭注："铸金以为钟也。""金"也借指刀锯斧钺之类的刑具。《庄子·列御寇》："为外刑者，金与木也；为内刑者，动与过也。"郭象注："金谓刀锯斧钺，木谓捶楚桎梏。""金"还借指武器。《荀子·性恶》："故枸木必将待檃栝烝矫然后直，钝金必将待砻厉然后利。"这些指代义都是通过材料转指器物引申出来的。战国—秦时期，词素"金"这些引申义都可以构成合成词。比如，"金奏"指敲击钟镈以奏乐。《周礼·春官·钟师》："钟师掌金奏。""利金"指锋利的兵器。《战国策·齐策五》："坚箭利金不得弦机之利，则不能远杀矣。""金木"指施刑所用金属刑具和木制刑具。《庄子·列御寇》："宵人之离外刑者，金木讯之。"

2.部分—整体的关系

"舆"本指车箱。《论语·卫灵公》："立则见其参于前也，在舆则见其倚于衡也，夫然后行。"车厢是车的重要组成部分，因此"舆"可以借指整个车。《易·剥》："君子得舆，小人剥庐。"这是以部分的概念转指整体的概念。战国合成新词中，"王舆""赋舆"的词素"舆"都表示车。"王舆"指王所乘之车。《吕氏春秋·赞能》："荆王于是使人以王舆迎叔敖，以为令尹。""赋舆"指兵车。古代以田赋出兵，故以"赋舆"称兵车。《左传·成公二年》："群臣帅赋舆，以为鲁卫请。"

3.动作—结果的关系

"记"本义指把印象保持在头脑中不忘记。《书·益稷》："挞以记之。"战国时期，"记"引申为记录。《国语·晋语四》："瞽史记曰：'嗣续其祖，如谷之滋，必有晋国。'"记载下来的是典籍、著作，所以

"记"又引申为典籍、著作，这是由动作转指动作行为的结果。《庄子·天地》："记曰：'通于一而万事毕，无心得而鬼神服。'"陆德明释文："记曰，书名也。云老子所作。"战国时期，词素"记"以"典籍、著作"义构成合成词"故记"。"故记"指古书。《吕氏春秋·至忠》："臣之兄尝读故记曰：'杀随兕者，不出三月。'"

4.动作—受事的关系

"驾"本指把车套在马等牲口身上，引申为驾驶。《韩非子·外储说右下》："造父为齐王驸驾，渴马服成，效驾圃中。"驾驶这个动作的受事者是车辆，故"驾"引申为车乘。《左传·定公十三年》："齐侯曰：'比君之驾也，寡人请摄。'"这是由动作转指动作行为的受事者。战国—秦时期，词素"驾"以"车乘"义构成合成词"偏驾"。"偏驾"指诸侯所乘的车。《仪礼·觐礼》："偏驾不入王门。"

5.工具—动作的关系

"羁"本义指马络头。《说文·网部》："羁，马落头也。"《庄子·马蹄》："连之以羁馽，编之以皂栈。"马络头是套在马头上用来拘束的工具，故"羁"引申为束缚，单音词用例见于西汉文献。《文选·司马迁〈报任少卿书〉》："仆少负不羁之行，长无乡曲之誉。"战国时期，"羁"以"束缚"义构成合成词"羁诱"。"羁诱"指牵制引诱。《吕氏春秋·决胜》："幸也者审于战期，而有以羁诱之也。"

与"羁"引申方式相似的还有"络"。"络"本义指粗絮。《说文·糸部》："络，絮也。"絮可用来缠绕、捆缚，故"络"引申为缠绕。《楚辞·招魂》："秦篝齐缕，郑绵络些。"其中的"绵络"指缠绕、网络。"络"还可以引申为包罗，这也是由工具转指动作。词素"络"以这个引申义构成了合成词"笼络"，指包罗、统括。《尹文子·大道下》："过此而往，虽弥纶天地，笼络万品，治道之外，非群生所餐挹，圣人错而不言也。"

由上可见，人们在对客观事物的观察体验中捕捉到它们之间的联系，通过联想利用既有词素来指称相似或相关的概念，从而改变了词素的所指范围。这是词素义产生相似引申和相关引申的机制。

引申义的产生与人们认识事物的深度有关。认识越深刻，从中提取的特征就越丰富，联想就越广泛，产生的引申义就越多。一般来说，一个词素语用时间越长，就意味着人们对它所表概念的认识就越深刻，联想到相似或相关事物概念的可能性就越大，由此产生语义引申的可能性就越大。相反，词素语用时间越短，词素的使用就越容易受到初始认识的限制，联想的局限性就越大，词义引申的可能性就越低。这一点从本章第一节对九个高产词素的分析中也可以得到印证。这九个词素在战国以前就已经出现，它们表示的都是战国—秦时期人们熟悉的事物概念，拥有多个引申义，是当时的常用词素。

二、社会学角度

从社会语言学的角度看，社会性是语言的本质属性。"语言是伴随着人类社会的形成而产生的，而且跟随着社会生活的变化而发展。"[①]社会的变化可以通过词素义的变化体现出来。下面举词素"木""黄"为例来说明社会对词素义发展的影响。

战国以前，人们对自然界的认识还不够深入，词素"木"表达的概念比较单一。除用作五行学说中的五行之一外，词素"木"在西周春秋时期的常用义是其本义"树木"，这一时期合成新词中"木"表示的都是树木，如见于《诗经》的"木瓜""木李""木桃""乔木""卉木""伐木""灌木"，这些词的词素"木"都指树木。

战国—秦时期，人们重视利用自然界提供的原材料改善生活，对木的认识也逐渐加深。这一时期"木"不仅产生了新的引申义，表示木材、木制，还可以指代刑具、棺椁、木制建筑等木制品。这些引申义不仅可以单用，还可以构成合成词。比如，"木罂""木檖""木阁""木鸢""木柶""木楗""木板"中的"木"都表示木制的；"柴木""衡木""任木"中的"木"都表示木材、木料；"土木"中的"木"表示木制建筑。

此外，战国时期人们还根据木的特征为词素"木"引申出"质朴"义。

① 陈原：《社会语言学》，学林出版社1983年版，第3页。

《论语·子路》："刚、毅、木、讷，近仁。"何晏集解引王肃曰："木，质朴。"魏晋时期，"木"又可以形容人拙直、戆直。三国魏刘劭《人物志·九徵》："直而不柔则木，劲而不精则力。"从"质朴"义到"拙直"义，引申义的变化反映了不同时代人们对"木"的认识的变化。上古时期，木是重要的生产生活资料，木制用品给人们带来方便，人们对"木"的认识多是正面的。这促使"木"引申出褒扬的意义——质朴刚直。随着生活水平的发展，木的实用性降低，生活中可以代替木材的材料逐渐增多，木制品已不再是生活用品的最佳选择，这时人们逐渐注意到木的其他特性，如干硬、僵直，这就促使"木"引申出带有些许贬抑色彩的"拙直"义。这只是从社会学的角度对"木"引申义产生的原因做出的一种推测，虽然这种推测无法得到印证，但也不能否认社会对"木"词义发展的影响。

词素引申义的发展也反映在合成词意义的变化中。比如，战国时"木人"指木制的人像，词素"木"指木制的。《战国策·燕策二》："宋王无道，为木人以写寡人，射其面。"唐朝以后，"木人"喻指冷酷无情或痴呆不慧的人，词素"木"表示麻木、无感情。《晋书·隐逸传·夏统》："充等各散曰：'此吴儿是木人石心也。'"宋秦醇《谭意歌传》："张生乃木人石心也。使有情者见之，罪不容诛。"这种意义的变化源于人们对木认识的加深，关注到了木头僵直、不柔和的特点。

再说词素"黄"。"黄"本指黄色，战国—秦时期产生了引申义"黄金"。《韩非子·解老》："隋侯之珠，不饰以银黄。"这里的"银黄"分别指白银和黄金。

"黄"的"黄金"义的产生与战国—秦时期人们对黄金关注度的提高有关。战国时期，黄金已经成为重要货币，《管子·国蓄》有"以珠玉为上币，黄金为中币，刀布为下币"之语。这一时期多以黄金计值货物家产，如战国新词"千金"可以形容物品贵重或家产丰厚。《韩非子·难四》："千金之家，其子不仁，人之急利甚也。"黄金在日常生活中的广泛使用促使"金"的引申义增多。为了降低多义词素在表达上产生歧义的可能性，人们选择了表示颜色的词素"黄"来表达黄金这个概念，"黄"就引申出"黄金"义。

与"黄"形成对比的是，"白"在战国时期还不能用来指代白银。白银作为货币的使用时间比黄金稍晚，这大概与当时我国的白银提炼技术比较落后有关。①虽然春秋战国时期白银铸币已经出现，但其货币的地位远不及黄金。秦始皇统一货币后，禁止白银作为货币流通使用，此时白银一般只是用于装饰或贮藏，货币用途远不及黄金。黄金白银使用范围的差异也反映在语言上。比如，战国—秦时期以"金"形成的合成词有46个，而以"银"形成的合成词只有2个，与白银有关的词汇远不如与黄金有关的词汇丰富。由于当时白银的社会认知度不如黄金高，导致这一时期银还不能用表示色彩的词素"白"来指代，所以《韩非子》"不饰以银黄"中白银仍称为"银"。汉以后，随着银的使用逐渐扩大，语言中开始用"白"指代银，"白"成为银的代称，如汉应劭《风俗通·正失·淮南王安神仙》："淮南王安，招致宾客方术之士数千人，作《鸿宝》、《苑秘》、枕中之书，铸成黄白，白日升天。"其中的"黄白"就是指黄金和白银。从"银黄"到"黄白"恰恰反映出黄金和白银在上古社会生活中的变化。

由上可见，社会发展影响词素义的发展。人们在不同的时代背景下观察同一个事物概念的心理和方法不同，发掘出的事物特征就有可能存在差异。既然词素义的发展与联想有关，而联想依据的是事物概念的特点，那么词素义发展的方向自然会携带某一时代的社会特色。因此，社会环境也是词素义演变的动因。

第三节　战国—秦合成新词的词义与词素义

词素与词是不同的语法单位。"就它们所充当的单位来说，词是造句单位，词素却是存在于词的内部的词的结构单位，并主要充当造词和构词的单位。这种完全不同的性质和功能，正说明两者具有的本质区别。"②

---

① 参见阴法鲁、许树安主编：《中国古代文化史》（三），北京大学出版社1991年版，第31页。

② 葛本仪：《现代汉语词汇学》（修订本），山东人民出版社2004年版，第61页。

词义与词素义也是不同的语义单位。"词义的职能在于组建句义，而语素义的作用在于构造词义，两者的性质和职能截然不同。"①

虽然词素义和词义分属于两个独立的层面，但两者有着千丝万缕的联系。对词义而言，词素义是基本的、原始的成分。单纯词只包含一个词素，词义是通过构词词素的意义直接转化形成的，词义与词素义的关系简单直观；而合成词包含两个或两个以上的词素，词义与词素义的关系复杂多样。本节将对合成词词义与词素义的关系进行详细分析。

一、词素义形成词义的方式

孙银新将合成词词素义转化为词义的方式分为五种类型："直接实现式""直接加合式""直接增补式""直接减损式"和"间接转移式"。②本书借用这一分类，对战国—秦合成新词词素义形成词义的方式进行举例说明。

（一）直接实现式

如果构成合成词的任一词素的意义与合成词的意义基本相同，那么就认为词素意义通过直接实现的方式形成了合成词的词义。战国—秦合成新词中，这种词素义与词义之间具有直接实现关系的合成词一般为联合式结构和重叠式结构。

1. 联合式结构

次第：等第。《战国策·韩策一》："子尝教寡人循功劳，视次第，今有所求，此我将奚听乎？"

词素"次"和"第"都指次序。战国文献中有表次序的"次"的单音词用例。《国语·周语中》："吾曰：'子则贤矣。抑晋国之举也，不失其次，吾惧政之未及子也。'""第"，本作"弟"，本义指次第。《说文·弟部》："弟，韦束之次弟也。"《吕氏春秋·原乱》："乱必有弟。大乱五，小乱三。"合成词"次第"的意义、词素"次"的意义和词素"第"的意义三者在

---

① 杨振兰：《试论词义与语素义》，《汉语学习》1993年第6期。

② 参见孙银新：《现代汉语词素系统研究》，中国社会科学出版社2013年版，第111页。

内容上等同。如果用关系式表示，那么它们之间的关系为：

次第（等第）=次（次序）=第（次序）①

度₂量②：估计。《管子·形势解》："善视其马，节其饮食，度量马力，审其足走，故能取远道而马不罢。"

词素"度₂"和"量"都可以指推测、估计，两者用作单音词均见于上古文献。《诗·小雅·巧言》："他人有心，予忖度之。"《论语·子张》："人虽欲自绝，其何伤于日月乎？多见其不知量也。"合成词"度₂量"、词素"度₂"、词素"量"意义相同。用关系式表示它们之间的关系为：

度₂量（估计）=度₂（推测、估计）=量（推测、估计）

幽昧：昏暗不明。《楚辞·离骚》："惟夫党人之偷乐兮，路幽昧以险隘。"王逸注："幽昧，不明也。"

词素"幽"和"昧"都指幽暗不明，这个意义上两者都可以用作单音词。《礼记·乐记》："明则有礼乐，幽则有鬼神，如此则四海之内合敬同爱矣。"《淮南子·原道训》："气不当其所充而用之则泄，神非其所宜而行之则昧。""幽昧"的词义与"幽""昧"的词素义之间的关系为：

幽昧（昏暗不明）=幽（幽暗不明）=昧（幽暗不明）

2. 重叠式结构

虔虔：恭敬貌。《逸周书·祭公》："王若曰：'祖祭公次予小子，虔虔在位。昊天疾威，予多时溥愆。'"

词素"虔"指恭敬，其用作单音词的用例见于《左传》。《左传·庄公二十四年》："女贽，不过榛栗枣修，以告虔也。"词素"虔"叠用后形成的"虔虔"与其单用时意义相同，用关系式表示为：

虔虔（恭敬貌）=虔（恭敬）=虔（恭敬）

瘁瘁：忧愁貌。《庄子·在宥》："昔尧之治天下也，使天下欣欣焉……桀之治天下也，使天下瘁瘁焉，人苦其性，是不愉也。"

---

① 词义与词素义的关系式中，括号内列出的是词义或词素义，符号"="表示意义内容上的等同。

② "度₂"音duó。

词素"瘁"指忧愁，其用作单音词的最早用例为宋玉《高唐赋》："愁思无已，叹息垂泪，登高望远，使人心瘁。"词素"瘁"叠用后形成的"瘁瘁"与"瘁"的意义相同，用关系式表示为：

瘁瘁（忧愁貌）=瘁（忧愁）=瘁（忧愁）

（二）直接加合式

如果构成合成词的词素的意义按照词素的排列顺序相加就可以得到合成词的意义，那么就认为词素意义通过直接加合的方式形成了词义。战国—秦合成新词中，词素义与词义之间具有直接加合关系的合成词既有偏正式结构，也有联合式结构。

1. 偏正式结构

章理：显明的道理。《战国策·秦策一》："明言章理，兵甲愈起。"吴师道补注："章亦明也，谓明著之言，章显之理。"

词素"章"指明显、显著，单音词用例见于《国语》。《国语·周语下》："夫见乱而不惕，所残必多，其饰弥章。"词素"理"指道理、事理，单音词用例见于《易传》。《易·坤》："（文言曰）君子黄中通理。"合成词"章理"的词义是由"章""理"的词素义相加形成的。用关系式表示三者之间的关系为：

章理（显明的道理）=章（显明）+理（道理）

宾事：恭敬地侍奉。《管子·四称》："昔者有道之臣，委质为臣，不宾事左右。"尹知章注："宾，敬也。"《墨子·法仪》："天下诸侯，皆宾事之。"

词素"宾"指尊敬、恭敬，单音词用例见于《左传》。《左传·庄公十年》："止而见之，弗宾。"词素"事"指侍奉，单音词用例见于《易经》。《易·蛊》："不事王侯。"合成词"宾事"的词义是由词素"宾"和"事"的意义相加形成的，三者之间的关系为：

宾事（恭敬地侍奉）=宾（恭敬）+事（侍奉）

2. 联合式结构

贤明：有才德有见识。《战国策·燕策二》："臣闻贤明之君，功立而不废，故著于《春秋》。"

词素"贤"指有德行、多才能，单音词用例见于《尚书》。《书·大禹谟》："克勤于邦，克俭于家，不自满假，惟汝贤。"词素"明"指明智、圣明，单音词用例见于《易经》。《易·井》："王明，并受其福。"合成词"贤明"的词义是由词素"贤"和"明"的意义相加形成的，三者之间的关系为：

贤明（有才德有见识）=贤（有德行、多才能）+明（圣明、明智）

纺织：纺纱与织布的总称。《墨子·辞过》："女子废其纺织而修文采，故民寒。"

词素"纺"指把麻、丝、棉等纺织纤维制成纱或线，词素"织"指用纱线制作布帛，两者用作单音词均见于上古文献。《左传·昭公十九年》："及老，托于纪鄣，纺焉，以度而去之。"《诗·大雅·瞻卬》："妇无公事，休其蚕织。"合成词"纺织"的词义是由词素"纺"和"织"的意义相加形成的，三者之间的关系为：

纺织（纺纱织布）=纺（纺纱）+织（织布）

（三）直接增补式

如果在词义的基础上还需要添加其他内容才能得到合成词的意义，那么就认为词素意义通过直接增补的方式形成了词义。战国—秦合成新词中，这种词素义与词义之间具有直接增补关系的合成词既有偏正式结构，也有联合式结构和动宾式结构。

1. 偏正式结构

赏田：古代对有功者赏赐的田。《左传·成公七年》："楚围宋之役，师还，子重请取于申吕以为赏田，王许之。"

词素"赏"指赏赐、奖赏，词素"田"指耕种用的土地，两者用作单音词均见于上古文献。《左传·襄公十一年》："夫赏，国之典也，藏在盟府，不可废也。子其受之！"《诗·小雅·大田》："大田多稼，既种既戒，既备乃事。"合成词"赏田"指对有功劳的人赏赐的田地，词义包含两个词素义的内容，还包含赏赐的客体"有功者"。"赏田"的词义与"赏""田"的词素义关系为：

赏田（对有功者赏赐的田）=赏（赏赐）+田（田地）+（对有功者）

郊迎：古代出郊迎宾，以示隆重、尊敬。《管子·小匡》："初，桓公郊迎管仲而问焉，管仲辞让。"

词素"郊"指距国都数十里之地，泛指郊外，词素"迎"指迎接，两者用作单音词均见于上古文献。《周礼·春官·肆师》："（肆师）与祝侯禳于疆及郊。"《孟子·梁惠王下》："以万乘之国，伐万乘之国，箪食壶浆，以迎王师。"合成词"郊迎"的词义除包含两个词素义的内容外，还包含动作的目的"以示隆重、尊敬"。"郊迎"的词义与"郊""迎"的词素义关系为：

郊迎（古代出郊迎宾，以示隆重、尊敬）=郊（郊外）+迎（迎接）+（以示隆重、尊敬）

2. 联合式结构

宽博：谓衣服宽大。《孟子·公孙丑上》："不受于褐宽博，亦不受于万乘之君。"朱熹集注："宽博，宽大之衣。"

词素"宽"指宽松，词素"博"指大，两者用作单音词均见于上古文献。《左传·襄公二十六年》："君淹恤在外十二年矣，而无忧色，亦无宽言，犹夫人也。"又《昭公三年》："仁人之言，其利博哉。"合成词"宽博"专指衣服宽大，词义除了包含两个词素义的内容外，还包含主体对象"衣服"。"宽博"的词义与"宽""博"的词素义关系为：

宽博（谓衣服宽大）=宽（宽松）+博（大）+（衣服）

修饰①：修改润饰，使语言文字明确生动。《论语·宪问》："为命，裨谌草创之，世叔讨论之，行人子羽修饰之。"

词素"修"和"饰"都指修改润饰，两者用作单音词均见于战国文献。《楚辞·九歌·湘君》："美要眇兮宜修，沛吾乘兮桂舟。"《国语·越语上》："越人饰美女八人，纳之太宰嚭。"合成词"修饰"专指针对语言文字的修饰，除词素义的内容外，词义内容还包含了动作的客体"语言文字"和动作的目的"使语言文字明确生动"。"修饰"的词义与"修""饰"的词素义

---

① 《汉语大词典》"修饰"首见书证滞后。

关系为：

修饰（修改润饰，使语言文字明确生动）=修/饰（修改润饰）+（语言文字）+（使语言文字明确生动）

计听：谓能计虑，善听言。《战国策·秦策二》："计听知覆逆者，唯王可也。"

词素"计"指计议、谋虑，词素"听"指听从、接受，两者用作单音词均见于上古文献。《管子·中匡》："计得地与宝，而不计失诸侯；计得财委，而不计失百姓。"《诗·大雅·荡》："虽无老成人，尚有典刑，曾是莫听，大命以倾。"合成词"计听"指擅长计虑听言，词义包含两个词素义的内容，还包含"善于、能够"。"计听"的词义与词素"计""听"的词素义关系为：

计听（谓能计虑，善听言）=计（计议谋虑）+听（听从、接受）+（善于、能够）

3.动宾式结构

作土：谓积土堆垒以御敌。《墨子·杂守》："作土不休，不能禁御，遂属之城，以御云梯之法应之。"

词素"作"指兴建、建造，词素"土"指泥土，两者用作单音词均见于上古文献。《逸周书·作雒》："（周公）及将致政，乃作大邑成周于土中。"《书·禹贡》："厥贡惟土五色。"合成词"作土"指兴建泥土的防御工事来抵御敌人，词义包含两个词素义的内容，还包含动作的客体"防御工事"和动作的目的"抵御敌人"。"作土"的词义与"作""土"的词素义关系为：

作土（积土堆垒以御敌）=作（兴建）+土（土）+（防御工事）+（抵御敌人）

过人：超过别的人；超越一般人。《晏子春秋·问下十五》："君之强，过人之量。"

词素"过"指超过、超越，"过人"指超越一般人，词义包含两个词素义的内容，还包含客体的性质"一般的"。"过人"的词义与"过""人"的词素义关系为：

过人（超越一般人）=过（超越、超过）+人（人）+（一般的）

（四）直接减损式

如果减去一部分合成词词素的意义才能得到合成词的意义，那么就认为词素意义通过直接减损的方式形成词义。词素义被减损的词素往往不能在词义的形成中发挥作用，在构词中只起到构成复合词结构的作用。战国—秦合成新词中，这种词素义与词义之间具有直接减损关系的合成词主要是出现偏义现象的联合式结构。

魁陵：小土丘。《国语·周语下》："夫周，高山、广川、大薮也。故能生是良材，而幽王荡以为魁陵、粪土、沟渎，其有悛乎？"韦昭注："小阜曰魁。"

词素"魁"指小土丘，单音词用例如《敦煌变文集·破魔变文》："眼里睛如火，胸前瘿似魁。"词素"陵"指大土山，单音词的最早用例见于《诗经》。《诗·小雅·天保》："如山如阜，如冈如陵。"毛传："大阜曰陵。"合成词"魁陵"指小土丘，词义只与词素"魁"的意义对应，词素"陵"的意义在词义中减损脱落。"魁陵"的词义与词素"魁"和"陵"的词素义关系为：

魁陵（小土丘）＝魁（小土丘）＋［陵（大土山）减损］

同类的例子还有"市朝"中的"朝"、"祅祥"中的"祥"、"比周"中的"周"等，这些词素的意义都在词义形成的过程中出现了减损脱落。

（五）间接转移式

如果合成词词素的意义不是直接进入合成词词义，"而是经过词素意义的曲折转移变化才形成复素词（合成词——引者注）的词义"[1]，就认为词素意义通过间接转移的方式形成了词义。以这种方式形成词义一般是通过引申、简缩等手段把词素意义转化为词义。战国—秦合成新词中，词素义与词义之间具有间接转移关系的合成词主要有偏正式结构、联合式结构、动宾式结构和主谓式结构，此外还有少数内部语法结构无法分析的词。

1. 偏正式结构

巨擘：大拇指。比喻杰出的人物。《孟子·滕文公下》："于齐国之士，吾必以仲

---

① 孙银新：《现代汉语词素系统研究》，中国社会科学出版社2013年版，第114页。

子为巨擘焉。"赵岐注："巨擘，大指也。"

词素"擘"指大拇指，单音词用例见于战国文献。《尔雅·释鱼》："蝮虺，博三寸，首大如擘。"词素"巨"和"擘"结合在一起形成合成词后，比喻杰出的人物，词义是词素义通过喻指形成的。"巨擘"的词义与"巨""擘"的词素义关系为：

巨擘（比喻杰出的人物）◀——巨（大）+擘（大拇指）
　　　　　　　　　　引申

四境：四方疆界。引申指举国；四方疆界之内。《吕氏春秋·不侵》："世之人主，得地百里则喜，四境皆贺。"高诱注："举国皆贺，国中喜可知矣。"

词素"境"指疆界，单音词用例见于战国文献。《国语·鲁语上》："外臣之言不越境。"词素"四"和"境"结合在一起形成合成词后，词义"举国"是在词素义"四方疆界"的基础上通过引申间接形成的。

四境（举国）◀——四（四方）+境（疆界）
　　　　　　引申

2. 联合式结构

船骥：船与良马。比喻治国贤能之臣。《吕氏春秋·知度》："伊尹、吕尚、管夷吾、百里奚，此霸王之船骥也。"

词素"船"指水上交通工具，词素"骥"指骏马，两者单音词的用例见于战国文献。《庄子·渔父》："有渔夫者，下船而来。"《论语·宪问》："骥不称其力，称其德也。""船""骥"结合形成合成词后，词素义的内容发生喻指形成词义，比喻治国贤能之臣。"船骥"的词义与"船""骥"的词素义关系为：

船骥（治国贤能之臣）◀——船（船）+骥（良马）
　　　　　　　　　引申

缧绁：亦作"缧绁"。捆绑犯人的绳索，引申为牢狱。《论语·公冶长》："子谓公冶长可妻也。虽在缧绁之中，非其罪也。"

词素"缧"指捆绑犯人的黑色绳索，词素"绁"指牵牲畜的绳子，两词素形成合成词"缧绁"后，词素义的内容发生引申，表示牢狱。三者之间的关系为：

缧绁（牢狱）◀——缧（捆绑犯人的黑色绳索）+绁（牵牲畜的绳子）
         引申

3. 动宾式结构

画墁：谓在新粉刷的墙壁上乱画。比喻劳而无用。《孟子·滕文公下》："有人于此，毁瓦画墁，其志将以求食也，则子食之乎？"朱熹集注："墁，墙壁之饰也。毁瓦画墁，言无功而有害也。"

词素"墁"指墙壁上的涂饰，与词素"画"结合起来表示在新粉刷的墙壁上乱画。合成词"画墁"比喻劳而无用，词义是在词素义的基础上通过引申间接形成的。"画墁"的词义与"画"和"墁"的词素义关系为：

画墁（比喻劳而无用）◀——画（画）+墁（墙壁上的涂饰）
        引申

提衡：谓用秤称物，以平轻重。引申为抗衡。《管子·轻重乙》："则是寡人之国，五分而不能操其二，是有万乘之号而无千乘之用也，以是与天子提衡争秩于诸侯，为之有道乎？"

"提"指悬持、拎起。《庄子·列御寇》："列子提屦，跣而走。""衡"指秤杆或秤。《国语·周语下》："先王之制钟也，大不出钧，重不过石，律度量衡于是乎生。"词素"提"和"衡"的意义相加表示提起秤杆称重以平轻重，而合成词"提衡"指抗衡，词义是词素义通过引申产生的。"提衡"的词义与"提"和"衡"的词素义关系为：

提衡（抗衡）◀——提（悬持、拎起）+衡（秤杆或秤）
        引申

4. 主谓式结构

陶埏：谓陶人把陶土放入模型中制成陶器。比喻造就培育。《鹖冠子·泰鸿》："天也者，神明之所根也。醇化四时，陶埏无形，刻镂未萌，离文将然者也。"

词素"陶"指烧制陶器的工人，单音词用例见于《周礼·考工记序》。《周礼·考工记序》："抟埴之工陶、㼷。"词素"埏"指以水和土，单音词用例见于《管子》。《管子·任法》："昔者尧之治天下也，犹埴之在埏也，唯陶之所以为。"词素"陶"和"埏"的意义相加表示烧制陶器的工人以水和土制成陶器，而合成词"陶埏"比喻造就、培育，词义是词素义通过引申产生的。"陶埏"的词义与词素"陶""埏"的词素义关系为：

陶埏（造就培育）◀————陶（烧制陶器的工人）+埏（以水和土）
　　　　　　　　引申

口谆：指心口不一的人。《荀子·哀公》："鲁哀公问于孔子曰：'请问取人。'孔子对曰：'无取健，无取鉗，无取口谆。'"杨倞注："谆与谆同。口谆，谓口教诲，心无诚实者。"

"谆"，通"谆"，形容多言貌或反复告诫貌。《说文·言部》："谆，告晓之孰也。"《诗·大雅·抑》："诲尔谆谆，听我藐藐。"朱熹集传："谆谆，详熟也。"词素"口"和"谆"的意义相加表示嘴里不停地告诫，而合成词"口谆"指口内教诲而心无诚实的人，词义是词素义通过转指产生的。"口谆"的词义与"口""谆"的词素义关系为：

口谆（口内教诲而心无诚实的人）◀————口（嘴）+谆（反复教诲）
　　　　　　　　　　　　　　引申

5. 其他结构

踵道：接踵于道。形容人流连续不断。《战国策·燕策一》："且夫秦之攻燕也，逾云中、九原，过代、上谷，弥竃踵道数千里，虽得燕城，秦计固不能守也。"

"踵道"是"接踵于道"的简化，内部结构无法套用句法模式进行分析。"踵道"的词义与词素"踵"和"道"的意义没有直接联系，而是由"接踵于道"的整体意义通过简缩、引申形成的，形容人流连续不断。可以说"踵道"词义是通过间接转移的方式形成的。

踵道（形容人流连续不断）◀————踵（后脚跟）+道（道路）
　　　　　　　　　　　简缩、引申

从上面的分析可以看出，词素义与词义之间呈现相互依存、相互联系的复杂关系。有时词素义与词义在内容上一一对应，如通过"直接实现式"和"直接加合式"形成的词义往往可以从词素义中直接获得，词素义与词义在内容上保持了最大限度的一致。但是，多数情况下词义不能从词素义中直接获得，需要对词义进行再加工，如通过"直接增补式""直接减损式"和"间接转移式"形成的词义往往需要对词素义的内容进行增减、引申，词素义与词义在内容上很难保持一致。不过，词义的形成都建立在词素义的基础上，词素义可以为词义的理解提供线索。

二、词素义进入词义的方式

就战国—秦时期出现的合成新词而言，词素义转变为词义大致有四种情况：一是词素的义位直接降级为词义中的义素；二是词素的义位转变为词义的义位；三是词素的义位在组合过程中脱落，没有进入词义；四是词素义的某些义素成为词义的义素，其他义素脱落。

在第一种变化中，词素义进入词义时内容没有变化，但是语义单位发生质的改变，从词素义的义位单位降级为词义的义素单位。比如：

成名：盛名；美名。《荀子·非十二子》："成名况乎诸侯，莫不愿以为臣。"王先谦集解引俞樾曰："成与盛通……成名犹盛名也。"

词素"成"指大、盛，单音词用例见于《左传》。《左传·襄公十四年》："成国不过半天子之军，周为六军，诸侯之大者，三军可也。"词素"名"指名声、名誉，单音词用例见于战国文献，如《礼记·中庸》："故大德必得其位，必得其禄，必得其名，必得其寿。"词素"成"和"名"的意义通过直接加合的方式形成"成名"的词义，两个词素义进入词义后转为词义的义素。这种转变用义位结构式表示为：

词素"成"：<形>（盛大）

词素"名"：<名>［（名誉）（声望）］（人的）

合成词"成名"：<名>［（名誉）（声望）］（盛大）（人的）

从义位结构式可以看出，词素"成"和"名"的义位转变成合成词"成名"的义素。合成词"成名"义位中的义素全部是由"成"和"名"的词素义转变来的。

同样地，词素通过直接增补的方式形成合成词时，词素的义位也是直接进入词义成为词义的义素。比如：

蜩甲：蝉脱落的外壳。《庄子·寓言》："予蜩甲也，蛇蜕也。"成玄英疏："蜩甲，蝉壳也。"

词素"蜩"指蝉，单音词用例见于《诗经》。《诗·豳风·七月》："五月鸣蜩。"词素"甲"指某些动物身上的硬壳。词素"蜩"和"甲"的意义转为"蜩甲"词义的义素，同时又增加了义素"脱落的"。用义位结构式表示为：

词素"蜩"：<名>(昆虫)［(夏秋间)(由幼虫蜕化而成)］(吸食树汁)［(雄性的)能连续发声］

词素"甲"：<名>(壳)(硬)

合成词"蜩甲"：<名>(壳)(硬)｛(昆虫)［(夏秋间)(由幼虫蜕化而成)］(吸食树汁)［(雄性的)能连续发声］｝(脱落的)

从义位结构式可以看出，词素"蜩"和"甲"的义位转变成合成词"蜩甲"的义素。合成词"蜩甲"义位中除了包含由"蜩"和"甲"的词素义转变来的义素外，还增加了限制性义素"(脱落的)"。

在第二种变化中，词素义进入词义时其内容没有发生变化，但是语义单位发生质的改变，由词素义的义位转变为词义的义位。这种情况多出现在由直接实现的方式形成的合成词中。当两个词素为同义关系时，词素义在同一义位上重合，合成词的词义包含了任意一个词素的义位内容。比如：

耕作：农耕。《韩非子·外储说右上》："吾不臣天子，不友诸侯，耕作而食之，掘井而饮之。"

词素"耕"和"作"都指农耕，单音词用例见于西周春秋文献。《诗·周颂·载芟》："载芟载柞，其耕泽泽。"《书·尧典》："平秩东作。"孔传："岁起于东，而始就耕，谓之东作。"词素"耕"和"作"的意义相同，组合成合成词"耕作"后，词素义重叠在一起形成合成词的词义。用义位结构式表示为：

词素"耕"：<动>［(翻土)(犁田)］(在农田里)(人)(农业活动)

词素"作"：<动>［(翻土)(犁田)］(在农田里)(人)(农业活动)

合成词"耕作"：<动>［(翻土)(犁田)］(在农田里)(人)(农业活动)

从义位结构式可以看出，词素"耕"和"作"的义位重叠，共同转变为合成词"耕作"的义位。

在第三种变化中，两个词素中的一个在组合成词的过程中发生语义脱落，词素义没有进入词义，合成词词义只包含一个词素义的内容。这种情况出现在由直接减损的方式形成的合成词中。比如：

祆祥：指显示灾异的凶兆。《战国策·楚策四》："襄王曰：'先生老悖乎？将以为楚国祆祥乎？'庄辛曰：'臣诚见其然也，非敢以为国祆祥也。'"

词素"祆"指反常、怪异的预兆，词素"祥"指吉祥的预兆。合成词"祆祥"偏指凶兆，词义中只有词素"祆"的内容，"祥"的意义脱落。用义位结构式表示为：

词素"祆"：<名>（预兆）（凶）（显示灾异的）

词素"祥"：<名>（预兆）（吉）（显示祥和的）

合成词"祆祥"：<名>（预兆）（凶）（显示灾异的）

从义位结构式可以看出，合成词词义中只包含词素"祆"的意义，"祥"的意义没有进入合成词"祆祥"的词义。

在第四种变化中，词素义不是直接显示在词义中，而是蕴含在词义中。这种情况多出现在由间接转移方式形成的合成词中。解析这类合成词词义时，一般不能直接从词义中发现构词词素的意义，两个词素中只有某个或某些义素进入合成词的义位。比如：

羽翼：辅佐、维护。《吕氏春秋·举难》："（魏文侯）以私胜公，衰国之政也。然而名号显荣者，三士羽翼之也。"

词素"羽"和"翼"都指鸟类或昆虫的翅膀，两者单音词的书证见于西周文献。《易·明夷》："明夷于飞，垂其翼。"《诗·豳风·七月》："六月莎鸡振羽。"禽鸟翼翅的功能除了飞举外，还要护卫幼雏，由此"羽翼"表示辅佐、维护。这种转变用义位结构式表示为：

词素"羽"：<名>（翅膀）（鸟类或昆虫的）｛（用于……）（飞举）［（护卫）（幼雏）］……｝

词素"翼"：<名>（翅膀）（鸟类或昆虫的）｛（用于……）（飞举）［（护卫）（幼雏）］……｝

合成词"羽翼"：<动>［（护卫）（辅佐）］<受>（君主等）

从义位结构式可以看出，词素"羽"和"翼"的义位都没有完全进入合成词"羽翼"的词义，合成词词义中只包含两个词素义位中的义素"（护卫）"。

总而言之，无论词素义以何种方式进入词义，词义都是在词素义基础上形成的。没有词素义，词义就是无源之水。理解词素义有助于理解整个词义。

构成战国—秦合成新词的词素既有战国以前出现的承古词素，也有战国—秦时期出现的新词素。从构成新词的能力上看，承古词素的构词能力往往超过新生词素。词素使用时间越长，就意味着人们对它的认识可能越深刻，该词素与其他词素结合的机会就可能越多。人们在创造新词时一般会首先选择自己熟悉的词素，而承古词素往往不似新生词素那样令人感到陌生，所以人们选择词素时会倾向于承古词素。此外，构词能力强的词素往往是多义词，表达的事物概念也通常是人们所熟悉的。一般来说，越是人们熟悉的事物概念，可以从中提取的特征就越丰富，能够联想到其他相关事物概念的可能性就越大，词素义引申的可能性就越大。社会的发展也会影响词素的构词能力。有些词素表达的事物概念具有鲜明的时代特点，这些词素在战国—秦时期构成了大量新词，表明语言的发展总是与社会的发展密切相关。

词素结合成词时，词素义形成词义的方式呈现多样化。有的词素义采用较为直接的方式转化为词义，词素义直接成为词义的义位或义素，词义与词素义在内容上保持了最大程度的一致，二者的联系清晰直观。有的词素义则采用间接的方式转化为词义，只有词素义的某个或某些义素进入词义，成为词义的义素。间接方式形成的词义与词素义之间的联系往往比较隐晦，需要借助联想或者通过考证构词理据才能发现。无论词素义以何种方式形成词义，词素义都是词义形成的基础。

第六章　战国—秦时期的消亡词

笼统地说，消亡词指的是那些不再在语言交际中使用的词。从先秦到现代，每一个时代都有词汇不符合语用需求而趋于消亡，最终退出汉语词汇系统。因此，词汇的消亡也是导致词汇系统变化的原因。本章将从词汇历时发展的角度对战国—秦时期的消亡词进行描写和分析，探寻这一时期新旧词更替的轨迹。

研究消亡词的前提是确定词消亡的时代。比如，"亶时""舟虞"现在不再使用了，可以说它们在现代汉语中已经消亡了，但是断代词汇研究要求细究这些词究竟是在哪个时代消亡的。"亶时"指诚善，最早出现在《诗经》里，战国文献《仪礼》中也有用例。《诗·大雅·生民》："上帝居歆，胡臭亶时。"《仪礼·士冠礼》："旨酒既清，嘉荐亶时。"汉以后，"亶时"在文献中偶有新用例，如《元史》："彻豆，奏《阙成之曲》：（南吕宫）笾豆有践，殷荐亶时。礼文疏洽，废彻不迟。慎终如始，进退无违。神其祚我，绥以繁。"[①]明朝以后文献中未见"亶时"的新用例，由此可以确定"亶时"是明初消亡的词。"舟虞"是古代掌管船只的官名，秦以前文献中仅两见：《国语·鲁语下》："叔向退，召舟虞与司马，曰：'夫苦匏不材于人，共济而已。'"《吕氏春秋·上农》："泽非舟虞，不敢缘名，为害其时也。"汉

---

① 《汉语大词典》列出的"亶时"的末见用例为《仪礼·士冠礼》："旨酒既清，嘉荐亶时。"通过检索北京大学中国语言学研究中心语料库发现，该词在后世文献中仍有用例。《汉语大词典》"亶时"末见书证提前。

以后，"舟虞"逐渐退出语用，仅在蔡襄《泊吴江寄胡武平》中出现过引申义用例。蔡襄《泊吴江寄胡武平》："遥夜吴江濒，露坐须成葆。天空不带云，野迥正收潦。徘徊波上月，潋漾浮光好。清风送炎歊，翻觉秋气早。乃问菩溪路，舟虞为予道。水行至州下，楼台压烟岛……"①诗中"舟虞"泛指船夫。此后文献再无"舟虞"用例，由是可以确定"舟虞"是宋朝以后消亡的词。

从上面两个例子可以看出，确定一个词是否为某个时代的消亡词，要以该时代以后的语言作为比照对象，如果某个时代以后的语言中不再出现这个词，那么就把它确定为该时代的消亡词。比如，从明朝结束到现代，语言中未见"亶时"的新用例，即确定其为明朝消亡词，这是以清朝至现代的语言作为比照对象得出的结论；从宋朝结束到现代，语言中未见"舟虞"的新用例，即确定其为宋朝消亡词，这是以元朝至现代的语言作为比照对象得出的结论。同理，判断战国—秦时期的消亡词，要以汉及汉以后的语言作为比照对象。只有那些曾经在战国—秦文献中出现过，但在汉以后文献乃至现代汉语中再无新用例的词，才可以称为战国—秦时期消亡词。

研究消亡词还要弄清它与消亡词素的区别。现代语言学认为，词和词素是两种不同的语言单位，词的消亡不等于词素的消亡。由于汉语词汇发展的总趋势是由单音词向双音节词发展，很多单音词成为复音词的构词词素。换句话说，很多古汉语的成词词素在后世汉语发展中，尤其是现代汉语中成为不成词词素。这些不成词词素不能独立构词，只能与其他词素组合构词。从词汇消亡的角度看，即使词不再被使用了，或者说词消亡了，构成这些词的词素也不一定消亡，而是由成词词素变成了不成词词素。比如，"芫"是一种瑞香科落叶灌木，花蕾可入药。《墨子》《山海经》中均有"芫"的用例。《墨子·杂守》："常令边县豫种畜芫、芸、乌喙、袾叶。"《山海经·中山经》："东三百里曰首山，其阴多谷柞，其草多茶芫。"西汉时，"芫"不再作为单音词使用，而是与"华"构成双音节词"芫华"。"芫华"与"芫"同义。《急就

---

① 《汉语大词典》中"舟虞"为单义词，列出的末见用例为《吕氏春秋·上农》："泽非舟虞，不敢缘名，为害其时也。"通过检索发现该词在宋蔡襄《泊吴江寄胡武平》中有引申义用例。《汉语大词典》漏收"舟虞"的引申义。

篇》卷四："乌喙附子椒芫华。"颜师古注："芫华，一名鱼毒，渔者煮之以投水中，鱼则死而浮出，故以为名。"《史记·扁鹊仓公列传》："臣意饮以芫华一撮，即出蛲可数升，病已，三十日如故。"汉以降，"芫华"在文献中用例频出。分别从词和词素两个角度看，"芫"是战国—秦时期消亡的单音节词，而词素"芫"没有在战国—秦时期消亡，而是由成词词素转为不成词词素。又如，"撮₂"①指古代的一种乘载器，孤证见于《尸子》。《尸子》卷下："行涂以楯，行险以撮，行沙以轨。"后世文献中未见"撮₂"作为单音词的用例，但是在明朝文献中出现了双音节词"撮₂风"。"撮₂风"为动宾式复合词，词素"撮₂"指乘，是由本义派生出的引申义，"撮₂风"即乘风。《水浒传》第五二回："端的枪刀流水急，果然人马撮风行。"从词的角度看，"撮₂"可以看作战国—秦时期消亡的单音节词；而从词素的角度看，词素"撮₂"没有在战国—秦时期消亡，而是由成词词素转为不成词词素。可见，词消亡了并不意味着构成它的词素也随即消亡了。许多单音节词即使不再单用，但也可以以词素的形式与其他词素一起参与构词。战国—秦时期，有相当数量的单音节词降级为不成词词素，在后世的词汇发展中发挥作用，继续构词。

当然，也有一些语词成分在战国—秦时期彻底从语用中消失：作为词，不再在文献中使用；作为词素，也不再参与构词。比如，"鞈"是战国文献中出现的新词，指生皮，《墨子》《吕氏春秋》中均有用例。《墨子·备穴》："令陶者为罂，容四十斗以上，固顺之以薄为鞈革，置井中，使聪耳者伏罂而听之，审知穴之所在。"《吕氏春秋·古乐》："帝尧立，乃命质为乐。质乃效山林溪谷之音以歌，乃以麇鞈置缶而鼓之。"汉以降，"鞈"仅在字书中出现，未见新的文献用例，而且"鞈"只能构成单音词，没有与其他词素构成合成词。无论从词还是词素的角度看，"鞈"都是在战国—秦时期消亡的。

研究词汇中旧质要素的消亡是词汇史研究的一部分。②旧质要素的消亡不

---

① "撮₂"音zuān。

② 参见王力：《汉语史稿》，中华书局1980年版，第1页。

仅包括词的消亡，也包括词素的消亡。^①史存直在《汉语史纲要》中明确了两种情况不属于词的新陈代谢：一种是词义的演变，另一种是成词词素转为不成词词素。前者是词义的引申，不是词的新陈代谢；后者则是"在旧词上添加词头、词尾，或把两个在意义上有关联的单音词结合起来构成复合词"，旧词作为复合词的构成成分在语言中保留下来，这"也和新陈代谢不同"。^②可见，史存直认为，由成词词素转为不成词词素也是词汇成分保存下来的方式，不能看作词汇系统新陈代谢中旧质要素的消亡。如果一个语词成分作为词素还可以构词，那么这个语词成分就没有消亡；只有当一个成分无论是以词的形式还是词素的形式都不再出现于文献中，才可以说它所代表的旧质要素消亡了。

由于本书着眼于词的历时发展，研究的是词汇中旧质要素的消亡，所以本章讨论的战国—秦消亡词指的是那些无论是以词的形式还是词素的形式都最晚见于战国—秦文献，西汉以后不再使用的语词成分。

第一节　战国—秦时期标志性消亡词语场

战国—秦消亡词数量不多，涉及的语义场却繁杂多样。消亡词比较集中的语义场往往带有鲜明的时代特征，是这一时期的标志性消亡词语场。下面从战国—秦时期政治、军事、农业、社会文化四个消亡词语场中选取具有代表性的语义场进行说明。

一、与政治有关的消亡词

本书选取战国—秦时期涉及官制、法制、赋役方面的消亡词来展示这一时期政治体制变革导致的词汇消减。

战国—秦时期消亡的古职官名都是仅见于战国—秦文献的词，可以说它们既是战国—秦新词，也是这一时期的消亡词。这些消亡的先秦古职官名中，除

汉语词汇通史 战国—秦卷

---

① 参见王军：《汉语词汇的动态发展变化探析》，载《汉语词汇学》，山东大学出版社2003年版，第683—687页。

② 参见史存直：《汉语史纲要》，中华书局2008年版，第449页。

表示地方行政长官的"县₂师"①"里君"外，其余都是专司一事的文官名，如"职丧""市师""虞师""门尹""田师"等。

"县₂师"和"里君"都是地方行政长官。

县₂师：周官名。地官之属。《周礼·地官·县师》："县师，掌邦国都鄙稍甸郊里之地域，而辨其夫家人民田莱之数，及其六畜车辇之稽。"《墨子·迎敌祠》："凡守城之法，县师受事。"

根据《周礼》，"县₂师"的职责类似于县长。词素"师"指长官、首领。《周礼·天官·序官》："甸师，下士二人。"郑玄注："郊外曰甸，师犹长也。""县₂师"可以理解为一县之长，是掌一县之政令的官员。除《周礼》外，"县₂师"还见于战国早期文献《墨子》，此外再无书证，这说明"县₂师"在战国早期可能就已经属于生僻词，语用渐少而趋于消亡，只在后世的注疏中偶见。战国时期表一县之长的词还有"县₂正""县₂尹""县₂大夫""县₂令""县₂长"等，这些词都能在后世文献中找到用例，其中"县₂长"更是沿用至今。

里君：指里长。《逸周书·尝麦》："乃命百姓遂享于家，无思民疾，供百享，归祭闾率、里君，以为之资野。"朱右曾校释："闾率、里君，《周礼》谓之闾胥、里宰。"《管子·小匡》："择其贤民，使为里君。"

战国—秦时期，表示里一级行政长官的词很多。除"里君"外，还有"里正""里宰""里人""里尹""里长"等。"里君"是战国消亡词，其他词则在后世多有沿用，其中"里长"在现代汉语文献中仍可找到用例，如巴金《将军集·还乡》："明天到县政府去请愿，里长全去，而且每一房要派几个代表。"

按照所司事务的类别，表示专司一事职官名的消亡词可以分为几类：涉及农事的"田师""虞师"，负责城门安防的"门尹"，负责市场管理的"市师"以及掌管丧礼的"职丧"等。

田师：古时掌管农事的官员。《荀子·解蔽》："农精于田而不可以为田师，贾精

———————

① "县₂"音xiàn。

于市而不可以为市师，工精于器而不可以为器师。有人也，不能此三技而可使治三官。"

虞师：古掌山泽的官。《管子·立政》："使民于宫室之用，薪蒸之所积，虞师之事也。"《荀子·王制》："使国家足用，而则物不屈，虞师之事也。"

"田师"在战国时期仅见于《荀子》，说明这个词在战国时期可能就是生僻词。这一时期与"田师"同义的有"田畯"。"田畯"最早见于《诗经》。《诗·小雅·甫田》："馌彼南亩，田畯至喜。"郑玄笺："田畯，司啬，今之啬夫也。""田畯"后世多有沿用，如汉王粲《务本论》："设农师以监之，置田畯以董之，黍稷茂则喜而受赏，田不垦则怒而加罚。"明何景明《忧旱赋》："田畯至而靡喜兮，农望畛而太息。"现代文献中称述古代社会制度时也会提到"田畯"，如郭沫若《中国史稿》第二编第三章第二节："在古诗中常常提到的'田畯'，就是奴隶主贵族派来监督农业奴隶劳动的家伙。"战国—秦时期，与"田师"同义的还有"啬夫"。"啬夫"为秦代置职官，汉以后亦有置，亦称"田啬夫"。睡虎地秦墓竹简《秦律十八种·厩苑律》："以四月、七月、十月、正月肤田牛。卒岁，以正月大课之。最，赐田啬夫壶酉（酒）束脯。"《通典·职官十五》："后汉乡官与汉同……其乡小者，县置啬夫一人。"

"虞师"仅见于《管子》《荀子》，后世文献未见。可以说，"虞师"既是战国—秦时期新词，也是这一时期的消亡词。先秦文献中，与"虞师"形成同义关系的有单音节词"虞"和双音节词"虞人"。西周时期，掌管山林川泽的官称为"虞"。《书·舜典》："咨益，汝作朕虞。"孔传："虞，掌山泽之官。""虞人"见于《周礼》。《周礼·夏官·大司马》："虞人莱所田之野为表。"战国及后世文献中均可见"虞人"，如《左传·昭公二十年》："十二月，齐侯田于沛，招虞人以弓，不进。"《宋史·太祖纪一》："乾德二年正月辛巳，有象入南阳，虞人杀之，以齿革来献。"近代以后，一些文献在称述古代事物时还会提到"虞"或"虞人"，如清末郑观应《盛世危言·旱潦》："泰西数十年来于种树之事极为尽心，特设专官，如古者虞人之职。"郭沫若《奴隶制时代·奴隶制的下限在春秋与战国之交》："大抵鱼盐铜铁都归虞管辖，在性质上看来一多半是属于工的。"

职丧：古官名。掌诸侯及卿大夫、士之有爵位者的丧礼。《周礼·春官·职丧》："职丧掌诸侯之丧，及卿大夫、士凡有爵者之丧，以国之丧礼，莅其禁令，序其事。"《逸周书·大聚》："立职丧以恤死，立大葬以正同。"

市师：古官名。掌市场管理。《周礼·地官·司市》："市师莅焉而听大治大讼，胥师贾师莅于介次而听小治小讼。"郑玄注："市师，司市也。"《荀子·解蔽》："农精于田而不可以为田师，贾精于市而不可以为市师。"

"职丧""市师"都是见于《周礼》的词。"市师"是"司市"的别称，"司市"也见于《周礼》。[①]虽然"市师"在战国消亡了，但"司市"却沿用至汉朝，如《汉书·食货志下》："诸司市常以四时中月实定所掌，为物上、中、下之贾（价），各自用为市平。"孙怡让认为"市师"可能不是周代正式官名，管理市场的正式官名应为"司市"[②]，这或许是"市师"较早退出语用的原因之一。此外，据《史记》记载，战国时期楚国曾置"市令"掌管市场。[③]到汉朝时，长安东、西两市置"市令"，都邑置"市长"。[④]此后"市令""市长"逐渐取代"司市"，并沿用至金元时期，如《金史》："市令、录事、赤剧县丞、副都巡检使、副将、都巡检、州军判官，五人。"

门尹：司门的官吏。《国语·周语中》："卿出郊劳，门尹除门。"《庄子·则阳》："汤得其司御门尹登恒，为之傅之。"王先谦集解："司御、门尹当是两官。"

虽然"门尹"是战国消亡词，但与之同义的"司门"却在后世沿用。"司门"始见于《周礼》。《周礼·地官·司门》："司门掌授管键以启闭国门，凡出入不物者，正其货贿，凡财物犯禁者举之……凡四方之宾客造焉，则以告。"南北朝时期，北周效仿《周礼》，设立六官，置"司门"一职。《通

---

① "司市""市司"最早见于《周礼》。《周礼·地官·序官》："司市下大夫二人，上士四人，中士八人，下士十有六人，府四人，史八人，胥十有二人，徒百有二十人。"《周礼·地官·司市》："凡会同师役，市司帅贾师而从，治其市政，掌其卖儥之事。"

② 参见《汉语大词典》"市司"词条孙诒让正义。

③ 《史记·循吏列传》："庄王以为币轻，更以小为大，百姓不便，皆去其业。市令言之相曰：'市乱，民莫安其处，次行安其处，次行不定。'"

④ "市长"最早见于《史记》。《史记·太史公自序》："无泽为汉市长。"

第六章 战国—秦时期的消亡词

典·职官二十一·北周官品》中有"司门"。

战国—秦时期消亡的有关法制的词有"野禁""火宪""邑斗""民狱"。其中，"火宪"和"邑斗"仅见于战国—秦文献，既是战国—秦新词，也是这一时期的消亡词。

野禁：古代王城外的关于农业地区的禁令。《周礼·秋官·士师》："士师之职，掌国之五禁之法，以左右刑罚……四曰野禁。"《吕氏春秋·上农》："野禁有五：地未辟易，不操麻，不出粪；齿年未长，不敢为园圃；量力不足，不敢渠地而耕；农不敢行贾，不敢为异事。"

火宪：防火的法令。《管子·立政》："修火宪，敬山泽、林薮、积草。"《荀子·王制》："修火宪，养山林、薮泽、草木、鱼鳖、百索。"

除"野禁"外，战国—秦时涉农的法律还有"田律"。"田律"是涉及农田生产的法律，始见于睡虎地秦墓竹简《秦律十八种》。防火的法令在《周礼》中称"火禁"。《周礼·秋官·司烜氏》："中春以木铎修火禁于国中。""火禁"与"火宪"同义。虽然"火宪"为战国消亡词，但"火禁"在后世文献中仍有用例，如《宋史·职官志七》："镇寨官，诸镇置于管下人烟繁盛处设监官，管火禁，或兼酒税之事。"

邑斗：谓与本邑人私斗。商鞅之法，邑斗有刑。《商君书·战法》："故王者之政，使民怯于邑斗，而勇于寇战。"《韩非子·八奸》："军旅之功无逾赏，邑斗之勇无赦罪。"

民狱：民间诉讼案件。《周礼·秋官·大司寇》："以两剂禁民狱。"《逸周书·本典》："与民利者，仁也；能收民狱者，义也。"

"邑斗"在进入汉代后就消亡了，取而代之的是与之意义相近的"私斗"。"私斗"始见于《韩非子》。《韩非子·显学》："夫斩首之劳不赏，而家斗之勇尊显，而索民之疾战距敌而无私斗，不可得也。""私斗"沿用至现代，如郭沫若《反正前后》第一篇："一部分归了耗费，一部分归了私囊，一部分成了北方军人的私斗军费，于是川汉铁路终于烟消云散了。""民狱"在战国早期就消亡了，后世多使用始见于《周礼》的"民讼"，如宋周密《齐东野语·端平襄州本末》："民讼边备，一切废弛。"

涉及政治的战国—秦消亡词还有表示免除徭役的"解役"。

解役：解除劳役。《晏子春秋·谏下八》："景公曰：'唯唯！将弛罢之。'未几，朝韦同解役而归。"

先秦文献中还出现了"解舍"，意义与"解役"基本相同。《管子·五辅》："是故上必宽裕而有解舍，下必听从而不疾怨。""解舍"在后世文献中偶有新用例，如《陈书》："令长代换，具条解舍户数，付度后人。户有增进，即加擢赏；若致减散，依事准结。有能垦起荒田，不问顷亩少多，依旧蠲税。"《宋史·食货志上五》有"畿民不愿输钱免役"，其中的"免役"与"解舍""解役"同义。

先秦时期，拘留人质的地方称为"葆宫"，守卫葆宫的兵卒称为"葆卫"。

葆宫：古代拘留人质之处。《墨子·号令》："葆宫之墙，必三重。"《墨子·杂守》："父母昆弟妻子，有在葆宫中者，乃得为侍吏，诸吏必有质，乃得任事。"

葆卫：葆宫的卫兵。《墨子·号令》："葆卫必取戍卒有重厚者。"

"葆宫""葆卫"仅见于《墨子》，说明这两个词在战国时期可能就是生僻词。

二、与军事有关的消亡词

战国—秦时期消亡的与军事有关的词，既有古兵器名，如"蔽橹""广₂车"①"乘₂白"②"行城""台城""行垣""狗走""狗尸"，也有涉及军队编制的词，如"陵师""曲制"。

蔽橹：1.大盾。古代防御性的兵器。《孙子·作战》："公家之费，破车罢马，甲胄矢弩，戟楯蔽橹，丘牛大车，十去其六。"王晳注："蔽橹，大楯也。"2.瞭望观察敌情的望楼。《六韬·农器》："太公曰：'战攻守御之具尽在于人事，耒耜者，其行马蒺藜也；马牛车舆者，其营垒蔽橹也。'"

《孙子》中的"蔽橹"和《六韬》中的"蔽橹"意义迥异，彼此无关联，

---

① "广₂"音guǎng。

② "乘₂"音shèng。

是两个不同的词，两词都是战国消亡词。作为防御性兵器、用来抵御刀箭的"蔽橹"在后世文献中单称"橹"，如汉贾谊《过秦论》："秦有余力而制其弊，追亡逐北，伏尸百万，流血漂橹。"章炳麟《论承用"维新"二字之荒谬》："特以神武不杀，哀者能胜，故无取乎漂橹成渠耳。"也称"橹楯"，如汉荀悦《汉纪·元帝纪下》："汉兵四面推橹楯，并入土城。"清曾国藩《金陵湘军陆师昭忠祠记》："累箱实土，以作橹楯。"用于瞭望敌情的"蔽橹"在后世文献中称为"城楼"或"望楼"，如《后汉书·邓禹传》："光武舍城楼上，披舆地图。"唐邵谒《显茂楼》诗："繁华朱翠尽东流，唯有望楼对明月。"

广₂车：纵横排列的车辆。指战车。《周礼·春官·车仆》："掌戎路之萃、广车之萃。"《左传·襄公二十四年》："使御广车而行。"

乘₂白：古代指战车和军旗。《荀子·王制》："司马知师旅甲兵乘白之数。"

"广₂车"的用例见于战国早期文献《左传》和《周礼》。"广₂车"在《左传》中也单称"广"，如《左传·宣公十二年》："其君之戎分为二广，广有一卒；卒，偏之两。""广"在后世补注先秦文献时仍有用例，如清江永《群经补义·春秋》："楚广及巫臣之偏皆十五乘者也，一偏十五乘，两偏三十乘。""乘₂白"的词素"乘₂"指兵车，"白"指名为"大白"的旗。于省吾《双剑誃诸子新证·荀子二》："白谓白旗……《逸周书·克殷解》：'武王乃手大白以麾诸侯。'注：'大白，旗名。'又云：'折悬诸大白。'又云：'悬诸小白。'由是言之，乘白谓车与旗至明塙矣。"①盖因"乘₂""白"的意义相对生僻，故汉以后未见"乘₂白"用例。后世直接用"车旗"指称战车和军旗，如《新唐书·兵志》："若乃将卒、营阵、车旗、征防、守卫，凡兵之事不可以悉记，记其废置、得失、终始、治乱、兴灭之迹，以为后世戒云。"

行城：古代守城拒敌的设备。《墨子·备高临》："羊黔者，将之拙者也，足以劳卒，不足以害城。守为台城，以临羊黔，左右出巨，各二十尺，行城三十尺。"《孙膑

---

① 于省吾对"乘₂白"构词理据的解释转引自《汉语大词典》"乘₂白"词条。

兵法·官一》："攻兼用行城。"

台城：古代守城拒敌的设备。《墨子·备高临》："羊黔者，将之拙者也，足以劳卒，不足以害城。守为台城，以临羊黔，左右出巨，各二十尺，行城三十尺。"

行垣：古代防御战具，用以布阵阻塞。《尉缭子·分塞令》："中军、左、右、前、后军，皆有分地，方之以行垣，而无通其交往。"

狗走：古代一种守城器械。《墨子·备城门》："狗走，广七寸，长尺八寸，蚤长四寸，犬耳施之。"

狗尸：古代一种守城器械。《墨子·备城门》："五步积狗尸五百枚，狗尸长三尺，丧以弟，瓮亓端，坚约弋。"

"行城""台城""行垣""狗走""狗尸"都是防守御敌的战具，具体式样各家说法不一，皆已无从考证，这大概与它们很早就被弃用有关。这些战具的消失了，导致表示它们的词也消亡了。

战国—秦时期涉及军队编制的消亡词有"陵师"和"曲制"。

陵师：指陆军。《左传·定公六年》："子期又以陵师败于繁扬。"

"陵师"为独用词。在后世文献中陆地作战的军队称"陆军"，如《晋书·宣帝纪》："若为陆军以向皖城，引权东下，为水战军向夏口，乘其虚而击之，此神兵从天而堕，破之必矣。""陵师"包括"徒兵"和"车兵"两类。《左传·襄公二十五年》："赋车兵、徒兵、甲楯之数。""徒兵"和"车兵"在汉以后文献中均有用例。

曲制：军队编制的制度。亦用以指军队。《管子·七法》："若夫曲制时举，不失天时。"郭沫若等集校引何如璋曰："曲，部曲也。曲制，部曲之制也。"《孙子·计》："法者，曲制、官道、主用也。"曹操注："曲制者，部曲旛帜、金鼓之制也。"

"曲"在古代是军队的编制单位。《后汉书·百官志一》："大将军营五部，部校尉一人……部下有曲，曲有军候一人，比六百石。""曲制"退出语用后，取而代之的是"兵制"或"营制"，如宋陈亮《酌古论四·李靖》："兵有正有奇，善审敌者，然后识正奇之用，敌坚则用正，敌脆则用奇……奇正之说，存乎兵制而已矣。"《明史·兵志一》："宪、孝、武、世四朝，营制屡更，而威益不振。"

三、与农业生产有关的消亡词

战国—秦时期，小农经济和土地私有化得以确立发展，铁质农具的普及促使农业有了飞跃式发展。这一时期文献中与农业生产有关的词大都沿用至后世，消亡词的数量很少，且都是战国文献中的独用词。这些消亡词可以细分为三个子语义场：表示农具的消亡词语场，表示农作物的消亡词语场以及表示农作物害虫的消亡词语场。

战国—秦时期消亡的农具词有"锯櫩""斫斸""棨钁"。

锯櫩：一种钁类农具。《管子·小匡》："恶金以铸斤斧，鉏夷、锯櫩，试诸木土。"

斫斸：古农具。《尔雅·释器》："斫斸谓之定。"

棨钁：古代一种大锄。《六韬·军用》："伐木大斧，重八斤，柄长三尺以上，三百枚；棨钁，刃广六寸，柄长五尺以上，三百枚。"

"锯櫩""斫斸""棨钁"均属锄类农具。其中，"斫斸"在《国语》中单称"斸"。《国语·齐语》："恶金以铸鉏、夷、斤、斸，试诸壤土。"虽然双音节词"斫斸"属战国消亡词，但单音节词"斸"在后世文献中仍有用例，如唐韩愈《凤翔陇州节度使李公墓志铭》："益市耕牛，铸镈、钐、鉏、斸以给农之不能自具者。"

战国—秦时期消亡的表示农作物害虫的词有"蚼蛆""蚼蠋"。

蚼蛆：一种害禾稼的虫。《吕氏春秋·审时》："得时之麦，不蚼蛆；先时者，暑雨未至，附动蚼蛆而多疾。"

蚼蠋：同蚼蛆。《商君书·农战》："今夫螟螣蚼蠋，春生秋死，一出而民数年不食。"

"蚼蛆""蚼蠋"为同义词，都指喜食作物茎叶的毛虫。汉以后，这种毛虫用单音节词"蠋"表示，如刘向《说苑·谈丛》："蠋欲类蚕，鳝欲类蛇，人见蛇蠋，莫不身洒然。"

战国—秦时期消亡的表示农作物的词有"菰粱""细菽""陵稻"。

菰粱：即菰米。《楚辞·大招》："五谷六仞，设菰粱只。"

细菽：大豆的一个品种。《管子·地员》："五殖之次曰五觳，五觳之状娄娄然，不忍水旱，其种大菽、细菽，多白实。"

陵稻：陆生稻。也叫旱稻。《管子·地员》："五凫之状，坚而不骼，其种：陵稻、黑鹅、马夫。"

"菰粱"后世称"菰米""雕胡"，如唐杜甫《秋兴》诗之七："波漂菰米沉云黑，露冷莲房坠粉红。"《本草纲目·谷二·菰米》集解引苏颂曰："菰生水中，叶如蒲苇，其苗如茎梗者，谓之菰蒋草，至秋结实，乃雕胡米也。""菰米""雕胡"沿用至今，如2016年5月21日《湘江晨报》一篇题为《雕胡、茭瓜……你们的方言管这个东西叫什么？》的文章提到："那时候，它（指菰——引者注）还没有肥白圆润的茎，人们关注的，是它结的子，外褐内白，形如圆针，称菰米，又叫'雕胡'。""细菽"也称"小菽"，是大豆的一个品种，相对应的另一个品种是"大菽"。《管子》中"大菽"与"细菽"并称，《吕氏春秋》则"大菽"与"小菽"并称。"细菽"在汉以后不再使用，但"小菽"在后世文献中偶见用例，如《本草纲目·谷部》："多枝数节，竞叶蕃实，大菽则圆，小菽则团。""陵稻"在《礼记》中称"陆稻"。《礼记·内则》："淳熬：煎醢加于陆稻上，沃之以膏，曰淳熬。"南北朝时期又改称"旱稻"。北魏贾思勰《齐民要术·旱稻》："旱稻用下田，白土胜黑土。"

四、与社会文化有关的消亡词

战国—秦时期涉及社会文化的消亡词相对较多，本书选取社会各阶层称谓和先秦祭礼两类消亡词来展示这一时期社会文化发展导致的词汇消减。

先秦社会各个阶层的一些特殊称谓带有明显的时代特征，汉以后就废弃不用了。这些词既包括"君公""诸侯长""君夫人"等高级统治者称谓，也包括为统治者服务的"官臣"以及"市井之臣""五尺竖子"等庶人称谓。

君公：称诸侯。《书·说命中》："明王奉若天道，建邦设都，树后王君公，承以大夫师长。"《墨子·尚同中》："夫建国设都，乃作后王君公。"

诸侯长：诸侯中的领袖。《周礼·秋官·掌客》："王合诸侯而飨礼，则具十有二牢，庶具百物备，诸侯长十有再献。"《吕氏春秋·谕大》："五伯欲继三王而不成，既足以为诸侯长矣。"

君夫人：诸侯之妻。《左传·襄公二十六年》："左师见夫人之步马者，问之。对曰：'君夫人氏也。'左师曰：'谁为君夫人？余胡弗知？'"《论语·季氏》："邦君之妻，君称之曰夫人，夫人自称曰小童，邦人称之曰君夫人。称诸异邦曰寡小君，异邦人称之，亦曰君夫人。"

先秦时期，据有土地的天子、诸侯及卿大夫通称"君"。《仪礼·丧服》："君，至尊也。"郑玄注："天子、诸侯及卿大夫有地者，皆曰君。""君公"即诸侯。进入封建社会以后，"君"专称帝王，所以汉代以后诸侯不再称"君公"。殷周时期，一方诸侯领袖称谓较多，除"诸侯长"外，还有"邦伯""方伯""孟侯""元侯"。汉以后，"诸侯长"被四音节词"诸侯之长"代替。"邦伯""方伯""孟侯""元侯"继续沿用，其中"元侯"又引申为重臣大吏，如唐杜牧《中丞业深韬略志在功名再奉长句一篇兼有谂劝》诗："八部元侯非不贵，万人师长岂无权。"

官臣：谓受天子之命所置的管理家邑的官吏。《左传·襄公十八年》："齐环怙恃其险，负其众众庶，弃好背盟，陵虐神主。曾臣彪将率诸侯以讨焉，其官臣偃实先后之。"《墨子·明鬼下》："昔者宋文君鲍之时，有臣曰观辜，固尝从事于厉……观辜曰：'鲍幼弱，在荷繈之中，鲍何与识焉，官臣观辜特为之。'"

"官臣"管理大夫采地。采地也称"采邑"，是古代卿大夫作为世禄的封地。采邑制度在周代盛行，秦统一后确立郡县制，采邑制逐渐废弃。"官臣"是带有先秦时代特色的词，汉以后就不再使用了。

市井之臣：1.去官而居于都邑的士大夫，对君自称"市井之臣"。《仪礼·士相见礼》："凡自称于君，士大夫则曰下臣，宅者在邦则曰市井之臣，在野则曰草茅之臣，庶人则曰刺草之臣。"2.指居于都邑而未做官的人。《孟子·万章下》："在国曰市井之臣，在野曰草莽之臣，皆谓庶人。"

五尺竖子：指尚未成年的儿童。《吕氏春秋·重己》："使五尺竖子引其棬，而牛恣所以之，顺也。"

"市井之臣"本是免除或辞去官职而居于都邑的士大夫对君主的自称，

战国时期泛指居于都邑的庶人。"五尺竖子"与"五尺之童""五尺童子"同义。虽然"五尺竖子"在后世消亡了,但"五尺之童""五尺童子"仍沿用,如晋李密《陈情表》:"外无朞功强近之亲,内无应门五尺之童。"梁启超《近世文明初祖培根笛卡儿之学说》:"欧美五尺童子所莫不钦诵,而吾国人所当深求其故者也。"

后帝:天帝;上帝。《楚辞·天问》:"何献蒸肉之膏,而后帝不若。"王逸注:"后帝,天帝也。"

"后帝"是"皇皇后帝"的缩写。《诗·鲁颂·閟宫》:"皇皇后帝,皇祖后稷。"郑玄笺:"皇皇后帝,谓天也。""皇皇后帝"即天帝,《楚辞》中简称为"后帝"。"后帝"仅见于《楚辞》,而"皇皇后帝"在汉以后文献中仍有用例,如《南齐书·高帝纪下》:"皇帝臣道成敢用玄牡,昭告皇皇后帝。"与"后帝"同义的"上帝""天帝"是先秦文献中出现的新词。《易·豫》:"(象曰)先王以作乐崇德,殷荐之上帝,以配祖考。"《荀子·政论》:"居如大神,动如天帝。""上帝""天帝"在后世文献中屡见,明清时期仍有用例,如《西游记》第五回:"只为妖猴欺上帝,致令众圣降凡尘。"清唐甄《潜书·得师》:"(天子)居位如天帝,失位不如农夫。"

先秦许多有关祭祀的词在现代汉语中已经消失,但是由于古代封建社会重视祭祀,"国之大事,在祀与戎"(《左传·成公十三年》),大多数先秦时期表示祭祀的词没有随着秦帝国的灭亡而立刻消亡,而是在汉以后文献中继续使用。比如,烹祭牲用的"牲镬"、祼祭用的"祼玉"都是最早见于《周礼》的词①,它们在唐宋文献中仍有用例,如《隋书·礼仪志》:"四年,何佟之议:'……宜依以未祭一日之暮,太常省牲视镬,祭日之晨,使太尉牵牲出入也。少牢馈食杀牲于庙门外,今仪注诣厨烹牲,谓宜依旧。'帝可其奏。"《宋大诏令集》:"因丘自圜始,朕既执祼玉以见宗祖,又将涤牲币以事天

---

① 《汉语大词典》列出的"牲镬""祼玉"的末见用例分别为《周礼·春官·大宗伯》:"眡涤濯,莅玉鬯,省牲镬,奉玉齍。"《周礼·春官·郁人》:"凡祼玉,濯之陈之,以赞祼事。"通过检索北京大学中国语言学研究中心语料库发现,两词在中古文献中仍有用例。《汉语大词典》"牲镬""祼玉"末见书证提前。

下，而上下莫不有嘉德，内外莫不有欢心，高灵鉴观，休应显见。"这些词的出现频率虽然不高，但也没有彻底消亡。

当然，也有一些与祭祀有关的词在战国—秦时期消亡了。如祭祀山川四望的"外祀""外祭"，两词载于《周礼》。《周礼·春官·典祀》："典祀掌外祀之兆。"又《地官·牧人》："凡外祭毁事，用尨可也。""外祭"仅见于《周礼》，而"外祀"在战国文献《墨子》中亦有用例，如《墨子·明鬼下》："使亲者受内祀，疏者受外祀。"汉以后，"外祀""外祭"逐渐趋于消亡，取而代之的是与它们同义的"郊祀""郊祭"。《汉书·郊祀志下》："帝王之事莫大乎承天之序，承天之序莫重于郊祀……祭天于南郊，就阳之义也；瘗地于北郊，即阴之象也。"汉董仲舒《春秋繁露·郊祭》："《春秋》之义，国有大丧者，止宗庙之祭，而不止郊祭，不敢以父母之丧，废事天地之礼也。""郊祀""郊祭"皆沿用至清代。清毛奇龄《诏观西洋国所进狮子因获遍阅虎圈诸兽敬制长句纪事和高阳相公》："从此郊祀播乐章，射乌格鹿非寻常。"清蒲松龄《聊斋志异·灵官》："居数年，每至郊祭时，辄先旬日而去，郊后乃返。"

除"外祀""外祭"外，还有一些与祭牲有关的词在战国—秦时期消亡了，不再出现于汉以后文献中。比如：

牺豭：古代祭祀用的牡豕。《吕氏春秋·本味》："汤得伊尹，祓之于庙，爝以爟火，衅以牺豭。"又《赞能》："桓公使人以朝车迎之，祓以爟火，衅以牺豭焉。"

祷牲：祈祷时所用的祭牲。《墨子·迎敌祠》："灵巫或祷焉，给祷牲。"

"牺豭""祷牲"是战国—秦时期的独用词，说明它们在战国时期可能就是生僻词，没有得到广泛应用。一般来说，如果词消亡而词表示的事物概念没有消亡，那么就需要创造其他的词来填补词消亡后带来的空缺。"牺豭"消亡后，这个概念改用"豕牲"来表达，如《太平御览·职官部六》引《后周书》："冬官谓之大司空卿，掌邦事，以五材九范之徒佐皇帝富邦国。大祭祀行洒扫。庙社四望，则奉豕牲。""豕牲"是"牺豭"的上位词，泛指祭祀用的猪。宋代文献中还出现了"牲豭"，宋苏舜钦《和马承之古庙》："尚应名竹素，不复祭牲豭。""牲豭"意义与"牺豭"相同，应是模仿"牺豭"创造出的新词，保留了中心词素"羖"，表用途的偏词素"牲"代替了"牺"。"牲""牺"浑言无别，泛指祭牲。不过，"牲羖"仅在《和马承之古庙》中一见就消亡了。

第二节　战国—秦时期词汇消亡的模式及原因

战国—秦时期词汇的消亡可以分为两种情形：一种是事物或概念消失了，指称它们的词也消亡了；另一种是事物概念依然存在，指称它们的词发生了更替，导致一些词消亡了。相应地，引起词汇消亡的原因有两个：一是社会发展和客观事物的变化，二是词汇系统的演变。社会的发展变化促使一些事物概念消失或者改换名称，反映到语言中，表达这些事物概念的词也有可能随之消亡。这是来自词汇系统外部的因素，是导致词汇消亡的外因。词汇系统始终处在新陈代谢的过程中，同义词之间的竞争、构词词素的变化、构词理据不明晰等都会导致词的消亡。这是词汇系统自我调整的结果，是导致词汇消亡的内因。战国—秦时期词汇消亡是上古词汇系统演变和社会发展两种因素共同作用的结果。

一、社会发展引起词汇消亡

词汇的消亡与社会发展有着密切的关系。新事物产生了，就要创造新词满足交际的需要；事物消失了，且交际中也不需要回述它们的时候，表达它们的词就有可能废弃不用。此外，社会变革、朝代更替也会促使一些事物改换名称，导致词的消亡。

（一）事物概念消失导致词汇消亡

社会发展导致客观事物不断变化。一些客观存在的事物消失了，表达这些事物的词也会随之消失。如前文所述战具"行城""台城""行垣""狗走""狗尸"，这些防守器械在汉以后逐渐被弃用，表示它们的词也逐渐退出语用，成为消亡词。由事物概念消失引起词汇消亡的情况在战国—秦时期不多，涉及的消亡词数量较少，多为名词。比如：

篍：古乐器。大管。《尔雅·释乐》："大管谓之篍。"郭璞注："管长尺，围寸，并漆之，有底。贾氏以为如麁六孔。"郝懿行义疏引舍人曰："大管声高大，故曰篍。篍者高也。"

鞈：1.古代革制的胸甲。《管子·小匡》："轻罪入兰盾鞈革二戟。"2.坚固貌。《荀子·议兵》："楚人鲛革犀兕以为甲，鞈如金石。"杨倞注："鞈，坚貌……《史记》作'坚如金石'。"

鑢：酒器。《逸周书·器服》："四栖禁丰一鑢。"

这些单音节词在战国以后没有出现过文献用例，只在后世的字书中出现过。

谗鼎：春秋鲁鼎名。《左传·昭公三年》："谗鼎之铭曰：'昧旦丕显，后世犹怠'。"《韩非子·说林下》："齐伐鲁，索谗鼎。"

岐社：周文王所立的周室神社。《墨子·非攻下》："赤鸟衔珪，降周之岐社。"《楚辞·天问》："伯昌号衰，秉鞭作牧。何令彻彼岐社，命有殷国？"

蒍国：古国名。《国语·周语上》："惠王三年，边伯、石速、蒍国出王而立子颓。"

五属①：春秋齐国管仲制定的边邑行政组织。五属为四万五千家，置大夫一人。《管子·小匡》："桓公曰：'五鄙奈何。'管子对曰：'制五家为轨，轨有长；六轨为邑，邑有司；十邑为率，率有长；十率为乡，乡有良人；三乡为属，属有帅；五属一大夫，武政听属，文政听乡。'"

圉门：周王城的南门。《国语·周语上》："郑伯将王自圉门入，虢叔自北门入。"韦昭注："圉门，南门也。"

启服：马名。《左传·昭公二十九年》："卫侯来献其乘马，曰启服。"杜预注："启服，马名。"

上述复合词记录的大多是殷商西周时期的事物和社会生活，到了战国—秦时期，这些词使用的范围和场合已经非常有限了，有的只在战国文献中出现一

汉语词汇通史 战国—秦卷

---

① "五属"还指五服内的亲属。《汉书·韦贤传》："天序五行，人亲五属。"表春秋时期行政组织的"五属"和表亲属的"五属"是两个不同的词。

次就消亡了。

战国—秦文献中记录了一些传说中的鸟兽草木，多数没有立即消亡，而是出现在后世文献中。比如，出自《山海经》的异鸟怪兽名"跂$_2$踵"[①]（《山海经·中山经》）、"青耕"（《山海经·中山经》）、"白鵺"（《山海经·中山经》）、"狙如"（《山海经·中山经》）、"辣斯"（《山海经·北山经》）、"鸳鹑"（《山海经·北山经》）、"鸹鹕"（《山海经·北山经》）、"辣辣"（《山海经·北山经》）、"酸与"（《山海经·北山经》）、"鷱鹘"（《山海经·北山经》）、"鹠鸼"（《山海经·南山经》）、"狪狪"（《山海经·东山经》），这些词在晋代郭璞《山海经图赞》中有新的用例。当然，也有少数词成为战国—秦时期的消亡词，如"跂踢""间縻"，后世未见文献用例。

单纯由于事物消失而引起词汇消亡的情况在战国—秦时期很少，这是因为一些事物概念虽然消失了，但是后世人们还有可能回述这些事物概念，还会用到表示这些事物概念的词。比如，谗鼎这件铜器在春秋以后就不知下落了，但指称它的"谗鼎"这个词并不是春秋时期的消亡词，该词在战国文献《韩非子》《吕氏春秋》中都有书证。可见，事物消失不意味着词消失，语词相比客观事物更具生命力，更容易在语言中保存下来。

（二）社会变革导致词汇消亡

社会变革或朝代更替会引起事物概念改换名称，一些不适应社会需要的词被弃用。战国—秦时期，因为社会变革或朝代更替而导致词汇消亡的情况主要与避讳和方言有关。

封建社会时期，为维护君王的尊严，要求避君王的名讳以表尊重，那些含有君王名讳的词被弃用或改换名称。比如，1974年陕西临潼县秦始皇兵马俑坑发掘出的器物上有"三年相邦吕□□造"，"相邦"指秦相吕不韦。西汉建立以后，为避讳汉高祖刘邦，专门创造新词"相国"取代"相邦"。"相邦"随秦帝国灭亡而消亡，这是人们因避讳而主动改换名称的结果。

---

① "跂$_2$"音qǐ。

地方方言被替代也是引发词汇消亡的原因。秦灭六国后，一些先秦时期的方言逐渐消失。比如，"踂"是一种两脚并合不能跨步的足疾，也称"綦"或"䐀"。"踂"是先秦楚国方言，"綦"是齐国方言，"䐀"是卫国方言。《穀梁传·昭公二十年》："有天疾者，不得入乎宗庙。䐀者何也？曰两足不能相过。齐谓之綦，楚谓之踂，卫谓之䐀。"汉以后，文献中未见"踂"的用例，"踂"可以看作战国—秦时期消亡词。"綦"和"䐀"在汉以后沿用。不过，"綦"的"足疾"义在后世文献中未见用例，这个义位可以看作战国—秦时期的消亡义，"綦"的其他义位如"足迹"则成为古汉语的常用义。"䐀"的"足疾"义在唐代仍有用例，如刘禹锡《鉴药》："乃今我里有方士沦迹于医，厉者造焉而美肥，䐀者造焉而善驰。"刘禹锡是洛阳人。地理上洛阳与先秦时期的卫国接近，可以推测"䐀"在先秦时期也是洛阳地区的方言，到唐代仍然使用。又如，"苻₂蓠"[①]即蒲草，茎可编席。《尔雅·释草》："莞，苻蓠，其上蒚。"郭璞注："今西方人呼蒲为莞蒲；蒚谓其头台首也。今江东谓之苻蓠。西方亦名蒲。"后世文献中未见"苻₂蓠"的用例，"苻₂蓠"可以看作战国—秦时期消亡词。据郭璞《尔雅注疏》，"苻₂蓠"是江东地区的方言，它的消亡也与通语替代方言有关。

二、词汇系统演变引起词汇消亡

由词汇系统内部演变引起事物概念改换名称的情况大致可以分为六种：构词词素的变化，同义词竞争，同形词或同音词的排挤，词的双音化，构词方式不被认同，语境的消失。

（一）构词词素的词素义消亡导致词汇消亡

构词词素义位的消亡会导致其构成的复音词词义晦涩难懂，进而导致复音词消亡。

拔弓：不正之弓。《荀子·正论》："羿、蠭门者，天下之善射者也，不能以拔弓曲矢中。"杨倞注："拔弓，不正之弓。"

---

① "苻₂"音pú。

发₂背①：曲背。《庄子·大宗师》："曲偻发背，上有五管，颐隐于齐。"

拨正：犹言曲直。《楚辞·九章·怀沙》："巧倕不斲兮，孰察其拨正。"

"拨弓""发₂背"是偏正式复合词，"拨正"是联合式复合词，三词均含有词素"拨（发₂）"。先秦时期，"拨"可以指不正、弯曲。《管子·宙合》："夫绳，扶拨以为正；准，坏险以为平；钩，入枉而出直。"郭沫若等集校引张文虎曰："拨，倾也，与'正'相对。""发₂"，通"拨"，表弯曲。《周礼·考工记·弓人》："居干之道，菑栗不迤，则弓不发。"王引之《经义述闻·周官下》："发当读为拨。拨者枉也，言析干不邪行绝理，则弓不至于枉戾也。"汉以降，"拨"在这个义位上鲜见构成新的复合词，也未见其作为单音词的书证，可以说"拨"的"弯曲"义在进入汉代时就已经消亡了，可以看作战国—秦时期的消亡义。那么，含词素"拨"的复合词"拨弓""发₂背""拨正"的词义就变得晦涩难懂，汉以后也趋于消亡了。

蓄私：蓄养妾媵私人。《晏子春秋·谏下二一》："且古圣王蓄私不伤行，敛死不失爱，送死不失哀。"《墨子·辞过》："君实欲民之众而恶其寡，当蓄私不可不节。"孙诒让间诂："私谓妾媵私人。"

先秦时期，"私"可以专指诸侯国君的嬖臣妾媵。《国语·晋语六》："君多私。"韦昭注："私，嬖臣妾也。"此后鲜见"私"在这个义位上作为单音词的书证，也未见构成新的复合词，可以说"私"的"嬖臣妾媵"义在汉以后就消亡了。那么，词素"私"构成的复合词"蓄私"的词义就变得晦涩难懂，汉以后也趋于消亡了。

齐₄肃②：疾速。齐，通"齋"。《国语·楚语下》："敬不可久，民力不堪，故齐肃以承之。"韦昭注："肃，疾也。"王引之《经义述闻·国语下》："齐字当训为疾，与肃同意，故以齐肃连文。《尔雅》曰：'肃，齐，疾也。'敬不可久，故欲其疾速也。"《左传·昭公十三年》："齐桓……从善如流，下善齐肃。"杜预注："齐，严也；肃，敬也。"

---

① "发₂"音bō。

② "齐₄"音jì。

齐₄明：敏捷明智。齐，通"齌"。《国语·周语上》："国之将兴，其君齐明衷正。"《荀子·修身》："齐明而不竭，圣人也。"王念孙《读书杂志·荀子一》："齐者，智虑之敏也，故以齐明连文。"

齐₄疾：迅捷。齐，通"齌"。《商君书·弱民》："楚国之民，齐疾而均，速若飘风。"高亨注："齐与疾都是行动敏捷之意，均是整齐。"

齌怒：疾怒；暴怒。《楚辞·离骚》："荃不察余之中情兮，反信谗而齌怒。"王逸注："齌，疾也。言怀王不徐徐察我忠信之言，反信谗言而疾怒己也。"

"齐₄肃""齐₄明""齐₄疾"是联合式复合词，"齌怒"是偏正式复合词，四词都含有词素"齌（齐₄）"。"齐₄"是"齌"的通假字，义与"齌"同。"齌"本义指炊火猛烈，引申为疾。《说文·火部》："齌，炊馏疾也。"历代文献中未见"齌"的单音节词用例，"齌"以构词词素构成的双音节词除上述四词外，还有"齐₄给"。"齐₄给"指敏捷，见于《荀子·非十二子》。除此，未见"齌"构成新的复合词。可以说，无论作为词还是词素，"齌（齐₄）"在汉以后就趋于消亡了。含有"齌（齐₄）"的复合词，除"齐₄给"最晚用例见于汉初文献外，"齐₄肃""齐₄明""齐₄疾""齌怒"都可以看作战国—秦消亡词。

罢₂露①：1.亦作"罢₂潞"。疲敝困乏。《管子·五辅》："衣冻寒，食饥渴，匡贫窭，振罢露，资乏绝，此谓振其穷。"《战国策·秦策三》："诸侯见齐之罢露，君臣之不亲，举兵而伐之。"《吕氏春秋·不屈》："围邯郸三年而弗能取。士民罢潞，国家空虚。"高诱注："潞，羸也。"毕沅校注："潞与露同。"2.谓使疲劳困乏。《韩非子·亡征》："罢露百姓，煎靡货财者，可亡也。"王先慎集解："露当作潞，羸也。"

"罢₂露"是联合式复合词。"露"本义指露水，战国早期还可以指羸弱。《左传·昭公元年》："于是乎节宣其气，勿使有所壅闭湫底，以露其体。"杜预注："露，羸也。一之则血气集滞而体羸露。"汉以降，"露"在这个义位上未见作为单音词的用例，也未见构成新的复合词。可以说，"露"的"羸弱"义在汉以后就消亡了。那么，词素"露"构成的复合词"罢₂露"

---

① "罢₂"音pí。

在汉以后也趋于消亡了，成为战国—秦消亡词。

奋矜：骄傲自大。《荀子·正名》：“有兼听之明，而无奋矜之容。”

“奋”本义为鸟张开翅膀，战国早期还常用来指矜夸，如《晏子春秋·谏上一》：“庄公奋乎勇力，不顾于行义。”《荀子·子道》：“奋于言者华，奋于行者伐。”杨倞注：“奋，振矜也。”“奋”的这个义位在战国末期文献《吕氏春秋》中仍有用例。《吕氏春秋·本味》：“人主有奋而好独者，则名号必废熄。”此后未见“奋”在这个义位上作为单音词的用例，也未见构成新的复合词，只在个别复音词中残留了该义位，如“矜奋”。可以说，“奋”的“矜夸”义在汉以后就逐渐消亡了。那么，词素“奋”构成的复合词“奋矜”在汉以后也趋于消亡了，成为战国—秦时期的消亡词。

醜侪：同辈，朋辈。《晏子春秋·问下二十》：“不以上为本，不以民为忧，内不恤其家，外不顾其游，夸言愧行，自勤于饥寒，不及醜侪，命之曰狂僻之民。”

先秦时期“醜”可以指相同。《孟子·公孙丑下》：“今天下地醜德齐，莫能相尚，无他，好臣其所教，而不好臣其所受教。”杨伯峻注引《方言》：“醜，同也，东齐曰醜。”汉以后文献未见“醜”在这个义位上作为单音词的用例，也未见构成新的复合词。可以说，“醜”的“相同”义在汉以后就消亡了，而词素“醜”构成的复合词“醜侪”的词义就变得晦涩难懂，汉以后也趋于消亡了，成为战国—秦时期的消亡词。

（二）同义关系义场内部竞争导致词汇消亡

随着词汇的不断丰富，一个事物概念可以拥有多个名称。异名同实可以增强表达效果，使表意更加准确，但不符合语言的经济性原则，一定程度上使词汇系统变得庞杂繁复。一般说来，意义相同的词很难在语言中长期共存，其中一个或一些往往在竞争中被淘汰，退出同义关系义场。从构词词素看，构成同义关系义场的词之间有的只共有一个词素或者构词词素完全不同，有的则是同素逆序关系。下面先讨论前者之间的竞争，再讨论同素逆序同义词之间的竞争。

1.非同素逆序关系的同义词之间的竞争

战国—秦时期由同义词竞争引起的词汇消亡的情况比较常见，如前文提到的"后帝"被"上帝""天帝"取代，"菰粱"被"菰米""雕胡"取代，"县₂师"被"县₂令""县₂长"等取代，"民狱"改称"民讼"，"蔽橹"改称"城楼"或"望楼"，等等。同义词的取舍主要取决于人们的语言习惯。语言是约定俗成的，符合语言习惯的词会保留下来，继续使用，反之则可能退出语用，趋于消亡。比如：

满虚：犹盈亏。《管子·国蓄》："视岁之满虚而轻重其禄，然后千乘可足也。"《庄子·田子方》："消息满虚，一晦一明。"《韩非子·观行》："时有满虚，事有利害，物有死生，人主为三者发喜怒之色，则金石之士离心焉。"

盈虚：盈满或虚空。谓发展变化。《庄子·秋水》："察乎盈虚，故得而不喜，失而不忧。"三国魏刘劭《人物志·材理》："若夫天地气化，盈虚损益，道之理也。"包天笑《钏影楼回忆录·中落时代》："一到大钱庄，即与今之银行一般，有种种金融的事业，而范围亦大，有盈虚消长之策在其中。"

"满虚""盈虚"词义相同，且都是最早出现于战国文献的词。在语词使用过程中，人们选择了"盈虚"。"盈虚"得以沿用，而"满虚"在后世趋于消亡了。

除了人们的语言习惯，同义词竞争失利也与词自身的特点有关。一些词义凸显度不足或语用基础薄弱的词在竞争中往往处于劣势，最终被淘汰。

（1）词义凸显度不足

面对多个意义相同的词语时，人们往往会选择那些意义显而易见的词，弃用那些意义晦涩难懂的词。如果复合词中参与构词的词素义不是该词素的常用义，那么由词素义合成的词义就不明晰直观，有可能导致复合词最终被淘汰。举"骋夸""送逆"为例：

骋夸：放纵奢侈。《吕氏春秋·下贤》："得道之人，贵为天子而不骄倨，富有天下而不骋夸。"

战国—秦时期与"骋夸"同义的有"骄奢"。

骄奢：骄横奢侈。《战国策·齐策四》："居上位，未得其实，以喜名者，必以骄奢为行。"晋袁宏《后汉纪·光武帝纪七》："富贵有极，当知足，骄奢益为观听所议。"明何景明《长安大道行》："富贵谁言福作门，骄奢终与祸为邻。"梁启超《欧洲地理大势论》：“上流社会满盈骄奢，寖成浮华轻薄之风。”

"骋夸"“骄奢"构成同义关系义场。在竞争过程中，“骋夸"被淘汰，成为战国—秦消亡词。之所以"骋夸"竞争失利，是因为它的构词词素"骋"“夸"的意义不如"骄奢"的构词词素"骄"“奢"直观鲜明，“骋夸"的词义凸显度低。

"骋"本义指奔驰，在先秦时期是常用义。“骋"在战国时期引申为放纵。《庄子·天地》：“时骋而要其宿，大小长短修远。”与本义相比，“骋"的这个引申义相对生僻。“夸"本义指奢侈。《荀子·仲尼》：“主损绌之，则恐惧而不怨，贵而不为夸。”战国时期"夸"可以作为"誇"的通假字表示夸耀，这个通假义是"夸"的常用义，沿用至现代。相比之下，“夸"的本义反而变得生僻了。与"骋夸"相比，“骄奢"的意义就明晰多了。从"骄奢"的两个词素看，词素义兼涉骄横和奢侈，“骄奢"可以视为"骄横奢侈"的简称，词义一目了然。

要之，由于"骋夸"的词义相对晦涩，凸显度低于"骄奢"，在同义词竞争中失利，汉以后退出了语用。

送逆：犹送迎。《周礼·秋官·讶士》：“邦有宾客，则与行人送逆之。”《荀子·富国》：“婚姻娉内送逆无礼，如是，则有失合之忧，而有争色之祸矣。”

战国—秦时期与"送逆"同义的有"送迎"。

送迎：送往迎来。《左传·僖公二十二年》：“妇人送迎不出门，见兄弟不逾阈。”《史记·淮阴侯列传》：“信尝过樊将军哙，哙跪拜送迎，言称臣。”宋王铚《默记》卷中：“两州送迎，旌旗舳舰，官吏锦绣，相属于道。”陈毅《泗宿道中》：“畅游根据地，沿途劳送迎。”

"送逆"“送迎"构成同义关系义场。在竞争过程中，“送逆"被淘汰，成为战国—秦消亡词。之所以"送逆"竞争失利，是因为它的构词词素"逆"的意义不如"送迎"的构词词素"迎"直观鲜明，“送逆"的词义凸显度低。

"逆"本义指迎候。《书·顾命》：“虎贲百人，逆子钊于南门之外。”“逆"还可以表示违背、拂逆，这一义位在战国时期为常用义，甚至沿用至现代。相比之下，“逆"的本义反而变得生僻了。与"送逆"相比，“送迎"的意义就明晰多了。从"送迎"的两个词素看，词素义兼涉送和迎，"送迎"可以看作"送往迎来"的简称，词义非常直观。

要之，由于"送逆"的词义相对晦涩，凸显度低于"送迎"，因此在同义词竞争中失败，逐渐退出语用。

除了词素义生僻造成词义凸显度低外，构词词素与复合词所指事物之间的联系是否紧密也会影响词义凸显度。比如：

夏南：春秋时陈大夫夏徵舒的别名。《诗·陈风·株林》："胡为乎株林？从夏南？匪适株林，从夏南！"孔颖达疏："徵舒祖字子夏，故为夏氏；徵舒字子南，以氏配字，谓之夏南。"《左传·成公二年》："巫臣曰：'是不祥人也，是天子蛮，杀御叔，杀灵侯，戮夏南，出孔仪，丧陈国，何不祥如是！'"

春秋时期陈国大夫夏徵舒为夏氏，名徵舒，字子南。"夏南"是以氏配字形成的别名。不过人们在称呼别人时还是习惯以氏配名或直呼其名，所以"夏徵舒"或"徵舒"比"夏南"更容易让人明了具体所指。"夏南"这个称呼在战国早期就消亡了，而"夏徵舒"或"徵舒"在春秋战国时期文献中常见，如《春秋·宣公十年》："癸巳，陈夏徵舒弑其君平国。"至西汉，文献中继续称"夏徵舒"或"徵舒"，如《史记·卫康叔世家》："穆公二年，楚庄王伐陈，杀夏徵舒。"又《楚世家》："十六年，伐陈，杀夏徵舒。徵舒弑其君，故诛之也。"

（2）语用基础薄弱

除词义凸显度外，同义词竞争失利还与语用基础薄弱有关。比如：

交辅：在左右辅助。《国语·晋语三》："吾宁事齐楚，齐楚又交辅之。"韦昭注："交，夹也。"

战国—秦时期与"交辅"同义的有"夹辅"。

夹辅：辅助。《左传·僖公四年》："五侯九伯，女实征之，以夹辅周室！"《三国志·魏志·齐王芳传》："大将军、太尉奉受末命，夹辅朕躬。"宋沈初《周以宗强赋》："任先宗子，协图夹辅之勋；本固王家，益植太平之趾。"明徐复祚《一文钱》："我想做人家虽要家主勤俭，也须妻儿奴仆夹辅才好。"

"交辅""夹辅"构成同义关系义场。在同义词竞争过程中，"交辅"被淘汰，成为战国—秦时期消亡词，这与其语用基础薄弱有关。"交辅"和"夹辅"都是战国初期出现的词，但后者在先秦文献中使用频率明显高于前者。笔者利用北京大学中国语言学研究中心古代汉语语料库检索发现，"夹辅"在《左传》中出现3次，在《国语》中出现2次，而"交辅"在《左传》《国语》中各出现1次。"夹辅"的语用基础比"交辅"更牢固，所以在竞争中胜出，得以在后世文献中沿用，而"交辅"在汉以后退出了语用。

词义凸显度和语用基础之间互为因果。词义越隐晦，人们选择它的可能性就越低；相应地，语用机会越少，词义就会越生僻，越不为人熟悉。导致一些战国—秦消亡词在同义词竞争中失利是词义凸显度低和语用基础处于劣势这两方面的因素共同使然。比如：

齐$_5$疏①：旧时丧服名。《孟子·滕文公上》："三年之丧，齐疏之服，飦粥之食，自天子达于庶人，三代共之。"赵岐注："齐疏，齐衰也。"朱熹集注："齐，衣下缝也。不缉曰斩衰，缉之曰齐衰。疏，粗也，粗布也。"

"齐$_5$疏"是粗麻布制成的丧服。战国—秦时期与"齐$_5$疏"同义的有"齐$_5$衰"。

齐$_5$衰：丧服名。为五服之一。服用粗麻布制成，以其缉边缝齐，故称"齐衰"。《仪礼·丧服》："同居，则服齐衰期，异居，则服齐衰三月。"《史记·赵世家》："赵武服齐衰三年，为之祭邑，春秋祠之，世世勿绝。"《资治通鉴·唐玄宗开元七年》："礼，父在，为母服周年，则天皇后改服齐衰三年。"清袁枚《新齐谐·鬼买儿》："鬼来骂曰：'此系齐衰，孙丧祖之服。我嫡母也，非斩衰不可。'"

"齐$_5$疏""齐$_5$衰"构成同义关系义场。在竞争过程中，"齐$_5$疏"被淘汰，成为战国—秦时期的消亡词。"齐$_5$疏"竞争失利，既有其构词词素的意义不如"齐$_5$衰"直观鲜明的原因，也与它语用基础薄弱有关。

从词义上看，"齐$_5$疏"的词义凸显度低于"齐$_5$衰"。"齐$_5$疏"的"齐$_5$"指衣服下部的边折转缝起来，"疏"指粗布，两个词素义相加表示下部边折转缝的粗布，转指丧衣后形成词义。这是词素义叠加后通过相关引申的方式形成

_____

① "齐$_5$"音zī。

词义，词义与词素义之间不能直接对应。相比之下，"齐₅衰"的"衰"表粗布做的丧衣，词素"齐₅"和"衰"意义相加表示下部边折转缝的粗布丧衣，词素义的内容就是词义的内容。这是词素义通过直接加合的方式形成词义，词义与词素义的内容直接对应，所以"齐₅衰"的词义比"齐₅疏"直观清晰。

从词产生的年代看，"齐₅衰"在《周礼》中就有用例，而"齐₅疏"是《孟子》中出现的词，"齐₅衰"似乎产生得比"齐₅疏"早。从使用频率上看，"齐₅衰"在先秦文献中使用频率明显高于"齐₅疏"。笔者利用北京大学中国语言学研究中心古代汉语语料库对"齐₅衰"的用例进行检索发现，仅在《仪礼》中"齐₅衰"就出现了17次。相比之下，"齐₅疏"仅在《孟子》中一见，是独用词。如果新产生的词"在意义上与稳定的旧词语重复，而且其中没有新的感情色彩，既无法取代旧词语，又不能与旧词语并存。由于语言使用约定俗成带来的惯性，它们不可能进入全民共同语"[1]。"齐₅疏"的语用基础远不如"齐₅衰"稳固，所以在竞争中被淘汰。

由上可见，同义词的此消彼长往往是词义凸显度以及社会接受度两方面因素共同作用的结果。

2.同素逆序关系的同义词之间的竞争

有些同义词是由相同词素构成的同素逆序组合。同义关系的同素逆序词之间会产生竞争，导致一些词消亡。比如：

眩掉：犹眩晕。《素问·六元正纪大论》："其病眩掉目瞑。"

掉眩[2]：中医症名。指眩晕头摇或肢体震颤。《素问·至真要大论》："诸风掉眩，皆属于肝。"又《五常政大论》："其动掉眩巅疾。"王冰注："掉，摇动也；眩，旋转也。"金刘完素《伤寒直格》："二者，因气变动而外成痈肿、疮疡、疥疥、疽痔、掉眩、浮肿、目赤、胗、肿、痛痒之类也。"张仲景《伤寒杂病论》："其复也，则少腹

---

① 王宁：《论新词语的短期消亡》，载《词汇学理论与应用》（五），商务印书馆2010年版，第30页。

② 《汉语大词典》列出的"掉眩"的末见用例为《素问·五常政大论》："其动掉眩巅疾。"通过检索发现，该词在后世文献（如《伤寒直格》《伤寒杂病论》）中仍有用例。《汉语大词典》"掉眩"词条末见书证提前。

坚满，里急暴痛，厥心痛，汗发，呕吐，饮食不入，入而复出，筋骨掉眩清厥，甚则入脾，食痹而吐。"

《素问》中"掉眩"数见，后世医书均沿用"掉眩"，而"眩掉"仅在《素问》中一见，后世文献未见，成为战国—秦时期的消亡词。

贲₃诸①：古代勇士孟贲和专诸的并称。《战国策·楚策三》："贲诸怀锥刃，而天下为勇。"《韩非子·说林下》："利之所在，皆为贲诸。"

诸贲：古代勇士专诸和孟贲的并称。西汉邹阳《上书吴王》："然则计议不得，虽诸贲不能安其位，亦明矣。"东汉马融《长笛赋》："牢剌拂戾，诸贲之气也。"唐权德舆《唐故尚书右仆射赠太子太保姚公集序》："分闻东郡，闲邪秉直，志气所申，勇若诸贲，天下之人称焉。"

"贲₃诸""诸贲"都是节缩"专诸"和"孟贲"形成的词。"贲₃诸"仅在战国文献中出现，未见于秦以后文献。西汉初期，"专诸"和"孟贲"并称为"诸贲"，且一直沿用至后世。

同素逆序组合中哪些词被保留、哪些词被淘汰主要取决于人们对词素排列顺序的认同度。词素的排列顺序一旦被接受，就会固定下来，相关的词语也会保留下来，而与之对应的词素逆序排列的词就有可能退出语用，趋于消亡。上述两组同素逆序组合中，"眩掉""贲₃诸"的消亡就与词素排列顺序不被人们接受有关。

同素逆序组合中一些词的消亡还与构词词素排列顺序不符合构词规律有关，这涉及词素的意义和语音。比如：

疾疟：指疟疾。《左传·定公四年》："水潦方降，疾疟方起。"

疟疾：以疟蚊为媒介，由疟原虫引起的周期性发作的急性传染病。《逸周书·时训》："行夏令，则天多火灾，寒热不节，民多疟疾。"《礼记·月令》："（孟秋之月）寒热不节，民多疟疾。"郑玄注："疟疾，寒热所为也。"《水浒传》第二三回："今欲正要回乡去寻哥哥，不想染患疟疾，不能够动身回去。"叶君健《自由》一："他们身上的鸡皮疙瘩在加厚，连他们的骨头都哆嗦起来，像疟疾正在发作。"

---

① "贲₃"音bēn。

"疾痁"在竞争中失利与它的词素排列顺序不符合常见的偏正式复合词结构有关。构成偏正式复合词的两个词素如果在意义上形成种属关系，那么常见的结构是前一个词素表示种概念（下位概念），后一个词素表示属概念（上位概念），即所谓专指概念的词素先于通指或泛指概念的词素。[1]"疾痁"的词素"疾"表疾病，是上位概念，"痁"表痁疾，是下位概念，"疾""痁"在意义上形成属和种的关系，"疾痁"是"大名冠小名"结构，不符合构词习惯。这是导致"疾痁"消亡的主要原因。

"大名冠小名"结构的战国—秦消亡词还有"虫蟸"。

虫蟸：虫名。似蚕而大。亦名地蛹、知声虫。《尔雅·释虫》："国貉，虫蟸。"邢昺疏："此蛹虫也。今俗呼为蟸，一名国貉，一名虫蟸。"郝懿行义疏："《说文》：'蟸，知声虫也。'……今谓之地蛹，如蚕而大，出土中。故《广雅》云：'土蛹，蟸虫也。'蟸虫即虫蟸。"

"蟸"是一种蛹虫，是"虫"的下位概念，"蟸"与"虫"在意义上形成种属关系。"虫蟸"不符合常见的偏正式复合词词素排列的顺序，所以仅在《尔雅》中一见就消亡了。魏晋时期，《广雅》中出现了同素逆序的"蟸虫"。《广雅》："土蛹，蟸虫也。""蟸虫"符合常见的偏正式结构，专指词素在前，泛指词素在后，故"蟸虫"能够在后世文献中沿用。明方以智《物理小识·神鬼方术类》："山行虑迷，握蟸虫一枝于手，无恙。"清钱谦益《虫诗·苍蝇》："国土为樊棘，分身作蟸虫。"

除了词素义影响词素排列的顺序，词素的语音也会影响词素排列顺序。

慎谨：谨慎认真。《荀子·仲尼》："慎谨以行之，端悫以守之。"《吕氏春秋·士容》："淳淳乎慎谨畏化，而不肯自足。"

谨慎：言行慎重小心。《穀梁传·桓公三年》："父戒之曰：'谨慎从尔舅之言。'母戒之曰：'谨慎从尔姑之言。'"唐元稹《叙诗寄乐天书》："朝廷大臣以谨慎不言为朴雅，以时进见者不过一二亲信。"丁玲《母亲》一："他也不禁有一阵凄凉之感，

---

① 参见程湘清：《先秦双音词研究》，载《先秦汉语研究》，山东教育出版社1992年版，第45—113页。

当然下药是更谨慎了。"

"慎谨"在竞争中失利与它的词素排列顺序不符合常见的联合式复合词语音排列习惯有关。如果联合式复合词两个词素声调不同，词素往往按照四声顺序依次排列，平声在前，依次为上声、去声，入声在后。[①]古音"慎"去声，禅母真部；"谨"上声，见母文部。"谨慎"的声调顺序是上入，为顺向排列。"慎谨"的声调顺序是入上，为逆向排列。"慎谨"的声调排列不符合调序习惯，这是"慎谨"消亡的原因之一。

（三）同形词或同音词的排挤导致词汇消亡

两个拥有相同字形的词称为同形词。同形词之间互相排挤，会导致其中一个词退出语用。比如，战国—秦时期的"远$_2$志"[②]"远$_2$心"就是因为受到同形词的排挤而趋于消亡的。

远$_2$志：逃离的意愿。《国语·周语下》："民不给，将有远志，是离民也。"韦昭注："远志，遒逃也。"《吕氏春秋·慎大》："众庶泯泯，皆有远志，莫敢直言。"高诱注："有远志，离散也。"

远$_2$心：离散之心。《国语·楚语上》："若敛民利以成其私欲，使民蒿焉忘其安乐，而有远心，其为恶也甚矣。"韦昭注："远心，叛离。"

"远$_2$志""远$_2$心"都是偏正式复合词，偏词素"远$_2$"指逃离。战国时期，"远"以"逃离"义参与构成的偏正式复合词只有"远$_2$志"和"远$_2$心"两个，且都出自《国语》，其他文献未见此类结构。而这一时期"远"以"深远、远大"义参与构成的偏正式复合词中有5个，分别是"远图"（深远的谋划。《左传·襄公二十八年》）、"远猷"（犹远猷，远大的谋略。《左传·成公八年》）、"远虑"（深远的计虑。《论语·卫灵公》）、"远见"（见识远大。《韩非子·孤愤》）、"远迹"（远大的业绩。《管子·小匡》）。由此类推，"远志"易被理解为远大的志向，"远心"易被理解为深远的心机。魏晋时期，文献中的"远志""远心"分别表示远大的志向和深远

---

① 参见陈爱平、于平：《并列式双音词的字序》，《中国语文》1979年第2期。

② "远$_2$"音yuàn。

的心机，各自与"远₂志""远₂心"成为同形词。

远志：远大的志向。《孔丛子·记义》："孔子读《诗》及《小雅》，喟然而叹曰：'吾……于《狼跋》，见周公之远志所以为圣也。'"宋司马光《苏骐骥墓碣铭》："公幼慷慨有远志，自力读书。"鲁迅《且介亭杂文·韦素园墓记》："呜呼，宏才远志，厄于短年。"

远心：深远的心机。晋夏侯湛《东方朔画赞》："远心旷度，瞻智宏材。"《三国志·魏志·傅嘏传》"傅嘏字兰石"南朝宋裴松之注："嘏友人荀粲，有清识远心，然犹怪之。"唐杨炯《从弟去溢墓志铭》："玉振金声，笔有余力，远心天授，高兴生知。"明许三阶《节侠记·侠晤》："看他远心旷度，翩翩豪举，刘生一腔热血，今番有用处了。"

虽然"远志""远心"是魏晋文献中出现的词，但文献记录语词往往滞后，"远志""远心"应在魏晋之前就已出现，不排除它们曾与"远₂志""远₂心"共存的可能。由此可以推测，"远₂志""远₂心"两词的消亡与受到"远志""远心"的排挤有关。

同音词也可能造成词义的混淆或误解，其中一个词就可能被淘汰。比如：

虐疾：重病；恶疾。《书·金縢》："惟尔元孙某，遘厉虐疾。""虐疾"也写作"疟疾"，"疟"通"虐"。《左传·襄公七年》："子驷使贼夜弑僖公，而以疟疾赴于诸侯。"杨伯峻注："俞樾《平议》谓'疟疾'古本止作'虐疾'，《书·金縢》'遘厉虐疾'，犹言暴疾。弑之而以暴疾赴，于情事为近。"

疟疾：以疟蚊为媒介，由疟原虫引起的周期性发作的急性传染病。《逸周书·时训》："行夏令，则天多火灾，寒热不节，民多疟疾。"《礼记·月令》："（孟秋之月）寒热不节，民多疟疾。"郑玄注："疟疾，寒热所为也。"《水浒传》第二三回："今欲正要回乡去寻哥哥，不想染患疟疾，不能够动身回去。"叶君健《自由》一："他们身上的鸡皮疙瘩在加厚，连他们的骨头都哆嗦起来，像疟疾正在发作。"

古音"疟"和"虐"同属疑母药部。"虐疾"与"疟疾"虽是两个不同的词，但词义都涉及疾病，加之声韵相同，在实际使用时容易产生误解。因此，"虐疾"受到"疟疾"的排挤，在战国初期就消亡了。

（四）语境消失导致词汇消亡

战国—秦消亡词中有相当数量的词是战国—秦文献中的独用词，一些词依托文献中特殊的语境而存在，是特定语境的产物，离开或失去这个语境，词也就消亡了。比如：

蒍敖：春秋楚相孙叔敖的别称。《左传·宣公十二年》："蒍敖为宰，择楚国之令典。"杜预注："蒍敖，孙叔敖。"

"蒍"是春秋时期楚邑。《左传·僖公二十七年》："子玉复治兵于蒍。"杜预注："蒍，楚邑。""敖"指孙叔敖。孙叔敖曾为楚国相，故《左传》作"蒍敖"。《左传》中"蒍敖"所处的上下文涉及楚国，在这种语境中"蒍敖"的所指就相对明确，而脱离了这种语境，"蒍敖"的所指就变得晦涩，也就很难再获得语用的机会。

腾马：公马。《吕氏春秋·季春》："是月也，乃合累牛、腾马，游牝于牧。"高诱注："腾马，父马也。"

一般情况下，"腾"和"马"的词素义相加表示腾跃奔驰的马，其中不含涉及动物性别的义素。只有在《吕氏春秋》的语境中，"腾马"与"累牛"并提，与"游牝"相对，"腾马"才专指公马。如果脱离这种语境，"腾马"就不指公马。比如，同为战国时期新词的"腾蛇"，指能腾飞的蛇。《韩非子·难势》："慎子曰：'飞龙乘云，腾蛇游雾。'"《韩非子》中，"腾蛇"与"飞龙"对举，语境不涉及蛇的性别，故"腾蛇"不释为公蛇。

铁室：指遮蔽全身的铁甲。《韩非子·内储说上》："矢来无向，则为铁室以尽备之。"旧注："谓甲之全者，自首至足无不有铁，故曰铁室。"

《韩非子·内储说上》："夫矢来有向，则积铁以备一向；矢来无向，则为铁室以尽备之。备之则体不伤。故彼以尽备之不伤，此以尽敌之奸也。"从原文内容可以看出，"铁室"的功能在战争中是遮挡身体、抵挡箭矢，所以在这种语境中，"铁室"喻指遮蔽全身的铁甲，而不是"以铁为室"。脱离了这种语境，表示铁甲的"铁室"也就消亡了。

余兵：收藏的兵器。《管子·问》："人有余兵，诡陈之行，以慎国常。"

"人有余兵，诡陈之行"中"诡"指责成、要求，"行"即行伍，指军队。

"人有余兵，诡陈之行"就是"人有余兵则责其陈之于行伍"。文中的"余兵"不是指剩余的兵器，而是特指私人收藏的兵器。只有在这种语境中，"余兵"才有这个意义。当然，"余兵"的消亡或许还与同形词的排挤有关。战国时期"余兵"还可以指残兵。《战国策·齐策一》："楚大胜齐，其良士选卒必殪，其余兵足以待天下。"表示私藏的兵器的"余兵"和表示残兵的"余兵"是两个不同的词。表示残兵的"余兵"在后世文献中仍有用例，不属于战国—秦消亡词。《史记·晋世家》："己巳，与楚兵合战，楚兵败，得臣收余兵去。"

（五）双音节词替代单音节词或三音节词

"由单音向双音发展，是汉语词汇发展的一种必然现象。"[1]用作单音词的词素与其他词素结合在一起形成双音节词，如果词义与原来单音词的词义相同，就可能造成单音词退出语用，趋于消亡。比如：

獚：狼毒。药草名。《山海经·中山经》："（大騩之山）有草焉，其状如蓍而毛，青华而白实，其名曰獚，服之不夭，可以为腹病。"

"獚"孤证见于《山海经》，未见于其他文献，可以看作战国—秦时期消亡词。魏晋时期文献中出现了双音节词"狼毒"，与"獚"同义。

狼毒：药草名。瑞香科植物瑞香狼毒或大戟科植物狼毒大戟、月腺大戟的根。有毒。中医学上用其根祛痰、止痛、消积、杀虫。晋葛洪《抱朴子·杂应》："或以狼毒冶葛，或以附子葱涕，合内耳中。"《旧唐书·酷吏传上·王弘义》："我之文牒，有如狼毒野葛也。"明李时珍《本草纲目·草六·狼毒》集解引马志曰："狼毒叶似商陆及大黄，茎叶上有毛，根皮黄，肉白。"

虽然"狼毒"是魏晋时期中出现的词，但文献记录语词往往滞后，"狼毒"应在魏晋之前就已出现，因此不排除它们曾与"獚"共存的可能。由此可以推测，"獚"的消亡与双音节词"狼独"的排挤有关。"狼毒"沿用至今。现代汉语中，常见"狼毒"的用例，如郑希任《土农药——"狼毒烟草合剂"》（《现代农业》1981年第7期）："1979年以来利用野生植物狼毒为原料，进行了不同比例配方的药效试验。"

① 葛本仪：《现代汉语词汇学》（修订本），山东人民出版社2004年版，第277页。

战国时期还出现了三音节词被双音节词替代的现象，如"下$_2$磨车"[①]在战国消亡后，取而代之的是"磨鹿""辘轳"。

下$_2$磨车：装有辘轳可以吊放重物的车子。《墨子·备蛾傅》："备蛾傅为县脾，以木板厚二寸，前后三尺，旁广五尺，高五尺，而折为下磨车。"孙诒让间诂："磨当为磿。《周礼·遂师》郑众注云：'抱磿，磿下车也。'当即此下磿车，亦即《备高临》篇之磿鹿。盖县重物，为机以利其上下，皆用此车。"

"下$_2$磨车"是一种利用轮轴原理制成的起重装置，因轮轴转动发出咕噜声，所以上古时期这种装置也称"磿鹿"。"磿鹿"最早见于《墨子·备高临》。《墨子·备高临》："矢长十尺，以绳矢端，如如弋射，以磿鹿卷之。""磿鹿"也作"历鹿"，沿用至后世，如《广雅·释器》："繀车谓之历鹿。"王念孙疏证："《方言》：繀车，赵魏之间谓之轣辘车……'轣辘'与'历鹿'同。"

南北朝时期又出现了"辘轳"，与"磿鹿"同义。"辘轳"沿用至今，现代汉语中常见"辘轳"的用例。

辘轳：利用轮轴原理制成的井上汲水的起重装置。南朝宋刘义庆《世说新语·排调》："顾曰：'井上辘轳卧婴儿。'"北魏贾思勰《齐民要术·种葵》："井别作桔槔、辘轳。"原注："井深用辘轳，井浅用桔槔。"宋朱敦儒《念奴娇·中秋月》词："参横斗转，辘轳声断金井。"杨沫《青春之歌》第二部第八章："在井台上，她又碰见了郑傻子。他正摇着辘轳在打水。"

双音节词的两音步与汉民族的文化观具有像似性，是汉民族对称性的思维方式体现。[②]句法像似性原则强调语符单位的排列和数量相似于思维顺序和文化观，语言可以借助韵律消除其线性结构产生的不对称性。[③]汉民族对偶的文化心理反映在韵律节奏上就形成两音步。两音步的语音形式能使人感受到音乐的律

---

① "下$_2$"音xià。

② 参见胡明、李凤霞：《顺序像似原则在成语中的文化解释》，《东岳论丛》2015年第10期。

③ 参见海曼：《自然句法——像似性与磨损》，世界图书出版公司北京公司2009年版，第71页；王寅：《认知语言学》，上海外语教育出版社2007年版，第510页。

动，满足了人们文辞上追求声韵和谐匀称的需要。从一些战国—秦时期消亡的单音节词和三音节词可以看出，人们总是要创造出更符合汉民族思维方式的双音节词来表达概念，这也是双音化成为汉语词汇历时发展总趋势的文化原因。

（六）构词方式不被认同导致词汇消亡

由于复音词所含词素数量有限，一些复音词在形成时只能选择那些能够表达概念的代表性成分，省略冗余成分，这就可能导致语词无法进行句法分析。这类复音词构词理据不明晰，词形结构松散，很难从字面意义推知词义，造成理解上的困难，难以在后世通行。举"伍侯""杜权""立朝夕"为例：

伍侯：谓编民为伍，相为侯望。《逸周书·程典》："协其三族，固其四援；明其伍侯，习其武诫。"《左传·昭公二十三年》："亲其民人，明其伍侯。"杜预注："使民有部伍，相为侯望。"

"伍侯"是选取概念"编民为伍，相为侯望"中"伍"和"侯"两个成分形成的。"伍"是行为的结果，"侯"是行为的目的，而概念中的行为"编民"却被省略了。这种紧缩的结构不能显示概念的全部内容，很难使人明了"伍侯"的构词理据，因此它只在战国早期文献中出现，此后就消亡了。

杜权：谓闭塞中有所变动。《庄子·应帝王》："子之先生遇我也，有瘳矣，全然有生矣，吾见其杜权矣。"王先谦集解引宣颖曰："杜闭中觉有权变。"

"杜权"指杜闭中有所权变。"杜"指堵塞、封闭。《书·费誓》："杜乃擭，敛乃穽。""权"指权宜、变通。《易·系辞下》："井以辩义，巽以行权。""杜权"中的"杜"表施动者所处状态，"权"表行为。仅凭"杜""权"的词素义不能解释"杜权"的词义，造成"杜权"的构词理据不明晰。所以"杜权"只在《庄子》中出现一次就消亡了。

立朝夕：立表观测早晚日影以定东西方向。《管子·七法》："不明于则而欲出号令，犹立朝夕于运均之上，檐竿而欲定其末。"尹知章注："均，陶者之轮也。立朝夕，所以正东西也。今均既运，则东西不可准也。"《墨子·非命上》："言而毋仪，譬犹运钧之上而立朝夕也。"

立表来观测早晚的日影叫"立朝夕"。"立朝夕"是选取概念中"立""朝""夕"三个成分形成的，这三个成分远远不能显示概念的全部内容，"立朝夕"的构词理据不明晰。"立朝夕"在战国文献中仅4见，《管子》1见，《墨子》3见，其他文献未见。

还有一些复音词的结构与常见的构词方式不适宜，造成词汇不能长时间保留在词汇系统里。比如，以"动词性词素+名词性词素"形成的名词性复合词中，动宾式占多数，而偏正式较少。这种情况在战国—秦新词中也得以体现。战国—秦新词中，"动词性词素+名词性词素"结构的动宾式名词占动宾式名词总数的96.3%，而这一结构的偏正式名词仅占偏正式名词总数的10.5%。由此，如果一个及物动词性成分与一个名词性成分结合，往往会被看作动宾式复合词，或者被解读为动宾式词组。先秦时期一些"动词性词素+名词性词素"的偏正式名词没能在汉以后沿用就与它们的构词结构特殊有关。比如：

赐邑：天子或诸侯赐给的食邑。《左传·僖公五年》："陈辕宣仲怨郑申侯之反己于召陵，故劝之城其赐邑，曰：'美城之，大名也，子孙不忘，吾助子请。'乃为之请于诸侯而城之，美。遂谮诸郑伯，曰：'美城其赐邑，将以叛也。'申侯由是得罪。"《商君书·境内》："故爵五大夫，皆有赐邑三百家，有赐税三百家。"

"赐邑"的词素"赐"是及物性动词词素，加上表受事对象的"邑"，很容易被理解为赐给食邑，而不易被理解为赐给的食邑。汉以后，"赐邑"作为复合词消亡了，后世文献中虽然仍可见"赐邑"，但它不再是词，而是词组，指赐给食邑，如清陆心源《唐文拾遗》："太戊纳其谏而修德，以致圣敬日跻，因赐邑于楮，其后遂为楮氏。"

窃权：不正当的权力。《晏子春秋·问上十七》："上无骄行，下无谄德；上无私义，下无窃权；上无朽蠹之藏，下无冻馁之民。"

"窃权"的词素"窃"是及物性动词词素，与表受事对象的"权"结合，很容易被理解为窃取权力，而不易被理解为窃取的权力。表示不正当权力的"窃权"消亡后，后世文献中依然可见表示窃取权力的"窃权"，如《旧唐书·刘洎传》："强暴则贼臣畏死而害上，微弱则奸臣窃权而震主。"《隋唐演义》："李渊便道：'高大人，张、孔狐媚迷君，窃权乱政；以国覆灭，本于二人。岂容留此祸本，再秽隋氏！不如杀却，以绝晋王邪念。'"

就笔者搜集到的资料来看，战国—秦时期的消亡词共458个，其中单音节词134个，双音节词311个，三音节词5个，四音节词8个。

从消亡词词义类聚的角度看，这一时期消亡词比较集中的语义场带有鲜明的先秦社会特征。比如，战国—秦时期消亡的古职官名都是仅见于战国—秦文献的词。它们既是战国—秦新词，也是这一时期的消亡词，都属于"短期消亡的新词语"①。这些古职官名被同义词替代，说明这一时期封建官僚体系的建设还不成熟，一些职官名产生后可能未得通行就被替换弃用了。此外，这些消亡的职官名都是县以下基层官名或专司一事的官名，这也从侧面反映出在中央集权体制建立的初期，高层级行政长官更受重视，官名一旦确立，就不会轻易改动，而低层级官员受重视的程度较低，其官名更易变动。又如，战国—秦消亡词中因事物消失而导致词汇消亡的多是先秦人们创造的物品名，说明战国时期人们手工制作的一些物品由于各种原因没有保存下来，在短时间内就消失了。如古兵器名"行城""台城""行垣""狗走""狗尸"等，这些词的消亡反映出战国—秦时期兵器研发速度很快，一些新型兵器被研发出来不久可能就被改进或被其他新兵器取代了。再如，随着各诸侯国的灭亡，先秦时期一些特殊称谓，如"诸侯长""君夫人"等，随着秦统一六国也废弃不用了。

从词消亡的原因看，战国—秦时期词汇的消亡是上古词汇系统演变和社会发展两种因素共同作用的结果。仅就上古词汇系统演变这一内因来看，引起词汇消亡的原因又分多个层面。比如，"齐$_5$疏"的消亡既有其构词词素义不够直观鲜明的原因，也与其语用基础薄弱有关；"杜权"的消亡除了因为它的构词理据不明晰外，也与其构词词素义生僻有关；"余兵"的消亡不仅与语境消失有关，或许还因其受到了同形词的排挤。在众多引起词汇消亡的因素中，同义词的竞争是词汇消亡的主导性因素。

相比战国—秦时期出现的万余个新词，这一时期的消亡词不足500个。消亡词数量少符合汉语词汇系统发展的一般规律。斯大林在《马克思主义与语言

---

① 参见王宁：《论新词语的短期消亡》，载《词汇学理论与应用》（五），商务印书馆2010年版，第30页。

学问题》一书中指出，词汇的变化不是通过除旧布新的方法实现的，而是不断创造新词来充实词汇系统的方法实现的，"虽然通常从语言的词汇中消失了一些已经陈旧的词，可是添加的新词的数量却要多得多"[①]。可见，创造新词来补充旧有词汇是词汇系统演变的主要方式，而词汇的消亡是词汇系统演变的次要方式。新词数量多于消亡词数量是词汇系统发展演变的规律。

战国—秦时期消亡词数量稀少是社会交际需求的结果，也是先秦词汇在汉语词汇系统中重要地位的反映。

战国—秦时期是中国历史上从分裂到大一统，从奴隶制到封建制转型的关键时期，开启了汉以后古代帝国政治的格局。这一时期诸子之学并起争鸣，为此后两千多年中国学术思想和文化奠定了基础，表达政治军事、经济文化、社会生活、思想意识等诸多事物概念的词汇鲜有随着秦帝国灭亡而消亡，大多在此后漫长的封建社会中沿用，或多或少、或早或晚地在文献中出现，甚至有相当数量的词沿用至今。比如，当人们谈及先秦特有的事物概念时，可能还会用到战国—秦文献中表示这些事物概念的专有词汇。举"梅伯""伊耆氏"为例。传说梅伯为商臣，因多次劝谏，被纣王杀害，剁成肉酱。虽然梅伯是商代人物，但"梅伯"这个名字还会在后世文献中被提及。《楚辞·天问》《韩非子·难言》中分别有"梅伯受醢"和"梅伯醢"的记载。西汉初年，刘安《淮南子·俶真训》中仍有"菹梅伯之骸"之语。"伊耆氏"是上古掌管祭祀的职官。《周礼·秋官·伊耆氏》记载，伊耆氏"掌国之大祭祀，共其杖咸，军旅授有爵者杖，共王之齿杖"。随着周朝灭亡，"伊耆氏"这个官职也随之消失，但是"伊耆氏"这个词并没有从汉语词汇中消失，在后世涉及周代礼制的文献中还能发现"伊耆氏"的用例，如清袁枚《随园随笔·各解》："尧称伊耆氏的，人所知也，《周礼·大司寇》之属，有'伊耆氏掌国之大祭祀，供其杖咸'。则伊耆氏又官名也。"袁枚在《随园随笔》中除了直接引述《周礼》原文外，还对"伊耆氏"的含义做了进一步的解释。当然，战国以后，"伊耆氏"的使用范围和场合变得非常有限，一般只在回述先秦历史时才会用到。此

---

① 转引自史存直：《汉语史纲要》，中华书局2008年版，第448页。

外，中央集权的封建制国家体制在战国—秦时期开始形成，这一时期表达政体、官制等方面的词多数在后世依然沿用，如南北朝时期北朝之一的北周，弃汉魏官制，袭《周礼》六官制，使许多在汉魏时期甚至战国—秦时期就已经失用的《周礼》职官名在北周时重新启用，再次出现在记录北周历史的《周书》《通典》中。正是语言表达的需求使许多先秦词汇没有在秦以后立即消失，而是在不同时代的文献中又有了新的用例。

　　包括战国—秦时期词汇在内的先秦词汇构成了古汉语文学语言词汇的基础，这些词常见于后世用古汉语文学语言写成的作品中。[①]比如，古代贫贱者或僮竖穿的粗布衣称为"褐"。"褐"最早见于《诗经》，是先秦常用词。《诗·豳风·七月》："无衣无褐，何以卒岁？"战国文献《左传》《墨子》《荀子》《孟子》《庄子》中都能见到"褐"的用例。汉以降，"褐"仍常见于文献中，尤其是仿古作品，如唐韩愈《马厌谷》："土被文绣兮，士无裋褐。"唐刘知幾《史通·覈材》："哺糟歠醨，俯同妄作，披褐怀玉，无由自陈。"宋苏轼《赐诸路臣寮中冬衣袄口宣制》："霜露荐至，衣褐未周。"一些战国—秦时期的语词虽然在汉以后鲜有使用，但并没有彻底消亡，个别仿古作品中仍可见新的用例。比如，古代以谷量计俸禄，故俸禄又称"谷禄"。货币盛行以后，则钱谷并计，直至明初尚存此制。[②]"谷禄"是战国—秦时期产生的新词，在战国后期文献《管子》《孟子》《荀子》中皆有用例。汉以后，"谷禄"语用机会渐少，但没有彻底消亡，近代文献中仍可见，如民国何刚德《春明梦录》："谁知谷禄有定，而生齿日繁，不商不农，独仰此俸饷为生，其何能给？"[③]又如，"察相"即明察的相臣，是战国新词，最早见于《管子》，《战国策》中亦有用例。汉以后，"察相"很少出现在文献中，但没有彻底消亡，清代文献仍有用例，如清赵翼《廿二史札记》："唐代宦官之

　　① 参见孙常叙：《古汉语文学语言词汇概论》，上海辞书出版社2005年版，第11—12、119页。

　　② 参见吕思勉：《中国通史》，上海古籍出版社2009年版，第102页。

　　③ 《汉语大词典》列出的"谷禄"的末见用例为《荀子·王霸》："心好利，而谷禄莫厚焉。"通过检索发现该词在后世文献中仍有用例。《汉语大词典》"谷禄"词条末见书证提前。

祸使之掌禁兵、管枢密，所谓倒持太阿，而授之以柄，及其势已成，虽有英君察相，亦无如之何矣！"①虽然"谷禄""察相"只能在后世仿古文中见到，但它们都不是在战国—秦时期的消亡词。近代章炳麟所撰《訄书》文笔古奥，艰于阅读，原因之一就是书中使用了不少仅在上古文献中出现的词。比如"韅盾""衰$_2$征②""嚚瘖"都是《国语》新词，秦以后文献未见此三词的用例，直到在《訄书》中再次被启用。章炳麟《訄书·经武》："商鞅阖戟而出，齐桓以犀甲韅盾而立国也。"又《定版籍》："凡土，民有者无得旷，其非岁月所能受者，程以三年，岁输其税什二，视其物色而衰征之。"又《族制》："若夫童昏、嚚瘖、焦侥，官师之所不材也以实裔土。"可见，虽然有些先秦词汇在汉以后成为生僻词，但由于后人在语言表达中追求古意文雅，这些生僻词仍有机会出现在后世文献中。总之，正是因为先秦词汇在汉语词汇系统中占有重要地位，战国—秦时期的消亡词才会如此稀少。

---

① 《汉语大词典》列出的"察相"的末见用例为《战国策·齐策五》："彼明君察相者，则五兵不动而诸侯从，辞让而重赂至矣。"通过检索发现该词在后世文献中仍有用例。《汉语大词典》"察相"词条末见书证提前。

② "衰$_2$"音cuī。

第七章　战国—秦时期的承古词

杨端志在"词汇史"课堂上多次指出，一个朝代的词汇由三个部分构成：新词、新义是该朝代词汇系统产生的新质要素，是词汇发展演变的核心内容；消亡词、消亡义是词汇系统中旧质要素发生变化的重要体现，也是导致词汇系统变化的原因之一；承古词、承古义则是从前代继承下来的内容，是该朝代词汇系统保持稳固的基础。考察承古词是断代词汇史研究的内容之一，也是建立完整的词汇史不可或缺的部分。

战国—秦承古词分为两类：一类是战国—秦时期青铜器、简帛或传世文献中记录的承古词；另一类是受文献记录语词的限制而没有出现在战国—秦文献中的承古词，这类词可能出现在汉以后文献中。战国—秦词汇史研究的是文献中的语词，所以本章主要考察出现在战国—秦文献中的承古词，通过这些语词展示这一时期承古词基本面貌。

第一节　战国—秦承古词举隅

战国—秦文献中的承古词既有单音节词，也有复音词。从承古词的历史层次上看，有的产生于殷商时期，有的产生于西周春秋时期。

一、承古单音节词

（一）继承殷商时期的单音节词

苴 "苴"本义指麻子，甲骨卜辞中已出现字形，属殷商时期出现的词，西周文献中亦有用例，如《诗·豳风·七月》："九月叔苴，采荼薪樗。"战国时期，"苴"的本义基本不再使用，而是引申为结子的大麻。引申义用例在文献中数见，如《左传·襄公十七年》："晏婴粗缞斩，苴绖、带、杖，菅屦，食粥，居倚庐，寝苫，枕草。"《仪礼·丧服》："丧服：斩衰裳，苴绖、杖、绞带。"《庄子·让王》："颜阖守陋闾，苴布之衣，而自饭牛。"后世"苴"的引申义仍然沿用，如北魏贾思勰《齐民要术·种麻》："崔寔曰：'二三月，可种苴麻。'"现代汉语中"苴"已经消亡了。

祸 "祸"本义指灾害、灾殃，甲骨卜辞中已出现字形，西周文献中亦有用例，如《诗·小雅·何人斯》："二人从行，谁为此祸。"战国文献中常见"祸"的用例，如《国语·楚语下》："祸灾不至，求用不匮。"《荀子·大略》："今废礼者，是去表也，故民迷惑而陷祸患。"《战国策·秦策三》："必有伯主强国，不辞祸凶。"还产生了引申义，指危害、损害，如《孟子·告子上》："率天下之人而祸仁义者，必子之言夫！"汉以降，"祸"仍然沿用，如《史记·孔子世家》："闻君子祸至不惧，福至不喜。"晋陆机《君子行》："福钟恒有兆，祸集非无端。"现代汉语中"祸"为常用词。

溺 甲骨卜辞中有"休（炎）"字，后写作"溺"，指沉溺、水淹。《说文·水部》："休，没也。"段玉裁注："此沉溺之本字也。"西周文献中有"溺"的用例，如《诗·大雅·桑柔》"载胥及溺"的"溺"指陷于困境。战国时期，"溺"继续使用，如《左传·哀公二十年》："溺人必笑，吾将有问也。"《孟子·离娄上》："嫂溺不援，是豺狼也。"汉以降，"溺"仍然沿用，如汉张衡《东京赋》："囚耕父于清泠，溺女魃于神潢。"南朝梁刘勰《文心雕龙·情采》："使文不灭质，博不溺心，正采耀乎朱蓝，间色屏于红紫。"现代汉语书面语中多使用复音词"溺水"。

聋 "聋"指听觉失灵或闭塞，甲骨卜辞中已出现字形，亦见于西周金文。① "聋"未见于春秋文献，但屡见于战国文献，如《左传·僖公二十四年》："耳不听五声之和为聋，目不别五色之章为昧。"《国语·晋语四》："聋聩不可使听。"《墨子·耕柱》："鬼神之明智于圣人，犹聪耳明目之与聋瞽也。"《韩非子·解老》："耳不能别清浊之声则谓之聋。"后世"聋"仍然沿用，如南朝梁刘勰《文心雕龙·夸饰》："信可发蕴而飞滞，披瞽而骇聋矣。"唐韩愈《双鸟》诗："有耳聒皆聋，有口反自羞。"现代汉语中"聋"为常用词。

（二）继承西周时期的单音节词

纆　"纆"本指绳索，是最早见于西周文献的词。《易·坎》："系用徽纆。""纆"在战国文献中数见，如《庄子·骈拇》："附离不以胶漆，约束不以纆索。"《战国策·韩策三》："马，千里之马也；服，千里之服也。而不能取千里，何也？曰：子纆牵长。"汉以降，"纆"仍然沿用，如《史记·屈原贾生列传》："夫祸之与福兮，何异纠纆。"《梁书·刘孝绰传》："在缧婴纆，幸得蠲于庸暗。"现代汉语中"纆"已不再使用。

蘖　"蘖"本指草木砍伐后长出的新芽，西周春秋文献中均有用例，如《书·盘庚上》："若颠木之有由蘖。"《诗·商颂·长发》："苞有三蘖，莫遂莫达。"战国时期，"蘖"继续使用，如《国语·鲁语上》："山不槎蘖，泽不伐夭。"《孟子·告子上》："是其日夜之所息，雨露之所润，非无萌蘖之生焉。"汉以降，"蘖"仍然沿用，如张衡《东京赋》："坚冰作于履霜，寻木起于蘖栽。"现代汉语多使用词素"蘖"构成的动宾式合成词"分蘖"。

榭　"榭"指建在高台上的木屋，是最早见于西周文献的词。《书·泰誓上》："惟宫室台榭。"春秋时"榭"也指无室的厅堂。《春秋·宣公十六年》："夏，成周宣榭火。""榭"这两个义位在战国文献中都有书证，如《左传·襄公三十一年》："宫室卑庳，无观台榭。"又《成公十七年》："三郤将谋于榭。"后世"榭"仍然沿用，如宋孙光宪《杨柳枝》："有池有

---

① 西周《聋乍宝器鼎》铭文中有"聋乍宝器"，"聋"为人名。《殷周金文集成》4.1974。

榭即蒙蒙，浸润翻成长养功。"王国维《观堂集林·明堂庙寝通考》："且古之宫殿，未有有堂而无室者；有之，则惟习射之榭为然。"现代汉语中"榭"已基本不再使用。

禋 "禋"为祭名，升烟祭天以求福，是最早见于西周文献的词。《诗·大雅·生民》："厥初生民，时维姜嫄。生民如何？克禋克祀，以弗无子。"《诗·周颂·维清》："肇禋，迄用有成。"战国时期，"禋"的本义继续使用，如《周礼·春官·大宗伯》："以禋祀祀昊天上帝，以实柴祀日月星辰，以槱燎祀司中、司命、风师、雨师。"还产生了引申义，泛指祭祀。《左传·桓公六年》："故务其三时，修其五教，亲其九族，以致其禋祀。"《国语·周语上》："不禋于神而求福焉，神必祸之；不亲于民而求用焉，人必违之。精意以享，禋也。"后世文献中常见"禋"的用例，如《宋史·乐志九》："盛德丰功，一祖六宗。钦翼燕诒，禋享是崇。"清顾炎武《谒周公庙》诗："道化千年后，明禋一国中。"现代汉语中"禋"已不再使用。

急 "急"指急速、急躁，西周春秋文献中均有用例，如《诗·小雅·六月》："猃狁孔炽，我是用急。"《书·洪范》："曰急，恒寒若。"战国时期，"急"在文献中频繁出现，并引申出多种义位：表心急，《吕氏春秋·首时》："圣人之于事，似缓而急。"表紧要，银雀山汉墓竹简《孙膑兵法·威王问》："必攻不守，兵之急者也。"表重视，《韩非子·外储说左上》："且人所急无如其身，不能自使其无死，安能使王长生哉？"表危急，《左传·宣公十五年》："宋人使乐婴齐告急于晋，晋侯欲救之。"表困难，《管子·问》："举知人急，则众不乱。"汉以降，"急"仍然沿用，如三国魏刘劭《人物志·材能》："性有宽急，故宜有大小。"金元好问《颍亭留别》诗："怀归人自急，物态本闲暇。"现代汉语中"急"为常用词。

浃 "浃"本义指水边，是最早见于春秋文献的词。《诗·大雅·大明》："在洽之阳，在渭之浃。""浃"在战国文献中仅一见，书证为《庄子·秋水》："秋水时至，百川灌河，泾流之大，两浃渚崖之间，不辩牛马。"后世"浃"仍然沿用，如南朝梁陆倕《石阙铭》："周营洛浃，汉启岐梁。"清蒲松龄《聊斋志异·罗刹海市》："女乘白羊车，送诸海浃。"现代汉语中"浃"已不再使用。

（三）继承春秋时期的单音节词

墟 "墟"本写作"虚"，本义指大丘。《说文·丘部》："虚，大丘也。昆仑丘谓之昆仑虚。"段玉裁注："虚者，今之墟字，犹'昆仑'今之'崐崘'字也。虚本谓大丘。""虚"最早见于《诗·鄘风》，是春秋时期出现的词。《鄘风·定之方中》："升彼虚矣，以望楚矣。"战国时期，"墟"的本义继续使用，如宋玉《对楚王问》："鲲鱼朝发昆仑之墟，暴鬐于碣石，暮宿于孟诸。"还产生了引申义，表住所或废墟。《左传·昭公十七年》："陈，大皞之虚也……卫，颛顼之虚也。"孔颖达疏："虚者，旧居之处也。"《吕氏春秋·贵直》："使人之朝为草而国为墟。"汉以降，"墟"的本义基本不再使用，而引申义仍然沿用，如《史记·魏公子列传》："吾过大梁之墟，求问其所谓夷门。"《汉书·地理志下》："郑国，今河南之新郑，本高辛氏火正祝融之虚也。"现代汉语中多使用复音词"废墟"。

谈 "谈"本义指谈话、谈论，是最早见于春秋文献的词。《诗·小雅·节南山》："忧心如惔，不敢戏谈。"战国时期，"谈"在文献中频繁出现，如《墨子·耕柱》："能谈辩者谈辩，能说书者说书，能从事者从事，然后义事成也。"《孟子·告子下》："有人于此，越人关弓而射之，则己谈笑而道之；无他，疏之也。"《韩非子·说难》："故谏说谈论之士，不可不察爱憎之主而后说焉。"汉以降，"谈"仍然沿用，如刘向《九叹·忧苦》："偓促谈于廊庙兮，律魁放乎山间。"现代汉语中"谈"为常用词。

裼 "裼"指袒开或脱去上衣露出身体，是最早见于春秋文献的词。《诗·郑风·大叔于田》："襢裼暴虎，献于公所。"战国时期，"裼"在文献中数见，如《仪礼·聘礼》："裼降立。"《孟子·公孙丑上》："尔为尔，我为我，虽袒裼裸裎于我侧，尔焉能浼我哉？"《韩非子·初见秦》："闻战，顿足徒裼，犯白刃，蹈炉炭，断死于前者皆是也。"汉以降，"裼"仍然沿用，如《史记·张仪列传》："秦人捐甲徒裼以趋敌。"前蜀杜光庭《虬髯客传》："使回而至，不衫不履，裼裘而来，神气扬扬，貌与常异。"现代汉语中"裼"已不再使用。

痟　　"痟"本指酸痛、头痛，最早见于侯马盟书，属春秋时期出现的新词。笔者利用北京大学语言学研究中心古代汉语语料库对"痟"进行检索发现，"痟"在战国文献中2见，分别为：《管子·地员》"五沃之土……其泉白清，其人坚劲，寡有疥骚，终无痟酲"；《周礼·天官·疾医》"春时有痟首疾"。后世文献中亦可见"痟"的用例，如《文选·左思〈蜀都赋〉》："芳追气邪，味蠲疠痟。"现代汉语中"痟"已不再使用。

二、承古复音词

绝大多数承古复音词是双音节词，只有少数多音节词出现在战国—秦文献中。

（一）继承殷商时期的复音节词

殷商时期产生的复音词很少，出现在战国—秦文献中的除"大史""小史"等个别殷代官名外，还有少数普通名词。

鬼魅　　"鬼魅"，又作"鬼彔"，指鬼怪，卜辞中已经出现，如《乙》5397"王曰，兹鬼彔，戊贞，五旬有一日……"。战国文献中有"鬼魅"的书证。《韩非子·外储说左上》："鬼魅，无形者，不罄于前，故易之也。"后世"鬼魅"仍沿用，如五代齐己《谢高辇先辈寄新唱和集》诗："洛浦精灵慢，邙山鬼魅愁。"清葆光子《物妖志·兽类·狸》："崔思恋笃切，始见梦寝，乃吐实情告兄。兄曰：'此地多鬼魅，虑害汝命，速为之图！'"现代汉语中多使用单音词"鬼"。

牝牡　　"牝牡"指鸟兽的雌性和雄性，卜辞中已经出现，如《前》1·33·7"二牝牡"，《乙》4590"勿有，牝牡"。战国文献中有"牝牡"的书证。《荀子·非相》："夫禽兽有父子而无父子之亲，有牝牡而无男女之别。"汉以降，"牝牡"仍沿用，如《史记·龟策列传》："禽兽有牝牡，置之山原；鸟有雌雄，布之林泽；有介之虫，置之豀谷。"唐刘知幾《史通·叙事》："董生乘马，三年不知牝牡。"现代汉语中"牝牡"已不再使用。

大采、小采　　"大采""小采"是殷历记时的术语。"大采"是天明之后，在大食之前；"小采"在小食之后，夜幕降临之前。两词在卜辞中已经出现，如《前》5·36·1"之日大采雨，王不步"，《佚》276"今日小采允大雨"。战国早期文献《国语》中也出现了"大采""小采"。《国语·鲁语下》："天子大采朝日……少采夕月。"其中的"少采"即"小采"。汉以降，"大采""小采"只在注疏中偶见。

大（太）牢、小（少）牢 殷人把牲畜养在栏圈里以供祭祀之需，养在栏圈里供作祭品的牛称为"大（太）牢"，甲骨文字写作"牢"，养在栏圈里供作祭品的羊称为"小（少）牢"，甲骨文字写作"宰"。《甲》806"乙亥贞，又勺岁于祖乙，大牢一牛"，《乙》4063"更小宰于文戊"，后来传世文献中"宰"字废，"少宰"写作"少牢"。战国文献中也出现了"大牢""小牢"，如《左传·襄公二十二年》："祭以特羊，殷以少牢。"《仪礼·聘礼》："饩之以其礼，上宾大牢，积惟刍禾，介皆有饩。"《庄子·至乐》："具太牢以为膳。"汉以降，"大牢""小牢"仍然沿用，如《大戴礼记·曾子天圆》："诸侯之祭牲，牛曰太牢。大夫之祭牲，羊曰少牢。"

（二）继承西周时期的复音节词

缱绻 "缱绻"指纠缠萦绕、固结不解，最早见于西周文献，为西周时期出现的联绵词。《诗·大雅·民劳》："无纵诡随，以谨缱绻。" 战国时期，"缱绻"引申为不离散。《左传·昭公二十五年》："缱绻从公，无通外内。"汉以降，"缱绻"引申出多种义位，可用以形容感情深厚或特指男女恋情，文献中常见用例。唐白居易《寄元九》诗："岂是贪衣食，感君心缱绻。"清赵执信《谒金门·赠金仙》词："谁送暗香来枕畔，顿成新缱绻。"现代汉语中"缱绻"基本不再使用。

穆穆 "穆穆"形容仪容或言语和美，为西周时期出现的重叠式合成词。《诗·大雅·文王》："穆穆文王，于缉熙敬止。"毛传："穆穆，美也。""穆穆"也出现在战国文献中，如《荀子·大略》："言语之美，穆穆皇皇。" 后世文献中仍可见用例，如《晋书·王澄传》："澄尝谓衍曰：'兄形似道，而神锋太俊。'衍曰：'诚不如卿落落穆穆然也。'澄由是显名。"明方孝孺《蜀府敬慎斋》："憧憧于思，夔夔于守，穆穆语言，不惊左右。"现代汉语中"穆穆"已不再使用。

鬱鬯　"鬱鬯"指用鬯酒调和郁金之汁而成的香酒，为偏正式合成词，最早见于西周金文，如《小子生尊》铭文："小子生赐金、鬱鬯。"[①]《叔簋》铭文："赏菽（叔）鬱鬯、白金、趞（匀）牛。"[②]战国传世文献中有"鬱鬯"用例，如《周礼·春官·郁人》："鬱人掌祼器，凡祭祀宾客之祼事和鬱鬯以实彝而陈之。"汉以后文献中仍可见用例，如唐陈叔达《太庙祼地歌辞》："清庙既祼，鬱鬯推礼。"宋杨万里《鹅儿黄似酒》诗："却将金鬱鬯，试比菊衣裳。"现代汉语中"鬱鬯"已不再使用。

禾稼　"禾稼"为谷类作物的统称，是最早见于西周文献的联合式合成词。《诗·豳风·七月》："九月筑场圃，十月纳禾稼。"战国文献中亦可见"禾稼"用例，如《墨子·天志下》："刈其禾稼，斩其树木。"睡虎地秦墓竹简《法律答问》："实官户扇不致，禾稼能出，廷行吏（事）赀一甲。"后世"禾稼"仍然沿用，如晋葛洪《抱朴子·仁明》："结栋宇以免巢穴，选禾稼以代毒烈。"唐元稹《赛神》诗："庙中再三拜，愿得禾稼存。"现代仿古作品中仍可见"禾稼"用例，如陈毅《六国之行》诗："海滨禾稼美，沙漠石油浓。"

媢嫉　"媢嫉"指嫉妒，也写作"媢疾""冒疾"，是西周时期出现的联合式合成词，西周春秋文献中均有用例，如《逸周书·皇门》："是人斯乃谗贼媢嫉，以不利于厥家国。"《书·秦誓》："人之有技，冒疾以恶之。"蔡沈集传："冒，《大学》作'媢'，忌也。"战国时期，"媢嫉"继续使用，如《吕氏春秋·怀宠》："若此而犹有忧恨冒疾遂过不听者，虽行武焉亦可矣。"陈奇猷校释："冒疾即媢嫉。"后世"媢嫉"仍沿用，如唐柳宗元《与肖翰林俛书》："年甚少，自御史里行得礼部员外郎，超取显美，欲免世之求进者怪怒媢嫉，其可得乎？"明王錂《春芜记·解嘲》："宋玉才名颇盛，寡人宠爱方深，那登徒子一时媢嫉，此亦人情。"现代汉语常用复音词"嫉妒"

---

① 《殷周金文集成》11.6001。

② 《殷周金文集成》8.4132。

或"妒忌"。

亿万　"亿万"极言其数之多，是最早见于西周文献的联合式合成词。《书·泰誓上》："受有臣亿万，惟亿万心。"战国文献中也有"亿万"的用例，如《荀子·非相》："欲知亿万，则审一二。"汉以降，"亿万"常见于文献，如司马迁《报任少卿书》："（李陵）横挑强胡，仰亿万之师，与单于连战十有余日。"唐刘知幾《史通·疑古》："语殷之败也，又云纣有臣亿万人，其亡流血漂杵。"宋苏轼《贺坤成节表》："放亿万之羽毛，未若消兵以全赤子；饭无数之缁褐，岂如散廪以活饥民。"现代汉语的书面语中仍可见"亿万"用例，如张健《世界100位首富人物发迹史》："2004年《福布斯》公布的世界亿万富豪排行榜显示，他（李嘉诚）排名第19位，净资产124亿美元。"

既生霸、既死霸　"既"表示已经，"霸"本义指每月月初始见之月。《说文·月部》："霸，月始生霸然也。"后世假借"魄"为"霸"，因此"既生霸""既死霸"分别又作"既生魄""既死魄"，是以月的圆、缺、晦、明记日期的名称。"既生霸"指月之上弦至望的一段时间，为夏历每月初八日或前后一二天；"既死霸"指月之下弦至晦的一段时间，为夏历每月二十三日或前后一二天。两词多见于西周金文，如《七年趞曹鼎》铭文："唯七年十月既生霸。"①《兮甲盘》铭文："既死霸庚寅。"②西周传世文献中亦有用例，如《逸周书·世俘》："越若来二月既死魄，越五日甲子，朝至接于商。"战国传世文献中出现"既生霸"用例，《逸周书·大戒》："维正月既生魄，王访于周公。"虽然战国文献中没有出现"既死霸"的用例，但是《汉书》中出现用例，可见"既死霸"在上古时期没有完全消亡，可以看作战国—秦承古词。《汉书·律历志下》："粤若来三月，既死霸……死霸，朔也；生霸，望也。"现代汉语中"既生霸""既死霸"已经消亡了。

子子孙孙　"子子孙孙"指子孙后裔，多见于西周金文，传世文献中亦有

---

①　《殷周金文集成》5.2783。

②　《殷周金文集成》16.10174。

用例，如《害鼎》铭文："子子孙孙宝。"① 《书·梓材》："欲至于万年惟王，子子孙孙永保民。"春秋金文亦多见，如《鮴镈》铭文："子子孙孙保用享。"② "子子孙孙"也出现在战国金文中，如战国《中山王譽鼎》铭文："子子孙孙。"③ 《姧蚉壶》铭文："子子孙孙。"④ 汉以后传世文献中常见"子子孙孙"用例，如扬雄《甘泉赋》："辉光眩耀，隆厥福兮；子子孙孙，长亡极兮。"《秦并六国平话》卷中："楚王问曰：'何人退得秦兵，重赏千金，子子孙孙不绝官职。'"《儿女英雄传》第二十回："（安太太）合安老爷配起来，真算得个子子孙孙的天亲，夫夫妇妇的榜样。"

（三）继承春秋时期的复音节词

摇摇 "摇摇"指心神不定，是最早见于春秋文献的重叠式合成词。《诗·王风·黍离》："行迈靡靡，中心摇摇。"战国文献中也有"摇摇"的用例，如《战国策·楚策一》："寡人卧不安席，食不甘味，心摇摇如悬旌。"后世"摇摇"仍沿用，如明张凤翼《灌园记·后母授簪》："金针懒拈，绣线懒添，心摇摇不定如蓬转。"清周亮工《书戚三郎事》："戚见妇，惊悸错愕，未敢往就，摇摇不知悲。"现代汉语中"摇摇"已不再使用。

宗伯 "宗伯"为周代六卿之一，掌宗庙祭祀之礼，是最早见于春秋金文的偏正式合成词。《洹子孟姜壶》铭文："齐侯命大（太）子乘遽来句宗伯。"⑤ 战国文献中有"宗伯"的用例，如《左传·文公二年》："于是夏父弗忌为宗伯，尊僖公。"《周礼·春官·宗伯》："乃立春官宗伯，使帅其属而掌邦礼，以佐王和邦国。"后世"宗伯"仍见于文献，如唐皎然《赠李中丞洪》诗："安知七十年，一朝值宗伯。"现代汉语中"宗伯"已不再使用。

都邑 "都邑"指城市，是联合式合成词，最早见于春秋金文。《洹子孟

---

① 《殷周金文集成》5.2749。

② 《殷周金文集成》1.271。

③ 《殷周金文集成》5.2840。

④ 《殷周金文集成》15.9734。

⑤ 《殷周金文集成》15.9729。

姜壶》铭文："其人民都邑堇（谨）宴舞。"①战国传世文献中有"都邑"的书证。《商君书·算地》："故为国任地者，山林居什一，薮泽居什一，谿谷流水居什一，都邑蹊道居什四，此先王之正律也。"汉以降，"都邑"继续沿用，如晋袁宏《后汉纪·献帝纪二》："畴谓其父老曰：'诸君不以畴不肖，远来相就。众成都邑，而莫相统一，恐非久安之道。'"梁启超《新民议·禁早婚议》："其居于山谷鄙野者，婚嫁之年，必视都邑之民较早。"现代汉语中"都邑"已不再使用。

中央　"中央"指四方之中，是最早见于春秋文献的联合式合成词。《诗·秦风·蒹葭》："遡游从之，宛在水中央。"战国文献中也有"中央"本义的用例，如《荀子·大略》："欲近四房，莫如中央。"还引申为国君。《韩非子·扬权》："事在四方，要在中央。"汉以降，"中央"继续沿用，如《汉书·李寻传》："四方中央连国历州俱动者，其异最大。"宋祁《宋景文笔记·杂说》："欲正四方，先定中央。中央，君也。"现代汉语中"中央"为常用词，指国家政权或政治团体的最高领导机构。

上将军　"上将军"指行军作战时军中的主帅，是春秋末期出现的三音节词。《老子》："君子居则贵左，用兵则贵右……偏将军居左，上将军居右。"战国文献中亦见其用例，如《战国策·燕策一》："二十八年，燕国殷富，士卒乐佚轻战。于是遂以乐毅为上将军，与秦、楚、三晋合谋以伐齐。"汉以后，"上将军"作为一些朝代的正式官名常见于各代文献。

大丈夫　"大丈夫"指有志气、有节操、有作为的男子，最早见于帛书《老子》，是春秋末期出现的三音节词。战国文献中亦见其用例，如《孟子·滕文公下》："富贵不能淫，贫贱不能移，威武不能屈，此之谓大丈夫。"汉以后，"大丈夫"仍沿用，如《史记·高祖本纪》："（高祖）观秦皇帝，喟然太息曰：'嗟乎，大丈夫当如此也！'"宋文莹《玉壶清话》卷十："尔辈杀吾未晚，大丈夫视死若归，无名而死，然亦可惜。"现代汉语中"大丈夫"为常用词。

---

①　《殷周金文集成》15.9729。

第二节　承古词在战国—秦时期的发展

战国—秦承古词在这一时期的发展主要表现为两种情况：一种是在词义、语用频率、构词能力等方面与战国以前大体一致，基本没有发生变化；另一种是在词义、语用频率或构词能力等方面发生了改变。

一、没有发生变化的承古词

有些承古词原封不动地进入战国—秦时期，用法上延续前代。比如，"薆"是战国以前出现的词，指隐蔽、遮掩。《诗·邶风·静女》："爱而不见，搔首踟蹰。"其中"爱"为"薆"的通假字。战国时期，"薆"继续使用，如《楚辞·离骚》："何琼佩之偃蹇兮，众薆然而蔽之。""薆"在近代文献中也有用例，如王闿运《严伯受甫哀词》："思美人兮薆离居，猿哀吟兮夜半雨。""棘"也是战国以前出现的词，在西周春秋文献中有两个义位：一是本义，指酸枣树。《诗·大雅·大东》："有饛簋飧，有捄棘匕。"又《魏风·园有桃》："园有棘，其实之食。"二是泛指有芒刺的草木。《易·坎》："系用徽纆，寘于丛棘。"到战国时，这两个义位继续使用，如《左传·昭公十二年》"唯是桃弧、棘矢"中的"棘"指棘木，《墨子·非攻下》"棘生乎国道"中的"棘"指芒刺的草木。现代汉语中"棘"作为词素保留了下来。

有些承古词不仅在战国时期没有发生变化，甚至还毫不改变地进入现代汉语。比如，"肘"在殷商时期已经出现，甲骨卜辞中有"疾肘"（《乙》5587），表示肘有病。[1]战国时，"肘"继续出现在文献中，意义没有发生变化，如《左传·成公二年》："自始合，而矢贯余手及肘。"《吕氏春秋·具备》："宓方将书，宓子贱从旁时掣摇其肘；宓书之不善，则宓子贱为之怒。"现代汉语中"肘"仍然为常用词。又如，总称蔬菜的"菜"是西周时期出现的词，《诗·周南·关雎》有"参差荇菜"之语，春秋金文中也

---

① 参见赵诚：《甲骨文简明词典——卜辞分类读本》，中华书局2009年版，第161页。

有"菜"，如《邻王糧鼎》铭文中"用鬻（菜）🏠（廩、曁）腊"①。战国时期，"菜"继续出现在文献中，如《国语·楚语下》："庶人食菜，祀以鱼。"现代汉语中"菜"仍然作为蔬菜的总称。

有些承古词在西周春秋时期属于基本词汇，到战国时依然保持基本词的地位。这类词多是单音节词。通过考察史存直《汉语史纲要》和王力《汉语史稿》所列307个上古基本词发现，除15个战国—秦新词和3个汉代新词外，其余289个全部为战国以前出现的。②这些战国以前出现的基本词绝大部分在战国—秦时期仍然延续前代的用法。比如，"禾"在西周春秋文献中有三个义位：一是本义，指粟。《诗·豳风·七月》："黍稷重穋，禾麻菽麦。"二是指粟的植株。《书·金滕》："秋，大熟，未获，天大雷电以风，禾尽偃。"三是指粮食作物的总称。《诗·小雅·甫田》："禾易长亩，终善且有。"到战国时，这三个义位继续使用，如《管子·封禅》"鄗上之黍，北里之禾"中的"禾"指粟，《左传·宣公七年》"取向阴之禾"中的"禾"指禾苗，《仪礼·聘礼》"门外米禾皆二十车"中的"禾"泛指粮食。总之，承古词"禾"进入战国以后基本没有发生变化，仍是战国—秦基本词。还有一些史存直《汉语史纲要》和王力《汉语史稿》没有列出的基本词继承到战国—秦时也没有发生变化。举"酒"为例。"酒"在甲骨卜辞中就已经出现字形，到西周时期成为文献中的常用词，如《易·困》："困于酒食，朱绂方来。"《书·酒诰》："文王诰教小子，有正有事，无彝酒。"笔者利用北京大学语言学研究中心古代汉语语料库对"酒"进行检索发现，"酒"在西周春秋文献中共92见。从构词能力上看，"酒"在西周春秋时期构成9个合成词，已经具有一定的能产性。可以说，"酒"在战国以前就是基本词。进入战国以后，"酒"屡见于文献。据杨世铁统计，"酒"在《论语》《左传》《商君书》《孟子》《庄子》《吕氏春秋》六部文献中共出现126次。③从构词能力上看，"酒"在战国—秦时期构成26个合成词，维持了其战国前的能产性。可见，"酒"在

① 《殷周金文集成》5.2675。

② 具体参见本书第二章"战国—秦时期汉语基本词汇的发展"。

③ 参见杨世铁：《先秦汉语常用词研究》，中国社会科学出版社2015年版，第240、292页。

战国—秦时期保持了其基本词的地位。

没有发生变化的承古词中有相当数量的先秦常用词，这些战国以前的常用词继承到战国—秦时期基本没有发生变化，依然保持了常用词的地位。举"我""天子""君子"为例。代词"我"在西周文献中常见用例，如《易·观》："六三：观我生进退。"《诗·小雅·采薇》："昔我往矣，杨柳依依；今我来思，雨雪霏霏。"据杨世铁统计，"我"在西周春秋文献中共748见，已经是当时的常用词。[1]进入战国以后，"我"屡见于文献，在《论语》《左传》《商君书》《孟子》《庄子》《吕氏春秋》六部文献中共出现1232次。[2]可见，"我"在战国—秦时期保持了其常用词的地位。古以君权神授，故帝王称"天子"；贵族统治者或才德之人称"君子"。"天子""君子"在西周文献中已经出现，如《诗·大雅·江汉》："明明天子，令闻不已。"《易·乾》："九三，君子终日乾乾。"据杨世铁统计，"天子"在西周早中期金文中共59见，而"君子"在西周春秋文献中共205见，两词在战国前已经是常用词。[3]进入战国以后，"天子""君子"屡见于文献，仅《左传》中"天子"出现54次，"君子"出现167次。[4]可以说"天子""君子"在战国—秦时期仍然是常用词。

二、发生变化的承古词

有些承古词在战国—秦时期发生变化，这些变化表现在词义、语用频率或构词能力等方面。

词义的发展包括义位的增加和减少，本书第八章"战国—秦时期词义的发展"涉及承古词词义的发展。这里着重谈一下承古词常用义在战国—秦时期的

---

① 参见杨世铁：《先秦汉语常用词研究》，中国社会科学出版社2015年版，第162、193页。

② 参见杨世铁：《先秦汉语常用词研究》，中国社会科学出版社2015年版，第240页。

③ 参见杨世铁：《先秦汉语常用词研究》，中国社会科学出版社2015年版，第150、163、194页。

④ 参见张双棣：《〈吕氏春秋〉词汇研究》（修订本），商务印书馆2008年版，第89页；杨世铁：《先秦汉语常用词研究》，中国社会科学出版社2015年版，第234页。

变化。

有些承古词在战国时期产生的新义位成为常用义，一直沿用后世。比如，"受命"本义指帝王受命于天以巩固其统治，最早见于《尚书》。《书·召诰》："惟王受命，无疆惟休，亦无疆惟恤。" 这个义位在战国时继续使用，如《墨子·非攻》："予既受命于天，天命融隆火，于夏之城闲西北之隅。""受命"在战国时期产生了引申义，泛指接受任务、命令。《孟子·离娄上》："齐景公曰：'既不能令，又不受命，是绝物也。'"本义的施受对象只限于上天和帝王，相比之下，引申义的施受对象不再专指一人一事，适用的语境更加广泛，故而成为"受命"的常用义，在战国—秦文献中频繁出现，如《左传·襄公二十七年》："石恶将会宋之盟，受命而出。"《仪礼·士冠》："筮人执筴抽上韇，兼执之，进受命于主人。"《孙子兵法·军争》："凡用兵之法，将受命于君，合军聚众，交和而舍，莫难于军争。"《管子·弟子职》："趋进受命，所求虽不在，必以命反。"《荀子·议兵》："凡受命于主而行三军，三军既定，百官得序，群物皆正。"汉以后文献中也常见用例，如《史记·项羽本纪》："吾与项羽俱北面受命怀王，曰'约为兄弟'。"宋王安石《上相府书》："伏惟阁下方以古之道治天下，而某之不肖，幸以此时窃官于朝，受命佐州。"明张纶《林泉随笔》："王魏为东宫之臣，受命于高祖也。"毛泽东《评国民党十一中全会和三届二次国民参政会》："太行山庞炳勋集团军是受命专门反共的。"又如，"弟子"本义指为人弟与为人子者，最早见于《易经》。《易·师》："长子帅师，弟子舆尸，贞凶。"本义在战国时继续使用，但用例已不多见，《论语》中仅出现两例：《学而》"弟子入则孝，出则悌"；《为政》"有事，弟子服其劳"。[1]"弟子"在战国早期出现新义位，指学生、门徒。《仪礼·士相见礼》："与老者言，言使弟子。"这个义位的书证在《论语》中出现5例，《孟子》中出现4例，《吕氏春秋》中出现23例。[2]可见"学生"义在战国—秦时期已经成为

---

① 参见张双棣：《〈吕氏春秋〉词汇研究》（修订本），商务印书馆2008年版，第84页。

② 参见张双棣：《〈吕氏春秋〉词汇研究》（修订本），商务印书馆2008年版，第84页。

"弟子"的常用义，并沿用至今。

还有一些上古基本词在战国时期产生的新义位成为后世的常用义。比如，"领"本义指脖子。《诗·卫风·硕人》："领如蝤蛴，齿如瓠犀。"至战国末期，"领"转指衣领。《荀子·劝学》："若挈裘领，诎五指而顿之，顺者不可胜数也。"汉以降，"领"本义很少使用，而引申义"衣领"逐渐成为常用义，沿用至今。"领"在战国还用作衣服、铠甲的量词。《荀子·正论》："衣衾三领。"《战国策·秦策一》："西攻修武……不用一领甲，不苦一民，皆秦之有也。"这个义位在后世文献中也常见，如《北齐书·河清王岳传》："家有私兵，并畜戎器，储甲千余领。"唐白居易《风雪中作》诗："两重褐绮衾，一领花茸毡。"华山《山中海路》二："他骑着一匹火红的烈马，穿一领褪色的酱紫藏袍。"又如，"斤"本义指斧头，甲骨卜辞中已出现字形。战国时期，"斤"的本义继续使用，如《管子·小称》："匠人有以感斤欘，故绳可得料也。"《孟子·梁惠王上》："斧斤以时入山林，材木不可胜用也。"这一时期"斤"还用作重量单位。《墨子·号令》："伤甚者……予医给药，赐酒日二升，肉二斤。"《吕氏春秋·务大》："乌获奉千钧，又况一斤？"《战国策·燕策》："夫今樊将军，秦王购之，金千斤，邑万家。""斤"的本义在现代汉语中已不再使用，而作为重量单位的"斤"是现代汉语的常用词，成为日常生活中的基本词。

有些承古词在战国之前不是基本词，沿用到战国—秦时期，出现频率、构词能力有了明显提高，进入上古基本词汇系统。比如，"仁"表仁爱，在战国以前文献中出现频率较低，除《尚书》外，《诗经》中仅见于《郑风·叔于田》和《齐风·卢令》，《老子》、春秋铜器《鲁伯愈父鬲》中偶有用例。春秋末期，孔子将"仁"升华为最高的道德规范，成为儒家思想的核心，此后"仁"频繁出现在战国—秦文献中，仅《论语》中就出现了107次。[1]从构词能力上看，"仁"在战国前只构成了2个合成词，而战国—秦时期构成41个合成词，已经具有较强的能产性。总之，战国—秦时期"仁"的词义没有发生本

---

① 参见张双棣：《〈吕氏春秋〉词汇研究》（修订本），商务印书馆2008年版，第89页。

质的变化，在全民性和能产性上已经具备了基本词的特征，可以看作有关思想意识形态的基本词。又如，"灶"为烹饪、冶炼、烘焙时使用的设备，通常由砖石材料制成。"灶"在《秦公簋》铭文和《石鼓文》中出现，为春秋早期出现的词，但春秋传世文献中未见"灶"的用例。战国时期，"灶"在文献中出现的频率增高，如《左传·成公十六年》："塞井夷灶，陈于军中，而疏行首。"《礼记·月令》："（孟夏之月）其祀灶。"笔者利用北京大学语言学研究中心古代汉语语料库对"灶"进行检索发现，"灶"在战国文献中39见。

"灶"在春秋时期没有构成合成词，但在战国时期构成了"灶君""灶门""灶突""灶觚""聋灶""井灶"等复合词，可见"灶"此时已经具备了一定的构词能力，且炊灶概念在上古时期只有"灶"这一个词表示，而西周时期出现的"爨"和战国时期出现的"烓"表示的是炊灶的下位概念，说明"灶"具有封闭性和概括性。据此可以认为，至战国时"灶"已经可以视作基本词了。

一些产生于春秋晚期的新词或新词义沿用到战国时也已经使这些词具备了基本词的特征，进入了上古基本词汇系统。举"脱""剑"为例。"脱"的脱离义最早见于《老子》。《老子》："鱼不可脱于渊，国之利器不可以示人。""剑"用作兵器名最早见于春秋晚期金文，《越王勾践剑》铭文："邵王欨（勾）浅（践）自乍（作）用鐱（剑）。"①笔者利用北京大学语言学研究中心古代汉语语料库对"脱""剑"进行检索发现，"脱"在战国文献中36见，"剑"在战国文献中144见。"脱"和"剑"在春秋时期都没有形成合成词，到战国时，"脱"构成了11个合成词，"剑"构成了22个合成词，可见这一时期"脱"和"剑"已经具备一定的构词能力，可以看作基本词。

一些承古词虽然在殷商西周文献中鲜见用例，但由于它们表达的是基本概念，因此可以视作战国以前就已经出现的汉语基本词。到战国时，这些词在文献中出现了大量书证，出现频率、构词能力、词义发展方面有了明显变化。比如，"骨"本义指骨头、骨骼，在甲骨卜辞中已经该字的初文。②"骨"的

---

① 《殷周金文集成》18.11621。

② 参见于省吾：《甲骨文字释林》，中华书局2009年版，第367—370页。

最早文献书证为《左传·隐公五年》："鸟兽之肉不登于俎，皮革、齿牙、骨角、毛羽不登于器，则公不射。"战国初期，"骨"还引申为尸骨、遗骸。《左传·僖公三十二年》："必死是间，余收尔骨焉！"作为词素"骨"在战国时构成大量合成词。据统计，《汉语大词典》中列出的含有词素"骨"的战国复音新词凡20个：多数是以本义作为词素义构词，有"槁骨""白骨""朽骨""骨镞""骨髓""骨节""筋骨""骨直""外骨""内骨""微骨""成骨""燔骨""骶骨""骨体""骨勇""刺骨""骨肉"等；另有以引申义"尸骨"作为词素义构成的新词，分别为"合骨"和"归骨"。这些新词有的在战国时期还出现了引申义。比如，"骨肉"本指身体，用以比喻父母兄弟子女等至亲。《墨子·尚贤下》："当王公大人之于此也，虽有骨肉之亲，无故富贵，面目美好者，诚知其不能也，不使之也。"有的合成词自战国出现后一直沿用，如"筋骨""骨髓"，它们都是现代汉语中的常用词。可见，"骨"在战国—秦词汇系统中处于重要地位，也是这一时期的基本词。

一些殷商西周时期的基本词到战国时已经很少使用，退出了上古基本词汇系统。比如，"尹"在甲骨卜辞中已经出现字形。殷商西周时期，"尹"指治事的官吏，卜辞中有"尹""多尹"等词，西周春秋金文及传世文献中亦常见表官吏或用作官名的"尹"[①]，如《书·顾命》："乃同召太保奭……百尹御事。"又《大诰》："肆予告我友邦君，越尹氏、庶士、御事。"西周《颂鼎》铭文："尹氏受王令书。"[②]春秋《王子午鼎》铭文："令尹子庚。"[③]"尹"可以看作殷商西周时期的基本词。[④]进入战国以后，"尹"多出现在楚国官名中，其他诸侯国职官名很少用"尹"，这一时期"尹"只构成"阍尹""宰尹"两个新词，构词能力明显降低，可以说"尹"已经退出基本

---

① 据杨世铁统计，仅西周早中期金文中"尹"就出现10次。参见杨世铁：《先秦汉语常用词研究》，中国社会科学出版社2015年版，第154页。

② 《殷周金文集成》5.2827。

③ 《殷周金文集成》5.2811。

④ 张联荣将"尹"列为殷商卜辞中的基本词。参见张联荣：《汉语词汇的流变》，大象出版社2009年版，第153—154页。

词汇的系统。

有些承古词在前代不是常用词，文献中的出现频率较低，到战国—秦时期却成为文献中的常用词。举"万物""寡人"为例。"万物"最早见于《老子》，属于春秋晚期出现的合成词，该词在春秋文献中仅见于《老子》，不属于常用词。[①]进入战国以后，"万物"屡见于各类文献，《国语》《管子》《礼记》《鹖冠子》《山海经》等均有其书证。据杨世铁统计，仅《孟子》《庄子》《吕氏春秋》三部文献中"万物"就出现了130次。[②]可见，到战国中晚期"万物"已经转变为常用词。"寡人"在《诗经》中用作诸侯夫人自称。《诗·邶风·燕燕》："先君之思，以勖寡人。"这个义位在战国以前文献中仅此一例。战国文献中"寡人"为古代王侯的谦称，如《左传·隐公十一年》："虽君有命，寡人弗取与闻。"《孟子·梁惠王上》："寡人之于国也，尽心焉耳矣。"据杨世铁统计，"寡人"在《论语》《左传》《商君书》《孟子》《庄子》《吕氏春秋》六部文献中共出现222次，已经可以看作战国—秦时期的常用词了。[③]

还有一些承古词在前代是常用词，到战国—秦时期使用频率降低，成为文献中的生僻词。比如，上文提到的"既生霸"多见于西周春秋金文，而战国金文中几乎不见，传世文献中仅见于《逸周书·大戒》。再举"丕显"为例。"丕显"指英明，上古时常用作对天子上帝的尊称，如《书·康诰》："惟乃丕显考文王，克明德慎罚。"《叔尸钟》铭文："不（丕）显穆公之孙。"[④]据杨世铁统计，"丕显"在西周早中期金文及传世文献中共出现42次，是常用

汉语词汇通史 战国—秦卷

① 杨世铁认为西周早期至春秋末期常用词中没有"万物"一词，这是通过全面考察西周金文和西周春秋传世文献得出的结论，应当可信。参见杨世铁：《先秦汉语常用词研究》，中国社会科学出版社2015年版，第149—215页。

② 参见杨世铁：《先秦汉语常用词研究》，中国社会科学出版社2015年版，第285页。

③ 参见杨世铁：《先秦汉语常用词研究》，中国社会科学出版社2015年版，第240、292页。

④ 《殷周金文集成》1.272。

词。① 到战国时，"丕显"已经很少使用，仅在文献中偶见，如《诅楚文》："有秦嗣王……告于丕显大神巫咸，以底楚王熊相之多罪。"这时，"丕显"已经不是常用词了。

---

① 参见杨世铁：《先秦汉语常用词研究》，中国社会科学出版社2015年版，第151、170页。

第八章 战国—秦时期词义的发展

导致词汇系统演变的不仅有词的增减替换，还有词义的发展。词义的发展包括新义产生和旧义消亡，本章将从这两个方面对战国—秦时期词义的发展进行讨论，从词义角度展示词汇系统在这一时期的变化。

第一节 战国—秦时期词义发展的状况

战国—秦时期词义的发展主要有两种情况：一是由于词义的增加导致单义词变为多义词，或者多义词的义位增加；二是由于词义的消亡导致多义词变为单义词，或者多义词的义位减少。出现义位增减的既有承古词，也有新词。

一、词义的产生

如果词在使用过程中扩展了语用范围，就会产生新的义位，使一些单义词变成多义词，一些多义词增添了新义位。

（一）单义词变为多义词

下面列举的词在战国前只有一个义位，是单义词，战国—秦时期产生了新义位，成为多义词。

埴　本义指黏土。《说文·土部》："埴，黏土也。""埴"在战国前只有本义一个义位。《书·禹贡》："厥土赤埴坟，草为渐苞。"战国时期，"埴"的词义进一步发展，泛指泥土。《庄子·马蹄》："陶者曰：'我善治埴，圆者中规，方者中矩。'"这一时期，"埴"本义仍沿用。《管子·地员》："黑埴宜稻麦。""埴"在战国时期成为多义词，这两个义位在汉以后仍继续使用。

楗　本义指关门的木闩。《说文·木部》："楗，限门也。"段玉裁据《南都赋》注改为"距门也"。"楗"在战国前只有本义一个义位。《老子》："善闭，无关楗而不可开。"战国时期，"楗"转指关闭、堵塞。《墨子·兼爱中》："以楗东土之水，以利冀州之民。"《庄子·庚桑楚》："夫外韄者不可繁而捉，将内揵；内韄者不可缪而捉，将外揵。"《庄子》中的"揵"，同"楗"。这一时期，"楗"本义仍沿用。《文选·宋玉〈风赋〉》："至其将衰也，被丽披离，冲孔动楗，眴焕粲烂。""楗"在战国时期成为多义词，这两个义位在汉以后仍继续使用。

窞　本义指小而深的坑。《说文·穴部》："窞，坎中小坎也。""窞"在战国前只有本义一个义位。《易·坎》："习坎，入于坎窞，凶。"战国末期，"窞"的词义扩大，泛指洞穴。《韩非子·诡使》："岩居窞处，托伏深虑。""窞"在战国—秦时期成为多义词，这两个义位在汉以后仍继续使用。

挹　本义指舀。《说文·手部》："挹，抒也。""挹"在战国前只有本义一个义位，《诗经》中有其本义书证。《诗·小雅·大东》："维北有斗，不可以挹酒浆。"战国时期，"挹"引申为吸取。《庄子·山木》："（孔子）徐行翔佯而归，绝学捐书，弟子无挹于前，其爱益加进。"这一时期，"挹"本义仍沿用。《仪礼·有司》："司马在羊鼎之东，二手执桃匕枋以挹湆，注于疏匕，若是者三。"《战国策·齐策》："王求士于髡，譬若挹水于河，而取火于燧也。""挹"在战国—秦时期成为多义词，这两个义位在汉以后仍继续使用。

开阖　本义指开启与闭合。"开阖"在战国前只有本义义位。《老子》："天门开阖，能为雌？"战国时期，"开阖"本义仍在使用，如《鬼谷子·捭阖》："观阴阳之开阖以名命物。"同时，"开阖"的词义进一步发展，出现了两个特指义。一是专指用兵的间隙或疏漏。《孙子·九地》："敌人开阖，必亟入之。"曹操注："敌有间隙，当急入之也。"二是专指一种古代管理经济的措施。国家通过抛售或收购粮食等重要商品来调节物价，增加财政收入，这种措施称为"开阖"，此义位书证仅见于《管子》。《管子·乘马数》："出准之令，守地用人筴，故开阖皆在上，无求于民。"又《地数》："伊尹善通移轻重，开阖决塞。"由此，"开阖"在战国时期成为多义词，其中本义和"用兵的间隙"这两个义位在汉以后仍使用，而"经济措施"这个义位在战国以后就消亡了。

婴儿 本义指初生幼儿。"婴儿"在战国前只有本义义位。《老子》："我独泊兮其未兆，如婴儿之未孩。"战国时期，"婴儿"本义仍沿用，如《吕氏春秋·本味》："有侁氏女子采桑得婴儿于空桑之中，献之其君，其君令烰人养之。"战国末期，"婴儿"的词义扩大，泛指幼童。《战国策·秦策一》："今秦妇人婴儿皆言商君之法，莫言大王之法。""婴儿"在战国—秦时期成为多义词，这两个义位在汉以后仍继续使用。

中正 战国前"中正"表不偏不倚，即得当。《书·吕刑》："明启刑书，胥占，咸庶中正。"战国时期，"中正"又增加了三个义位：一是表正直、忠直。《管子·五辅》："其君子上中正而下谄谀。" 二是表正道。《楚辞·离骚》："跪敷衽以陈辞兮，耿吾既得此中正。"三是官名。秦代末期，陈胜自立为楚王时置"中正"一职，负责纠察群臣的过失，此官名载于《史记》。《史记·陈涉世家》："陈王以朱房为中正，胡武为司过，主司群臣。"由此，战国—秦时期"颠覆"的义位由之前的一个变为四个，这四个义位在汉以后仍继续使用。

（二）多义词义位增加

下面列举的词在战国前就是多义词，战国—秦时期又增加了新的义位。

甥 早在母系社会时代，通婚的母族之外的同一群男子，即姑姑的儿子、舅舅的儿子、妻子的兄弟、姐妹的丈夫，皆称为"甥"。《尔雅·释亲》："姑之子为甥，舅之子为甥，妻之晜弟为甥，姊妹之夫为甥。"到许慎《说文解字》，"甥"的本义被释为姊妹的子女。《说文·生部》："甥，谓我舅者，吾谓之甥也。""甥"在战国前传世文献中有两个义位：一是本义，《诗·大雅·韩奕》："韩侯娶妻，汾王之甥。"二是指女儿之子。《诗·齐风·猗嗟》："不出正兮，展我甥兮。"毛传："外孙曰甥。"战国时期，"甥"的词义进一步发展，转指女婿。《孟子·万章下》："舜尚见帝，帝馆甥于贰室。"赵岐注："《礼》，谓妻父曰外舅，谓我舅者，吾谓之甥。尧以女妻舜，故谓舜甥。"由此，战国时期"甥"的义位由之前的两个变为三个，这三个义位在汉以后仍继续使用。

腹 本义指厚。《玉篇·肉部》："腹，肚腹也。"西周春秋时期，"腹"可以指腹部或怀抱。《老子》："虚其心，实其腹，弱其志，强其骨。"《诗·小雅·蓼莪》："顾我复我，出入腹我。"郑玄笺："腹，怀抱也。" 战国时期，"腹"的词义进一步发展，引申为厚。《逸周书·时训》："水泽腹坚。"还喻指物体内部或表面的中心部位。《楚辞·天问》："夜光何德，死则又育？厥利维何，而顾菟在腹？"《荀子·强国》："案欲剡其胫而以蹈秦之腹。"由此，战国—秦时期"腹"的义位由之前的两个变为四个，这四个义位在汉以后仍继续使用。

縢 本义指缄封。《说文·糸部》："縢，缄也。""縢"在战国前有两个义位：一是本义。《书·金縢》："公归，乃纳册于金縢之匮中。"蔡沈集传："金縢，以金缄之也。"二是引申义绳索。《诗·鲁颂·閟宫》："公车千乘，朱英绿縢。"战国末期，"縢"由绳索引申为绑腿。《战国策·秦策一》："赢縢履蹻，负书担橐，形容枯槁，面目犁黑，状有归色。"由此，战国—秦时期"縢"的义位由之前的两个变为三个，这三个义位在汉以后仍继续使用。

羡 本义指羡慕。"羡"在战国前有两个义位：本义书证见于西周文献。《诗·大雅·皇矣》："无然歆羡，无然畔援。"毛传："无是贪羡。"还引申为有余、剩余。《诗·小雅·十月之交》："四方有羡。"毛传："羡，余也。"战国中晚期，"羡"引申为超过。《慎子·威德》："上无羡赏，下无羡财。"《晏子春秋·问下》："喜乐无羡赏，忿怒无羡刑。"由此，战国—秦时期"羡"的义位由之前的两个变为三个，这三个义位在汉以后仍继续使用。

颠覆 战国前"颠覆"有两个义位，书证均见于春秋文献：一是指颠倒失序。《诗·大雅·抑》："颠覆厥德，荒湛于酒。"二是表困顿。《诗·邶风·谷风》："昔育恐育鞠，及尔颠覆。"余冠英注："颠覆，谓困穷。"战国时期，"颠覆"的词义进一步发展，引申为推翻、摧毁。《孟子·万章上》："太甲颠覆汤之典型，伊尹放之于桐。"由此，战国时期"颠覆"的义位由之前的两个变为三个，这三个义位在汉以后仍继续使用。

二、词义的消亡

战国—秦时期，随着人们表达需求的改变，词的某些义位不再继续使用，成为这一时期的消亡义。判断战国—秦时期的消亡义是以汉及汉以后的语言为参照的。那些曾经在战国—秦文献中使用过，但在汉以后文献乃至现代汉语中不再使用的词义，就是战国—秦时期的消亡义。随着词义的消亡，一些多义词的义位减少了，有的甚至变成了单义词。

（一）多义词变为单义词

下面列举的词在战国—秦时期是多义词，由于义位的消亡，到秦帝国灭亡时已经成为单义词。其中有一些词在汉以后又引申出其他意义，重新成为多义词。

盉 本义指青铜酒器。郭沫若《长安县张家坡铜器群铭文汇释》："金文盉，从禾者，乃象意而兼谐声。故如《季良父盉》，字象以手持麦秆以吸酒，则盉之初义殆即如少数民族之咋酒罐耳。"盉盛行于殷代及西周。先秦青铜器上常见"盉"字，如西周时期《季良父盉》铭文："季良父作敀始宝盉。"[①]春秋时期《楚途盉》铭文："楚叔之孙途为之盉。"[②]可以说，"盉"的本义在殷周时期就已存在。战国时期，"盉"引申为调味。《荀子·礼论》"刍豢稻粱，五味调香，所以养口也"王先谦集解引王念孙曰："香当为盉，《说文》：'盉，调味也，从皿禾声。'今通作'和'……《博古图》所载商周器皆有盉，盖因其可以盉羹而名之，故其字从'皿'，而以'禾'为声，今经传

---

① 《殷周金文集成》15.9443。

② 《殷周金文集成》15.9426。

皆通用和字，而盉字遂废。""盉"的"调味"义后来由"和"来承担，现存古代文献中都用"和"表示调味，"盉"的这个引申义位在汉以后就消亡了。由此可知，"盉"在战国时期为多义词，有"青铜酒器"和"调味"两个义位。进入汉代时，"调味"义消亡，"盉"成为单义词。

缭 本义指缠绕。《说文·糸部》："缭，缠也。"《楚辞·九歌·湘夫人》："芷葺兮荷屋，缭之兮杜衡。"上古时期，"缭"还指缭祭。缭祭是周礼九祭之一，祭祀者以左手持肺根，右手取肺尖，缠绕使断，故称。《周礼·春官·大祝》："辨九祭。一曰命祭……八曰缭祭。"《仪礼·乡饮酒礼》："弗缭，右绝末以祭。"汉以后文献未见"缭祭"义的书证。总之，"缭"在战国时期为多义词，有"缭绕"和"缭祭"两个义位，进入西汉时，"缭祭"这个义位消亡了，"缭"成为单义词。宋朝以后，"缭"又引申出其他意义，再次成为多义词。

叔父 本义指父亲的弟弟。《孟子·告子上》："敬叔父乎？敬弟乎？"本义义位沿用至今。先秦时期，周天子称同姓的小邦诸侯为"叔父"。《仪礼·觐礼》："同姓小邦则曰叔父，其异姓小邦则曰叔舅。"《国语·周语中》："今天降祸灾于周室，余一人仅亦守府，又不佞以勤叔父。"韦昭注："天子称九州之长同姓曰叔父也。"随着战国各诸侯国的灭亡，这个特殊称谓也消亡了。总之，"叔父"在战国时期为多义词，有两个义位，进入西汉时成为单义词。

肃给 本义指敬谨供给。《左传·哀公三年》："百官官备，府库慎守，官人肃给。"《管子·君臣上》："是以上有余日而官胜其任，时令不淫而百姓肃给。此唯上有法制，下有分职也。"本义义位沿用至唐宋时期。"肃给"在先秦时期还可以表敏捷。《国语·晋语七》："知羊舌职之聪敏肃给也，使佐之。"王引之《经义述闻·国语下》："肃之言速，给之言急也……肃给，言其敏捷也。"这个义位仅在《国语》中出现，其他文献未见，因此可以看作战国早期消亡义。总之，"肃给"在战国早期为多义词，至秦末时变成了单义词。宋以后，"肃给"又引申出其他意义，再次成为多义词。

安居 本义指安静、安定地生活。《孟子·滕文公下》："公孙衍、张仪岂不诚大丈夫哉，一怒而诸侯惧，安居而天下熄。"这个义位沿用至今。"安居"在先秦时期还可以表安逸。《逸周书·柔武》："五曰盘游安居，枝叶维落。"这个义位仅在《逸周书》中出现，其他文献未见，因此可以看作战国早期消亡义。总之，"安居"在战国早期为多义词，进入西汉时变成了单义词。魏晋以后，"安居"又引申出其他意义，再次成为多义词。

发梁 本义指拆毁桥梁。《左传·襄公二十八年》："陈无宇济水而戕舟发梁。"这个义位沿用至魏晋时期。"发梁"在先秦时期还指可以拆取的桥梁。《墨子·备城门》："去城门五步大堑之，高地丈五尺，下地至泉，三尺而止，施栈其中，上为发梁而机巧之，比傅薪土，使可道行，旁有沟垒，毋可逾越，而出佻且北，适人遂入，引机发梁，适人可禽。"这个义位仅在《墨子》中出现，其他文献未见，可以看作战国时期消亡义。总之，"发梁"在战国时为多义词，进入西汉时变成了单义词。

（二）多义词义位减少

下面列举的词在战国—秦时期有多个义位，一些义位在这一时期消亡，但进入西汉时它们仍然是多义词。

度 本义指计量长短的标准。《说文·又部》："度，法制也。"《书·舜典》："同律、度、量、衡。"战国时期，"度"还有五个义位，分别为：程度（《国语·周语下》"用物过度，妨于财"）、法度（《左传·昭公三年》"公室无度"）、效法（《左传·襄公三十一年》"进退可度，周旋可则"）、渡水（《吕氏春秋·异宝》"丈人度之，绝江"）、生育（《楚辞·离骚》"皇览揆余初度兮，肇锡余以嘉名"）。岳麓书院藏秦简《占梦书》中有"渡"的字形。《占梦书》的年代下限为秦王政三十六年（前211年）。[1]这说明在战国末期至秦这一时期，人们已经为"度"的"渡水"义创造了新字"渡"。"渡水"这个义位从"度"的多个义位中分化出来，形成新词"渡"。这是为词的某个义位另造新词形而导致的词的分化。从"度"的义

---

① 参见赵岩：《简帛文献词语历时演变专题研究》，中国社会科学出版社2013年版，第6页。

位看，可以认为它的"渡水"义在进入西汉时已经消亡了。

肃 本义指恭敬。《说文·聿部》："肃，持事振敬也。"《书·洪范》："恭作肃，从作义，明作晢，聪作谋，睿作圣。"战国时期，"肃"的本义仍沿用。《庄子·则阳》："其慢若彼之甚也，见贤人若此其肃也，是其所以为灵公也。"战国时期，"肃"还有其他四个义位，分别为：肃杀（《吕氏春秋·季春》"季春行冬令，则寒气时发，草木皆肃"）、拜揖（《左传·成公十六年》"敢告不宁君命之辱，为事之故，敢肃使者"）、敏捷（《左传·成公二年》"此城濮之赋也，有先君之明与先大夫之肃，故捷"）、肃静（《素问·诊要经终论》"刺针必肃"）。其中，"拜揖"和"敏捷"两个义位仅在战国早期文献中有用例，此后就消亡了。"拜揖"义的书证仅见于《左传》；"敏捷"义的书证除见于《左传》外，《国语》中也有一例。《国语·晋语七》："知羊舌职之聪敏肃给也，使佐之。"总之，"肃"在战国早期有五个义位，进入汉朝时有三个义位，其间有两个义位消亡了。

雀 本义指麻雀。《说文·鸟部》："雀，依人小鸟也。"段玉裁注："今俗云麻雀者是也。"《诗·召南·行露》："谁谓雀无角，何以穿我屋。"战国时期，"雀"的本义仍沿用，如《庄子·让王》："今且有人于此，以随侯之珠，弹千仞之雀，世必笑之。"战国时期，"雀"还有其他两个义位：泛指小鸟。《文选·宋玉〈高唐赋〉》："众雀嗷嗷，雌雄相失。"因雀有黑褐色斑纹，故引申为赤黑色。《周礼·春官·巾车》："漆车，藩蔽，豻䖂，雀饰。" 因荞麦的壳是黑色的，所以荞麦又称"雀麦"。《尔雅·释草》："蘥，雀麦。"可以认为复合词"雀麦"中的"雀"表示赤黑色。两个新义位中，"赤黑色"这个义位未在后世文献中出现。总之，"雀"在战国早期有三个义位，进入汉朝时只有两个义位，其间有一个义位消亡了。

异物 本义指不同之事。《左传·定公元年》："三代各异物，薛焉得有旧？"《管子·小匡》："少而习焉，其心安焉，不见异物而迁焉。"这个义位沿用至中古时期。战国时期"异物"特指妖魔鬼怪。《文选·宋玉〈高唐赋〉》："卒愕异物，不知所出。縱縱莘莘，若生于鬼，若生于神。"这个义位沿用至近代。"异物"还可以指其他事因。《墨子·尚同中》："故古圣人之所以济事成功，名垂于后世者，无他故异物焉，曰唯能以尚同为政者也。"这个义位在战国末期文献《韩非子》中亦有用例。《韩非子·外储说右上》："一举而入有功。所以然者，无他故异物，从狐偃之谋，假颠颉之脊也。"此后未见于其他文献，所以这个义位可以看作战国晚期的消亡义。总之，"异物"在战国时期有三个义位，进入西汉时变成了两个义位。汉以后，"异物"又引申出其他意义。

狂夫 本义指无知妄为的人。《诗·齐风·东方未明》："折柳樊圃，狂夫瞿瞿。"这个义位沿用至中古时期。战国时期，"狂夫"还指悖逆胡为者。《墨子·非攻下》："武王乃攻狂夫，反商之周。"这个义位在汉代仍有用例。此外，"狂夫"还指古代掌驱疫和墓葬时驱鬼的人。《周礼·夏官·序官》："方相氏，狂夫四人。"《国语·晋语一》："且是衣也，狂夫阻之衣也。"韦昭注："狂夫，方相氏之士也。"这个义位仅见于《周礼》《国语》，未见于其他文献，可以看作战国时期的消亡义。总之，"狂夫"在战国时期有三个义位，进入西汉时变成了两个义位。西汉末期，该词又引申出其他意义。

战国—秦时期，词义的消亡是词义系统演变和社会发展两种因素共同作用的结果。随着社会的发展和客观事物的变化，一些事物概念也会消失，表达这些事物概念的义位也可能随之消亡。如上文提到的复合词"叔父"，在先秦时期是周天子对同姓小邦诸侯的称谓，随着周朝的灭亡，这种特殊称谓也不复存在了，这个义位也就消亡了。词义系统演变也会导致词义的消亡。不同词的同义义位之间会产生竞争。导致一些词的义位退出语用，成为消亡义。如"安居"在战国时期可以指安逸，这一时期与之同义的词还有"安逸""安息""安徐""安燕"等，这些词都有"安逸"义。在竞争过程中，"安居"的"安逸"义被淘汰，成为战国—秦时期的消亡义。总之，来自语言内部和外部的因素共同作用导致了战国—秦时期词义的消亡。

汉语词汇通史 战国—秦卷

第二节　战国—秦时期词义发展的途径

战国—秦时期词义发展的途径主要是引申。这一时期词义的引申有三种情况：一是泛指、特指形成的引申，二是转指形成的引申，三是比喻形成的引申。

一、泛指、特指形成的引申

（一）泛指

"泛指"是词义义域的扩大。从义位所处的语义场看，义位所指通过泛指由下位概念变成上位概念；从构成义位的义素看，通过泛指，原有义位中的区别性义素部分脱落，从而形成新义位。比如：

棘　本义指酸枣树。《说文·束部》："棘，小枣丛生者。"《诗·魏风·园有桃》："园有棘，其实之食。"毛传："棘，枣也。"用义位结构式表示本义的语义结构：

　　<名>（植物）（木本的）［（枝干）（有刺的）］［（果实）（类枣的）（小）（酸）（可入药的）］

战国—秦时期，"棘"的词义范围扩大，泛指有芒刺的草木。《墨子·非攻下》："沓至乎商王纣，天不序其德，祀用失时……天雨肉，棘生乎国道。"用义位结构式表示这个泛指义位的结构：

　　<名>（植物）［（枝干）（有刺的）］

与本义相比，"棘"的泛指义中减少了区别性义素"（木本的）［（果实）（类枣的）（小的）（酸的）（可入药的）］"。泛指义所指义域比本义大，两个义位形成上下位关系义场，本义处于下位，泛指义处于上位。

狸　本义指豹猫，也称狸猫、狸子、山猫等。《诗·豳风·七月》："一之日于貉，取彼狐狸，为公子裘。"孔颖达疏："一之日往捕貉，取皮，庶人自以为裘；又取狐与狸之皮为公子之裘。"用义位结构式表示本义的语义结构：

　　<名>（动物）（哺乳的）（以鸟、鼠等为食的）（善跳跃的）［（头部）（圆）（有黑

色条纹）］［（眼睛）（内缘有白纹）（瞳孔随光线强弱而变化的）］［（躯干）（有黑褐色的斑点）］

战国末期，"狸"泛指猫。《韩非子·扬权》："使鸡司夜，令狸执鼠，皆用其能，上乃无事。"用义位结构式表示泛指义的结构：

<名>（动物）（哺乳的）（以鸟、鼠等为食的）（善跳跃的）［（头部）（圆）］［（眼睛）（瞳孔随光线强弱而变化的）］

与本义相比，"狸"的泛指义中减少了三类区别性义素：头部特征义素"（有黑色条纹）"，眼部特征义素"（内缘有白纹）"，以及躯体特征义素"［（躯干）（有黑褐色的斑点）］"。泛指义所指义域比本义大，两个义位形成上下位关系义场，本义处于下位，泛指义处于上位。

御　本义指驾驭马。《说文·彳部》："御，使马也。"《诗·郑风·大叔于田》："叔善射忌，又良御忌。"用义位结构式表示本义的语义结构：

<动>（控制）［（善跑的）（颈上有鬣的）（尾有长毛的）（有蹄的）（有生命的）］（物体）（使之运动行走）

战国中期，"御"泛指驾驭一切运行或飞行之物。《庄子·逍遥游》："夫列子御风而行，泠然善也。"用义位结构式表示泛指义的结构：

<动>（控制）（物体）（使之运动行走）

"御"的泛指义中减少了与马有关的区别性义素"［（善跑的）（颈上有鬣的）（尾有长毛的）（有蹄的）（有生命的）］"，义素的变化使泛指义所指义域比本义大，两个义位形成上下位关系义场。

窥　本义指暗中偷看。《说文·穴部》："窥，小视也。"《孟子·滕文公下》："钻穴隙相窥，逾墙相从，则父母国人皆贱之。"《庄子·秋水》："是直用管窥天，用锥指地也，不亦小乎？"用义位结构式表示本义的语义结构：

<动>（接触）<施>（视线）<受>（人或事物）［（以……形式）（暗地里）］

战国中期，"窥"泛指观看。《管子·君臣上》："虽有明君，百步之外，听而不闻；间之堵墙，窥而不见也。"《吕氏春秋·贵当》："窥赤肉而

鸟雀聚。"高诱注："窥，见也。"用义位结构式表示泛指义的结构：

　　<动>（接触）<施>（视线）<受>（人或事物）

　　"窥"的泛指义中减少了区别性义素"（暗地里）"。泛指义所指义域比本义大，两个义位形成上下位关系义场。

　　田野　本义指田地。《管子·八观》："行其田野，视其耕芸，计其农事，而饥饱之国可以知也。"《楚辞·九辩》："农夫辍耕而容与兮，恐田野之芜秽。"用义位结构式表示本义的语义结构：

　　<名>（土地）〔（用于……）（种植农作物）〕

　　战国—秦时期，"田野"泛指农村。《管子·小匡》："士、农、工、商四民者，国之石民，不可使杂处……是故圣王之处士必于闲燕，处农必就田野，处工必就官府，处商必就市井。"用义位结构式表示这个泛指义位的结构：

　　<名>（土地）〔（用于……）（从事农业有关的活动）〕

　　"田野"的泛指义中区别性义素"（从事农业有关的活动）"的所指范围大于并包含本义中的义素"（种植农作物）"，义素的变化使泛指义所指义域比本义大。

　　祷祠　"祷"是求福，"祠"是得福后报赛，报赛是古时农事完结后对神表示感谢的祭祀。"祷""祠"连言形成"祷祠"，表示向神求福及得福而后报赛以祭，如《周礼·春官·丧祝》："掌胜国邑之社稷之祝号，以祭祀祷祠焉。"又《大祝》："国有大故天灾，弥祀社稷，祷祠。"用义位结构式表示这个义位的语义结构：

　　<动>（上古）（仪式）（陈物供奉）〔（以……为对象）（神）〕〔（以……形式）

　　（求福）（得福）（报赛）〕

　　战国时期，"祷祠"的所指范围扩大，泛指祭祀。《墨子·天志下》："天子必且犓豢其牛羊犬彘，洁为粢盛酒醴，以祷祠祈福于天。"用义位结构式表示此义位的结构：

　　<动>（上古）（仪式）（陈物供奉）〔（以……为对象）（神）〕

　　与本义相比，"祷祠"的泛指义中减少了区别性义素"〔（以……形式）

（求福）（得福）（报赛）］"。泛指义所指义域比本义大，两个义位形成上下位关系义场。汉以后，"祷祠"的本义已不再出现在文献中，而泛指义在文献中屡见用例，如《史记·封禅书》："祷祠太一后土，始用乐舞。"《淮南子·泰族训》："然而郊天望山川，祷祠而求福。"宋王安石《次韵致远木人》之二："暴露神灵难寄托，祷祠村落几依投。"

战国时期，由具体祭祀行为引申为一般祭祀行为的词还有"禋祀"。"禋祀"是一种古代祭祀的仪式。《周礼·春官·大宗伯》："以禋祀祀昊天上帝，以实柴祀日月星辰，以槱燎祀司中、司命、风师、雨师。"郑玄注："禋之言烟。周人尚臭，烟气之臭闻者。槱，积也……三祀皆积柴、实牲体焉。或有玉帛燔燎，而升烟所以报阳也。"用义位结构式表示本义的语义结构：

<动>（上古）（仪式）（陈物供奉）［（以……为对象）（神）］［（以……形式）（燔柴升烟）（焚烧牲体或玉帛）］

战国时期，"禋祀"泛指祭祀。《左传·桓公六年》："故务其三时，修其五教，亲其九族，以致其禋祀。"用义位结构式表示泛指义的结构：

<动>（上古）（仪式）（陈物供奉）［（以……为对象）（神）］

与本义相比，"禋祀"的泛指义中减少了区别性义素"［（以……形式）（燔柴升烟）（焚烧牲体或玉帛）］"，与本义形成上下位关系义场。"禋祀"的本义和泛指义后世文献中都有用例。

（二）特指

"特指"是词义义域的缩小。从义位所处的语义场看，通过特指，义位的所指由上位概念变成下位概念；从构成义位的义素看，通过特指，原来的义位通过增加限定性义素变为引申义。比如：

载 本义指车、船等交通运输工具。《说文·车部》："载，乘也。"《书·益稷》："予乘四载，随山刊木。"孔传："所载者四，谓水乘舟，陆乘车，泥乘輴，山乘樏。"《左传·僖公三十三年》："郑穆公使视客馆，则束载、厉兵、秣马矣。"用义位结构式表示本义的语义结构：

<名>（交通工具）（能载人和物的）

战国时期，"载"特指战车。《墨子·备梯》："县火次之，出载而

立。"用义位结构式表示特指义的结构：

<名>（交通工具）（能载人和物的）（陆地的）（有轮子的）[（用于……）（战争）]

与本义相比，"载"的特指义中增加了区别性义素"（陆地的）（有轮子的）[（用于……）（战争）]"。特指义所指义域比本义小，两个义位形成上下位关系义场，本义处于上位，特指处于下位。

毛 本义指人体和动植物表皮上所生的丝状物。《说文·毛部》："毛，眉发之属及兽毛也。"《逸周书·程典》："如毛在躬，拔之痛，无不省。"《左传·僖公十四年》："皮之不存，毛将安傅？"用义位结构式表示本义的语义结构：

<名>（丝状物）（动物的）（体表的）（生长的）

战国时期，"毛"特指须发。《周礼·秋官·司仪》："王燕则诸侯毛。"郑玄注："谓以须发坐也。"《韩非子·说林下》："人见蛇则惊骇，见蠋则毛起。"用义位结构式表示特指义的结构：

<名>（丝状物）{[（能制造使用工具的）（能使用语言的）（高等的）]（动物的）}（体表的）（生长的）

与本义相比，"毛"的特指义中增加了区别性义素"[（能制造使用工具的）（能使用语言的）（高等的）]"。特指义所指义域比本义小，本义表达的是特指义的上位概念。

篡 本义指用强力夺取。《说文·厶部》："篡，屰而夺取曰篡。"《墨子·兼爱中》："今家主独知爱其家，而不爱人之家，是以不惮举其家，以篡人之家。"用义位结构式表示本义的语义结构：

<动>（夺取）（使用强力）<施>（人）<受>（物）

战国时期，"篡"特指臣子夺取君位。《孟子·万章上》："而居尧之宫，逼尧之子，是篡也，非天与也。"用义位结构式表示这个特指义的结构：

<动>（夺取）（使用强力）<施>[（服务于君主的）（人）]<受>[（属于君主的）（用来主宰国家臣民的）（至高无上的）]（物）

"篡"的特指义中增加了有关臣下和君主之位的区别性义素，义素的变化

使特指义所指义域小于本义，两个义位形成上下位关系义场。

诈 本义指欺骗。《说文·言部》："诈，欺也。"《左传·宣公十五年》："我无尔诈，尔无我虞。"用义位结构式表示本义的语义结构：

<动>（使上当）（使用谎言或诡计）<受>（人）

战国时期，"诈"特指用兵奇诡多变，而诱使敌方判断错误的战术。《公羊传·哀公九年》："其易奈何？诈之也。"何休注："诈，谓陷阱奇伏之类。"《孙子·军争》："故兵以诈立，以利动，以分合为变者也。"用义位结构式表示这个特指义的结构：

<动>（使上当）（使用谎言或诡计）<受>［（敌对的）（人）］

"诈"的特指义中增加了区别性义素"（敌对的）"。特指义所指义域比本义小，两个义位形成上下位关系义场。

水虫 本为水生动物的统称。《国语·鲁语上》："鸟兽孕，水虫成。"用义位结构式表示本义的语义结构：

<名>（动物）（水生的）

战国时期，"水虫"所指的范围缩小，特指有害的水生动物。《周礼·秋官·壶涿氏》："（壶涿氏）掌除水虫，以炮土之鼓驱之，以焚石投之。"用义位结构式表示特指义的结构：

<名>（动物）（水生的）（有害的）

"水虫"的特指义中增加了区别性义素"（有害的）"。特指义所指义域比本义小，表达的是本义的下位概念。

临事 本义指处事。《晏子春秋·杂下十二》："临事守职，不胜其任，则过之。"用义位结构式表示本义的语义结构：

<动>（处置）（事物）

战国时期，"临事"特指治理政事。《管子·立政》："临事不信于民者，则不可使任大官。"用义位结构式表示这个特指义的结构：

<动>（处置）（事物）（政府的）

"临事"的特指义中增加了区别性义素"（政府的）"。特指义所指义域比本义小，两个义位形成上下位关系义场，本义处于上位，特指义处于下位。

由本义引申出的特指义或泛指义往往具有时代特点。如果一个概念在其所属上位概念范畴内具有代表性，那么人们往往会用表示这个概念的词来泛指其所属的上位概念，由此词就产生了泛指义。同样地，人们也会用一个表示上位概念的词来特指概念范畴内具有代表性的下位概念，由此词就产生了特指义。无论是特指还是泛指，词义发展过程中所涉及的下位概念往往是当时社会中比较重要或具有代表性的事物或概念。比如，上文提到的"祷祠"和"禋祀"都是上古时期重要的祭祀仪式，它们都被用来泛指祭祀；"载"产生出特指义"战车"，"诈"产生出特指义"奇诡多变的战术"，它们都与军事有关，也符合战国时期"战"的特点。再举"事业"为例。"事业"可以指事务，包括政事、家务等，属于通指概念，如《荀子·君道》："故明主有私人以金石珠玉，无私人以官职事业。"战国—秦时期，"事业"出现了引申义，特指劳役、耕稼等事务。《荀子·富国》："事业，所恶也；功利，所好也。"杨倞注："事业谓劳役之事。"《荀子·王霸》："百亩一守，事业穷，无所移之也。"杨倞注："事业，耕稼也。"这个特指义的产生与战国时各国推行授田制有关。农民受田于国家，就要为国家承担"粟米之征"和"力役之征"（《孟子·尽心上》），耕种和服劳役是个体小农阶层农民最主要的事务，所以"事业"这个上位概念被用来特指其概念范畴内最具代表性的劳役、耕稼等下位概念。不仅是战国—秦时期，汉以后的封建社会里，劳役、耕稼在人们日常生活中仍然占有重要的地位，所以这个特指义位在后世文献中沿用，如《晋书·石苞传》："其使司徒督察州郡播殖……若宜有所循行者，其增置掾属十人，听取王官更练事业者。"

二、转指形成的引申

"转指"是词义义域的转移。从义位所处的语义场看，义位通过转指由一个语义场进入另一个语义场，两个语义场之间可能是整体部分关系或者同位关系，但不会形成上下位关系；从构成义位的义素看，转指义保留了原来义位的部分限定性义素，其他义素发生了改变。比如：

睫 本义指眼睑边缘的细毛。《庄子·庚桑楚》："向吾见若眉睫之间，吾因以得汝矣。"《韩非子·喻老》："智如目也，能见百步之外而不能自见其睫。"用义位结构式表示本义的语义结构：

<名>（器官）（人体的）（细毛状的）［（位于……）（眼睑边缘的）］（能保护眼睛的）

战国时期，"睫"转指眼睛。《庄子·列御寇》："贼莫大乎德有心而心有睫。"林希逸注："有思前算后之意，喻如心又闻一眼。"用义位结构式表示这个引申义的结构：

<名>（器官）（人体的）（球状的）［（位于……）（面部）］（能视物的）

从结构式中可以看出，前后两个义位所指的概念都属于人体的部分，从眼睑转到眼珠，就是从整体中的一个部分转到另外一个部分，所以这两个概念在"人体组成部分"这个大的语义场中处于同位关系。

讥 本义指非议。《说文·言部》："讥，诽也。"《左传·隐公元年》："段不弟，故不言弟；如二君，故曰克；称郑伯，讥失教也。"用义位结构式表示本义的语义结构：

<动>（责备）<受>（人）［（以……为目的）（指摘）（过失）］

战国时期，"讥"引申为劝谏。《楚辞·天问》："迁藏就岐何能依？殷有惑妇何所讥？"用义位结构式表示这个引申义的结构：

<动>（规劝）<受>（人）［（以……为目的）（避免）（过失）］

可以看出，前后两个义位的中心义素发生变化，这是义位的转换。由"非议"演变为"劝谏"，变化后的义位之间仍有联系，都是谈论人所犯的错误的，属同类义之间的转换。

阳侯 本指传说中的波涛之神。《战国策·韩策二》："塞漏舟而轻阳侯之波，则舟覆矣。"用义位结构式表示本义的语义结构：

<名>（神）｛（掌管）［（水面）（江河湖海的）（起伏波动的）］｝

战国时期，"阳侯"借指波涛。《楚辞·九章·哀郢》："凌阳侯之泛滥兮，忽翱翔之焉薄。"马茂元注："阳侯，波涛之神，这里用作波涛的代称。"用义位结构式表示这个引申义的结构：

<名>（水面）（江河湖海的）（起伏波动的）

可以看出，前后两个义位的中心义素发生变化，后者仅保留了前者的部分限定性义素。从水神到波涛，变化前后的所指已经属于两类事物，两者的联系不紧密、不突出，但可以通过联想的心理机制获得。

辟除 本义指打扫。《管子·心术上》："故馆不辟除，则贵人不舍焉。故曰不洁则神不处。"用义位结构式表示本义的语义结构：

<动>（使消失）<受>（脏的）（物）

战国时期，"辟除"引申为驱除。《荀子·成相》："禹有功，抑下鸿，辟除民害逐共工。"用义位结构式表示这个引申义的结构：

<动>（使消失）<受>（有害的）［（人）或（物）］

可以看出，涉及受事者的义素发生了变化。前后两个义位所指的概念都是与去除有关的动作，属于同一个类别，但受事者不同，所以这两个概念在"去除"这个大的语义场中处于同位关系。

食谷 本义指吃粮食。《国语·晋语八》："故食谷者，昼选男德以象谷明，宵静女德以伏蛊慝。"用义位结构式表示本义的语义结构：

<动>（享用）<施>（人）<受>（粮食）

战国时期，"食谷"转指享受俸禄。《韩非子·说疑》："有萃辱之名，则不乐食谷之利。"用义位结构式表示这个引申义的结构：

<动>（享用）<施>（官吏）<受>（粮食）或（钱帛）［（政府）（付给）］

从式子可以看出，前后两个义位的中心义素没有变化，而涉及施事者的义素范围缩小，由"（人）"变为"（官吏）"，同时涉及受事者的义素范围也发生变化，由"（粮食）"扩大为"（粮食）或（钱帛）"，且又仅限于政府给付的。吃粮食和享用俸禄两个义位之间有联系，都说明维持生活的方式，属同类义之间的转换。

通过转指，词的词性也可能发生变化。词性变化后，所指概念已经不能算作同一范畴的事物了，而是分属两类事物，但两者之间还有联系，人们可以通过联想捕捉到这种联系。比如：

绅 本义指士大夫束于腰间的大带。《说文·糸部》："绅，大带也。"《论语·卫灵公》："子张书诸绅。"邢昺疏："此带束腰，垂其余以为饰，谓之绅。"用义位结构式表示本义的语义结构：

    <名>（大带）（士大夫的）［（用于……）（捆束）（腰部）］

战国时期，"绅"引申为约束。《韩非子·外储说左上》："书曰：'绅之束之。'宋人有治者，因重带自绅束也。"用义位结构式表示这个引申义的结构：

    <动>（限制管束）<受>（人）

可以看出，两个义位由起约束作用的衣带变为约束的行为，由名词变为动词。经过转换，前后义位已经不属于同一类现象了。

犓豢 本义指饲养牲畜。《墨子·天志下》："霜露不时，天子必且犓豢其牛羊犬彘，絜为粢盛酒醴，以祷祠祈福于天。"用义位结构式表示本义的语义结构：

    <动>（喂养）<受>（牲畜）［（以……为饲料）（草）或（谷物）］

战国时期，"犓豢"引申为牛羊犬豕等牲畜。《墨子·非乐上》："非以犓豢煎炙之味，以为不甘也。""犓豢"也作"刍豢"。《孟子·告子上》："故义理之悦我心，犹刍豢之悦我口。"朱熹集注："草食曰刍，牛羊是也；谷食曰豢，犬豕是也。"用义位结构式表示这个引申义的结构：

    <名>（牲畜）｛（喂养的）［（以……为饲料）（草）或（谷物）］｝

可以看出，前后两个义位由喂养的动作变为喂养的对象，由动词变为名词。

卑贱 本义指出身或地位低下。《庄子·让王》："屠羊说居处卑贱而陈义甚高，子綦为我延之以三旌之位。"用义位结构式表示本义的语义结构：

    <形>（低下的）（社会地位）

战国时期，"卑贱"引申为地位低下的人。《韩非子·难三》："是以明主言法，则境内卑贱莫不闻知也，不独满于堂。"用义位结构式表示这个引申义的结构：

    <名>（人）［（低下的）（社会地位）］

可以看出，前后两个义位由说明社会地位低下的状态变为说明社会地位低下的人，由形容词变为名词。战国—秦时期，词义演变与"卑贱"类似的词

还有"巧佞"（阿谀奉承→阿谀奉承的人）、"端直"（正直→正直的人）、"暴悍"（凶暴强悍→凶暴强悍的人）、"便₂辟"[①]（谄媚逢迎→谄媚逢迎之人）等。

转指还会引起词的虚化。"'虚化'指的是实词的词汇意义逐渐消失，最后变为表示语法关系的虚词。"[②]词义由实到虚的演变，除了虚实两个义位之间存在意义上的联系外，也与词经常处于某个句法位置上有关。比如，"由"可以表经过、经由，这是动词义。《孙子·九变》："涂有所不由，军有所不击。"在句式中，"由"与表示受事对象的名词一起常常放在动词的前面，在句法结构中起状语的作用，久而久之，"由"就变成介词，表示自、从。《国语·晋语四》："天之道也，由是始之。"韦昭注："由，从也。""由"的这个虚词义位与它的动词义位在内容上有联系，应当看作词义引申的结果。

词义通过泛指或特指使义域扩大或缩小，前后义位处于上下位关系义场。同样地，词义通过转指也会使义域发生变化，不过这种变化可能使前后义位分别处于彼此联系不紧密的两个语义场中。如上文提到的"绅""阳侯"，它们的词义转变后，前后义位已经不属于同一类现象了，人们只能通过概念间的相关特征感受其中的联系。当然，转指也可能使前后义位形成整体部分关系义场或者同位关系义场。如上文提到的"睫"，词义转变后，前后义位就构成了同位关系义场，处于"人体组成部分"的大义场内。还有一些词词义转变后，前后义位构成整体部分关系义场。举"辀""毂"为例。"辀"本义指车辕。《说文·车部》："辀，辕也。"《左传·隐公十一年》："公孙阏与颍考叔争车，颍考叔挟辀以走。"辕是车的一部分，所以"辀"转指车。《楚辞·九歌·东君》："驾龙辀兮乘雷，载云旗兮委蛇。"词义由"车辕"演变为"车"，是由部分转指全体，两个概念构成整体部分关系的语义场。"毂"本义指车轮的中心部位。毂的周围与车辐相接，中间有圆孔，可以插轴。《诗·秦风·小戎》："文茵畅毂，驾我骐駵。"朱熹集传："毂者，车轮之

---

① "便₂"音pián。

② 蒋绍愚：《古汉语词汇纲要》，商务印书馆2005年版，第86页。

中，外持辐内受轴者也。"战国时期，"毂"成为车轮的代称。《楚辞·九歌·国殇》："操吴戈兮被犀甲，车错毂兮短兵接。"又进一步借指车。《楚辞·远游》："后文昌使掌行兮，选署众神以并毂。""毂"的义位由"车轮的中心部位"引申为"车轮"，进而又引申为"车"，也是由部分转指全体。转指也可以使义位由全体转为部分。比如，"足"本为下肢的总称，战国时转指脚。清朱骏声《说文通训定声·需部》："足，膝下至跖之总名也。"《左传·文公十三年》："履士会之足与朝。"《楚辞·渔父》："沧浪之水浊兮，可以濯吾足。""足"的义位由"下肢"引申为"脚"，是由全体转指部分，两个概念构成整体部分关系义场。

由上可见，不仅泛指、特指可以使词义的义域扩大或缩小，转指也可以实现义域范围的扩大或缩小。①词义的扩大、缩小和转移是词义变化的结果，而本书讨论的泛指、特指和转指是词义引申的途径。词义通过泛指使义位由下位概念转为上位概念，变化的结果是词义的扩大；转指也可能使义位由部分概念转为整体概念，造成词义的扩大。所以，词义的扩大不仅是泛指的结果，还可能是转指的结果。同理，词义通过特指使义位由上位概念转为下位概念，变化的结果是词义的缩小；转指也可能使义位由整体概念转为部分概念，造成词义的缩小。可以说，词义的缩小可能是特指造成的，也可能是转指造成的。

三、比喻形成的引申

比喻是产生引申义的修辞方式，引申的基础是事物概念之间的相似特征引发的联想。比如：

栋桡 本指屋梁脆弱曲折。《易·大过》："栋桡，利有攸往，亨。"

---

① 蒋绍愚认为，词义所指在整体与部分之间的变化不是词义的扩大或缩小，而是词义"所指"的扩大或缩小，应看作词义的转移。张联荣认为，词义所指在整体与部分之间的变化既不宜看作词义的扩大或缩小，也不宜看作词义的转移，他称之为"词义的包容"。贾彦德认为，词义义域的大小决定于义位所指概念的外延的大小，概念在整体与部分之间变化，就是概念的外延在扩大或缩小，也就造成了词义的扩大或缩小。本书采纳贾彦德的看法，认为所指在整体与部分之间变化也可以造成词义的扩大或缩小。参见蒋绍愚：《古汉语词汇纲要》，商务印书馆2005年版，第76页；张联荣：《汉语词汇的流变》，大象出版社2009年版，第43—44页；贾彦德：《汉语语义学》，北京大学出版社1999年版，第378—382页。

屋梁脆弱曲折容易造成房屋倒塌，房子就成了危房，所以战国末期"栋桡"比喻形势危急。《战国策·魏策一》："夫使士卒不崩，直而不倚，栋桡而不避者，此吴起余教也。"这是由前后义位所指对象状态相似引发出的联想。

磐石 本指厚而大的石头。宋玉《高唐赋》："磐石险峻，倾崎崌嶵。岩岖参差，从横相追。"荒瘠的土地寸草不生，犹如坚硬的石头，所以战国末期"磐石"比喻不毛之地。《韩非子·显学》："磐石千里，不可谓富；象人百万，不可谓强。"这是由前后义位所指对象外表相似引发出的联想。

雌雄 本指雌性和雄性，也指女性和男性。《管子·霸形》："令其人有丧雌雄。"与雄性相比，雌性往往处于弱势。雌性给人柔弱、纤小的印象，而雄性给人强壮、高大的印象，所以"雌雄"被用来比喻胜负、强弱、高下。《荀子·议兵》："若夫招近募选，隆势诈，尚功利之兵，则胜不胜无常，代翕代张，代存代亡，相为雌雄耳矣。"这是由前后义位所指对象性质相似引发出的联想。

司南 本指古代用来辨别方向的一种仪器。《韩非子·有度》："夫人臣之侵其主也，如地形焉，即渐以往，使人主失端，东西易面而不自知，故先王立司南以端朝夕。"司南可以给人指明正确的方向，而行事的标准和原则可以为人们办事提供正确的指导，所以"司南"比喻行事的准则。《鬼谷子·谋篇》："夫度材量能揣情者，亦事之司南也。"这是由前后义位所指对象功能相似引发出的联想。

胸腹 本指胸部与腹部，也指心腹。《荀子·议兵》："臣之于君也，下之于上也，若子之事父，弟之事兄，若手臂之扞头目而覆胸腹也。"胸部与腹部位于人体躯干的中心位置，是人体重要的组成部分，所以"胸腹"比喻要害之处或中间部分。《战国策·秦策四》："韩，天下之咽喉；魏，天下之胸腹。"这是由前后义位所指对象位置相似引发出的联想。

合节 本指合拍，合于节奏、节拍。《楚辞·九歌·东君》："翾飞兮翠曾，展诗兮会舞，应律兮合节，灵之来兮蔽日。"音乐合节拍，就是与节奏一致，所以"合节"比喻思想行为相一致。《墨子·节葬》："上稽之尧、舜、禹、汤、文、武之道，而政逆之；下稽之桀、纣、幽、厉之事，犹合节也。"

这是由前后义位所指对象方式相似引发出的联想。

从上面的例子可以看出，事物概念之间性质、形貌、位置、功能、方式、状态等方面的相似特征都可以引发联想，产生引申义。本义所指是喻体，引申义所指是本体，本体和喻体之间的相似特征可以帮助人们理解引申义。

战国—秦时期，有些词拥有多个引申义位，这些义位是通过不同的引申方式产生的，既有泛指、特指，也有转指、比喻，呈现出综合引申的状态。举"槁""隈""珍"为例：

"槁"在战国—秦时期有三个义位：

1.本义指枯槁、干枯。《说文·木部》："槁，木枯也。"《易·说卦》："其于木也，为科上槁。"《墨子·耕柱》："舍今之人而誉先王，是誉槁骨也。"

2.指干枯之物。《左传·哀公三年》："（富父槐）于是乎去表之槁，道还公宫。"

3.枯叶。《商君书·弱民》："秦师至，鄢郢举，若振槁。"

从本义"干枯"到引申义"干枯之物"，义位由说明干枯的状态变为说明干枯的物体，由形容词变为名词，前后义位不属于同一类现象，这种词义变化是通过转指实现的。从引申义"干枯之物"到引申义"枯叶"，词义义域缩小，后面的义位增加了限定性义素，所指由上位概念变成了下位概念，这种词义变化是通过特指实现的。总之，"槁"的两个引申义分别是由转指和特指产生的。

"槁"词义的发展："干枯" —转指→ "干枯之物" —特指→ "枯叶"

"隈"在战国—秦时期有四个义位：

1.水流弯曲处。《说文·阜部》："隈，水曲隩也。"《左传·僖公二十五年》："秦人过析，隈入而系舆人，以围商密，昏而傅焉。"

2.山边弯曲处。《管子·形势》："大山之隈，奚有于深。"尹知章注："隈，山曲也。"

3.深曲之处。《庄子·徐无鬼》："奎蹄曲隈，乳间股脚，自以为安室利处。"

4.弓把两边的弯曲处。《仪礼·大射》："大射正执弓，以袂顺左右隈。"

从本义"水流弯曲处"到引申义"山边弯曲处"，义位所指的对象由水变为山，已经不属于同一类事物，这种词义变化是通过转指实现的。从本义"水流弯曲处"到引申义"深曲之处"，义位所指的对象由水扩展为一般事物，词义义域扩大了，所指由下位概念变成上位概念，这种词义变化是通过泛指实现的。从本义"水流弯曲处"到引申义"弓把两边的弯曲处"，所指的对象由水变为弓，这种变化是通过转指实现的。总之，"隈"的三个引申义分别是由转指和泛指产生的。

"隈"词义的发展：

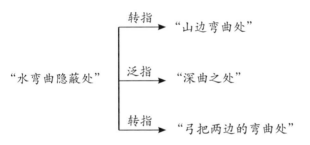

"珍"在战国时期有五个义位：

1. 珠玉等宝物。《荀子·解蔽》："此其所以代殷王而受九牧，远方莫不致其珍。"

2.贤才。《墨子·尚贤上》："此固国家之珍，而社稷之佐也。"

3.贵重、精美。《战国策·燕策二》："齐王逃遁走莒，仅以身免。珍玉财宝，车甲珍器，尽收入燕。"

4.贵重精美之物。《周礼·地官·司市》："凡治世之货贿、六畜、珍异、亡者使有，利者使阜，害者使亡，靡者使微。"

5.精美的食品。《周礼·天官·膳夫》："凡王之馈食用六谷，珍用八物。"

从本义"珠玉"到引申义"贤才"，两个概念之间存在宝贵、珍稀等相似特征，是通过比喻实现引申的。从本义"珠玉"到引申义"贵重、精美"，义位由说明事物变为说明事物的状态，由名词变为形容词，前后义位已不属于同一类现象，这种词义变化是通过转指实现的。从本义"珠玉"到引申义"贵重精美之物"，义位所指的对象由珠玉扩展为一般事物，词义义域扩大，所指由下位概念变成了上位概念，这种词义变化是通过泛指实现的。从引申义"贵重精美之物"到引申义"精美的食品"，词义义域缩小，所指由上位概念变成了下位概念，这种词义变化是通过特指实现的。可见，"珍"的四个引申义是由比喻、转指、泛指、特指产生的。

"珍"词义的发展：

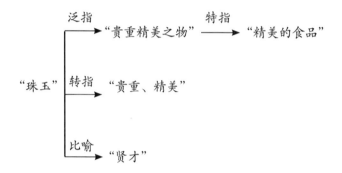

四、色彩意义的变化

战国—秦时期，词汇色彩意义的变化主要表现在感情色彩方面。

（一）中性的义位引申出贬抑的义位

孽　本义指庶子或旁支。《说文·子部》："孽，庶子也。"《晏子春秋·谏上十一》："长少无等，宗孽无别，是设贼树奸之本也。"《公羊传·襄公二十七年》："公子鱄辞曰：'夫负羁絏，执铁锧，从君东西南北，则是臣仆庶孽之事也。'"战国早期，"孽"引申为后代，这个意义多含贬义。《逸周书·成开》："今商孽竞时逋播以辅，余何循。"孔晁注："言商余纣子禄父，竞求是逋逃播越之人以自辅。""孽"的本义义位不带有感情色彩，但古代强调嫡庶之分，嫡代表正统，庶代表旁支，庶子往往地位低贱，所以"孽"的引申义就带有了贬抑的色彩。

罢[2]①　本指疲劳、衰弱。《左传·昭公十九年》："今宫室无量，民人

---

① "罢[2]"音pí。

日骇，劳罢死转，忘寝与食，非抚之也。"战国晚期，"罢₂"引申为无能。《荀子·非相》："故君了贤而能容罢，知而能容愚。"杨倞注："罢，弱不任事者。"《楚辞·大招》："举杰压阶，诛讥罢只。"朱熹集注："讥罢，众所讥诮疲软不胜任之人也。"疲劳、衰弱是身体呈现出的状态，无所谓褒贬。从体能上的弱引申为处理事务能力上的弱，词义就带有了贬抑的色彩。这个引申义在明代文献中仍有用例，如明张居正《王观吾六十序》："故骐骥罢于迟暮，强弩顿于末力，若是者，岂其勇怯强弱顿殊哉！"

挤 本义指推挤。《说文·手部》："挤，排也。"《左传·昭公十三年》："小人老而无子，知挤于沟壑矣。"战国中晚期，"挤"引申为陷害。《庄子·人间世》："故其君因其修以挤之，是好名者也。"陆德明释文："挤，司马云：'毒也。'一云：'陷也。'"推挤只是表示身体及手部的动作，无所谓褒贬。从推挤的动作引申为人际交往上的排挤乃至陷害，词义就带有了贬抑的色彩。这个引申义在后世文献中仍有用例，如宋王谠《唐语林·补遗三》："（李德裕）性孤峭，嫉朋党，挤牛僧孺、李宗闵、崔瑛于岭外。"

生变 本指发生变化。《逸周书·常训》："好恶生变，变习生常。"同样在《逸周书》中，"生变"引申为作乱、反叛。《逸周书·史记》："昔者，有巢氏有乱臣而贵，任之以国，假之以权，擅国而主断，君已而夺之，臣怒而生变，有巢氏以亡。"本义表示事物发生变化，变化有好有坏。当从普通的变化转指举行叛乱活动时，词义就带有了贬抑的色彩。这个引申义在后世文献中仍有用例，如《水浒传》第一〇九回："请大王速卸下袍服，急投东川去，恐城中见了生变。"郭孝成《山西光复记》："正仓急间，此生变之四将，率兵十人，蓦地进车站。"

（二）中性的义位引申出褒扬的义位

文 本义指刺画花纹。《说文·文部》："文，错画也。"《庄子·逍遥游》："越人断发文身。""文"引申为有文彩、华丽。《论语·颜渊》："君子质而已矣，何以文为？"刺画花纹的动作无所谓褒贬，刺画出的花纹可以是华丽的，所以"文"引申为华丽，与朴素相对，这个引申义就带有了褒扬的色彩，而且在后世文献中常有用例，如明徐光启《农政全书》卷四五："其仓廪要宏敞坚固，可垂百年。盖藏之计宁广毋狭，宁质毋文。"

    俭 本义指约束、限制。《说文·人部》："俭，约也。"《左传·僖公二十三年》："晋公子广而俭，文而有礼。"《孟子·告子下》："周公之封于鲁，为方百里也；地非不足，而俭于百里。"战国早期，"俭"引申为谦逊。《逸周书·官人》："其气宽以悌，其色俭而不谄。"朱右曾校释："俭，卑约也。"《荀子·非二十一子》："俭然恀然。"杨倞注："俭然，自卑谦貌。""约束"说明动作上的限制，意义本身不带有感情色彩。从约束的动作引申为态度上的克己、不张扬，词义就带有了褒扬的色彩。

    聪 本义为听觉。《说文·耳部》："聪，察也。"《诗·王风·兔爰》："我生之后，逢此百凶，尚寐无聪。"毛传："聪，闻也。"《楚辞·九章·惜往日》："谅聪不明而蔽壅兮，使谗谀而日得。"战国中晚期，"聪"引申为听觉灵敏。《孟子·离娄上》："师旷之聪，不以六律，不能正五音。"《荀子·劝学》："目不两视而明，耳不两听而聪。"本义表示人的听觉能力，不带有感情色彩。听觉能力有高有低，当转指听力灵敏后，词义就带有了褒扬的色彩。这个引申义在现代汉语中仍然使用，我们常用"耳聪目明"形容一个人，就是赞扬他听觉好、视力强。

第三节　战国—秦时期词义发展的原因

    战国—秦时期，词义的发展是词义系统自身演变、社会发展和思维进步等共同作用的结果。词义系统演变是语言内部的因素，社会的发展和人类思维的进步则是语言之外的因素。

一、词义系统内部的演变导致词义发展

    词的义位汇集成一个完整的系统，义位之间形成各种类聚关系。如果一个词的义位发生变化，就会促使词义系统做出调整，引起系统内其他词的义位发生变化。比如，同义词的同义关系是建立在义位基础上的，同义词之间的竞争本质上是相同意义的义位之间的竞争。在同义竞争过程中，一个或一些义位

可能被淘汰，退出同义关系义场，被淘汰的义位往往是这个词的生僻义。如"走"的本义指疾趋，《墨子》中借指车轮。《墨子·备穴》："塞穴门，以车两走为辒，涂其上，以穴高下广陕为度，令人穴中四五尺，维置之。"又《备蛾传》："以车两走，轴闲广大以围。"孙诒让间诂："车两走即两轮，此及前《备穴篇》并以车两轮为两走。"表车轮的"走"仅在《墨子》中2见，说明这个义位可能不常用。先秦时期，车轮往往用"轮"表示，如《周礼·考工记序》："凡察车之道，必自载于地者始也，是故察车自轮始。"车轮是"轮"的本义。笔者利用北京大学中国语言学研究中心古代汉语语料库对"轮"进行检索发现，仅《墨子》中"轮"就20见，全部表示车轮，说明"轮"的这个义位在战国时期为常用义。在"轮"的排挤下，"走"在战国以后不再表示车轮了，这个义位消亡了。又如"篡"，可以表夺取和选择。银雀山汉墓竹简《孙膑兵法·行篡》："权衡，所以篡贤取良也。"又《篡卒》："兵之胜在于篡卒，其勇在于制。"表示选择的"篡"仅在《孙膑兵法》中出现，未见于其他文献，说明这个义位可能不是常用义。先秦时期，常用"择"表示选择，如《书·洪范》："稽疑，择建立卜筮人。"《左传·哀公十一年》："（孔子）命驾而行，曰：'鸟则择木，木岂能择鸟？'"在"择"的排挤下，"篡"在战国以后不再表示选择了。

相同或相似的事物概念引发的联想往往也是相同或相似的，所以在一个义位上处于同义关系的词，它们的引申方向有时也是一致的，会引申出更多的同义义位。这种同步引申的现象在本义相同的词之间表现得尤为突出。比如，"拔"和"擢"的本义都指抽出、拽出。《说文·手部》："拔，擢也。"又："擢，引也。""拔"比"擢"出现得早，是西周文献出现的词。《易·泰》："拔茅茹以其汇。""擢"是战国文献出现的词。《庄子·骈拇》："枝于仁者，擢德塞（搴）性以收名声。"抽取物品过程中会有所取舍，由此联想到人才的选拔，两词在战国晚期都引申为选拔。《庄子·天地》："官施而不失其宜，拔举而不失其能。"《战国策·燕策二》："先王过举，擢之乎宾客之中，而立之乎群臣之上。"又如，"病"和"疾"的本义都指疾病，"病"的程度比"疾"重。《说文·疒部》："疾，病也。"又：

"病，疾加也。"战国时期，两词在本义上已经浑言不别，同时又都引申为困苦。《公羊传·僖公十年》："惠君曰：'尔既杀夫二孺子矣，又将图寡人，为尔君者，不亦病乎！'于是杀之。"《管子·小问》："凡牧民者，必知其疾，而忧之以德。"

同步引申也出现在反义词之间。如果两个义位在某个意义范畴内处于相对或相反位置，就有可能引申出另外一对相对或相反的义位。比如，"多"和"少"的本义分别指数量上的多和少，是一对反义词。战国末期，"多"引申为重视，"少"引申为轻视。《战国策·赵策三》："君安能少赵人而令赵人多君？"这对反义关系的引申义沿用至清代，如清戴名世《赞理河务金事陈君墓表》："君自在司马幕府，司马昌言入告。天下闻之，不多君之才，而多司马之以人事君，得古大臣之道也。"清褚人获《坚瓠秘集·福地不易得》："闻为考官时，通关节，得贿甚多，乡评以此少之。"又如，"长"和"短"的本义分别指距离上的多和少，是一对反义词。战国时期，"长"引申为优点、长处，"短"引申为缺点、过失。《晏子春秋·问上二四》："任人之长，不强其短，任人之工，不强其拙。""长"还引申为增长，"短"引申为缺少。《吕氏春秋·观世》："此治世（有道之士）之所以短，而乱世之所以长也。"

如果一个单音节词引申出的义位过多，就容易造成理解上的困难，而通过增加词素把单音节词变成双音节词，承担单音节词的某些义位，语义表达就变得明确了，而原来单音词的一些义位也会随之消失。比如，战国时期"轮"有五个义位，其中一个是"制作车轮的工匠"，如《孟子·滕文公下》："子如通之，则梓匠轮舆皆得食于子。"战国时期，表示制作车轮工匠的双音节词有"轮人"。《周礼·考工记·轮人》："轮人为轮，斩三材必以其时。"《墨子·天志中》："辟人，无以异乎轮人之有规，匠人之有矩也。"有了"轮人"，"轮"的这个义位在战国以后就趋于消亡了。"轮人"在明代文献中仍有用例，如明徐渭《代云南策问》之五："至曰殷辂周冕，则舆人、轮人、司服者各营之。"

句法位置的改变会导致词性改变，这也是词义发展的一个原因。比如，

"耳""火"本义都指名物，在句式中应多处于主语或宾语的位置，但在古代汉语中它们也常处于两个名词之间，这样的特殊位置使它们产生动词性的义位。"耳"产生了"听见"义；"火"产生了"焚烧"义。《韩非子·外储说左上》："君其耳而未之目耶？"《左传·宣公十六年》："夏，成周宣榭火，人火之也。"此外，还有一些词由于常处于某种句法位置，词义虚化，变为表示语法关系的虚词，前文所述的"由"由动词变成介词就属于这类情况。

二、社会的发展和人类思维的进步推动词义发展

词义的发展也是社会发展的结果。社会上的新事物新概念不断产生，需要用语言把它们记录下来，最简便的方法就是扩展既有词汇的义域，使承古词承担更多的意义，用有限的语词表达尽可能多的概念。

战国—秦时期是中国历史的重要转型期，社会变革促使词产生反映时代特点的新义位。比如，随着中央集权体制的建立，君主对官吏实行任内考核。这种官吏考核称为"计"。《周礼·天官·大宰》："八曰官计。"《晏子春秋·外篇上二十》："晏子对曰：'臣请改道易行而治东阿，三年不治，臣请死之。'景公许。于是明年上计，景公迎而贤之。"后来"计"又从官员考核引申为一般性的考核，如《管子·八观》："行其田野，视其耕芸，计其农事，而饥饱之国可以知也。"银雀山汉墓竹简《孙膑兵法·威王问》："料敌计险，必察远近……将之道也。"这是社会制度的变化引起的词义变化。这一时期军事的发展也对词义产生了影响。古代战船编组的形式是两船并列为一"临"。一"临"即一组，包括两艘战船。"战船的编组单位"就是"临"这个词在战国时期产生的新义位。《墨子·备水》："并船为十临，临三十人，人擅弩。"又如，上古时期"金"可以表金属，金属可以制作箭头，"金"和"箭头"之间就具有了相关性，由此战国时期"金"引申为箭头。《孟子·离娄下》："抽矢扣轮，去其金。"银雀山汉墓竹简《孙膑兵法·兵情》："矢，金在前，羽在后，故犀而善走。"《战国策·齐策五》："坚箭利金，不得弦机之利，则不能远杀矣。"以"金"指代箭头，除了因为金和箭头之间的联系，还与矢箭在古代战争中发挥了重要作用有一定的关系。矢箭在远距离

作战时具有较强杀伤力，而用金属制作箭头可以更大限度地增加矢箭的远杀力，故金属材质成为箭头最具特色的标志，在语言中以"金"指代箭头往往使人产生矢箭锋利无比的印象，可以增强语言表达的效果。

社会生活的变迁也会促使词产生新义。仍以"金"为例。战国时期，黄金已经成为重要货币，《管子·国蓄》中有"黄金为中币"的说法。这一时期，货物家产多以黄金计值，"金"也成为计算单位。在战国和秦代，一镒为一金，一金为二十两。《战国策·齐策一》："公孙闳乃使人操十金而往卜于市。"高诱注："二十两为一金。"汉代时，以一斤为一金。《史记·平准书》："一黄金一斤。"裴骃集解引臣瓒曰："汉以一斤为一金。"中古时期，"金"不再作为黄金的计算单位，而是转为一般货币的计算单位。宋代以一钱为一金。宋龚鼎臣《东原录》："世俗谓一钱为金，百金为一镮，与古甚异。"明代至近代又以银一两或银币一元为一金。清黄宗羲《明夷待访录·财计二》："崇祯间，桐城诸生蒋臣，言钞法可行，岁造三千万贯，一贯直一金，岁可得金三千万两。"鲁迅《书信集·致许寿裳书》："浙江图书馆议以六千金雇匠人刻《章氏丛书》，字皆仿宋，物美而价廉。"随着社会的发展，虽然"金"从黄金的计算单位转为银钱的计算单位，但"金"始终是货币的计算单位。"金"的"货币的计算单位"这个义位就是自战国时期产生的。

战国—秦时期，一些反映社会特征的新词义生命力较弱，产生不久很快就消亡了。比如，前文所述之"金"的"箭头"义和"临"的"战船编组单位"义在汉以后文献中不再出现了，"叔父"在先秦时期可以作为周天子对同姓的小邦诸侯的称谓，随着周朝的灭亡，这种特殊称谓也不复存在了。

人们思维能力的提高在一定程度上也成为词义发展的催化剂。战国—秦时期，人们思维能力较之前有了提高，扩展了人们对事物概念的理解。理解越深，从简单具体的事物现象中提取出的性质特征就越复杂丰富，产生的联想就越广泛，词的引申义就越多。比如，古人最早对火的认识是物体燃烧时发出的光和火焰。《书·盘庚上》："若火之燎于原，不可向迩。"由燃烧的火联想到雷电引发的火灾，于是"火"被用来指代雷电。《庄子·外物》："水中有火，乃焚大槐。"成玄英疏："水中有火，电也。"由火光耀目联想到辐射的光线，于是"火"又被用来指眼睛里的闪烁光芒。《墨子·经说下》："智以目见，而目以火见。"高亨注："墨子所谓火，犹今人所谓光也。"又如，"浅"的本义指水不深。《诗·邶风·谷风》："就其浅矣，泳之游之。"由水浅联想到学识浅，"浅"被用来指学识智谋肤浅。《庄子·山木》："君之除患之术浅矣。""纲"本义指提网的总绳。《书·盘庚上》："若网在纲，有条而不紊。"由总绳联想到事物的总要点，"纲"被用来指事物的总要。《荀子·劝学》："礼者，法之大分，类之纲纪也。"

总之，战国—秦时期词义的发展是诸多因素共同作用的结果，与汉语词汇系统发展的一般规律一致。

参考文献

汉语词汇通史 战国—秦卷

著作：

曹道衡、刘跃进：《先秦两汉文学史料学》，中华书局2005年版。

陈长书：《〈国语〉词汇研究》，中国社会科学出版社2014年版。

陈嘉映：《语言哲学》，北京大学出版社2003年版。

陈奇猷：《吕氏春秋校译》，学林出版社1984年版。

陈原：《社会语言学》，学林出版社1983年版。

程湘清：《汉语史专书复音词研究》，商务印书馆2003年版。

符淮青：《词义的分析和描写》，外语教学与研究出版社2006年版。

符淮青：《现代汉语词汇》，北京大学出版社2003年版。

傅维康：《名家名著导读——黄帝内经》，巴蜀书社1996年版。

高亨：《周易古经今注》，齐鲁书社1986年版。

葛本仪：《现代汉语词汇学》（修订本），山东人民出版社2004年版。

郭绍虞：《照隅室语言文字论集》，上海古籍出版社2009年版。

郭锡良：《汉字古音手册》（增订本），商务印书馆2010年版

郭锡良：《汉语史论集》，商务印书馆1997年版。

郭在贻：《训诂学》，中华书局2005年版。

何九盈：《中国古代语言学史》，广东教育出版社1995年版。

何乐士：《〈左传〉虚词研究》（修订本），商务印书馆2004年版。

向熹：《诗经语言研究》，四川人民出版社1987年版。

黄伯荣、廖序东：《现代汉语》（增订三版），高等教育出版社2002年版。

黄易青：《上古汉语同源词意义系统研究》，商务印书馆2007年版。

贾彦德：《汉语语义学》，北京大学出版社1999年版。

蒋礼鸿：《商君书锥指》，中华书局1986年版。

蒋绍愚：《古汉语词汇纲要》，商务印书馆2005年版。

李定生：《中国学术名著提要·哲学卷》，复旦大学出版社1992年版。

李恩江、贾玉民：《说文解字译述》，中原农民出版社2000年版。

李镜池：《周易通义》，中华书局1981年版。

李学勤：《简帛佚籍与学术史》，江西教育出版社2001年版。

李振纲：《中国古代哲学史论》，中国社会科学出版社2004年版。

刘大钧：《周易概论》（增补本），巴蜀书社2007年版。

刘建国：《先秦伪书辩证》，陕西人民出版社2004年版。

鲁迅：《中国小说史略》，人民文学出版社2006年版。

吕叔湘：《文言虚字》，上海教育出版社1959年版。

吕思勉：《中国通史》，上海古籍出版社2009年版。

毛远明：《左传词汇研究》，西南师范大学出版社1999年版。

庞朴：《公孙龙子研究》，中华书局1979年版。

史存直：《汉语词汇史纲要》，中华书局2008年版。

史有为：《汉语外来词》（增订本），商务印书馆2013年版。

斯大林：《马克思主义与语言学问题》，人民出版社1953年版。

苏宝荣、武建宁：《训诂学》，语文出版社2005年版。

孙常叙：《汉语词汇》（重排本），商务印书馆2006年版。

孙常叙：《古汉语文学语言词汇概论》，上海辞书出版社2005年版。

孙福喜：《〈鹖冠子〉研究》，山西人民出版社2002年版。

孙银新：《现代汉语词素系统研究》，中国社会科学出版社2013年版。

索绪尔：《普通语言学教程》，商务印书馆2002年版。

谭戒甫：《公孙龙子形名发微》，科学出版社1957年版。

唐元发：《〈逸周书〉词汇研究》，浙江大学出版社 2015年版。

唐德正：《〈晏子春秋〉词汇研究》，中州古籍出版社2008年版。

童书业：《春秋史》，中华书局2006年版。

汪维辉：《东汉—隋常用词演变研究》，南京大学出版社2000年版。

王力：《同源字典》，中华书局2014年版。

王力：《汉语史稿》，中华书局1980年版。

王力：《汉语词汇史》，中华书局2013年版。

王宁：《训诂学原理》，中国国际广播出版社1996年版。

王先谦：《荀子集解》，中华书局1988年版。

王寅：《认知语言学》，上海外语教育出版社2007年版。

王颖：《包山楚简词汇研究》，厦门大学出版社2008年版。

伍宗文：《先秦汉语复音词研究》，巴蜀书社2000年版。

向熹：《简明汉语史》，商务印书馆2010年版。

徐朝华：《上古汉语词汇史》，商务印书馆2003年版。

徐勇：《尉缭子浅说》，解放军出版社1989年版。

许富宏：《鬼谷子研究》，上海古籍出版社2008年版。

袁珂：《神话论文集》，上海古籍出版社1982年版。

杨伯峻：《春秋左传注》（修订本），中华书局2009年版。

杨伯峻：《论语译注》，中华书局1980年版。

葛本仪主编：《汉语词汇学》，山东大学出版社2003年版。

杨端志：《汉语史论集》，齐鲁书社2008年版。

杨宽：《战国史》（增订本），上海人民出版社1998年版。

杨宽：《西周史》，上海人民出版社2003年版。

杨世铁：《先秦汉语常用词研究》，中国社会科学出版社2015年版。

杨树达：《高等国文法》，商务印书馆1984年版。

杨天宇：《〈仪礼〉译注》，上海古籍出版社2004年版。

阴法鲁、许树安：《中国古代文化史》，北京大学出版社1991年版。

于省吾：《甲骨文字释林》，中华书局2009年版。

张联荣：《汉语词汇的流变》，大象出版社2009年版。

张联荣：《古汉语词义论》，北京大学出版社2000年版。

张世禄：《古代汉语》，上海教育出版社1978年版。

张双棣：《〈吕氏春秋〉词汇研究》（修订本），商务印书馆2008年版。

张艳：《帛书〈老子〉词汇研究》，上海古籍出版社2015年版。

张志毅、张庆云：《词汇语义学》，商务印书馆2012年版。

赵诚：《甲骨文简明词典——卜辞分类读本》，中华书局2009年版。

赵克勤：《古代汉语词汇学》，商务印书馆1994年版。

赵岩：《简帛文献词语历时演变专题研究》，中国社会科学出版社2013年版。

周荐：《汉语词汇结构论》（增订版），人民教育出版社2014年版。

周荐：《汉语词汇研究史纲》，语文出版社1995年版。

周守晋：《出土战国文献语法研究》，北京大学出版社2005年版。

周一农：《汉语语素学通论》，中国社会科学出版社2012年版。

朱星：《古代汉语》，天津人民出版社1980年版。

海曼：《自然句法——像似性与磨损》，世界图书出版公司北京公司2009年版。

论文：

陈爱平、于平：《并列式双音词的字序》，《中国语文》1979年第2期。

陈克炯：《〈墨子〉词汇谭概》，《中南民族学院学报》1990年第5期。

程湘清：《先秦双音词研究》，载《先秦汉语研究》，山东教育出版社1992年版。

董英哲：《〈公孙龙子〉真伪考辨》，《西北大学学报》1995年第3期。

伏俊琏、王晓娟：《〈老子〉的作者及其成书年代》，《求是学刊》2008年第2期。

顾颉刚：《〈周易〉卦爻辞中的故事》，载《古史辨》（第三册），中华书局1982年版。

胡明、李凤霞：《顺序像似原则在成语中的文化解释》，《东岳论丛》2015年第10期。

李孟存：《略论春秋与战国的年代界限》，《山西师大学报》（社会科学版）1987年第1期。

李学勤：《〈鹖冠子〉与两种帛书》，载《道家文化研究》（第一辑），上海古籍出版社1992年版。

刘叔新：《论词的单位的确定——兼谈以词为词目的问题》，载《语言研究论丛》（第二辑），天津人民出版社1982年版。

马真：《先秦复音词初探》，《北京大学学报》（哲学社会科学版）1980年第5期。

马真：《先秦复音词初探》，《北京大学学报》（哲学社会科学版）1981年第1期。

裘锡圭：《谈谈古文字资料对古汉语研究的重要性》，《中国语文》1979年第6期。

宋文辉、魏丽：《偏义复词形成和理解的功能与认知机制》，载《词汇学理论与应用》（五），商务印书馆2010年版。

王军：《汉语词汇的动态发展变化探析》，载《汉语词汇学》，山东大学出版社2003年版。

王宁：《论新词语的短期消亡》，载《词汇学理论与应用》（五），商务印书馆2010年版。

汪维辉：《关于基本词汇的稳固性及其演变原因的几点思考》，载《厦大中文学报》（第二辑），厦门大学出版社2015年版。

尉迟治平：《"风"之谜和夷语走廊》，《语言研究》1995年第2期。

吴春生、武振玉：《〈孙子兵法〉成书年代补说》，《中南大学学报》2015年第3期。

徐正考、于飞：《汉语的基本词和常用词》，载《词汇学理论与应用》（四），商务印书馆2008年版。

杨天宇：《略述〈周礼〉的成书时代与真伪》，《郑州大学学报》（社会科学版）2000年第4期。

杨同用：《基本词汇问题的重新思考》，《语文研究》2003年第3期。

杨向奎：《周礼内容的分析及其制作年代》，《山东大学学报》1954年第4期。

杨振兰：《试论词义与语素义》，《汉语学习》1993年第6期。

余志勇、宋冰：《战国起始年代辨析》，《宁夏社会科学》1999年第3期。

张博：《组合同化——词义衍生的一种途径》，《中国语文》1999年第2期。

张岱年：《论〈易大传〉的著作年代与哲学思想》，载《中国哲学》（第一辑），生活·读书·知新三联书店1979年版。

张世禄：《基本词汇的性质与范围》，《语文知识》1956年第8期。

郑良树：《论〈公孙龙子·迹府〉的成书年代》，《文献》2000年第2期。

周荐：《基本词汇与一般词汇划分刍论》，《南开学报》1987年第3期。

周行：《关于"基本词汇"的再探讨》，《汉字文化》2002年第1期。

朱德熙、裘锡圭：《七十年代出土的秦汉简册和帛书》，《语文研究》1982年第1期。

参考文献

学位论文：

车淑娅：《〈韩非子〉词汇研究》，浙江大学博士学位论文，2004年。

成建军：《〈灵枢经〉的文献研究》，山东中医药大学博士学位论文，2005年。

侯月明：《基于〈汉语大词典〉语料库的西周词汇研究》，山东大学博士学位论文，2012年。

李文锋：《〈尸子〉研究》，山东师范大学硕士学位论文，2006年。

李夏：《黄帝四经研究》，山东大学博士学位论文，2007年。

吕伟：《战国至秦代词汇研究》，山东大学硕士学位论文，2011年。

曲冰：《〈上海博物馆藏战国楚竹书〉（1—5）佚书词语研究》，吉林大学博士学位论文，2010年。

万青：《〈诅楚文〉研究与整理》，天津师范大学硕士学位论文，2009年。

王华：《〈尹文子〉语言学思想研究》，陕西师范大学硕士学位论文，2013年。

吴欣：《〈六韬〉研究》，东北师范大学硕士学位论文，2004年。

张国际：《〈慎子〉研究》，郑州大学硕士学位论文，2005年。

周晶晶：《〈世本〉研究》，山东大学硕士学位论文，2008年。

工具书：

高名凯等编：《汉语外来词词典》，上海辞书出版社1984年版。

汉语大字典编辑委员会：《汉语大字典》（缩印本），湖北辞书出版社，四川辞书出版社1992年版。

罗竹风主编：《汉语大词典》，汉语大词典出版社1993年版。

商务印书馆编辑部：《辞源》（第三版），商务印书馆2015年版。

王力主编：《王力古汉语字典》，中华书局2000年版。

许慎：《说文解字》，中华书局1963年版。

张亚初：《殷周金文集成引得》，中华书局2001年版。